Friedrich Ludwig Leonhard Wiegand

Studien zur Geschichte der Theologie und der Kirche

Friedrich Ludwig Leonhard Wiegand

Studien zur Geschichte der Theologie und der Kirche

ISBN/EAN: 9783743307575

Hergestellt in Europa, USA, Kanada, Australien, Japan

Cover: Foto ©Thomas Meinert / pixelio.de

Manufactured and distributed by brebook publishing software
(www.brebook.com)

Friedrich Ludwig Leonhard Wiegand

Studien zur Geschichte der Theologie und der Kirche

Studien

zur

Geschichte der Theologie und der Kirche

herausgegeben

von

N. Bonwetsch und R. Seeberg
Göttingen.   Berlin.

Band IV.

Leipzig.
Dieterich'sche Verlags-Buchhandlung
Theodor Weicher
1899.

Inhalt.

Studien

zur

Geschichte der Theologie und der Kirche

herausgegeben

von

N. Bonwetsch nnd R. Seeberg

Göttingen. Berlin.

Vierter Band. Heft 1.

Leipzig.

Dieterich'sche Verlags-Buchhandlung

Theodor Weicher

1899.

Erzbischof Odilbert von Mailand über die Taufe.

Ein Beitrag zur Geschichte der Taufliturgie

im Zeitalter Karls des Grossen

von

Lic. Dr. Friedrich Wiegand,
Privatdozent der Theologie in Erlangen.

Leipzig.
Dieterich'sche Verlags-Buchhandlung
Theodor Weicher
1899.

Inhalt.

I. Das Rundschreiben Kaiser Karls an die Erzbischöfe.

Zu denjenigen Massnahmen Karls des Grossen, welche auf die Vertiefung des inneren Lebens in der Kirche abzielten, gehörte ein Rundschreiben, welches der Kaiser in den letzten Jahren seiner Regierung, spätestens aber 812, an die Erzbischöfe des ganzen Reiches richtete.[1]) In demselben bedauert er, um seiner körperlichen Beschwerden willen nicht in dem Masse sich mit den Adressaten über kirchliche Angelegenheiten vertraulich beraten zu können, wie er wohl möchte. Zwar sei ihm ihr Eifer in Sachen ihres Berufes wohlbekannt; dessenungeachtet könne er nicht umhin, ihnen immer aufs neue wieder die grösste Sorgfalt in ihren geistlichen Pflichten einzuschärfen. In dieser Absicht fordere er sie auf, ihm offiziell und zwar schriftlich oder mündlich mitzuteilen, in welcher Weise sie und ihre Suffragane den Diöcesanklerus sowie die Gemeinden über Taufe und Taufvorbereitung unterrichteten.[*])

---

[1]) Zum Datum vgl. Böhmer-Mühlbacher, Regesta imperii I 191 sq. Nr. 461. Zum ganzen Vorgang Theolog. Quartalschrift, Tübingen 1824 S. 372—375. Rettberg, Kirchengeschichte Deutschlands I 438. Abel-Simson, Jahrbücher des Fränkischen Reiches unter Karl d. Gr. 1883 II 494—497.

[*]) Erhalten sind Exemplare dieses Rundschreibens an Erzbischof Amalar von Trier (Abgedr. auf Grund des Cod. Tigurin. C. 102 s. X. in Alcuini opp. ed. Froben II 520, bei Migne ser. lat. 99, 892 und bei Jaffé, Monum. Carol. p. 402 sq.) und an Erzbischof Odilbert von Mailand (Abgedr. auf Grund eines Cod. Mettensis des Placidus von Beuville (Kongregation von St. Vanne) bei Mabillon, Vetera analecta 1675. Tom. I p. 21 sq. 1723 p. 75 sq. Baluze, Capitularia reg. Franc. I 483 sq. Bouquet, Recueil des historiens V 632 sq. Le Cointe, Annal. eccl. Franc. VII 211 sq.

Es liegt auf der Hand, dass es sich bei diesem Schriftstück nicht etwa bloss um eine lobenswerte Wissbegierde des
alten Kaisers handelte. Gesteht man sich doch im Kreise der
Befragten selbst ganz offen ein, Karl habe jene Massregel nicht
ergriffen, um zu lernen, sondern um zu lehren und um Schläfrige
aufzurütteln.[1])
Ohne dieses Urteil von Männern, die in der Lage waren,
die Intentionen Karls richtig zu durchschauen, könnte man
allenfalls auf einen anderen Beweggrund schliessen. Es wäre
nicht undenkbar, dass das Rundschreiben einem kirchlichen
Grundgedanken zu dienen bestimmt gewesen wäre, der während
des 8. und 9. Jahrhunderts fort und fort im Frankenreiche
begegnet, nämlich der Erzielung grösstmöglichster Übereinstimmung mit Rom in liturgischen Dingen.[2]) Man weiss, wie
schon Pippin den römischen Kirchengesang in seinem Reiche
einführte,[3]) wie ferner Karl es sich angelegen sein liess, die
alten gallischen Sakramentare durch römische zu ersetzen und
auf diese Weise der römischen Gottesdienstordnung zur aus-

Hartzheim. Conc. Germ. I 399 sq. Mansi. Conc. coll. XIV Append. p.
331 sq. u. and.; auf Grund des Cod. St. Pauli in Karinth. XXV $\frac{a}{5}$ und des
Cod. Vindob. iur. can. 45, nunc 398, bei Pertz M. G. Leges I 171. Bo-
retius M. G. Capitul. reg. Franc. I 246 sq. Jaffé, Monum. Carol. p. 401 sq.).
In letztgenanntem Cod. Vindob., dem bekannten Cod. epistol. Udalrici, sowie im Cod. Zwetlensis 283 steht statt des Namens Odilbert ein N., vgl.
Boretius l. c. p. 246 not. a. Eccard, Corp. hist. med. aevi II 34 sq. Nr. 17.
Jaffé. Monum. Bambergensia p. 6. Pez, Thesaur. anecd. noviss. II 2 p. 7 sq.
    [1]) Erzbischof Magnus von Sens an Karl, Jaffé, Monum. Carol. p. 415:
Quod nos de somno stultitiae vel insipientiae excitare dignati fuistis, sicut
semper et ubique solliciti estis, Vgl. Bischof Theodulf von Orléans an Erzbischof Magnus von Sens, Jaffé l. c. p. 414: Quaestiones interea istae, ut
ego te nosse certus sum, a regali celsitudine non sunt factae necessitate
discendi sed studio docendi; nec ut ipse his absolutis de nescitis valeat
imbui, sed ut alii de somno desidiosi torporis ad rerum absolvendarum
utilitatem valeant excitari. Quippe cui hoc semper familiare est: ut exer-
ceat praesules ad sanctarum scripturarum indagationem et sanam sobriam-
que doctrinam, omnem clerum ad disciplinam, monachos ad religionem, omnes
generaliter ad sanctitatem, praelatos ad humilitatem, subditos ad obedientiam.
    [2]) Vgl. Hauck, Kirchengeschichte Deutschlands II 227—229.
    [3]) Admonit. general. c. 80. Boretius l. c. p. 61. Epistola general.
Boretius l. c. p. 80. Vgl. Ademari hist. II 8. M. G. Script. IV 117 sq.

schliesslichen Geltung im Norden zu verhelfen.[1]) Aber auch
in Bezug auf die Taufe verlangte Karl schou seit Jahren Handhabung des römischen Usus.[2]) War doch gerade hier eine
Ausgleichung der zahllosen Verschiedenheiten besonders wünschenswert. Denn man kann ohne Übertreibung behaupten,
dass es fast ebensoviele Variationen der Taufvorbereitung und
der Taufliturgie gibt, als uns liturgische Urkunden jener Zeit
aus Italien, Frankreich und Deutschland erhalten sind. So
wäre denn eine Enquete wohl am Platz gewesen, um den liturgischen Wirrwarr zunächst feststellen und alsdann beseitigen
zu können.

Immerhin deuten die Worte des Kaisers wie auch die Bemerkungen des Erzbischofs Magnus von Sens und die des
Bischofs Theodulf von Orléans weniger auf eine derartige kirchen-
regimentliche Massnahme als auf eine persönliche Prüfung der
Erzbischöfe. Sie, die in erster Linie dazu berufen waren, Karls
fürsorgliche kirchliche Pläne zur Durchführung zu bringen,
sollten sich über ihren christlichen Glauben wie über ihre
theologische Bildung ausweisen. Der Kaiser wählte zu dem
Zweck einen Gegenstand von centraler Bedeutung, der, formell
gut abgegrenzt, gleichwohl nach den verschiedensten Seiten
hin Gelegenheit zu ausgiebigen Erörterungen bot, einen Gegenstand obendrein von allgemeinstem Interesse, an dem kein
Kleriker und kein Laie in der Kirche vorübergehen konnte.

Denn das Thema dieser wissenschaftlichen Arbeit bezweckte
einerseits, dass die Befragten das Taufceremoniell im Sinne
und nach dem Geschmack der damaligen Theologie d. h. mystisch-
symbolisch erörtern sollten. Andrerseits ward ihnen nahe ge-

---

[1]) Jaffé, Monum. Carol. p. 274. Römische Sakramentare bezw. solche,
welche den gallischen und den römischen Ritus gemischt enthalten, finden
sich zu Karls Zeiten häufig. Vgl. die von Delisle (Mémoire sur d'anciens
sacramentaires p. 83—96) aufgezählten Codices, bes. Nr. 9. 10. 13. 15.

[2]) Dupl. legat. edict. (a. 789) c. 23. Boretius l. c. p. 64: Ut audiant
episcopi baptisterium presbyterorum, ut secundum morem Romanum baptizent. Vgl. Conc. Mogunt. a. 813 c. 4 (Hefele, Conciliengesch. (2) III
760) sowie die auf Beobachtung der kanonischen Taufzeiten abzielenden
Kapitularbestimmungen bei Boretius l. c. cap. 36, 10 (a. 802) p. 106;
cap. 83, 5 (a. 813) p. 182; cap. 119, 10, p. 237.

legt, im Anschluss an das in der Taufliturgie zur Verwendung
kommende apostolische Glaubensbekenntnis sich über ihren
Glauben an die Trinität und an die anderen von der Symbolformel umschriebenen wichtigsten Dogmen der Kirche auszusprechen. Das war es, was man damals unter dem Begriff
„Credulitas" verstand, der sich etwa mit dem deckte, was man
auch „Regula fidei" nannte, d. h. der kurzen Zusammenfassung
des Hauptinhaltes christlicher Lehre, wie derselbe sich im
Glaubensleben des einzelnen Theologen oder der einzelnen Gemeinde widerspiegelte und zugleich der theologischen Entwickelung im Kampfe mit der Häresie als Norm diente.

Wie wünschenswert aber und wie zeitgemäss ein solches
Vorgehen Karls war, das lässt sich deutlich aus den eingelaufenen Antworten ersehen. Denn obwohl Taufe und Taufvorbereitung zu den alltäglichen Dingen für den Klerus gehörten, so hat das kaiserliche Rundschreiben doch in der That
manchem der alten Herren schweres Kopfzerbrechen verursacht.
Enthielt doch der beigelegte Fragebogen Namen, Formeln und
Ceremonien, die man wohl mehr oder weniger gewissenhaft
handhabte, über deren Herkunft man sich aber noch nie einen
Skrupel gemacht hatte, und deren Zweck und Bedeutung man
sich, wie aus den einzelnen Erklärungsversuchen hervorgeht,
sehr verschiedenartig zurechtlegte. Allenfalls fand man sich
mit der symbolisch-mystischen Ausdeutung der Einzelheiten des
Taufritus leidlich ab, aber das theologische Erträgnis der ganzen
Aktion erwies sich als minderwertig.

In der That dürfte es für einen geschulten Liturgiker
stellenweise schwierig gewesen sein, ein aus römischen wie
gallischen Elementen verschiedenster Jahrhunderte zusammen-
gewachsenes Ceremoniell auf seine historischen Ausgänge und
religiösen Grundgedanken unbedingt sicher zurückzuführen.
Wieviel mehr aber für diesen oder jenen Erzbischof, dessen
Verdienste nicht geleugnet werden sollen, der aber mehr als
Kirchenfürst, als Diplomat, als Kulturarbeiter excellierte denn
gerade als Gelehrter. Wenn von manchem dieser geistlichen
Herren keine andere theologische Schrift auf uns gekommen ist
als eben seine Antwort auf jenen kaiserlichen Fragebogen,
wenn obendrein sein Brief an Karl den Eindruck mühsamer

Zusammenstoppelung macht oder wegen seiner Unvollständig-
keit dem Kaiser nicht genügt, so spricht dies aufs beste für
Karls Anschauung, dass die theologischen Leistungen des
damaligen Klerus einer Steigerung fähig und bedürftig waren.[1])
Mag immerhin nach der einen angedeuteten Richtung hin das
ganze Unternehmen keinen praktischen Erfolg gehabt haben,
mag vielmehr die liturgische Centralisation den kommenden
Geschlechtern als Desiderat verblieben sein: schaden konnte es
jedenfalls nichts, wenn Karl seine Erzbischöfe und durch sie
indirekt wieder die Bischöfe und Pfarrer zwang, sich Rechenschaft über die einzelnen Teile ihres gottesdienstlichen Handelns
zu geben.[2])   Die Kirche musste es vielmehr ihrem Kaiser

---

[1]) Ganz besonders erfreut war der Kaiser über die Arbeit des Amalar von Trier. Er dankt ihm mit den Worten: Scripta nobis tua sanctitate directa grata suscepimus dextera. Pro quo tibi laudes et gracias referimus; maxime quia, cum ipsam perlegere in presencia nostra fecissemus,
catholicam et omni laude dignam invenimus. Et hoc, quod nobis obediens fuisti et nostris iussionibus accelerare curasti, graciam agimus (Jaffé,
Monum. Carol. p. 409). Dagegen vermisst er in der Schrift des Leidrad
von Lyon ein näheres Eingehen auf die Abrenuntiation, weshalb der Genannte einen Aufsatz hierüber nachzuliefern sich genötigt sieht. Vgl.
in dem Briefe Leidrads, der sein Opusculum de abrenuntiatione diaboli
(Abgedr. bei Mabillon, Vetera anal. p. 85—89) begleitet: Tunc demum non
tam imperiali quam paterna ammonitione innotescere nobis dignati estis:
minus nos dixisse de abrenunciatione diaboli et earum, quae eius sunt
rerum, quam vestra pietas optabat (Jaffé l. c. p. 412).

[2]) So hat Erzbischof Magnus von Sens den Fragebogen Karls an seine
Diöcesanbischöfe weitergegeben und antwortet dem Kaiser zugleich in
seinem und seiner Bischöfe Namen, vgl. Jaffé, Monum. Carol. p. 414 sq.:
Innotescere magnitudini vestrae praesumsimus nos servi vestri, Magnus
scilicet et ceteri compares mei licet indigni episcopi ad Senonicam dioe-
cesim pertinentes. Auch ist die Antwort eines der Diöcesanen, des Bischofs
Theodulf von Orléans, sicher auf uns gekommen: Theodulfi Aurelianensis
episcopi de ordine baptismi ad Magnum Senonensem liber, abgedr. bei
Sirmond, Opera varia 1728 II 679—696 Ml. 105, 223—240. Ferner richtete
wohl zur selben Zeit Bischof Jesse von Amiens seine bekannte Epistola
de baptismo an die Pfarrer seiner Diöcese: Sacris sacerdotibus et in
Christo omnibus dioecesi nostrae digne militantibus Iesse humilis episcopus in domino salutem. Quoniam quidem dubitor me loqui vobis, cum
saepius fore cognosco de divinis libris ac sacerdotalis officii mysteriis,
quamquam mihi causa impossibilitatis impediat ac absentiae. Ideo breviter vobis. in quantum temporum adfuit spatium, qualiter a sacri baptis-

Dank wissen, dass er selbst an den Einzelheiten des Kultus das
lebhafteste Interesse nahm, und dass er zugleich seine ganze
Autorität in die Wagschale legte, wenn es galt, Hoch und
Niedrig in der Kirche an die tiefste Erfassung ihrer Pflichten
zu mahnen und vor Oberflächlichkeit oder Untreue zu bewahren.

In der That hat denn auch jene Massregel Karls ihre
guten Früchte gezeitigt. Sie wurde der Anlass zu einer reichen
liturgischen Litteratur. Freilich lag das Interesse an liturgischen Fragen damals in der Luft. In Bezug auf die Lehre
haben die Theologen im karolingischen Zeitalter sich vorwiegend receptiv verhalten, hinsichtlich der Ausbildung des
Gottesdienstes hingegen arbeiteten sie mit Fleiss und mit
selbständiger Überlegung. Man kann wohl sagen, dass die
Lücke, welche das 9. Jahrhundert in der Dogmengeschichte
aufweist, durch die Fortschritte auf liturgischem Gebiete vollauf kompensiert wird. Und gerade was die fränkische Theologie
nach dieser Hinsicht damals geleistet, hat noch keineswegs die
verdiente Würdigung gefunden.

Inmitten dieser Bewegung bedeutet aber Karl in erster
Linie eine treibende Kraft, und ebenso kommt seinem Rundschreiben vom Jahre 812 eine hervorragende Stellung in der
ganzen Entwickelung zu. Jener kaiserliche Fragebogen gab den
Anlass dazu, dass sich mancher Kirchenfürst mit theologischen
Studien abgab, der denselben sonst wohl fern geblieben wäre;[1])
eine ganze Reihe von Antworten, welche einliefen, liess einen

matis unda per gradus perveniri debeatur, scribendo perstrinximus. Scio
vero quia multi ex vobis eius bene noverunt mysteria, sed propter exer-
citationem et ignorantiam, causam convenientius mihi omnibus scribere
videtur, quam aliquibus insciis. Unde et rogo, ut vos qui capaciores sensu
estis, instruatis et adhortetis eos qui minoris sunt ingenii, in spiritu mansue-
tudinis ac lenitatis, ut intente quae in eo latent, perquirant et ad fructum
sanctae dei ecclesiae domino favente inquisita perducant. Abgedr. bei
Gallandi. Biblioth. veter. patr. XIII 397—401 Ml. 105, 781—791.   ·

[1]) Leidrad von Lyon, Liber de sacramento baptismi, praefatio Ml.
99, 853 sqq.: Quae omnia sicut difficilia sunt et ardua ad cognoscendum,
ita quoque perplexa et laciniosa ad innotescendum. — Sed quia ille iussit
qui nec falli potest tergiversatione nec contemni silentio, aggrediendum
est opus et iuxta facultatem virium exponendum quod in regenerationis
sacramento percipimus tenendum. Illi scientiam nostram offerimus qui
magis solet docere quam reprehendere.

Blick in die ungeahnte Mannigfaltigkeit thun, welche auf liturgischem Gebiete in den einzelnen Diöcesen des Reiches herrschte. Das führte dann weiter zu einem Gedankenaustausch über die historische Entwickelung und theologische Bedeutung des kirchlichen Ceremoniells, die fraglos nicht ohne Einfluss auf die grossen liturgischen Arbeiten eines Amalar und Hraban blieb. Aber es liegt auch auf der Hand, von welcher Bedeutung jene erzbischöflichen Antwortschreiben für die historische Erkenntnis sind. Als Quellen ersten Ranges spiegeln sie ebensowohl die liturgischen Zustände des Reiches wie die theologische Bildung des hohen Klerus in jener Zeit wieder. Und da sie auch zu der Frage Karls: De symbolo, quae sit eius interpretatio secundum Latinos, Stellung nehmen, so findet neben der Kultusgeschichte bei ihnen auch die Symbolforschung ihre Rechnung.[1]

Kein Wunder deshalb, wenn man von alters her auf die einschlägigen Schriften mit Eifer gefahndet hat. Indessen hat erst Paul Caspari die durch das kaiserliche Rundschreiben direkt oder indirekt veranlasste liturgische Litteratur zusammengestellt.[2] Er konstatierte zunächst fünf direkte Antworten an Karl von den Erzbischöfen Leidrad von Lyon, Magnus von Sens, Amalar von Trier, Maxentius von Aquileja und Odilbert von Mailand, sodann das Gutachten des Bischofs Theodulf von Orléans an seinen Metropoliten Magnus von Sens und den Erlass des Bischofs Jesse von Amiens an den Diöcesanklerus von Amiens, endlich einen anonymen Traktat und ein Fragment, also insgesamt neun Schriften. Indessen ist von den beiden letzteren der Brevis tractatus de sacramento baptismi,[3] in welchem Caspari eine direkte Bezugnahme auf Karls Fragebogen sehen will, nichts anderes als ein im 9. Jahrhundert

---

[1] Vgl. Swainson, The Nicene and Apostles' Creeds p. 185 sq. Caspari, Alte und neue Quellen S. 285 Anm. 14. Kattenbusch, Das apostolische Symbol I 177—182. Hahn, Biblioth. d. Symbole u. Glaubensregeln (3) S. 79 sq. § 69. 70. S. 100 § 96. D. Jean Chapman in der Rev. Bénéd. 1894 p. 365. Haussleiter in der Neuen kirchl. Zeitschrift 1898 S. 341—351.

[2] A. a. O.

[3] Abgedr. bei Martene, De antiquis ecclesiae ritibus 1736 Tom. I 172 sq.

überaus häufig begegnendes offizielles Schema der Taufliturgie [1]) mit zwei kleineren und zwei grösseren Interpolationen und gehört demnach nicht unter die in Frage stehende Litteratur. Dagegen ist es mir bis jetzt gelungen, vier weitere allerdings auch nur namenlose Schriften nachzuweisen, die entschieden zu dieser Gruppe zählen. Von ihnen sind zwei bereits länger bekannt, aber bisher unbeachtet geblieben, nämlich die Epistola ad Carolum M. imperatorem de ritibus baptismi [2]) und die mit dem kaiserlichen Rundschreiben ohne Zweifel indirekt zusammenhängenden Collectanea dicta de antiquis ritibus baptismi eorumque significatu. [3]) Auf zwei andere, ebenfalls direkt an den Kaiser gerichtete Antworten von Erzbischöfen, die nur handschriftlich in Orléans und Brüssel bezw. München vorhanden sind, hat erst vor einigen Jahren Dom Germain Morin aufmerksam gemacht. [4])

Somit beliefe sich also die Zahl der durch Karls Fragebogen veranlassten und bis jetzt nachweisbaren Schriftstücke auf acht direkte Antwortschreiben und vier anderweitige Aufsätze über die Taufe. Unter ihnen tragen weiter sieben den Namen ihres Verfassers, während fünf namenlos sind. Neun sind bereits gedruckt, drei hingegen blieben bisher unediert. Denn abgesehen von jenen beiden jüngst erst durch Dom Ger-

---

[1]) Unt. and. Alcuini epist. 93 ad monachos Gothiae u. epist. 261 ad Oduinum presbyt. Jaffé, Monum. Alcuin. p. 390 sq. 824 sq. Ferner unter dem sinnlosen Titel Traditio baptisterii als Anhang der Jesseschen Schrift an die Pfarrer über die Taufe. Gallandi, Biblioth. veter. patr. XIII 401. Ml. 105, 791 sq.

[2]) Abgedr. bei Martene, Thesaur. novus anecdot. I 15—17 Ml. 98, 938 sq.

[3]) Abgedr. bei Pez, Thesaur. anecdot. noviss. II 2 p. 12—16 Ml. 106. 53—58.

[4]) Vgl. Rev. Bénéd. 1896 p. 289—294. Die erstere (Ms. 94 d'Orléans fol. 20 b) beginnt: O serenissime atque piissime Auguste, precepit nobis dignitas vestra. Über die Handschrift vgl. Delisle, Notice sur plusieurs ms. de la biblioth. d'Orléans p. 10. Die andere (Cod. Bruxell. 17349—17360. Cod. lat. Monac. 21568 Weihensteph. saec. XII fol. 79) enthält auch das schon genannte offizielle Taufschema aus Alcuin epist. 93. 261, ist aber jedenfalls von einem Erzbischof verfasst, der über Suffragane verfügt. Morin schwankt zwischen Riculf von Mainz, Hildebald von Köln und Arn von Salzburg. Beide Schriften gehören demnach zu den direkten erzbischöflichen Antwortschreiben.

main Morin bekannt gegebenen Antworten harrt auch der Aufsatz eines der bedeutendsten Kirchenfürsten, des Erzbischofs Odilbert von Mailand, noch der Herausgabe.[1]) Derselbe lag Mabillon in einer Reichenauer Handschrift vor. Gleichwohl hielt es der gelehrte Mauriner nur für notwendig, aus der letzteren das Schreiben des Kaisers und den einleitenden Brief des Erzbischofs zu publizieren, während er von der Schrift selbst bloss die Überschriften und Initien der Kapitel abdruckte.[2]) Der Excerptencharakter des Odilbertschen

---

[1]) 1. Leidrad von Lyon, Liber de sacramento baptismi (Mabillon. Vetera analecta 1723 p. 78—85. Gallandi, Biblioth. veter. patr. XIII 382—389 Ml. 99. 853—872). 2. Magnus von Sens, Libellus de mysterio baptismatis (Martene, De antiq. eccl. ritib. 1736 Tom. I 169—171. Ml. 102, 981—984). 3. Amalar von Trier, Epistola de caerimoniis baptismi (Gerbert. Monum. vet. liturg. Alem. II 264—269. Alcuini opp. ed. Froben II 520—524 Ml. 99, 893—901). 4. Maxentius von Aquileja, Epistola de significatu rituum et caerimoniarum baptismi (Pez, Thesaur. anecdot. noviss. II 2, 7—12 Ml. 106, 51—54). 5. Odilbert von Mailand, Liber de baptismo. 6. Theodulf von Orléans, Liber de ordine baptismi ad Magnum Senonensem (Sirmond, Opera varia II 679—696 Ml. 105, 223—240). 7. Jesse von Amiens, Epistola de baptismo (Gallandi, Biblioth. veter. patr. XIII 397—401 Ml. 105, 781—791). 8. Fragment aus der Schrift eines Anonymus (Baluze, Capitular. reg. Franc. II Appendix Nr. 22 p. 1402—1403 Ml. 98, 939). 9. Epistola de ritibus baptismi ad Carolum M. imperatorem (Martene, Thesaur. novus anecdot. I 15—17 Ml. 98, 938 sq.). 10. Collectanea dicta de antiquis ritibus baptismi eorumque significatu (Pez, Thesaur. anecdot. noviss. II 2, 12—16. Ml. 106, 53—58). 11. Anonymus im Cod. Bruxell. 17349—17360, bezw. im Cod. lat. Monac. 21568 Weihensteph. (Rev. Bénéd. 1896 p. 290—292). 12. Anonymus im Ms. 94 der Bibliothek von Orléans: O serenissime atque piissime Auguste, precepit nobis dignitas vestra. Vgl. Delisle, Notice sur plusieurs ms. de la biblioth. d'Orléans p. 10. Rev. Bénéd. 1896 p. 294 n. 1. — Ob endlich auch der Ordo vel brevis explanatio de catechizandis rudibus in dem Cod. Vindob. 1370 hierher gehört, lässt sich aus den Mitteilungen, welche Caspari (Alte und neue Quellen S. 282—289) darüber macht, nicht mit Sicherheit schliessen. Vgl. Kattenbusch. D. apost. Symb. I 210.

[2]) Vetera analecta 1675 Tom. I p. 21 sq. 1685 Tom. IV p. 317 sqq. Edit. sec. 1723 p. 75—77. Das Rundschreiben des Kaisers ex Mettensi codice, welchen der Mönch Placidus von Beuville (Kongregation von St. Vanne) entdeckt hatte. Odilberts Antwort an Karl samt Inhaltsangabe seiner Schrift über die Taufe, ex bibliotheca Augiensi. Den Brief Odilberts allein druckte auf Grund von Mabillon wieder ab Pertz M. G.

Aufsatzes war es, was Mabillon zu diesem Verfahren veranlasste. Mehr als dieses Mabillonsche Inhaltsverzeichnis scheint auch Martene von der Odilbertschen Schrift nicht gekannt zu haben.[1]) Aber die Wissbegierde der Gegenwart glaubte sich damit nicht zufrieden geben zu können. Caspari bedauerte das souveräne Vorgehen Mabillons[2]), und Kattenbusch stellte Vermutungen über einen der Gewährsmänner auf, die Odilbert vorzugsweise ausgeschrieben hatte.[3]) Die Frage schien um so interessanter, als der Codex, den Mabillon benutzt hatte, unbekannt geworden war.

Auch mich zog es bei meinen Versuchen, einen Einblick in die karolingische Taufliturgie zu gewinnen, zu der Odilbertschen Schrift. Denn wollte man alle diejenigen theologischen Werke der karolingischen Periode ausmerzen, die mehr oder weniger Excerpte aus den Vätern bilden, so würde überhaupt nicht viel übrig bleiben. Galt doch geistige Unselbständigkeit geradezu als ein wissenschaftlicher Ruhmestitel in jener Zeit. Aber trotzdem musste es von höchstem Interesse sein zu erfahren, wie einer der hervorragendsten Metropoliten des Reiches, der Erzbischof der gerade in liturgischer Hinsicht von alters her viel genannten Mailänder Kirche, sich zur Frage nach dem Taufceremoniell gestellt habe.

Unter diesen Umständen bedarf es wohl keiner weiteren Rechtfertigung, wenn ich diese bisher nur dem Namen und allgemeinen Inhalt nach bekannte Schrift endlich der theologischen Welt im vollen Wortlaut vorlege.

Leges I 171; auf Grund des Cod. St. Pauli in Karinth. XXV $\frac{a}{5}$ Jaffé, Monum. Carol. p. 403—406 und Boretius M. G. Capitul. reg. Franc. I 247 sq.

[1]) De antiq. eccl. ritib. 1736 Tom. I 37: Denique tam insufflationis quam exorcismorum meminere ... qui de ritibus baptismi scripserunt auctores pene omnes, quales sunt Hildephonsus Toletanus archiepiscopus, Leidradus Lugdunensis, Magnus Senonensis, Odilbertus Mediolanensis, Rabanus Moguntinus ...

[2]) Alte und neue Quellen S. 286: Wo wir doch nur die Titel der verschiedenen Abschnitte dieser Schrift erhalten.

[3]) D. apost. Symb. I 178: Ich gestehe jedoch, dass ich nicht weiss, wer der „Johannes" ist, den er meist nennt. — Vielleicht ist Johannes Cassianus gemeint. Jedoch ich lasse alle Mutmassungen dahingestellt. Jedenfalls ist es bedauerlich, dass Mabillon so zurückhaltend gewesen; soweit mir bekannt, ist das Buch des Odilbert bis jetzt noch nicht ediert.

II. Odilbert von Mailand und seine Schrift.

Über den Verfasser des Traktates sind bis jetzt nur wenige
Daten bekannt.[1])
Odilbert [2]) der Dicke, erst Bischof von Acqui, seit etwa 803
Erzbischof von Mailand,[3]) verdankte die Erhebung zu dieser
höchsten kirchlichen Würde in Oberitalien dem Umstande,
dass er ein besonderer Liebling Kaiser Karls war. Natürlich
brachte ihn die neue exponierte Stellung erst recht in wiederholte Beziehung zu den Gliedern des Kaiserhauses. So nahm
er Karls zweiten Sohn, den König Pippin von Italien, als
kranken Mann gastlich bei sich auf und bereitete den Sterben-
den (8. Juli 810) zum Tode vor.[4]) Dann krönte er Pippins

---

[1]) Papebroch, Acta Sanctorum, Mai Tom. VII p. LVI. LXIX.
Ughelli, Italia sacra. edit. sec. Venetiis 1719. IV 75 sq. Auf Ughelli beruhen vorzugsweise die kurzen Mitteilungen aller übrigen, nämlich von:
Cave, Scriptor. eccl. historia literaria 1699 p. 198; 1720 p. 434. Oudin, Commentarius de script. ecclesiae antiquis 1722. II 1—3. Zedler, Universal-
lexikon 1740. XXV 456 f. Jöcher, Allgem. Gelehrtenlexikon 1751. III 1023.
Adelung, Allgem. Gelehrtenlexikon 1816. V 923. Fabricius, Biblioth. lat.
med. et infim. aetatis ed. Mansi. 1754. V 161.
[2]) Die Orthographie des Namens ist natürlich schwankend: Odelbert,
Odelpert, Odilbert, Odilpert, Odobert, Odolpert, Odopert, Olbert, Oldibert,
Oldipert, Oldobert, Olibert, Alepert, Alibert, Edelbert. Er selbst unter-
zeichnete eine Urkunde vom 25. Januar 806, in welcher er dem Abt Ari-
gausus von St. Ambrosius die Kirche des heil. Vincentius in Prato schenkt,
mit Odelpertus, weshalb Ughelli diese Schreibweise für die richtige erklärt. Gleichwohl behalte ich aus praktischen Gründen die einmal ein-
gebürgerte Form bei.
[3]) Papebroch gibt als Ordinationstag den 13. oder 20. Juli (Sonntag)
805 an. Ihm schliessen sich Jaffé und Boretius an. Ughelli nennt als Tag,
an welchem Odilbert seinem Vorgänger Oldrad gefolgt sei, den 1. Ok-
tober 804 und beruft sich hierfür ohne Berechtigung auf Tristan Calchus
(vgl. Historiae patriae lib. V ed. Graevius 1704. II 173). Dümmler (Gesta
Berengarii imperatoris p. 164) endlich rechnet, wie vor ihm schon Adelung,
803 heraus.
[4]) Dagegen ist die auch von Ughelli aufgestellte Behauptung, dass
Odilbert die Leiche des Königs nach seiner Residenz Verona überführt
habe, unrichtig. Pippin wurde am 11. Juli in S. Ambrogio in Mailand
begraben, wo sich heute noch seine Grabschrift befindet. Annal. Lauriss.
min. Pertz M. G. Script. I 121: Sepultus est Mediolanum. Malfatti, Ber-
nardo re d' Italia p. 53. 58.

Sohn Bernhard zum König von Italien. In das zweitnächste
Jahr fällt die Abfassung des Liber de baptismo,[1]) die Antwort
auf Karls Rundschreiben. Nach einer etwa zehnjährigen Amtsführung starb Odilbert
am 25. Februar 814 und wurde in S. Ambrogio begraben.[2])
Odilberts Schrift über die Taufe gemahnt unwillkürlich an
ein Wort Hrabans. Denn ganz wie dieser in seinem Lehrbuch
über die Bildung der Geistlichen es als sein Ideal ausspricht,
nichts Eigenes geben zu wollen,[3]) so verzichtet gleicherweise auch
der Erzbischof von Mailand durchaus darauf, etwas Neues,
Originales, Selbständiges zu bieten. Ganz wie Hraban sieht
er seinen Stolz und seine Pflicht ausschliesslich darin, die be-
währten Urteile kirchlicher Autoritäten aus verschiedenen Jahrhunderten zu wiederholen. Man müsste es befremdlich finden,
dass einer der ersten Prälaten des Reiches dem Kaiser eine
Denkschrift einzureichen wagt, die nichts anderes ist als ein
Konglomerat von unverbunden nebeneinander gestellten Excerpten aus heterogenen Schriftstellern, wenn man nicht wüsste,
dass einer der gelehrtesten Männer des 9. Jahrhunderts nicht
anders schrieb und nicht anders schreiben wollte. Odilbert entspricht als litterarischer Charakter durchaus der Richtung und
dem Geschmack seiner Zeit.

Ja die Ähnlichkeit zwischen Hraban und Odilbert ist in

---

[1]) Es empfiehlt sich diesen der Schrift Odilberts bereits von Mabillon
beigelegten einfachen Titel beizubehalten, statt des auch gebräuchlichen
Liber de sacramento baptismi et eius caerimoniis.

[2]) Den Tag nach Papebroch und Dümmler. Die Angabe bei Ughelli:
27. April beruht vermutlich auf Verwechselung von V. Kal. Mart. und
V. Kal. Mai. — Das Jahr 814 geben auch Jaffé und Boretius an, während
Dümmler (l. c. p. 164) 813 herausrechnet.

[3]) De clericor. institut., praef. Ml. 107, 296: Confido omnipotentis
dei gratiae, quod fidem et sensum catholicum in omnibus tenuerim nec
per me quasi ex me ea protuli, sed auctoritati innitens maiorum
per omnia illorum vestigia sum secutus. Cyprianum dico atque Hilarium,
Ambrosium, Hieronymum. Augustinum, Gregorium, Ioannem, Damasum,
Cassiodorum et caeteros nonnullos, quorum dicta alicubi in ipso opere ita
ut ab eis scripta sunt per convenientiam posui, alicubi quoque eorum sensum meis verbis propter brevitatem operis strictim enuntiavi. Interdum
vero ubi necesse fuit secundum exemplar eorum quaedam sensu meo
protuli.

formeller Hinsicht noch frappanter. Bei beiden herrscht das
wörtliche Citat vor. Auch Odilbert findet sich nicht einmal
berechtigt, das fremde Gut irgendwie schön zu verarbeiten.
Vielmehr geht sein Respekt vor dem litterarischen Eigentum
soweit, dass er jedesmal den Gewährsmann, hier und da auch
die Fundstätte genau angibt. Aus einer Anzahl von Büchern,
die in seiner Bibliothek vor ihm stehen, nimmt er die passenden Citate heraus. Und nur darin dürfte seine eigne geistige
Arbeit bestanden haben, dass er nicht gerade die ungeschick-
testen Stellen auswählte.[1] Ja so konsequent ist Odilbert in
diesem seinem Verfahren, dass man sich veranlasst fühlt, auch
da, wo er seinen Gewährsmann nicht mit Namen anführt,
gleichwohl nach einem solchen zu suchen und dem Erzbischof
somit auch den geringsten eignen Beitrag abzusprechen.

Was nun diese von Odilbert herangezogenen Autoritäten
selbst anbetrifft, so ist ihre Verwendung nicht ohne Interesse
und teilweise nicht ohne principielle Bedeutung.

Nur sieben Stellen entnahm er der heiligen Schrift, unter
denen drei Worte Jesu (Matth. 28, 19. Mark. 16, 16. Joh. 3, 5),
den Taufbefehl und die Taufverheissung ausmachend, das erste
Kapitel bilden. Eines dieser Worte (Mark. 16, 16) kehrt
später (c. XIV) wieder, und ein viertes Evangeliencitat (Joh.
6, 57 c. XX) dient nur als Grundlage für ein augustinisches
Excerpt. Dagegen figurieren je ein Wort des Salomo (Pred.
9, 8 c. XIX) und des Paulus (Ephes. 5, 26 c. III) als wirkliche Schriftbeweise.

Unter den citierten Vätern ist der älteste Cyprian. Aus
seiner Schrift De dominica oratione zog Odilbert denjenigen
Passus in der Erklärung der vierten Bitte heran, welcher vom
Abendmahl handelt. Und ausserdem verwendete er charakteristischerweise bei Besprechung der bischöflichen Handauflegung drei Stellen aus dem 72., 73. und 74. Briefe Cyprians.

Aus Augustins Johanneskommentar stammen die Definitionen von Taufe und Abendmahl.

Um die Notwendigkeit der Exsufflation einzuschärfen, wird
eine in den Dekretaliensammlungen häufig wiederkehrende

---

[1] Vgl. hierzu Hauck, Kirchengesch. Deutschl. II 580.

Verfügung Papst Cälestins I. an die Bischöfe von Gallien benutzt, welche eine Taufe ohne das hergebrachte Kompetenten-
ceremoniell vorzunehmen verbietet.

Bei Besprechung des Effeta finden die Moralien Gregors
des Grossen zweimal Verwendung, an dieser Stelle wenig passend
und obendrein mit ungenauem Wortlaut.
Bessere Hilfe boten die liturgischen Sammelwerke des
Ambrosius und Isidor. Des ersteren Schrift De mysteriis wird
fünfmal, De sacramentis zweimal citiert.[1]) Ferner hat Odilbert
zwei Stellen aus den Etymologien des Isidor genommen und
vom 2. Buch der Offizien die Kap. 21—23, 25—26 in zehn
Citaten fast vollständig ausgeschrieben.

Das letztere gilt auch von der verhältnismässig wenig bekannten Schrift De variis ritibus ad baptismum pertinentibus
et aliis observatione dignis, einem Briefe, in welchem der
römische Diakon Johannes dem Patricier Senarius, einem Comes
Patrimonii oder Domänenverwalter im Dienste Theodorichs des
Grossen, allerlei Fragen über liturgische Dinge beantwortet.
Dieser im Anfang des 6. Jahrhunderts lebende Johannes wird
nicht weniger als vierzehnmal genannt, und zwar finden sich
sämtliche Citate in den Kap. 3—7 seiner erwähnten Schrift.

Nur an acht Stellen wird der Gewährsmann von Odilbert
nicht kenntlich gemacht. Entweder weiss er seinen Namen
selbst nicht, so bei dem „quidam" c. X, oder er irrt sich in
dem Namen, so wenn er c. VIII und c. IX zwei Stücke dem
Isidor zuweist, die sich gleichwohl nicht in Isidors Schriften
finden, oder wenn er c. XX durch ein zweimaliges „item" ausdrücken zu wollen scheint, dass auch die folgenden Abschnitte
von dem an vorhergehender Stelle genannten Autor, nämlich
von Augustin, sind, was indessen nicht der Fall ist.

Solche unsicheren Citate zu verwenden mochte sich Odilbert dann ganz besonders veranlasst sehen, wenn dieselben zu
seiner Zeit gäng und gäbe waren und anderweitig gern herangezogen wurden. Dies gilt von der Definition der Begriffe
Skrutinium und Symbolum, welche in c. VIII bezw. c. IX fälsch-

---

[1]) Über Ambrosius als Verfasser von De sacramentis vgl. Dom Germain Morin in der Rev. Bénéd. 1894 p. 343 sqq.; 1895 p. 386; 1897 p. 195.

lich dem Isidor zugeschrieben werden, und die sich gleichzeitig in den Collectanea dicta de antiquis ritibus baptismi eorumque significatu [1]) bezw. bei Hrabanus Maurus[2]) finden; und ebenso ist es bei der kurzen Notiz über die Schultersalbung in c. XIII der Fall, welche Odilbert „alibi" gefunden hat, d. h. wohl in jenem überaus häufig begegnenden offiziellen Schema des Taufritus, welches unter anderen auch Alkuin in zwei seiner Briefe aufgenommen hat.

So dürften denn als eignes Gut des Odilbert schliesslich nur der Schlusssatz von c. VII und der Eingang von c. XX. übrig bleiben.

Die Schrift schliesst sich ohne Titel direkt an die beiden Briefe des Kaisers und des Erzbischofs an. Sie zerfällt in eine Einleitung (c. I—III) und vier Abschnitte (c. IV—XXII). Die Einleitung bietet in c. I die biblischen Aussagen über die Taufe, erklärt in c. II Name und Begriff der Taufe durchweg mit Worten Isidors und weist in c. III im Anschluss an Ambrosius die Wirkungen der Taufe nach, sofern dieselbe eine unumgänglich notwendige Verbindung von Wasser und Wort repräsentiert.

Des weiteren handelt der erste Abschnitt (c. IV—VI) vom Katechumenat, der zweite (c. VII—XII) von der Taufvorbereitung, der dritte (c. XIII—XVI) vom Taufakt, der vierte (c. XVII—XXII) von den unmittelbar auf die Taufe selbst folgenden Ceremonien.

Der Kaiser hat laut seines Fragebogen auch über die „Credulitas" seiner Erzbischöfe Auskunft zu erhalten gewünscht.[3]) Odilbert ist ihm die Antwort darauf schuldig geblieben, und wir wissen nicht, ob Karl diese Unterlassung übersehen oder etwa ähnlich gerügt hat wie bei Leidrad von Lyon die nicht genügende Erklärung der Abrenuntiation.[4]) Nur das steht fest, dass spätere Leser der Odilbertschen Schrift an dem Fehlen der „Credulitas" Anstoss genommen haben und

---

[1]) Vgl. oben S. 8 Anm. 3.
[2]) De clericor. institut. II 56. Vgl. Hauck, Kirchengesch. Deutschl. II 583 Anm. 2.
[3]) Vgl. oben S. 4.
[4]) Vgl. oben S. 5 Anm. 1.

bestrebt gewesen sind, diese Versäumnis des Verfassers nach-
zuholen. Sie thaten, was auch Odilbert gethan haben würde,
und was Hraban jedenfalls gethan hatte, sie nahmen die „Credulitas" aus Isidors Offizien herüber.[1]) Nur wie dieser Zusatz mit
der Odilbertschen Schrift am besten zu vereinigen sei, darüber
konnte man im Zweifel sein, denn die Zahl der zweiundzwanzig
Odilbertschen Kapitel durfte nicht alteriert werden. So findet
sich denn im Codex von St. Paul die „Credulitas" als selbständiger Anhang hinter dem Traktat und zwar noch hinter
der Schlussbitte des Schreibers,[2]) während der Münchener
Codex sie scheinbar organisch, in Wirklichkeit aber sehr unge-
schickt dem c. XVI eingliedert.[3]) Beide Male aber zeigt sich,
wie wenig der Verbesserer seiner Aufgabe gewachsen war;
denn was unter dem Titel „Regula fidei" die vermisste „Credulitas" Odilberts ersetzen soll, verdient diesen Namen nur im
ersten Teile, verläuft sich aber alsdann hier wie dort in ein
regelloses Konglomerat von Excerpten, die abermals das Taufceremoniell betreffen.[4])

---

[1]) Isidor. de eccl. offic. II 24, 1 Ml. 83, 817 A. Vgl. Hraban.
Maur. de clericor. institut. II 57 Ml. 107, 369. Hauck, Kirchengesch.
Deutschl. II 583 Anm. 3. Der Abschnitt lautet: De (incipit *M*) regula
fidei. Ysidorus: Post apostolorum symbolum haec est certissima fides
quam doctores nostri tradiderunt, ut profiteamur patrem et filium et
spiritum sanctum unius esse essentiae (essentiae *P*[1], *om PM*) eiusdemque
potestatis et sempiternitatis (sempiternae trinitatis *M*) unum deum invisibilem, ita ut in singulis personarum proprietate servata nec substan-
tialiter trinitas dividi (nec — dividi *P*[1], *om PM*) nec personaliter debeat
omnino confundi. Patrem quoque confiteri ingenitum, filium genitum (uni-
genitum *P*[1]), spiritum sanctum neque ingenitum neque genitum sed ex
patre et filio procedentem. Die Erklärung der Siglen siehe S. 23 Anm. 2.

[2]) Bl. 146 und 147ᵃ.

[3]) Bl.: 102ᵇ. De trina mersione. Interrogatio. Incipit regula fidei. Ysidorus: Post apostolorum symbolum ... Bl. 103ᵇ: ... deo gratias. De trina
mersione. Cur trina fit mersio? Responsio: Nam qui in trinitatis nomine ...

[4]) Im Codex von St. Paul folgen unter der Aufschrift: Item in
omeliis sancti Augustini, Ausschnitte über Taufe und postbaptismale Akte
aus den pseudoaugustinischen Traktaten De mysterio baptismatis und De
unctione capitis et de pedibus lavandis (August. opp. ed. Benedict. Tom.
VI Appendix Ml. 40, 1209. 1211), sodann aus Ambros. de sacrament. II 7,
24 und de myster. VII 34, 35, endlich ein in Bezug auf seine Her-

III. Die Codices und der Text.

Schon vor längerer Zeit stiess ich in einer Münchener Handschrift auf einen Abschnitt, der mich lebhaft an die kurzen Mitteilungen erinnerte, die Mabillon in seinen Vetera analecta aus der Schrift Odilberts gegeben hat. Aber obwohl die Mabillonschen Bemerkungen nicht viel Originalität erhoffen liessen, vielmehr von vornherein die Erwartungen ziemlich herabstimmten, so glaubte ich eben doch nur ein Excerpt aus dem echten Odilbert vor mir zu haben. Indessen sollte sich diese Vermutung als irrig erweisen; was damals vor mir lag, war die Schrift Odilberts wenigstens der Hauptsache nach selbst.

Zwar meine Hoffnung, den von Mabillon benutzten Reichenauer Codex in Karlsruhe zu finden, wohin die meisten Reichenauer Handschriften gekommen sind, schlug fehl. Dagegen bot mir vollständigen Ersatz ein ehemaliger Sanblasiensis, der mit den übrigen Schätzen und Sammlungen von St. Blasien bei der Aufhebung der vorderösterreichischen Klöster im Jahre 1807 nach St. Paul im Lavantthal (Kärnten) gekommen war. Ja ich hege sogar die Vermutung, dass dieser Sanblasiensis von St. Paul mit dem von Mabillon benutzten Augiensis identisch ist. Denn wie mir die Verwaltung der Grossh. Hof- und Landesbibliothek zu Karlsruhe aufs entgegenkommendste bestätigte, steht die Thatsache fest, dass „ein grosser Teil der nun in St. Paul im Lavantthale ruhenden Codices aus St. Blasien leibweise aus der Reichenau stammt." Und ich würde sogar an dieser Identität nicht den geringsten Zweifel hegen, wenn mich nicht der für St. Blasien charakteristische braune Ledereinband stutzig machte. Indessen lässt sich die Sache vielleicht so erklären, dass die Handschrift, als Mabillon 1683 die deutschen Bibliotheken bereiste, sich noch in Reichenau befand,[1]) dass sie dann

---

kunft unbekannter Schluss, der von der Communion des Neugetauften handelt. — Der Münchener Codex schliesst sich diesem Elaborat bis zum Citat aus Ambros. de sacrament. einschliesslich an, fügt dann aber hinzu: Orationes IV quas memorat sanctus Augustinus. Ita nominat nostra translatio obsecrationes orationes postulationes gratiarum actiones. Man sieht deutlich, dass mit dem guten Willen, eine Ergänzung zu Odilbert zu bieten, Wissen und Können des Korrektors nicht Schritt halten.

[1]) Noch 1779 erwähnt Ph. W. Gerken unter den 436 Handschriften, die er in Reichenau sah, Isidori episcopi Hispalensis liber de officiis,

später leihweise nach St. Blasien gelangte,[1]) hier gegen Ende des
18. Jahrhunderts aus Versehen oder mit Absicht den St. Blasiener
Einband erhielt und fortan um dieses ihres neuen Gewandes willen
nicht mehr für einen Augiensis, sondern für einen Sanblasiensis galt.
Jedenfalls beruht auf ihr so gut wie ausschliesslich unsere
Kenntnis der litterarischen Thätigkeit Odilberts, denn sie enthält den Brief des Kaisers an den Erzbischof, sodann die Antwort des letzteren und drittens seine Schrift über die Taufe.
Dieser Umstand wird es begreiflich erscheinen lassen, dass ich
den Codex selbst eingehend bespreche.

Die Schrift über die Taufe findet sich ausserdem, wie
schon gesagt, wenngleich mit einigen leichten Umgestaltungen,
in dem bereits erwähnten Münchener Codex.

Für den Brief des Erzbischofs an den Kaiser ist mir hingegen ausser dem Codex von St. Paul keine weitere Quelle
bekannt geworden.

Dagegen ist das kaiserliche Rundschreiben in drei Aus-
fertigungen auf uns gekommen:[2]) mit der Adresse des Amalar
im Cod. Tigurin. C. 102; mit der Adresse des Odilbert (ausser
in dem von Mabillon genannten Cod. Mettensis) im Cod. von
St. Paul; ohne Adresse im Cod. epistol. Udalrici und im Cod.
Zwetlensis 283. Da der Brief hinreichend bekannt ist, so habe
ich davon abgesehen, sämtliche Codices zur Vergleichung nochmals heranzuziehen und nur dankbar von den Mitteilungen
Gebrauch gemacht, die mir Herr Dr. Alfred Göldlin von
Tiefenau in Wien über den Cod. epistol. Udalrici zugehen zu
lassen die grosse Güte hatte. Dieselben ergänzen in wünschens-
werter Weise den Boretiusschen Text in den M. G. Capitul.
reg. Franc. I 246 sq.

Ich lasse nunmehr die Beschreibung der beiden Handschriften von St. Paul und München folgen.

codex membr. in 8vo sacc. VIII sive initio IX literis Merovingicis scriptus (Reisen durch Schwaben, Baiern u. s. w. 1783 I 165), unter welchem
Titel unser Codex wahrscheinlich gegangen ist. Siehe unten S. 19. 20 f.

¹) Seitdem 1760, also drei Jahre nach Aufhebung des Klosters, die
Reichenauer Bibliothek von Martin Gerbert offiziell katalogisiert war
(Gerbert, Iter Alemann. 1773 p. 287), dürfte sie auch anderen St. Blasiener
Gelehrten ohne Schwierigkeiten zugänglich gewesen sein.

²) Siehe oben S. 1 Anm. 2.

1. Cod. S. Pauli in Karinth. XXV $\frac{a}{b}$.

Pergam. 168 Bl. 8. long. (7/8 × 17/18) 10. Jahrh. Papp-
band mit braunem Leder überzogen, dessen Ränder nicht fest-
geklebt sind; auf dem Rücken: Isidorus Hispalensis. Beide Deckel
innen mit beschriebenen Pergamentblättern beklebt. Hinten ein
als Bl. 169 gezähltes, verkehrt eingeklebtes Pergamentblatt, mit
Messgebeten beschrieben. 21 Lagen: Quaternio 1—14 regelmässig,
Quaternio 15 mit eingeklebtem Bl. 114, Ternio 16, Quinnio 17,
Quaternio 18—20 regelmässig, Quaternio 21 aus sieben zusammen-
geklebten Blättern bestehend. Signierung hinten unten: Lage 2—6
B—F jeder Buchstabe von vier Punkten eingefasst; Lage 7 mit
ausradiertem H, neben welchem g; ebenso mit kleinen Buchstaben signiert Lage 8. 9. 11—14 und 16; mit Rotstiftsignierung
Lage 1. 10. 15. 18—21; Quinnio 17 ohne Signierung. Hinter Bl. 18
und Bl. 67 je ein den Inhalt der vorhergehenden bezw. folgenden
Seite ergänzender Schaltfetzen. Das Pergament von sehr ver-
schiedener Qualität. Schriftzüge, Zeilenzahl und Tinte wechseln
wiederholt mitten in einer Lage; so entsprechen sich Bl. 1. 2
und 7. 8 mit jüngerer Schrift (10. Jahrh.) und blasser Tinte,
während Bl. 3—6 und Lage 2—7 wieder zusammengehören
(9. Jahrh.); in Lage 10 haben Bl. 74 und 79 je 27, alle übrigen
nur 22 Zeilen. Auch sonst wechselt die Zeilenzahl; Lage
1—6: 22, 7: 21, 8—9: 28, 10: 22 bezw. 27, 11—13: 28,
14—17: 27, 18—21: 28 Zeilen. In der Hauptsache stammt
die Handschrift aus dem 10. Jahrhundert; nicht jünger dürfte
auch der Korrektor sein, der durchweg mit blasser Tinte nach-
gebessert hat.

Leer geblieben waren ursprünglich Bl. 1 ᵣ. 137 ᵥ, halb. 168 ᵥ,
halb. Von ihnen enthalten jetzt Bl. 1 ᵣ zwei Gebete Ad monachum consecrandum (11. Jahrh.), Bl. 137 ᵥ ein Stück eines
Redemtionenverzeichnisses:[1] Pro uno anno quando in pane et

---

[1] Über Redemtionen vgl. Schmitz, D. Bussbücher u. d. Bussdisciplin
d. Kirche I 144—157. Seeberg, Lehrb. d. Dogmengesch. II 30 f. Ähnliche Verzeichnisse bei Morinus, Comment. hist. de sacram. poenit. 1702.
X 16. Wasserschleben, Bussordnung d. abendl. Kirche, passim. Schmitz
a. a. O. II passim. Über Palmaten vgl. Wetzer u. Welte, Kirchenlexikon
(2) IX 1317 f.

2*

aqua debet penitere, canat psalmus XIIII milia ienua flectendo,
hoc sunt psalteria ç. XCVI. Et sine genua flectendo psalmus
XV milia, hoc sunt psalteria C III. Et pro uno solido psalmus DC, hoc sunt psalteria IIII genua flectendo. Pro V solidos
missas speciales VI psalmos L palmatas C. Pro I solido
missa speciales I psalmus L palmatas L. Pro uno anno
missas speciales XXX. Pro XXX denarios psalterium I.
Pro untias III psalterios II. Pro untias VI psalterios III.
Pro solidos XII psalterios VI. Pro solidos XX psalterios VIII.
XXIIII missas speciales pro psalterios VIII.

Inhalt. *1*) *Isidori Hispal. de ecclesiasticis officiis libri* (*Ml. 83*,
737—826).

Bl. 1*: Incipit praefatio libri officiorum sancti Ysidori.
Domino meo et dei servo . . . . Quaeris a me originem . . .
Explicit praefatio. Incipiunt capitula. I. De ecclesia vel vocabulo christia-
norum. . . . .

Bl. 2 bei V. De psalmis *die Randbemerkung:* Perfecta vox
est alta clara et suavis. Alta ut in sublime sufficiat, clara ut
aures adimpleat, suavis ut animos audientium blandiatur. Antiqui cantores pridie quam cantandum erat, abstinenti salibus
utebantur leguminibus, unde vulgo fabiarii vocantur. Nota quid
deceat christianum, si hoc fecere gentiles.

Bl. 2*. . . . XLIIII. De carnium esu vel piscium. Expliciunt capitula.

Bl. 3. Item incipit prologus de origine officiorum. Ea
quae in officiis aecclesiasticis . . . .

Bl. 52: . . . Explicit liber primus Ysidori sancti episcopi
iunioris Spaniensis. Incipit liber secundus.

Bl. 52*: Quoniam originis causasque officiorum . . . . Incipiunt capitula libri secundi. I. De clericis . . . . XXVI. De
manus inpositione vel confirmatione.

Bl. 53: Expliciunt capitula. Incipit liber secundus. Itaque omnes qui in ecclesiastici . . . .

Bl. 100: . . . Explicit liber secundus Esidori episcopi iunioris Spanensis de origine et generibus officiorum.

2) *Isidori Hispal. differentiarum liber secundus. De differentiis
rerum* (*Ml. 83, 69—95*).

Bl. 100: Incipit III differenciarum eiusdem. Inter deum et dominum . . .

Bl. 133:* XLII. De distinctionibus quattuor viciorum. Contra haec tamen . . . = *Ml. 83, 95 Cap. XL.*

Bl. 136:* . . . et tartari inferna promeruit (*Ml. 83, 98*). *Es folgen noch:* XLIII. Inter iusticiam et iudicium. XLIV. Inter castitatem et continentiam. XLV. Inter adulterium et fornicationem. XLVI. Inter impium et peccatorem. XLVII. Inter iniquitatem et peccatum, *welche bei Migne bezw. Arevalo nicht abgedruckt sind.*

Bl. 137:* Dispositis nonnullis differentiarum sententiis deinceps sacramentorum aecclesiasticorum distinctio subiciatur. Quid ergo inter caticuminum et competentem vel christianum distinguitur, agnoscamus. Omnis enim qui sacramenti consequi fidem nititur, prius caticuminus, dehinc conpetens vel electus, post modum fidelis, ad ultimum christianus efficitur. Dum enim quique a gentilitate conversus symbolum accipiat verbique dei auditor efficiatur, caticuminus nominatur. Hic primum tantum inunguitur, nondum tamen baptizatur, iuxta quod ait sanctus Augustinus: Caticuminus tantum inunctus est et nondum tamen lotus est. *Hiermit bricht der erste Teil der Handschrift mitten auf der Seite ab.*

3) *Bl. 138:* Karls Brief an Odilbert: In nomine patris et filii . . .

Bl. 139: Odilberts Brief an Karl: Domino christianissimo et a deo . . . .

Bl. 140:* Odilberts Schrift über Taufe und Taufceremonien: . . . De baptismi precepto. In evangelio.

4) *Bl. 146:* Ysidorus de regula fidei. Post apostolorum symbolum . . .

Bl. 147: . . . quatenus ad vitam aeternam valeant pervenire.

5) *Erklärung des Taufordo in 11 Capiteln von einem unbekannten Verfasser:*

Bl. 147: Cap. I. Cur caticuminus infans efficitur? Caticuminus ideo primo efficitur infans . . . . Cap. II. Scrutinium est illud quo a sacerdotibus . . . .

Bl. 147:* . . . Cap. III. Symbolum grece dicitur quod in latino . . . Cap. IV. Abrenuntiare quidem est despicere atque derelinquere . . . .

Bl. 148: . . . Cap. V. Exorcismum grece latine coniuratio

sive sermo . . . Cap. VI. Sal autem in ministerio caticuminus
dandus a patribus . . . . Cap. VII. Nares ideo tanguntur de
sputo et aures et effeta dicitur . . . .
Bl. 148: . . . Cap. VIII. Pectus vero ideo unguitur deo
scapulaeque signantur . . .
. *Bl. 149:* . . . Cap. VIIII. Albis vestibus propterea induuntur in Christo renati . . . . Cap. X. Crisma grece latine
unctio nominatur, ex cuius nomine . . . . cap. XI.
Bl. 149: Corpore autem et sanguine dominico ideo con-
firmantur . . . .

6) *Schema des fränkischen Taufordo.* Aufgenommen *unt.
and. in Alcuini epist. 261 ad Oduinum. Jaffé, Monument. Alcuiniana
p. 824 sq. Bl. 149*: . . . Ratio de sacro baptismate. Primo
paganus caticuminus fit accedens ad baptismum . . . .
Bl. 150: . . . . qui fuit in baptismo per gratiam vitae donatus aeternae. Explicit.

7) *Excerpt aus Hrabans Schrift De institutione clericorum Buch I
und II.* Vgl. Mt. 107, 297—378.
Bl. 150: Incipiunt capitula excerptionis sequentis. I. De
una dei ecclesia catholica . . . . XXXIII. De ordine missae.
L Aecclesia ergo dei catholica a Christi nomine . . . .
Bl. 157: . . . . sacerdotis. Tunc praedicetur a diacono licentia eundi peracta missa. Prior libellus finitur.
Capitula libri secundi. Primum. De officiis et orationibus
canonicarum horarum . . . .
Bl. 157:* . . . LVIII. De heresibus variis. Incipit liber secundus. I. Explicato missae ab apostolis et apostolicis viris . . .
Bl. 168:* . . . licet de ecclesia non recesserit tamen here-
ticus appellari potest. Explicit liber II.

2. Cod. lat. Monac. 14581 (Em. F. 84). Pergam. 4.

Bl. 1—163. 11. Jahrh. Bl. 164—174. 14. Jahrh. Über
den Inhalt der Handschrift vgl. Catalogus cod. latin. biblioth.
reg. Monacensis Tom. II pars II p. 196 sq.

Cod. Monac. bietet die Arbeit Odilberts nicht als selbst-
ständige Schrift, wie er denn auch die beiden Briefe des Kaisers
und des Erzbischofs nicht erwähnt, sondern als Bestandteil
eines Konglomerats von Excerpten über die Taufe (Bl. 97—108),

das (Bl. 97) den Titel führt: Incipit liber III de officio et
ordine baptisterii ex autenticis libris prudenter collectus, ohne
dass klar ersichtlich wäre, welche unter den voraufgehenden
Schriften als liber I und liber II (vgl. Bl. 78: In Christi
nomine incipit liber II de officio missae scilicet expositio
ethica et theorica per interrogationem et responsionem a quodam sapiente edita und Bl. 108: Incipit liber IIII de aecclesiasticis institutis ex kanonica auctoritate prolatis atque capitulatim
degestis allocutio pontificia ad sacerdotes) gedacht sind. Und
zwar sind in diesem Abschnitt Bl. 100—105 identisch mit
Odilberts Schrift über die Taufe abgesehen von der einge-
sprengten Regula fidei (Bl. 102ᵛ—103ᵛ).[1])
    Interessant aber ist, dass im Cod. Monac. die Schrift Odil-
berts nicht in der ursprünglichen Form erscheint, sondern
dass die einzelnen Kapitel sehr hölzern in Frage und Antwort
gestellt sind. Meist ist nur die alte Überschrift in eine Frage
umgewandelt, und das Kapitel selbst folgt mit unbedeutender
Veränderung der Anfangsworte als Antwort. Dabei bleiben die
von Odilbert geflissentlich namhaft gemachten Gewährsmänner
nunmehr ungenannt. Aus der die Meinungen der Väter referieren-
den Denkschrift Odilberts über die Taufceremonien ist ein Schul-
buch geworden, eine Art viertes Hauptstück über die Taufe,
nur dass es nicht mit der Gemeinde eingeübt worden sein
dürfte, sondern mit dem jungen Klerus in den Klosterschulen.

1. Karoli M. ad Odilbertum epistola. [2])

    In nomine patris et filii et spiritus sancti. Karolus sere-
nissimus augustus a deo coronatus, magnus pacificus imperator
Romanum gubernans imperium, qui et per misericordiam dei
rex Franchorum et Langobardorum, Odilberto venerabili archie-   5
piscopo in domino salutem.

---

¹) Siehe oben S. 16 Anm. 3. 4.

²) Abkürzungen im Folgenden: Cod. St. Pauli in Karinth. XXV $\frac{a}{5}$
(= P). Cod. lat. Monac. 14581 (= M). Cod. Vindob. iur. can. 45, nunc.
398 (= V). Boretius M. G. Capit. reg. Franc. (= Bor). Jaffé Monum. Carol.
(= Jaf). Die Zahlen im Apparat bezeichnen die Zeilen des Textes. Abgesehen von Kleinigkeiten ist die Überlieferung ziemlich übereinstimmend.

  • Bor Francorum. — P Odilberto V N. Vide supra p. 2.

Saepius tecum immo et cum ceteris collegis tuis familiare
conloquium de utilitate sanctae dei ecclesiae habere voluisse-
mus, si absque molestia corporali id effici potuisset. Sed
quamvis sanctitatem tuam in divinis rebus tota intentione vigi-
5 lare non ignoremus, omittere tamen non possumus, quin tuam
devotionem sancto incitante spiritu nostris apicibus conpellamus
atque commoneamus, ut magis ac magis in sancta dei ecclesia
studiose ac vigilanti cura laborare studeas in praedicatione
sancta et doctrina salutari, quatenus per tuam devotissimam
10 sollertiam verbum vitae aeternae crescat et currat, et multipli-
cetur numerus populi christiani in laudem et gloriam salvatoris
nostri dei.

Nosse itaque per tua scripta aut per te ipsum volumus,
qualiter tu et suffraganei tui docentis et instruatis sacerdotes
15 dei et plebem vobis commissam de baptismi sacramento, id est
cur primo infans catechumenus efficitur vel quid sit catechumenus.
Deinde per ordinem omnia quae aguntur. De scrutinio, quid
sit scrutinium. De symbolo, quae sit eius interpretatio secundum Latinos. De credulitate, quomodo credendum sit in
20 deum patrem omnipotentem, et in Iesum Christum filium eius
natum et passum, et in spiritum sanctum, sanctam ecclesiam
catholicam et cetera quae sequuntur in eodem symbolo. De abrenuntiatione satanae et omnibus operibus eius atque pompis,
quid sit abrenuntiatio vel quae opera diaboli et pompae eius.
25 Cur insufflatur vel cur exorcizatur. Cur catechumenus accipit
salem. Quare tangantur nares, pectus ungatur oleo, cur scapulae signantur. Quare pectus et scapulae liniantur. Cur albis
induitur vestimentis. Cur sacro chrismate caput perungitur et
mystico tegitur velamine. Vel cur corpore et sanguine do-
30 minico confirmatur.

---

¹ P V sepius. — ² V om dei. — P V aecclesiae. — ³ P V efficere.
— ⁵ V om tamen. — ⁶ V nostris conpellamus atque commoncamus apicibus. — ⁷ P V aecclesia. — ⁸ Jaf predicatione. — ¹⁰ P V catecuminus
— catecuminus — ¹ᵏ V quid. — ¹¹ PV aecclesiam. — ¹² PV secuntur. —
¹³ PV satane. — ¹⁴ PV eius diaboli et pompae. — ²⁵ PV exorzisatur. —
PV catecuminus. — V accipiat. — ¹⁶ V cur tanguntur nares. — V cur
pectus. — P unguatur. — V scapuli. — ¹⁷ V signentur — V om quare
pectus et scapulae liniantur. cur albis induitur vestimentis. — ¹⁸ PV crismate. — P perunguitur. — ⁵⁰ V confirmetur.

Haec omnia subtili indagine per scripta nobis sicut diximus nuntiare satage, vel si ita teneas et praedices aut si in hoc quod praedicas te ipsum custodias.
Bene vale et ora pro nobis.

2. Odilberti ad Karolum M. responsum

Domino christianissimo et a deo conservato Karolo invictissimo atque piissimo imperatori Odilbertus servus servorum dei, sanctae vestrae Mediolanensis ecclesiae archiepiscopus et orator vester, perennem in Christo domino salutem.

Igitur inmensae omnipotentis dei nostri misericordiae sine intermissione omnibus nobis peragendae sunt gratiae, quae vos in tam sublimissimam dignitatem collocavit imperii, simulque provolutis genibus omnes eiusdem redemptoris nostri supplicemus clementiam, ut vitam vestram atque incolumitatem per multorum annorum curricula ad profectum omnium ecclesiarum dei sive et fidelium populorum vobis a deo commissorum conservare dignetur, quia in vestra tranquillitate salutem nostrorum omnium adesse cognoscimus atque tenemus, qui vos sollicitudinem habentes orthodoxae fidei magis prae ceteris omnibus qui ante vos christiani imperatores in universo mundo fuerunt devotione. Quique divino zelo commoti, id est Constantinus Theodosius maior Martianus et Iustinianus, hi omnes, ut christianum populum ab omni erroris macula liberarent, divinitus inspirati quae domini sacerdotes diffiniebant, illa tamen principali auctoritate confirmabant. Quorum vos meritis et scientia praecellentes, David sanctum imitantes qui se pro populi salute in typo nostri exhibuit redemptoris, qui vos — strenuus cultor — pro credulitate rectae fidei divino amore accensi de domino nostro Iesu Christo dei omnipotentis filio per omnia et super omnia, qui, cum sit „splendor gloriae et imago substantiae eius" et „candor lucis aeternae", „propter nimiam caritatem qua dilexit nos" „semetipsum exinanivit", et iuxta apostolicam aucto-

---

¹ *Jaf* predices. — ² *Jaf* predicas. — *P* custodies. — ⁴ *V* valeas. —
⁵ *P* aecclesiae. — ¹⁰ *P* supplicamus. — ¹⁴ *P* incolomitatem. — ¹⁵ *P* aecclesiarum. — ¹⁹ *P* orthodoxe. — *Jaf* pre. — ²⁶ *P* principalis auctoritas confirmabat. — ³⁴ *P Jaf* semet ipsum.

ritatem vel cetera quae sequuntur, exhibuit sibi „gloriosam
ecclesiam non habentem maculam neque rugam", cuius ab-
luens peccati contagium pretioso sanguine suo, redemptioni
nostrae tribuens sacramenta, et per actum mysterium post as-
5 censionem suam qua ad patrem ascendit, apostolica traditione
nos confirmans. Qua fidei integritate universis gentibus apostoli
praedicaverunt, ut nullis ventorum flatibus aut ictibus ad-
versantium conquassetur ecclesia Christi, sed in vero atque
perpetuo fundamine permanendo constabilita persistat, sic et
10 nos confirmati sanctorum patrum spiritalibus instrumentis et
corroborati, inviolata fide et inlibata de credulitate patris et
filii et spiritus sancti rectam fidem credimus atque tenemus.
Sed quid religioso convenit principi, ut super omnes polleat
adversos, nisi de bonis sit semper sollicitus libenter operibus?
15 Quod vestra sincera pietas summo amplectit studio, ut neque
in qualibet parte ecclesia dei vulnerum maculis torpeat, aut in
ea sanies ignorantiae crescendo ebulliat, sed ut magis vestris
felicissimis temporibus sacerdotum dei corda accensa ad sollicitudinem sint, evigilando vera et recta custodia perseveret, et vos
20 pro tanti vestri laboris certamine aeterna praemia a domino
consequi valeatis. Sed nec aliquem nostrum existimamus qui
verbis eloquii atque cogitatione capi possit, ut putet se omnia
mysteria caelestia liquido conprehensa tenere.

Suscipientes nos itaque epistolam a pietate vestri imperii
25 nobis emissam, qua perlecta redolentiam sensimus nectarei
suavissimi nimio flagrante odore, multimodas deo nostro gratias
referentes, qui in corda vestra inspirare dignatus est pro statu
ecclesiae suae, quod a clementia vestra commoniti, rationem
verae fidei et quaeque per ordinem gerimus atque docemus
30 a nobis cognosci debeatis.

Itaque, etsi ad id quod dominatio vestra flagitat, plenius
a nobis ipsis nequimus responsa proponi, oportet tamen ut
quanto pauperiores nos cognoscimus esse in nostris responsis,
tanto magis in scripturis sanctis convenit fieri devotiores, ut

¹ *P* secuntur. — ³ *P* aecclesiam. — *P¹* aut. — ⁶ *P* confirmati. —
⁷ *Bor* actibus. — ⁸ *P* aecclesia. — ¹⁴ *P* bonis. Sed. — ¹⁵ *Jaf* aplectit.
— ¹⁶ *P* aecclesia. — ¹⁷ *P* quod. — ¹⁹ *P om* sint. — ²¹ *P* ne. — ²⁶ *P Jaf*
multimodis *P¹Bor* multimodas. — ²⁷ *P* nostra *P¹* vestra. — ²⁸ *P* aecclesiae.

qui propriis sermonibus minores sumus, in dicendo sanctorum quoque testimoniis adcrescere valeamus, et de eruditissimorum labore, qui nihil in scripturis divinis obscurum reliquerunt vel clausum quod ad veram non perducerent claritatem et „Davidicam clavem acceperunt, ut aperirent", nobis etiam tribuendo 5 proficerent in salutem, et labor sanctorum nos inertes securiores et paratos faceret ad danda responsa. Haec nos vero non per prolixitatem verborum scribendi compendiose temptavimus, sed valde subiecti per humilitatem veram pietati vestrae constringentes breviter perscripsimus, currentes per sanctorum patrum 10 exempla ad significandum dignissimae praesentiae vestrae, quae velut mirificis floribus ex nimio rutilat ornata flagranti odore, auri ac pretiosarum devincens gemmarum splendorem, crescente vobis cum pietate sapientia. Et adesse semper tenemus, a quo veluti vivo fonte et ad instar fluminis ad singulorum inrigan- 15 da corda dulcedine nimia profluente, mellis et butyri emanante, longe lateque decurrens telluris ariditatem per fusionem sui implet. Unde petimus, ut dulcia nobis dona magnifici eloquii vestri tribuere dignemini. Sed sicut solis radii mundum inluminant, ita scientia nostra sanctae vestrae doctrinae dono circumfusa 20 fulgescat. Quia quod nobis adipiscendum pro nostra inquisitione laboriosum esse conspicimus, vos vero plenius, dispensatione dei sancto affluente in visceribus vestris spiritu, manifestare et aperire sacramenta divina valetis.

Dominus omnipotens prolixa per tempora gloriam imperii 25 vestri incolumem conservare dignetur. Amen.

3. Odilberti liber de baptismo.

I. De baptismi praecepto in evangelio.

Ite, inquit Iesus discipulis suis, docete omnes gentes baptizantes eos in nomine patris et filii et spiritus sancti 30 (*Matth. 28, 19*). Et qui crediderit et baptizatus fuerit, salvus erit (*Marc. 16, 16*). Itemque nisi quis renatus fuerit ex aqua

---

5 P ut acceperunt aperirent. — *11* *Jaf* presentiae. — *13* P om splendorem. — *16* *Bor* velut a vivo. — *19* *Mabillon* tribuatis P om dignemini. — *26* P incolomem. — *28* *M* De baptismi. Interrogatio: Ubi est baptismi praeceptum? Responsio: Ubi dominus discipulis suis ait: Ite docete. — *31* *M om* et.

et spiritu sancto, non potest introire in regnum caelorum
(Ioh. 3, 5).

II. De interpretatione baptismi.

Isidorus. Isidorus inquit in ethimologiarum:
5 Baptismum, inquit, graece. latine tinctio dicitur. Quae idcirco
tinctio dicitur, quia ibi homo spiritu gratiae in melius mutatur
(Isidor. etymolog. lib. VI c. 19, 43 Ml. 82, 256 A). Alibi idem:
Baptismum enim aqua est, quae tempore passionis de latere
Christi profluxit *(Isidor. de eccl. offic. lib. II c. 25, 3 Ml. 83, 821 A).*
10 Coepit ergo perfectum baptismum ad nomen Iesu. Ipse enim
baptizavit primum in spiritu sancto *(Isidor. de eccles. offic. lib.
II c. 25, 2 Ml. 83, 820 B).*

III. De sacramento baptismi vel quod sit in verbo et aqua.

Ambrosius: Quid enim aliud est baptismum nisi quia
15 culpa mergitur et error aboletur, pietas autem et innocentia
toto permanent? *(Ambros. de myster. c. 3, 12 Ml. 16, 409 D).*
Aqua est qua caro mergitur et omne abluitur carnale peccatum
(Ambros. de myster. c. 3, 11 Ml. 16, 409 B). Mira fons amarissi-
mus erat. Misit in eum Moses *(Exod. 15, 23 sqq.)* lignum et dul-
20 cis est factus. Aqua enim sine praedicatione dominicae crucis
ad nullum usum futurae salutis est. Cum ergo salutaris fuerit
crucis mysterio consecrata, tunc ad usum spiritalis lavacri et
salutaris poculi temperatur *(Ambros. de myster. c. 3, 14 Ml. 16,
410 A. B).* Augustinus: Quid est baptismum? Lavacrum
25 aquae in verbo. Tolle aquam, non est baptismum. Tolle verbum, non est baptismum *(August. in Ioh. evang. tract. XV n.
4 Ml. 35, 1512).* Paulus: Mundans eum lavacro aquae in
verbo *(Ephes. 5, 26).*

---

[3] *M* Interrogatio: Quid interpretatur baptismus? Responsio: Bapti-
mum enim grece, latine. — [4] *P* Ysidorus. Ysidorus. — [5] *P¹* quod. —
M om quae idcirco tinctio dicitur. — [6] *PM* spiritum. — [7] *M* Interrogatio:
Item alibi baptismum quid est? Responsio: Baptismum aqua quae in tempore. — [10] *M* cepit. — [14] *M* Interrogatio: Quid sit baptismum? Responsio: Quid enim est aliud baptismum? — [16] *M* permanent tantum. —
[17] *P* in nomine. — [18] *P* Mira *P¹* Marath *M* Mara. — [19] *M* misit enim in.
— *P M* Moyses. — [22] *M* misterio. — [24] *P* Augustinus *M* Est ergo baptismum in verbo et in aqua. Interrogatio. — *M* Responsio: Lavacrum.
— [26] *M* et non. — [27] *P* aquae *M* atque.

IV. De catechumenis et exorcismis.

Isidorus: Catechumeni sunt qui primum de gentilitate veniunt habentes voluntatem credendi in Christum et quod primum exhortationis praeceptum est in lege (*Deuter. 6, 4*): Audi Israel, dominus deus tuus deus unus est. Unde et his per 5 sacerdotem quasi per Mosen deus primum loquitur. Catechumenus id est audiens nominatur, scilicet ut unum agnoscat deum et relinquat errores varios idolorum (*Isidor. de eccl. offic. lib. II c. 21, 1 Ml. 83, 814 C*). Exorcizantur autem primum, deinde salem accipiunt et unguntur. Exorcismus autem sermo 10 increpationis est contra inmundum spiritum in energumenis sive catechumenis factus, per quod ab illis diaboli nequissima virtus et inveterata malitia vel violenta incursio expulsa fugetur. Hoc significabat lunaticus ille (*Matth. 17, 14—18*) quem increpabat dominus Iesus et exiit ab illo daemonium. Potestas 15 autem diaboli exorcizatur et insufflatur in eis, ut ei renuntient atque eruditi a potestate tenebrarum in regnum sui domini per sacramenta baptismatis transferantur (*Isidor. de eccl. offic. lib. II c. 21, 2 Ml. 83, 814 C — 815 A*) et reliqua.

V. De sufflatione et exsufflatione.   20

Caelestinus papa: Cum sive parvuli sive iuvenes ad regenerationis veniunt sacramentum, non prius fontem vitae adeant quam exorcismis et exsufflationibus clericorum spiritus ab eis inmundus abigatur (*Caelest. pap. epist. XXI ad episcop. Galliar. c. 12, 13 Ml. 50, 536 A*). Iohannes: Exsufflatur igitur et 25 exorcizatur ut fugato diabolo Christo domino praeparetur

---

[1] *PM* catecuminis. — [2] *P* Ysidorus *M* Quid sunt cathecumini. Responsio: Cathecumini. — *P* catecumini. — [4] *M* exortationis *P* exhortationes *P*[1] exhortationis. — [5] *M* unus deus. — [6] *PM* Moysen. — *P* catecuminus *M* cathecuminus. — [9] *P* exorzizantur *P*[1] exorcizantur. — [10] *P* unguuntur. — *M* Interrogatio: Quid est exorcismus? Responsio: Exorcismus. — [11] *P* erguminis. — [12] *P* catecuminis *M* cathecuminis. — [13] *P* malicia. — [15] *P* demonium. — [16] *P* exorzizatur. — [17] *M* eruti. — [21] *P* Celestinus. — [22] *M* exorcismus. — [24] *M* abigatur spiritus. — [26] *P* exorzizatur. — *M* praeparatur.

introitus (*Iohann. Diac. epist. ad Senar. c. 3 Ml. 59, 402 A*) et reliqua.

VI. De salis acceptione.

Isidorus: Sal autem in ministerio catechumenis a pa-
5 tribus est institutum ideo dandum, ut eius gustu condimentum
sapientiae percipiant neque desipiant a sapore Christi (*Isidor.*
de eccl. offic. lib. II c. 21, 3 Ml. 83, 815 A). Iohannes: Accipit
etiam catechumenus benedictum sal in quo signatur, quia sicut
omnis caro sale condita salvatur, ita sale sapientiae et praedi-
10 cationis verbi dei mens fluctibus saeculi madida et fluxa con-
ditur, ut ad soliditatem stabilitatis digesto penitus corruptionis
humore divini salis suavitate perveniat (*Iohann. Diac. epist.*
ad Senar. c. 3 Ml. 59, 402 A. B).

VII. De competentibus.

15　　　Isidorus: Post catechumenum enim secundus competentium gradus est. Competentes autem sunt qui iam post doctrinam fidei, post poenitentiam vitae ad gratiam Christi percipiendam festinant. Ideoque appellantur competentes id est
gratiam Christi petentes. Nam catechumeni tantum audiunt,
20 necdum petunt. Sunt enim quasi hospites et vicini fidelium,
deforis audiunt mysteria, audiunt gratiam, sed adhuc appellantur infideles. Competentes autem iam petunt iam accipiunt iam
catechizantur id est imbuuntur instructione sacramentorum.
Ipsis enim salutare symbolum traditur quasi commonitorium
25 fidei et sanctae confessionis indicium quo instructi agnoscant,
quales iam ad gratiam Christi exhibere se debeant (*Isidor.*

---

⁴ *P* Ysidorus. *M* Interrogatio: Cur sal a patribus est institutum.
Responsio. — *P* catecuminis *M* cathecuminis. — ⁵ *M* om eius. — ⁶ *P*
dissipiant. — ⁸ *P* catecuminus *M* cathecuminus. — *M* sal benedictum.
— ¹⁴ *PM* conpetentibus. — ¹⁵ *P* Ysidorus. *M* Interrogatio: Quis est secundus gradus? Responsio. — *P* catecuminum *M* cathecuminos. — *M*
etiam. — *P* conpetentium. — ¹⁶ *M* est conpetentium. — *P* conpetentes
M Interrogatio: Conpetentes quis? Responsio: Conpetentes. — ¹⁷ *PM* pe-
nitentiam. — ¹⁸ *PM* conpetentes. — ¹⁹ *P* catecumini *M* cathecumini. —
²¹ *PM* conpetentes. — ²³ *P* cathecizantur *M* catezizantur. — *P* inbuuntur.
— ²⁵ *M* inditium. — *P* agnoscunt.

de eccl. offic. lib. II c. 22, 1. 2 Ml. 83, 815 B. C). In his fiunt
scrutinia secundum formam septem donorum spiritus sancti.

VIII. De scrutinio.

Isidorus: Fiunt enim scrutinia, ut explorentur, utrum
in eadem doctrina fidei consistant qua pridem docti a sacerdo- 5
tibus fuerunt, vel si renuntient maligno spiritui atque malitiae et pompis illius. (*Cf. Collectanea dicta de antiquis ritibus
baptismi eorumque significatu c. 7 Ml. 106, 56*). **Iohannes:** Tunc
fiunt illa quae ab ecclesiastica consuetudine scrutinia dicuntur.
Perscrutamur eorum corda per fidem, utrum menti suae post 10
renuntiationem diaboli sacra verba defixerint (*Iohann. Diac.
epist. ad Senar. c. 4 Ml. 59, 402 B. C*) et cetera.

IX. De catechesi vel symboli traditione.

Iohannes: Catechesis graece instructio dicitur. In-
struitur enim ecclesiastico ministerio per benedictionem im- 15
ponentis manum, ut intelligat, quid sit quid futurus sit, hoc
est ex damnabili sanctus fiat, ex iniusto iustus appareat, ad
postremum filius fiat ex servo (*Iohann. Diac. epist. ad Senar. c.
3 Ml. 59, 401 sq.*). **Isidorus:** Symbolum autem hoc multis
et iustissimis ex causis appellare voluerunt maiores nostri. 20
Symbolum enim graece et indicium dici potest et collatio
(*Isidor. de eccl. offic. lib. II c. 23, 3 Ml. 83, 816 A. B*). Est enim
symbolum signum, per quod agnoscitur deus, quod quique proinde credentes accipiunt, ut noverint qualiter contra diabolum
fidei certamina praepararent, in quo quidem pauca sunt verba, 25
sed omnia continent sacramenta. (*Cf. Hraban. Maur. de clericor.
institut. lib. II c. 56 Ml. 107, 369*).

---

² *M* sancti spiritus. — ⁴ *P* Sancti Ysidori. *M* Interrogatio: Cur
fiunt scrutinia? Responsio. — ⁶ *M* renuntiant. — *M* maliciae. — ⁹ *PM* aec-
clesiastica. — *M* dictantur. — ¹⁰ *P* mentis. — ¹¹ *PM* definxerint. — ¹² *M*
caetera. — ¹³ *P* catacesis *P*¹ cathacesis *M* cathezesis. — ¹⁴ *M* Iohannes.
Interrogatio: Cathezesis qua lingua dicitur? Responsio: Greca instructio
interpretatur. — *P* catacesis. — *P* grece. — ¹⁵ *P* mysterio *M* misterio.
— *PM* inponentis. — ¹⁶ *P* intellegat. — *M* qui sit qui. — ¹⁹ *P* Ysidorus *M*
om. — ¹¹ *PM* grece. — *M* inditium. — *P* conlatio *M* consolatio. —
¹⁸ *P* praepararent.

X. De tactu cum sputo.

Gregorius: Per salivam itaque quae de capite in os labitur supernae contemplationis inrigatio designatur. Quid ergo est caput nostrum nisi divinitas, per quam existendi prin-
5 cipium sumimus ut creatura simus, ut illud Pauli (*1. Cor. 11, 3*): Caput viri Christus? Et quid aliud oris nomine exprimitur nisi praedicatorum ordo signatur? (*Gregor. moral. lib. VIII c. 30, 49 Ml. 75, 832 B*). Adiecit quidam: Unde et Philippus, qui os lampadis [1]) interpretatur, quasi salivae gustum de capite
10 sumebat, cum Iesus dicebat (*Ioh. 1, 43*): Sequere me. At ille quasi bonus odor dei Nathanael cum sputo aures tangebat, cum praefulgido sacrae legis sacramento proferebat dicens (*Ioh. 1, 45*): Quem scripsit Moses in lege et prophetae, invenimus Iesum filium Ioseph a Nazareth. Item Gregorius: Huic bene et aliud
15 evangelicum coaptatur exemplum. Redemptor etenim veniens sputum luto miscuit et caeci nati oculos reparavit (*Ioh. 9, 6*), quia superna gratia carnalem cogitationem nostram per admixtionem suae contemplationis inradiat et ab originali caecitate hominem ad intellectum reformat (*Gregor. moral. lib. VIII c. 30, 49*
20 *Ml. 75, 832 C*).

XI. De tactu aurium.

Iohannes: Ideo tanguntur aures eorum, quia per eas ad intellectum fides ingreditur (*Iohann. Diac. epist. ad Senar. c. 4 Ml. 59, 402 C*). Item Ambrosius: Aures ideo a
25 sacerdote tanguntur, ut aperiantur ad sermonem et ad eloquium sacerdotis (*Ambros. de sacrament. lib. I c. 1, 2 Ml. 16, 436 A*). Alibi idem: Effeta quod est adaperire ut venturus

---

[1]) Beliebte Ableitung des Namens Philippus aus dem Hebräischen פִּי לַפִּיד Fackelmund. Vgl. de Lagarde, Onomastica sacra p. 174. 200.

[1] *M* saliva. — [2] *P* Gregorius *M* Quid per tactum salivae? Responsio. — [3] *M* superne. — [4] *M* est ergo. — *M* nisi ut. — [7] *P* predicatorum *M* ordo praedicatorum. — [10] *M* Iesu. — [11] *P* Nathanahel. — [12] *P* prefulgido. — [13] *PM* Moyses. — [14] *M om* item Gregorius. — *M* hic. — [16] *PM* ceci. — [17] *M* canalem. — *PM* ammixtionem. — [18] *PM* cecitate. — [21] *P* Iohannes *M* Interrogatio: Cur tanguntur aures? Responsio. — [24] *M om* item Ambrosius. — [25] *P* eloquium. — [27] *M om* alibi idem.

unusquisque ad gratiam quid interrogetur agnoscat et quid respondeat memoriae commendet (*Ambros. de myst. c. 1, 3. Ml. 16. 407 A*) et cetera.

XII. De tactu naris.

Iohannes: Cum vero tanguntur nares eorum, admo- 5 nentur, ut quamdiu spiritum naribus trahunt in dei servitio mandatisque perdurent (*Iohann. Diac. epist. ad Senar. c. 5 Ml. 59, 402 C. D*). Ambrosius: Nares autem tangere est ut bonum odorem accipiant pietatis aeternae, ut indicatur: Christi enim bonus odor sumus deo, quemadmodum dixit apostolus sanctus 10 (*2. Cor. 2, 15*). Et sit in eo fidei devotionisque plena flagrantia (*Ambros. de sacrament. lib. I c. 1 3 Ml. 16, 436 sq.*). Item in ipso libro: Post haec reserata sunt tibi sancta sanctorum, ingressus es regenerationis sacrarium (*Ambros. de myst. c. 2, 5 Ml. 16, 407 B*). 15

XIII. De unctione pectoris et scapulae.

Iohannes: Pectus eorum oleo consecrationis perungitur, ut intelligant firma conscientia et puro corde debere promittere, quia iam relicto diabolo Christi mandata sectentur (*Iohann. Diac. epist. ad Senar. c. 6 Ml. 59, 403 A*). Alibi: Signan- 20 tur et scapulae, ut ubique muniatur. (*Cf. Alcuini epist. 93. 261 ed. Jaffé p. 390. 825.*)

XIV. De abrenuntiatione.

Isidorus: Duae sunt quippe pactiones credentium. Prima enim pactio est qua renuntiatur diabolo et pompis eius 25 et universae conversationi illius. Secunda pactio est qua se credere in patrem et filium et spiritum sanctum confitetur (*Isidor. de eccl. offic. lib. II c. 25, 5 Ml. 83, 821 C*), ut illud

---

[1] *M* memoria. — *P* conmendat. — [3] *M* caetera. — [5] *P* Iohannes *M* Interrogatio: Quid nares. Responsio. — *PM* ammonentur. — [6] *P*[1] trahant. — [8] *M om* Ambrosius. — [9] *M* dicatur. — [11] *M* deo. — [16] *M* scapuli. — [17] *P* Iohannes *M* Interrogatio: Cur pectus perunguitur? Responsio. — [17] *P* perunguitur. — [18] *PM* intellegant. — [21] *M* scapule. — *P*[1] muniantur. — [24] *P* Ysidorus. *M* Interrogatio: Quod sunt pacciones credentiam? Responsio: Due. — [26] *M* conversationis.

evangelii: Qui crediderit et baptizatus fuerit, salvus erit (*Marc. 16, 16*). Iohannes: Diaboli, inquit, laqueis nisi aliquis inter ipsa primitus fidei rudimenta veraci professione renuntians exuatur, ad salutaris lavacri gratiam non accedet et ideo
5 hunc oportet primum catechumenorum adiutorium introire (*Iohann. Diac. epist. ad Senar. c. 3 Ml. 59, 401 D*).

XV. Utrum pueri per se confessionem faciant?

Isidorus: Quod pueri per se renuntiare non possunt, per corda et ora gestantium adimpleatur (*Isidor. de eccl. offic. lib.*
10 *II c. 21, 3 Ml. 83, 815 A*). Iohannes: Scire debetis, quia dum a parentibus an a quibuslibet aliis offeruntur, ore alieno professionis salvari necesse est qui fuerunt ore alieno damnati (*Iohann. Diac. epist. ad Senar. c. 7 Ml. 59, 403*).

XVI. De trina mersione.

15   Iohannes: Nam qui in trinitatis nomine baptizandus accedit, ipsam utique trinitatem trina debet demersione signare et illius se cognoscere beneficiis debitorem qui tertia die pro eo resurrexit a mortuis (*Iohann. Diac. epist. ad Senar. c. 6 Ml. 59, 403 B*) et cetera quae sequuntur.

20   XVII. De unctione chrismatis.

Iohannes: Sumptis dehinc vestibus albis caput eius sacri chrismatis unctione perungitur, ut intelligat baptizatus regnum in se sacerdotale convenisse (*Iohann. Diac. epist. ad Senar. c. 6 Ml. 59, 403 B*) et reliqua. Isidorus: Unguentum Moses in
25 exodo iubente domino composuit et confudit, quo primum Aaron et filii eius in testimonium sacerdotii peruncti (*Exod. c. 30, 22 sqq.*),

---

¹ *M om* Iohannes. — *M* inquid. — ⁴ *M* accedat. — ⁵ *P.M* catecuminorum. — ⁷ *M* Interrogatio: Utrum. — ⁸ *P* Ysidorus *M om.* — *M* parvuli. — ¹⁰ *P* Iohannes *M* Responsio. — ¹² *M* alieno ore. — ¹⁴ *M* mersione. Interrogatio.   Incipit regula fidei.   Ysidorus.   Post apostolorum symbolum haec est *fol. 102ʳ—103ʳ. Vide supra p. 16 n. 3.* — ¹⁵ *P* Iohannes *M* Cur trina fit mersio? Responsio. — ¹⁶ *M* itaque. — ¹⁹ *P.M* secuntur. — ²⁰ *P.M* crismatis. — ²¹ *P.M* Iohannes *M* Interrogatio: Cur caput perunguitur? Responsio. — ²² *P* crismatis. — *P* perunguetur *P¹M* perunguitur. — *P* intellegat. — ²³ *M om* se. — ²⁴ *P.M* Ysidorus. — *P.M* Moyses. — ²⁵ *P* conposuit. — *M* quia.

denique et reges chrismate sacrabantur, unde et christi nuncu-
pabantur sicut scriptum est: Nolite tangere christos meos
(*Ps. 104, 15*). Eratque eo tempore tantum in regibus et sacerdotibus mystica unctio, qua Christus figurabatur, unde et ipsum
nomen a chrismate dicitur. Sed postquam Christus dominus 5
noster verus rex et sacerdos aeternus a deo caelesti et mystico
unguento est delibutus, unguento non solum pontifices et reges,
sed omnis ecclesia unctione chrismatis consecratur pro eo quod
membrum est aeterni regis et sacerdotis. Ergo quia genus
regale et sacerdotale sumus (*1. Petr. 2, 9*), ideo post lavacrum 10
ungimur, ut Christi nomine consecremur (*Isidor. de eccl. offic.
lib. II c. 26, 1. 2. Ml. 83, 823 A—824 A*).

XVIII. De linteolo.

Iohannes: Ad imaginem quippe sacerdotii plenius ex-
primendam renascentis caput lintei decore componitur. Nam 15
sacerdotes illius temporis quodam mystico velamine caput semper
ornabant (*Iohann. Diac. epist. ad Senar. c. 6 Ml. 59, 403 B*).

XIX. De albis vestibus.

Idem: Cuncti renati albis vestibus induuntur ad ministerium resurgentis ecclesiae, sicut ipse dominus coram discipulis 20
transfiguratus ut dicitur: Resplenduit facies eius sicut sol, vestimenta autem eius facta sunt candida sicut nix (*Matth. 17, 2*).
— Utuntur igitur albis vestibus, ut quorum primae nativitatis
infantiam vetusti erroris pannus fuscaverat, habitus secundae regenerationis gloriae proferat indumentum (*Iohann. Diac. epist. 25
ad Senar. c. 6 Ml. 59, 403 B. C*). Salomonius: Semper
inquit sint vestimenta tua candida (*Eccles. 9, 8*).

---

¹ *P* crismate. — *M* nuncupantur. — ⁴ *M* mistica. — *P* ipsud *M* ipsu.
— ⁵ *P* crismate. — ⁶ *M* celesti. — *M* mistico. — ⁷ *P*¹ delibatus. — ⁸ *PM*
aecclesia. — *P* crismatis. — *M* consecrantur. — ¹⁰ *PM* unguimur. — ¹⁴ *P*
Iohannes *M* Interrogatio: Cur lintei decore componitur? Responsio. —
¹⁵ *PM om* caput. — *P* conponitur. — ¹⁹ *P* idem *M* Cur vestibus albis
cuncti renati induuntur? Responsio: Ad mysterium itaque renascentis. —
P mysterium. — ²⁰ *P* aecclesiae. — ²² *M om* autem. — ²⁴ *P* pannos. —
²⁶ *M* Salomon. — ²⁷ *P* inquid.

XX. De communicatione corporis Christi.

Dignum omnimodo est, ut ad mensam sponsi caelestis nuptiali veste circumdatus homo novus occurrat. In evangelio: Qui manducat carnem meam et bibit sanguinem meum, 5 in me manet et ego in eo (*Ioh. 6, 57*). Augustinus: Hoc ergo est manducare illam escam et illum bibere calicem, in Christo manere et illum manentem in se habere; ac per hoc qui non manet in Christo et in quo non manet Christus, procul dubio nec manducat eius carnem nec bibit eius san-10 guinem, etiamsi ante rei sacramentum ad iudicium sibi manducat et bibit (*August. in Ioh. evang. tract. XXVI n. 18 Ml. 35, 1614*). Item: Sicut hoc ergo in vos convertitur, cum id manducatis et bibitis, sic et vos in corpus Christi convertimini, cum oboedientes et pie vivetis. Item: Estote quod 15 videtis, capite quod estis. Cyprianus: Manifestum est eos vivere qui corpus Christi attingunt et eucharistiam iure communicationis accipiunt. Ita contra timendum est et orandum, ne, dum quis abstentus separatur a Christi corpore, remaneat a salute comminante ipso et dicente: Nisi ederitis carnem filii 20 hominis et biberitis sanguinem eius, non habebitis vitam in vobis (*Ioh. 6, 54*). Et ideo panem nostrum id est Christum dari nobis quotidie petimus, ut qui in Christo manemus et vivimus a sanctificatione eius et corpore non recedamus (*Cyprian. de dominic. orat. c. 18 Opp. ed. Hartel I 280 sq.*).

25   ### XXI. De impositione manus pontificis.

Isidorus: Manus impositio ideo fit, ut per benedictionem advocatus invitetur spiritus sanctus. Tunc enim ille paracletus post mundata et benedicta corpora libens a patre descendit (*Isidor. etymolog. lib. VI c. 19, 54 Ml. 82, 256 C. D*)

---

⁴ *M* evangelio dominus dicit. — *M* meam carnem. — *M* meum sanguinem. — ⁵ *M om* Augustinus. — ⁶ *M* est ergo. — *M* potum. — ¹⁰ *M* etiam sit. *Migne* sed magis tantae. — ¹¹ *M¹* bibat. — ¹³ *M* corpore. — ¹⁴ *M* obedientes estis. — ¹⁵ *P* Ciprianus *M om.* — ¹⁶ *P* conmunicationis. — ¹⁷ *P* ita contra *M* et cetera. — ¹⁸ *M* extraneus remaneat. — ¹⁹ *M* cominante. — ²⁰ *P* cotidie *M* cottidie.— ²⁵ *PM* inpositione. — ²⁶ *P* Ysidorus *M om.* — *PM* inpositio. — ²⁸ *PM* paraclitus.

et cetera. Cyprianus: Quod nunc quoque apud nos geritur,
ut qui in ecclesia baptizantur, praepositis ecclesiae offerantur
et nostra oratione ac manus impositione spiritum sanctum
consequantur et signaculo dominico consummentur (*Cyprian. epist.*
73 c. 9 Opp. ed. Hartel II 785). Idem: Porro autem non per 5
manus impositionem quis nascitur quando accipit spiritum sanctum, sed in baptismo, ut spiritum sanctum iam natus accipiat,
sicut in primo homine Adam factum est. Ante eum deus
plasmavit et tunc insufflavit in faciem eius spiraculum vitae
(*Cyprian. epist. 74 c. 7 Opp. ed. Hartel II 804*). Item idem: 10
Tunc enim demum plene sanctificari et esse filii dei possunt,
si sacramento utroque nascantur, cum scriptum sit (*Ioh. 3, 5*):
Nisi quis renatus fuerit ex aqua et spiritu sancto, non potest
introire in regnum dei (*Cyprian. epist. 72 c. 1 Opp. ed. Hartel*
II 775). 15

XXII. De pedum nuditate.

Iohannes: Hi etiam nudis pedibus iubentur incedere, ut
depositis morticinis et carnalibus indumentis cognoscant se illius
vitae iter arripere, in qua nihil asperum, nihil potest inveniri
nocivum (*Iohann. Diac. epist. ad Senar. c. 6 Ml. 59. 403 A*). 20
Finit feliciter. Παξ σκριπτωρι.

---

[1] *P* Ciprianus *M* Cap. — [2] *P* aecclesia. — *PM* aecclesiae. — *PM*
offeruntur. — [3] *M* nostram orationem. — *P* inpositione *M* inpositionem.
— [4] *P* consumentur. *M* dominico consignantur. — [5] *M* idem cap. —
P aut. — [6] *P* inpositionem. — *P*[1] accepit. — [8] *P* antea. — [9] *M* vite.
— [10] *M* om item idem. — [11] *P* dono. — [17] *M* om Iohannes. — [18] *M* si.
— [19] *PM* aspere. — *M* invenire. — [21] *P* finit feliciter. παξ σριπτωρι
M De vestimentis candidis. Cur post hec accipiuntur vestimenta candida?
Responsio: Ut etc.

IV. Anmerkungen zu dem durch Odilbert repräsentierten Taufordo des 9. Jahrhunderts.

Die sämtlichen Urkunden des 8. und 9. Jahrhunderts, welche von Katechumenat und Taufe handeln, einschliesslich der erzbischöflichen Antwortschreiben an Karl, gliedern sich in zwei Gruppen, jenachdem sie nämlich den Nachdruck auf eine Darstellung des ersteren, des natürlich durchweg ceremoniellen Katechumenates, oder der letzteren, der speciellen Taufliturgie, legen. Und zwar ist diese Differenz nicht zufällig oder bloss im Belieben des einzelnen Autors begründet. Sie entspricht vielmehr den beiden divergierenden liturgischen Formularen jener Zeit, einem älteren, das noch im 9. Jahrhundert nachweisbar ist, und einem jüngeren, das sich zu Karls des Grossen Zeiten und unter seinem Einfluss im Frankenreiche durchsetzt, dessen Herkunft aber noch durchaus im Dunkeln liegt.[1)]

Das erstere ist der bekannte Skrutinienritus, der bereits im 6. Jahrhundert in Rom begegnet und sich mehr und mehr kunstvoll entwickelt, bis er endlich im sog. 7. römischen Ordo seine endgiltige Ausgestaltung in der Form von sieben die letzten Fastenwochen umspannenden Skrutinienmessen findet. Im 7. Jahrhundert wandert dieser Ritus auch nach Franken hinüber und verdrängt hier die alte einfache und charakteristische Katechumenats- und Taufliturgie. Ja so gross war die Vorliebe der fränkischen Kirche für die Skrutinienmessen, dass man dieselben in völlig unpassender Weise gallischen wie römischen Messbüchern eingliederte. Besonders breit figurierten sie fortan im gelasianischen Sakramentar, so dass dieses letztere, zumal es nur in derartigen interpolierten Exemplaren auf uns gekommen ist, heutzutage geradezu als die wichtigste Quelle des Skrutinienritus gilt. Wenn man von den Skrutinien des Gelasianums spricht, so meint man jene die Taufvorbereitung bilden-

---

[1)] Über Skrutinienritus und Taufordo vgl. Näheres in meiner gleichzeitig erscheinenden Schrift: Symbol und Katechumenat (Die Stellung des apostolischen Symbolums im kirchlichen Leben des Mittelalters, Band I) § 11—13. 16. 17.

den Gebete und Ceremonien, welche, obwohl von Rom ursprünglich ausgegangen, gleichwohl erst auf fränkischem Boden dem römischen Messbuch aus Bequemlichkeitsrücksichten und widersinnig genug eingegliedert wurden. Es ist unzweifelhaft, dass dieser Skrutinienritus während des 9. Jahrhunderts noch ebensowohl in Amiens und Trier wie in Aquileja und Rom in Übung stand.

Gleichwohl gehörte die Zukunft dem eigentlichen Taufordo, der in der Erwägung, dass die Skrutinien eigentlich nur für die Taufe von Erwachsenen passten, und im Hinblick auf die zur Zeit vorwiegend in Übung stehende Kindertaufe, jene komplizierte mehrwöchentliche Taufvorbereitung in einen einzigen der Taufhandlung unmittelbar vorangehenden liturgischen Akt zusammenzog. Somit bildeten also Katechumenat und Taufe samt den der Taufe unmittelbar folgenden Ceremonien ein einheitliches Ganzes. Die Tauferziehung bekam wieder den ursprünglichen Charakter eines Unterrichtes, der völlig selbständig entweder, bei Erwachsenen, der Taufe zeitlich voranging oder, bei Kindern, ihr zeitlich folgte. So berühren sich die Gepflogenheiten der Alten Kirche mit denen des Mittelalters seit dem 9. Jahrhundert, während die zwischen liegenden drei Jahrhunderte eine auf die Dauer unhaltbare Zwitterbildung repräsentieren, die sich nur daraus erklären lässt, dass man um jeden Preis ehrwürdige Einrichtungen wenigstens dem Namen nach festhalten wollte, obwohl sie mit den thatsächlichen Verhältnissen der Zeit im Widerspruch standen. Jener neue Taufordo liegt uns in einer Art von offiziellem Schema in zwei Briefen Alkuins vor.[1]) Und ebenso repräsentieren ihn das Antwortschreiben Theodulfs von Orléans und bis zu einem gewissen Grad auch die des Leidrad von Lyon und des Maxentius von Aquileja.

Es ist nicht ohne Interesse zu sehen, nach welcher von beiden Richtungen hin der Vertreter der mailändischen Kirche neigt. Aus diesem Grunde empfiehlt sich zum Schluss noch ein näheres Eingehen auf die einzelnen Kapitel der Odilbertschen Schrift.

---

[1]) Epist. 93 ad monachos Gothiae. Epist. 261 ad Oduinum presbyt. Jaffé, Monum. Alcuin. p. 390 sq. 824 sq.

Nach altkirchlichem Brauche musste jeder, der vom Heidentum zum Christentum übertreten wollte, zuvor Katechumene werden. Zu diesem Zwecke meldete er sich bei einem Geistlichen, der ihn in einer kurzen Ansprache über das Christentum im allgemeinen orientierte und ihn zugleich einer liturgischen Ceremonie unterzog; er ward angehaucht, an der Stirn mit dem Kreuze bezeichnet, bekam unter Gebet die Hand aufgelegt und erhielt Salz gereicht. Dadurch sollte er der Macht des Satans und der Welt entrückt und dem Gekreuzigten und seiner Gemeinde zugewiesen werden. Denn der darauffolgende in der Regel zweijährige Katechumenat war gedacht als eine Zeit der Selbstprüfung, während welcher sich der willentliche Bruch mit den Idolen des Heidentums und der bewusste Übergang zum Monotheismus vollzog. Diese Einrichtung war verständlich und naturgemäss in Zeiten und Ländern, wo Kirche und heidnischer Staat bezw. heidnische Gesellschaft wie zwei feindliche Mächte mit einander rangen und die Taufe den bewussten Übertritt von der einen Partei zur anderen repräsentierte. Gleichwohl behauptete sie sich, wenngleich nur der Idee und dem Namen nach auch noch dann, als man in der Regel bloss Kinder christlicher und in ausschliesslich christlicher Umgebung lebender Eltern taufte. Denn der Katechumenat hörte zwar notgedrungen auf, ein Erziehungsinstitut zu sein, und damit fiel alles hin, was, wie jene kurze Ansprache, an Belehrung oder Unterricht erinnern konnte. Aber an der Spitze des Taufceremoniells begegnet nach wie vor ein Abschnitt, der sich Katechumenat nennt,[1] obwohl er ausschliesslich liturgischen Charakter trägt. Im Zeitalter der Skrutinienmessen erscheint dieser sog. Katechumenat in der Gestalt eines Aufnahmeaktes am Mittwoch nach Okuli. Das Ceremoniell besteht nach wie vor aus Exsufflation, Kreuzeszeichnung, Handauflegung und Salzdarreichung;[2] dagegen fehlt das belehrende Wort.

----

[1] Am nüchternsten beurteilt Theodulf von Orléans (Liber de ordine baptismi c. 1 Ml. 105, 224) diese Thatsache: Quod modo infantes catechumeni efficiuntur, antiquus mos servatur.

[2] Sacrament. Gelasian. I 71. Dagegen fehlt im österlichen Parallelformular (I 30. 32), welches die dem 7. römischen Ordo entsprechenden Gebete und Formeln enthält, die Exsufflation.

Auch Odilbert beginnt (c. IV) der Tradition gemäss die Taufe mit dem Begriff „Catecumini" und der althergebrachten Definition des Katechumenats als eines Übertrittes aus dem Lager der Götzen in das Herrschaftsgebiet Christi. Dieser Katechumenat besteht aber, da auch der letzte Rest jener Einführungsansprache weggefallen ist, auch bei ihm natürlich nur aus Ceremonien, nämlich aus dem Exorcismus, der Exsufflation, der Salzdarreichung und der Salbung.

Der Exorcismus an dieser Stelle erscheint als Neuerung. Derselbe bildete von alters her die charakteristische Eigentümlichkeit der Kompetentenzeit, wobei dahingestellt bleiben mag, wie oft, an welchen Orten, von welchen Persönlichkeiten und unter welchen Ceremonien er vollzogen wurde.[1]) Dagegen hat die Alte Kirche nie die Neigung gehabt, das gesamte Taufvorbereitungsverfahren gleich mit einem Exorcismus zu beginnen. Höchstens war dies bei schlecht getauften Häretikern der Fall, welche zur katholischen Kirche übertraten. Aber dieses Verfahren trägt dann mehr den Charakter einer Busse als den einer schlichten Aufnahme.[2])

Gleichwohl kann sich Odilbert nicht bloss auf seinen Gewährsmann Isidor berufen, der Exorcisation, Salzdarreichung und Salbung als Katechumenatsakte bezeichnet, sondern schon Johannes Diaconus gibt neben der unter Handauflegung zu vollziehenden Katechese, neben der Exsufflation und neben der Salzdarreichung, den Exorcismus als Bestandteil des Katechumenats an.[3]) Und ebenso rechnet Ildefonsus den Exorcismus unter die Katechumenatsakte.[4]) Und in der That ist ja auch die Grenze zwischen Exsufflation und Exorcisation — dort Austreibung des bösen Geistes durch Hauchen, hier durch Sprechen — eine so flüssige, dass wenn einmal die eine Ceremonie an der Spitze der Taufvorbereitung Platz gegriffen hatte,

---

[1]) Vgl. mein: Symbol und Katechumenat S. 14. 54 f.
[2]) Vgl. den angeblichen 7. Kanon des 2. Konzils von Konstantinopel: Πάντας τοὺς ἀπ᾽ αὐτῶν θέλοντας προστίθεσθαι τῇ ὀρθοδοξίᾳ ὡς Ἕλληνας δεχόμεθα . . . εἶτα τὴν τρίτην ἐξορκίζομεν αὐτοῖς μετὰ τοῦ ἐμφυσᾶν τρίτον εἰς τὸ πρόσωπον καὶ εἰς τὰ ὦτα αὐτῶν. Hefele, Conciliengesch. II 26—28.
[3]) Epistola ad Senarium c. 3 Ml. 59, 401 sq.
[4]) Annotationes de cognitione baptismi c. 21—26 Ml. 96, 120—123.

die andere ihr alsbald folgen musste. Es brauchte eben nur zur
Ceremonie die Vollzugsformel hinzuzutreten.[1])
Deshalb machen denn auch Odilbert und seine Gewährsmänner, wie es scheint, so gut wie gar keinen Unterschied
zwischen Exsufflation und Exorcisation (c. V), sondern fassen
sie durchweg als engverbunden und nahezu als identisch auf.
Auch das verdient Beachtung, dass Odilbert die Begriffe
sufflatio, exsufflatio, insufflatio durchweg unterschiedslos gebraucht, also die geradezu gegensätzliche Bedeutung der beiden
letzteren — Aushauchen nämlich den Teufel, und — Einhauchen
nämlich Christus, — wie sie später gang und gäbe ist, durchaus nicht kennt.
Wenn sodann Odilbert weder von der Kreuzeszeichnung
noch von der Handauflegung spricht, so kann durchaus nicht
ohne weiteres gefolgert werden, dass dieselben ihm unbekannt
gewesen oder von ihm nicht gehandhabt worden seien. Es
ist sogar schwer denkbar, dass diese beiden allgemeinsten liturgischen Handlungen, welche die Kirche zu allen Zeiten ausgeübt hat, jemals in Vergessenheit geraten wären. Eher ist
anzunehmen, dass Odilbert, gerade weil sie so allbekannt und
häufig waren, eine besondere Erwähnung derselben nicht für
notwendig erachtete.[2])
Die Salzdarreichung (c. VI) war im ganzen Abendlande
und zu allen Zeiten gebräuchlich. Nur die Kirche von Toledo
hat sich bis in das 7. Jahrhundert gegen dieselbe ablehnend
verhalten aus Gründen, die nicht bekannt sind.[3]) Was ihr
diese Verbreitung gesichert hat, war indessen nicht jene von

---

[1]) So in einem Ordo ad catechumenum faciendum der Kirche von
Tours, den Martene (De antiq. eccl. ritibus 1736. Tom. I col. 42—45)
abdruckte: Sacerdos insufflet tribus vicibus in faciem eius, dicens: Insufflo te, diabole, in nomine patris, ut exeas et recedas ab hoc famulo dei,
quem tua fraude decepisti. Insufflo te, diabole, in nomine filii, ut exeas etc.
Insufflo te, diabole, in nomine spiritus sancti etc.

[2]) Immerhin will beachtet sein, dass auch die übrigen Liturgiker sie
jedenfalls an dieser Stelle nicht nennen.

[3]) Ildefons. de cognit. bapt. c. 26: Catechumeni in nonnullis locis, ut
refertur, sales accipiunt velut significato sapientiae condimento. Sed licet
forsitan, ut dicitur, quia sola hoc antiquitas commendavit, adeo usque-
quaquam non probatur.

Odilbert weiter gegebene mystische Deutung sondern der Umstand, dass in der Alten Kirche das Salz als Surrogat des den Katechumenen noch versagten Abendmahlssakramentes galt. [1]) Schon aus diesem Grunde dürfte sie ebenso wie die übrigen Einführungsceremonien während der folgenden Katechumenenzeit seitens der Alten Kirche öfters wiederholt worden sein.

Dass endlich auch Salbungen an den Katechumenen vorgenommen seien, erwähnt Isidor, onne jedoch irgendwie näher darauf einzugehen. Vielmehr hat es den Anschein, als ob es sich ihm dabei nur um eine ganz generelle Angabe handelt. Auch Odilbert wiederholt nur mechanisch das Wort Isidors (c. IV: Et unguntur),[2]) so dass nicht anzunehmen ist, dass an dieser Stelle die mailändische Kirche einen besonderen Salbungsakt gekannt hat. Selbstverständlich haben bei dem Citate Isidors alle diejenigen Salbungen ausser Betracht zu bleiben, welche dem Taufakt direkt voraufgehen oder folgen. Es kann sich nur um solche vielleicht mit den Exorcismen zusammenhängende Salbungen handeln, wie sie Ildefonsus von Toledo für den Eintritt der Kinder in die Taufvorbereitung vorschreibt. Dieser ward nämlich in Erinnerung an die Johannestaufe als an eine Taufe zur Busse ebenfalls als Bussakt gefasst. Deshalb wurden die Kinder über ausgebreitete rauhe Felle geführt, um vom Priester gesalbt zu werden.[3]) Hat also Mailand im Katechumenat eine Salbung

---

[1]) Synode zu Hippo 393 can. 3 (Mansi, Conc. coll. III 919 Hefele, Conciliengesch. II 56): Ut etiam per solemnissimos paschales dies sacramentum catechumenis non detur nisi solitum salis. August. de peccat. merit. et remiss. lib. II c. 26. 42: Et quod accipiunt, quamvis non sit corpus Christi, sanctum est tamen et sanctius quam cibi quibus alimur, quoniam sacramentum est. Vgl. De catech. rud. c. 50. Confess. I 11, 17.

[2]) Dasselbe ist der Fall bei Leidrad von Lyon, der in seinem Liber de sacramento baptismi ad Carolum M. imperatorem c. 1 ebenfalls die Worte Isidors: Exorcizantur primum, deinde salem accipiunt et unguntur mechanisch abschreibt, ohne auf den letzten Begriff näher einzugehen. ML 99, 856. 857.

[3]) Ildefons. de cognit. bapt. c. 14: Quod per stramenta ciliciorum ad oleandum sacerdotibus parvuli deducuntur, ut poenitentiae signum habeant propter opus, qui poenitentiae opera demonstrare non possunt propter aetatis tempus. c. 21: Qui post exorcismorum increpationem opportune veniunt ad olei unctionem. Vgl. 2. Synode von Macon can. 3 (Mansi, Conc. coll. IX 951. Hefele, Conciliengesch. III 40): Praecipimus ut impositionem

gehabt, dann kann dieselbe nicht von Rom stammen, sondern
muss eine Eigentümlichkeit gewesen sein, welche Mailand mit
der spanisch-fränkischen Kirche gemein hatte.[1])
Auch an der zweiten Stufe des Katechumenats, an der
Stufe der Kompetenten oder der Taufvorbereitung im engeren
Sinne hält Odilbert (c. VII) dem Namen und der Idee nach
fest. Dieselbe fiel in der Alten Kirche im grossen und ganzen
mit der Fastenzeit zusammen. Der Taufkandidat wurde einer
Anzahl von Gebetsübungen unterstellt, den sog. Skrutinien, bei
welchen die Ceremonien des Einführungsaktes wiederkehrten,
besonders häufig aber die in die Form des Gebetes gekleideten
Exorcismen vorgenommen wurden, die den Betreffenden von
allem teuflisch heidnischen Wesen lösen und seinem christlichen Ziele nähern sollten. Der letztere Gesichtspunkt, die
Hinkehr zu einem neuen Leben der Zukunft, waltete aber besonders bei den vorzugsweise erziehlichen Katechisationen vor,
dem positiven Gegenstück zu den Skrutinien. Und ihren Höhepunkt fand die ganze Kompetentenzeit in zwei glanzvollen Versammlungen, in welchen das apostolische Symbol den Taufkandidaten vom Bischof übergeben d. h. dem Wortlaute nach
mitgeteilt und dann von diesen, nachdem es fleissig memoriert
war, zurückgegeben wurde.

manuum certis diebus adepti et sacri olei liquore peruncti legitimi diei
festivitate fruantur et sacro baptismate regenerentur.
[1]) Auffallend ist jedenfalls, dass Beroldus (Ecclesiae Ambrosianae
Mediolanensis kalendarium et ordines saec. XII ed. Magistretti p. 92)
noch im Anfang des 12. Jahrhunderts an der Spitze der Taufvorbereitung
in Mailand eine Ceremonie des „Chrismon" kennt, welche jenem spanischen
Buss- und Salbungsakt überaus ähnlich sieht (Debent quaerere cilicium ab
archiepiscopo et debent portare in medio ecclesiae et facere chrismon super
illud de cinere. — Omnes pariter masculi et foeminae intrant in ecclesiam
et vadunt ubi chrismon est). Vgl. auch den Ordo ecclesiae Ambrosianae
in solemni baptismo sabbato sancto bei Muratori, Antiquit. italic. med.
aevi 1741 Tom. IV p. 841—844; ferner Landulfus sen., Historia Mediolan.
I 12 M. G. Script. VIII 42. Magistretti, der die Ceremonie bei Odilbert nicht
angedeutet fand, glaubte deshalb an der Authenticität des Liber de baptismo zweifeln zu sollen (Beroldus p. 207 n. 184: Non credo genuinum
antistitis nostri opus), hat aber dieses Bedenken neuerdings (La liturgia
della Chiesa Milanese nel secolo IV. 1899 p. 8) wieder aufgegeben. Mög-
licherweise ist das „Chrismon" des Beroldus bereits in dem „et unguntur"
des Odilbert angedeutet.

Auch diese Verhältnisse erfahren seit dem 6. Jahrhundert eine merkliche Änderung entsprechend dem Umstande, dass es die Kirche bei der Taufe fast ausschliesslich mit Kindern christlicher Eltern und nicht mehr mit erwachsenen Heiden zu thun hat. Dazu tritt noch das gesteigerte Interesse am Ausbau der Liturgie, welches namentlich von Rom aus immer neue Nahrung empfängt. Infolgedessen bekommen die liturgischen Exorcisationsgottesdienste fortan die stereotype Form von sieben kunstvoll durchgebildeten Skrutinienmessen, unter denen wiederum zwei durch den feierlichen Akt der Übergabe und der Rückgabe des Symbols besonders ausgezeichnet sind. Hingegen fallen die Katechisationen in jenen Jahrhunderten für die Taufvorbereitung ganz fort, denn alle Belehrung und Erziehung gehört bei Kindern naturgemäss der Zeit nach der Taufe an. Indessen behält man wenigstens den Namen bei. Denn das letzte der Taufe unmittelbar voraufgehende Skrutinium besteht aus Katechisation und Symbolrückgabe. Erstere aber ist nichts anderes als die Verbindung der bekannten Ceremonien der Signation und Exorcisation mit dem Effeta, der Benetzung von Nase und Ohren des Täuflings mit Speichel.[1]) Daraus erklärt sich denn auch die sonderbare Verkehrung der Begriffe bei Odilbert.

Dass es zum Wesen der Kompetenten gehöre, katechisiert zu werden, schreibt Odilbert dem Isidor nach, ebenso dass ihnen das Symbol mitgeteilt wird. Aber er fügt dann selbständig hinzu, dass an ihnen die sieben Skrutinien vorgenommen werden (c. VII).

Was nun diese letzteren anbetrifft, so ist die Definition (c. VIII) deshalb nicht uninteressant, weil in der That das Zeitalter Karls nicht mehr wusste, was es eigentlich unter diesem Begriff zu verstehen habe, wie denn des Kaisers Frage: De scrutinio, quid sit scrutinium? auch durchweg verschieden beantwortet ist.[2]) Nach Odilbert ist das Skrutinium eine Prü-

---

[1]) Den Beleg siehe in meinem: Symbol und Katechumenat S. 236.

[2]) Besonders charakteristisch von Leidrad (Lib. de sacram. bapt. c. 1): Haec tota actio quae super catechumenis et competentibus celebratur, a quibusdam scrutinium nominatur, non ob aliud, ut putamus, nisi a scrutando iuxta illud psalmistae: Scrutans corda et renes deus. Eo quod ibi scrutarentur corda credentium et dubitantium a sacer-

fung nicht sowohl des ausreichenden Wissens oder der rechten
Erkenntnis (worauf man allenfalls das „utrum in eadem doctrina
fidei consistant qua pridem docti a sacerdotibus fuerunt" deuten
könnte) als der rechten Herzensstellung. Es sind die Exorcismen darunter zu verstehen, insofern es sich bei ihnen darum
handelt nachzuforschen, in welchem Masse die Macht des
Satans im Täufling noch vorhanden bezw. im Schwinden begriffen ist.

Der Zahl nach sind ihrer sieben entsprechend den sieben
Gaben des heiligen Geistes. Das erinnert natürlich an die sieben
Skrutinienmessen des Gelasianums, und an sich wäre es auch
keineswegs wunderbar, wenn dieselben damals in Mailand im
Gebrauch gestanden hätten, begegnen sie doch während des
9. Jahrhunderts im Norden des Reiches ebensowohl wie in
Aquileja und Rom.[1]) Aber auffallend erscheint, dass ein solch
reich entwickeltes Ceremoniell wie diese Skrutinienmessen von
Odilbert nur ganz beiläufig angedeutet sein sollte. Der Erzbischof
macht auch nicht den geringsten Versuch, sie irgendwie eingehender zu besprechen. Das ist um so merkwürdiger, als gleichzeitig
zwei andere Prälaten, in deren Diöcesen jene Skrutinienmessen
in Übung standen, Jesse von Amiens und Amalar von Trier,
in ihren Antwortschreiben an Karl das Stichwort Skrutinium
zu einer detaillierten Darstellung eben jenes Ritus benutzen.[2])
Demgegenüber erscheint die kurze Bemerkung Odilberts fast
wie eine Interpolation, als welche sie freilich nicht in Frage
kommen kann, da sie sich in allen Handschriften findet. Wohl
aber ist denkbar, dass Odilbert unter jenen sieben Skrutinien,
die er beiläufig erwähnt, nicht Skrutinienmessen, sondern ein-

---

dotibus ut intelligerent quis ad baptismum iam rite admitteretur, qui adhuc differretur. Iuxta hoc et dominus in evangelio ait: Scrutamini
scripturas.

[1]) In Aquileja nach Ausweis des Aquileiense catechumenorum scrutinium (abgedr. in Fr. Io. Franc. Bernard. Mar. de Rubeis, De vetustis
liturgicis aliisque sacris ritibus. Venet. 1754 c. 10), in welchem Patriarch
Lupo I (nach 855) handelnd eingeführt wird. Für Rom hingegen ist be-
weisend ausser Amalar. de eccl. offic., bes. I 8, der Cod. Sessorianus 52,
vgl. Rev. Bénéd. 1897 p. 481—488.

[2]) Jesse von Amiens, Epistola de baptismo Ml. 105, 782—785. Amalar von Trier, Epistola de caerimoniis baptismi Ml. 99, 894—897.

fache Exorcisationen verstand, die in dieser Anzahl recht gut
im mailändischen Taufordo vorhanden sein konnten. [1])
Ausser den Skrutinien gehören in die Kompetentenzeit die
Symbolübergabe und [2]) die Katechese (c. IX).
Über die erstere ist nicht viel zu sagen. Sie bestand
natürlich nur in einer einfachen Recitation des Symbols. Indessen ist auch das charakteristisch, dass Odilbert von der im
alten Katechumenat wie unter der Herrschaft des Skrutinienritus glänzend entwickelten Feierlichkeit der Symbol ü b e r g a b e
nichts zu sagen weiss. Er nennt sie nur in der Überschrift
und erörtert im übrigen ausschliesslich den Begriff Symbolum.[3])

Hingegen ist Odilberts Erklärung von Katechese nur zu
verstehen, wenn man sich der mit diesem Begriff inzwischen vorgenommenen Umgestaltung erinnert. Sie ist schon bei Johannes
Diakonus eine unter Handauflegung sich vollziehende Unterweisung über das, was der Täufling jetzt ist, und was er nach
der Taufe sein wird. Man wird an das vom Skrutinienformular
vorgeschriebene Exorcisationsgebet erinnert: [4]) Ut exeas et recedas ab hoc famulo dei quem hodie dominus deus noster Iesus Christus ad suam sanctam gratiam et benedictionem fon-

---

[1]) Beroldus und der oben S. 44 Anm. 1 genannte Ordo kennen Kompetentengottesdienste an den Samstagen vor Okuli, Lätare und Judika,
entsprechend der alten römischen und neapolitanischen Gepflogenheit (vgl.
mein: Symbol und Katechumenat S. 170—173. 218). Man wusste also auch
im 12. Jahrhundert nichts von sieben Skrutinienmessen in Mailand.

[2]) vel = et. Ducange, Glossarium VI 755.

[3]) Die späteren Mailänder Ordines kennen einen Kompetentengottes-
dienst, bei welchem das Symbol übergeben wurde, am Samstag vor Palmsonntag. Vgl. auch Ambrosianae missae ritus et ordo bei Pamel, Liturgica
Latinorum 1571 I 336 sq. Ebenso in den Observationes de ritu Ambrosiano V
15 bei Mabillon. Museum Italicum Tom I p. 2 pag. 108, freilich mit dem
Zusatz: Haec pro traditione symboli quae in recentioribus missalibus amplius non comparent. In der That bietet Gerbert (Monumenta veteris liturgiae Alemannicae I 64) dieselbe Messe, ohne dabei die Symbolübergabe
zu erwähnen. Auch Leidrad von Lyon und Theodulf von Orléans erwähnen die Übergabe des Symbols nur beiläufig, während Maxentius von
Aquileja und Magnus von Sens nicht einmal den Namen nennen.

[4]) Sacrament. Gelas. I 42. Zu Johannes Diakonus vgl. Holtzmann,
Die Katechese der alten Kirche (in den Theolog. Abhandlungen. Carl
von Weizsäcker zu seinem siebzigsten Geburtstage 11. Dec. 1892 gewidmet)
S. 94.

temque baptismatis dono vocare dignatus est, ut fiat eius templum per aquam regenerationis in remissionem omnium peccatorum in nomine domini nostri Iesu Christi. Denn gleicherweise handelt es sich auch bei dieser sog. Katechese Odilberts nur um das der Taufe direkt voraufgehende wichtigste Exorcisationsgebet.[1])

Für das Effeta gehen die Gewährsmänner weit zurück, und Odilbert (c. X—XII) ist daher in der Lage, über diese Ceremonie mehr als ausführlich zu referieren, freilich sehr auf Kosten der Übersichtlichkeit, denn er bringt in c. X auch Ausdeutungen der Lippen- und Augensalbung bei, nach denen der Kaiser nicht gefragt hatte, und die sich gewiss auch nur ausnahmsweise im Taufvorbereitungsceremoniell irgend einer Kirche in jener Zeit nachweisen lassen.[2]) Dagegen ist die Benetzung von Ohren und Nase mit Speichel wohlbekannt.

Man berief sich für dieselbe auf die Heilung des Taubstummen (Mark. 7, 31), liess aber gleichwohl aus Gründen der Delikatesse an Stelle der Berührung des Mundes die der Nase treten.[3]) Mit diesem Akte, der im Vorhof des Baptisteriums

---

[1]) Siehe oben S. 45.

[2]) Vgl. Leidrad von Lyon, Liber de sacram. bapt. c. 2: Alii etiam os tangunt oleo ad exemplum dominicum. Leidrad mochte dabei an die Sitte der Kirche von Toledo denken, wo im Frühgottesdienst des Palmsonntags an den Katechumenen das Effeta in der Weise vollzogen wurde, dass ihnen der Priester Ohren und Zunge mit Öl salbte auf Grund von Mark. 7, 31—37. Ildefons. de cognit. bapt. c. 27—29. Anecdota Maredsolana I 411.

[3]) Ambros. de myster. 1, 4: Sed ille (Christus) os tetigit, quia et mutum curabat et virum, in altero, ut os eius infusae sono vocis aperiret, in altero, quia tactus iste virum decebat, feminam non decebat. De sacrament. I 1, 3: Sed dicis mihi: Quare nares? Ibi quia mutus erat, os tetigit, ut quia loqui non poterat sacramenta caelestia, vocem acciperet a Christo. Et ibi quia vir; hic quia mulieres baptizantur et non eadem puritas servi quanta et domini, ideo propter gratiam operis et muneris non os tangit episcopus sed nares. Anders Maximus von Turin (De baptismo tract. I Ml. 57, 774): Nares quoque vestras oleo benedictionis adunximus. Dazu die mystische Ausdeutung: Adhuc subtilior intellectus in hac narium unctione signatur. Illius enim olei odor, quod in Christi nomine et virtute benedictum est, ad odoratum vos provocat spiritalem, ut non corporis sed mentis sensibus Christum inaestimabili suavitate sentire possitis; et delectati notitia oris eius, ipsius vestigia subsequentes dicere valeatis

vorgenommen wurde, schloss die Taufvorbereitung in alter Zeit;
unmittelbar darauf öffneten sich die Thüren des Taufraumes.[1])
Ganz entsprechend findet sich das Effeta unter der Herrschaft
der Skrutinienmessen im siebenten d. h. letzten Skrutinium, wenngleich den eigentlichen Schluss hier eine Symbolrückgabe bildet.
Dicht vor dem Taufakt endlich treffen wir es wieder bei Odilbert.
Dagegen hat diese Ohrenöffnung mit der feierlichen
Skrutinienmesse in apertione aurium nichts zu thun. Die
letztere, eine durchaus eigenartige Erscheinung, weist höchstens
mit dem toletanischen Ceremoniell am Palmsonntag eine Verwandtschaft auf.

Dem siebenten und letzten Skrutinium, welchem die Ohrenöffnung angehörte, fehlte die feste Einfügung in den Rahmen
der Messe. Man schwankte in seiner Beurteilung, indem man
in ihm bald den Abschluss der Vorbereitungsgottesdienste
sah, bald die Eröffnung des Taufaktes, dem es ja in der That
fast unmittelbar voranging. Diese Unsicherheit im allgemeinen
hatte natürlich leicht Änderungen im einzelnen zur Folge.
Dahin gehört eine Erweiterung, welche jenes Skrutinium auf
fränkischem Boden erfuhr; nach der letzten grossen Exorcisation und dem Effeta nahm der Täufling den Kampf gegen
den Satan gewissermassen persönlich auf, indem er sich wie der
Kämpfer in der Arena Brust und Oberarme salben liess und
gleichzeitig in dreimaliger Absage den Austritt aus dem teuflischen Vasallenverhältnis erklärte.

Damit soll freilich nicht gesagt sein, dass Ölsalbung an
Brust und Schultern und Abrenuntiation Produkte der jungen
fränkischen Kirche gewesen seien; nur ihre Vereinigung mit
dem siebenten Skrutinium und ihre Hinzurechnung zu der

---

illud quod ad deum credentium chorus loquitur: Post te in odorem un-
guentorum tuorum currimus (Cant. I 3). Hier ist also nicht bloss an Stelle
des Mundes die Nase, sondern auch an Stelle des Speichels das Öl getreten. Die Ausdeutung behielt auch fernerhin ihre Geltung, so hat Leidrad von Lyon (De Sacram. bapt. c. 2) sich dieselbe wörtlich angeeignet,
wenngleich er es im übrigen zweifelhaft lässt, ob in seiner Gemeinde die
Benetzung mit Speichel oder die Salbung mit Öl das Übliche war.
[1]) Ambros. de myster. 2, 5: Post haec reserata tibi sunt sancta
sanctorum, ingressus es regenerationis sacrarium.

Taufvorbereitung dürften sich auf die fränkische Kirche zurückführen. Denn die Ölsalbung war zur Zeit des Ambrosius der
erste Akt nach dem Eintritt in das Baptisterium, eröffnete also
die Tauffeierlichkeit selbst.[1])

Ihr schloss sich von ältester Zeit her die Abrenuntiation
als zweiter Akt an,[2]) bis auch sie im Zeitalter des Skrutinienritus der Taufvorbereitung zugewiesen, d. h. im letzten am
Ostersamstag stattfindenden Skrutinium vorgenommen wurde.

----

[1]) Ambros. de sacrament. I 2, 4: Venimus ad fontem, ingressus es. Occurrit tibi levita, occurrit presbyter, unctus es quasi athleta Christi, quasi
luctam huius saeculi luctaturus, professus es luctaminis tui certamina.

[2]) Für die enge Zusammengehörigkeit beider in unserem Zeitalter
vgl. Leidrad von Lyon, Lib. de sacram. bapt. c. 2: Unguntur etiam nunc
catechumeni in pectore et inter scapulas oleo exorcizato, cum abrenuntiant
satanae et operibus ac pompis eius. — Der bestimmte Wortlaut der Abrenuntiationsformel hat sich erst allmählich herauskristallisiert. Bei Ambrosius ist sie vier- bezw. fünfteilig. Hexaemeron I 4, 14: Tibi diabole
et angelis tuis et operibus tuis et imperiis tuis. De sacram. I 2, 5: Diabolo et operibus eius, saeculo et voluptatibus eius. De myster. II 5: Diabolo et operibus eius, mundo et luxuriae eius ac voluptatibus. Ebenso
Hieronymus (Epist. 130 ad Demetriadem c. 7 Ml. 22, 1113): Tibi diabole et
saeculo tuo et pompae tuae et operibus tuis. Niceta von Remesiana
scheint eine nur zweiteilige Formel (diabolo et operibus eius) gehabt zu
haben; doch führt er sio, wenn er darauf zu sprechen kommt, jedesmal
weiter aus, besonders um die Bedeutung der opera und ihre Beziehung
zu allen Seiten des menschlichen Lebens hervorzuheben. Vgl. Explanat.
symb. c. 1: Inimico et angelis eius et universae magicae curiositati quae
constat eius per angelos satanae. Deinde operibus eius malis et culturae,
idolis sortibus et auguriis, pompis et theatris. fornicationibus ebrietatibus
choris atque mendaciis. Sog. Denissches Fragment III (Ml. 52, 873—875):
Diabolo, diabolicae vanitati. Deinde operibus eius malignis, id est cultu-
ris et idolis, sortibus et auguriis, pompis et theatris, furtis et fraudibus,
homicidiis et fornicationibus, superbiae et iactantiae, irae et avaritiae, co-
messationibus et ebriositatibus, choris atque mendaciis et his similibus malis.
Die Bedeutung des Wortes pompae. welches später mit diabolus und opera
zusammen die stereotype dreiteilige Formel bildet, erhellt aus seiner
häufigen Zusammenstellung mit theatra; die pompae bilden die „praecipua
pars circensium," die „sollemnis simulacrorum deductio quae honoris causa
per publicas urbis vias ad circum usque habebatur, antequam circenses
ludi ederentur," also die feierliche Prozession der Götterbildnisse. Vgl.
hierzu Tertull. de spectac. c. 7. Sie repräsentieren also die das Gemüt
der Heiden beherrschende Macht des Götzendienstes im eigentlichsten
Sinne. Und der Abscheu gegen diese pompae hielt sich daher auch noch,

Das letztere entschieden mit Unrecht. Denn wenngleich Öl-salbung und Abrenuntiation eng zusammengehören, ja die Ab-renuntiation überhaupt nichts anderes ist als die Vollzugsformel der Ölsalbung, so sind noch viel weniger Abrenuntiation und Glaubensbefragung zu trennen; denn die letztere ist das posi-tive Gegenstück zur ersteren. Die Glaubensbefragung aber galt zu allen Zeiten als ein integrierender Bestandteil des Tauf-aktes.[1]) Odilbert handelt daher durchaus korrekt, wenn er beide in einem Kapitel (c. XIV) zusammenzieht. Ölsalbung, Abrenuntiation und Glaubensbefragung eröffnen bei ihm wieder wie bei Ambrosius den Taufakt (c. XIII. XIV). Dagegen fehlt bei Odilbert jede Erinnerung an eine Rück-gabe des Symbols. In der Zeit des altkirchlichen Katechu-menates hatte dieselbe den Abschluss der Kompetentenzeit, der Taufvorbereitung, gebildet. Sie war ein hochbedeutsamer Vor-

---

als Konstantin die Götterbilderprozession selbst aus dem Programm der Circensischen Spiele gestrichen hatte. Denn die Christen des 4. Jahr-hunderts bezogen den Namen auf die Circensischen Spiele mit ihrem der sittlichreligiösen und geistigen Lebensauffassung des Christen wider-streitenden Charakter überhaupt. Vgl. Cyrill von Jerusalem, catech. 19 (mystag. 1.) c. 6: πομπὴ δὲ διαβόλου ἐστὶ θεατρομανίαι καὶ ἱπποδρομίαι, κυνηγέσια καὶ πᾶσα τοιαύτη ματαιότης. Salvian. de gubernat. dei VI 6: Quae est in baptismo salutari christianorum prima confessio? Quae scili-cet nisi ut renuntiare se diabolo ac pompis eius atque spectaculis et operi-bus protestentur? Ergo spectacula et pompae etiam iuxta nostram pro-fessionem opera sunt diaboli. De symbolo ad catechumenos sermo III c. 1, 1 (August. opp. Tom. VI Appendix Ml. 40, 652sq.): Pompae diaboli sunt quaeque illicita desideria, quae turpant, non quae exornant animam, ut sunt desideria carnis, desideria oculorum, ambitiones saeculi. Ad con-cupiscentiam carnis pertinent illecebrae voluptatum, ad concupiscentiam oculorum nugacitas spectaculorum, ad ambitionem saeculi insana superbia. In der Abrenuntiationsformel lassen sich die pompae bereits bei Tertullian (De corona mil. c. 3: Diabolo et pompae et angelis eius. Vgl. De spectac. c. 4) und Origenes (Homil. 12 in Numeros c. 4: Quid renuntiaverit dia-bolo: non se usurum pompis eius neque operibus eius neque ullis omnino servitiis eius ac voluptatibus pariturum) nachweisen. Die spätere stereo-type Form dürfte zuerst von Cäsarius von Arelate (August. opp. Tom. V Appendix Sermo 264 c. 3: Diabolo, pompis et operibus eius) gebraucht sein.

[1]) Hieron. in Amos (6, 13) lib. III Ml. 25, 1119: Unde et in myste-riis primum renuntiamus ei qui in occidente est nobisque moritur cum peccatis, et sic versi ad orientem pactum inimus cum sole iustitiae et ei servituros nos esse promittimus.

gang gewesen, eine notwendige Ergänzung zu der voraufgegangenen Symbolübergabe. Hingegen hatte sie unter dem auf
Kinder berechneten Skrutinienritus alle selbständige Bedeutung
verloren. Mochte es sich damals um die Übergabe oder um
die Rückgabe des Symbols handeln, beidemale wurde in einer nur
ceremoniell verschiedenen Weise das Glaubensbekenntnis über
die Kinderschar hin gesprochen. Immerhin konnte dies in Rom
noch gehen. Denn nicht nur waren dort die beiden ziemlich
identischen Akte durch Wochen von einander getrennt, sondern
es lagen auch scheidend die Ölsalbung und die Abrenuntiation
zwischen der die Taufvorbereitung schliessenden Symbolrückgabe und der ihr sehr verwandten und fast unmittelbar dar-
auffolgenden Glaubensbefragung, welche dem Taufakt unmittelbar voraufging. Wie aber, wenn, was bei den Skrutinien im
Frankenreiche der Fall war, Ölsalbung und Abrenuntiation der
Symbolrückgabe vorangingen? Dann endete die Taufvorbereitung mit einem Aufsagen des Symbols, und der fast unmittelbar sich daran anschliessende Taufakt begann mit dem in
Frageform gefassten Symbol. Zwei nahezu identische Handlungen stiessen also zeitlich dicht aufeinander. Bei Odilbert
finden wir dieses Dilemma durch eine Verschmelzung beider
gehoben. Der Taufvorbereitung bezw. dem Kompetentenstand
ist in Erinnerung an die alte Symbolübergabe die priesterliche
Recitation des Symbols verblieben (c. IX). Aber die Symbolrückgabe geht in den analogen Tauffragen auf, welche natürlich den Inhalt des apostolischen Symbols ganz oder, wie gewöhnlich, nur auszugsweise repräsentieren.[1])   Somit besteht

---

[1]) Die Glaubensfragen enthielten entweder nur das Bekenntnis zur
Trinität oder umfassten den Wortlaut des apostolischen Symbols in mehr
oder weniger abgekürzter Form. Vgl. Tertull. de cor. milit. c. 3: Dehinc
ter mergitamur amplius aliquid respondentes quam dominus in evangelio de-
terminavit. De spectac. c. 4: Cum aquam ingressi christianam fidem in
legis suae verba profitemur. Ambros. de myster. 5, 28: Recordare quid
responderis, quod credas in patrem, credas in filium, credas in spiritum
sanctum. De sacrament. II 7, 20: Credis in deum patrem omnipotentem?
Credis in dominum nostrum Iesum Christum et in crucem eius? Credis et
in spiritum sanctum? Hieron. dialogus contra Luciferianos c. 12 Ml. 23,
175: Praeterea cum solemne sit in lavacro post trinitatis confessionem
interrogare: Credis sanctam ecclesiam? Credis remissionem peccatorum?

also nach Odilbert der Taufakt aus Ölsalbung, Abrenuntiation, Taufbefragung, Taufe.

Auf die Taufwasserweihe, welche nach der Abrenuntiation stattgefunden haben dürfte, gehe ich hier absichtlich nicht näher ein, da weder Karl noch Odilbert ihrer Erwähnung thun.

Ehe Odilbert die Taufe selbst nennt, kommt er in c. XV noch auf die Paten zu sprechen, deren Pflicht darin besteht, für die Kinder die Abrenuntiation zu leisten und auf die Tauffragen zu antworten.[1]

In c. XVI rechtfertigt Odilbert das dreimalige Untertauchen bei der Taufe durch den Hinweis auf die Trinität und die dreitägige Grabesruhe Christi. Es ist bekannt, dass die Taufe in Spanien nur in einmaligem Untertauchen bestand. Damit sollte im Gegensatz zu den arianischen Bewohnern des Landes der einheitliche göttliche Charakter der Trinität zum symbolischen Ausdruck kommen.[2]

Maxim. Taurin. tract. II de baptismo Ml. 57, 775: Credis in deum patrem omnipotentem? Credis et in Iesum Christum filium eius qui conceptus est de spiritu sancto et natus est ex Maria virgine? Credis et in spiritum sanctum. — Bei Pirminius (Scarapsus c. 12) sind die drei Glaubensfragen identisch mit den drei Artikeln des Symbols. Zeitweise dienen die Glaubensfragen auch als Gegengewicht gegen herrschende Irrlehren. vgl. Messbuch von Auxerre XXV (Muratori, Liturg. romana vet. II 741): Credis patrem et filium et spiritum sanctum unius esse virtutis? Credis patrem et filium et spiritum sanctum eiusdem esse potestatis? Credis patrem et filium et spiritum sanctum trinae veritatis, una manente substantia, deum esse perfectum?

[1] Leidrad von Lyon (Liber de sacram. bapt. c. 10) behandelt eingehend das Pateninstitut. und Amalar von Trier erwähnt das Patenexamen (Epist. de caerim. bapt. Ml. 99, 898).

[2] Ildefons. de cognit. bapt. c. 117: Quod autem semel mergitur, in unius deitatis nomine tingitur. Si autem tertio mergatur, trium dierum sepulturae domini numerus demonstratur. Unde in una fide nihil contrarium habet consuetudo diversa. Sed quia haeretici in hoc numero mersionis unitatem solent scindere deitatis a deo, potius est quod ecclesia dei unius usum observat tantummodo tinctionis. Diese Ausnahmestellung ward der spanischen Kirche von Gregor dem Grossen direkt gewährleistet durch einen Brief an Bischof Leander von Sevilla (Epist. lib. I 43), der auf der 4. Synode von Toledo 633 verlesen wurde und alsdann in die Akten derselben (can. 6) überging. Mansi, Conc. coll. X 618 sqq. Hefele, Conciliengesch. III 80. Über diese verschiedenen Arten des Taufritus spricht sich Leidrad von Lyon (l. c. c. 6) ausführlich aus.

Hat, woran nicht zu zweifeln sein dürfte, Odilbert die
einzelnen Akte planmässig, und nicht etwa willkürlich, an einander gereiht, so beginnen die postbaptismalen Akte nicht, wie
dies ursprünglich der Fall gewesen ist, mit der Anlegung der
weissen Taufkleider. Denn sofern es sich um Erwachsene handelte,
verlangte schon der Anstand, den Moment der Entkleidung
möglichst zu kürzen. Das allererste nach der Untertauchung
musste die Bekleidung des Körpers sein, und da diese in Gestalt der Anlegung von weissen Taufkleidern sich vollzog, so
bildete die letztere naturgemäss den ersten unter den an die
Taufe sich anschliessenden Akten.

Wenn nun bei Odilbert gleichwohl die Chrismation
(c. XVII) und die Anlegung der Stirnbinde (c. XVIII) vorangehen, so erklärt sich dies wiederum daraus, dass das ganze
Ceremoniell auf die Kindertaufe zugeschnitten ist. Bei kleinen
Kindern aber kommt weder die Decenz in Frage, noch handelt
es sich um ein eigentliches Anziehen von Kleidern. Die liturgische Umhüllung derselben mit dem weissen Kleide konnte
ruhig einen Augenblick anstehen, bis die beiden anderen zeitlich rasch zu erledigenden Handlungen erfolgt waren. Daher
liegt kein sachlicher Grund vor, die Reihenfolge bei Odilbert
zu ändern.[1]

Dass der Taufe unmittelbar eine Salbung und etwas später
eine Handauflegung zu folgen habe, war uralte Sitte des
Abendlandes.

Schon Tertullian nennt beide ganz ausdrücklich und sucht
dieselben mit Hilfe biblischer Analoga zu begründen.[2] Beide
gehören nach seiner Ansicht wesentlich und notwendig zur
Taufe; ohne sie wäre diese letztere nicht vollständig. Und
zwar macht die Ölsalbung die Getauften zu Priestern, die den

---

[1] Dass diese Reihenfolge nicht ohne Grund von Odilbert gewählt ist.
beweist dieselbe Anordnung bei Leidrad von Lyon, vgl. l. c. c. 7: De sacra
unctione. c. 8.: De vestimentis albis. Ebenso bereits im Sakramentar von
Autun (Missale Gothicum bei Muratori, Liturg. rom. vet. II 592): Dum
Chrisma eum tangis. Dum pedes eius lavas. Dum vestimentum ei imponis.

[2] Tertull. de bapt. c. 7: Exinde egressi de lavacro perungimur benedicta unctione de pristina disciplina, qua ungi oleo de cornu in sacerdotium solebant. c. 8: Dehinc manus imponitur, per benedictionem advocans et invitans spiritum sanctum.

Namen Christen im eigentlichsten Sinne führen. Sie ist eine Weihe, die, im alten Bunde auf Hohepriester und Könige beschränkt, seit Christus allen Getauften zuteil wird; dagegen teilt sie den heiligen Geist nicht mit. Auch Cyprian bezeichnet die Ketzertaufe ausschliesslich deshalb als ungiltig, weil den Ketzern die Möglichkeit einer korrekten Ölsalbung fehlt:[1]) eine Anschauung, durch welche die der Taufe folgende Chrismation im Abendlande noch ganz besonders empfohlen wurde.

Jedenfalls behaupten sich fortan Chrismation und Handauflegung als integrierende Bestandteile des den eigentlichen Taufakt abschliessenden Ceremoniells und verursachen der wissenschaftlichen Untersuchung eine Schwierigkeit über die andere. Hauptsächlich begegnen drei Probleme. Machen Salbung und Handauflegung zusammen das aus, was man später die Konfirmation bezw. die Firmung nennt?[2]) Oder hat die letztere als durchaus selbständige und dem Bischof vorbehaltene Handlung von vornherein nur in der Handauflegung bestanden, während die Salbung eine nur die Taufe abschliessende und daher auch vom Priester zu spendende Ceremonie ist? Oder hat man eine doppelte Salbung zu konstatieren, eine Scheitelsalbung durch den Priester als Abschluss der Taufe und eine Stirnsalbung durch den Bischof als intregierenden Bestandteil der Konfirmation? Es ist ausser Zweifel, dass in Bezug auf diese Gebräuche sowohl zwischen Morgenland und Abendland grosse Differenzen obwalteten, als auch dass das Abendland in seinen verschiedenen Provinzen und zu verschiedenen Zeiten zu denselben eine andere Stellung eingenommen hat. Daraus erklären sich die abweichenden Ansichten der heutigen Theologen über Entstehung, Wesen, Bedeutung und Handhabung der Konfirmation.

---

[1]) Epist. 70 ad Ianuarium c. 2: Ungi quoque necesse est eum, qui baptizatus sit, ut accepto chrismate i. e. unctione esse unctus dei et habere in se gratiam Christi possit. — Sanctificare autem non potuit olei creaturam qui nec altare habuit nec ecclesiam. Unde nec unctio spiritalis apud haereticos potest esse, quando constet oleum sanctificari et eucharistiam fieri apud illos omnino non posse.

[2]) Theodor von Kanterbury, Poenitentiale c. 4 Ml. 99, 929: Confirmationem episcopi non disputamus; tamen in Nicaeno synodo fuit chrisma constitutum.

Dass aber an Stelle der von Tertullian und Cyprian genannten Salbung mit Öl im Laufe der Jahrhunderte eine solche
mit Chrisma getreten ist, erklärt sich leicht aus der liturgischen
Notwendigkeit, die der Taufe folgende Salbung von der der
Taufe vorangehenden auch in Bezug auf die Substanz zu unterscheiden.

Im engsten Zusammenhang mit der Salbung des Scheitels
durch den Priester stand der Gebrauch des Linteolum (c.
XVIII). Diese Binde oder Mütze sollte das gesalbte Haupt
vor Verunreinigung oder Berührung mit der profanen Umgebung schützen. Gleichwohl ist die Sitte nicht sehr alt und
blieb, wie es scheint, auf das Abendland beschränkt. Johannes
Diakonus, auf den sich Odilbert beruft, dürfte ihr erster Gewährsmann sein. Bei Gregor dem Grossen heisst die Binde
„birrus albus",[1]) bei Hrabanus Maurus nur „mysticum vela-
men",[2]) im späteren Mittelalter „cbrismale" oder „cappa".
Später nähte man sie gern an das Taufhemd an, und die
Mütter trugen bereits vor der Entbindung dafür Sorge, sich
eine solche „interula" samt „cappa" für den erwarteten Täufling zu beschaffen. [3])

Hingegen gehört die Anlegung der weissen Kleider zu den
ältesten und weit verbreiteten Taufceremonien. Denn zahlreiche Beispiele der neutestamentlichen Bildersprache wiesen
auf dieselben hin. Es wäre fast wunderbar gewesen, wenn die
nach augenfälligen Darstellungsmitteln Verlangen tragende

---

[1]) Epist. lib. IX 6 MI. 77, 944.

[2]) De instit. cler. I 29.

[3]) Vgl. noch im Anfang des 16. Jahrhunderts die interessante Schilderung des bayrischen Karthäusers Johannes von Landsberg: Hodie multis
Germaniae ac Italiae episcopatibus infantes, dum e sacro fonte levantur,
parva primum interula induuntur, cui annexum capitium est monastici cu-
culli schemate, in ipsoque crucis signum assutum est, cuiusmodi interulas
beatissima illa Elizabeth regina pauperculis ingenti cum devotione conficere atque donare solita fuit. — Saepe sane et audivi et perspexi foe-
minas dum partui propinquae sunt eiusmodi quales ipse commemorasti
conficere interulas, sed quando infantes iis induantur, non vidi. Nunquamne
infantem ullam e sacro fonte levasti? Ita, semel dumtaxat. Non ergo
tum id observasti? De monasteriis et monachis dialogus pius c. 3. (Mi-
norum operum D. Ioann. Iusti Lanspergii libri sex. Coloniae 1554).

Kirche sich einen solchen Ritus hätte entgehen lassen. Der
Täufling trug seine „alba vestis" in Spanien bis zum dritten Tage
nach Ostern und legte sie mit einem gottesdienstlichen Ceremoniell
ab, dessen Gebete uns bei Ildefonsus von Toledo erhalten sind.[1])
Gewöhnlich aber ging der Neophyt bis zur Oktave des Tauftages
weiss d. h. bis zum Samstag nach Ostern. Daher man in jener
Zeit korrekterweise von einem „sabbatum in albis" und einer „dominica post albas" spricht.[2]) Dagegen feiert das gelasianisch Sakramentar die Passahoktave am Sonntag nach Ostern als Oktave
der Neugetauften.[3]) Und ebenso schliesst das Homiliarium Karls
des Grossen die Lektion des „pascha annotina" d. h. der Neo-
phytenfeier erst der Osteroktave an, statt sie dieser voran zu
stellen und sie dem sabbatum paschae folgen zu lassen. Bei
dem grossen Einfluss aber, welchen das Homiliar auf das Zu-
standekommen des römischen Breviers ausgeübt hat, liegt die
Vermutung nahe, dass auch auf seine Autorität hin das Brevier den Ausdruck „dominica in albis" anwendet, was dann
weiter zu der unhistorischen Bezeichnung des „weissen Sonntags"
geführt hat, für die es jedenfalls in der Alten Kirche wie im
frühen Mittelalter keine Begründung gibt.[4])

Mit dem hochzeitlichen Kleide angethan, tritt der Neu-
getaufte sofort an den Tisch des himmlischen Bräutigams.
Denn seit der ältesten Zeit folgte der Taufe sofort die erste
Kommunion (c. XX) und zwar nicht nur bei Erwachsenen,

---

[1]) Ildefons. de cognit. bapt. c. 142.   Die bei dieser Gelegenheit gehaltene Rede ebendas. und im Homiliar von Toledo (Anced. Mareds. I 413).
[2]) Vgl. unt. and. Ambrosianae missae ritus et ordo bei Pamel, Liturgica Latinorum 1571 I 363; Sabbato in albis; I 364: Dom. in albis depositis. — Sacrament. Gregorian. (Muratori, Liturg. rom. vet. II 75): Die
dominico post albas. — Amalar. lib. de ord. antiphonarii c. 51: De sabbato:
Sic loquitur, quasi hi loquantur ad ecclesiam qui in Christo baptizati sunt,
et sunt agni novelli et hodie revertuntur ad fontes ut exuant se albis.
[3]) Sacram. Gelasian. 1 53.
[4]) Homiliar. II 14: Die sabbato paschae. II 15: Dominica octava
paschae. II 16: In pascha annotina. Über die Beziehungen zwischen
dem Homiliar Karls und dem Brevier vgl. Batiffol, Hist. du bréviaire ro-
main. p. 97. P. Suitbert Bäumer, Gesch. d. Breviers S. 286 f. Rose, Die
latein. Meermann-Handschriften des Sir Thom. Phillipps in d. kgl. Biblioth.
zu Berlin 1892 S. 83. Revue Bénédictine 1891 p. 270—280. 1893 p. 16—27.
1895 p. 396.

sondern auch bei Kindern. Erst wenn er auch von diesem wichtigsten Rechte Gebrauch gemacht hatte, galt der Täufling als vollkommenes Gemeindeglied. Am stärksten spricht dies Augustin aus; für ihn ist nur dasjenige Kind wiedergeboren und des ewigen Lebens sicher, welches der Taufe und der Kommunion teilhaftig geworden ist. Und nicht viel anders lauten die Urteile bei Papst Innocenz I, Gelasius I und anderen.[1] So hat sich die Sitte der Kinderkommunion bis tief in das Mittelalter hinein behauptet.[2]

---

[1] August. de peccat. merit. I 20, 27: An vero quisquam etiam hoc dicere audebit, quod ad parvulos haec sententia non pertineat possintque sine participatione corporis huius et sanguinis in se habere vitam? Epist. 186 ad Paulinum Nolan. c. 8, 30 Ml. 33, 827: Nullus negat aut dubitat parvulos non accepta gratia regenerationis in Christo, sine cibo carnis eius et sanguinis potu, non habere in se vitam. Contra duas epist. Pelag. I 22: Nec illud cogitatis eos vitam habere non posse qui fuerint expertes corporis et sanguinis Christi. Sermo 174 c. 6, 7 Ml. 38, 944: Infantes sunt sed membra eius fiunt. Infantes sunt sed sacramenta eius accipiunt. Infantes sunt sed mensae eius participes fiunt, ut habeant in se vitam. — Innocent. I pap. epist. 93 ad patres concilii Milevitani c. 5 Ml. 33, 785: Parvulos aeternae vitae praemiis etiam sine baptismatis gratia posse donari, perfatuum est. Nisi enim manducaverint carnem filii hominis et biberint sanguinem eius, non habebunt vitam in semetipsis. — Ferrandi epist. ad Fulgent. c. 4 Ml. 65. 380: Maxime quia licet multos in hac re moveri videam, saepe tamen plus ipse commoveor, haesitans qualis debeat haberi sententia de his qui etiamsi legitime sana mente baptizantur, praeveniente velocius morte, carnem domini manducare et sanguinem eius bibere non sinuntur. — Utrum noceat, quantum noceat, an omnino nihil nocent, si quis baptizatus in nomine sanctae trinitatis sacro cibo potuque fraudetur. — Gelasii epist. 7 ad omnes episcop. per Picenum Ml. 59, 37: Nec ausus est aliquis dicere parvulum sine hoc sacramento salutari ad aeternam vitam posse perduci.

[2] Theodulf von Orléans. Lib. de ordine baptismi c. 18: Propter hanc vitam adipiscendam et baptizamur et eius carne pascimur et eius sanguine potamur, quia nequaquam possumus in eius corpus transire, nisi his sacramentis imbuamur. — Morem ergo accipiendae eucharistiae a domino traditum ecclesia tenet, ut cum ex aqua et spiritu sancto quis renascitur, corpore domini pascatur et sanguine eius potetur (vgl. Magnus von Sens, Libellus de mysterio bapt. Ml. 102, 984). — Leidrad von Lyon, Lib. de sacramento baptismi c. 9: Oportet renovatos per baptismum mensae dominicae applicari. Qui enim dixit: Nisi quis renatus fuerit ex aqua et spiritu sancto, non intrabit in regnum caelorum, dixit: Nisi manducaveritis carnem meam et biberitis sanguinem meum, non habebitis vitam in vobis.

Erst im 11. Jahrhundert kommt es zu Erörterungen über die Zweckmässigkeit derselben, und Hugo von St. Viktor hält die Kinderkommunion für überflüssig.[1]) Dementsprechend wird sie vom Tridentinischen Konzil zwar nicht für notwendig, aber für zulässig erklärt.[2])

Strittig konnte aber die Frage sein, ob auch das unkonfirmierte Kind zur Kommunion zuzulassen sei, oder ob ihm die Teilnahme an derselben erst nach empfangener Handauflegung zustand. In der That herrschen hier Meinungsdifferenzen. Das fränkische Gelasianum schliesst die Handauflegung direkt an Taufe und Scheitelsalbung an, hält also dafür, dass nur konfirmierte Täuflinge an der Kommunion teilnehmen. Und ebenso urteilen Leidrad von Lyon, Magnus von Sens und Theodulf von Orléans.[3]) Diesen strengen Standpunkt teilt aber nicht

---

Omnis ista sententia tenet, ut sine corpore et sanguine filii hominis vitam habere non possint. — Hraban. Maur. de institut. cleric. I 29: Deinde corpore et sanguine dominico omne praecedens sacramentum in eo confirmatur, quia haec ideo accipere debet, ut deum habere mereatur in se habitatorem et illius sit capitis membrum, qui passus est et resurrexit pro nobis.

[1]) De caerim. sacram. offic. et observ. eccl. I 20 in Hugon. de St. Victore opp. Appendix Ml. 177. 392: Unde si eius valetudinis est, sacramenta unitatis id est corpus et sanguinem Christi accipere debet. Pueris recens natis idem sacramentum in specie sanguinis est ministrandum digito sacerdotis quia tales naturaliter sugere possunt. — Unde ignorantia presbyterorum adhuc formam retinens sed non rem dat eis loco sanguinis vinum, quod penitus supervacuum arbitrarer si sine scandalo simplicium dimitti potest. Si autem in reservando sanguinem Christi vel in ministrando pueri immineat periculum, potius supersedendum videtur.

[2]) Sess. XXI c. 4: Denique eadem sancta synodus docet parvulos usu rationis carentes nulla obligari necessitate ad sacramentum eucharistiae communionem. — Neque ideo tamen damnanda est antiquitas, si eum morem in quibusdam locis aliquando servavit.

[3]) Sacram. Gelasian. I 44. — Leidrad von Lyon, Lib. de sacramento baptismi c. 7: Et propterea fit manus impositio etc. c. 9: De corpore dominico et sanguine. — Magnus von Sens, Libell. de myst. bapt. Ml. 102. 983 sq.: Peractis autem omnibus baptismatis sacramentis novissime per manus impositionem a summo sacerdote etc. Postremo corpore et sanguine dominico communicantur. — Theodulf von Orléans, Lib. de ord. bapt. c. 17: Cur ab episcopo confirmatus per manus impositionem accipiat septiformis gratiae spiritum. c. 18: Cur corpore et sanguine dominico consummetur. — Jesse von Amiens, Epist. de baptismo Ml. 105,

der Redaktor des sog. Gregorianums d. h. Alkuin, der in seiner jenem Messbuch eingogliederten Sammlung gottesdienstlicher Formeln die Rubrik hat: Si vero episcopus adest, statim confirmari eum oportet chrismate et postea communicare. Et si episcopus deest, communicetur a presbytero.[1]) Odilbert endlich weicht auch hier am entschiedensten vom Gelasianum ab, indem er die Kinderkommunion der Konfirmation ohne weiteres voraufgehen lässt, jene also ohne diese stillschweigend für zulässig erklärt. Und Hrabanus Maurus teilt diesen seinen Standpunkt.[2]) Indessen scheint späterhin die kirchliche Sitte den Alkuinschen Mittelweg eingeschlagen zu haben, wenigstens geht dies aus einer ganzen Reihe von hier nicht näher zu untersuchenden Sakramentaren hervor.

In der Handauflegung (c. XXI) sieht Tertullian den zweiten selbständigen Ritus unter denjenigen, welche der Taufe folgen und sie vervollständigen.[3]) Und zu Cyprians Zeit gibt man ihr eine feste biblische Begründung in der Stelle Apostelg. 8, 14—17 (Apostelg. 19, 6. Hebr. 6, 2).[4]) Denn damals spielte sie eine grosse Rolle im Streite über die Giltigkeit der Ketzertaufe, indem die kleinasiatische (Firmilian von Cäsarea) und die nordafrikanische (Cyprian) Kirche den Häretikern ebensowohl die Heilskräftigkeit der Taufe wie die der Handauflegung ab-

---

790 sq.: De confirmatione episcopi. De confirmatione corporis et sanguinis Christi.

[1]) Muratori, Liturg. rom. vet. II 158.

[2]) Hraban. Maur. de instit. cleric. I 29. 30. — Maxentius von Aquileja (Epist. de significatu rituum et caerimoniarum baptismi Ml. 106, 53) und Amalar von Trier (Epist. de caerimoniis baptismi Ml. 99, 899) erwähnen die impositio manus überhaupt nicht, sondern schliessen die confirmatio corporis et sanguinis sofort an die vorhergehenden Akte an.

[3]) De baptismo c. 7: Exinde egressi de lavacro perungimur benedicta unctione de pristina disciplina, qua ungi oleo de cornu in sacerdotium solebant. c. 8: Dehinc manus imponitur, per benedictionem advocans et invitans spiritum sanctum.

[4]) Epist. 73 ad Iubaianum c. 9: Et idcirco qui legitimum et ecclesiasticum baptisma consecuti fuerant, baptizari eos ultra non oportebat, sed tantummodo quod deerat id a Petro et Iohanne factum est, ut oratione pro eis habita et manu imposita invocaretur et infunderetur super eos spiritus sanctus.

sprachen, während die römische Kirche (Stephanus) unter gewissen Bedingungen eine Ketzertaufe anzuerkennen geneigt war, hingegen die Fähigkeit, eine korrekte Handauflegung zu spenden, der orthodoxen Kirche vorbehielt und dementsprechend mit den zu ihr übertretenden Häretikern verfuhr.[1]) Das lässt auf ein besonderes Gewicht schliessen, welches man der Handauflegung beilegte. Stephanus nämlich spricht zwar nur von einer Handauflegung in poenitentiam, aber es kann keinem Zweifel unterliegen, dass er ebenso wie seine Gegner und die gesamte Kirche des Abendlandes unter ihr diejenige hochbedeutsame Handlung verstand, an welche die Mitteilung des heiligen Geistes geknüpft war.[2]) Inwiefern diese Auffassung richtig war, inwiefern durch eine solche energische Betonung der Handauflegung das Wasserbad der Taufe, in welchem doch in erster Linie der heilige Geist dem Täufling mitgeteilt wird, eine Beeinträchtigung erfährt: das zu untersuchen gehört nicht hierher.[3]) Genug, jenes Zeitalter kannte für das eine Sakrament der Taufe zwei nicht zu trennende Vollzugsriten, und Cyprian spricht es in der ersten der von Odilbert citierten

---

[1]) Des Stephanus Ansicht in Cyprian. epist. 74 ad Pompeium c. 1: Si qui ergo a quacumque haeresi venient ad vos, nihil innovetur nisi quod traditum est, ut manus illis imponatur in poenitentiam, cum ipsi haeretici proprie alterutrum ad se venientes non baptizent, sed communicent tantum. Zum ganzen Vorgang vgl. Höfling. D. Sakramont d. Taufe I 62—77. 496—503. Ganz entsprechend entschied die Synode von Compiègne 757 can. 12 (Boretius M. G. Capit. reg. Franc. I 38): Si quis baptizatus est a presbytero non baptizato et sancta trinitas in ipso baptismo invocata fuerit, baptizatus est, sicut Sergius papa dixit. Impositione tamen manuum episcopi indiget.

[2]) Vgl. unt. and. Hieron. dial. contra Lucif. c. 6: Sed ego recipio laicum poenitentem per manus impositionem et invocationem spiritus sancti, sciens ab haereticis spiritum sanctum non posse conferri.

[3]) Dieser Widerspruch wurde schon frühe empfunden und auszugleichen versucht. Vgl. die pseudoeusebianische Homilie In die pentecostes (Bibl. Max. Patr. VI 649): Forte cogitat sibi aliquis: Quid mihi prodest post mysterium baptismatis ministerium confirmantis? — Ergo spiritus sanctus in fonte tribuit plenitudinem ad innocentiam, in confirmatione augmentum praestat ad gratiam. — In baptismo regeneramur ad vitam, post baptismum confirmamur ad pugnam, in baptismo abluimur, post baptismum roboramur. Ac sic continuo transituris sufficiunt regenerationis beneficia, victuris autem necessaria sunt confirmationis auxilia.

Stellen unzweideutig aus, dass ohne Handauflegung der Getaufte nicht wirklich und vollständig getauft sei.

Des weiteren geht noch aus jenem Citate Cyprians hervor,
dass die Handauflegung zu spenden als ein Vorrecht der kirchlichen Oberen (praepositis ecclesiae) gilt, und dass ihr Vollzug
mit der Signation (signaculo dominico) verbunden gewesen ist.
In dieser ihrer ausgereiften Gestalt begegnet die Handauflegung im fränkischen [1]) Gelasianum, wo es heisst: Deinde
ab episcopo datur eis spiritus septiformis. Ad consignandum
imponit eis manum in his verbis: Deus omnipotens, pater
domini nostri Iesu Christi qui regenerasti famulos tuos ex aqua
et spiritu sancto quique dedisti eis remissionem omnium peccatorum, tu domine, immitte in eos spiritum sanctum tuum paraclitum et da eis spiritum sapientiae et intellectus, spiritum
consilii et fortitudinis, spiritum scientiae et pietatis. Adimple
eos spiritu timoris dei in nomine domini nostri Iesu Christi,
cum quo vivis et regnas deus semper cum spiritu sancto, per
omnia saecula saeculorum. Resp. Amen. Postea signat eos in
fronte de chrismate dicens: Signum Christi in vitam aeternam.
Resp. Amen. Pax tecum. Resp. Et cum spiritu tuo.

Der letztere Zusatz ist auffallend. Er zeigt, dass die
Handauflegung, der doch der ganze Akt Namen und Bedeutung verdankte, aufgehört hat, ausschliessliche Vollzugsform zu
sein. Vielmehr ist neben sie als zweites die Konfirmation kon-
stituierendes Moment die Signierung der Stirn mit dem Chrisma
getreten. Bekanntlich hat die liturgische Entwicklung dann
weiter den Verlauf genommen, dass die Handauflegung bei der
Konfirmation völlig verschwindet und sich nur jenes „extensis
versus confirmandum manibus" gesprochene Gebet sowie die Signierung der Stirn mit dem Chrisma behauptet. [2])

Dieser eigenartigen Entwicklung gegenüber tritt der konservative Charakter der mailändischen Taufliturgie um so augen-
fälliger hervor. Denn unter völliger Ignorierung etwaiger

---

[1]) D. h. der Abschnitt I 44 gehört zu den erst auf fränkischem
Boden im 7. Jahrhundert in das echte Gelasianum eingeschobenen Bestandteilen.

[2]) Pontificale Romanum, Appendix: Confirmatio uni tantum con-
ferenda. Edit. Ratisb. p. 62.

späterer Gewährsmänner operiert Odilbert in dieser Frage fast ausschliesslich mit den Anschauungen des 3. Jahrhunderts. Er kennt die vom Bischof zu spendende Handauflegung nur als die Geistesmitteilung, in welcher die Taufe ihren Abschluss findet. Ihre Vollzugsform besteht im Auflegen der Hand unter Gebet, mit angeschlossener Signation.[1]) Von einer zweiten ausschliesslich dem Bischof vorbehaltenen Salbung ist hingegen nirgends die Rede.

Dieser abgerundeten Darstellung des Taufritus fügt Odilbert noch ein überzähliges Kapitel (c. XXII) bei, in welchem er unter Berufung auf Johannes Diakonus von den Täuflingen die Barfüssigkeit verlangt. Ich gestehe, dass mir die Absicht, welche den Erzbischof hierbei geleitet hat, dunkel ist. Im Zusammenhang, in welchem sich das Citat bei Johannes findet, hat es Sinn. Er verlangt, dass der Täufling, bereits ehe er sich für den Taufakt entkleidet, d. h. bei den die Taufe direkt einleitenden Ceremonien, barfüssig sei. Er erklärt dies für eine alte Gewohnheit, die aber nicht offiziell irgendwo niedergeschrieben sei.[2]) Und in der That sind Analoga aus der Alten Kirche bekannt, so wenn in Afrika die Kompetenten in der Nacht vor der Symbolübergabe einzeln vortreten und sich mit gebeugtem Nacken und barfuss auf ein Ziegenfell

---

[1]) Dasselbe gilt auch von dem offiziellen Taufschema, vgl. Alcuin. ep. 93 bezw. 261: Novissime per impositionem manus a summo sacerdote septiformis gratiae spiritum accipit. Mit fast denselben Worten drückt sich Magnus von Sens (Libell. de myst. bapt.) aus. Des weiteren stimmen bei Theodulf von Orléans (Lib. de ord. bapt. c. 17) und Hrabanus Maurus (De instit. cleric. I 30). Hingegen hat Leidrad von Lyon (Lib. de sacram. bapt. c. 7) die doppelte Angabe: Non tamen frontem signare, quod solis debetur episcopis cum tradunt spiritum paraclitum, haec causa est: nam licet sint et presbyteri sacerdotes, pontificatus tamen apicem non habent, und: Et propterea fit manus impositio, ut per orationem et benedictionem advocatus invitetur spiritus sanctus. Vor allem aber erklärt Jesse von Amiens (Epist. de bapt. Ml. 105, 790), der auch im übrigen dem Ritus des fränkischen Gelasianum folgt: Post haec confirmet eum episcopus in fronte de chrismate. Ideoque manus impositio fit, ut per benedictionem advocatus invitetur, spiritus sanctus super eos descendat.

[2]) L. c. c. 6: Haec igitur ecclesiastica sollicitudo per successiones temporum cauta dispositione constituit, quamvis horum vestigia vetus pagina non ostendat.

stellen mussten, um sich in dieser Situation der Prüfung zu
unterziehen d. h. wohl die Absageformel an den Teufel zu
sprechen.[1] Ähnliches übte man in Spanien. Hier unterzogen
sich die Kinder beim Eintritt in die Taufvorbereitung einer Ceremonie, welche die von Johannes geforderte Busse versinnbildlichte,
indem sie, jedenfalls auch barfuss, über ausgebreitete rauhe
Ziegenfelle schritten.[2] Warum sollte sich nicht auch bei anderen
Kompetentenakten, besonders bei solchen, welche dicht vor oder
im Baptisterium stattfanden, die Barfüssigkeit als Zeichen besonderer Ehrfurcht eingebürgert haben? Aber wenn Odilbert
hierauf hätte anspielen wollen, dann hätte er fraglos dieses
Kapitel dahingestellt, wohin es gehörte, vor die Taufe, unter
die einleitenden Akte. Das legt die Vermutung nahe, dass Odilbert hier einen anderen Ritus meint als die Barfüssigkeit, nämlich die in Mailand von ältesten Zeiten her beliebte Fusswaschung. Er mag das Citat bei Johannes Diakonus fälschlich auf diese bezogen haben, zur „lotio pedum" gehörte ja die
„nuditas pedum" als ihre Vorbedingung. Die Fusswaschung wird
bereits zu Anfang des 4. Jahrhunderts für Spanien verboten.[3]
In Afrika wollte man sie zu Augustins Zeit gern bestehen
lassen als das was sie ursprünglich gewesen war, als eine Ermahnung zur Demut, die auf einen Neophyten in dieser Form
einen ganz besonderen Eindruck machen musste. Aber man
verwahrt sich energisch dagegen, dass sie irgendwie zum Sakrament gerechnet wird. Um ja eine derartige irrtümliche Meinung
nicht aufkommen zu lassen, trennt man sie zeitlich möglichst
vom Taufakt, indem man sie erst drei oder gar acht Tage
nachher vornimmt.[4] Auch Maximus von Turin berichtet, dass

---

[1] De symbolo ad catechumenos sermo II c. 1, 1, sermo IV c. 1, 1
in August. opp. Tom. VI Appendix MI. 40, 637. 661.
[2] Ildefons. de cognit. bapt. c. 14. 21. Vgl. oben S. 43 Anm. 3.
[3] Synode von Elvira ca. 306 can. 48 Hefele, Conciliengesch. I 177:
Neque pedes eorum lavandi sunt a sacerdotibus vel clericis. Vgl. Corp.
iur. can. Causa I quaest. I c. 104. Herbst in der Tübing. Theol. Quartalschrift 1821 S. 40. Ceillier, Hist. génér. des auteurs sacrés II 610.
[4] August. epist. 55 ad Ianuarium c. 18, 33. MI. 33, 220: Aliqui
autem ut hoc et sacratiore tempore commendarent et a baptismi sacramento distinguerent, vel diem tertium octavarum quia et ternarius numerus in multis sacramentis maxime excellit, vel etiam ipsum octavum ut
hoc facerent elegerunt.

erst nach Absolvierung aller übrigen Ceremonien die Fusswaschung vorzunehmen sei.[1]) Mit diesen beiden Notizen stimmt
es nun sehr gut, wenn Odilbert erst an allerletzter Stelle, sogar
noch hinter Kommunion und Konfirmation, die Fusswaschung
erwähnt. Dazu kommt aber noch, dass gerade Mailand von
alters her einen hohen Wert auf diesen Ritus gelegt hat. Denn
schon Ambrosius bezeichnet unter Berufung auf Joh. 13, 8
die Fusswaschung als einen integrierenden Bestandteil des Taufceremoniells und zugleich als eine werte Eigentümlichkeit der
mailändischen Kirche, die man sich trotz römischen Wider-
spruchs nicht nehmen lassen wolle.[2]) Gerade hier in Mailand
findet man, was Augustin und Rom gleich scharf bekämpfen,
die Hinzurechnung der Fusswaschung zu den heilsnotwendigen
Taufriten; man gibt ihr einen Ehrenplatz zwischen Ohrismation
und Handauflegung, und zwar nimmt sie der Erzbischof, der
sich dem Vorbilde Christi gemäss geschürzt hat, eigenhändig
vor. Und nur das ist auffällig, dass Odilbert an dieser Stelle statt

---

[1]) Tractat. III de baptismo Ml. 57, 779: Impletis autem omnibus
sacramentis etiam mandatum Christi vobis et exemplo et sermone tradi-
dimus. Lavimus enim singulorum pedes ad imitationem vos nostram, imo
ipsius domini et salvatoris nostri vos provocantes, ut quemadmodum nos
vestros pedes lavimus, ita etiam vos pedes fratrum et hospitum lavare
debeatis.

[2]) Ambros. de myster. 6, 31—33: Ascendisti de fonte, memento
evangelicae lectionis. Etenim dominus noster Iesus in evangelio lavit
pedes discipulis suis. — De sacrament. lib. III c. I, 4—7: Non ignoramus
quod ecclesia Romana hanc consuetudinem non habeat, cuius typum in
omnibus sequimur et formam: hanc tamen consuetudinem non habet ut
pedes lavet. — In omnibus cupio sequi ecclesiam Romanam, sed tamen et
nos homines sensum habemus, ideo quod alibi rectius servatur et nos rectius custodimus. Auch in Gallien begegnet die Ceremonie der Fusswaschung, vgl. Arnold, Caesarius von Arelate S. 163. — Sakramentar von
Autun (Muratori, Liturg. rom. vet. II 592): Zwischen Chrismation und
Anlegung der weissen Kleider: Dum pedes eius lavas, dicis: Ego tibi
lavo pedes. Sicut dominus noster Iesus Christus fecit discipulis suis, tu
facias hospitibus et peregrinis, ut habeas vitam aeternam. Dum vestimentum ei imponis, dicis. Messbuch von Auxerre (l. c. II 742): Nach der
Chrismation: Ad pedes lavando. Dominus et salvator noster Iesus Ohris-
tus apostolis suis pedes lavit: ego tibi pedes lavo, ut et tu facias hospitibus et peregrinis qui ad te venerint. Hoc si feceris, habebis vitam aeternam in saecula saeculorum.

sich auf Ambrosius zu berufen, dessen Erörterungen über die
Fusswaschung ihm bekannt sein mussten, vielmehr das recht
unpassende Citat aus der Epistola ad Senarium zur Erklärung
heranzieht.

Was ist das schliessliche Ergebnis aller dieser einzelnen Beo-
bachtungen? Zunächst jedenfalls die Thatsache, dass die mailändische Kirche um die Wende des 8. und 9. Jahrhunderts
von dem komplizierten römischen Ritus der sieben Skrutinienmessen, der sich seit dem 7. Jahrhundert auch in der fränkischen
Kirche eingebürgert hatte, noch nichts oder nichts mehr weiss.
Alles spricht vielmehr dafür, dass zu den Zeiten Odilberts
Taufvorbereitung und Taufakt in Mailand einen einzigen ge-
schlossenen Gottesdienst ausmachten, der nur durch die Be-
nennung seiner einzelnen Teile daran erinnerte, dass früher
Katechumenat, Kompetentenzeit und Taufe zeitlich auseinander-
liegende und obendrein vielseitig gegliederte Institutionen gewesen waren. Was Odilbert uns bietet, ist kein Skrutinienritus, sondern ein Taufordo, nicht unähnlich solchen Ordines,
wie wir sie in grosser Anzahl aus späterer Zeit besitzen, und
wie wir sie auch als Eigentum der mailändischen Gemeinde
kennen.[1]) Dieser Ordo gliedert sich aber in vier Abschnitte.
Der Täufling wird:

1) Katechumene. Als solcher wird er exsuffliert und
exorcisiert, darauf reicht man ihm Salz und salbt ihn. Dann
gilt er

2) als Kompetent. Als solchen unterzieht man ihn den
Skrutinien und der Katechese d. h. man unterstellt ihn wieder-
holten Exorcisationen. Sodann teilt man ihm das Symbol mit.
Endlich benetzt man ihm im sog. Effeta Nase und Ohren mit
Speichel. Alsdann betritt er

3) das Baptisterium, um sich hier an Brust und Schultern
mit Öl salben zu lassen, um dem Teufel zu entsagen und die
Glaubensfragen zu beantworten. Nunmehr erfolgt die Taufe.

---

[1]) Vgl. unt. and. den von Muratori (Antiquit. ital. med. aevi 1741
Tom. IV p. 849—851) mitgeteilten Ordo qualiter scrutinia agantur pro
catechumenis, scriptus circiter ann. Christi 1130, wo scrutinia nichts anderes
sind als das die Taufe einleitende und abschliessende liturgische Ceremoniell.

4) An den Taufakt schliessen sich als weitere Ceremonien bezw. die Taufe abschliessende Akte: die Salbung mit Chrisma, das Anlegen der Stirnbinde, das Anziehen des weissen Taufkleides, die Kommunion, die Handauflegung durch den Bischof und die Fusswaschung.

Im Anfang des 9. Jahrhunderts begegnet, wie schon gesagt, sehr häufig in den Schriften der fränkischen Theologen ein Taufordo, der nach der Art und Weise zu schliessen, wie er citiert wird, eine geradezu offizielle Giltigkeit in der fränkischen Kirche gehabt haben muss. Sein Schema ist etwa das folgende. Der Täufling wird

1) Catechumenus. Die „Katechisationen" aber, denen er als solcher untersteht, sind:
   a. Exsufflatio.
   b. Exorcizatio.
   c. Datio salis. Alsdann wird er
2) Competens. Ihm werden zu teil:
   a. Traditio symboli.
   b. Scrutinia (d. h. Exorcisation und Katechismusexamen).
3) Es folgen der Taufakt:
   a. Tanguntur nares.
   b. Pectus perungitur oleo, signantur scapulae. Abrenuntiatio satanae.
   c. Interrogationes fidei.
   d. Trina Immersio
4) und die Schlussakte:
   a. Albis induitur vestimentis.
   b. Chrismate caput perungitur et mystico tegitur velamine.
   c. Corpore et sanguine dominico confirmatur.
   d. Per impositionem manus a summo sacerdote spiritum accipit.

Hält man diese beiden Taufordines zusammen, so treten natürlich eine ganze Reihe kleiner Differenzen hervor. Weit grösser aber ist die Übereinstimmung. Denn beide Ordines repräsentieren in der Hauptsache bereits den späteren römischen Ordo baptismi und bilden fraglos eine wichtige Stufe in dessen allmählicher Ausgestaltung.

Odilbert hat in seiner Antwort an Karl sogut wie ganz
von irgendwelchen Gewährsmännern der jüngst verflossenen
Periode abgesehen. In einer oft auffälligen Weise ignoriert er
das zeitlich Nächstliegende und greift er auf die ältesten Autoritäten der Kirche zurück. Dieses Verfahren mag teilweise sehr
natürliche Gründe gehabt haben, vielleicht hier und da ziemlich absichtslos gewesen sein. Der Erfolg war gleichwohl bedeutsam. Im Vergleich mit den Vertretern des Skrutinienritus
im 7., 8. und 9. Jahrhundert erscheint Odilbert mit seinem
Taufordo durchaus als ein Moderner, der die Entwicklung der
Taufliturgie um ein gutes Stück fördern hilft. Er ist aber ein
Moderner geworden, indem er gleicherweise wie die erleuch-
tetsten Köpfe seiner Zeit die Traditionen der Alten Kirche
wieder aufgreift und die Missbildungen späterer Jahrhunderte
nach Möglichkeit ignoriert.

— —

Lippert & Co. (G. Pätz'sche Buchdr.), Naumburg a. S.

Studien

zur

Geschichte der Theologie und der Kirche

herausgegeben

von

N. Bonwetsch und R. Seeberg
Göttingen. Berlin.

———

Vierter Band. Heft 2.

Leipzig.
Dieterich'sche Verlags-Buchhandlung
Theodor Weicher
1899.

Die Stellung

des

apostolischen Symbols

im

kirchlichen Leben des Mittelalters.

Von

Lic. Dr. Friedrich Wiegand,

Privatdozent der Theologie in Erlangen.

I.

Symbol und Katechumenat.

Leipzig.
Dieterich'sche Verlags-Buchhandlung
Theodor Weicher
1899.

Vorwort.

Meine Untersuchungen über „Symbol und Katechumenat"
haben eine wechselvolle Vorgeschichte. Die Beschäftigung mit
Wiclif hatte mir das Verständnis für die reiche Erbauungs-
litteratur des 14. und 15. Jahrhunderts geschärft und mich
zugleich einen Blick in eine überreiche Fülle von handschriftlichen Schätzen thun lassen, die noch gut geborgen in den
deutschen Bibliotheken ruhen, obwohl sie einer wissenschaftlichen
Hebung unbedingt wert sind. Besonders häufig begegnete ich
dem apostolischen Symbol als textlicher Unterlage für Beicht-
vermahnungen und erweckliche Traktate. Bald kleidete es
sich in die Terminologie der mystischen Spekulation, bald
diente es als Schild im Kampfe wider die Todsünden. Es
schien gleich beliebt bei den kontemplativen Insassinnen des
Nürnberger Katharinenklosters wie bei jenen Brüdern und
Schwestern, deren „gemeinsamem Leben" das niederdeutsche
Volk in besonderem Masse religiöse Vertiefung und sittlichen
Halt verdankte. So glaubte ich denn hier ein ergiebiges Material gefunden zu haben, um den anmutigen „Bildercatechis-
mus" Geffkens, der nicht über das erste Hauptstück hinausgekommen ist, fortzusetzen.

Indessen sollte ich bald erkennen, dass, wer eine um
fünfzig Jahre zurückliegende Arbeit fortführen will, doch nach
andern als den damals üblichen methodischen Regeln verfahren
muss. Geffken war Entdecker und Pfadfinder; was er dar-
bot, erschien an sich schon interessant genug. Mir selbst
hingegen glaubte ich die Verpflichtung auferlegen zu müssen,

die neu nachgewiesenen Symbolschriften im Zusammenhange
der historischen Entwickelung vorzulegen. Vor allem galt es
festzustellen, was von jenen mich eigenartig anmutenden handschriftlichen Traktaten Original und was nur Bearbeitung oder
Übersetzung frühmittelalterlicher Werke war. So liess ich
mich denn von meinem Stoffe weiter rückwärts treiben, erst bis
Karl, dann bis Augustin. Ich scheute nicht die doppelte Un-
gelegenheit, einmal die Verwirklichung meines ursprünglichen
Planes in immer weitere Fernen gerückt zu sehen, und sodann
in Gebiete zu geraten, die nicht der Specialgegenstand meiner
Studien sind, und in denen auch der Kenner sich nicht immer
ohne Mühe zurecht finden wird. Die Behaglichkeit des Schaffens
gab ich daran in der Überzeugung, dass es erträglicher sei,
zunächst undankbaren Vorarbeiten meine Zeit und meine Kraft
zu widmen, als weiterzubauen ohne festen Grund und Boden
unter den Füssen. Das war auch die Veranlassung, warum ich
die Inhaltsangabe mancher unter den älteren Symbolerklärungen
breiter angelegt habe, als es wohl dem Leser lieb ist. Denn
da ich im zweiten Bande dieser Arbeit vielfach genötigt sein
werde, auf dieselben zurückzugreifen, so schien es mir erwünscht, ihre Gedanken und Zusammenhänge bereits hier detailliert zur Darstellung zu bringen. Zudem liess sich nur auf
diesem Wege ein unmittelbarer Eindruck von der praktischen
wie lehrhaften Art jener Reden und Schriften ermöglichen.

Naturgemäss gruppieren sich alle Symbolerklärungen in
der Zeit von Augustin bis Karl um den Katechumenat. Erst
im späteren Mittelalter bilden Gottesdienst und Beichte die
Brennpunkte für das apostolische Symbol. In dieser seiner
neuen Bedeutung soll dasselbe daher im zweiten Bande erörtert werden, während es von der Reichhaltigkeit des Stoffes
abhängen mag, ob ich die sich mir darbietenden Symbolschriften in meine Besprechung selbst einarbeite oder ob ich
sie gesondert und etwa in eine scholastisch-lateinische und in
eine mystisch-deutsche Abteilung gegliedert herausgebe.

Friedrich Wiegand.

Inhalt.

Erstes Kapitel.

Das apostolische Symbol unter der Herrschaft des altkirchlichen Katechumenates.

———

§ 1. Der altkirchliche Katechumenat.

Seit den Tagen der Apostel (Matth. 28, 19. 20) ist die Erteilung der christlichen Taufe mit einem entsprechenden Taufunterrichte verbunden gewesen. Ob ihr derselbe voranging oder folgte, war nebensächlich, wenn nur die Gewähr bestand, dass dasjenige, was in dem Wasserbade dem Menschen als göttliche Gabe dargereicht wurde, bei diesem auf verständnisvolle und bereitwillige Annahme rechnen durfte. Mit dem Augenblicke, da der Einzelne den enschiedenen Wunsch aussprach Christ zu werden, hatte der Missionar seine Arbeit gethan, trat der Katechet in Thätigkeit. Derselbe ging, indem er die Taufe als die Grundlage seines Handelns ansah, bei dem Katechumenen auf jene subjektive Aneignung des in der Taufe Gebotenen als auf das fest im Auge zu behaltende Ziel los.

Indessen dauerte es geraume Zeit, bis dieses die Taufe begleitende Erziehungs- und Unterrichtsverfahren diejenige wohl entwickelte Form angenommen hatte, unter welcher wir es als den kirchlichen Katechumenat anzusprechen pflegen. [1]

[1] Höfling, Das Sakrament der Taufe (2) 1859. Theod. Harnack, Katechetik 1882. v. Zezschwitz, System der christlich kirchlichen Katechetik I 1863, II (2) 1872, II 2 (2) 1874. Holtzmann, Die Katechese der alten Kirche in den Theologischen Abhandlungen. Carl von Weizsäcker zu seinem siebzigsten Geburtstage 11. Dez. 1892 gewidmet. — Joh. Mayer, Geschichte des Katechumenats und der Katechese in den ersten sechs Jahrhunderten 1868. Probst, Katechese und Predigt vom Anfang des 4. bis zum Ende des 6. Jahrh. 1884. Geschichte der katholischen Katechese 1887. Kraus, Real-Encyklopädie der christlichen Altertümer II 1886 unter Katechetenamt. Katechetischer Unterricht, Katechumenen, Mysterien, Neophyten.

1*

Erst die Friedenszeit seit Konstantin und die damals vollzogene vollständigere Ausbildung des Gemeindegottesdienstes heben auch den Katechumenat in liturgischer wie sozialer Hinsicht auf seine Höhe. Freilich nicht für lange. Denn durch das Einströmen der Massen in die Kirche sowie durch die inmitten der christlichen Bevölkerung zur Regel werdende Kindertaufe ändern sich die Verhältnisse rasch. Will man daher den altkirchlichen Katechumenat als festen Ausgangspunkt für die mittelalterliche Entwickelung der Taufvorbereitung gewinnen, so empfiehlt es sich bis zur Wende des 4. und 5. Jahrhunderts zurückzugehen. Für das Abendland bieten in dieser Zeit obendrein die Schriften Augustins[1]) die in jeder Hinsicht belangreichste Quelle.

Eine erste Anregung zu dem Wunsche Christ zu werden gab in der Regel die allen Heiden zugängliche Predigt. Das Gemeindeglied, dem gegenüber ein solches Verlangen laut wurde, führte den Betreffenden — es handelte sich natürlich nur um Erwachsene, da die Unterweisung der Christenkinder dem christlichen Hause überlassen blieb — zum Bischof, einem Presbyter oder einem Diakonen. In Karthago galt ums Jahr 400 der Diakon Deogratias als besonders geeigneter Führer und seelsorgerlicher Leiter solcher sich nach dem Heile sehnender Seelen. [2]) Denn weder gab es ein eigenes kirchliches Amt der Katechese, noch war jene erste Anmeldung an eine bestimmte kirchliche Zeit gebunden. Das brachte Ungelegenheiten mannigfachster Art. Mitten aus seinen Studien, Geschäften, Sorgen herausgerissen zu werden; stets parat zu sein, wenn es hiess: Dieser will Christ werden; immer dasselbe anhören, immer dasselbe sagen zu müssen: das war nicht angenehm. [3])

---

[1]) Es kommen in Betracht: De catechizandis rudibus liber unus. — De fide et operibus liber unus. — Sermones 212—214 in traditione symboli, 215 in redditione symboli, 216 ad competentes. — De symbolo sermo ad catechumenos. — Sermones 56—59 de oratione dominica ad competentes. — De fide et symbolo liber unus. — Enchiridion de fide spe et caritate liber unus.

[2]) De catech. rud. 1, 1: Dixisti enim quod saepe apud Carthaginem, ubi diaconus es, ad te adducuntur qui fide christiana primitus imbuendi sunt, eo quod existimeris habere catechizandi uberem facultatem, et doctrina fidei et suavitate sermonis.

[3]) L. c.: Saepe autem tibi accidisse confessus atque conquestus es,

Dazu gab sich der Betreffende meist sehr schüchtern; man konnte ihm nicht anmerken, ob er das Gehörte verstanden hatte, ob er es glaubte. [1]) Über alle diese Schwierigkeiten sind sich Augustin und Deogratias einig. Gleichwohl galt es auszuhalten und, wie die Anmeldungen einzeln einliefen, so auch die Angemeldeten einzeln und individuell vorzunehmen, dem Schwachen einen Stuhl anzubieten, [2]) den Müden durch einen

ut in sermone longo et tepido tibi ipse vilesceres essesque fastidio, nedum illi quem loquendo imbuebas et ceteris qui audientes aderant. — L. c. 2, 3: Nam et mihi prope semper sermo meus displicet. — L. c. 10, 14 finden sich causae sex taedium afferentes catechizanti, darunter als Nr. 5 und 6: Nonnumquam etiam, cum avertimur ab aliqua re quam desideramus agere et cuius actio aut delectabat nos aut magis nobis necessaria vide- batur, et cogimur aut iussu eius quem offendere nolumus aut aliquorum inevitabili instantia catechizare aliquem; iam conturbati accedimus ad negotium cui magna tranquillitate opus est, dolentes quod neque ordinem actionum nobis conceditur tenere quem volumus nec sufficere omnibus possumus: atque ita ex ipsa tristitia sermo procedens minus gratus est quia de ariditate maestitiae minus exuberat. Aliquando item ex aliquo scandalo maeror pectus obsedit, et tunc nobis dicitur: Veni, loquere huic, christianus vult fieri. Dicitur enim ab ignorantibus quid nos clausum intus exurat: quibus si affectum nostrum aperire non oportet, suscipimus in- gratius quod volunt; et profecto languidus et insuavis ille sermo erit per venam cordis aestuantem fumantemque traiectus.

[1]) L. c. 13, 18: Sed revera multum est perdurare in loquendo usque ad terminum praestitutum, cum moveri non videmus audientem; quod sive non audeat religionis timore constrictus voce aut aliquo motu corporis significare approbationem suam, sive humana verecundia repri- matur, sive dicta non intelligat sive contemnat: quandoquidem nobis non cementibus animum eius incertum est, omnia sermone tentanda sunt quae ad eum excitandum et tamquam de latebris eruendum possint valere.

[2]) L. c. 13. 19: Aut oblata sessione succurrere. Quamquam sine dubitatione melius fiat ubi decenter fieri potest ut a principio sedens audiat; longeque consultius in quibusdam ecclesiis transmarinis non solum antistites sedentes loquuntur ad populum, sed ipsi etiam populo sedilia subiacent ne quisquam infirmior stando lassatus a saluberrima intentione avertatur aut etiam cogatur abscedere. — Expertus haec dico, nam fecit hoc quidam, cum eum catechizarem, homo rusticanus, unde magnopere praecavendum esse didici. — Sane si aut brevis sermo futurus est aut consessui locus non est aptus, stantes audiant; sed cum multi audiunt, et non tunc initiandi. Nam cum unus aut duo aut pauci qui propterea veneunt ut christiani fiant, periculose loquimur stantibus. Tamen si iam sic coepimus, saltem animadverso auditoris taedio et offerenda sessio est, immo vero prorsus urgendus ut sedeat.

Witz aufzumuntern,[1]) beim Gebildeten viel vorauszusetzen,[2])
von einem Schüler der Grammatik oder Rhetorik sich nicht
imponieren zu lassen.[3]) Vor allem aber mussten die Beweg-
gründe des Petenten geprüft werden. War es Gottesfurcht oder
Menschenfurcht oder Menschengefälligkeit,[4]) was ihn hergeführt
hatte? Auch hatte man sich bei dritten Personen über den An-
tragsteller zu erkundigen und dann entsprechend dem Einblicke,
den man in seine Individualität gethan, die weiteren Belehr-
ungen und Ansprachen einzurichten. Mancher kam in trüge-
rischer Absicht; aber als er ging, hatte die Weisheit des

---

[1]) L. c.: Saepe etiam fit ut, qui primo libenter audiebat, vel audiendo
vel stando fatigatus non iam laudans sed oscitans labia diducat et se abire
velle etiam invitus ostendat. Quod ubi senserimus, aut renovare oportet
eius animum, dicendo aliquid honesta hilaritate conditum et aptum rei
quae agitur vel aliquid valde mirandum et stupendum vel etiam dolen-
dum atque plangendum. et magis de ipso ut propria cura punctus evi-
gilet, quod tamen non offendat eius verecundiam asperitate aliqua sed
potius familiaritate conciliet.

[2]) L. c. 8, 12: Sed illud plane non praetereundum est ut si ad
te quisquam catechizandus venerit liberalibus doctrinis excultus, qui iam
decreverit esse christianus, et ideo venerit ut fiat, difficillimum omnino
est ut non multa nostrarum scripturarum litterarumque cognoverit, quibus
iam instructus ad sacramentorum participationem tantummodo venerit.
Tales enim non eadem hora qua christiani fiunt, sed ante solent omnia diligenter inquirere et motus animi sui cum quibus possunt communicare
atque discutere. Cum his itaque breviter agendum est, et non odiose
inculcando quae norunt, sed modeste perstringendo.

[3]) L. c. 9, 13: Sunt item quidam de scholis usitatissimis gramma-
ticorum oratorumque venientes quos neque inter idiotas numerare audeas
neque inter illos doctissimos quorum mens magnarum rerum est exercitata
quaestionibus. His ergo qui loquendi arte ceteris hominibus excellere
videntur, cum veniunt ut christiani fiant, hoc amplius quam illis illitte-
ratis impertire debemus quod sedulo movendi sunt ut humilitate induti
christiana discant non contemnere quos cognoverint morum vitia quam
verborum amplius devitare et cordi casto linguam exercitatam nec con-
ferre audeant quam etiam praeferre consueverant.

[4]) L. c. 5, 9: Rarissime quippe accidit, immo vero numquam, ut quisquam veniat volens fieri christianus qui non sit aliquo dei timore percul-
sus. Si enim aliquod commodum exspectando ab hominibus, quibus se
aliter placiturum non putat. aut aliquod ab hominibus incommodum de-
vitando, quorum offensionem aut inimicitias reformidat, vult fieri christianus, non fieri vult potius quam fingere.

Seelsorgers echte Heilsbegierde in ihm entzündet. Auch den
Unlauteren soll man nicht durch Tadel oder Widerlegungen
zurückstossen, sondern durch grossmütiges Vertrauen zu gewinnen suchen.[1])
Diesem durchaus persönlichen Verfahren hat auch der
Charakter des sich daran anschliessenden katechetischen Vor-
trages zu entsprechen. Nicht gern kommt deshalb Augustin
der Bitte des Deogratias um eine Musterkatechese nach. Er
fürchtet, dieselbe möchte zur stereotypen Form werden und
dann mehr schaden als nützen; jeder Fall aber ist anders
geartet und verlangt deshalb eine andere Behandlung.[2]) Immerhin gewähren die beiden Beispiele, die sich der Bischof dann
doch von seinem Schüler abringen lässt, einen trefflichen Einblick in den Charakter einer solchen Einführungskatechese.[3])
Dieselbe bietet dem Proselyten einen allgemeinen Überblick
über die Entwickelung des Reiches Gottes von den Tagen der
Schöpfung bis zur Gegenwart. Das soll ihn befähigen, gegenüber den kirchlichen Erscheinungen des Tages den richtigen
Standpunkt einzunehmen. Alles kommt darauf an, Christus
als den Mittelpunkt der Geschichte, die Liebe als das alles
durchdringende Princip kennen zu lernen. Von Einzelheiten
muss und darf man füglich absehen; denn man ist zur Annahme
berechtigt, dass der Proselyt sich schon anderweitig über
christliches Leben und christliche Lehren unterrichtet hat.[4])

---

[1]) L. c. 5, 9.
[2]) L. c. 15, 23.
[3]) Die längere Katechese, einem idiota urbanus zugedacht, findet
sich l. c. 16, 24—25, 49. Die kürzere (cum autem celeritate opus est, vide
quam facile explicari tota res possit) l. c. 26, 52—27, 55.
[4]) L. c. 3, 5: Narratio plena est cum quisque primo catechi-
zatur ab eo quod scriptum est: In principio fecit deus coelum et terram,
usque ad praesentia tempora ecclesiae. Non tamen propterea debemus
totum Pentateuchum totosque Iudicum et Regnorum et Esdrae libros to-
tumque Evangelium et Actus apostolorum vel si ad verbum edidicimus
memoriter reddere vel nostris verbis omnia quae his continentur voluminibus narrando evolvere et explicare, — sed cuncta summatim generatimque
complecti ita ut eligantur quaedam mirabiliora quae suavius audiuntur.
— L. c. 3, 6: In omnibus sane non tantum nos oportet intueri praecepti
finem quod est caritas de corde puro et conscientia bona et fide non
ficta quo ea quae loquimur cuncta referamus; sed etiam illius quem lo-

Wie der katechetische Unterricht der alten Kirche überhaupt,
so bewegt sich auch diese Einführungskatechese in der akroama-
tischen Lehrform. Hierin mit der Gemeindepredigt übereinstimmend unterscheidet sie sich von dieser durch den besonderen Zweck, dem sie dient. Denn während die Gemeindepredigt sozusagen detailliert arbeitet, will die Katechese im
Hörer nur den Grund zu christlicher Erkenntnis legen und
ihm dadurch die rechte Fähigkeit für den Empfang des Taufsakramentes verleihen. Er soll eine begrenzte Summe von
Wissen gleich jetzt auf den Lebensweg mitbekommen.
Indessen der Schwerpunkt der Katechumenenerziehung
liegt anderswo. Eine ganze Reihe von symbolischen Handlungen durchzieht die Zeit des Katechumenates von dem
ersten Aufnahmeakte bis zum Tauftage. Das breit entwickelte
Mysterienwesen [1]) der Kaiserzeit hat hier mehr verhängnisvoll

quendo instruimus ad id movendus atque illuc dirigendus aspectus est.
— L. c. 4, 7: Quae autem maior causa est adventus domini nisi ut
ostenderet deus dilectionem suam in nobis commendans eam vehementer?
— L. c. 4, 8: Omnis scriptura divina quae ante scripta est ad praenun-
tiandum adventum domini scripta est, et quidquid postea mandatum est
litteris et divina auctoritate firmatum, Christum narrat et dilectionem
monet. — L. c.: Hac ergo dilectione tibi tamquam fine proposito quo
referas omnia quae dicis, quidquid narras ita narra, ut ille cui loqueris
audiendo credat, credendo speret, sperando amet. — L. c. 6, 10: Inde
iam exordienda narratio est, ab eo quod fecit deus omnia bona valde
et perducenda, ut diximus, usque ad praesentia tempora ecclesiae, ita ut
singularum rerum atque gestorum quae narramus, causae rationesque red-
dantur quibus ea referamus ad illum finem dilectionis, unde neque agentis
aliquid neque loquentis oculus avertendus est. — L. c. 7, 11: Tum vero
instruenda et animanda est infirmitas hominis adversus tentationes et
scandala, sive foris sive in ipsa intus ecclesia: foris adversus gentiles vel
Iudaeos vel haereticos intus, autem adversus areae dominicae paleam. Non
ut contra singula perversorum genera disputetur omnesque illorum pravae
opiniones propositis quaestionibus refellantur; sed pro tempore brevi de-
monstrandum est ita esse praedictum, et quae sit utilitas tentationum eru-
diendis fidelibus et quae medicina in exemplo patientiae dei qui statuit
usque in finem ita permittere.

[1]) Theod. Harnack, Der christliche Gemeindegottesdienst im aposto-
lischen und altkatholischen Zeitalter 1854 S. 1—66. v. Zezschwitz, a. a. O.
I 154—209 und R.E. (2) I unter Arkandisciplin. Bonwetsch, Wesen,
Entstehung und Fortgang der Arcandisciplin in der Zeitschrift für die

als glücklich auf den christlichen Kultus eingewirkt. Es gilt einen Profanen stufenweise in heilige Geheimnisse einzuweihen. Dieser Gedanke beherrscht Vorbereitungszeit und Taufritual, die beide instinktiv die Form der Mysterien annehmen, er verdrängt vielfach das Ursprüngliche und Hauptsächliche. Auch der Unterricht bekommt als Einführung in Geheimnisvolles den Schleier der Geheimnisthuerei übergeworfen. Freilich fehlte es an einem wirklich überraschenden Inhalte. Denn die einzelnen Bestandteile der Glaubensregel waren durch die sonntägliche Gemeindepredigt allbekannt. Es konnte sich also nur darum handeln, die Aspiranten nach und nach mit einzelnen Kultusstücken oder symbolischen Ceremonien vertraut zu machen, günstigstenfalls die specifisch dogmatische Seite dieser oder jener bereits erörterten Lehre nunmehr hervorzukehren. So folgte denn jener orientierenden Ansprache sofort ein erster liturgischer Akt. Auf ein einfaches Bekenntnis und Versprechen des Proselyten hin liess man ihn bereits in ein offizielles Verhältnis zur Kirche treten,[1]) indem man ihn zum ersten Male jenen nun immer wiederkehrenden Ceremonien unterzog, welche ihn der Macht des Satans und der Welt entrückten und ihn dem Gekreuzigten und seiner Gemeinde zuwiesen.[2]) Er ward angehaucht, an der Stirn mit dem Kreuze bezeichnet, bekam unter Gebet die Hand aufgelegt und erhielt Salz gereicht.[3])

---

historische Theologie 1873 S. 203—299 und R.E. (3) II unter Arkandisciplin. Holtzmann a. a. O. S. 66—76. Anrich, Das antike Mysterienwesen in seinem Einfluss auf das Christentum 1894.

[1]) De catech. rud. 26, 50: His dictis interrogandus est, an haec credat atque observare desideret. Quod cum responderit sollemniter utique signandus est et ecclesiae more tractandus.

[2]) August. c. Cresconium II 5, 7: Nec coepisse dicunt (Donatistae) esse christianum, cum tamquam paganum exsufflant, cum catechumenum faciunt.

[3]) August. sermo 215 c. 5: Denique ne dubitares, ne erubesceres quando primum credidisti, signum Christi in fronte tamquam in domo pudoris accepisti. Recole frontem tuam, ne linguam expavescas alienam. — Noli ergo erubescere ignominiam crucis quam pro te deus ipse non dubitavit excipere. — Confess. I 11, 17: Et signabar iam signo crucis eius et condiebar eius sale. — De peccat. merit. et remiss. II 26, 42: Non unius modi est sanctificatio, nam et catechumenos secundum quendam modum suum per signum Christi et orationem manus impositionis puto sancti-

Letzteres mochte ihn an die Gnade der Reinigung und Bewahrung erinnern, deren er zum Empfange des Sakramentes noch bedurfte.[1]) Von heute an hiess er Christ.[2])
Ob dieser durchaus kirchliche Akt öffentlich inmitten der Gemeinde und im gottesdienstlichen Gebäude stattfand oder im kleinen Kreise in der Wohnung des die Aufnahme bewirkenden Klerikers, lässt sich nicht mehr feststellen, dürfte auch lokal verschieden gewesen sein. Jedenfalls glaubte sich Martin von Tours entschuldigen zu müssen, als er von der begeisterten Masse gedrängt auf offenem Felde die Scharen durch Handauflegung in den Katechumenat aufnahm.[3])
Über die Einzelheiten der nun folgenden Katechumenenzeit fehlen zuverlässige Nachrichten. Sicherlich dauerte die individuelle Behandlung fort.
Weitere Belehrung schöpfte der Katechumene vorwiegend aus der Gemeindepredigt. Dieselbe anzuhören war Büssern,

___

ficari; et quod accipiunt quamvis non sit corpus Christi, sanctum est tamen et sanctius quam cibi quibus alimur, quoniam sacramentum est. — Sanctificatio catechumeni. si non fuerit baptizatus non ei valet ad intrandum in regnum caelorum aut ad peccatorum remissionem. — De catech. rud. 20, 34: Cuius passionis et crucis signo in fronte hodie tamquam in poste signandus es omnesque christiani signantur. — L. c. 26, 50: De sacramento sane quod accipit cum ei bene commendatum fuerit, signacula quidem rerum divinarum esse visibilia, sed res ipsas invisibiles in eis honorari; nec sic habendam esse illam speciem benedictione sanctificatam, quemadmodum habetur in usu quolibet; dicendum etiam quid significet et sermo ille quem audivit, quid in illo condiat, cuius illa res similitudinem gerit.
    [1]) Salz wurde ausserdem den Katechumenen während der Vorbereitungszeit zum Genusse gereicht als Surrogat des ihnen noch versagten Sakramentes. August. de peccat. merit. et remiss. II 26. 42. Synode zu Hippo. a. 393 can. 3. Mansi, coll. conc. III 919; Hefele Conciliengesch. (2) II 56.
    [2]) Vgl. S. 5 Anm. 2. Dass die Ausdrücke christianum facere und catechumenum facere identisch sind, also von verschiedenen Katechumenatsklassen jedenfalls nicht zu Augustins Zeit und im Abendlande die Rede sein kann, steht unbedingt fest. Vgl. darüber Holtzmann a. a. O. S. 86 ff.
    [3]) Sulpic. Sever. dial. II 4. 8. 9: Nec cunctatus in medio ut erant campo cunctos imposita universis manu catechumenos fecit, cum quidem ad nos conversus diceret, non irrationabiliter in campo catechumenos fieri ubi solerent martyres consecrari.

Ketzern und Ungläubigen erlaubt; die Christgewordenen mussten am Gottesdienst regelmässig teilnehmen. Es konnte die Frage aufgeworfen werden, ob ein solcher den Christennamen tragender Proselyt, der sich niemals in der Kirche sehen liess, zur Taufe zuzulassen sei. Denn sie, die „Hörer" im engsten Sinne, sollten in den Predigten die einzelne Ausführung dessen erhalten, was ihnen die Einführungskatechese in allgemeinen, wenngleich vollständigen Umrissen dargeboten hatte.[1] Drum kam es auch darauf an, dass sie das, was sie hörten, richtig auffassten und nicht falsche Vorstellungen mit diesem oder jenem aus dem Heilsganzen herausgehobenen Teile verbanden.[2] Die sicherste Gewähr bot da der fortlaufende Verkehr mit geförderteren Gemeindegliedern oder niederen Klerikern. Es lag nahe, dass der, dem der Proselyt erstlich sein Herz offenbart hatte, sich seines Pflegebefohlenen auch fernerhin geistlich annahm.

Indessen stand das erziehliche Moment des Katechumenates fraglos über dem belehrenden. Es galt den jungen Proselyten an den religiösen und sittlichen Geist der christlichen Gemeinde zu gewöhnen. Selbstverständlich hatte er fürs erste den Umgang mit Heiden möglichst zu meiden, hingegen die Gesellschaft frommer Christen eifrigst aufzusuchen. Kam man zu geistlicher Unterhaltung zusammen, so mögen noch immer, wie einst im Orient, Weisheitslitteratur und moralisierende Erzählungen des Alten Testamentes den Lesestoff abgegeben haben. Wie es denn auch natürlich ist, dass Gemeindeglieder wie Gemeindeleiter ein wachsames Auge auf die ganze Lebenshaltung dieser bereits den Christennamen tragenden Freunde hatten.

---

[1] Audientes ist lateinische Übersetzung von κατηχούμενοι. August. sermo 132 c. 1: Qui autem inter vos adhuc catechumeni vel audientes vocantur, potuerunt esse cum legeretur audientes, numquid et intelligentes? Isid. de eccl. off. II 21, 21: Is cui per sacerdotem quasi per Mosen deus primum loquitur, catechumenus i. e. audiens nominetur. Vgl. Holtzmann a. a. O. S. 86.

[2] De catech. rud. 26, 50: Deinde monendus est ex hac occasione, ut si quid etiam in scripturis audiat quod carnaliter sonet, etiamsi non intelligit, credat tamen spirituale aliquid significari quod ad sanctos mores futuramque vitam pertineat.

Auch arbeitete die Kirche direkt und ausdrücklich an ihren
Katechumenen, indem sie dieselben fortgesetzter liturgischer
Einwirkung im Gemeindegottesdienste unterstellte. Sie durften
als Mitbetende am Gemeindegebet nach der Predigt teilnehmen
und den Segen regelmässiger gemeindlicher Fürbitte in der
an die Predigt sich anschliessenden sog. Katechumenenmesse,
einem ihnen speciell gewidmeten Teile des regelmässigen Gottesdienstes, verspüren. Erst nach Empfang des Segens verliessen
sie das Gotteshaus, während die Gemeinde sich der Feier der
Eucharistie zuwandte. [1]
Etwa zwei Jahre lang verfuhr man im Abendlande in
dieser Weise mit den Katechumenen; Krankheit konnte die
Zeit abkürzen, schlechte Führung einen dreijährigen oder noch
längeren Katechumenat nötig machen. [2] Dann folgte die nur
wenige Wochen umfassende Zeit der Taufvorbereitung im engeren Sinne, die Stufe der Kompetenten oder Taufkandidaten. [3]
Obwohl Ambrosius und Augustin diesen Unterschied von
Katechumenen und Kompetenten noch sehr wohl kennen, so
will doch nicht ausser Acht gelassen sein, dass damals bereits
der ganze Katechumenat sich fast ausschliesslich auf die Kompetentenzeit beschränkte. Infolge der massenhaften Übertritte
war es schon lästig, auch nur die Anmeldungen persönlich
entgegenzunehmen und dem Bittsteller einige ihn einführende
Worte zu sagen. Eine einigermassen fürsorgliche Behandlung
der Katechumenen nach Lehre und Zucht, wie sie früher üblich
gewesen, war zur Zeit der höchsten Entfaltung des Katechumenates bereits ein Ding der Unmöglichkeit. Stand doch

---

[1] August. sermo 49 c. 8: Ecce post sermonem fit missa catechumenis, manebunt fideles. venietur ad locum orationis. Vgl. Probst im
Katholik 1881 I 456 f.; 1882 I 115 f. 341.

[2] Eine Abkürzung aus besonderem Anlass erwähnt August. conf. VIII
2, 4: Ubi autem imbutus est primis instructionum sacramentis, non multo
post etiam nomen dedit ut per baptismum regeneraretur.

[3] Dass die alte Aufstellung von mehreren Katechumenatsklassen
definitiv aufgegeben wurde, verdanken wir vorzugsweise den Untersuchungen Funks in der Theol. Quartalschr. 1883 S. 41—77; 1886 S. 355—
390; Kirchengesch. Abhandlungen u. Untersuchungen 1897 I 209—241.
Den gegenwärtigen Stand der Frage gibt am übersichtlichsten Möller.
Lehrbuch d. Kirchengesch. 1889 I 265—267.

selbst die Mehrzahl der getauften Gemeindeglieder innerlich nicht viel höher, als man es bisher von einfachen Katechumenen mit Fug und Recht erwartet hatte. Ja mit dem Aufkommen der Kindertaufe fiel sogar jede Veranlassung an der Katechumenatsordnung der älteren Zeit festzuhalten fort. So drängte sich denn in der That alles Interesse der Kirche an der Taufvorbereitung der Proselyten in der auf wenige Fastenwochen beschränkten geistlichen Behandlung der Kompetenten zusammen. Wer an diesem eigentlichen Taufunterrichte teilnehmen wollte, wurde aufgefordert offiziell darum zu bitten. Indem er alsdann seinen Namen abgab, trat er zur Gemeinde in das Verhältnis persönlicher Verbindlichkeit, ein Verhältnis, welches, diese ihrerseits durch Eintragung des Namens in die kirchlichen Listen anerkannte. [1]) Diese Namenabgabe hatte im Anfang der Fastenzeit zu geschehen. [2])

Von jetzt ab lebte der Katechumene nur im Gedanken an den grossen Tag der Taufe. Drum nannte man ihn fortan den Kompetenten. Auch die Ehrennamen des Erwählten und des Gläubigen wurden ihm bereits beigelegt; denn wenngleich die Taufkandidaten noch immer als Proselyten galten, so standen sie doch bereits den eigentlichen Gemeindegliedern weit näher als den Katechumenen, von welch letzteren sie deutlich unterschieden werden. [3]) Alles zielte nunmehr darauf ab, dass sich

---

[1]) De fide et oper. 6, 9: Hoc fit multo diligentius et instantius his diebus, quibus competentes vocantur, cum ad percipiendum baptismum sua nomina iam dederunt. — Sermo 132 c. 1: Tu autem catechumenus diceris, diceris audiens, et surdus es. — Ecce pascha est, da nomen ad baptismum. — Conf. IX 6, 14: Inde ubi tempus advenit quo me nomen dare oporteret, relicto rure Mediolanum remeavimus. — Sermo 213 c. 7: Aut si (ecclesia) non parit filios, quomodo dedimus nomina nostra ut de eius visceribus nasceremur.

[2]) In Rom hielten Siricius (ep. ad Himerium 2, 3; Ml. 13. 1135) und Gregor I (epist. lib. VIII 23; Ml. 77, 925) noch an einer Vorbereitungszeit von vierzig Tagen fest, während gleichzeitig die 2. Synode von Braga in Spanien a. 572 can. 1 sich mit zwanzig Tagen begnügte. Mansi IX 838. Hefele (2) III 29.

[3]) De fide et oper. 6, 9: Cum fontis illius sacramenta peteremus atque ob hoc competentes etiam vocaremur. — Sermo 216 c. 1: Hoc nempe vos concupiscere, ad hoc ambire omnibus mentis vestrae conatibus, ipsum vestrum nomen, quod competentes vocamini, ostendit. Quid enim aliud sunt competentes quam simul petentes? Nam quomodo condocentes concurrentes considentes nihil aliud sonat quam simul docentes, simul currentes,

der Kompetent in den Kultus der Gemeinde wie in ihre religiöse und sittliche Denkweise einlebe. Die Zeit zu einer solchen Versenkung war vortrefflich gewählt. Die grossen vierzigtägigen Fasten, gemeinsam gefeiert, schlossen Getaufte und Täuflinge bereits zu einer Schar Anbetender zusammen. Dazu kam eine Reihe anderer asketischer Forderungen, denen sich der Kompetent in diesen Wochen selbstverständlich unterwarf. [1]) Dies alles aber bildete nur die Grundlage für die speciellen Vorbereitungsgottesdienste, das eigentliche Charakteristikum der Kompetentenzeit, in welchen die Einwirkung des Mysterienwesens nicht am wenigsten zum Ausdruck kommt. Der Schüler soll Schritt für Schritt weitergeführt und zum Empfange der höchsten Weihen wie zur Erkenntnis der heiligsten Geheimnisse allmählich tauglich gemacht werden. So unterstellten denn Bischof und Presbyter, unterstützt vom gesamten niederen Klerus, den Kompetenten in wöchentlich mehreren Versammlungen einer liturgischen Gebetsübung, bei welcher die bekannten Akte der Bekreuzigung, Handauflegung und Anhauchung, besonders aber wiederholte in die Form des Gebetes gekleidete Exorcismen den Taufkandidaten von allem teuflisch heidnischen Wesen lösen und seinem christlichen Ziele nähern sollten. [2]) Es sind dies die sog. Skrutinien, [3]) welche in

---

simul sedentes: ita etiam competentium vocabulum non aliunde quam de simul petendo atque unum aliquid appetendo compositum est. Et quod illud est unum, quod petitis vel concupiscitis, nisi quod quidam abiectis desideriis carnalibus et superatis terroribus saeculi clamat intrepidus?

[1]) De fide et oper. G. 8: (Sacramento) quo sine dubio non admitterentur, si per ipsos dies quibus eandem gratiam percepturi suis nominibus datis, abstinentia, ieiuniis exorcismisque purgantur, tum suis legitimis et veris uxoribus se concubituros profiterentur atque huius rei, quamvis alio tempore licitae, paucis ipsis sollemnibus diebus nullam continentiam servaturos.

[2]) Auch direkte Ausweisung des Satans scheint bereits üblich gewesen zu sein, vgl. August. sermo 216 c. 6: Adiurato vestri redemptoris nomine; c. 10: Cum scrutaremini atque ipsius fugae ac desertionis persuasor in trinitatis tremendae omnipotentia debite increparetur. Donatisten tauften die zu ihnen übertretenden Katholiken aufs neue, nachdem sie dieselben mit der Formel: Maledicte exi foras exorcisiert hatten. Optat. Milev. de schismate Donat. IV 6.

[3]) Was ein Skrutinium sei, darüber herrschte schon im Zeitalter

liturgischer Erstarrung bald alle übrigen Momente des altkirchlichen Katechumenates überwuchern sollten. Nicht so zur Zeit Karls des Grossen Meinungsdifferenz, denn im Laufe der Jahrhunderte hatte man die verschiedensten Dinge mit diesem Worte bezeichnet. Jedenfalls dürfte es für die Zeit Augustins nicht zutreffen, wollte man mit Martene (de ant. eccl. ritib. 1736 I 80) das Skrutinium bezeichnen als tota illa actio quae certis in quadragesima diebus super catechumenis et competentibus celebrabatur totaque erat in precibus, exorcismis, traditione et redditione symboli orationisque dominicae. Diese Definition mag für eine spätere Zeit gelten, damals deckte sich der Begriff Skrutinium noch keineswegs mit der Gesamtheit der auf die Taufe vorbereitenden liturgischen Akte. Andrerseits ist es wiederum zu eng, wenn man in dem Skrutinium nur ein katechetisches Examen sieht, ob der Täufling den Wortlaut des Symbols und des Vaterunsers gut auswendig gelernt hat. So Magnus von Sens (de mysterio baptismatis, abgedr. bei Martene l. c. I 169): Quia tunc scrutandi sunt catechumeni si rectam iam noviter fidem symboli eis traditam firmiter teneant. Nach dieser Ansicht, die auch Mayer (a. a. O. S. 109) beifällig aufzunehmen scheint, wäre Skrutinium identisch mit Rückgabe des Symbols und Vaterunsers, wofür sich aber bei Augustin nicht der geringste Anhalt findet. Und doch ist Skrutinium für das Zeitalter Augustins entschieden eine Prüfung, ein Examen, nur dass in demselben nicht die Kenntnisse sondern die Herzensstellung des Täuflings einer Untersuchung unterzogen werden. Magnus von Sens, l. c.: Per illud exploratur qualiter fides catholica in illorum cordibus retinetur. Theodulf von Orleans, de ordine baptismi c. 8; Ml. 105, 228: Utrum veraciter credant an alicuius falsitatis in eis macula celetur; ne, dum aut timore aut favore terrenarum potestatum aut acquisitione quarundam rerum ad baptismatis sacramentum perveniunt, tradatur sanctum canibus. Dass diese Erklärung der beiden karolingischen Theologen, der auch Mayer (a. a. O. S. 110) beipflichtet, die allein richtige ist, geht aus August. sermo 216 unzweifelhaft hervor: c. 6: Quod in vobis adiurato vestri redemptoris nomine facimus, hoc vestri cordis scrutatione et contribulatione complete. Nos precibus ad deum, et increpationibus inveterati hostis dolis resistimus, vos votis et vestri cordis contritione persistite, ut eruamini de potestate tenebrarum et transferamini in regnum claritatis eius; c. 10: Et vos quidem cum scrutaremini atque ipsius fugae ac desertionis persuasor in trinitatis tremendae omnipotentia debite increparetur, non estis induti cilicio, sed tamen vestri pedes in eodem mystice constiterunt. Augustin redet beide Male von den Exorcismen, durch welche die Macht des Satans im Täufling gebrochen wird. Dieselben können insofern als ein Skrutinium bezeichnet werden, als es sich bei ihnen zugleich darum handelt nachzuforschen, in welchem Masse jene Macht noch vorhanden bezw. im Schwinden begriffen ist. Der Grad der subjektiven Empfänglichkeit auf Seiten der Kompetenten, den zu erkennen man sich besonders im Orient angelegen sein liess (Gregor v. Nazianz, orat. 40, Cyrill v.

Augustins, der jene Skrutinienakte ebensowohl in ihrer sittlichen Bedeutung klar erfasst hatte, als er fraglos dem Kate-
chisieren den Vorrang vor ihnen gab. In der That muss man die Katechisationen der Kompetenten als positives Gegenstück zu den Skrutinien ansehen. Denn
wie diese wollen auch jene vorzugsweise erziehen und weniger
belehren: dort die Absage an das bisherige Leben, hier die
Hinkehr zu einem neuen Leben der Zukunft. Ob diese Katechesen in der Regel mit einem Skrutinium als ihrem liturgischen Teile verbunden waren, oder ob man sich behufs ihrer
besonders zusammenfand, lässt sich nicht mehr klar ersehen.
Ebensowenig, welcher gottesdienstliche Raum als Versamm-
lungsstätte diente; wahrscheinlich war das Baptisterium mit
Nebenräumen verbunden, welche zu solchen Zwecken verwendet

Jerusalem, procatech. n. 15, vgl. Mayer a. a. O. S. 110), bot die Höhen-
marke, bis zu welcher Linie der Einfluss des Bösen im Täufling infolge
der Exorcisationen und Exsufflationen gesunken war. Insofern war der
objektiv ausgeübte Exorcismus zugleich ein Skrutinium, eine Prüfung des
Glaubensstandes des Betreffenden, allerdings der Exorcismus im weitesten
Sinne des Wortes d. h. alle jene exorcismenartigen Ceremonien, welche
die liturgischen Kompetentengottesdienste ausfüllten, oder um mit dem
pseudo-augustinischen Sermo IV de symbolo ad catechumenos 1, 1 zu
sprechen, omnia sacramenta quae aguntur per ministerium servorum dei
exorcismis, orationibus, canticis spiritualibus, insufflationibus, cilicio, inclinatione cervicum, humilitate pedum. Dieselbe Auffassung hat auch Leo
der Grosse, wenn er in seiner epist. 16 an den Episkopat von Sicilien
schreibt: c. 6: Baptizandis electis qui secundum regulam apostolicam exorcismis
scrutandi sunt. Und ebenso schreibt Johannes Diakonus an den Comes patrimonii Senarius (epist. c. 4; Ml. 59, 402): Perscrutamur eorum corda per fidem,
utrum menti suae post renuntiationem diaboli sacra verba defixerint, utrum
agnoverint futuram gratiam redemptoris, utrum se credere fateantur in deum
patrem omnipotentem. Alsdann wäre auch der dunkle Ausspruch Augustins
(de fide et oper. 6, 9): catechizantur, exorcizantur, scrutantur wohl am
besten dahin zu erklären, dass es sich bei den beiden letzten Verben nicht
um zwei getrennte Thätigkeiten handelte, die mit den Kompetenten vorgenommen wurden, sondern um die beiden Seiten ein und derselben Thätigkeit, um die Exorcismen und die exorcismenartigen Ceremonien, sofern
dieselben den Täufling einesteils der Herrschaft des Bösen entnahmen,
andernteils seine sittliche Bereitschaft, die Taufe zu empfangen, aus der
Bereitwilligkeit, mit der er sich jenen beschwerlichen Ceremonien unterwarf,
nachwiesen.

wurden. [1]) Sicher ist aber, dass die ganze Behandlung der
Kompetenten in den Händen des Bischofs lag, der sich natürlich durch einen Presbyter vertreten lassen konnte. Wie
denn Augustin bereits vor seiner Weihe zum Bischof Ansprachen an Kompetenten gehalten hat. [2]) Uns genügt zu ersehen, dass die Kirche gleichzeitig Gemüt und Verstand ihrer
Pflegebefohlenen in Anspruch nahm, beides obendrein in jenen
Wochen, da die höchste Empfänglichkeit seitens der Kompetenten ihr entgegenkam. [3])
Der Katechumenenunterricht hatte nur einen sehr allge-

---

[1]) Ambros. epist. I 20, 4: Sequenti die, erat autem dominica, post
lectiones atque tractatum dimissis catechumenis symbolum aliquibus competentibus in baptisteriis tradebam basilicae. Solche Nebenräume weist
noch heute das Baptisterium von Salona in Dalmatien auf, vgl. Denkschr. d.
kaiserl. Akad. der Wissenschaft. Wien 1851. Phil.-hist. Klasse II. Bd. 2.
Abt. 1. Tafel. Jelić, Bulić, Rutar, guida di Spalato e Salona 1894 tav. XXI.
   [2]) Von Ambrosius rühmt Paulinus (vita c. 38): Ut quod solitus erat
circa baptizandos solus implere, quinque postea episcopi tempore quo de-
cessit vix implerent. Für den Orient vgl. unter anderen die Notiz in S.
Silviae peregrinatio ad loca sancta (a. 385—388) ed. J. Fr. Gamurrini.
Romae 1887 p. 105: Cathecumenus autem ibi non intrat, tunc quando
episcopus docet illos (competentes) legem. — Dagegen sind sowohl Aug.
sermo 214 in traditione symboli als die Moralkatechese sermo 216 ad
competentes noch im Jahre 391 gehalten, also kurz nachdem Augustin
Presbyter geworden war.
   [3]) De fide et oper. 6, 9: Si autem sanus petit spatiumque discendi
est, quod aliud opportunius tempus reperiri potest quo audiat, quemadmodum fidelis fieri ac vivere debeat, quam illud cum attentiore animo
atque ipsa religione suspenso saluberrimae fidei sacramentum petit? An
usque adeo dissimulamus a sensibus nostris, ut vel nos ipsos non recorde-
mur quam fuerimus attenti atque solliciti quid nobis praeciperent a quibus
catechizabamur, cum fontis illius sacramenta peteremus atque ob hoc competentes etiam vocaremur; vel non intueamur alios, qui per annos singulos
ad lavacrum regenerationis accurrunt quales sint ipsis diebus quibus catechizantur exorcizantur scrutantur, quanta vigilantia conveniant, quo studio
ferveant, qua cura pendeant? Si tunc tempus non est discendi quae vita
congruat tanto quod accipere desiderant sacramento, quando erit? — Hieron.
zu Psalm 41. 4: Per omnem enim quadragesimam vacaverunt orationi atque
ieiuniis, in sacco et cinere dormierunt futuram vitam peccatorum suorum
confessione quaerentes. Sed quia fuderunt lacrimas et fuerunt tristes, dicitur
illis: qui seminant in lacrimis, in gaudio metent, et: beati lugentes quoniam ipsi consolabuntur (Anecdota Maredsolana III 2 pag. 412).

meinen Charakter getragen; man überliess die Hörer vorzugsweise der Wirkung des gepredigten Wortes. Jetzt beschäftigte
man sich persönlich mit ihnen. Die Unterweisung in ethischer
wie dogmatischer Hinsicht wurde eine sorgfältige, bestimmt zu-
gespitzte. Der Faden der Einführungskatechese ward wieder
aufgenommen; was sie als Katechumenen seit Monaten und
Jahren gehört und gelernt hatten, wurde jetzt geklärt, vertieft,
befestigt.[1]) Dass der Taufkandidat zuvörderst in die christliche Sittenlehre einzuweisen sei, lag jedenfalls sehr nahe. Die engen Beziehungen, welche in jenen Wochen zwischen Bischof und Katechumenen bestanden, mussten es mit sich bringen, dass wie
Fragen der Askese, so auch solche der christlichen Lebensführung zwischen beiden zur Sprache kamen.[2]) Auch hat es
niemals an den nötigen Hilfsmitteln für solche Erörterungen

---

[1]) De fide et oper. 6, 9: Quid autem aliud agit totum tempus quo catechumenorum locum et nomen tenent, nisi ut audiant quae fides et qualis vita
debeat esse christiani; ut cum se ipsos probaverint, tunc de mensa domini
manducent et de calice bibant? — Quod autem fit per omne tempus quo
in ecclesia salubriter constitutum est, ut ad nomen Christi accedentes catechumenorum gradus excipiat, hoc fit multo diligentius et instantius his
diebus quibus competentes vocantur, cum ad percipiendum baptismum
sua nomina iam dederunt.
[2]) L. c. 1, 1: Perversum putant atque praeposterum, prius docere quemadmodum debeat vivere christianus et deinde baptizari. — L. c. 19, 35:
Inde fortasse apud quasdam ecclesias negligentia ista subrepsit, ut in catechismis competentium nec quaererentur nec percuterentur haec vitia. —
L. c. 9, 14: Hoc est evangelizare Christum, non tantum dicere quae sunt
credenda de Christo, sed etiam quae observanda ei qui accedit ad com-
pagem corporis Christi: immo vero cuncta dicere quae sunt credenda de
Christo, non solum cuius sit filius, unde secundum divinitatem, unde secundum carnem genitus, quae perpessus et quare, quae sit virtus resurrectionis eius, quod donum spiritus promiserit dederitque fidelibus; sed
etiam qualia membra, quibus sit caput quaerat, instituat, diligat, liberet
atque ad aeternam vitam honoremque perducat. Haec cum dicuntur, aliquando brevius atque constrictius, aliquando latius et uberius, Christus
evangelizatur; et tamen non solum quod ad fidem, verum etiam quod ad
mores fidelium pertinet non praetermittitur. — L. c. 18, 33: Ebriosi avari
maledici et si qua alia vitia damnabilia apertis factis convinci redarguique
non possunt, praeceptis tamen et catechismis validissime flagellantur
atque omnes tales mutata in melius voluntate ad baptismum videntur
accedere. — L. c.: De morum correctione catechizandos esse competentes.

gefehlt. Freilich von einer Besprechung des Dekalogs sah man damals durchaus ab.[1]) Man fand ihn im „Doppelgebot der Liebe" zusammengefasst, welches der Tauferziehung als Richtlinie diente. Aber die „Mandate" des der römischen Gemeinde entstammenden „Hirten" sind wohl nicht bloss im Orient dem christlichen Anfangsunterrichte zu grunde gelegt gewesen.[2]) Und obendrein bot die Patriarchengeschichte samt den alttestamentlichen Lehrschriften eine reiche Fundgrube für die moralische Unterweisung.[3])

---

[1]) De catech. rud. 4, 8: Manifestum est non tantum totam legem et prophetas in illis duobus pendere praeceptis dilectionis dei et proximi quae adhuc sola scriptura sancta erat cum hoc dominus diceret, sed etiam quaecumque posterius salubriter conscripta sunt memoriaeque mandata divinarum volumina litterarum. — L. c. 23, 41: Quae data est Iudaeis in decem praeceptis, quod appellant decalogum. Quae rursus ad duo rediguntur, ut diligamus deum ex toto corde, ex tota anima, ex tota mente, et diligamus proximum sicut nos ipsos. — L. c. 27, 55: Quia non solum dilectio dei nobis praecepta est, sed etiam dilectio proximi, in quibus duobus praeceptis tota lex pendet et prophetae. — Sermo 9 c. 7: Tota lex in duobus praeceptis est in dilectione dei et dilectione proximi; ad duo itaque praecepta, id est ad dilectionem dei et proximi pertinet decalogus. — Sermo 23 c. 2: Nam sicut duo sunt praecepta dilectionis, ex quibus dominus dicit totam legem prophetasque pendere, satis ostendens dilectionem esse plenitudinem legis, ita ipsa decem praecepta in duabus tabulis data sunt.

[2]) Euseb. hist. eccl. III 3, 6. Vgl. dazu Zahn in den Götting. gelehrt. Anzeig. 1878 S. 62 f. Holtzmann a. a. O. S. 101 rechnet noch die „Zwei Wege" hierher. Doch sind dieselben in der Didache als Taufrede d. h. als integrierender Bestandteil des eigentlichen Taufaktes gedacht. Auch ist es nicht sicher ob das Abendland von ihnen damals noch Notiz genommen hat. Denn die Erwähnung bei Rufin (comment. in symb. apost. c. 38) basiert ausschliesslich auf Athanasius (epist. fest. 39) wenngleich Rufin von duae viae spricht, während Athanasius die Didache nennt. Und da Augustin von den Fastenbestimmungen in Didache c. 8 nichts wusste (epist. 36, 25). so dürfte er auch mit Didache c. 1—6 nicht vertraut gewesen sein. Vgl. Zahn, Geschichte des neutest. Kanons I 368.

[3]) Ambros. de myst. 1, 1: De moralibus quotidianum sermonem habuimus, cum vel patriarcharum gesta vel proverbiorum legerentur praecepta.—August. de catech. rud. 26, 50: Hoc autem ita breviter discit, ut quidquid audierit ex libris canonicis quod ad dilectionem aeternitatis et veritatis et sanctitatis et ad dilectionem proximi referre non possit, figurate dictum vel gestum esse credat; atque ita conetur intelligere, ut ad illam geminam re-

2*

Welchen Charakter diese letztere trug, zeigt eine Moralkatechese, die Augustin als Presbyter (391) vor Taufkandidaten
gehalten hat.[1]) Dieselbe lehnt sich weder an einen bestimmten
Text an, noch fasst sie ein einzelnes ethisches Problem ins Auge.
Ja der Redner versichert sogar gleich im Eingang, dass es
ihm mit seinen Worten in gleicher Weise darum zu thun sei,
auf den Glauben wie auf die Sitten seiner Pflegebefohlenen einzuwirken. Denn der Glaube ist nicht eine Summe von Dogmen
und das Gesetz nicht eine Reihe von Geboten, sondern aus dem
persönlichen Verhältnis, in welches der Christ mit der Taufe
zu Christus tritt, folgt zugleich die Notwendigkeit einer neuen,
der bisherigen durchaus entgegengesetzten Lebensführung.
Die Parole der Kompetenten sei: niemals die Hand vom
Pfluge mehr zurück. Das schliesst aber in sich, dass sie der
weltlichen Lust entsagen. Nur wer dies thut, wird im Siege
über die Welt ein reines Herz davon tragen. Indem sie das
Abbild des irdischen Menschen, das sie bisher trugen, von sich
werfen, nehmen sie das Bild dessen an, der vom Himmel ist.
Erwerben sie aber Glauben, so handelt es sich dabei in letzter
Instanz um die Erwerbung des Himmelreiches: ein überaus
vorteilhafter Kauf, da alles umsonst angeboten wird. Deshalb
braucht aber der Christ nicht besonders gering von sich zu denken.
Im Gegenteil, gerade er hat die Möglichkeit, die richtige
Stellung zu allen Dingen zu gewinnen, wenn er darauf bedacht
ist, in rechter Abkehr von der Welt und Hinkehr zu Gott
reiche Frucht zu bringen. Zerknirschung des Herzens hilft
dazu, einem Leben den Abschied zu geben, das ebensowenig
wie das babylonische Exil irgend welche gute Tage bringen
konnte, und dem himmlischen Jerusalem entgegenzustreben, wo
aller Jammer ein Ende finden wird. Dort stehen sie vor den

---

ferat dilectionem. Vgl. für Jerusalem den Bericht der Silvia ed. Gamurrini
l. c. p. 105, wo die den Kompetenten vom Bischof in den Katechisationen mitgeteilte lex definiert wird: Id est sic inchoans a genese
per illos dies quadraginta percurret omnes scripturas, primum exponens
carnaliter et sic illud solvens spiritualiter. Nec non etiam et de resurrectione, similiter omnia de fide docentur per illos dies: hoc autem cathecisis
appellatur.

[1]) Sermo 216 ad competentes.

Augen dessen, der ungezwungen aus freiem Entschluss ihre
Strafe auf sich genommen hatte. Freilich gelangt nur der zu
jenem seligen Leben, der zuvor die von Paulus (Kol.
3, 5) namhaft gemachten Unreinheitsglieder abgetötet hat. Darin
besteht eben der dem Christen verordnete Kampf, dass er das
Böse flieht, hingegen dem Guten nachjagt; darin die Aufgabe
des Kompetenten, dass während die Kirche ihn durch ihre
Exorcismen vom Satan freizumachen sich bestrebt, er diese Be-
mühungen seinerseits durch Gebet und Zerknirschung unterstützt. So arbeiten Christus, die Kirche und der einzelne
Gläubige miteinander, um das tyrannische Joch des bösen Feindes zu brechen. So bringt die Zukunft eine neue Geburt,
bei der Gott der Vater, die Kirche die Mutter ist; eine neue
Geburt nicht in ein Leben des Mangels und Jammers, wie das
ist, in dem wir jetzt leben, sondern in ein Dasein, das nur Gutes
bringt und unvergänglich ist. Auf dem Wege dorthin gilt es
vor allem sich vor Stolz zu hüten und wachsam zu sein. Nicht
ohne Grund erinnert man die Kompetenten bei den Exorcismus-
ceremonien an die Demut. Denn mit ihrer Hilfe erlangen
sie manches, was dem Hochmut versagt bleibt. Denn Gott ist
ein barmherziger Vater, der dem verlornen verarmten Sohne
jederzeit hilfsbereit entgegeneilt.

Ansprachen wie diese haben fraglos einen breiten Raum in der
Kompetentenerziehung eingenommen. Bezeichnete doch Augustin
die christliche Sittenlehre geradezu als Gegenstand der Kom-
petentenkatechese. Und doch sollte sich auch auf diesem Gebiete noch zu seinen Lebzeiten die veränderte Zeitlage geltend
machen. Selbst die Zahl der Kompetenten wuchs so gewaltig,
dass der Überblick über dieselben mehr und mehr verloren ging.
Von moralischer Einwirkung, von sittlicher Kontrolle konnte beinahe so gut wie gar nicht die Rede sein. Was sich aber nicht
durchführen liess, that man am besten ganz ab. Unter diesen
Umständen schien selbst die Einführung in die christliche Sittenlehre unzeitgemäss. Augustin hatte sich später mit Gegnern
auseinanderzusetzen, welche die Kompetentenunterweisung ausschliesslich auf dogmatische Materien beschränkt wissen wollten,
die ethischen Probleme aber der Zeit nach der Taufe zuwiesen

und für beides obendrein biblische Citate beibrachten.[1]) Es
ist hier nicht der Ort, auf die Gründe für und wider näher
einzugehen, wie sie Augustins Traktat Von Glauben und Werken
darbietet. Es stand immerhin schlimm genug, wenn man einen
heidnischen Lebemann zu Taufe und Abendmal zuliess, der
über das Fortbestehen seiner liederlichen Beziehungen nicht
den mindesten Zweifel aufkommen liess; ja wenn man einem
solchen „Hund", dem man das Heilige vorwarf, nicht einmal
sagen durfte, dass er ein „Hund" sei.[2]) Wo blieben Recht und

---

[1]) De fide et oper 1, 1: Perversum enim putant atque praeposterum,
prius docere quemadmodum debeat vivere christianus et deinde baptizari.
Sed censent praecedere debere baptismi sacramentum, ut deinde sequatur
vitae morumque doctrina: quam si tenere et custodire voluerit, utiliter
fecerit; si autem noluerit retenta fide christiana, sine qua in aeternum
periret, in quolibet scelere immunditiaque permanserit, salvum eum
futurum tamquam per ignem, velut qui aedificaverit super fundamentum
quod est Christus, non aurum, argentum, lapides pretiosos, sed ligna, fenum,
stipulam, id est, non iustos castosque mores, sed iniquos et impudicos.
— L. c. 7, 11: Et de litteris eorum (apostolorum) quaedam testimonia
proferunt; ubi reperiuntur prius insinuasse doctrinam fidei ac deinde
morum tradidisse praecepta. Atque hinc intelligi volunt, fidei tantummodo regulam baptizandis esse insinuandam, postea vero iam baptizatis
etiam vitae in melius mutandae praecepta tradenda. — Sed propterea
plerumque (apostolos) insinuasse prius fidem ac deinde quod ad vitam
bonam pertinet subiecisse, quia et in homine ipso nisi praecedat fides,
vita bona sequi non poterit. Quidquid enim homo veluti recte fecerit,
nisi ad pietatem quae ad deum est, referatur, rectum dici non oportet. —
L. c. 10, 16: Quid quod etiam duo illa praecepta, in quibus dominus ait
totam legem prophetasque pendere, huic suae opinioni suffragari arbi-
trantur? Et sic ea commemorant ut ... primum credant pertinere ad baptizandos ubi dilectio dei praecipitur, secundum autem ad baptizatos, ubi
videntur esse mores conversationis humanae. — L. c. 11, 17: Non iam dicant
eis qui baptismum percepturi sunt, fidem tantum quae in deum est in-
timandam, et post eius sacramenti perceptionem de moribus vitae tamquam de secundo praecepto eos quod ad dilectionem proximi pertinet in-
struendos.

[2]) L. c. 7, 10: Eis placet primum admittendos esse tales ad percipiendum baptismi sacramentum et ad dominicam mensam, etiamsi cor-
rectionem voce manifestissima recusaverint, immo vero nihil eos de hac re
prorsus admoneri oportere, sed postea doceri.—L. c. 1, 1: Si quisquam meretrici
adhaeret, non ei prius praecipiatur, ut ab ea discedat, et tunc veniat ad baptismum; sed etiam cum ea manens mansurumque se confidens seu etiam

Pflicht der Kirche auf Disciplin?[1]) Wie unsinnig, an den Taufkandidaten asketische Forderungen zu stellen, wenn man vor
ethischen Bedingungen zurückschreckte.[2]) Ein unzweideutiges
Abthun des öffentlichen Ärgernisses schien das mindeste, was
man vom Taufkandidaten,[3]) eine klare Auseinandersetzung
ebensowohl über christliche Lebensführung wie über christlichen Glaubensinhalt das geringste, was man vom Katecheten
zu verlangen hatte.[4]) Für beides aber passte am besten die innerlich erhebende Kompetentenzeit. Hingegen fand es die andere
Partei nur für notwendig Götzendiener und unehrliche Ge-

profitens, admittatur et baptizetur, nec impediatur fieri membrum Christi,
etiamsi membrum meretricis esse perstiterit, sed postea doceatur quam
sit hoc malum iamque baptizatus de mutandis in melius moribus instruatur.
— L. c. 18, 33: Insuper dicunt novam esse doctrinam quae nequissimi
homines in tuis flagitiis se perseveraturos in propatulo profitentes non
admittuntur ad baptismum. — L. c. 25, 47: Neque enim ut relevata
conscientia intrent ad baptismum, dignantur saltem vomere pristinas
immunditias, quas canum more iterum sorbeant, sed in lavacri ipsius
sanctitate pertinaciter crudo pectore indigestam nequitiam tenere con-
tendunt, nec occultant eam pollicitatione vel ficta, sed impudentia professionis eructant, nec exeuntes de Sodomis more uxoris Loth in prae-
terita iterum attendunt, sed omnino de Sodomis dedignantur exire; immo
ad Christum cum Sodomis conantur intrare.

[1]) L. c. 4, 6: Quidam vero et contrario periclitantes, cum bonorum
malorumque commixtionem in ecclesia demonstratam vel praedictam esse
perspexerint et patientiae praecepta didicerint, destituendam putant ecclesiae disciplinam, quandam perversissimam securitatem praepositis tribu-
entes, ut ad eos non pertineat nisi dicere quid cavendum quidve faciendum sit, quodlibet autem quisque faciat non curare. — L. c. 5, 7: Eis per
quos ecclesia regitur adest salva pace ecclesiae potestas disciplinae adversus improbos aut nefarios exercendae.

[2]) L. c. 6, 8: Quomodo igitur ad illa sancta recusans correctio-
nem adulter admittitur, quo recusans observationem non admittitur con-
iugatus? Vgl. S. 14 Anm. 1.

[3]) L. c. 19, 35: Quamobrem quae manifesta sunt impudicitiae crimina, omni modo a baptismo prohibenda sunt, nisi mutatione voluntatis
et poenitentia corrigantur; quae autem dubia omni modo conandum est,
ne fiant tales coniunctiones.

[4]) L. c. 8, 13: Quod si dicere nefas est, audiant baptizandi non
solum quid credere debeant, sed etiam quemadmodum se ab hoc pravo
saeculo eripiant. Ibi enim necesse est ut audiant quemadmodum credentes vivere debeant

werbe dem Taufbrunnen unbedingt fern zu halten, da die
ganze Existenz dieser beiden im unbedingten Widerspruch zum
Inhalt des christlichen Glaubens stand.[1]) Und die Folgezeit hat
diesen Männern der Opposition Recht gegeben. Bei Massentaufen wurde die sittliche Prüfung zur Unmöglichkeit, und mit
ihr fiel naturgemäss auch der Vortrag über die christliche
Lebensführung. Erst nach der in der Taufe erfolgten sittlichen
Wiedergeburt schienen Lehre und Zucht der Kirche im sittlichen Leben des Christen von Erfolg sein zu können.

Fraglos gilt also schon für die Zeit Augustins, dass die
erziehliche Kraft des Kompetentenunterrichtes vorzugsweise in
dogmatischen Unterweisungen gesucht wird, denen allgemein
das apostolische Glaubensbekenntnis als Leitfaden dient.[2])

Das war an sich nicht befremdlich, vorausgesetzt dass das
Neue in der Vertiefung und intensiven Wiederholung des bereits
Bekannten gesucht wurde. Denn vor Jahr und Tag schon als
der jetzige Taufkandidat den ersten Schritt that, um sich der
Gemeinde zu nähern, hatte er in jener Einführungskatechese
einen wenn auch nicht eingehenden, so doch vollständigen
Einblick in das Heiligtum Gottes bekommen. Schöpfung und

------

[1]) De fide et oper. 12, 18: Cultor idolorum, 18, 33: Meretrices leno-
nes gladiatores, 21 37: Meretrices.

[2]) L. c. 20, 36: Iste curationis ordo est, ut baptizandi credant in
deum patrem et filium et spiritum sanctum e o r i t u q u o s y m b o l u m
t r a d i t u r. Vgl. auch hier die Einwürfe der Opposition l. c. 9, 14:
Spado, inquiunt, ille quem Philippus baptizavit, nihil plus dixit, quam:
credo filium dei esse Iesum Christum, et in hac professione continuo
baptizatus est. Num ergo placet, ut hoc solum homines respondeant et
continuo baptizentur? Nihil de spiritu sancto, nihil de sancta ecclesia,
nihil de remissione peccatorum, nihil de ressurrectione mortuorum, postremo
de ipso domino Iesu Christo nihil nisi quia filius dei est, non de incarnatione eius ex virgine, non de passione, de morte crucis, de sepultura,
de tertii diei resurrectione, de ascensione ac sede ad dexteram patris
aliquid dicendum est catechizanti ac profitendum credenti? — L. c. 11,
17: At enim populus Israel primum per mare rubrum ductus est,
quo significatur baptismus; et postea legem accepit, ubi disceret quemadmodum viveret. Cur ergo baptizandis vel symbolum tradimus, red-
dendumquer eposcimus? Nihil enim tale factum est erga illos quos per mare
rubrum deus ab Aegyptiis liberavit.

Sündenfall, des Volkes Israel Sündigen und Auferstehen, die Notwendigkeit einer Erlösung, die Weissagungen auf Christus, endlich sein Kommen, Lehren, Leiden und Sterben, die Gründung der Kirche am Pfingstfeste, ihr jetziger Zustand und ihre derzeitigen Aufgaben: das alles war den Katechumenen am ersten Tage gleich frei und offen enthüllt, und die sonntäglichen Predigten, die anzuhören er verpflichtet war, hatten das alles näher ausgeführt. Man darf kühn behaupten, dass nichts von der christlichen Heilslehre demjenigen Kompetenten mehr unbekannt war, der diesen Namen wirklich zu verdienen gestrebt hatte. Es erübrigte nur das gesamte Material noch einmal zusammenzufassen und der höheren Erkenntnisstufe entsprechend eingehender zu erörtern.

Aber die offiziellen Kreise der Kirche hafteten nun einmal derartig am Mysteriencharakter des Katechumenates, dass sie, jene allgemeine Bekanntschaft leugnend, bestimmte Unterrichtsstoffe für die Kompetentenzeit zu reservieren strebten. Ohne grosses Glück. Denn wenn Ambrosius oder Maximus von Turin die innertrinitarischen Verhältnisse als ein solches Arkanum bezeichneten, so hat die theologische Erörterung über dieselben gewiss einen grossen Raum im Kompetentenunterricht eingenommen; als ein eigentliches Arkanum aber konnten Dinge nicht bezeichnet werden, über welche seit Jahrzehnten bereits alle Heiden witzelten. Und dasselbe gilt von der Christologie, die Hilarius in gleicher Absicht namhaft macht.[1]) Es war

---

[1]) Ambrosius expos. evang. sec. Lucam VI 107: Quod si ad sacramenta fidelium tendens catechumenus imbuendus sit, dicendum, quia unus est deus ex quo omnia et unus Iesus Christus per quem omnia, non duos dominos esse dicendos, perfectum quidem patrem, perfectum esse et filium; sed unius patrem et filium esse substantiae, verbum aeternum aeterni dei non quod profertur sed quod operatur, ex patre genitum, non voce editum. — Maxim. Taurin. sermo 27: Reserandum igitur competentibus nostris est coelum, quoniam adhuc clausum est apud illos; clausum est enim coelum illis, quoniam mysterium nondum pervident trinitatis. Clauso enim sibi coelo, super coelum quid agatur, ignorant, nec scire possunt quae sit filii patrisque substantia nisi prius mundi elementa transscenderint. — Hilarius comment. in Matth. VI 1: Ergo et concorporationem verbi dei et passionis mysterium et virtutem resurrectionis non promiscue tractare nos convenit neque imperite incurioseque proferre, ne ignorantiam

völlig aussichtslos, auch nur einen Bruchteil von dem Inhalte
der Glaubensregel als Geheimnis zu behandeln. Und doch
„wollte die Kirche als Besitzerin wunderbarer Geheimnisse erscheinen". Das wurde dann der Grund, warum die geheimnis-
thuerische Pädagogik jener Zeit sich wenigstens an den im
Glaubensbekenntnis fixierten Wortlaut der Glaubensregel an-
klammerte. Inhaltlich war den Taufkandidaten nicht mehr
viel Neues zu bieten, aber an der Formel des apostolischen
Symbols wie an der des Vaterunsers fand die altchristliche
Mysterienpraxis ein vortreffliches Objekt für feierliche Mitteilung an die Kompetenten und stufenweise Weiterführung
derselben. Hier trafen zwei verschiedene Interessen zusammen:
der Wunsch, den Kompetenten eine gründlichere Erziehung
durch die christliche Lehre angedeihen zu lassen, ward unwillkürlich überflügelt von dem Bedürfnis der Zeit, allen mit der
Taufe zusammenhängenden Akten den Charakter des Mysteriums zu verleihen. Das Symbol „nicht schulmässig, sondern
kultisch überliefert" ward zum Arkanum.

An keinem der vierzig Vorbereitungs- und Fasttage, welche
dem Osterfeste vorangingen, wurden Gemeinde und Kompetenten sich so sehr ihrer Zusammengehörigkeit bewusst, als am
Tage jener feierlichen Versammlung, in welcher der Bischof
den letzteren offiziell den Wortlaut des apostolischen Glaubensbekenntnisses überantwortete. Jahrhunderte vergingen, die alte
Katechumenenpraxis war längst zu Grabe getragen, aber die
Erinnerung an jenen glänzenden Tag hielt sich nach wie vor.
Wie hoch mag er erst von jenem älteren Geschlechte gewertet worden sein.

Der Termin für diese Feierlichkeit schwankte, in Afrika
beging man sie am Samstag vor Lätare.[1]

---

nostram, si perfectae scientiae desit instructio, proterant atque conculcent
et infirmitatem in deo passionis irrideant conversique in nos contra-
dictionum aculeis imperitiam nostram fidemque disrumpant.

[1] Zur Feststellung des Übergabetermins in der afrikanischen Kirche
dienen die augustinischen Citate: Sermo 58 c. 1: Symbolum reddidistis, quo
breviter comprehensa continetur fides. — Accipite hodie quomodo invo-
cetur deus. — Tenete ergo et hanc orationem quam reddituri estis ad
octo dies. Quicumque autem vestrum non bene symbolum reddiderunt

Das sehnsüchtig erwartete Geheimnis wird den Taufkandidaten vorgestellt als ein Bekenntnis kurz an Worten, aber alles enthaltend, was zur Erlangung der ewigen Seligkeit nötig ist; [1])

habent spatium, teneant: quia die sabbati audientibus omnibus qui aderunt reddituri estis, die sabbati novissimo, quo die baptizandi estis. Ad octo autem dies ab hodierno die reddituri estis hanc orationem quam hodie accepistis. — Sermo 58, 13: Ideo die sabbati quando vigilaturi sumus in dei misericordia reddituri estis non orationem sed symbolum. Modo enim nisi teneatis symbolum, in ecclesia in populo symbolum quotidie non auditis. — Sermo 59 c. 1: Reddidistis quod creditis, audite quid oretis. — Prius symbolum didicistis. — Oratio autem quam hodie accipitis tenendam et ad octo dies reddendam etc. — Sermo 213 c. 8: Oratione dominica, quam post octo dies accepturi estis. Aus denselben geht bestimmt hervor, 1) dass am selben Tage Rückgabe des Symbols und Übergabe des Gebetes stattfand, 2) dass das Symbol acht Tage früher übergeben war und dass das Gebet acht Tage später zurückgegeben wurde, 3) dass im Vergleich zu letzterem Termin die solenne Rückgabe des Symbols am Ostersamstag d. h. Tauftag noch weiter hinaus lag (habent spatium), 4) dass eine solenne Rückgabe des Gebetes bei der Taufe nicht stattfand, dass dasselbe vielmehr von den Kompetenten nur eingeübt wurde, um von der Taufe an mit der Gemeinde zusammen in der Liturgie gebetet zu werden. Wir gewinnen also als Termine drei Skrutinien je durch sechs Tage getrennt und den Tauftag selbst. Höfling, der das obige Datum Samstag vor Lätare angibt, ohne zu sagen wie er zu demselben gelangt (a. a. O. I 229), scheint als Zwischenzeit zwischen dem letzten jener Skrutinien und dem Tauftage ebenfalls sechs Tage angenommen zu haben, so dass die Übergabe des Symbols auf den Samstag vor Lätare, die probeweise Rückgabe desselben und die Übergabe des Gebetes auf Samstag vor Judika. die private Rückgabe des Gebetes auf Samstag vor Palmarum und die solenne Rückgabe des Symbols auf den stillen Samstag zu setzen wäre. Ich widerspreche dieser Berechnung nicht, zumal Martene (de ant. eccl. ritib. I 86 sq.) bereits zu demselben Ergebnis gelangt ist. Dagegen ist mir unverständlich, wie Probst (Katechese und Predigt S. 98) den Sonntag Judika als Übergabetermin herausrechnen konnte. — Ob man in Mailand als regelmässigen Übergabetermin nur den Palmsonntag kannte, lässt sich mit Rücksicht auf die aliqui competentes jedenfalls nicht sicher behaupten, vgl. oben S. 17 Anm. 1, und dazu l. c. I 20, 6: Itaque sanctis diebus hebdomadis ultimae quibus solebant debitorum laxari vincula stridunt catenae.

[1]) Sermo 58 c. 1: Symbolum reddidistis quo breviter comprehensa continetur fides. — De fide et symbolo 1, 1: Est autem catholica fides in symbolo nota fidelibus memoriaeque mandata quanta res passa est brevitate sermonis, ut incipientibus atque lactentibus eis qui in Christo renati sunt nondum scripturarum divinarum diligentissima et spirituali tractatione atque

als ein Erkennungszeichen des Gläubigen vor dem Ungläubigen;
als ein Samenkorn, das im Herzen tief verborgen durch Gottes
Gnade und des heiligen Geistes Hilfe die Früchte des Glaubens
bringen werde; als ein unendlich hohes Gut, mit dem deshalb
auch überaus vorsichtig zu verfahren ist. In diesem herrlichen
Besitz geht für die christliche Gemeinde die Verheissung des
Propheten Jeremias in Erfüllung: Ich will mein Gesetz in ihr
Herz geben und in ihren Sinn schreiben. Das ist auch der
Grund, weshalb diese wunderbare, wunderkräftige Formel,
welche die Taufkandidaten jetzt erhalten sollen, niemals nieder-
geschrieben werden darf. Denn diesem Verbote lag ursprünglich eine tiefere Idee zu Grunde und geisterfüllte Lehrer
suchten auch jetzt noch nach einer vernünftigen Motivierung.
„Der Glaube, welcher die Personen zur Gemeinde und die
Gemeinden zur Kirche einigt, wird nicht mit Schreibrohr und
Tinte auf Papier geschrieben, weil er nicht als ein Gesetzes-
buchstabe den Glaubenden äusserlich gegenüberstehen, sondern
bleiben soll, was er ist, ein durch den heiligen Geist in die
Herzen aller geschriebenes Zeugnis Gottes. Das wollte man
auch dadurch ausdrücken, dass man das Bekenntnis nur dem
Gedächtnis anvertraute."[1]) Die grosse Masse jener Zeit freilich

---

cognitione roboratis paucis verbis credendum constitueretur, quod multis
verbis exponendum esset proficientibus et ad divinam doctrinam certa.
humilitatis atque caritatis firmitate surgentibus. — L. c. 10, 25: Haec est
fides quae paucis verbis tenenda in symbolo novellis christianis datur.
Quae pauca verba fidelibus nota sunt, ut credendo subiugentur deo, sub-
iugati recte vivant. recte vivendo cor mundent, corde mundato quod
credunt intelligant. — Sermo 212 c. 1: Tempus est ut symbolum accipiatis quo
continetur breviter propter aeternam salutem omne quod creditis. — Sermo
214 c. 1: Hoc in vobis aedificat symbolum quod et·credere et confiteri debetis, ut salvi esse possitis.
   [1]) Zahn, Glaubensregel und Taufbekenntnis in der alten Kirche, in Zeitsch.
f. kirchl. Wiss. u. kirchl. Leben 1881 S. 317. — August. sermo 212 c. 2: Nec
ut eadem verba symboli teneatis, ullo modo debetis scribere; sed audiendo
perdiscere, nec cum didiceritis, scribere; sed memoria semper tenere atque
recolere. Quidquid enim in symbolo audituri estis, in divinis sacrarum
scripturarum litteris continetur. Sed quod ita collectum et in formam
quandam redactum non licet scribi, commemoratio fit promissionis dei.
ubi per prophetam praenuntians testamentum novum dixit: hoc est
testamentum quod ordinabo eis post dies illos, dicit dominus, dando legem

verstand dieses Verbot widersinnig genug in dem Sinne, dass
ein nicht im Schrein des Herzens aufbewahrtes und anders
als von Mund zu Mund weiter gegebenes Symbol leicht irgendwelcher besonderen Profanation ausgesetzt sein könnte.
Die Mitteilung des Wortlautes sollte ohne Verkürzung
und ohne erklärende Zusätze erfolgen.[1]) Indessen liess es sich
der Bischof selbstverständlich nicht nehmen, derselben eine
Ansprache folgen zu lassen, in welcher er mit knappen Worten
die Kompetenten über Namen und Bedeutung des Symbols
im allgemeinen sowie über den Inhalt der einzelnen Artikel
unterrichtete, die sog. Symbolerklärung oder Expositio symboli.[2])
Während Katechisationen und Skrutinien ihren ruhigen
Fortgang nahmen, galt es binnen acht Tagen das empfangene
Symbol dem Gedächtnis einzuprägen,[3]) wobei Laien, auch

---

meam in mente eorum et in corde eorum scribam eam (Jerem. 31, 33).
Huius rei significandae causa audiendo symbolum discitur, nec in tabulis
vel in aliqua materia sed in corde scribitur. — Sermo de symbolo ad catechumenos 1, 1: Symbolum nemo scribit ut legi possit, sed ad recensendum,
ne forte deleat oblivio quod tradidit diligentia, sit vobis codex vestra
memoria. — Ambros. de Cain et Abel I 9, 37: Cave ne incaute symboli
vel dominicae orationis divulges mysterium.

[1]) August. sermo 214 c. 1: Post hanc praelocutionem pronuntiandum
est totum symbolum sine aliqua interposita disputatione: credo in deum
patrem omnipotentem, et caetera quae sequuntur in eo.

[2]) L. c.: Quod symbolum nostis quia scribi non solet: quo dicto
adiungenda est haec disputatio. Zuweilen ging die Ansprache voran
und leitete die traditio symboli ein. Diesen Fall setzt sermo 212 voraus:
Hinc igitur brevem sermonem de universo symbolo vobis debitum reddidi
in quo symbolo quod audieritis totum in isto sermone nostro breviter
collectum agnoscetis. Was die Kompetenten in der Ansprache vollständig vernommen haben, werden sie jetzt im Symbol in kurzem Aus-
zuge wiederfinden. Sermo 214 c. 1: Collecta breviter et in ordinem certum
redacta atque constricta. — L. c. c. 12: Omnia quae traduntur in symbolo pro modulo nostro, fratres mei, vestrae exposui caritati.

[3]) Sermo 214 c. 1. 2: Et ea quidem quae breviter accepturi estis, mandanda memoriae et ore proferenda, non nova vel inaudita sunt vobis.
Haec sunt quae fideliter retentari estis et memoriter reddituri. Ista quae
breviter audistis, non solum credere sed etiam totidem verbis memoriae
commendare et ore proferre debetis. — Sermo de symbolo ad catechumenos
1, 1: Hoc est enim symbolum quod recensuri estis et reddituri. — Sermo
58 c. 1: Accipite modo quod teneatis et postea reddatis et numquam obliviscamini.

Diakonen oder Diakonissen den Kompetenten behilflich waren.[1])
Versuchsweise fand Samstag vor Judika ein Aufsagen des Symbols statt. Denn man rechnete mit der Wahrscheinlichkeit,
dass nur ein Teil der Taufkandidaten in der Lage sei, sich
den Wortlaut des Bekenntnisses in dieser kurzen Zeit anzueignen.[2])
Mochte nun die Wiedergabe des Symbols gelungen sein
oder nicht: jedenfalls wissen die Kompetenten nunmehr, an
wen sie glauben. Drum dürfen sie jetzt erfahren, wen sie
anzurufen haben.[3]) Im selben Skrutinium des Samstag vor
Judika teilt ihnen daher der Bischof den Wortlaut des Vaterunsers mit,[4]) nachdem die voraufgegangene Perikope sie mit
demselben als mit einer Überlieferung Jesu an seine Schüler
und Gläubigen bekannt gemacht hatte.[5]) Acht Tage später
musste sich der Empfänger über die Aneignung auch dieses

---

[1]) Rufin. apol. in Hieron. I 4: Alius diaconus simulque pater mihi
et doctor symboli et fidei fuit.

[2]) August. sermo 58 c. 1: Quicumque autem vestrum non bene symbolum reddiderunt, habent spatium, teneant. Auch diese vorläufige Rückgabe wurde redditio genannt. Sermo 58 c. 1; 59 c. 1.

[3]) Sermo 56 c. 1: Quia ergo dixit: quomodo invocabunt in quem non
crediderunt, ideo non accepistis prius orationem et postea symbolum, sed
prius symbolum ubi sciretis quid crederetis, et postea orationem ubi nos-
setis quem invocaretis. — Sermo 57 c. 1: Ordo est aedificationis vestrae ut
discatis prius quid credatis et postea quid petatis. — Ideo prius didicistis
quod crederetis, hodie didicistis eum invocare in quem credidistis. —
Sermo 58 c. 1: Iam et antea dixi vobis quod ait apostolus Paulus: quomodo
invocabunt in quem non crediderunt. Quia ergo quomodo credatur in
deum et accepistis et tenuistis et reddidistis: accipite hodie quomodo in-
vocetur deus. — Sermo 59 c. 1: Reddidistis quod creditis, audite quid
oretis. Quoniam invocare non possetis, in quem non credidissetis, apostolo
dicente: quomodo invocabunt, in quem non crediderunt (Rom. 10, 14)?
Ideo prius symbolum didicistis, ubi est regula fidei vestrae brevis et grandis:
brevis numero verborum, grandis pondere sententiarum. Oratio autem quam
hodie accipitis tenendam et ad octo dies reddendam, sicut audistis cum
evangelium legeretur, ab ipso domino dicta est discipulis ipsius et ab ipsis
pervenit ad nos.

[4]) Sermo 213 c. 8: Sed etiam in oratione dominica et quotidiana, quam
post octo dies accepturi estis.

[5]) Sermo 58 c. 1: Ipse filius sicut audistis cum evangelium legeretur
docuit discipulos suos et fideles suos hanc orationem.

Arkanums ausweisen.[1]) Doch scheint es sich dabei ebenfalls nur um einen inoffiziellen Akt gehandelt zu haben. Denn da eine feierliche liturgische Wiedergabe nirgends erwähnt wird, so lernte der Kompetent den Wortlaut wohl nur deshalb auswendig, um das Gebet fortan im Gottesdienste zusammen mit der Gemeinde sprechen zu können, ein Vorrecht das er zum ersten Male bei der den Taufakt abschliessenden eucharistischen Feier ausüben durfte. Denn das Vaterunser nimmt ebenso eine offizielle Stellung als Arkanum bei der Eucharistie ein, wie das Glaubensbekenntnis bei der Taufe.[2]) Da aber das Herrengebet im Gottesdienst später regelmässig wiederkehrte, so stand nicht zu befürchten, dass ein Gemeindeglied ohne wörtliche Kenntnis desselben bleiben konnte.[3])

Anders bei dem Symbol, dem die Alte Kirche ausser in der Katechumenenordnung nirgends eine liturgische Stelle angewiesen hatte.[4]) Bei ihm konnte man sich deshalb nicht auf ein Einüben durch wiederkehrendes Recitieren verlassen, vielmehr musste man die Gewissheit haben, dass der Täufling sich das-

---

[1]) L. c.: Tenete ergo et hanc orationem quem reddituri estis ad octo dies. — Ad octo autem dies ab hodierno die reddituri estis hanc orationem quam hodie accepistis.

[2]) Ambros. lib. de instit. virg. 2, 10: Similiter et dominica oratio omnia comprehendit quam vulgaro non opus est.

[3]) August. sermo 58 c. 12: Oratio quotidie dicenda est vobis, cum baptizati fueritis. In ecclesia enim ad altare dei quotidie dicitur ista dominica oratio, et audiunt illam fideles. Non ergo timemus, ne minus diligenter eam teneatis, quia et si quis vestrum non poterit tenero perfecte, audiendo quotidie tenebit.

[4]) Sermo 58 c. 13: Ideo die sabbati quando vigilaturi sumus in dei misericordia, reddituri estis non orationem sed symbolum. Modo enim nisi teneatis symbolum, in ecclesia in populo symbolum quotidie non auditis. Eine Ausnahme macht die Mailändische Gottesdienstordnung, welche entsprechend der griechischen Liturgie nach dem Offertorium das Symbolum Nicaenum recitieren lässt. Vgl. 1) Kanon des Pamelius. Probst im Katholik 1882 I 120. 344. 351. 2) Das i. J. 1560 edierte Ambros. Missale, welches hinter dem Offertorium angibt: Sequitur symbolum quod tantum dicitur in diebus dominicis et aliis festivitatibus domini et sanctorum et in octavis et sabbato in traditione symboli: credo in unum etc. Martene l. c. I 484. 3) ob auch in dem i. J. 1669 edierten Missale, vgl. Mabillon de liturgia Gallicana p. 9, konnte ich nicht konstatieren.

selbe wirklich eingeprägt hatte, ehe man ihn zum Taufbrunnen zuliess. Und so ernst nahm man es damals mit dieser Vorschrift, dass ein gewisser Dioskur, der, ohne ihr nachgekommen zu sein, sich die Taufe erschlichen hatte, seine bald darauf eintretende Lähmung dem Umstande zuschrieb, dass er das Symbol nicht zuvor zurückgegeben habe.[1])

Am grossen Sabbat beging die Gemeinde mit den Taufkandidaten die letzte Kompetentenversammlung. Dieselbe bekam durch die feierliche Rückgabe des Symbols eine besondere Auszeichnung. Einzeln sagten die Kompetenten das sorgfältig memorierte Glaubensbekenntnis vor der Gemeinde auf. Schüchternen ward gestattet, es dem Priester allein aufzusagen.[2]) Es folgt noch eine letzte Ansprache des Bischofs.[3]) Sie schärft den Taufkandidaten ein, das Symbol morgens, mittags und abends zu recitieren, dadurch mit ihm nach Inhalt und Wortlaut völlig zu verwachsen und alle Artikel desselben, die nochmals der Reihe nach durchgesprochen werden, um der Seelen Seligkeit willen fest zu glauben.[4])

---

[1]) Vgl. den Bericht darüber in August. epist. III 227: Tunc somnio admonitus confitetur per scripturam ob hoc sibi dictum esse accidisse, quod symbolum non reddiderit.

[2]) Sermo 58 c. 1: Quia die sabbati audientibus omnibus qui aderunt reddituri estis, die sabbati novissimo, quo die baptizandi estis. — Sermo 215 c. 1: Sacrosancti martyrii symbolum quod simul accepistis et singuli hodie reddidistis. — Confess. VIII 2, 5: Denique ut ventum est ad horam profitendae fidei quae verbis certis conceptis retentisque memoriter de loco eminentiore in conspectu populi fidelis Romae reddi solet ab eis qui accessuri sunt ad gratiam tuam, oblatum esse dicebat Victorino a presbyteris, ut secretius redderet sicut nonnullis qui verecundia trepidaturi videbantur offerri mos erat; illum autem maluisse salutem suam in conspectu sanctae multitudinis profiteri. Vgl. auch Joh. von Neapel (c. 534—554), Predigt über Ps. 118: Agnoscatur character illud militiae vestrae quod professi estis in eminenti loco ecclesiae. Rev. Bénéd. 1894 S. 395.

[3]) Vgl. sermo 215 in redditione symboli.

[4]) Sermo 58 c. 13: Cum autem (symbolum) tenueretis, ut non obliviscamini quotidie dicite; quando surgitis, quando vos ad somnum collocatis, reddite symbolum vestrum, reddite domino, commemorate vos ipsos, non pigeat repetere. Bona est enim repetitio, ne subrepat oblivio. Ne dicatis: Dixi heri, dixi hodie, quotidie dico, teneo illud bene. Commemora fidem tuam, inspice te: sit tamquam speculum tibi symbolum tuum. Ibi te vide, si credis omnia quae te credere confiteris et gaude quotidie in fide tua. Sint divi-

Nunmehr hatte der Kompetent sein Losungswort empfangen. Im Besitz des neuen Arkanums konnte er sich den Mysterien des in der darauf folgenden Osternacht zu vollziehenden Taufaktes selbst nähern. Nicht der allbekannte Inhalt des Glaubensbekenntnisses, nicht seine einzelnen Bestandteile waren hier das Bedeutsame und Wirkungskräftige; sondern die bestimmt ausgeprägte und feierlichst überlieferte Formel des Symbols schied nunmehr die Schar der Taufkandidaten von der übrigen Welt der Katechumenen,[1] vereinigte sie mit den Gliedern der Kirche zu einer Gemeinde von Wissenden und galt ihnen als Schlüssel zu allen kirchlichen Heiligtümern.

Es verstand sich von selbst, dass die Kompetenten dieses ihr wertvollstes Gut aufs sorgfältigste hüteten. War ihnen ja unbedingtes Schweigen über den Wortlaut der Formel — nicht etwa über ihren Inhalt — eingeschärft worden. Das hatte zur bekannten Folge, dass der offizielle Symboltext jahrhundertelang nur mündlich weitergegeben wurde und insofern nach wie vor als ein zur Taufvorbereitung notwendiges Ge-

---

tiae tuae, sint quotidiana ista quodam modo indumenta mentis tuae. Numquid non quando surgis vestis te? Sic et commemorando symbolum tuum vesti animam tuam, ne forte eam nudet oblivio et remaneas nudus et fiat quod ait apostolus, quod absit a te: Si tamen exspoliati, non nudi inveniamur (II. Cor. 5. 3). Vestiti enim erimus fide nostra; et ipsa fides et tunica est et lorica: tunica, contra confusionem: lorica, contra adversitatem. Cum autem venerimus ad illum locum ubi regnabimus, non opus est ut dicamus symbolum: deum videbimus, ipse deus nobis visio erit; visio dei fidei huius merces erit. — Sermo 215 c. 1: Accepistis et reddidistis quod in stratis vestris dicatis. quod in plateis cogitetis et quod inter cibos non obliviscamini; in quo etiam dormientes corpore, corde vigiletis. — Sermo de symbolo ad catech. 1, 1: Et cum acceperitis, in corde scribite et quotidie dicite apud vos: antequam dormiatis, antequam procedatis, vestro symbolo vos munite. — L. c. 7, 15: Habetis symbolum perfecte in vobis quando baptizamini. — Ambros. de virgin. III 4, 20: Symbolum quoque specialiter debemus tanquam nostri signaculum cordis antelucanis horis quotidie recensere: quo etiam cum horremus aliquid, animo recurrendum est. Quando enim sine militiae sacramento, miles in tentorio, bellator in proelio?

[1] Maxim. Taurin. hom. 83: Beati apostoli mysterium symboli tradiderunt, ut signaculum symboli inter fideles perfidosque secerneret.

heimstück galt.¹) Und diese Qualität der Symbolformel erhielt
sich auch noch dem Namen nach aufrecht, als das Privilegium
selbst durch niedergeschriebene Reden und Kommentare zum
Symbol, aus denen sich der Wortlaut nicht nur leicht zusammenstellen liess, sondern die geradezu auf Abweichungen und Verschiedenheiten im Texte aufmerksam machten, illusorisch geworden war.

Indessen erschöpft sich die Bedeutung des Symbols für
die Taufvorbereitung keineswegs in jenen beiden geheimnisvollen Ceremonien. Dieselben mehr oder weniger ein Produkt
des mystagogischen Charakters, in welchem sich das religiöse
Leben der alten Welt und so auch das der altchristlichen Gemeinde gefiel, zogen nur um ihres Gepränges willen in stärkerem
Masse die Aufmerksamkeit auf sich, während die stille Wirksamkeit des Symbols sich dem oberflächlichen Blick entzog.
Sie waren schliesslich nur ein Mittel zum Zweck, indem sie
für den dogmatischen Unterricht der Kompetenten das Handbuch, den Leitfaden, lieferten.

Das Glaubensbekenntnis galt von frühester Zeit her als
ein verbum abbreviatum, als eine kurze Zusammenfassung alles
Lehr- und Lernbaren im Christentum und deshalb selbst als
schlechthin notwendig zur Seligkeit.²) Alles was der Tauf-

---

¹) Ein treffliches Beispiel aus dem Orient bietet bekanntlich Sozomenus,
der in seiner Kirchengeschichte (I 20) auf den Rat frommer Freunde
davon absteht, den Wortlaut des Nicänischen Symbols, da es zugleich Taufsymbol sei, mitzuteilen, um nicht οἷα δὲ μύσταις καὶ μυσταγωγοῖς μόνοις
δέοντα λέγειν καὶ ἀκούειν durch sein Buch in die Hände von Uneingeweihten
geraten zu lassen.

²) Der Name ist gebildet im Anschlusse an die falsche altlateinische
Übersetzung von Jes. 10, 22. 23, wo das beschlossene Verderben und
Strafgericht, welches der Herr über die ganze Erde ergehen lassen wird,
nach Anleitung von LXX und Röm. 9, 28 (λόγος συντετμημένος) wiedergegeben wird mit verbum consummans et brevians et in iustitia, quoniam
sermonem breviatum faciet deus in toto orbe terrae. Je länger, je mehr
einigt man sich bezüglich des Inhaltes dieses verbum abbreviatum auf die
drei Stücke: Glaubensbekenntnis, Herrngebet und Doppelgebot der Liebe.
Sie gelten als zur Seligkeit schlechthin notwendig; sie machen daher
auch den wesentlichen Inhalt des kirchlichen Taufunterrichtes aus; sie,
wenn irgend etwas, eigneten sich schliesslich auch zum Objekt einer
feierlichen Überlieferung und stufenweise Enthüllung. Holtzmann a. a. O.

kandidat vom ersten Tage seines Christseins an bald in grossen
Zügen, bald in detaillierter Ausführung zu hören bekommen
hatte, fand er hier in vollständiger Rekapitulation, leicht fasslich und leicht behaltbar, wieder vor als wertvolle Mitgabe für
die Lebensreise. Es ward ihm jetzt in einer Formel übergeben, die man mit ihm einübte und ihm in verschiedenen
Katechesen erklärte. Er erhielt einen dogmatischen Unterricht,
der sachlich wohl nicht viel Neues bot, vielmehr nur eine
Repetition von Bekanntem und schon oft Gehörtem war, der
sich aber formell von allen früheren katechetischen Unterweisungen dadurch unterschied, dass er die dogmatischen Materien
an dem Faden des Symbols aufreihte, dieses also als Leitfaden
benutzte und um dieses Arkanums willen wohl auch als eine
Einführung in das tiefere Verständnis der Grundlehren angesehen werden konnte.[1]) Die Weise des Unterrichtes war nicht
nur eine weit planmässigere und sorgfältigere, sondern sie
konnte sich auch eingehender mit solchen theologischen Gegen-
ständen befassen, die bei früheren Gelegenheiten nur obenhin
gestreift werden durften.[2]) Der abgegrenzte Zuhörerkreis, dem
man kräftigere Speise bieten konnte, die bestimmte Veranlassung, die geschlossene Zeit der Fasten: das alles wirkte zu-

---

S. 72 f. Vgl. Fulgentius von Ruspe libri X contra Fabianum Arianum.
fragm. 36 (Caspari, Quellen zur Geschichte des Taufsymbols und der
Glaubensregel II 247): Sicut in brevitate consummavit omnia praecepta
legis dicens in illis duobus praeceptis dilectionis dei et proximi totam legem prophetasque pendere, sicut etiam in orationis brevitate perfecit quidquid ad praesentis vitae auxilium et ad futurae pertinebat effectum: sic
etiam in symboli brevitate perfectum voluit per apostolos suos fidei sanctae
ordinari tenorem qui recte credentibus proficeret ad salutem.

[1]) Dasselbe gilt vom Orient. Denn das: per quadraginta dies publice tradere sanctam ed adorandam trinitatem, von welchem Hieronymus
contra Ioannem Hierosol. ad Pammachium c. 13 spricht, ist nichts anderes
als der dogmatische Kompetentenunterricht an der Hand des Symbols.
Und ebenso das: episcopus docet illos (competentes) legem in der Peregrinatio Silviae ed. Gamurrini p. 105.

[2]) De fide et operibus 6, 9: Quod autem fit per omne tempus
quo in ecclesia salubriter constitutum est, ut ad nomen Christi accedentes
catechumenorum gradus excipiat, hoc fit multo diligentius et instantius
his diebus quibus competentes vocantur, cum ad percipiendum baptismum
sua nomina iam dederunt.

sammen, um dieser dogmatischen Kompetentenunterweisung
eine höhere Weihe zu verleihen, die mit der geheimnisvollen
Art des zu Grunde gelegten Symbolwortlautes in einer gewissen Wahlverwandtschaft stand. Mystischer Charakter und
erzieherische Tendenz zeichnete die Kompetentenkatechesen vor
allen früheren Unterweisungen aus.

Aber auch nicht ganz ohne innere Bedeutung blieb das
mit dem Symbol aufgestellte geheimnisvolle Ceremoniell. Indem die Täuflinge das Symbol durch Memorieren sich
aneignen und dasselbe einzeln in feierlicher Weise der Gemeinde aufsagen, legen sie zu den in ihm aufgezählten Heilsthatsachen ein Bekenntnis ab. Die Gemeinde vergewissert sich
nicht bloss darüber, ob der Inhalt des Symbols denen, welche
sie in ihren Schoss aufnehmen will, bekannt sei, sondern ob
sie auch gewillt sind, ihren Christenstand auf denselben zu
gründen. Wiederholt verlangt sie im Anschluss an das Wort
des Apostels (Röm. 10, 10) neben dem Glauben des Herzens
das Bekenntnis des Mundes. Und gern rekurriert man später
bei den Getauften auf das Symbol als ihr Taufgelübde, durch
welches sie gebunden sind.[1])

Dies alles wirkte zusammen, um das Symbol während der
ganzen Kompetentenzeit in den Mittelpunkt des Interesses zu
stellen; ein heiliger Schauer scheidet die mit diesem Arkanum

---

[1]) August. sermo 223 c. 2: Veniet autem ille de quo reddidistis in
symbolo: inde venturus est iudicare vivos et mortuos. — Sermo 227: Quid
reddidistis in symbolo? Tertia die resurrexit a mortuis, ascendit in coelum,
sedet ad dexteram patris. Ergo in coelo est caput nostrum. — Leo M.
sermo 46 c. 3: Hoc fixum habete in animo, quod dicitis in symbolo. Cre-
dite etc. — Leo M. sermo 62 c. 2: Hac fidei regula, dilectissimi, quam in
ipso exordio symboli per auctoritatem apostolicae institutionis accepimus,
dominum nostrum Iesum Christum quem filium dei patris etc. confitemur.
— Leo M. epist. 124 c. 8: Obliti prophetarum et apostolorum, obliti symboli
salutaris et confessionis quam pronuntiantes coram multis testibus sacramentum baptismi suscepistis. — Facundus von Hermiane, epist. fid. cathol.,
Ml. 67. 869 sq.: Symbolum itaque, collatio sive pactum quod fit homini
cum deo. patres nostri catholici doctores interpretari docuerunt. Quoniam ergo pactum cum deo fecimus, et sic in uno sanctae trinitatis
nomine baptizati sumus, si quis unum iota vel unum apicem ex pacto
quod cum deo iniit dissolverit, sine dubio fidem qua deo credidit et
ipsum deum cui credidit perdidisse convincitur.

Beschäftigten von der profanen Aussenwelt. Erwartungsvoll
geht die Schar der Taufkandidaten dem Tage der Übergabe
entgegen. Von da ab nimmt das Einüben des Wortlautes einen
grossen Teil der Gemeindeglieder in Anspruch, die Erklärung
der einzelnen Artikel beherrscht den katechetischen Unterricht
in diesen Wochen. Die Rückgabe des Symbols am Ostersamstag bringt als ernster Bekenntnisakt die ganze Taufvorbereitung
zu ihrem ersehnten Abschluss.

Mit besonderer Zähigkeit hing die römische Gemeinde
des 4. Jahrhunderts an dem Wortlaut ihres Taufbekenntnisses.
Während andere Gemeinden es für nötig hielten, im Hinblick
auf das Grassieren der Häresien dem Symbol Sätze einzugliedern, durch welche diese oder jene ketzerische Ansicht
widerlegt wurde, verschmähte man in Rom durchaus eine solche
Massregel. Nicht als ob man daselbst zu derartigen Zusätzen
keinen Anlass gehabt hätte. Mag immerhin in Rom nie eine
Häresie entstanden sein, eingeschleppt wurden ihrer dort
genug. Und der Patripassianismus des 3. Jahrhunderts war
am Ende nicht die einzige Irrlehre, welche sich für die Gemeinde der Welthauptstadt zeitweise verhängnisvoll erwies.
Aber man liebte es trotzdem nicht, auf die genannte Art irgend
welchen Gefahren, die der römischen Rechtgläubigkeit drohten,
entgegenzutreten.[1]) Das Taufbekenntnis müsse intakt bleiben:
das war eine unbedingte Forderung des altrömischen Konser-
vatismus. Als ein Erbstück aus ältester Zeit wollte es mit
Treue gehütet werden. Dieses Symbol war zugleich ein Bestandteil der Liturgie, die von Rom aus im Laufe der Jahrhunderte
immer wieder auf ihre klassische Höhe gehoben werden sollte.
Denn wie in allen übrigen Geistesäusserungen war der Römer
auch hier bestrebt, einen klaren Gedanken in eine knappe Form
zu kleiden. Da man nun aber im althergebrachten Taufbekenntnis ein solches liturgisches Meisterstück besass, welches jene
beiden Eigenschaften in seltener Weise vereinigte, so lässt sich
verstehen, mit welcher Sorgfalt die römische Gemeinde über

---

[1]) Rufin. expos. in symb. apost. c. 3 — Ambros. epist. 42 ad Siric.
pap. c. 5. — Ambros. explan. symboli ad initiandos (Caspari, Quellen II
53. 56.) — Leo M. ep. 102 c. 2. — Vigilius v. Thapsus contra Eutychet. IV 1.

diesem ihrem Kleinod wachte. Wenn die Taufkandidaten das ihnen überlieferte und nunmehr fleissig memorierte Symbol am Ostersamstag von erhöhtem Platze, wohl vom Ambo aus, vor versammelter Gemeinde einzeln aufsagten, dann spannte ein jedes Gemeindeglied scharf mit beiden Ohren, ob nicht etwa dieser oder jener von den Kompetenten auch nur ein Wörtlein wegliess oder hinzufügte oder wohl auch nur umstellte. Auf diese Weise hielt sich eine Formel, die nur in Kopf und Herzen von Eingeweihten lebte, unversehrter als wenn sie niedergeschrieben von Hand zu Hand gewandert wäre.[1])

Die Formel galt als uralt, man datierte sie auf die Zeit der Apostel zurück. Ja noch mehr. Diese allgemeine Anschauung bildete sich allmählich zu einer konkreten Vorstellung um.

Es ist nicht mehr festzustellen, ob man das Taufbekenntnis, das man als wertvollen Bestandteil der Tradition ehrte und um seiner inneren und äusseren Vorzüge willen schätzte und liebte, dadurch kommenden Geschlechtern noch angelegentlicher anempfehlen zu können glaubte, dass man es als ein ureigenstes Werk der Apostel bezeichnete; oder ob umgekehrt das naive Bewusstsein, in ihm wirklich eine sozusagen kanonische Schrift zu besitzen, der Anlass wurde, dass man auf den Wortlaut des Symbols einen solch peinlichen Wert legte. Thatsache aber ist jedenfalls, dass seit dem 4. Jahrhundert die Sage von der apostolischen Verfasserschaft des Symbols cirkuliert und dass dieselbe in eminentem Masse dazu beigetragen hat, demselben seine dominierende Stellung in der Kirche des Mittelalters zu sichern.

Als erster Vertreter dieser Sage galt lange Rufin von Aquileja.[2]) Nach ihm verabreden die Apostel, ehe sie nach

---

[1]) Rufin l. c.: Mos ibi servatur antiquus eos qui gratiam baptismi suscepturi sunt publice id est fidelium populo audiente symbolum reddere; et utique adiectionem unius saltem sermonis eorum, qui praecesserunt in fide, non admittit auditus.

[2]) l. c. c. 2: Discessuri itaque ab invicem normam prius futurae sibi praedicationis in commune constituunt, ne forte alius ab alio abducti diversum aliquid his qui ad fidem Christi invitabantur, exponerent. Omnes

dem Pfingstfeste zur Missionsarbeit auseinandergehn, eine Norm
für ihre fernere Predigtthätigkeit, um nicht in ihrer Verein-
zelung schliesslich den Völkern ein differenziertes Evangelium
zu bieten. Sie treten zusammen und verfassen, indem ein
jeder seine Glaubensgedanken äussert, erfüllt vom heiligen
Geiste, eine kurze Lehrformel, an die man sich selbst zu halten
und die man allen übrigen Gläubigen mitzuteilen beschliesst.
Dies ist das spätere Taufbekenntnis, das daher mit Recht den
Namen eines apostolischen Symboles führt. Als solches wurde
es indessen schon im 4. Jahrhundert bezeichnet, [1]) und daraus
geht hervor, dass die Sage älter ist als Rufin, der sich ja in
der That auch seinerseits auf eine Überlieferung der Alten beruft.
Ob man aber deshalb bis in das 3. Jahrhundert zurückgehen und
erklären darf, die Entstehung der Sage hänge mit dem Namen
Symbolum zusammen und falle deshalb auch in die Zeit, wo
dieser Name zum ersten Male auftrete, scheint mit Rücksicht
auf das Fehlen aller diesbezüglichen urkundlichen Belege frag-
würdig.[2]) Nach dem derzeitigen Quellenbefund ist es nur angängig, die Anfänge jener Sage im 4. Jahrhundert zu konstatieren.

Aber wo ist die Sage aufgekommen? Jedenfalls nicht in
Aquileja, denn dass ein dortiger Presbyter sie zuerst a u s f ü h r -
l i c h referiert, ist nur zufällig und besagt nichts für ihre Pro-
venienz. Hingegen will beachtet sein, dass Ambrosius, der
erste wohl dem wir einschlägliche Notizen darüber verdanken,
ebensowohl den apostolischen Ursprung des Symbols betont, als
er dasselbe in geflissentliche Beziehung zu der römischen Gemeinde setzt, ein Verfahren, in Bezug auf welches ihm alsdann
Rufin nur folgt. Das Symbol der Apostel, das sie vor ihrer
Trennung verfasst hatten, ist von Petrus nach Rom gebracht

---

ergo in uno positi et spiritu sancto repleti breve istud futurae sibi, ut
diximus, praedicationis indicium conferendo in unum, quod sentiebat unusquisque, componunt atque hanc credentibus dandam esse regulam statuunt.

[1]) Ambros. epist. 42 c. 5: Credatur symbolo apostolorum quod ecclesia
Romana intemeratum semper custodit et servat. — Explanatio symboli ad
initiandos (Caspari, Quellen II 51. 56). Vgl. auch Hieron. ad Pammachium
contra Ioann. Hierosol. c. 28: In symbolo fidei et spei nostrae quod ab
apostolis traditum non scribitur in charta et atramento.

[2]) So Caspari in den Quellen II 96 Anm. 69, dem ich sonst für diesen
Abschnitt das meiste verdanke.

und seitdem von der römischen Gemeinde unverfälscht erhalten.[1]) Man weiss aber, mit welcher unbedingten Bewunderung
Ambrosius an der letzteren in die Höhe sah. Wenn
einer, so kann er in erster Linie als Interpret derjenigen Anschauungen gelten, die damals in der römischen Gemeinde
herrschten. Zu diesen Anschauungen gehörte aber bereits,
dass Petrus der Gründer der Gemeinde gewesen sei[2]), und
ferner, dass er ihr als Angebinde das von ihm mitverfasste
apostolische Symbol mit auf den Lebensweg gegeben habe.[3])
Und auch in der Folgezeit sind es vorwiegend Männer, die
der römischen Gemeinde angehören oder ihr wenigstens sehr
nahe stehen, die jene Entstehungssage weiter erzählen. Ausser
Ambrosius, der in allen Stücken den römischen Bischöfen
folgte, Hieronymus, der in Rom getauft war und ebendaselbst
einen grossen Teil seines Lebens zubrachte, und Rufin, über
dessen enge Beziehungen zu römischen Persönlichkeiten und
römischen Gemeindeverhältnissen ebensowenig ein Zweifel besteht.[4]) Dazu kommen als eigentliche Glieder der römischen
Gemeinde, welche jene Sage vertreten, nicht weniger als drei
ihrer offiziellen Vertreter, die Bischöfe Cölestin I., Sixtus III.,
Leo I.[5]) So giebt es in dem Zeitraum von der Mitte des 4.

---

[1]) Vgl. Ambros. epist. 42 n. 5, oben S. 39 Anm. 1 und Explanatio symboli.
(Caspari, Quellen II 56): Hoc autem est symbolum quod Romana ecclesia
tenet, ubi primus apostolorum Petrus sedit et communem sententiam eo
detulit.

[2]) Euseb. hist. eccl. II 14, sodann Chron. bei Hieron. opp. VIII,
Ml. 27, 453. Vgl. Hieron. de viris illustribus c. 1.

[3]) Vgl. S. 40 Anm. 1.

[4]) Vgl. über das Verhältnis dieser drei Männer zu Rom Caspari,
Quellen II 108 A. 78.

[5]) Cölestin I epist. 13 ad Nestor. c. 4: Inter multa quae a te impie
praedicata universalis recusat ecclesia, symbolo ab apostolis tradito plan-
gimus haec verba fuisse sublata quae nobis totius spem vitae salutisque
promittunt. — L. c.: Quis umquam non dignus est anathemate iudicatus vel
adiiciens vel detrahens fidei? Plene enim ac manifeste tradita ab apostolis
nobis nec augmentum nec imminutionem requirunt.
Sixtus III epist. 5 ad Cyrill. Alex. c. 3: Iuvit animorum vota nostrorum
qui videt symbolo primum inter apostolos tradito derogari.
Leo d. Grosse epist. 31 ad Pulcheriam August. c. 4: Catholici sym-

bis zur Mitte des 5. Jahrhunderts nur[1]) solche Zeugen für die apostolische Verfasserschaft des Symbols, welche zugleich unter dem Einfluss der geistigen Atmosphäre von Rom stehen oder diese selbst beeinflussen. Es war die römische Kirche, „welche behauptete, dass sie wie vieles andere, so auch das als regula fidei und Taufbekenntnis im ganzen kirchlichen Altertum im höchsten Ansehen stehende Symbolum von ihrem angeblichen Stifter, dem Apostel Petrus, empfangen habe, die ferner darauf Anspruch machte, und zwar nicht mit Unrecht, es in seiner ursprünglichen, einfachen, unveränderten Gestalt bewahrt zu haben", welche ein Interesse daran hatte, jenem Symbol die Eigenschaft eines litterarischen Produktes der Apostel beizulegen und damit das Ansehen desselben im Abendlande und besonders in den italischen Gemeinden mächtig zu steigern.[2])

Weiter aber ist man zunächst auf diesem Wege in Rom und in Italien nicht gegangen. Das Apostelkollegium als Gesamtheit hatte das Symbol zusammengestellt, jeder der Zwölfe hatte einen geistigen Anteil an dem Werke, der vielleicht im Verhältnis zu seiner sonstigen geistigen Kraft und Bedeutung stand. Auf nähere Untersuchungen dagegen liess man sich nicht ein; es genügte, im Symbol eine irgendwie zu stande gekommene collatio aller Apostel zu sehen.[3]) Mochten manche Erklärer schon damals in der Zwölfzahl der einzelnen Sätze, in die man das Symbol leicht gliedern konnte, ein sinniges Gegenbild des zwölfteiligen Verfasserkollegiums sehen:

---

boli brevis et perfecta confessio quae duodecim apostolorum totidem est signata sententiis.

[1]) Denn auch Cassian gehört hierher mit seiner Schrift De incarnatione Christi, da er dieselbe auf Veranlassung des damaligen römischen Archidiakonus, nachmaligen Bischofs Leo I. schrieb. Vgl. VI 3: Quia, in unum collata ab apostolis domini totius catholicae legis fide, quidquid per universum divinorum voluminum corpus immensa funditur copia, totum in symboli colligitur brevitate perfecta. VI, 4: Ita symbolum per apostolos suos sacerdotesque constituit.

[2]) Vgl. Caspari, Quellen II 107 sq.

[3]) Über diese allgemeine Anschauung gehen weder Ambrosius (Caspari, Quellen II 51. 56), noch Rufin (vgl. S. 38 Anm. 2), noch Leo (vgl. S. 40 Anm. 5) hinaus. Caspari, Quellen II 93 ff.

notwendig war dieser Gesichtspunkt nicht, wie sich denn auch bei Rufin diese Zwölfteilung nicht findet.[1])

Erst dem Mittelalter war es vorbehalten, die anmutige Sage des 4. Jahrhunderts dermassen hölzern aufzufassen, dass man jeden Apostel in gleicher Weise einen Satz beisteuern lässt und sich nun abmüht und Wert darauf legt zu bestimmen, „von welchem von den zwölf Aposteln jedes von den zwölf Gliedern herrührt." [2])

---

§ 2. Katechesen über das Symbol vor Kompetenten.

Inmitten der altkirchlichen Taufvorbereitung, und man kann sagen inmitten des Gemeindelebens der Alten Kirche überhaupt, steht dominierend das apostolische Glaubensbekenntnis. Wie ein Talisman schützt es den Gläubigen bei Tag und bei Nacht. Denn dem Christen ist vor der Taufe eingeschärft worden, die heilige Formel sich früh und spät ins Gedächtnis zu rufen, um sie, die zu geistig ist, um niedergeschrieben werden zu können, auf diese Weise zur Beherrscherin seiner Gedanken und Empfindungen zu machen. Ja einmal im Jahre, und zwar in der heiligsten Zeit, in den Fastenwochen vor Ostern, dreht sich thatsächlich Dichten und Trachten der ganzen Christenheit um das Symbol. Da wird dieser sorgfältig gehütete Schlüssel zu den heiligen Geheimnissen hervorgeholt und unter den grössten Feierlichkeiten denen übergeben, die fortan die Zukunft der Kirche ausmachen sollen. Aber auch die Alten, die den Schlüssel bereits besitzen, durchschauert aufs neue geheimnisvolle Wonne, wenn sie der Stunde gedenken, da ihnen vor Jahren das gleiche Glück zu teil wurde. Diejenigen endlich,

---

[1]) Ambros. explanatio (Caspari. Quellen II 57): Ergo quemadmodum duodecim apostoli et duodecim sententiae. Leo M. l. c.

[2]) Caspari, Quellen II 94.

denen die Leitung der Gemeinde anvertraut ist, sinnen in jenen ernsten Wochen darüber nach, wie sie Wert und Bedeutung des nunmehr zu enthüllenden heiligen Geheimnisses den heilsbegierigen Empfängern in geeigneten Worten darlegen sollen. Wer die altkirchliche Litteratur kennt, weiss, wie häufig man innerhalb derselben kürzeren oder längeren Erklärungen des apostolischen Symbolums begegnet. Angesichts der geschilderten Katechumenatsverhältnisse ist diese Erscheinung nichts weniger als befremdlich. War doch gerade infolge seiner centralen Stellung das Glaubensbekenntnis die am besten qualifizierte Form für die Erörterung der christlichen Glaubenswahrheiten. Und stellten doch einzelne Partieen des Katechumenates geradezu die Forderung, dasselbe zu erklären und zu besprechen.

Das Glaubensbekenntnis wurde von dem Tage ab, da es den Kompetenten feierlichst übergeben war, nicht bloss seitens der letzteren wörtlich eingeübt, sondern auch vom Bischof dem dogmatischen Unterrichte der Taufkandidaten als Leitfaden zu Grunde gelegt. So entstanden katechetische Unterweisungen über einzelne Artikel oder über das ganze Symbol von verschiedenem Umfang und verschiedenem Charakter je nach der Individualität des betreffenden bischöflichen Katecheten.

Ausserdem hielt der Bischof bei Übergabe und Rückgabe des Symbols vor versammelter Gemeinde eine Ansprache, die ebenfalls auf eine Erklärung der Symbolstücke hinauslief, die aber den gottesdienstlichen Verhältnissen entsprechend nur von beschränkter Länge sein durfte und für die sich im Laufe der Zeit ein gewisses Schema naturgemäss herausbildete.

Für beide Gruppen gehen die charakteristischen Beispiele bis in das 4. Jahrhundert zurück.

So hebt sich gegen die Reden, die Augustin bei Übergabe und Rückgabe des Symbols gehalten hat, sein Sermo de symbolo ad catechumenos durch seine grosse Ausführlichkeit scharf ab. Man hat diese Thatsache von jeher empfunden, ohne sie indessen bisher auszusprechen oder irgendwie zu motivieren. Vielmehr begnügte man sich damit, in den Augustinausgaben jene vier Reden über das Symbol zusammenzustellen, während man diesen weitläufigen Sermo de symbolo ad catechumenos davon trennte und ihm bei den Symbolkatechesen eines anderen afrikanischen Bischofs, die nunmehr fälschlich unter dem Namen Augustins als Sermones II. III. IV de symbolo ad catechumenos gehen, seinen Platz anwies. Und doch liegt der Unterschied klar auf der Hand. Dort knappe Ansprachen in fester Form vor versammelter Gemeinde gehalten, hier eine sich in behaglicher Breite ergehende Erörterung über die Heilsthatsachen an der Hand des Symbols, ein treffliches Beispiel der katechetischen Unterrichtsweise, wie sie Augustin seinen Kompetenten gegenüber zu handhaben pflegte.[1])

Was dieselben unter dem Namen Symbolum empfangen, so etwa führt der Bischof aus, ist wesentlich nichts anderes als die Glaubensregel. Aber es hat seinen guten Grund, wenn der alte Inhalt nunmehr in neuer Form auftritt: denn diese letztere ist durchaus nicht wertlos. In ihr soll die Glaubensregel der stehende Begleiter des Christen sein, bei Tag und bei Nacht, bei jeder Unternehmung. Sie ist ein Heiligtum, das weder niedergeschrieben noch vergessen werden darf. Vielmehr soll der Täufling sie treu bewahren und jederzeit bekennen. Denn sie repräsentiert die Summe der heiligen Schrift, in eine leicht behaltbare Formel gebracht.

Nach dieser Einleitung verbreitet sich der Redner in ungebundener Weise über die einzelnen Artikel.

Gott ist allmächtig. Das zeigt sich ebensowohl in dem, was er nicht kann, wie sterben, lügen, ungerecht handeln, sündigen; als in dem, was er will und deshalb kann, in der Erschaffung von Himmel, Erde und Meer samt ihren Bewohnern. So hat er auch den Menschen nach seinem Bilde gemacht. Bis dann die Sünde kam und den Menschen unter die Macht von Tod und Teufel brachte. Seitdem müssen selbst Kinder exorcisiert werden, weil auch sie schon unter dem Fürsten der

----

[1]) Sermo de symbolo ad catechumenos, Ml. 40, 627—636. Die Eingangsworte scheinen dafür zu sprechen, dass der Sermo eine Traditionsrede ist. Andrerseits geht klar hervor, dass die Kompetenten das Symbol schon lange besitzen und es sich zur Zeit einprägen. Vgl. 1, 1: Ista verba quae audistis per divinas scripturas sparsa sunt. 1, 2: Inde ergo iam accepistis, meditati estis, et meditati tenuistis. 2, 3: Scitis quoniam, cum vobis pronuntiarem symbolum, sic dixi.

Sünde stehen. Und weil Einer durch seinen Fall die ganze
Menschheit in den Tod gebracht hat, so muss jetzt ein Sünd-
loser alle an ihn Glaubenden von der Sünde frei machen und
wieder zum Leben bringen.

Das führt zu Jesus, dem einigen Sohne des allmächtigen
Gottes. Der einige Sohn kann nur gleichen Wesens mit dem
Vater, muss also selbst Gott sein. Beiden eignet dieselbe
Allmacht, ein Wille, eine Natur, beide sind ein Gott. Dies
will energisch betont sein im Gegensatz zu jenen, welche zwei
Götter lehren, Gott Vater den Grösseren, Gott Sohn den Ge-
ringeren: das ist verwerfliche Idololatrie. Vielmehr sind beide
ebenso ein Gott, wie es in der Apostelgeschichte (4, 32) von
der Menge der Gläubigen heisst, dass sie ein Herz und eine
Seele gewesen seien. Auch deshalb ist gleich bei der Geburt
die volle Allmacht des Vaters auf den Sohn übergegangen,
weil es in Gott weder Wachstum noch Altwerden gibt: der
Sohn Gottes musste als ein Vollkommener geboren werden.
Was der Vater thut, das thut gleicherweise auch der Sohn.
Drum heisst auch der Sohn allmächtig: ein Epitheton, das sich
freilich nicht so im Symbol findet, das aber mit einbegriffen
ist im Prädikat: einig. Damit widerlegt sich auch die blas-
phemische Behauptung der Arianer, mancherlei Dinge seien
wohl dem Vater eigen, aber nicht dem Sohne. Sagt doch der
Sohn selbst von sich: Alles was der Vater hat, das ist mein.

Was hat nun dieser einige Sohn des allmächtigen Gottes
alles für uns gethan und gelitten? Einst überhob sich der
Mensch, drum demütigte sich jetzt Gott. Er reichte uns die
Hand, um uns zu retten. Und doch in seiner Menschwerdung
offenbarte sich zugleich seine göttliche Hoheit, denn er ward
von einer Jungfrau geboren.

Was weiter? Durch den Namen des Pontius Pilatus wird
der Zeitpunkt fixiert, da Jesus litt, gekreuzigt und begraben
ward.

Der Redner hält inne. Gottes Sohn wurde geboren: was
bedeutet das? Jedenfalls nicht in der Zeit, sondern vor aller
Zeit. Seitdem der Vater ist, ist auch der Sohn. Beide sind
ohne Anfang, also ist der Sohn von Ewigkeit her, ist gleich
ewig. Und doch ist er vom Vater gezeugt. Wie soll man

diesen Widerspruch erklären? Ein Beispiel von Gleichewig-
keit lässt sich auf Erden überhaupt nicht finden; aber selbst
eine irdische Parallele dafür, dass Vater und Sohn gleichaltrig
sind, lässt sich nicht nachweisen. Drum mag es genügen, auf
das Verhältnis von Feuer und Schein hinzuweisen: das Feuer
erzeugt den Schein und doch ist der Schein sofort mit dem
Feuer da. Ebenso sind Vater und Sohn gleichewig. Dem
fortschreitenden Glauben wird es gelingen, in dieses Geheimnis
einzudringen. — Weil nun Christus dem Vater gleichewig und
vor der Zeit geboren ist, so konnte er als ein vollkommener
geboren werden. In der Fülle der Zeit trat er alsdann in das
Fleisch ein: denn auch das unterscheidet ihn von den übrigen
Menschen, dass er sich die Stunde der Geburt wie des Todes
selbst zu wählen vermochte, und nicht nur dies, sondern auch
die Art der Geburt, von der Jungfrau, die Art des Todes, am
Kreuze.

Am Kreuze? Nachdem er diese verächtlichste Todesart
gewählt, können Märtyrer vor keiner anderen mehr zurückschrecken. Zugleich gab er uns damit ein Beispiel der Geduld; er lehrte uns, was wir müssten ertragen können; ebenso
wie seine Auferstehung unsere Hoffnung beleben sollte. Wie
der Kampfrichter bietet auch er uns Kampf und Preis zugleich an; erst Gehorsam, dann Auferstehung ohne Tod wie
bei Lazarus und bei Jesus selbst.

Ein Beispiel der Geduld ist nach dem Worte des Jakobus
Hiob. Unsägliches hat er gelitten, die Versucherin war ihm
ebenso wie dem ersten Menschen nahe in Gestalt seines Weibes.
Aber er widerstand und ward zwiefältig belohnt. Dadurch
ward offenbar, dass Gott seinem Knechte im Himmel Grösseres
aufbewahrt hat. Freilich soll nicht etwa der Gedanke an
einen doppelten Lohn den Menschen stark machen, die bösen
Tage zu ertragen. Denn das wäre keine Geduld, sondern Hab-
gier. Denn Hiob trug all sein Leiden ohne an Vergeltung zu
denken; er fügte sich darein, weil es Gott so gefiel, wie der
Sklave in den Willen des Herrn, der Kranke in die Anordnung des Arztes. Neben diese Geduld des Hiob stellt Jakobus
das Ende Christi. Denn bei Christus bildet gerade das Ende
die höchste Prüfung in der Geduld: Mein Gott, mein Gott,

warum hast du mich verlassen? Allen Insulten der Juden ward er preisgegeben, damit wir mit ihm auferstehen könnten und ebensowenig wie er im Tode blieben. Denn er ist aufgefahren gen Himmel und sitzet zur Rechten des Vaters. Beides muss der Christ im Glauben erfassen. Sitzen heisst wohnen zur Rechten Gottes des Vaters. Das zu wissen, mag uns genügen. Die rechte Seite ist die glückliche Seite. Es ist also die Meinung des Symbols, dass Christus jetzt in einem seligen, dem Leiden entrückten Zustand sich befindet. Er wird wiederkommen zu richten die Lebendigen und die Toten d. h. entweder die noch Lebenden und die schon Verstorbenen oder die Gerechten und die Ungerechten. Jedem gibt er den Lohn, der im gebührt. Am wichtigsten ist es, dass auf seinen Richterspruch hin die Gerechten das Himmelreich erben werden. Denn diesem Ziele arbeiten jetzt auch die Kompetenten entgegen.

Es folgt im Symbol: und an den heiligen Geist. Wie lässt sich beweisen, dass die ganze Trinität ein Gott ist, dass auch der heilige Geist Gott ist? Als Getaufte werden die Kompetenten der Tempel des heiligen Geistes sein. Ein Tempel aber gehört Gotte zu, wie denn auch Salomo bei seinem Tempelbau nur Gott im Auge hatte und nicht die Götzen. Drum ist auch der Bewohner jenes aus den Getauften bestehenden Tempels, nämlich der heilige Geist, Gott. Und ferner. Gott wohnt in einem Tempel, der nicht mit Händen gemacht ist. Nun ist aber der Tempel, in welchem der heilige Geist wohnt, ein solcher nicht mit Händen gemachter. Denn wer anders hat ihn gebaut als der, der unsere Leiber gemacht hat, eben Gott. Drum muss auch sein Bewohner, eben der heilige Geist, selbst Gott sein.

Im Symbol schliesst sich daran die heilige Kirche. Denn sie ist identisch mit dem Tempel des heiligen Geistes, sie die heilige, eine, wahre, katholische, die gegen alle Häresien siegreich ankämpft, selbst nie übermocht wird und sich jederzeit stärker als selbst die Höllenpforten erweist.

Von besonders praktischer Bedeutung für die Taufkandidaten ist das nächste Stück. Alle bisherigen Sünden, auch die schlimmsten, spült demnächst das Taufwasser hinweg. Es be-

ginnt ein neues, freilich nicht ganz sündenfreies Leben, aber
die Vergehungen der Zukunft sind hoffentlich nur derart, dass
ihnen gegenüber die fünfte Bitte des Vaterunsers genügt. Wehe
freilich denen, die gleichwohl in Verbrechen geraten, sie verfallen der Kirchenzucht und müssen vom Leibe Christi getrennt
werden. Jene drei Arten von Sündenvergebung Taufe, Gebet,
Büssung [1]) sind also nur in der Kirche möglich. Daraus erhellt,
dass an ihr überhaupt nur Getaufte teilnehmen können, während
Katechumenen. Heiden, Häretiker nach wie vor unter der Wucht
ihrer Sünden stehen. Auch die letzteren, denn wenngleich sie
den Taufcharakter nie abstreifen können, so entbehren sie doch
des Segens der Taufe.

Die Auferstehung des Fleisches endlich gründet sich auf
die voraufgegangene Auferstehung Christi als des Hauptes,
da dieser den Leib, die Gemeinde, sich nachziehen wird. Auch
wird es im Gegensatz zu der Auferweckung des Lazarus, die
ja nur eine Rückkehr in dies irdische Leben war, eine Auferstehung sein, die in das ewige Leben, zu Gott, führt.

Nirgends verspürt der Redner eine Nötigung sich kurz
fassen zu müssen, sondern ganz wie es der Unterricht mit sich
bringt, wechseln kurze Notizen und längere Entwickelungen;
ruhige Beweisführungen und antihäretische Dogmatik stehen neben
den sehr zahlreichen lebhaften Apostrophierungen der Zuhörer,
welche letztere fortwährend repetitionsweise an schon Gehörtes
und Erlebtes erinnert werden. Muss der Bischof etwas als bekannt
voraussetzen, wie etwa die einzelnen Akte im Leiden Christi, so
geht er rasch darüber hinweg; ein anderes Mal erscheint ihm eine
moralische Nutzanwendung angebracht, die er alsdann eingehend genug vorträgt, [2]) oder der Zusammenhang fordert dazu
heraus, einen Gegenstand des kirchlichen Lebens zur Sprache zu
bringen.[3]) Solche Exkurse dienen dann wieder als eine vortreff-

---

[1]) Vgl. zum Gedanken Seeberg, Lehrbuch der Dogmengeschichte
I 307 f. Anm.

[2]) Vgl. c. 10 den langen Abschnitt über Hiob, der in einer Traditionsrede unmöglich wäre.

[3]) l. c. 1, 2: Ideo sicut vidistis hodie, sicut nostis, et parvuli exsufflantur
et exorcizantur, ut pellatur ab eis diaboli potestas inimica quae decepit hominem, ut possideret homines. — 7, 15: Sed nolite illa committere pro quibus necesse est, ut a Christi corpore separemini, quod absit a vobis. Illi enim quos

liche Anknüpfung für das nächste Symbolstück, so dass oft
in überraschender Weise das eine als aus dem anderen
folgend dargestellt wird.[1]) So herrscht durchweg Freiheit, Bewegung, lebendiger Rapport zwischen dem Lehrer und seinen
Schülern. Hingegen fehlt jeder Schematismus, jede bestimmt
abgepasste Form.

Dieselbe Erscheinung begegnet selbstverständlich auch
anderwärts bei den Symbolkatechesen jener Zeit. Auch sie
verzichten darauf, sich streng und ängstlich an die einzelnen
Symbolstücke zu halten. Indem sie vielmehr dem Gange des
Symbols nur im allgemeinen folgen, ist es ihnen darum zu
thun, die wichtigsten Materien der christlichen Dogmatik nochmals vor den Kompetenten zur Sprache zu bringen und in
pädogogischer Absicht zu erörtern. Man hat dabei Gelegenheit aufs neue zu beobachten, in wie hohem Grade damals die
Formeln der dogmatischen Kontroverse mit zu dem „Glauben"
gerechnet wurden.

Von drei Katechesen dieser Art ist der Verfasser ebensowenig bekannt wie ihre Heimat;[2]) was indessen wenig ver-
schlägt, da die Verhältnisse, unter denen sie gehalten sind,
mit den bereits geschilderten übereinstimmen.

Dieselben bilden insofern eine Trilogie, als unter Zugrunde-
legung des Symbols die erste vom Vater, die zweite vom Sohn,
die dritte vom heiligen Geiste handelt. Sie waren nicht die einzigen
ihrer Art. Vielmehr kann der Verfasser sich noch auf andere
katechetische Ansprachen beziehen, die er vor demselben Kreise
von Taufkandidaten gehalten und in denen er diese letzteren dar-

---

videtis agere poenitentiam, scelera commiserunt aut adulteria aut aliqua
facta immania, inde agunt poenitentiam.

[1]) Vgl. die Übergänge 1, 2: peccatum; 3, 6.: propter nos; 3, 9: crux;
15, 13: templum.

[2]) August. opp. ed. Benedict. Tom. V Appendix, serm. supposititii,
classis IV, serm. 237. 238. 239. Ml. 39, 2183—2188. Die Benediktiner
nennen Vigilius von Thapsus als möglichen Verfasser. Hahn, Bibliothek
der Symbole und Glaubensregeln der alten Kirche (3) 1897 S. 51 glaubt
wegen der Ähnlichkeit des hier erklärten Symbols mit dem altrömischen
eher italischen Ursprung vermuten zu sollen. Jedenfalls sind sie in einem
Lande gehalten, in welchem man nicht unbedingt auf Kenntnis der
griechischen Sprache rechnen konnte, vgl. sermo 239 c. 3: Paracletus enim

über instruiert [1]) hat, einmal dass Gott wahrer Gott, sodann dass
er wahrer Vater sei.[2]) Ebenso weist er in der zweiten Katechese
bei seiner Polemik gegen den Apollinarismus auf einen früheren
Traktat zurück, in welchem er die Gottheit Christi unter Bezugnahme auf Arius erörtert hatte.[3]) Der Katechet verfügte also
den Kompetenten gegenüber über volle Freiheit der Lehr-
methode: eine Freiheit, die ihm auch erlaubte, was ja ohnehin
nahe genug lag, sich in seinen Katechesen an die Reihenfolge
der Symbolstücke anzuschliessen,[4]) deren Erklärung ihm nicht
eigentlich Selbstzweck war, sondern sich seinem sonstigen Ideen-
gange unterordnen musste.

　　Beim ersten Artikel interessiert ihn diesmal vorzugsweise,
dass Gott allmächtig ist. Zwar schliesst der Begriff des
wahren Gottes auch den der Allmacht zugleich mit ein, aber
das letztere Prädikat noch einmal ausdrücklich hervorzuheben
ist für die Gläubigen überaus tröstlich. Der Gott, an den sie
glauben, hat nicht nur alles, was ist, geschaffen; es hat ihm sogar, was noch vielmehr besagen will, diese Erschaffung nicht
einmal die geringste Mühe gemacht, es genügte sein Wort, um
aus dem Nichts die Dinge dieser Welt ebenso wie die himmlischen überweltlichen Mächte zu erwecken. Und dazu kommt
noch die Fähigkeit alles zu erhalten und zu verwalten. Noah,
Lot und die Kinder Israel sind des Zeugen. Der herrlichste
Beweis der göttlichen Allmacht aber ist Christus der Auf-
erstandene. Auch fliesst aus derselben die Fähigkeit die
Welt zu vernichten und die Menschen zur Rechenschaft zu

graecum verbum est quod latine dicitur consolator. In Bezug auf ihre
Datierung wird man kaum unter das 5. Jahrh. zurückgehen dürfen.

[1]) Vgl. sermo 239 c. 1: Quantum instructioni vestrae, ut puto,
opus est mit Nicetas Fragm. I: Instructiones igitur necessarias ad fidem
currentibus opus est explorare Ml. 52. 873 u. mit Gennadius vir. illustr. c. 22:
Edidit sex competentibus ad baptismum instructionis libellos.

[2]) Sermo 237 c. 1.

[3]) Sermo 238 c. 2.

[4]) Sermo 237 c. 1: Hic enim symboli ordo esse monstratur. — Sermo
238 c. 1: Nunc vero iuxta ordinem symboli transimus ad filium. — Sermo
239 c. 1: Ordinem symboli nos adiuvante deo perseveramus absolvere. —
Nunc restat ut etiam de sancti spiritus deitate dicamus. Hic enim est
ordo symboli, ut post patris filiique personam sancti spiritus confessio
subsequatur.

ziehen. Drum entspricht — und das ist die praktische Anwendung auf die Kompetenten — der göttlichen Allmacht,
dass der Christ mit Furcht und Zittern seine Seligkeit schaffe
und ablassend von allen Sünden den Werken der Gerechtigkeit nachjage.

Also kurz und bündig auf Grund einer dogmatischen Belehrung, die ihrerseits wieder durchweg auf der heiligen Geschichte und den Worten der Propheten und Apostel basiert,
eine ethische Ermahnung der Taufkandidaten.

Ähnlich verläuft die zweite Katechese, die sich als Fort-
setzung der vorigen einführt,[1]) nur dass das dogmatische
Moment in ihr noch mehr vorwiegt und obendrein eine pole-
mische Färbung erhält. Denn hier beim zweiten Artikel kommt
es dem Katecheten ganz ausschliesslich darauf an, die Identität des Gottessohnes und des Mariensohnes darzuthun. Die
Thatsächlichkeit des ersteren wird von Arius, die des zweiten
von Apollinaris bestritten. Mit Arius hat sich der Redner
schon bei früherer Gelegenheit den Kompetenten gegenüber ab-
gefunden. Jetzt soll ihm eine Katechese über den zweiten Artikel
ausschliesslich dazu dienen, die seiner geistlichen Leitung An-
befohlenen von der Verderblichkeit des apollinaristischen Irr-
tums zu überzeugen. Wiederum ist es die Autorität der heiligen
Schriften, auf welcher sich seine Beweise aufbauen. Der geboren ist von einem Weibe (Gal. 4, 4), geboren aus dem Samen
Davids nach dem Fleisch (Röm. 1, 3), muss wahrer Mensch
gewesen sein. Und in der That hat sich in Christus mit
einem über Leiden und Sterben erhabenen göttlichen Wesen die
wahre Menschheit verbunden, uns zum Heil. Denn aus dieser
Annahme der wahren Menschheit folgten nun alle jene sich
schliesslich bis zum Tode steigernden Leiden und Erniedrigungen
Jesu, von denen der zweite Artikel berichtet. Ihnen allen
musste sich Christus aufs wahrhafteste und vollständigste unterziehen, um uns, die wir sie mit unseren Sünden reichlichst verdient hatten, derselben zu überheben. Nur unter der Bedingung,

---

[1]) Sermo 238 c. 1: Huc usque de deo patre, in quem creditis,
locuti sumus; et quod ipse sit verus deus, quod verus pater, quod
omnipotens, divinarum scripturarum auctoritate monstratur; nunc
vero etc.

dass Christus auch wahrer Mensch war, konnten wir dem ewigen
Tode entgehen.   Freilich bedurfte es zu unserer Rettung ebensowohl der
Göttlichkeit Christi, die in seiner mit der Auferstehung beginnenden Erhöhung zum Ausdruck kam.   Seitdem war nichts
Vergängliches mehr an ihm, obwohl er, der Unsterbliche, es
nicht verschmähte, seine sterblichen Apostel noch längere Zeit
in ihren zukünftigen Beruf einzuführen.   Auch der zur Rechten
Gottes sitzende und vom Himmel herabsteigende bedient sich
nicht mehr vergänglicher menschlicher Glieder.   Wie er vielmehr an allen Ehren und Rechten der Gottheit teilnimmt, so
kommt er als Gott wieder zum Gericht.   Drum gilt es bereit zu sein bei Christi Wiederkunft, denn nur denen die bereit sind, wird der ewige Lohn als Wirkung von Christi Leiden
zu teil.

Auch bei der dritten Katechese, die dem Faden des Symbols
folgend endlich noch über den heiligen Geist handelt, leiten den
Redner neben seinen theoretischen Auseinandersetzungen vorwiegend praktische Motive, und ebenso sind es wieder schliesslich
die heiligen Schriften, auf die er sich bei seinen dogmatischen
Ausführungen stützt.

Nur derjenige Glaube an Vater und Sohn bringt dem
Christen Nutzen, der zugleich den heiligen Geist mit derselben
Verehrung umfasst.   Diese Glaubensregel, an der nur ein Gott-
loser rütteln und zweifeln kann, hat ja Christus selbst im Taufbefehl aufgestellt.   Und ebenso betont Petrus dem Ananias
gegenüber die Identität von Gott und heiligem Geist, wie Paulus
in gleicher Weise die von Herr und Geist (1. Kor. 12.)
So ausser allem Zweifel steht die Gleichwertigkeit des Geistes,
dass die Sünde wider ihn als das schwerste Sakrileg gilt.
dass er, den Jesus vor der Himmelfahrt den Seinigen verhiess
als den, der vom Vater ausgehen und von ihm, Jesus, Zeugnis
ablegen und in seine Lehrthätigkeit fürderhin eintreten werde,
·nicht anders gedacht werden kann als gleicher Substanz mit
dem Vater und dem Sohne.   Nur unter der Bedingung der
Gleichartigkeit von Sohn und Geist konnte Christus sagen, es
sei für die Seinen gut, wenn er zum Vater gehe und ihnen den
Geist an seiner Statt sende, der sie trösten solle unter all

den Trübsalen, denen sie in seiner Nachfolge ausgesetzt sein
würden. Das Wort der Schrift bezeugt es und das Heil der
Christen erfordert es, dass der Geist gleichen Wesens ist mit
Vater und Sohn: wie sollten wir da noch, statt fröhlich zu be-
kennen, an der Gottheit des Geistes zu zweifeln wagen.
Und doch droht den jungen Christen eine noch entsetz-
lichere Gefahr von der Heidenwelt her, nämlich dass sie die
Trinität missverstehen als eine Lehre von drei Göttern; denn
das hiesse an allen Fundamenten rütteln. Bezeugt doch die
Schrift schlechterdings den einen Gott. Darin vielmehr besteht
des Christen Aufgabe, mit gleicher Energie den heidnischen
Irrtum von der Zersplitterung des göttlichen Wesens in eine
Vielheit abzuweisen wie den Juden entgegenzutreten, welche
das Mysterium der Trinität leugnen.

Noch eine weitere Gruppe von Ansprachen gehört hierher.
Es sind sieben katechetische Reden, die entschieden nicht von
Augustin stammen, vielleicht von einem Schüler Augustins.
Man hat beispielsweise Vokonius als Autor genannt. Jedenfalls sind sie in Afrika gehalten und zwar zu einer Zeit, da der
Gegensatz gegen die Häresien alle Gemüter in der Kirche beherrschte. Man wird sie am besten als ein Denkmal der afrikanischen Kirche unter vandalischer Herrschaft bezeichnen und
sie demnach in die zweite Hälfte des 5. oder das erste Drittel
des 6. Jahrhunderts setzen.[1])

Noch steht die alte Taufvorbereitung in voller Kraft.

Die Kompetenten werden einer Reihe von Ceremonien
unterstellt, die noch komplicierter und geheimnisvoller geworden zu sein scheinen als zur Zeit Augustins. Gleichwohl
ist es heutzutage unmöglich, auch nur annähernd sich ein Bild

---

[1]) August. opp. ed. Benedict. Tom. VI. VIII. Migne ser. lat. 40. 42.
— 1) De quarta feria sive de cultura agri dominici. Ml. 40. 685. 2) De
cataclysmo sermo ad catechumenos. L. c. 693. 3) De cantico novo et de
reditu ad caelestem patriam ac vitae periculis sermo ad catechumenos.
L. c. 677. 4) 5) 6) Sermo II. III. IV. de symbolo ad catechumenos.
L. c. 637. 651. 659. 7) Sermo de symbolo contra Iudaeos paganos et
Arianos. Ml. 42, 1117. Vokonius wird von Morin als mutmasslicher
Verfasser genannt. Rev. Bénéd. 1896 p. 342. Vgl. auch Caspari. Quellen
II 152 Anm. 120.

von diesen liturgischen Details zu machen. Nur weniges lässt
sich mit Sicherheit feststellen.

Als Eingangsceremonie diente die Bekreuzigung, mit
welcher sich die Empfängnis im Schosse der Kirche vollzog.[1])

In der darauf folgenden Zeit der Taufvorbereitung bilden
sowohl Exorcismen, Gebete, geistliche Gesänge und Anhauch-
ungen wie die Katechisationen die Speise des ungeborenen
Christen im Mutterleibe. Die Taufe selbst repräsentiert den
eigentlichen Geburtsakt.[2])

Die bedeutsamste Ceremonie, bei der Dinge vor sich
gingen wie bei keiner anderen vorher, dürfte in der Nacht
vor Übergabe des Symbols stattgefunden haben, denn bei
Besprechung der letzteren kommt der Bischof auf jene zurück.[3]) Die Kompetenten mussten hier einzeln vortreten und
sich mit gebeugtem Nacken und barfuss auf ein Ziegenfell
stellen, in Erinnerung an das Wüstengewand des Täufers.
In dieser Situation wurden sie der „Prüfung" unterzogen, welche
die Ausrottung des Teufels aus ihrem Herzen und die Einführung Christi in dasselbe bezweckte. Sehr wahrscheinlich

---

[1]) Sermo II de symb. ad catech. 1, 1: Nondum quidem adhuc per
sacrum baptismum renati estis, sed per crucis signum in utero sanctae
matris ecclesiae iam concepti estis. — Sermo IV de symb. ad catech. 1, 1:
Dum per sacratissimum crucis signum vos suscepit in utero sancta mater
ecclesia.

[2]) Sermo IV de symb. ad catech. 1, 1: Congruis alimentis eos quos
portat, pascat in utero. — Haec omnia ut dixi escae sunt quae vos re-
ficiunt in utero, ut renatos ex baptismo hilares vos mater exhibeat Christo.
Vgl. Sermo II de symb. 1, 1.

[3]) Sermo II de symb. ad catech. 1, 1: Sacramentorum rationem sive
transactae noctis sive praesentis sancti symboli exponendam suscepimus
sanctitati vestrae. — Quid est quod hac nocte circa vos actum est quod
praeteritis noctibus actum non est, ut ex locis secretis singuli producere-
mini in conspectu totius ecclesiae ibique cervice humiliata quae male fuerat
antea exaltata, in humilitate pedum cilicio substrato in vobis celebraretur
examen, atque ex vobis exstirparetur diabolus superbus, dum super vos in-
vocatus est humilis altissimus Christus? — Sermo IV de symb. ad catech.
1, 1: Cilicio, inclinatione cervicum, humilitate pedum etc. Parata sunt corda
vestra quia exclusus est inimicus de cordibus vestris, mundata est domus,
non remaneat inanis. Vgl. auch Aug. sermo 216 c. 10: Et vos quidem
cum scrutaremini, non estis induti cilicio, sed tamen vestri pedes in eodem
mystice constiterunt.

sprachen sie bei dieser Gelegenheit die Absageformel, welche
auf den Teufel, sein Wesen und seine Engel lautete. Auch
beteten oder sangen sie dazu den 139. Psalm.[1])
Damit hatten die liturgischen Feierlichkeiten ihren Höhepunkt erreicht, wenngleich sie noch immer ihren Fortgang
nahmen.[2]) Aber die Hauptsache bildeten doch an den kommenden Tagen die Katechesen.

Ein Teil derselben hat vorwiegend die Absicht, die sitt-
liche Haltung und Lebensführung der jungen Christen durch
Hinweis ebensowohl auf den schädlichen Einfluss der Heiden
und Ketzer wie auf das herrliche Vorbild der Heiligen und
Märtyrer zu dirigieren.[3]) Auf zwei derselben, welche von der
Bestellung des göttlichen Ackers und von dem Durchzug der
Israeliten durchs Rote Meer als einem Typus der Taufe handeln,
sei nur nebenbei hingewiesen. Eine dritte ist interessant genug, um eingehender besprochen zu werden. Sie führt den
Titel:[4]) Vom neuen Lied, von der Rückkehr zum himmlischen
Vaterland und von den Gefahren auf dem Wege. Wer die
Taufe wünscht, verlangt ein neues Leben. Äusserlich freilich
bleibt alles beim Alten: die Sonne ändert nicht ihren Lauf
und das Meer verlässt nicht seine Grenzen, der Tag zählt
nach wie vor zwölf Stunden, der Sommer bringt Wachstum,
der Winter verursacht Schaden wie ehedem. Und doch gilt
das Wort des Apostels: Das Alte ist vergangen, siehe, es ist
alles neu geworden. Denn das Schiff des Christen steuert
dem ewigen Vaterlande zu, Proviant ist an Bord, der Anker
der Hoffnung, die Seile der Tugenden, die Segel der Liebe
sind in Ordnung; das Kielwasser der Sünde wird ausgeschöpft.

---

[1]) Sermo II de symb. ad catech. 1, 1: Omnes itaque humiles eratis
humiliterque petebatis orando, psallendo atque dicendo: Proba me domine
et scito cor meum. L. c. 1, 2: Hoc audistis, hoc et vos professi estis,
renuntiare vos diabolo pompis et angelis eius. Vgl. Sermo III c. 1, 1;
IV c. 1, 1.

[2]) Sermo IV c. 1, 1: Quae acta sunt et aguntur in vobis.

[3]) Vgl. Ambros. liber de paradiso 12, 58: Catechumenus est, maiorem
vult accipere doctrinae et fidei plenitudinem: caveat ne, dum vult discere,
male discat et discat a Photino, discat ab Ario, discat a Sabellio: tradat
se huiusmodi magistris quorum quaedam eum teneat auctoritas.

[4]) Vgl. S. 53 Anm. 1 n. 3.

Auf dieses letztere kommt es besonders an, denn ein nasser
fauler Schiffsboden bringt über das Fahrzeug Verderben.
Almosen, Mitleiden aber sind die Eimer, mit denen man den
Grund trocken legt. So mag denn die Fahrt von statten
geben: Schutzpatron ist der gnädige Christus, die Ruder
fliegen nach dem Takte des Halleluja. So hat uns der vor-
treffliche Steuermann die Fahrt zu nehmen gelehrt.

Andere wählen den Weg zu Lande. Christus selbst ist
dieser Weg. Hier drohen zwar keine Stürme, aber das Zug-
tier kann dem Reisenden Gefahr bringen. Das Fleisch wird
üppig, mit Peitsche und Hunger muss man ihm beikommen,
sonst macht es in seinem Übermut Seitensprünge, statt uns nach
Jerusalem zu bringen.

Eine dritte Schar geht zu Fuss. Doch auch ihr drohen
Fährlichkeiten. Da bleibt einer liegen, ein anderer kehrt gar
um, ein dritter verirrt sich.

An Führern und Wegweisern fehlt es nicht, aber man
darf nicht allen trauen. Sie predigen nur scheinbar Christus,
in Wirklichkeit sind sie Kinder der Falschheit. Man erkennt
sie daran, ob sie im verborgenen Winkel auftreten oder frei
und öffentlich lehren. Letzteres ist die Art der Kirche, ersteres
die Gewohnheit der Sekten.

Und nun wendet sich der Redner im zweiten Teile einer
eingehenden Besprechung und Widerlegung der drei
Haupthäresien zu, der Manichäer, die Christi wahre Leiblichkeit leugnend ihn für einen Geist, ein Phantasma erklären;
der Arianer, welche behaupten, Christus der Gesandte muss
kleiner gewesen sein als Gott, der ihn gesandt hat; der
Pelagianer, welche ungeachtet des darauf stehenden Fluches
sich auf Menschen verlassen. Diese Häretiker, die der Herr
am jüngsten Tage nicht kennen wird, gilt es zu meiden, um
alsdann auf dem rechten Wege dem himmlischen Vaterlande
zuzueilen. Die Lehrer aber finden den schönsten Lohn für
ihre grosse Mühe darin, dass sie sich vom Gebet ihrer Schüler
unterstützt wissen.

Dieser starke Gegensatz gegen die Häretiker beherrscht

in gleichem Masse auch die Symbolkatechesen desselben Bischofs.[1]) Der Redner geht jedesmal aus von den Exorcismen, denen die Kompetenten zur Zeit unterstellt sind und durch welche die Macht des Satans über sie bereits derart gebrochen ist, dass sie die Kompetentenspeise, eben den Symbolinhalt, vertragen können. Indessen bedürfen sie immer noch in erster Linie der ernsten Mahnung, alle diejenigen Beziehungen und Vergnügungen zu fliehen, in denen sich das Heidentum specifisch verkörpert, den Cirkus, das Theater, das Amphitheater. Dieselben verdanken durchweg ja ihre Existenz den heidnischen Idolen, denen als den Engeln des Satans der Taufkandidat eben erst entsagt hat. Wie erhaben und edel sind dagegen jene Schauspiele der heiligen Geschichte, die wir aus den biblischen Büchern schöpfen, bei denen der allmächtige dreieinige Gott mit seinen Gaben und Kräften wirksam ist. Er wird zwar von den Arianern nach vielen Seiten hin bestritten; das hindert aber nicht, dass an ihn als einen allmächtigen unsterblichen und unsichtbaren der Christ glaubt. Auch als an einen unsichtbaren; denn Gott wirklich zu schauen wie er ist, war selbst seinem treuen Knechte Moses nicht erlaubt, sondern gehört erst einem anderen Leben an als Belohnung für die, welche hier an ihn treu geglaubt haben.

An der Hand der Symbolstichworte wird dann den Taufkandidaten die Geburt und Kindheit, das Leiden, der Tod und die Erhebung Christi zur Herrlichkeit in ziemlicher Breite vorgetragen, mit Rückblicken in das Alte Testament, mit wiederholten Ermahnungen zum Glauben und nicht ohne Hinweis auf das Verhalten der Juden als der eigentlichen Vertreter des Unglaubens. Der einfache Erzählerton, der diesen ganzen Abschnitt beherrscht, lässt keine polemischen Auseinandersetzungen mit den Häretikern zu. Umsomehr gibt der dritte Artikel zu denselben wieder Veranlassung.

Das Lehrstück vom heiligen Geist besteht vorwiegend in einer Auseinandersetzung mit Arianern, welche dem Vater den Sohn und diesem wieder den Geist unterordnen. Als Mittel

---

[1]) Sermones II. III. IV de symbolo ad catechumenos. Vgl. S. 44. u. S. 53 Anm. 1 n. 4—6. Hahn, Biblioth. d. Symb. (3) S. 60.

des Gegenbeweises dieuen Schriftcitate und Gleichnisse aus der
Natur.

Beim Artikel von der Sündenvergebung wird der engen
Beziehung gedacht, in welcher dieselbe zur Taufe steht. Wer
an jene nicht glaubt, für den bleibt diese ohne den eigentlichen
Segen. Denn die Taufe ist ja dazu da, um vollständig alle
Sünden zu tilgen und für den Menschen ein neues Leben zu
begründen. Auch daran, dass alles Fleisch auferstehen werde, ist
gläubig festzuhalten. Diese Auferstehung ist das Vorrecht des
nach Gottes Bilde geschaffenen Menschen vor allen übrigen
Kreaturen; durch sie werden wir den Engeln Gottes gleich.
Mag dieser Satz noch so unannehmbar scheinen, so belohnt
sich seine gläubige Hinnahme doch mit jener Auferstehung zur
ewigen Seligkeit.

Ihrer gedenkt der Redner, indem er ausdrücklich hervorhebt, dass auch im Symboltext sich dieses Stück dem vorigen
anreibe. Dieses ewige Leben ist frei von Mangel, Mühsalen
und Bedürfnissen; mehr aber über dasselbe zu erfahren als
diese negativen Aussagen ist uns nicht möglich; wir können
nur hoffen, es zu erlangen durch Glaube, Geduld und die Ver-
mittlung der heiligen Kirche.

Mit der Erwähnung der heiligen Kirche schliesst der von
dem Bischof gebrauchte Symboltext. Ihr, der Braut Christi
und Mutter der Gläubigen, der reichen Herrin und Inhaberin
aller geistlichen Güter, schulden alle frommen Christen Ehre
und Dank. Um so schändlicher tritt da das Gebahren der
arianischen Häretiker, die noch einmal erwähnt werden, hervor.
Wie Wölfe und Räuber zerreissen sie, schlimmer als die Juden,
die sich doch nur an dem irdischen Leib vergingen, den Leib
des erhöhten Christus, indem sie durch Bestechung und Gewalt
getaufte Christen wie Heiden behandeln, d. h. ihnen Christus
wieder austreiben und sie abermals taufen.[1] Von ihren
Winkelgemeinden sich fern halten, hingegen sich der heilsamen
Zucht wie der liebevollen Fürsorge der Mutterkirche unter-

---

[1] Sermo II de symb. ad catech. 13, 24: Christum exsufflas, catholicum rebaptizas, vgl. Sermo IV c. 13, 13.

stellen: darin gipfelt die Lebensaufgabe des Christen, die rechte Befolgung dieses eben erklärten Symbols.

Eine vierte Symbolkatechese desselben Verfassers geht in ihrer Polemik sogar so weit, dass sie geradezu als ein Zeugnis gegen Juden, Heiden und Arianer erscheint.[1]) Indessen zeigt sie in ihrer ganzen Anlage, in der Art der Beweisführung wie in wörtlichen Anklängen soviele Beziehungen zu den vorgenannten, dass über die gleiche Autorschaft kaum ein Zweifel bestehen dürfte.

Wiederum ist es der Rückblick auf die verflossene bedeutungsvolle Nacht mit ihren feierlichen Exorcismen und der offiziellen Absage an den Teufel, sein Wesen und seine Engel, der das Bekenntnis zum allmächtigen dreieinigen Gott einleitet. Seiner Verteidigung gegenüber Manichäern und Arianern ist die Besprechung des ersten Artikels gewidmet. Christi Leben. Leiden und Auferstehen wird wie in den früheren Katechesen zunächst nur breit und erbaulich an der Hand der Schrift erzählt. Dann aber wendet sich der Redner mit einem Male gegen die Juden, die bis auf den heutigen Tag den Gottessohn verwerfen. Sie haben einst dem Herrn entgegengehalten: Dein Zeugnis ist nicht wahr, denn es bedarf des Zeugnisses zweier Menschen, wenn einer Sache Glauben geschenkt werden soll. Drum mögen jetzt nicht zwei, sondern eine ganze Reihe von Zeugen für Christus auftreten: Moses und David, Jesaias, Jeremias, Daniel und Habakuk; Simeon, Zacharias, Elisabeth. Johannes der Täufer und Paulus. Und falls diese ausschliesslich jüdischen Autoritäten nicht genügen sollten, gibt es sogar Heiden, welche für den vom Himmel gekommenen Gottessohn sprechen: Nebukadnezar, Vergil und die Sibylle stehen für Jesus ein. Die letztere sogar mit einem Gedicht von wunderbarer Kraft, denn die Anfangsbuchstaben der Verse bilden den Namen Jesu Christi des Gottessohnes, des Heilandes.[2])

---

[1]) Sermo de symbolo contra Iudaeos paganos et Arianos Vgl. S. 53 Anm. 1 u. 7. Hahn, Biblioth. d. Symb. (3) S. 60.

[2]) Dieser Abschnitt c. 11—16 erfreute sich dauernder Beliebtheit. Unter anderem ging er in das Homiliarium Karls des Grossen I 10 über, vgl. meine Schrift: Das Homiliarium Karls des Grossen auf seine ursprüngliche Gestalt hin untersucht 1897 S. 19 u. Ml. 95, 1470—1475. — Zu dem

Auch der Himmel, der um Christi willen einen neuen
Stern aufgehen liess, das Meer, das vor ihm verstummte,
die Erde, die mit seinem Speichel befeuchtet des Blinden Auge
heilte, die Unterwelt, die auf seinen Befehl Lazarus wieder
herausgab, zeugen für Jesus gegen den jüdischen Unglauben.
Vor allem aber sind die einzelnen Momente seiner Passion ein
sprechender Beweis für seine Gottheit. Die Juden glaubten ihn
zu martern und zu töten. Und doch hatte alle ihre Mühe den
gegenteiligen Erfolg. Denn sie schlug nur zur Ehre Christi
und zum Heil der Seinigen aus. Ja diese ganze Passion vollzog sich sogar auf Grund prophetischer Voraussagung in
derselben heiligen Schrift, welche die Juden in Händen haben
und in die sie nur nicht einzudringen verstehen.

Das Lehrstück vom heiligen Geist bringt wieder die bekannte Polemik gegen die Arianer, die, indem sie sich gegen
den Sohn wie gegen den Geist vergehen, sich die Vergebung
der Sünden in diesem und in jenem Leben verscherzen. Dabei
wird die Wiedertaufe katholischer Christen abermals mit Abscheu gerügt.

Auferstehung und ewiges Leben finden nur eine kurze und
von Polemik freie Besprechung. Endlich wird als Weg, der
zur ewigen Heimat führt, Christus genannt, das Haupt, dessen
Leib die Kirche bildet. Freilich wird die letztere in der
Gegenwart von arianischen Häretikern ohne Scheu geschädigt
und geschändet. Aber umsomehr muss der gläubige Christ
seinen Eifer darein setzen, sie zu ehren.

---

§ 3. Antihäretische Symbolreden des 4. Jahrhunderts.

Bei den Feierlichkeiten der Übergabe und Rückgabe des
Glaubensbekenntnisses pflegte der Bischof vor Kompetenten

Akrostichon, das sich auch August. de civit. dei XVIII 23 und ähnlich
Euseb. orat. Constant. ad. sanct. coet. c. 18 findet, vgl. Orac. Sibyll. ed.
Alexandre VIII 2. p. 272 sqq.

und versammelter Gemeinde eine Rede über das Symbol zu halten. Es liegt auf der Hand, dass dieselbe nur den Charakter einer die Bedeutung des Tages zusammenfassenden Ansprache tragen konnte, also im Vergleich zu den Symbolkatechesen der dazwischen liegenden Wochen kurz sein musste. Aber auch im übrigen war sie nach Form und Inhalt anders geartet. Denn bei ihr war das Symbol Selbstzweck, nicht bloss ein bequemer Leitfaden für dogmatische Ausführungen. Es kam hier darauf an, über das Symbol selbst etwas Charakteristisches zu sagen, zunächst etwa den Kompetenten in einer Einleitung vorzuführen, was es um das Symbol als Ganzes sei, sodann im Hauptteile auf den Inhalt der einzelnen Artikel näher einzugehen, von denen keiner unerwähnt bleiben durfte, sondern jeder zu seinem vollen Rechte kommen musste. Das gab freilich vielfach eine etwas harte Aufzählung der verschiedenen Stücke, bei der die geschickten Übergänge, wie sie der katechetische Unterricht ganz von selbst mit sich brachte, so gut wie ganz fehlten. Aber es sollte ja bei dieser Gelegenheit auch nicht mehr erklärt, unterrichtet, bewiesen, sondern nur bei einem mysteriös-feierlichen Akte in sollenner Form an Bekanntes erinnert werden.

Indessen es brauchte Zeit bis sich dieses scheinbar selbstverständliche Schema allgemein einbürgerte. Gerade die ältesten Symbolreden sind nichts weniger als wirkliche Symbolerklärungen; sie handeln wohl von dem Symbol, aber sie legen dasselbe nicht aus.

Die orthodoxe Leidenschaftlichkeit eines mit der Häresie ringenden Zeitalters war so stark, dass sie sich auch bei dieser Gelegenheit äussern musste und eine gleichmässige objektive Behandlung der einzelnen Symbolstücke nicht zuliess. Es gibt Traditionsreden, in denen der Bischof über der Ketzerbestreitung ganz vergessen zu haben scheint, was eigentlich der Zweck seiner Rede sei. „Man kann die bei der traditio symboli gehaltenen altkirchlichen Reden, die wir noch übrig haben, im allgemeinen in zwei Klassen teilen, in solche, in denen das Symbol von den Rednern gleichmässig, Glied für Glied, Bestandteil für Bestandteil, durchgegangen wird, und in solche, in denen die Redner es zu einem speciellen Zwecke auslegen

oder näher bestimmt, in denen sie es im Gegensatz zu einer
oder der anderen Häresie auslegen, die zu ihrer Zeit und in
ihrer Umgebung oder bloss zu ihrer Zeit sich geltend gemacht
hatte, und mit der damals die Kirche im Kampfe stand oder
die Kirche und sie selbst zu streiten hatten. In den Reden
der ersteren Art gehen die Redner das Symbol einfach durch.
um es den Katechumenen (jederzeit mehr oder weniger kurz)
zu erklären, und in ihnen haben wir deshalb eigentliche regel-
rechte Auslegungen desselben. In den Reden der letzteren
Art dagegen gehen die Redner wesentlich nur darauf aus, diejenigen Teile desselben zu erklären und zu beleuchten, gegen
welche die Häresie verstösst, die sie bekämpfen, und den
rechten kirchlichen Sinn jener Teile gegen diese Häresie zu
schützen, sowie die Katechumenen davor zu bewahren, dass sie
von den Anhängern derselben dazu verleitet würden, sie nach
deren irrigen Meinungen zu missdeuten."[1])
    Jedenfalls gehören gerade die ältesten Reden über das
Symbol dieser letzteren Gattung an.
    An ihrer Spitze steht eine Traditionsansprache aus der
Zeit des arianischen Streites,[2]) die vermutlich der Bischof
Eusebius von Vercelli zwischen 340 und 360 gehalten hat,
jedenfalls ein charaktervoller Theologe, der in gedrängter Kürze
viel zu sagen wusste, ein feuriger Redner mit mächtigem

---

[1]) Caspari, Quellen II 146 f.
[2]) Es ist die sog. Exhortatio sancti Ambrosii episcopi ad neophytos
de symbolo, welche Caspari zuerst auf Grund zweier Wiener Handschriften,
der Codd. 664 und 305 in den Quellen II 128—182 und sodann unter
Heranziehung einer Karlsruher Handschrift, des Cod. Aug. 18 saec. X, in
den Alten und neuen Quellen S. 186—195 publicierte. In der Überschrift
ist alles falsch ausser den Worten Exhortatio de symbolo. Dieselbe ist
eine bei Übergabe des Symbols an Taufkandidaten zwischen 340 und 360
(370) gehaltene Rede und stammt, wie Caspari überzeugend nachgewiesen
hat, von einem italischen oder Italien benachbarten Bischof. Ob derselbe
indessen Lucifer von Calaris (so Caspari) oder Eusebius von Vercelli (so
Krüger in seiner Schrift: Lucifer, Bischof von Calaris und das Schisma der
Luciferaner S. 118—129) gewesen sei, wagen beide Forscher nicht mit unbedingter Sicherheit zu behaupten. Dagegen dürfte der von Kattenbusch
(Das apostolische Symbol I 202—207) vorgeschlagene Gregor von Elvira
weniger Aussicht haben für den Verfasser zu gelten. Vgl. Hahn, Biblioth.
d. Symb. (3) S. 56 f.

Schwung, ein lebhaftes Temperament, das vor einer Extravaganz im Ausdruck nicht zurückschreckte.

„Gnade sei mit euch, und Friede von Gott dem Vater und dem Sohn und dem heiligen Geiste werde euch reichlich zu teil, ihr Gesegneten des Herrn, der euch beruft zu seinem Reich und zu seiner Herrlichkeit. Denn bei ihm ist, ja er selbst ist die lebendige Quelle und in seinem geistlichen Lichte sollen wir das ewige Licht sehen." Und nun folgt in Bibelworten die dringende‿Aufforderung zu Gott zu kommen und sich zu reinigen; dann werden sie erleuchtet werden und die Vergebung aller ihrer Sünden empfangen. Denn das tadellose Gesetz des Herrn hat bekehrende, das lichte Gebot des Herrn erleuchtende Kraft, die keusche Furcht des Herrn ist von ewiger Dauer. Von dieser Furcht Gottes sollen jetzt die Kompetenten hören, von ihr, deren Quelle der Glaube ist. Dieser aber wiederum ist in ein Bekenntnis gefasst, das zu lernen sie eben heute zusammengekommen sind. Denn das Symbol, das ihnen der Bischof im Hinblick auf die bevorstehende Taufe nunmehr mitteilen will, ist eine Bezeugung des heilbringenden Glaubens und eine Bekenntnisformel. Beides zusammen erst macht das Heil aus: das Wort der Predigt ins Herz aufnehmen und es mit dem Munde weitergeben. Nur wer zugleich glaubt und zugleich bekennt, wird den Weg der Gerechtigkeit gehen, der zum Heile führt. Denn der Herr will vor den Menschen bekannt sein, wenn er den Gläubigen vor seinem himmlischen Vater bekennen soll.

Ein ungewöhnlicher Eingang, für den es in den übrigen Symbolerklärungen kein Analogon gibt. Denn er atmet durchaus die frische Kraft einer jugendlichen Zeit, die noch nichts von stereotypen Formeln weiss. So bleibt denn auch das angegebene Thema massgebend für die weitere Ausführung. Die Furcht Gottes entspringt aus dem Glauben, und zwar aus dem rechten Glauben an Vater, Sohn und heiligen Geist. Und doch zerfällt die Rede aus klar ersichtlichem Grunde nur in zwei Teile.

Zunächst wird das vollständige Symbol dem Wortlaut nach vom Bischof recitiert.[1]) Ein heiliger Schauer durchrieselt

---

[1]) Dass dasselbe hier vollständig aufgeschrieben ist, muss auffallen;

die Versammlung bei diesen geheimnisvollen Worten. Um so
tieferen Eindruck muss es machen, wenn der Bischof folgendermassen fortfährt. Dieser Bekenntnisformel haben sich auch viele Häretiker
bemächtigt. Aber eben nur äusserlich, denn sie bekennen mit
dem Munde und lästern mit dem Herzen. Falsche Lehre beherrscht sie und auch ihre Schüler gehen zu Grunde. An
beiden erweist sich das Wort von den blinden Blindenleitern.
Gemeinsamer Irrtum verschlingt sie und ein Tod stösst sie
hinunter in die tiefe Grube. Was von der Wahrheit ihres Bekenntnisses zu halten sei, geht klar aus ihrer Lehre hervor.
Gott sei allmächtig, bekennen sie im Symbol, und doch
leugnen sie, dass Vater und Sohn gleichen Wesens seien.
Sie prahlen mit dem Glauben an einen Gott und bestreiten
andrerseits, dass der Vater und der Sohn ein Gott sind.
Denn wie kann Arius, der da leugnet, dass Gott einen
ihm wesensgleichen Sohn gezeugt habe, noch von einem allmächtigen Gott sprechen. Dasselbe gilt von Sabellius, der
zwar einen entgegengesetzten Irrtum hegt, aber wegen der
gleichen Blasphemie in dieselbe Grube fährt, er ein Verwirrer,
jener ein Zerreisser des göttlichen Geheimnisses. Denn
Sabellius wagt in seiner Verblendung zu behaupten, dass dem
unveränderlichen Gotte eine veränderliche Natur und allerlei
teuflische Verstellungskünste eignen in der Weise, dass Vater.
Sohn und heiliger Geist, statt persönlich innerhalb der Trinität
sich zu unterscheiden, nur den sich dreifach wandelnden Gott
repräsentieren, der, wenn er will, die Gestalt des Vaters ablegen und Sohn werden und ebenso den Namen des heiligen
Geistes annehmen kann. Somit konstruieren die Sabellianer

_ _ _ _ _ _

deun dies zu thun war im 4. und 5. Jahrhundert nicht erlaubt. Wir
haben es hier fraglos mit einer abnormen Erscheinung zu thun, zu deren
Erklärung sich nur anführen lässt, dass auch Augustin, Petrus Chrysologus von Ravenna und Maximus von Turin in ihren Symbolreden und
Rufin in seinem Symbolkommentar, wenngleich nicht den ganzen Wortlaut
im Zusammenhang, so doch vor jedem erklärenden Abschnitt das betreffende Glied namhaft gemacht haben, woraus hervorgeht, dass demjenigen, der das Symbol schriftlich besitzen wollte, dazu auch ohne unsere
Exhortatio Gelegenheit gegeben war.

die Einheit in der Weise, dass sie die Dreiheit leugnen; umgekehrt sondern die Arianer die Personen derart, dass sie die Einheit zersprengen. Und doch widerlegt beide Häretikergruppen ein und derselbe Ausspruch des Herrn, nämlich: Ich und der Vater sind eins, die Arianer durch das Wort „eins", die Sabellianer durch das Wort „sind". Darum bekennt denn auch die Kirche durch Gottes Gnade mit Mund und Herzen das katholische Bekenntnis von Gott dem Vater als dem Allmächtigen, dem sie das Prädikat der Allmacht nicht bloss in schmeichlerischer Absicht, sondern wahrhaftig zuerkennt. Und sie zweifelt nicht daran, dass er mit derselben Allmacht, durch die er alle Dinge aus nichts geschaffen hat, auch aus sich einen Sohn gezeugt hat, der ihm nach Wille und Substanz, nach allen Würden und Eigenschaften, kurzum vollkommen gleich ist. Wäre die Ansicht der Arianer die richtige, so würde daraus notwendig folgen, dass ja Gott sich selbst nicht einmal gewähren könne, was er sterblichen und vergänglichen Wesen zu gewähren geruht, nämlich ein Wesen seines Geschlechtes zu zeugen. Was wäre das für ein Ruhm, wenn Gott, nach der gemeinen Auffassung der Arianer, einen ihm unähnlichen Sohn gezeugt und dadurch seiner Majestät in den Augen seines eigenen Volkes einen Schaden zugefügt hätte, er, der doch nach aller Urteil nicht einmal an der Entartung der Kinder Abrahams Schuld trägt. Mögen sie deshalb, sie die Arianer, denen verkehrter Sinn selbst Entartung und Tod gebracht hat, untergehen mit dem, der ihres Todes Ursache ist, mit dem Teufel, zu dessen Kindern sie sich gemacht, indem sie seine Lehre der Lehre und Regel der Wahrheit vorzogen.

Mit grausamer Ironie und wilder Verwünschung schliesst also dieser erste Abschnitt, der nichts weiter ist als eine an den Begriff der göttlichen Allmacht angeknüpfte Polemik gegen Arianer und Sabellianer und der, indem er neben der Allmacht des Vaters noch von der wahren Gottheit des Sohnes und dem persönlichen Unterschiede der drei göttlichen Personen untereinander handelt, den ersten Artikel mit je dem ersten Gliede des zweiten und dritten Artikels zusammenfasst. Aber keineswegs geht der Redner nunmehr schon zu den übrigen Gliedern des

zweiten und dritten Artikels über, sondern durchaus beherrscht
von dem Gegensatz gegen die arianische Irrlehre behandelt er
zuvor noch in zwei weiteren Abschnitten die innertrinitarischen
Verhältnisse.

Im ersteren wird das bisher Gesagte kurz zusammengefasst
und dann aus der heiligen Schrift bewiesen. Denn das ist nunmehr das Neue, was die Kompetenten erfahren, dass die Kirche
jene der Häresie gegenüberstehende wahrhafte Erkenntnis aus
zahlreichen Stellen des Alten wie des Neuen Testamentes geschöpft hat. Zu dem Zwecke werden die bekannten von Christi
göttlicher Natur handelnden Stellen aus den Psalmen 45 und 110,
aus dem Prolog des Johannesevangeliums, endlich aus dem
zweiten Kapitel des Philipperbriefes herangezogen.

So viel vom Schriftbeweis. An den Taufkandidaten ist
es nunmehr das zu glauben und zu bekennen, was aus jenen
Bibelcitaten hervorgeht, dass der Sohn in jeder Hinsicht mit
dem Vater wesensgleich und von ihm gezeugt sei, Gott von Gott,
Licht von Licht. Die Begriffe Wort, Sohn, von Natur gezeugt,
schliessen jedweden Irrtum aus. Insbesondere die Namen Vater
und Sohn bezeugen die substanzielle Einheit wie die persönliche
Verschiedenheit beider und drücken klar das Verhältnis aus, in
welchem beide zueinander stehen. Abermals kommt der Redner
auf das Argument des ersten Abschnittes zu sprechen, dass,
wenn selbst die Geschöpfe nur gleichbeschaffene Wesen zeugen
können, auch der Sohn des Herrn und Schöpfers in jeder
Hinsicht dem Vater wesensgleich sein muss. Jenes kecke
Urteil der Arianer verdient aber umsomehr schärfste Zurück-
weisung, als selbst ein Jesaias, der vom heiligen Geist erfüllt
in alle Weisheit einzudringen vermochte, eingestehen musste:
Wer will seines Lebens Länge ausreden? Ja selbst die
himmlischen Mächte, die höchsten Engel wissen nichts davon, da sie ja alle nur durch den Sohn geschaffen sind.
Und der Häretiker, der Erde ist und zu Erde werden soll und
der sich nur auf Irdisches versteht, wagt es, sich eine Vorstellung von der Natur Gottes anzumassen und diese obendrein
durch seine eigenen Träumereien zu korrumpieren.

Jetzt erst leitet ein überschwenglicher Hinweis auf den,
der das Wort des Herrn heisst, — unter welcher Bezeichnung man

den Sohn Gottes zu verstehen habe, durch dessen Hauch alle
Himmel geschaffen wurden, auf den sich alle Engelsmächte als
auf ihren Schöpfer zurückführen und den die höchsten Wesen
deshalb, weil sie ihn nicht begreifen können, in tiefster Ehrfurcht umkreisen, — über zu dem zweiten Hauptteil, der die
Kompetenten in detaillierter Weise mit diesem „Worte des
Herrn" bekannt machen soll.

Dies Wort ward Fleisch und wohnete unter uns. Und
zwar aus Barmherzigkeit und Gehorsam, uns zu Gute mit dem
Vater Hand in Hand gehend, auf eine unaussprechliche geheimnisvolle Weise, vermöge der Allmacht und des Zusammen-
wirkens der Trinität empfangen von einer Jungfrau und geboren aus einer Jungfrau. Diese geheimnisvolle Geburt des
Sohnes Gottes ist keiner Kreatur im Himmel oder auf Erden
jemals offenbart ausser einmal den Menschen durch einen
Propheten: Siehe eine Jungfrau ist schwanger und wird einen
Sohn gebären, und das andere Mal der Maria selbst, die ihn gebären sollte, durch einen Erzengel; dieses letztere deshalb, um
die Mutter des Gottessohnes vor Verwirrung zu bewahren und
über die Bedeutung dieser Geburt aufzuklären. Daraus folgt
für den Christen die Pflicht, zu glauben und zu bekennen, dass
der Gottessohn zugleich auch der Menschensohn sei.

Es folgen im einzelnen, wenngleich sehr summarisch die
übrigen Glieder des zweiten Artikels. Der Redner kommt
gewissermassen nur einer hergebrachten Pflicht nach, wenn er
der Ordnung im Symbol sich anschliessend konstatiert, dass jener
Leib, den Gottes Sohn bei seiner menschlichen Geburt annahm,
unter Pontius Pilatus als dem Vertreter des römischen Kaisers
gekreuzigt wurde, und dass dieses Leiden und dieser Tod von
den Propheten vorausgesagt war. Begraben und am dritten
Tage von den Toten wieder auferstanden verkehrte er vierzig
Tage lang, wie wir aus der Apostelgeschichte wissen, mit auserwählten lieben Menschen, denen er sich ebenso wie fünfhundert
weiteren Zeugen in demselben Leibe offenbarte, in dem er gekreuzigt und begraben war. Dann fuhr er gen Himmel und
sitzt zur Rechten Gottes des Vaters, von dannen er kommen
wird zu richten die Lebendigen und die Toten.

Jetzt hätten die Kompetenten scheinbar noch Anspruch

5*

auf eine Einzelerklärung des dritten Artikels gehabt. Aber
der Bischof, der seine Aufgabe durchaus anders auffasst,
glaubt schon mit Aufzählung der verschiedenen Glieder des
zweiten Artikels genug gethan zu haben. Sein Thema ist erledigt, die Wesensgleichheit und persönliche Verschiedenheit
von Vater, Sohn und Geist, die in der Gegenwart durch Arianer
und Sabellianer heftig bedroht wird, den Taufkandidaten im
wichtigsten Augenblick vor ihrer Taufe noch einmal ernst-
lichst zu Gemüte geführt. Ein weiteres Eingehen auf andere
Lehren wie Kirche, Vergebung der Sünden, Auferstehung des
Fleisches, ist in diesem Moment nicht nötig und könnte den
Eindruck der voraufgegangenen wichtigen Erörterungen am
Ende nur abschwächen.

· So erfahren denn die Kompetenten vom dritten Glaubensartikel, sofern vom heiligen Geiste nicht schon in anderem
Zusammenhange die Rede war, an dieser Stelle nichts weiter,
sondern die Rede schliesst mit ein paar kurzen Ermahnungen.

Dieses Symbol, das die Katechumenen zum Auswendiglernen und Wiederaufsagen jetzt empfangen, sollen sie im
rechten Glauben annehmen und bewahren, es mit Verstand
betrachten und immer darauf achten, damit Gottesfurcht und
Liebe zu Gott in ihnen befestigt werde. Denn Christus ist
aus Liebe zu uns gestorben, um uns an seinem Leibe, dem
Abbild unserer Gebrechlichkeit, unsere Auferstehung zu zeigen,
die Todesfurcht von uns zu nehmen und uns, nachdem er uns
durch die Gnade der Taufe gereinigt, zu Miterben der Herrlichkeit des Himmelreiches zu machen. Ihm sei Ehre in Ewigkeit.

Es liegt auf der Hand, wie vortrefflich für eine solche
Rede gerade der Ausdruck Exhortatio de symbolo, Ermahnung
über das Symbol, gewählt war. Der ganze Nachdruck liegt
nicht auf einer Erörterung der einzelnen Hauptstücke des
Glaubens, die vielmehr als Bestandteil des Katechumenenunterrichtes vorausgesetzt wird. Sondern der Bischof benutzt den
liturgischen Akt der Symbolübergabe zu einer an den Willen
der Taufkandidaten als der Vertreter der kirchlichen Zukunft
sich richtenden ernsten Ansprache. Ihnen noch neue Kenntnisse beizubringen ist jetzt nicht mehr die Zeit. Um so geeigneter
erscheint dieser erhabene Moment zur Gewissensschärfung und

zu einem Appell an die Glaubenstreue der jungen Christen im
allgemeinen. Diese aber hat sich für das nächste Menschenalter darin zu bewähren, dass sie den Häretikern, die auch nach
ihnen die Versucherhand ausstrecken werden, mutig und klug
zugleich Trotz bieten. Drum denn auch die ganze Besprechung
des Symbols unter diesen einen Zweck gestellt erscheint, indem
nur diejenigen Glieder der drei Artikel, die seitens der Arianer
oder Sabellianer eine Missdeutung erfahren haben, hinsichtlich
derer also auch die Gefahr besteht, dass sie demnächst von den
jungen Christen falsch aufgefasst werden könnten, eingehend
erörtert werden; während bei allen anderen Teilen der Redner
sich mit kurzen Anmerkungen begnügt, oder die Glieder wohl
gar nur aufzählt, ohne ein Wort der Auslegung hinzuzufügen.
Ja manche Teile des Symbols werden überhaupt nicht einmal
erwähnt. Denn wenngleich durchweg vom rechten Glauben an
Vater, Sohn und heiligen Geist die Rede ist, so geschieht dies
doch nur in der Weise, dass zunächst von der Wesensgleichheit innerhalb der Trinität, sodann von Christus als dem wahrhaftigen Menschensohne gehandelt wird. Daraus erklärt sich
zugleich dass in der Disponierung eine Zweiteilung an Stelle
der zu erwartenden Dreiteilung getreten ist.

Die zweite uns erhaltene Traditionsrede erinnert ebenfalls
an die stürmischen Auseinandersetzungen mit dem Arianismus
und steht auch, was Zeit und Ort anbetrifft, der Exhortatio
des Eusebius nahe. Es ist die Explanatio symboli des Ambrosius
von Mailand.[1] Freilich kann dieselbe, da sie nur mit stark
verändertem Wortlaut auf uns gekommen ist, nicht den An-

---

[1] Einen ehemals bobiensischen, jetzt vatikanischen Codex druckte
Angelo Mai in seiner Scriptorum veterum nova collectio e Vaticanis codi-
cibus edita (Rom 1833) VII,156—158 ab (Ml. 17, 1193—1196). Einen
zweiten, der früher dem Benediktinerstift Lambach gehörte, benutzte Bruno
Brunus für seine 1784 erschienene Ausgabe der Werke des Maximus von
Turin, Appendix p. 30—34 (Ml. 57, 853—858). Beide Drucke wurden sodann nebeneinander gestellt und ausführlich besprochen von Caspari in
den Quellen II 48—127. Indessen gelang es Caspari schliesslich noch
einer dritten Handschrift habhaft zu werden, des Cod. Sangall. 188, die
vorwiegend mit dem Cod. Lambac. Verwandtschaft aufweist, während
der Cod. Bob-Vatic. wohl den ursprünglicheren und besseren Text bietet.
Abgedr. und besproch. in den Alten und neuen Quellen S. 196—222.

spruch erheben für ein abgerundetes Kunstwerk zu gelten. Der
Bischof hatte sie ursprünglich extemporiert; ein Zuhörer
machte sich darüber und schrieb das Gehörte nieder.[1]) Aber
sein Konzept fiel dermassen unvollkommen aus, dass die
späteren Abschreiber sich veranlasst fühlten, an zahlreichen
Stellen in ihrer Weise zu bessern bezw. zu ändern. So ist es
gekommen, dass die eine Rede uns heutzutage in ebensovielen
Recensionen vorliegt, als Handschriften derselben vorhanden
sind. Und doch zeigt sich die Eigenart des grossen Mannes, der die
Rede einst gehalten, noch immer trotz aller Unbilden, welche
der Text im Laufe der Jahrhunderte erfahren hat. Nicht nur
zeitlich verdient diese Explanatio des Ambrosius einen hervor-
ragenden Platz, sondern auch um ihrer originellen Art willen.
   Der Bischof beginnt mit einigen einleitenden Bemerkungen.
Die Zeit der Skrutinien ist vorüber, den Exorcismen verdanken
die Täuflinge in gleicher Weise Heiligung des Leibes wie der
Seele. Nun ist es soweit, dass ihnen das Symbol überliefert
werden kann. Was bedeutet das Wort Symbol? Wenn ein
Handelsunternehmen geplant wird — wir befinden uns in der
Grossstadt Mailand — so treten die Kaufleute zusammen, um ein
Betriebskapital zu schaffen; jeder zeichnet einen Anteil, den er
nicht wieder rückgängig machen kann. Das nennt man
griechisch ein Symbolum oder eine Symbole, lateinisch eine
Collation.[2]) Gerade so haben es einst die Apostel gemacht,

---

   [1]) Die gleiche Erscheinung hat Dom Germain Morin noch für zwei
andere Schriften des Ambrosius, für die sechs Bücher De sacramentis
(Ml. 16, 435—482) und für den Liber de lapsu virginis consecratae (Ml. 16,
383—400) nachgewiesen. Beide geben die Gedanken des grossen Bischofs
von Mailand nur in der unzuverlässigen Form von privaten Nachschriften
wieder. Rev. Bénéd. 1894 p. 343 sqq; 1895 p. 386; 1897 p. 195. Hingegen wird
die Autorschaft des Ambrosius in Bezug auf die Explanatio ohne hinreichende Begründung in Frage gezogen von Fessler (Institutiones patro-
logiae I 724 n. 4), Denzinger (Enchiridion symbolorum p. 1), Kattenbusch
(Das apostolische Symbol I 84—91). Vgl. Hahn, Biblioth. d. Symb. (3)
S. 36 f.
   [2]) Die Verwechslung von σύμβολον und συμβολή hat die Übersetzung
mit collatio veranlasst, ein Begriff, der wiederum sehr verschieden aufgefasst wird. Entweder „dass die Apostel ihre eigenen Glaubensgedanken
in der Weise zur Glaubensformel des Symbolums zusammentrugen, dass
ein jeder von ihnen den seinigen oder die seinigen zu dem gemeinsamen

denn auch sie brauchten ein Betriebskapital für ihre weit-
blickenden Unternehmungen im Interesse des Reiches Gottes.
Drum schossen sie zusammen, nicht Geld, sondern gläubige
Gedanken. Sie schufen eine Formel, bei der es im Gegensatz
zum kaufmännischen Betriebskapital, das möglichst gross sein
muss, darauf ankam, dass sie recht kurz war: ein Brevier des
Glaubens im wahrsten Sinne des Wortes. Denn nur was kurz
ist, lässt sich dem Gedächtnis einprägen.[1]) Nun gibt es Geschäfts-
teilnehmer, deren Streben dahin geht, das gemeinsame Kapital zu
eigenem Vorteil zu schmälern. Die wirft man hinaus als Betrüger.
Ganz ähnlich ist eine geistliche Spitzbüberei, welche darin besteht,
dass man die knappe Glaubensformel, wie sie aus der Hand
der Apostel gekommen, durch Zusätze alteriert; Häretiker
thun es wirklich aus Bosheit, schwachherzige Katholiken aus
übertriebener Ängstlichkeit. Beide Menschenklassen findet man
vorwiegend im Orient. Im Lande des Ambrosius verschmäht
man solches Beginnen: es ist eben Betrug.

Soweit die Einleitung, nach welcher Ambrosius den Wortlaut des Symbols verkündigt, während die Kompetenten das

Werke beisteuerte". So Rufin. expos. in symbol. apost. c. 2. Oder „man
dachte bei der Erklärung von symbolum durch collatio daran, dass im
Symbol der christliche Glaube an einen Punkt zusammengetragen und kurz
zusammengestellt ist". So im pseudo-augustinischen Sermo 241 de symbolo
c. 1. „Endlich dachte man bei der in Rede stehenden Erklärung von symbolum
bisweilen sowohl hieran, als auch daran, dass die Apostel (und Kirchenlehrer)
im Symbol den gesamten Inhalt aller heiligen Schriften, der alttestamentlichen und ihrer eigenen, aus denselben summarisch zusammengestellt
haben." So Cassian de incarnatione Christi contra Nestorium VI 3.
„Mitunter verglich man bei der Erklärung symbolum durch collatio das
Symbol mit einem Kapital, das Kaufleute zu einer gemeinsamen Handels-
unternehmung zusammengeschossen, mitunter wiederum mit einer gemeinsamen Mahlzeit, die dadurch zu stande gekommen, dass ein jeder
von den Teilnehmern einen Geldbeitrag zu ihr gegeben." Ersteres in der
vorliegenden Explanatio, letzteres in zwei fälschlich dem Eusebius von
Emesa zugeschriebenen „homiliae de symbolo", die jedenfalls von Faustus
von Riez gehalten sind. Vgl. Caspari, Quellen II 91 f. 97. 98.
 [1]) Caspari, Quellen II 51, vgl. 111 f.: Sancti ergo apostoli in unum
convenientes, breviarium fidei fecerunt, ut breviter fidei totius seriem com-
prehendamus. Brevitas necessaria est, ut semper memoria et recordatione
teneatur.

Kreuz schlagen. Die eigentliche Explanatio gliedert sich in
vier Abschnitte, von denen der erste allgemeineren Charakters
ist, die drei anderen sich im grossen und ganzen mit einer
Erläuterung der Artikel von Vater, Sohn und heiligem Geist
decken.[1])

Im Symbol ist die Rede von der Trinität, der in gleicher
Weise ewige Gottheit eignet wie e i n e Wirksamkeit. Wo man
aber keine Unterschiedlichkeit in der Majestät kennt, da ist auch
keine Verschiedenheit des Glaubens gegenüber den Trägern
dieser Majestät zulässig. Zwar hat der Sohn Fleisch angenommen, worauf Ambrosius schon öfter in Predigten zu
sprechen gekommen ist, doch in der ungewöhnlichen Weise,
dass er vom heiligen Geiste gezeugt und von der Jungfrau
Maria geboren wurde. Damit war trotz aller irdischen Leiblichkeit der Vorzug der ewigen Majestät gewahrt.

Abermals sagt Ambrosius das Symbol auf. Denn nach
diesen zusammenfassenden Vorbemerkungen soll jetzt der
specielle Teil der Erklärung folgen. Indessen würden sich
die Zuhörer irren, wenn sie nunmehr eine das Symbol Wort
für Wort durchgehende Auseinandersetzung erwarteten. Der
Redner steht viel zu sehr inmitten der sein Land und seine
Zeit bewegenden kirchlichen Fragen, als dass er sich nicht
auch an dieser Stelle von ihnen fortreissen lassen sollte. Auch
über die Grenzen seines eigentlichen Sprengels reichte des
Ambrosius Wirksamkeit. Im Jahre 381 hatte er einen längeren
Aufenthalt in dem benachbarten Bischofssitz Aquileja genommen.[2]) Es galt auf der dortigen Synode die beiden
arianischen Bischöfe Palladius und Sekundianus niederzuschlagen.
Bei der Gelegenheit mag er eine Erfahrung gemacht haben,
die ihm dermassen auf der Seele brennt, dass er sie seinen
Taufkandidaten nicht vorzuenthalten vermag. Doch lassen wir
ihn selbst weiter reden. Die Sache betrifft die Erklärung des
ersten Artikels.

---

[1]) Caspari, Alte und neue Quellen S. 213—222: Einleitung c. 1. 2,
1. Abschnitt c. 3, 2. Abschnitt c. 4, 3. Abschnitt c. 5, 4. Abschnitt c. 6,
Schluss c. 7—9.

[2]) Ambros. epist. 8. Ml. 16, 850—979. Hefele, Konciliengeschichte II
34 f. Vgl. Caspari, Quellen II 77. 78 f.

Das Symbol ist apostolischen Ursprungs, es ist heilige Schrift. Wer wird sich aber anmassen, das apostolische Wort verbessern zu wollen? Und doch gibt es solche Menschen, nämlich die orthodoxen Aquilejenser,[1]) die, als der Patripassianismus aufgekommen war, es für nötig erachteten, der Bezeichnung Gottes des allmächtigen Vaters die Worte invisibili et impassibili hinzuzufügen. Gut gemeint, und doch wie nahe lag nunmehr der Irrtum, dass man im Gegensatz zum Vater den Sohn für visibilis et passibilis hielt. Beides war er freilich im Fleische, der menschlichen Natur nach, nicht aber der Gottheit nach. Wie denn auch nur seine menschliche Natur die göttliche Natur anruft, wenn der Herr am Kreuze sagt: Mein Gott, mein Gott, warum hast du mich verlassen. War demnach diese von den Vorfahren gegen die Häresie beliebte Arznei schon damals, als wirklich jene häretische Krankheit grassierte, durchaus überflüssig, so ist sie es erst recht in der Gegenwart, wo sich der Glaube unversehrt den Sabellianern gegenüber behauptet, die aus der Kirche ausgeschlossen sind und von denen man im Abendlande so gut wie nichts mehr weiss. Indessen als überflüssig wäre jener Zusatz noch nicht so schlimm, er erweist sich in der Gegenwart aber geradezu als gefährlich. Denn die Arianer haben ihn in der angedeuteten Weise nutzbar zu machen gewusst. Sie berufen sich — wir können wieder an die Partei des Palladius und Sekundianus in Aquileja denken[2]) — für ihre Irrlehre von der Wesensungleichheit zwischen Vater und Sohn auf das kirchliche Symbol, welches nur dem ersteren die Prädikate invisibilis und impassibilis zuerkennt, den Sohn also für minder göttlich erachte. Und umgekehrt beschuldigen sie jede Kirche, die das unverfälschte apostolische Symbolum ohne jenen fragwürdigen Zusatz im Gebrauche hat, wie die Gemeinden von Mailand und Rom, eben deshalb des Sabellianismus. Kurz, wo der Glaube intakt ist, da genügen die Vorschriften der

---

[1]) Die ganze Sache erhält erst ihr rechtes Licht durch eine Notiz in dem um 20—30 Jahre jüngeren Symbolkommentar des Rufin. Vgl. Caspari, Quellen II 105 f.

[2]) Nicht an diese beiden Bischöfe selbst, da von ihnen eine derartige Berufung auf den Zusatz des aquilejensischen Symbols wenigstens nicht bekannt ist. Caspari. Quellen II 78 Anm. 48.

Apostel, da bedarf es keiner theologischen Vorsichtsmassregeln.
Sonst mengt man leicht Unkraut unter den Weizen.
So weit die Erklärung des ersten Artikels. Der Ton, der
in der Einleitung angeschlagen wurde, klingt hier voll weiter.
Dort war die Verwerflichkeit antihäretischer Zusätze zum
Symbol vom principiellen Standpunkte aus angedeutet, hier wird
dieselbe schlagend an einem Beispiel aus der Nachbarschaft
und der jüngsten Vergangenheit bewiesen.

Der dritte Teil bringt endlich eine Art detaillierter Erläuterung des zweiten Artikels. Das Prädikat unicus gebührt
Christus als dem Sohne. Er ist der einige Sohn, nicht auch der
einige Herr, obwohl wir ihn immerhin ebenso wie den Vater unsern
einigen Herrn nennen mögen. Mit seiner Menschwerdung war zugleich sein Leiden gegeben. Dass er aber ebensowohl das
Leiden überwand, aus den Toten wieder hervorging, gen Himmel
fuhr und jetzt zur Rechten Gottes sitzt, ist ein Beweis dafür,
dass das Fleisch die Gottheit in ihm nicht übermocht hat.
Ja noch mehr. Gerade dieser Gang der Dinge repräsentiert
für Christus einen gewaltigen Triumph. Durch sein vermöge seiner
göttlichen Prärogative erlangtes Sitzen zur Rechten hilft er
das gute Regiment Gottes des Vaters fördern, prangt er selbst
im Glanze des Siegers.[1] Als solcher kommt er wieder zum
Gericht. Merke, er kommt wieder. Er, den man als Sieger
fürchten, als Freund lieben muss, dem man von seiner Majestät
nichts rauben darf. Denn thatsächlich eignet alle Kraftwirkung,
alle Heiligung, alle Majestät der verehrungswürdigen Trinität
in ihrer Gesamtheit, also dem Sohne ebenso wie dem Vater
und dem heiligen Geist.

Das leitet zum vierten Teil der Erörterung über. Vom
heiligen Geiste selbst ist hier des weiteren nicht mehr die Rede.
Vielmehr geht Ambrosius sofort zu den anderen Gliedern des
dritten Artikels über. Es folgen im Symbol die drei Lehrstücke von der Kirche, von der Vergebung der Sünden, von

---

[1] Caspari, Quellen II 54: Quasi qui patri retulerit bonae fructum
voluntatis. — Certe quasi triumphator aeternus, qui bonum regnum deo
patri comparavit, praerogativam sibi suae victoriae vindicavit sedens ad
dexteram patris.

der Auferstehung. An alle drei muss der Christ ebenso glauben,
wie er an die drei heiligen Personen glaubt, denn jene sind
das Werk dieser heiligen Trinität. Dem Werke aber schulden
wir die gleiche Ehrfurcht, wie dem, aus dessen Hand es gekommen: eine etwas krause Logik, welche Ambrosius durch
den Hinweis auf Joh. 10, 38: Glaubet doch den Werken,
wollt ihr mir nicht glauben, zu stützen sucht. Das ist erst
der vollkommene Glaube, der sich auch auf das Werk des
Schöpfers erstreckt. Indessen auch das erste jener drei Stücke
lässt der Redner beiseite, um sofort den Glauben an die
Vergebung der Sünden dahin zu erklären, dass überhaupt
nur der Glaube es ist, der da hilft (Mark. 10, 52). Die Auferstehung des Fleisches endlich ist nur die direkte Frucht
von Christi Tod, Begräbnis und Auferstehung. Ohne die
letztere wäre unser Glaube eitel, mit ihr ist er zuverlässig.

Man sieht, es tritt das Interesse an einer detaillirten Be-
sprechung der einzelnen Artikel ganz zurück gegenüber gewissen
Hauptgesichtspunkten, unter denen die markantesten sind der
Widerspruch gegen antihäretische Zusätze und die Betonung
der Gottheit Christi, der Gleichwesenheit innerhalb der
Trinität.[1])

Diese, die in besonderem Masse gegenwärtig die Gemeinde
bewegen, und zu denen ihm das Symbol nach der formellen
wie nach der materiellen Seite hin Anlass gibt, will der Bischof
ausschliesslich bei der Symbolübergabe den jungen Christen
ans Herz legen.

Das Symbol in seiner Gesamtheit ist es denn auch, was
zu den verhältnismässig ausführlichen Schlusssätzen den Stoff
liefert. Ambrosius kehrt zu dem eingangs gezeichneten Bilde
zurück. Es ist infam, wenn ein Geschäftsteilhaber das gemeinsame Betriebskapital antastet, noch weit schlimmer aber, wenn
ein Christ es wagt, dem von den Aposteln stammenden
Kapital der Kirche Abbruch thun zu wollen. Warnt doch
schon Johannes aufs ernsteste davor, von den Worten des
Buches seiner Weissagung etwas wegzunehmen (Offenb. 22, 19),

---

[1]) Über diesen stark antiarianischen Charakter der Explanatio vgl.
Caspari, Quellen II 77f.

— und doch ist dies nur die Schrift eines einzigen Apostels [1]) —
wieviel mehr muss das Gesamtwerk aller Apostel unverletz-
lich sein, jenes Symbol, welches die römische Gemeinde
besitzt als ein Vermächtnis des ersten unter den Aposteln, des
Petrus.[2])
Der Apostel waren aber zwölf, so fordert auch das Symbol
als normale Gliederung die Zwölfteilung oder, wie Ambrosius
in der Alten Kirche durchaus einzigartig vorschlägt, die Einteilung in drei Tetraden,[3]) deren nähere Bestimmung ihm freilich wenig gelingen will. Denn indem er die Kompetenten sich
zum drittenmal bekreuzigen lässt und seinerseits zum drittenmal den Wortlaut des Symbols bekannt gibt, weist er die
Momente der Erniedrigung Christi: empfangen, geboren,
gelitten, begraben der ersten; die Momente der Erhöhung:
auferstanden, aufgefahren, sitzend zur Rechten, von dannen er
wiederkommen wird der zweiten; endlich die Lehrstücke:
heiliger Geist, heilige Kirche, Vergebung der Sünden, Auferstehung der dritten Tetrade zu. Wobei man sich nur fragt,
wo denn die den ersten Artikel ausmachenden „Sentenzen"[4]) geblieben sind?

---

[1]) Über die Apokalypse als kanonische Schrift im 4. Jahrh. vgl.
Caspari. Quellen II 110 f.
[2]) Caspari, Quellen II 56. vgl. 95: Hoc autem est symbolum quod
Romana ecclesia tenet, ubi primus apostolorum Petrus sedit, et communem sententiam eo detulit.
[3]) Caspari Quellen II 97—102. Erst im späten Mittelalter, und zwar
von einem ganz anderen Gesichtspunkt aus, kommt man auf die Einteilung
in Tetraden zurück. So besass das Nürnberger Katharinenkloster eine
aus dem Kreise der oberdeutschen Mystiker stammende Symbolerklärung,
von der im 2. Bande dieser Schrift ausführlicher zu handeln sein wird.
Dieselbe muss im 15. Jahrhundert sehr beliebt gewesen sein, denn ausser
jenem Nürnberger Exemplar (jetzt in der Stadtbibliothek daselbst Cent.
VI n. 59) finden sich von ihr nicht weniger als fünf Handschriften allein
in der Münchener Hof- und Staatsbibliothek (Cgm. 543. 564. 638. 1121.
1141). In dieser Erklärung aber werden die zwölf Artikel unter dem Gesichtspunkt der Beichte in der Weise abgehandelt, dass den drei Haupt-
feinden Teufel, Welt und eignem Fleische, von denen jeder den Menschen
mit vier Versuchungen beunruhigt, je vier Glaubensartikel als schützender
Schild entgegen gehalten werden.
[4]) So werden in der Explanatio die einzelnen Glieder genannt. Andere

Den Beschluss auch dieser Bemerkungen macht dann das bekannte Verbot, das Symbol niemals niederzuschreiben. Denn was man nicht schriftlich besitzt, fürchtet man zu vergessen und memoriert es deshalb um so eifriger. Auf letzteres aber kommt es hier an. Indem man das Symbol hersagt, verfügt man über einen sicheren Schutz in allen geistigen und leiblichen Anfechtungen. Nur dass jenes Recitieren des Symbols stets ein innerliches sei, kein lautes und öffentliches. Sonst könnten zufällig Katechumenen oder Häretiker anwesend sein, die es doch beide nicht hören dürfen.

Beide eine neue Litteraturgattung einleitende Reden, die Exhortatio des Eusebius von Vercelli und die Explanatio des Ambrosius von Mailand, sind also, untereinander grundverschieden und entbehren noch jedes gemeinsamen, sie beherrschenden Schemas. Und doch gehören sie fraglos zusammen; nicht nur um des historischen Momentes willen, dem sie ihre Entstehung verdanken, sondern auch im Hinblick auf die Art, wie sie den Anforderungen dieses Momentes gerecht werden. Denn beide zielen darauf ab, den Kompetenten die Bedeutung des Symbols unter dem Gesichtspunkte ans Herz zu legen, dass dasselbe als der Inbegriff der rechten Lehre zu gelten und damit den Christen als Waffe gegen jede Art von Häresie zu dienen hat. Auch kommt dasselbe in dieser Eigenschaft bereits für die Gegenwart in Frage. Denn der eine Redner schärft seinen Kompetenten den Kampf gegen Arianismus und Sabellianismus ein, der andere betont entsprechend die Gleichwesenheit innerhalb der Trinität und warnt zugleich dringend vor antihäretischen Zusätzen, durch die das Symbol alteriert und die Gegner statt abgeschreckt nur umsomehr ermutigt werden könnten.

Indem also beide Redner auf diese Weise die Besprechung des Symbols unter den Gesichtspunkt einer bestimmten Zeitfrage treten lassen, verzichten sie noch darauf, die einzelnen Artikel detailliert zu kommentieren. Die Traditionsreden des vierten Jahrhunderts sind Ansprachen, die vom Symbol ihren

---

altkirchliche Bezeichnungen sind sermones, verba, versiculi; im Mittelalter capitula, partes, articuli. Vgl. Caspari, Quellen II 99.

Ausgang nehmen, aber noch nicht wie die des fünften Jahrhunderts Expositionen des Symbols selbst. Und doch wird man gut thun daran festzuhalten, dass die Einordnung der uns erhaltenen Symbolreden in eine oder die andere dieser beiden Klassen eben nur „im allgemeinen" möglich ist. Denn nicht immer dürfte sich diese Eingliederung ohne Schwierigkeiten vollziehen lassen. So liegt eine dritte Ansprache jener Zeit vor, in welcher der Redner inhaltlich zwar fast jeden Artikel einer zeitgenössischen Häresie, die wenngleich nicht genannt, so doch deutlich genug charakterisiert ist, als Schild entgegenhält bezw. gegen eine solche verteidigt, formell aber doch jedes Symbolstück zu seinem guten Rechte kommen lässt, was schon äusserlich dadurch markiert wird, dass jedesmal der erklärenden Ausführung das betreffende Stichwort vorangestellt ist.

Es ist dies eine überaus altertümliche und originelle Rede, die, wenngleich mit Unrecht, unter dem Namen des Vigilius von Thapsus geht.[1]) Zwar ist dieselbe nur bruchstückweise erhalten, aber das Vorhandene genügt, um ihre Eigenart vollkommen würdigen zu können. Dass sie bei Übergabe oder Rückgabe des Symbols gehalten wurde, geht zwar nur aus den ersten Worten nach der Einleitung hervor,[2]) aber auch

---

[1]) Enarratio Pseudo-Athanasiana in symbolum antehac inedita. Et Vigilii Tapsitani de trinitate ad Theophilum liber VI. Nunc primum genuinus atque assumentis carens prolatus ex vetustissimo codice Amplissimi Capituli Veronensis opera et studio Josephi Blanchini. Veronae 1732. 4. Die betreffende Handschrift der Kapitelsbibliothek zu Verona trägt die Bezeichnung LIX. 57. membr. 4. fol. 255. saec. VIII und enthält fol. 3—7 die Enarratio unter dem Titel: Incipit sancti Athanasi de symbolo. Vgl. Gerh. Ficker, Studien zu Vigilius v. Thapsus S. 67 f. Eine Beziehung zu Athanasius ist völlig ausgeschlossen, aber auch dass Vigilius der Verfasser sei, hat vieles gegen sich, wie Blanchini, der Vertreter dieser Hypothese, selbst zugeben muss. Kattenbusch (D. apost. Symb. I 145 f. 202) ist geneigt den Verfasser im westlichen Europa zu suchen. Die Entscheidung, ob afrikanisch oder nicht, hängt besonders davon ab, wie der fraglos verstümmelte Schluss der Enarratio und des ihr zu Grunde gelegten Symbols gelautet hat. Ich folge in der Lokalisierung und Datierung Hahn, Biblioth. d. Symb. (3) S. 57, der die Rede „der afrikanischen Kirche, aber der vorpelagianischen Zeit" zuweist.

[2]) L. c. p. 31 cf. 41: Hic est christiani nominis titulus, hic humani

die Kürze des Ganzen spricht dafür. Denn sogar das erbauliche Moment fehlt durchaus. Die Einleitung ist knapp und dürr. Ein Glaube, aber nicht bei allen ein Mass des Glaubens. Gerade so wie das Wüstenmanna die einen entzückte, bei den anderen hingegen nur um so grösseres Verlangen nach den Genüssen Ägyptens erweckte. Da nun Gott bereits angefangen hat, die Kompetenten mit Himmelsbrot zu nähren, und zu erwarten steht, dass er ihnen den Geschmack daran auch ferner erhalten wird, so hindert den Redner nichts, ihnen dieses Manna darzubieten.

An der Spitze des Symbols steht das Wort: ich glaube. Denn dem alle menschliche Schätzung übersteigenden Wesen Gottes entspricht menschlicherseits nur das Glauben, neben welches dann sofort als notwendige Ergänzung und zweite Pflicht des Christen das Bekennen tritt. Denn so man von Herzen glaubt, so wird man gerecht; und so man mit dem Munde bekennt, so wird man selig (Röm. 10, 10): eine von nun an in den Symbolreden regelmässig wiederkehrende Erinnerung. Indem er dieser Pflicht nachkam, hob sich Abraham aus der Lethargie seines früheren Lebens heraus, wurde er der Vater eines unermesslichen Volkes, erwarb er für sich wie für uns die Gerechtigkeit, den Lohn des Glaubens.

Das klingt übraus ansprechend, und doch ist nicht zu übersehen, dass die Alte Kirche, indem sie hier wie in allen übrigen Symbolerklärungen die einzelnen Artikel als die Objekte des Glaubens proklamiert, zugleich diesen letzteren nicht anders verstanden wissen will als die blosse Zustimmung zu der überlieferten Wahrheit. Das paulinische Moment des Vertrauens fehlt. Der Glaube ist nicht das höchste, sondern nur eine Vorstufe zu höherem; er selbst ergreift nicht die seligmachende Gnade, sondern er ist nur der Anfang eines Weges, der zur Seligkeit führt.[1])

Zum Begriff Gott gehört unumgänglich der Begriff Vater; zwecklos wäre es, an den einen zu glauben und nicht an den

---

fructus officii, duo in famulatu dei, quae principalia in nobis habemus, offerre: cordis fidem et oris confessionem; quia corde creditur ad iustitiam, ore autem confessio fit ad salutem.

[1]) Vgl. Seeberg, Lehrbuch der Dogmengeschichte I 163. 275 f. 301 f.

anderen. Schon die Heiden haben diese Notwendigkeit empfunden, den Christen aber wird das heilbringende Geheimnis: Gott Vater dargeboten. Heilbringend eben insofern, als das eine ohne das andere keinen Heilsgrund abgibt. Mit dem Bekenntnis zum Vater ist zugleich das zum Sohne gegeben, denn beide Begriffe bedingen einander. Bedeutungsvoll ist das Nebeneinander von Gott und Vater auch deshalb, weil aus ihm die Unterschiedslosigkeit beider Begriffe erhellt. Keine Differenz irgend welcher Art besteht zwischen ihnen. Dem Vater kommt dieselbe Ewigkeit zu wie dem Gott. Die Voranstellung des Wortes Gott führt (gegen Manichäer) alles auf ein einheitliches Urprinzip zurück, hingegen widerspricht die enge Verknüpfung von Vater und Gott der (gnostischen) Trennung in ein oberstes Wesen und in einen Weltenvater.

Im Bekenntnis zu Gott Vater liegt zugleich das Bekenntnis zu der Göttlichkeit des Sohnes. Nicht bloss eine Ähnlichkeit besteht zwischen Vater und Sohn, sondern der Sohn hat des Vaters Art. In diesem Falle also muss der Sohn selbst Gott sein (gegen Semiarianer).

An dieser physischen Abstammung von Gott als Vater darf aber um so weniger gezweifelt werden, als bei jeder anderen Abstammung Christus zwar hätte vielleicht ohne eigene Sünde bleiben (Ebioniten), aber sich den Einwirkungen der angeborenen Sünde nicht hätte entziehen können.

In gleicher Absicht betont das Symbol die Virginität der Maria. Neben die Mütterlichkeit muss die Jungfräulichkeit treten, damit neben dem Menschen Jesus die göttliche Majestät in ihm zu ihrem vollen Rechte kommt.

Umgekehrt berichtet das Symbol in umständlicher Weise, dass Christus unter Pontius Pilatus gekreuzigt und begraben sei, um solchen (Doketen) energisch zu begegnen, welche entweder das Ablegen des Fleisches als einen nicht wirklichen Vorgang fassen oder, überhaupt seine Menschlichkeit als eine nicht vollständige (im Sinne des Apollinaris) ansehen.[1]) Und doch musste er unsere Substanz an sich tragen,

---

[1]) Zu dieser Deutung des Sub Pontio Pilato vgl. Walter Caspari in „Halte was du hast" XV S. 454 f.

wenn er uns erlösen sollte, musste er an sich tragen, was verurteilt, gekreuzigt, begraben werden konnte.

Ist aber Jesus ein wahrhaftiger Mensch gewesen, so muss auch seine Seele, nachdem der Leib ans Kreuz geheftet war, in das Totenreich eingetreten sein.[1]) Auch dieser Artikel will solche Gegner widerlegen, die an der vollen Menschheit Jesu zweifeln.

In der Auferstehung von den Toten aber erweist sich andrerseits wieder die wahre Gottheit. Wer hinabfahren wollte, musste menschlich sterben können ; wer auferstand, musste über die dazu erforderliche übermenschliche Kraft verfügen.

Auch der Artikel von Christi Himmelfahrt will in diesem Sinne verstanden sein: es gilt die Einheitlichkeit von Christi Person zu vertreten gegen solche, welche zwischen dem Gottessohne und dem Menschensohne scheiden. Ihnen wird nachdrücklich entgegengehalten, dass es derselbe Christus war, der, ohne dass ihn seine Gottheit daran hinderte, zum Hades hinabstieg und der, ohne dass ihm seine Menschheit im Wege gewesen wäre, gen Himmel fuhr.

Christus sitzt zur Rechten Gottes. Mit dieser ·Ehre ist dem Gottessohne nichts Neues widerfahren, denn er war derselben schon vor aller Zeit teilhaftig, wohl aber dem Menschensohne. Auch ward sie vorbereitet durch den planmässigen Schutz, den ihm Gott während seiner Leidenszeit angedeihen liess. Wir bedienen uns aber im Bekenntnis dieses Bildes vom Sitzen zur Rechten Gottes, um unserem Verständnis einen schier unfassbaren Begriff nahe zu bringen, nämlich den der Unermesslichkeit Gottes.

Einen entsprechenden Abschluss bildet das Gericht über Lebende und Tote. Denn in diesem Richter vereinigt sich göttlicher Glanz mit menschlicher Art. Wer über Menschen richten will, muss selbst ein Mensch sein. Christus ist thatsächlich ein solcher: Denn sie werden sehen, in welchen sie gestochen haben. Über Tote aber kann andrerseits nur Gott das Urteil sprechen.

Wenn der Artikel vom heiligen Geist erst so spät zur

---

[1]) Vgl. Zahn, D. apostol. Symbolum (2) 1893. S. 73 Nr. 1.

Sprache kommt, so bedeutet dies keineswegs eine frevelhafte
Schmälerung der Gottheit des Geistes, sondern weise Vorsicht
verlangt die sorgfältige Auseinanderhaltung der in der einen
Gottheit zusammengefassten drei Personen. So lehrt's uns der
Taufbefehl, mit welchem Christus von seinen Jüngern Abschied
nahm. So hallt es weiter aus dem Kreise der Apostel, aus
dem Munde des Lieblingsjüngers: Drei sind's, die da zeugen
im Himmel, der Vater, das Wort und der Geist, und diese drei
sind eins. Drum ist es unser Tod diesen Glauben zu verlieren,
unser Heil ihn zu bewahren.

Von der Kirche endlich weiss das Symbol nichts weiter
zu berichten, als dass ihr die Prädikate sancta und mater auf
Grund apostolischer Lehre zugestanden werden.

Soweit der Inhalt dieser Traditionsrede, die in mehr als
einer Hinsicht abnorm ist und nur bedingungsweise als Muster
ihrer Gattung gelten kann. Schon dass bei einer solchen Gelegenheit das persönliche Element durchaus zurücktritt, ist auffallend. Denn nur aus den wenigen flüchtigen Eingangs-
bemerkungen lässt sich überhaupt die Absicht des Ganzen
erkennen. Und dazu kommt noch die Polemik gegen die
Ketzer, die sich derartig in den Vordergrund schiebt, dass
das, was das Nächstliegende zu sein scheint, so gut wie völlig
wegfällt.

Ähnlicher Art sucht endlich auch Augustin einmal in
einem seiner Sermone [1]) zugleich seiner liturgischen Aufgabe
gegenüber der Traditionsfeierlichkeit gerecht zu werden und
doch dabei einem Zeitbedürfnis zu dienen. Denn in starker
Weise vom Gegensatz gegen den Arianismus beherrscht, verbreitet er sich fast nur über die Gottheit des Sohnes und über
die göttliche Gleichwertigkeit des die Trinität zu ihrem Abschluss bringenden heiligen Geistes. Hingegen werden der
erste Artikel und die übrigen Glieder des dritten nur gestreift.
Und von den einzelnen Akten der Passion heisst es bloss, dass
Christus dieses alles vermöge seiner Knechtsgestalt erfahren habe.

Dagegen sind Einleitung und Schluss die gleichen wie bei
den übrigen augustinischen Traditionsreden, so dass kein Zweifel

---

[1]) Sermo 212. Vgl. Caspari, Quellen II 266—270 Anm. 5.

darüber bestehen kann, um was es sich auch bei dieser polemischen Auseinandersetzung handelt.

---

§ 4. Die Symbolerklärungen Augustins.

Nur während des 4. Jahrhunderts hat die freie Form
der polemischen Symbolerklärung die Vorherrschaft behauptet.
Dann verschwindet sie mit einem Male, und an ihrer Stelle
bürgert sich dauernd ein bestimmtes Schema ein, an welchem
die Traditions- und Redditionsreden der Folgezeit mehr oder
weniger festhalten. Die Eigentümlichkeit desselben besteht
darin, dass alle nach ihm gebildeten Ansprachen die einzelnen
Symbolstücke der Reihe nach mit grosser Accuratesse ab-
handeln.

Als typische Erstlingsbeispiele finden sich bei Augustin zwei
Reden, die bei einer Symbolübergabe und eine, die bei einer
Symbolrückgabe gehalten wurde.[1]) Alle drei weisen durchweg
den gleichen Gang auf. Nur dass bei einer der beiden ersteren,
dem Sermo 214, der damals (391) noch ganz junge Presbyter
von Hippo verhältnismässig ausführlich wird und in einer
Weise sich frei bewegt, die von den Gepflogenheiten der späteren
Zeit noch wenig verspüren lässt.

In einer kurzen Einleitung erklärt Augustin in der Regel
den Namen Symbolum, schildert den Inhalt desselben als die
kurze Zusammenfassung der hauptsächlichsten Schriftwahrheiten
und verlangt darauf hin, dass der Christ das Glaubensbekenntnis
sich nicht nur gedächtnismässig aneignen, sondern dasselbe auch
mit dem Munde bekennen solle.

Wie ein Kontrakt die Kaufleute gegenseitig bindet, so
diese Urkunde diejenigen Kaufleute, die gute Perlen suchen.
Zugleich ist sie ein Gemeinschaftszeichen, an dem man den recht-

---

[1]) Sermo 213. 214. 215.

6*

gläubigen Christen erkennt. Beides kann sie sein, da sie
in knappen Zügen alles das enthält, was man glauben muss,
wenn man das ewige Leben erlangen will. Denn das Symbol
gibt sich inhaltlich als die Glaubensregel, die alles Wissens-
notwendige enthält und doch das Gedächtnis nicht beschwert.
Sie hat sich deshalb der Christ wohl anzueignen und, was nicht
übersehen werden darf, mit dem Munde zu bekennen; nur so
kann er seiner Seligkeit gewiss sein.

Darauf werden die einzelnen Artikel der Reihe nach
durchgesprochen.

Es ist tröstlich zu wissen, dass ein und derselbe Gott unser
Herr und Vater ist. Denn so vereinigt er in sich das Mitleiden gegen uns mit der unbedingten Allmacht, uns in jeder
Hinsicht helfen zu können. Von allen Sünden, die wir begangen haben, kann er uns frei machen, und er der Allmächtige, der Himmel und Erde und den Menschen nach seinem
Bilde geschaffen hat, vermag alles was er will, nur das Böse
nicht, eben weil er es nicht will.

Wir glauben weiter an Christus, Gottes einigen Sohn.
Dass er der Einige genannt wird, will besagen, dass er in
gleicher Weise allmächtig ist wie der Vater, dass er Gott
gleich ist, dass beide Eins sind.

Wir glauben weiter an ihn als an den, der auf wunder-
barste Art geboren ist, einmal göttlicherweise ohne Mutter,
vor der Zeit, körperlos; das andere Mal menschlicherweise ohne
Vater, in der Zeit und für die Zeit, in leibhaftiger Erscheinung.
Er ist zugleich Gottes Sohn und Menschensohn, zugleich Gott und
Mensch. Das ist der Sinn der Worte: geboren vom heiligen
Geist und von der Jungfrau Maria.

Um unsertwillen ist jenes alles geschehen, und ebenso war
es um unsertwillen, dass der Gottmensch litt und gekreuzigt
wurde, starb und begraben wurde, selbstverständlich nur nach
seiner menschlichen Seite. Und doch geschah, was dem Fleische
angethan ward, dem ganzen Gottmenschen. Dies alles will in
gleicher Weise von uns geglaubt und bekannt sein.

Was soll Pontius Pilatus im Symbol? Augustin schwankt:
entweder um durch genaue Datierung das historische Faktum
gegen alle Anzweifelungen zu sichern, oder um Christi Demut

ans Licht zu stellen, der, selbst ein Richter über Lebende und Tote, sich hier dem Urteil eines menschlichen Richters unterwarf.

Des weiteren bekennt die Christenheit im Symbol, dass Christus am dritten Tage von den Toten wieder auferstanden, dass er gen Himmel gefahren ist, und dass er zur Rechten Gottes sitzt. Repräsentieren die von der Passion handelnden Stücke Christi Leistung und unser Leiden, so diese weiteren Stücke Christi Lohn und unsere Hoffnung. Die Himmelfahrt wird im Symbol mit Nachdruck genannt; denn da der Auferstehung nur vierzig Erdentage folgten, so könnte dieselbe leicht für Täuschung genommen werden. Dass Christus zur Rechten Gottes sitzt, widerspricht nicht dem Zeugnis des Stephanus, der ihn zur Rechten Gottes stehen (Apostelg. 7, 53) sah. Beides bedeutet, dass der Herr sich in ungetrübter Glückseligkeit befinde.

Für die Zukunft besteht Christi Thätigkeit im Gericht über Lebende und Tote, zu welchem er in derselben Gestalt kommen wird, in der er gen Himmel gefahren ist. Den Richter fürchtet jeder. Wer aber an diesen Richter glaubt und ihn bekennt, für den verwandelt er sich in einen heissersehnten Fürsprecher bei seinem himmlischen Vater.

Der heilige Geist wird eingeführt als der, welcher gleichen Wesens mit Vater und Sohn ist und in dem sich die Trinität vollendet. Die Besprechung dieses Stückes nimmt keinen grösseren Raum ein als die übrigen Partieen des dritten Artikels. Jedes Stichwort des Symbols kommt zu seinem gebührenden Recht. Die Kirche umfasst die Gläubigen aller Zeiten und aller Länder; von Christus zu seiner jungfräulichen Braut erhoben, sieht sie sich gleichwohl beständig von Verführern umgeben, den Häretikern, die zu meiden ernste Pflicht jedes Gliedes der Kirche ist. Bei der Vergebung der Sünden gilt es zu betonen, dass dieselbe in der Taufe erworben wird und als eine vollständige zu denken ist. Die Auferstehung des Fleisches bringt zum Schluss den frohen Ausblick auf ein nie endendes Leben in Freuden und ohne Leiden.

Soviel über die knappen Symbolreden Augustins. Fasst man dieselben mit seiner Symbolkatechese sowie mit den Reden und Katechesen anderer Väter über das Symbol zu-

sammen, so gewinnt man einen vollkommenen Überblick über
den Lehrstoff, der im dogmatischen Kompetentenunterrichte
des 4. Jahrhunderts zur Verwendung kam, und zugleich einen
Eindruck von der Art und Weise, wie dieser Stoff vom Katecheten damals verarbeitet wurde. Oder mit anderen Worten,
das apostolische Glaubensbekenntnis erscheint recht eigentlich
als der „Katechismus" der Alten Kirche.

Das war nicht zufällig, denn in diesen Artikeln des Symbols, die für den kurz zusammengefassten, wohlgeordneten,
fraglos vollständigen Schriftinhalt galten,[1] erschöpfte sich zugleich der Umfang aller altkirchlichen Dogmen.[2] Hatten doch
schon Irenäus und Tertullian das Ganze des christlichen Glaubens

---

[1] Sermo 212 c. 2: Quidquid enim in symbolo audituri estis, in
divinis sacrarum scripturarum litteris continetur. — Hoc est ergo symbolum quod vobis per scripturas et sermones ecclesiasticos insinuatum est,
sed sub hac brevi forma fidelibus consistendum et proficiendum est. — Sermo
213 c. 1: Symbolum est breviter complexa regula fidei, ut mentem instruat
nec oneret memoriam; paucis verbis dicitur, unde multum acquiratur.
— Sermo 214 c. 1: Et ea quidem quae breviter accepturi estis mandanda
memoriae et ore proferenda, non nova vel inaudita sunt vobis. Nam in
sanctis scripturis et in sermonibus ecclesiasticis ea multis modis posita so-
letis audire. Sed collecta breviter et in ordinem certum redacta atque
constricta tradenda sunt vobis, ut fides vestra aedificetur et confessio
praeparetur et memoria non gravetur. — Sermo 215 c. 9: In ipsis sancti
symboli verbis quomodo conclusione omnium regularum quae ad sacramentum fidei pertinent. — De fide et symbolo 1, 1: Est autem catholica
fides in symbolo nota fidelibus memoriaeque mandata, quanta res
passa est brevitate sermonis, ut incipientibus atque lactentibus eis qui
in Christo renati sunt, nondum scripturarum divinarum diligentissima et
spirituali tractatione atque cognitione roboratis, paucis verbis credendum
constitueretur, quod multis verbis exponendum esset proficientibus et ad
divinam doctrinam certa humilitatis atque caritatis firmitate surgentibus.
— Sermo de symbolo ad catech. 1, 1: Ista verba quae audistis per divinas scripturas sparsa sunt, sed inde collecta et ad unum redacta, ne
tardorum hominum memoria laboraret, ut omnis homo possit dicere, possit
tenere quod credit. — Für den Orient vgl. Cyrill v. Jerusalem, catech.
V 12.

[2] Vgl. Hieron. ad Pammach. contra Ioann. Hierosol. c. 28: In
symbolo fidei et spei nostrae post confessionem trinitatis et unitatem
ecclesiae omne christiani dogmatis sacramentum carnis resurrectione con-
cluditur.

im Symbol zusammengefasst gesehen.[1]) Aber auch einem
Manne wie Augustin ist nie der Gedanke gekommen, dass
Schriftinhalt und Symbol sich irgendwie nicht decken könnten.
Im Gegenteil. Er bemüht sich, sogar formell die Darstellung
des christlichen Lehrgehaltes dem engen Rahmen des Symbols
anzupassen, was dann zur Folge hat, dass er es über sich
bringen muss, diesen oder jenen Artikel ohne Erklärung zu
lassen, weil derselbe sich gerade mit keinem Glaubensinteresse
der Zeit berührt.

Dem jungen Presbyter wird von seinem Bischof der Auftrag erteilt, auf dem Konzil zu Hippo 393 den Glauben der
Kirche gegen die Häretiker zu verteidigen. Er kennt keine
passendere Form als die des Symbols, an dessen einzelne Sätze
er seine Polemik anschliesst. Und er sieht sich zu diesem
Verfahren um so mehr veranlasst, als es wiederum gerade das
Symbol ist, welches von den Häretikern gemisbraucht wird,
um Gift in den Gemeinden auszustreuen.[2])

Drum als es sich später darum handelt, den ungelehrten
Brüdern den Blick für die Feinde zu schärfen, welche ihrem
Glaubensleben drohen, greift der nunmehrige Bischof abermals
zum Symbolum, um von ihm geleitet die einzelnen gefährlichen
Häresieen durchzusprechen.[3])

Den gereiften, auf der Höhe theologischer Erkenntnis
stehenden Kirchenmann bittet (421) sein Freund Laurentius um
ein Handbuch des christlichen Glaubens. „Da hast du das
Symbol und das Herrengebet," antwortet Augustin. „Kann man
etwas Kürzeres hören oder lesen? Leichter etwas dem Gedächtnis einprägen? Willst du vom Sündendruck frei werden,
so greif zum Gebet. Willst du wissen, wen du anzurufen hast,
so nimm das Symbol zur Hand." In diesen mysteriösen Formeln

---

[1]) Dasselbe gilt von Origenes, de principiis und Cyrill. v. Jerusalem,
catech. IV.

[2]) De fide et symbolo liber unus. Vgl. Retractat. I 17.—L. c. 1, 1:
Sub ipsis ergo paucis verbis in symbolo constitutis plerique haeretici
venena sua occultare conati sunt, quibus restitit et resistit divina misericordia per spirituales viros qui catholicam fidem non tantum in illis
verbis accipere et credere, sed etiam domino revelante intelligere atque
cognoscere meruerunt.

[3]) De agone christiano liber unus. Vgl. Retractat. II 3.

der Kompetentenzeit fassen sich Glaube, Liebe, Hoffnung zusammen, welche ihrerseits wiederum den Inbegriff des wahren
Gottesdienstes ausmachen.[1])
Eine Symbolauslegung dieser Art wurde in Afrika noch
hundert Jahre später durch dieselbe arianische Tücke, die auch
anderwärts begegnet, veranlasst. Weil in dem knappen Symboltext manches nicht ausdrücklich ausgesprochen war, was der
Kirche als heilsnotwendig galt, so sollte es auch nicht indirekt
im Symbol enthalten sein können, sollte überhaupt nicht wahr
sein. Dies galt insbesondere von der Gleichwesenheit des
Sohnes. Auch der seiner Zeit einflussreiche Arianer Fabianus
scheint mit diesem Argument Eindruck gemacht zu haben.
Als er dann obendrein seinen katholischen Widerpart, den
Bischof Fulgentius von Ruspe, mit dem er in den zwanziger
Jahren des 6. Jahrhunderts eine Disputation gehalten hatte,
in lügenhafter und ehrabschneiderischer Weise herabsetzen
wollte, trat ihm dieser mit einer ausführlichen Streitschrift
entgegen. Hier gibt Fulgentius auch eine Erklärung des
Symbols, indessen nur in der angedeuteten Absicht. Es ist
ihm darum zu thun, die innere Vollständigkeit des Symboltextes als gegen alle hämischen Angriffe erhaben aufs klarste
nachzuweisen und damit zugleich die Thatsächlichkeit der an-
gezweifelten christlichen Grundwahrheiten zu betonen.[2])

[1]) Enchiridion ad Laurentium sive de fide spe et caritate liber unus
Vgl. Retractat. II 63. — L. c. 7, 2.
[2]) Des Fulgentius von Ruspe libri X contra Fabianum Arianum
sind nur in 39 Fragmenten auf uns gekommen. Die fragliche Symbolauslegung findet sich im 10. Buche bezw. 36. Fragment. Ml. 65, 822—827
Caspari, Quellen II 245—264. Eine freie Bearbeitung dieser Schrift des
Fulgentius ist die Expositio symboli apostolici sancti Fulgentii episcopi
im Cod. lat. 13208 (membr. 4 saec. IX) der Nationalbibliothek zu Paris,
Caspari, Alte und neue Quellen S. 260. 317. Hahn, Biblioth. d. Symb. (3) S. 62.
Kompilationen des 6. Jahrhunderts sind der Tractatus in symbolum
apostolorum s. tractatus de trinitate. Ml. 17, 537—576. Hahn a. a. O. S. 37 f.
Kattenbusch, D. apost. Symb. S. 98 f. Rev. Bénéd. 1895 p. 388, sowie S. Faustini
tractatus de symbolo. Caspari, Alte und neue Quellen. S. 250—281. Bergmann, Studien zu einer kritischen Sichtung der südgallischen Predigt-
litteratur I 86—91. Hahn a. a. O. S. 71.
Hierher gehört auch der Sermo de symbolo in August. opp. Tom.
VI Append. Ml. 40, 1189—1202. Caspari, Alte und neue Quellen S. 260.

Alles in allem genommen ergeben sich demnach für die Stellung des apostolischen Glaubensbekenntnisses im altkirchlichen Katechumenat folgende Gesichtspunkte:

1. Durch die Mysterienpraxis beeinflusst, weist die alte Kirche dem Glaubensbekenntnis im Katechumenat die Rolle eines Arkanums zu.

2. Dieser Charakter des Symbols ist indessen weder inhaltlich noch formell aufrecht zu erhalten; nicht inhaltlich, da die im Symbol zusammengefassten christlichen Heilsthatsachen jedem Heiden bekannt sein konnten; nicht formell, da schriftliche Symbolauslegungen bereits in nicht geringer Anzahl existierten und also auch für das Bekanntwerden des Symbolwortlautes sorgten.

3. Wenn gleichwohl die folgenden Jahrhunderte an jenem mysteriösen Charakter des Symbols festhalten, so beweist dies nur die Dauerhaftigkeit obsolet gewordener liturgischer Formeln. Denn die eigentliche Bedeutung des Symbols sowohl für die Kompetentenpraxis wie für die Gemeinde überhaupt lag zu Augustins Zeiten und später auf anderen Gebieten.

4. Die gedächtnismässige Aneignung und öffentliche Recitierung des Symbols galt als Bekenntnis zu den darin ausgesprochenen Heilsthatsachen und bot somit eine treffliche Handhabe, den Gläubigen jederzeit an sein Gelübde zu erinnern.

5. Inhaltlich bildet das Symbol nach Anschauung der Alten Kirche die Zusammenfassung alles Lehr- und Lernbaren im Christentum. Als solche gilt es weiter ebensowohl für notwendig zur Seligkeit wie es sich andrerseits zum Leitfaden für den dogmatischen Unterricht der Kompetenten qualifiziert. Das Symbol ist der „Katechismus" der Alten Kirche.

6. Es sind deshalb die sich freier bewegenden und obendrein ausführlicheren Symbolkatechesen, bei welchen das Symbol nur Mittel zum Zweck ist, von den Traditions- und Redditionsansprachen, bei denen es Selbstzweck ist, zu unterscheiden.

7. Die sich durch die Kompetentenpraxis bewährende alte Anschauung der Kirche, dass der Inhalt des Symbols sich mit der Summe aller kirchlichen Dogmen decke, führt endlich dazu, dasselbe als passenden Rahmen für eine zusammenfassende Dar-

stellung des christlichen Glaubens im theologischen Interesse
zu gebrauchen.   Diese auf dem Boden der afrikanischen Kirche gewonnenen
Resultate finden ihre Bestätigung durch die Provinzialkirchen
jenseits des Mittelmeeres.

---

§ 5. Der Symbolkommentar des Rufinus.

Es gehörte in der Alten Kirche zu den vornehmsten
Obliegenheiten eines Bischofs, den Taufkandidaten das apostolische Glaubensbekenntnis nicht nur mit einer feierlichen
Ansprache zu übergeben, sondern — und zwar war dies die
Hauptsache — ihnen an der Hand desselben in den der
Taufe voraufgehenden Wochen auch die Hauptstücke des christlichen Glaubens inhaltlich nahe zu bringen. Nur schade, dass
nicht jeder Bischof der damaligen Zeit diejenige Kenntnis der
heiligen Schrift und das Mass von theologischer Bildung besass, wie sie für jene beiden Aufgaben erforderlich schienen.
Es war eben keine leichte Sache, erwachsenen und gebildeten
Heiden einen Kompetentenunterricht zu erteilen, der dieselben
vollauf befriedigte und bei ihnen etwaige Zweifel an der
christlichen Wahrheit niederschlug.[1)] Und doch musste diese
Arbeit gethan sein.
     Obendrein fehlte es dem 4. Jahrhundert so gut wie ganz
an litterarischen Hilfsmitteln für eine solche dogmatische Kate-
chumenenunterweisung. Denn wenn selbst ein weitgereister
Theologe und gelehrter Büchersammler wie Rufin nur von

[1)] Solcher Einwürfe gebildeter Heiden gedenkt Rufin expos. in symb.
apost. wiederholt: c. 3: Quod religio nostra, quia quasi rationibus deficit, in
sola credendi persuasione consistat. c. 11: Solent ridere nos, cum audiunt
praedicari a nobis virginis partum. c. 12: Indignum videri, ut tanta illa
maiestas per genitales feminae transiret excessus. c. 40: Quod ipsi nos
decipiamus qui putamus crimina quae opere commissa sunt verbis posse
purgari.

Hörensagen wusste, dass es Handbücher gäbe, die hierzu nicht unbrauchbar seien, so können dieselben nicht gerade sehr verbreitet gewesen sein. Ja wenn man bedenkt, dass der einzige Symbolkommentar, den Rufin direkt nennt, von dem kleinasiatischen Häretiker Photin stammte, also für Orthodoxe nicht in Frage kommen konnte, [1]) und dass die einzigen einschläglichen Vorarbeiten, die Rufin später eingehend benutzt hat, die katechetischen Reden des Cyrill von Jerusalem, also eines Griechen, waren, so liegt die Vermutung nahe, dass man eine eigentliche Erklärung des Symbols von irgendwie nennenswerter Bedeutung während des 4. Jahrhunderts im Abendlande wenigstens überhaupt nicht besessen hat.

Bischof Laurentius von Concordia [2]) handelte deshalb nicht bloss im eigenen Interesse, sondern er erwarb sich ein Verdienst um zahlreiche Gemeinden des Occidentes, besonders auch um die Bischöfe, Presbyter und Taufkandidaten, wenn er den gelehrten Rufin bei allem, was ihm heilig war, bat und beschwor, [3]) eine solche hochnötige Schrift der Kirche zu geben. Rufin war in der That wie wenige dazu geeignet. Etwa ein Vierteljahrhundert hatte er im Orient zugebracht. Dort, in der Heimat aller Gelehrsamkeit, war er so eifrig dem Studium der griechischen Väter nachgegangen, dass er, wie er selbst scherzte, beinahe verlernt hatte lateinisch zu schreiben. Jetzt diente er seiner aquilejischen Muttergemeinde, in der er einst getauft war, als Presbyter.

Er macht sich denn auch, nachdem er ein wenig den Bescheidenen und Unwürdigen gespielt hat, daran, an der Hand des Symbols über den Glauben zu schreiben und zwar gilt seine

---

[1]) L. c. c. 1: Comperi nonnullos illustrium tractatorum aliqua de his pie et breviter edidisse. Photinum vero haereticum scio eatenus conscripsisse non ut rationem dictorum audientibus explanaret, sed ut simpliciter et fideliter qua dicta ad argumentum sui dogmatis traheret.

[2]) L. c.: Fidelissime papa Laurenti. Dass er Bischof von Julia Concordia, heute Portogruaro, gewesen sei, hat bereits Fontanini hist. litt. Aquil. V 14, 1 behauptet, vgl. Ml. 52, 936.

[3]) L. c.: Per Christi me sacramenta quae a nobis maxima cum reverentia suscipiuntur astringis.

Arbeit nicht den gereiften Christen, sondern den Anfängern im
Glauben.[1])

So entstand in den ersten Jahren des 5. Jahrhunderts
Rufins viel bewunderter Kommentar zum apostolischen Symbolum.[2])

Es war eine Arbeit, bei der dem Verfasser seine Bekanntschaft mit auswärtigen Gemeindeverhältnissen und fremder Gelehrsamkeit ausnehmend gut zu statten kam. So ist er sich
sehr wohl bewusst, dass der Text des auszulegenden Symbols in
den verschiedenen Gemeinden variiert; er geht diesem Umstande
nach und versäumt demzufolge nicht, obgleich er sich zunächst
an das heimische Symbol von Aquileja anschliesst, auf die
Abweichungen anderer Symboltexte aufmerksam zu machen und
die Gründe einer derartigen Differenz aufzuspüren.[3]) Oder
er beruft sich bei Besprechung des alt- und neutestamentlichen Kanons auf seine Bekanntschaft mit den Schriften
der Väter.[4]) Am wichtigsten aber war es für ihn, dass er
das wie es scheint bisher einzige Kommentarwerk von grösserer
Bedeutung, die Reden, die Bischof Cyrill von Jerusalem
vor seinen Katechumenen und Neophyten gehalten hatte, besass und verwerten konnte. Gegenstand und Zweck waren die
gleichen, es ist daher nicht zu verwundern, wenn Rufin sein
grosses Vorbild nicht nur für Einzelerklärungen, sondern hier
und da für ganze Gedankenreihen ausnützt: eine Abhängigkeit,
die am stärksten bei der Darstellung des Leidens und der Erhöhung Christi, wie bei den letzten Gliedern des dritten Artikels zu Tage tritt.[5])

---

[1]) L. c.: Quae quidem non tam perfectorum exercitiis digna videantur
quam ad parvulorum in Christo et incipientium librentur auditum. Vgl.
c. 20. 38.

[2]) Der Titel lautet: Expositio in symbolum apostolorum, in der guten,
vorzugsweise auf einem Cod. Sangerman. basierenden Ausgabe von Baluze
(Cypriani opp. Parisiis 1726 Append. p. 197—232). Hingegen hat Migne
tom. 21, der die Vallarsische Ausgabe (Rufini opp. Veronae 1745) abdruckt:
Commentarius in symbolum apostolorum. Über die Zeit der Abfassung
vgl. Zahn, Gesch. d. neutest. Kanons II 240.

[3]) L. c. c. 3. 4. 5. 18. 43.

[4]) L. c. c. 36. 37. 38.

[5]) Touttée und Vallarsi haben in ihren Ausgaben des Cyrill bezw. Rufin

Rufins Werk entwickelt sich durchweg in behaglicher Breite. Ausführlichst berichtet er darüber, wie das Symbol bald nach dem Pfingstfeste zustande kam; er ist der erste theologische Schriftsteller, der sich über diese Sage eingehender auslässt.[1]) Hier und da werden liturgische Vorkommnisse in der Gemeinde[2]) gestreift. Vor allem aber erhält der Leser einen umfangreichen Schriftbeweis. Die Art, wie dies geschieht, ist eine doppelte. Bald belegt Rufin den einzelnen Satz sofort durch ein Citat, bald gibt er eine zusammenhängende Gedankenreihe und lässt alsdann erst in einem besonderen Kapitel die biblischen Belege folgen. Hier ist Rufin in seinem Element, und mehr als einmal bedauert er, aus der reichen Fülle der heiligen Schrift nicht noch mehr Beispiele darbieten zu können. Denn bei aller Reichhaltigkeit und Weitläufigkeit lässt Rufin — und das ist eine überaus schätzenswerte Eigenschaft bei seinem Kommentar — niemals die planvolle Anlage des Ganzen ausser Acht.[3])

Dass im einzelnen manche Wunderlichkeiten und Unkorrektheiten mitunterlaufen, dass die Exegese vielfach absonderliche Blüten treibt und auch der Lust am Symbolisieren hier und da Tribut gezahlt wird,[4]) erklärt sich aus dem Charakter der Zeit und ihrer Theologie.

Alles in allem genommen aber ist Rufins Symbolkommentar ein hochbedeutsames Werk, ein Markstein in der Geschichte des Symbols. Er entspricht vermöge seiner Reichhaltigkeit und breiten Anlage von vornherein den verschiedensten und weitgehendsten Anforderungen, infolgedessen es ihm auch zu keiner Zeit an der herzlichsten Anerkennung gefehlt hat. Denn er ward nicht nur überschwenglich gerühmt und als eine ein-

---

die Stellen einzeln namhaft gemacht. Vgl. besonders Cyrill catech. 13. 14. 15 = Rufin. c. 20—28. 29—32. 33—34 und catech. 18 = c. 42—46.

[1]) L. c. c. 2.
[2]) L. c. c. 3. 43.
[3]) L. c. c. 18. 20. 22. 29. 30. 34. 43.
[4]) Vgl. unt. and. c. 14 die Kreuzessymbolik oder c. 23, wo die Worte Joh. 7. 38: Von dess Leibe werden Ströme des lebendigen Wassers fliessen, auf Wasser und Blut aus der Seite Christi bezogen und diese beiden wieder als Taufe und Martyrium gedeutet werden. Ebendaselbst wird auch bei dem Lanzenstich in Christi Seite auf die Rippe Adams hingewiesen.

zigartige Leistung, der gegenüber alle ähnlichen Versuche in
ihr Nichts zusammenfielen, hingestellt;[1]) er ward nicht nur hier
und da citiert, [2]) er ward sogar vielfach völlig ausgeschrieben [3])
und bot geradezu die Grundlage für ein neues Gebiet der
kirchlichen Litteratur. Denn aus dieser selten versagenden
Rüstkammer holten sich alle diejenigen gern ihre Materialien,
denen es darauf ankam, die Gelegenheit der Symbolübergabe
bezw. Symbolrückgabe zu einer die einzelnen Symbolartikel
erörternden und tiefer gehenden Ansprache vor Katechumenen
und Gemeinde zu benutzen. Man geht wohl mit der Annahme
nicht fehl, dass an der Entfaltung dieser Sitte gerade das
Kommentarwerk Rufins einen grossen Anteil hat.

Nach Rufin erzählen die Alten die Entstehung des apostolischen Symbolums in der bereits geschilderten Weise.[4]) Dasselbe trägt seinen Namen aus vielen guten Gründen. Denn
unter diesem griechischen Worte kann man sowohl ein Erkennungszeichen gegenüber den Ungläubigen, eine Art mili-
tärischer Parole verstehen, wie es sich auch mit collatio,
Beisteuer übersetzen lässt, wegen der Entstehung der Formel
aus einzelnen Beiträgen der Apostel. Mit einer Parole hat
es ausserdem dass gemein, dass es ebensowenig wie diese niedergeschrieben werden darf, um nicht in unrechte Hände zu kommen.
So bildet denn das Symbol im Gegensatz zu dem hochmütigen Turmbau zu Babel ein dem Feinde trotzendes Glaubens-

---

[1]) Gennadius vir. ill. c. 17: Exposuit idem Rufinus symbolum, ut in
eius comparatione alii nec exposuisse credantur.

[2]) Cassianus de incarnat. Christi c. Nestor. VII 27: Rufinus quoque,
christianae philosophiae vir, haud contemnenda ecclesiasticorum doctorum
portio, ita in expositione symboli de domini nativitate testatur: filius
enim, inquit, dei nascitur ex virgine, non principaliter soli carni sociatus.
sed anima inter carnem deumque mediante generatus. Numquid obscure
deum ex homine natum testificatus est?

[3]) Am meisten bekanntlich von Venantius Fortunatus von Poitiers
in seiner Expositio symboli. M. G. Auct. antiquiss. IV 1 pag. 253—258,
vgl. dazu Kattenbusch, D. apostol. Symbol I 130—132.

[4]) Vgl. oben S. 38 f. Ein anderes Motiv treibt die Apostel zur Abfassung des Symbols nach den Constitut. apostol. VI 14 (ed. de Lagarde
p. 173): ἰγράψαμεν ὑμῖν τὴν καθολικὴν ταύτην διδασκαλίαν εἰς ἐπιστηρισ-
μὸν ὑμῶν τῶν τὴν καθόλου ἐπισκοπὴν πεπιστευμένων.

denkmal aus lebendigen Steinen und Perlen des Herrn, das
deshalb auch allen Elementen Widerstand zu leisten vermag.
Im weiteren Verlauf des Kommentars sollen diese einzelnen
Perlen der Reihe nach besprochen werden.

Zuvor indessen noch die kurze Bemerkung, dass der Text des
apostolischen Glaubensbekenntnisses in verschiedenen Gemeinden
verschieden lautet. Nur Rom hat den ursprünglichen Wortlaut
unverändert bewahrt. Rufin glaubt einerseits deshalb, weil nie
eine Häresie in Rom selbst entstanden sei, man also auch hier
nicht nötig gehabt habe, zur Widerlegung einer solchen einen
Zusatz ins Symbol aufzunehmen. Andrerseits weil in dem öffentlichen Aufsagen des Symbols durch die Katechumenen die
Möglichkeit einer beständigen Kontrolle gegeben sei. Für Rufin
selbst liegt es indessen am nächsten, seinen weiteren Ausführungen den Symboltext von Aquileja zu Grunde zu legen,
den er dortselbst einst bei seiner eigenen Taufe überliefert bekommen hat und der auch jetzt noch, während er derselben Gemeinde als Presbyter dient, hier im Gebrauche steht.

Das Symbol beginnt mit dem Worte: Ich glaube. Mit
Recht. Denn auch abgesehen von den Zeugnissen des Alten
und Neuen Testamentes (Jes. 7, 9; Hebr. 11, 6) lehrt schon
die tägliche Erfahrung, dass man, was man erkennen will, zuvor
geglaubt haben muss. Aufs gefahrvolle Meer begibt sich nur,
wer an glückliche Heimkehr glaubt. Der Bauer würde nicht
sein Feld bestellen ohne den Glauben an eine gute Ernte.
Wer eine Ehe eingeht, glaubt an seine Nachkommenschaft;
wer seinen Sohn zu einem Meister in die Lehre gibt, an den
Erfolg dieser Lehrzeit; wer eine Regierung antritt, lebt im
Glauben an glorreiche Unternehmungen. Wie viel mehr braucht
derjenige den Glauben, der zur Erkenntnis Gottes kommen will.
Die Sache ist so selbstverständlich, dass Rufin sie gar nicht erwähnen würde, wenn nicht die Heiden über das Christentum
spotteten als über eine Religion, bei der an Stelle von Vernunft-
gründen bloss eine gläubige Überzeugung getreten sei.

Dieser Glaube gilt zunächst Gott dem allmächtigen Vater.
Gott ist die Bezeichnung für die Natur oder Substanz eines
Wesens, von dem man sich nur mit Hilfe der via negationis eine
Vorstellung machen kann, während mit dem Worte Vater,

in welchem das geheimnisvolle unaussprechliche Verhältnis zum
Sohne angedeutet ist, dieser selbst mit einbegriffen wird. Wie
aber diese göttliche Zeugung vor sich gegangen, danach wage
nur der zu fragen, dem es gelungen ist, viel einfachere, weil
irdische Vorgänge zu erforschen, wie Gedanke und Wort,
Quelle und Fluss. Ja selbst wer sich das Verhältnis von Feuer,
Licht und Dampf — drei Dinge und doch eins in der Substanz — klar machen könnte, brauchte deshalb noch nicht in
das Mysterium der göttlichen Zeugung eindringen zu können,
die um soviel erhabener ist, als der Schöpfer über den Geschöpfen steht. Hier gilt es glauben und nicht diskutieren.

Bezeugt man ausserdem im Orient[1]) den Glauben an e i n e n
Gott, so ist dies Wort e i n e r nicht als Zahlwort gedacht, als
ob es noch mehrere andere Götter daneben gäbe, sondern als
Ausdruck für die Gesamtheit, die deshalb eine e i n e ist, weil
sie alles in sich schliesst. Dasselbe Prädikat führt auch
Christus; denn auch er ist es allein, durch den Gott der Vater
alles beherrscht. Um dieses letzteren Umstandes willen aber
heisst Gott der Allmächtige. Die Erklärung des ersten Artikels schliesst mit der Bemerkung, dass die Kirche von Aquileja
im Unterschied von Rom und im Gegensatz zu der patri-
passianischen Häresie noch die Worte invisibili et impassibili
ins Symbol aufgenommen habe, dass sich dieser Zusatz selbstverständlich aber nur auf den Vater wie auf die göttliche
Natur des Sohnes, nicht auch auf dessen menschliche Natur
beziehe, die ebenso sichtbar als leidensfähig gewesen sei.

Unser Glaube gilt ferner Jesus Christus, Gottes einigem
Sohn, unserm Herrn. Der Name Jesus ist die hebräische Bezeichnung für Heiland. So ward Hosea genannt, als er zum Führer
des Volkes Israel gewählt dieses aus den Irrpfaden der Wüste in
das Gelobte Land zu geleiten hatte. So heisst auch der, dessen
Beruf es ist, uns aus der Finsternis der Unwissenheit und aus
den Irrwegen der Welt in das Himmelreich zu bringen. Christus,
der Gesalbte, aber gilt in gleichem Masse vom Priester wie

---

[1]) Gemeint sind natürlich die Symbolformeln des Orients, welche in
der Regel den Zusatz ἕνα beibehalten haben, vgl. Hahn, Biblioth. d.
Symb. (3) S. 131—146. Zahn, D. apostol. Symbol. S. 50 f.

vom König, denn beide werden gesalbt, freilich nur mit materiellem Öle, nicht wie der himmlische Priesterkönig mit dem heiligen Geist. Dieser Jesus Christus aber ist Gottes einiger Sohn, und zwar gilt dieses Prädikat: einig von ihm in demselben Sinne, in dem es im Orient vom Vater gebraucht wird. Beide gehören zusammen wie inneres Empfinden und Sinnesäusserung, wie Herz und Wort, wie Tapferkeit und edle That, wie Weisheit drinnen und Weisheit draussen. Aus diesen Beispielen gewinnt der Gläubige zugleich eine Vorstellung von der Art, wie jene Zeugung des Sohnes vor sich gegangen ist; wobei selbstverständlich die Beispiele nicht derart gepresst werden dürfen, dass sie aufhören Beispiele zu sein. So muss der Unterschied festgehalten werden, der zwischen Schöpfer und Geschöpf besteht, um jenes Geheimnis der göttlichen Zeugung richtig würdigen zu können. Und wie der einige Sohn des Vaters, so ist Jesus Christus auch unser einiger Herr. Denn ihm ist die Herrschaft angeboren, nicht erst nachträglich zugestanden, und durch ihn ist alles, nach dem Worte des Apostels.

Des weiteren handelt der zweite Artikel von der Bedeutung des Sohnes für das Heil des Menschen.

Geboren vom heiligen Geiste und Maria der Jungfrau. Vom Vater längst auf wunderbare Weise gezeugt, lässt sich jetzt der Sohn vom heiligen Geiste einen Tempel im Schosse einer Jungfrau erbauen, um in denselben einziehen zu können. Die Reinheit dieser jungfräulichen Geburt ist nicht in Frage zu stellen; vielmehr war um der Ungewöhnlichkeit der Sache willen auch diese ungewöhnliche Form nötig. Ihre Thatsächlichkeit aber haben bereits die Propheten vorausgesagt.

Jesus Christus ist Gottes Sohn, und doch heisst es, dass ihn der heilige Geist zeugte, dass er diesem den Tempel seines Leibes verdanke. In dieses wunderbare Zusammenwirken der Trinität lassen die Worte des Verkündigungsengels einen Einblick thun. Der heilige Geist, daneben die Kraft des Höchsten d. h. Christus als Gottes Kraft und Gottes Weisheit, endlich der Höchste selbst. Somit erscheint hier die Trinität, getrennt nach Wort und Person, ungeschieden aber in Bezug auf die göttliche Substanz, bei dem Mysterium der Zeugung und Geburt des Sohnes vereinigt.

Wiederholt ist Rufin auf den Schriftbeweis zu sprechen
gekommen, jetzt hören wir, warum. Er dachte an die Juden,
die ja zwar ungläubig sind, auf die aber doch vielleicht Prophetenworte Eindruck machen könnten. Dagegen versagt dieses
Mittel durchaus gegenüber den Heiden, die für die Jungfrauengeburt nur ein höhnisches Lächeln haben. Und doch steht das,
was uns hier die Schrift erzählt, bei weitem nicht so sehr im
Widerspruch mit dem gewöhnlichen Geburtsprozess, wie zahl-
reiches andere, was man sich auf diesem Gebiete aus Natur
und Mythologie in der Griechenwelt erzählt. Denn einerseits
der Vogel Phönix und die Bienen, andrerseits Gestalten wie
Minerva und Liber, Venus und die Dioskuren, die Myrmidonen,
Deukalion und Pyrrha:[1]) sie alle geben in Bezug auf Zeugung
und Geburt dem menschlichen Verstande ganz andere Rätsel
auf als jene Jungfrauengeburt, bei der obendrein alles Auffällige schwindet, wenn man den Faktor der göttlichen Allmacht
mit in Rechnung bringt. Indessen erheben die Heiden noch einen anderen Vorwurf.
Gerade vom Standpunkt der göttlichen Allmacht aus nehmen
sie Anstand an dieser Art von Geburt des Sohnes: es wäre
ein saubreres Mittel möglich gewesen, wenn Gott Mensch werden
wollte. Und doch wird niemand einen edlen Menschen tadeln,
der in den tiefen Sumpf springt, um ein erstickendes Kind
daraus zu retten und der sich dabei über und über beschmutzt.
Andrerseits: Sonnenstrahlen und reines Feuer werden nicht
verunreinigt, wenn sie mit Schmutz zusammentreffen. Um wieviel weniger könnte der Glanz der Gottheit, die doch erst jene
Geschöpfe geschaffen hat, durch die Berührung mit Irdischem
leiden. Und obendrein ist ja alles auf Erden überhaupt aus
Gottes Hand gekommen. Was Gott gemacht hat, kann er also
auch wieder anfassen; sonst wäre ja die Schöpfung der Welt
die grösste Verunreinigung Gottes gewesen.

Und was endlich die Behauptung anbetrifft, dass Körperliches nicht im stande sei, Unkörperliches in sich aufzunehmen,
und dass mindestens eine Mittelsubstanz dazu nötig sei, so

---

[1]) Vgl. Cyrill. catech. 12, 27. Ähnliche fragwürdige Parallelen finden
sich schon bei den Apologeten, vgl. Justin. apol. I 21. 22.

lässt sich wieder leicht auf das Licht hinweisen, das seinerseits
den ganzen Körper zu erfassen vermag, während es selbst nur
vom Auge gefasst wird. Auch ist die verlangte Mittelsubstanz
in der Seele gegeben, sofern dieselbe ebensowohl das Göttliche
begreifen kann, wie sie zugleich am Fleische participiert.

Alles in allem aber — dies ist Rufins immer wiederkehrendes Argument — ist da nichts unmöglich, wo die Kraft des
Höchsten waltet, kann man da keine menschliche Gebrechlichkeit ins Feld führen, wo die Fülle der Gottheit wohnt.

Gekreuzigt unter Pontius Pilatus und begraben, fuhr Jesus
hinab zur Hölle: ein Abschnitt, den Rufinus auffallend ausführlich behandelt. Paulus wünscht den Ephesern erleuchtete
Augen des Verständnisses, dass sie erkennen möchten, welches
da sei die Höhe und die Breite und die Tiefe (Eph. 1, 18; 3, 18).
Damit sind die Kreuzesbalken gemeint, die sich in die Höhe,
in die Breite, in die Tiefe erstrecken. Denn dass unter den verschiedenen möglichen Todesarten Gott für seinen Sohn gerade
den Kreuzestod wählte, hat seinen geheimnisvollen Sinn. Das
Kreuz ist ein Denkmal des Sieges über einen niedergeworfenen
Feind. Da sich nun Christus durch seinen Tod drei Reiche
dienstbar gemacht hat, so entspricht dem auch das Todeszeichen,
das Kreuz, das sein Haupt in den Himmel erhebt, seine Arme
über Gläubige und Ungläubige auf der Erde ausstreckt und
mit seinen Füssen im Reiche der Unterwelt wurzelt.

Die Erwähnung der drei Reiche führt den Verfasser auf
die himmlischen Mächte, denen Gott ursprünglich die Regierung
und Versorgung des Menschengeschlechtes anvertraut hatte, von
denen aber einige, statt die Menschen im Gehorsam gegen die
göttlichen Gebote zu bestärken, dieselben vielmehr zu ihren
eigenen Veruntreuungen hinüber zogen. Durch diese Ver-
fehlung geriet dann die Menschheit in den Machtbereich jener
verwerflichen Geister; eine Handschrift zeugte gegen sie, die erst
Christus wieder wegnahm, um uns dadurch nicht nur der bisherigen Knechtschaft zu entziehen, sondern um uns zugleich zu
Herren über unsere bisherigen Dränger zu machen. Dieser
doppelte Segen ist das Werk des Kreuzes Christi, und ihm
hat unsererseits als doppelte Leistung ein Widerstand gegen

die Sünde bis in den Tod und sodann ein selbstloser Gehorsam
nach Art des von Christus am Kreuze bewiesenen zu entsprechen.
Doch der gläubige Leser darf nicht erschrecken, wenn er
von des Vaters ewigem Sohne nun mit einem Male hört, dass
derselbe gestorben sei. Vielmehr verhält es sich mit seiner
göttlichen Natur wie mit einem Angelhaken, der sich unter
dem Köder der menschlichen Natur verbirgt. Der gierige Fisch
fährt auf den Köder zu, kann indessen nicht nur diesen nicht
vom Haken losreissen, sondern er selbst wird aus der Tiefe
hervorgeschnellt, um anderen als Speise zu dienen.[1]) Genau so
geht es mit dem Teufel, der Jesu unschuldiges Blut vergiessend,
ihn schon ganz verschlungen zu haben glaubte, bis die unsterbliche Gottesnatur ihn davon überzeugte, dass er selbst der
Überwundene sei.

Christi Gottheit leidet durch ihr Herabsteigen ins Fleisch
ebensowenig Schaden wie ein König, der persönlich die Ge-
fängniszellen betritt, um den Gefangenen ihre Begnadigung mitzuteilen.

Der Name des Pontius Pilatus will in weiser Voraus-
sicht genau den Zeitpunkt des Todes fixieren, um dieses historische Faktum nicht in den Bereich unzuverlässiger Legenden
geraten zu lassen. Die Worte: niedergefahren zur Hölle, die
sich weder im römischen noch im morgenländischen Symbol
finden, besagen nicht viel mehr, als dass Christus begraben ist.[2])

Damit wären die Artikel, die von Christi Erniedrigung
handeln, in der Hauptsache erledigt. Aber der Verfasser weiss
sich der Zustimmung des Adressaten versichert, wenn er der
Grösse des Gegenstandes entsprechend noch einen mindestens
ebenso langen Schriftbeweis beibringt, der indessen angesichts des
weiten Meeres von Zeugnissen in der heiligen Schrift immer
nur als kleine Probe angesehen werden kann.

So ist denn zunächst das Urteil über den Kreuzestod Christi
sehr verschieden ausgefallen. Die Juden nehmen ein Ärgernis

---

1) Das Bild stammt aus dem Orient. Vgl. Gregor v. Nyssa orat.
catech. c. 24. Cyrill v. Jerusal. catech. 12, 15. Bei Augustin tritt an
Stelle des Angelhakens die Mausefalle (Sermo 134 c. 3, 4. 5, 6).
*) Vgl. Walter Caspari, Der Descensus Christi ad inferos in „Halte
was du hast" XX 53.

daran, weil sie auf einen unsterblichen Messias hofften. Die Heiden, in Unkenntnis über den wahren Sachverhalt, spotten über einen Gott, der sterben konnte. Nur die Gläubigen vertrauen auf die den Tod überwindende Gotteskraft. Um dieses Unglaubens willen ist denn auch das christliche Geheimnis den Juden entzogen und den Heiden übergeben worden.

Ganz speciell aber an die Katechumenen denkt Rufin, wenn er im weiteren Verlaufe den evangelischen Bericht mit den betreffenden prophetischen Weissagungen zusammenstellt. Diese Beziehungen sollen sich die jungen Christen recht zu Herzen nehmen, um damit für alle Zeit den Zweifel zu verjagen.[1])

So erfahren sie denn zuvörderst, dass des Judas Verrat und alle Leiden, die über den Herrn kamen, längst vorausgesagt und bekannt waren. Letzteres war aber deshalb nötig, weil die Thatsache, dass der Herr von Menschen gefangen gehalten und vor Gericht geschleppt wurde, zu ungeheuerlich war, als dass sich jeder so ohne weiteres hätte darein finden können. Wie dann weiter Weissagung und Erfüllung bis ins einzelne übereinstimmen, so fehlt selbst der heidnische König, von dem Hosea (10, 6) redet, bei dem Prozesse nicht. Es ist der Wildling Herodes, so genannt, weil er nicht aus dem Weinberge Israel stammt. Ihm sandte Pilatus den gefesselten Jesus und erreichte durch dieses Geschenk, dass die zwischen beiden Männern eingerissene Entfremdung ausgeglichen wurde.

Und so geht es weiter. Das „Kreuzige, Kreuzige ihn" des Volkes, die Dornenkrone (letztere als Gegenbild der Dornen auf Adams Acker), das Kreuzesholz sind alle genau von den Propheten vorgemeldet worden.

Besondere Erwähnung verdient aber die folgende Bemerkung. Dass Blut und Wasser aus seiner Seite hervorgehen würden, hatte Jesus selbst vorausgesagt: Von dess Leibe werden Ströme des lebendigen Wassers fliessen (Joh. 7, 38). Nun verdammt das Blut, das die Juden selbst über sich und ihre Kinder gewünscht hatten, die Ungläubigen. Das Wasser aber

---

[1]) Auch dieser Weissagungsbeweis ist bereits von den Apologeten gehandhabt worden, vgl. Seeberg, Lehrb. d. Dogmengesch. I 72.

wird zu einem kräftigenden Bad für die Gläubigen. Auch
kann man in beiden die doppelte Art finden, wie ein Mensch
der Kirche einverleibt wird: entweder durch das Wasserbad
der Taufe oder durch blutiges Martyrium. Und auch der
Quell, aus dem beides entspringt, hat seine Bedeutung. An
dieser Stelle sass die Rippe, aus der das Weib gebildet wurde.
Von wo also einst Sünde und Tod ihren Ausgang in die
Welt nahmen, von dort gehen jetzt Vergebung und Leben
hervor.

Auch die nächtliche Kälte, die Petrus in des hohen Priesters
Palast an das Feuer trieb, wie die Finsternis in Jesu Todes-
stunde finden ihre alttestamentlichen Belege. Selbstverständlich
wird das Psalmwort von der Verteilung und Verlosung der
Kleider Jesu registriert, des Gallentrankes wird gedacht, und
für den Purpurmantel wird der Keltertreter im rotfarbenen
Gewande (Jes. 63) angeführt: er, der die Arbeit allein thut,
wie auch durch Christus allein die Sünde vergeben und das
Leben wiedergebracht werden konnte.

Mit welchen Worten der Herr dann verscheidet, wie er
begraben wird, endlich dass und warum er in die Unterwelt
hinabsteigt: das alles sind Thatsachen, an denen ein Christ um
so weniger jemals zweifeln kann, als sie im reichlichsten Masse
mit Propheten- und Apostelworten zu belegen sind.

Jetzt erst nach langer Unterbrechung spinnt Rufin den Faden
des Symbols weiter. Es folgen die Glieder, welche von der Erhöhung Christi handeln, und zwar in zwei Abschnitten, deren
erster es nur mit der Auferstehung zu thun hat, während der
andere Himmelfahrt, Sitzen zur Rechten Gottes und Wiederkunft zum Gericht zusammenfasst, also Christi himmlisches
Erleben seinem verklärten Wandel auf Erden gegenüberstellt.

Am dritten Tage ist Jesus wiederauferstanden von den
Toten. Die Auferstehung setzt alles, was an Christo schwach
und gebrechlich erscheinen konnte, aufs neue in das rechte
Licht und hebt seine Gottheit aus allen Zweifeln heraus.
Neben dieser Machtfülle aber, für die es kein Unten und Oben
und keine Grenzen gibt, tritt vor allem die Güte Gottes uns
entgegen. Denn er folgte uns in den Abgrund, in den uns unsere
Sünde hinabgestossen hatte. Drum kommt auch Christi Auf-

erstehung in sonderlicher Weise den in der Unterwelt befindlichen Toten zu gute. Wenn über irgend einen Abschnitt im Leben Jesu, so
fliessen über seine Auferstehung die Zeugnisse reichlich; denn
ihrer gedenkt jeder Prophet, jeder Gesetzgeber, jeder Psalmen-
sänger. Drum folgt auch aus dieser Fülle eine kleine Blumen-
lese. Der Verfasser muss sich beschränken. Wer mehr
wünscht, schlage selbst in den heiligen Schriften nach.
Die drei letzten Glieder des zweiten Artikels steigern noch
das Geheimnisvolle in Christi Person. Wenn da von einem
gen Himmel fahren, einem Sitzen zur Rechten, einem Wiederkommen die Rede ist, so klingt dies alles überaus menschlich,
und doch bezieht es sich auf die göttliche Seite in Christus.
Denn es ist fortan nicht mehr die Rede vom göttlichen Wort,
sondern vom Fleisch gewordenen Wort. Das ist das Neue,
dass dieses Fleisch, Christus in seiner Leiblichkeit, zum Himmel
auffährt und sich zur Rechten Gottes niederlässt. Nicht einer
göttlichen Machtwirkung bloss, sondern dieser merkwürdigen
Erscheinung, dass hier etwas Körperliches in den sonst aller
Körperlichkeit verschlossenen Himmel eindringt und sich auf
einen ihm von Ewigkeit her bereiteten Sitz niederlässt, gilt
daher der ermunternde Zuruf der Tempelsänger: Machet die
Thore weit und die Thüren in der Welt hoch, dass der König
der Ehren einziehe. Diesergestalt wird nun Christus auch
wiederkommen, um Lebendige und Tote zu richten, d. h. nicht
solche die noch am Leben und solche die schon verstorben
sind, sondern lebendige Seelen und tote Leiber unterstehen
beide seinem Gericht.

Ehe nun der Verfasser auch für dieses letzte Glied den
Schriftbeweis beibringt, macht er abermals Halt zu einer
Mahnung an die jungen Christen. Sie haben das Symbol dem
Wortlaute nach empfangen und haben in gleicher Weise dar-
über Rechenschaft gegeben. Aber in diesen beiden liturgischen
Akten steckt ein tieferer Sinn. Mit dem täglichen Memorieren
des Symbols soll sich der Christ täglich der Wiederkunft
Christi erinnern, damit er sich wie am Tage der Symbolrück-
gabe über sein fleissiges Memorieren, so am jüngsten Tage
über seine Handlungen gut ausweisen kann.

Der zweite Artikel schliesst alsdann mit einer Betrachtung über den Antichrist, den samt trügerischen Zeichen und Wundern der böse Feind an Stelle des Menschensohnes zu schicken beabsichtigt. Über ihn berichten deshalb Propheten und Apostel, damit nicht etwa die Menschheit in ihrer Unkenntnis thatsächlich den Antichrist für Christus nimmt. Rufin wählt einige Proben aus und überlässt die Hauptquelle für diese Zeit, den Propheten Daniel, um ihrer Reichhaltigkeit willen, die das Mass seiner vorliegenden Schrift weit überschreiten würde, dem eigenen Studium der Leser. Dann nimmt er den Faden des Symbols wieder auf. Es folgt der dritte Artikel.

Und an den heiligen Geist. Vom Wirken des heiligen Geistes ist bei den übrigen Gliedern des Symbols viel die Rede. Drum genügt es hier daran zu erinnern, dass er gleichwertig neben Gott dem Vater und dem Sohne steht dergestalt, dass in ihm die Trinität zum Abschluss kommt. Auch er ist der einige, neben dem es keinen anderen gibt. Das was ihn von den beiden anderen Personen der Trinität trennt, ist, dass er von beiden ausgegangen ist und die Aufgabe hat, alles zu heiligen. Das was ihn mit beiden zusammenschliesst, ist der Anspruch auf gleiche Gottheit, die seitens der Menschen den gleichen Glauben verlangt, daher es auch von ihm wie von den beiden anderen trinitarischen Personen heisst: Ich glaube an den heiligen Geist, ein Unterschied, der erst klar wird, wenn man die drei folgenden Glieder: heilige Kirche, Vergebung der Sünden, Auferstehung dieses Fleisches zum Vergleiche heranzieht. Denn bei diesen dreien handelt es sich nicht um die Gottheit, sondern um Kreaturen und Mysterien, darum glaubt man nicht an sie, sondern an ihr Vorhandensein, daher bei ihnen die Präposition „in" fortfällt.

Ein wertvoller Dienst, den der heilige Geist der Kirche geleistet hat, ist die Inspiration der heiligen Schriften. Rufin hält es für angemessen, dieselben namentlich aufzuzählen. Es sind die Bücher unseres Alten und Neuen Testamentes,[1]) und

---

[1]) Die Juden hielten an der solennen Zahl von 22 Büchern für das Alte Testament fest. Rufin gewinnt diese Zahl, indem er zwar die kleinen Bücher Ruth und Esther als selbständig nimmt, hingegen die Bücher Samuelis und der Könige unter eine Nummer begreift, ferner die beiden

zwar verdankt die Kirche diesen Kanon, auf dem unsere Glaubensaussagen nunmehr beruhen, den Vätern. An die genannten reihen sich eine Anzahl nicht kanonischer sondern, wie Rufin sagt, kirchlicher Schriften, die alt- und neutestamentlichen Apokryphen, als deren letztere er den Hirten des Hermas, die Zwei Wege und das Judicium des Petrus [1]) anführt. Sie werden in der Kirche zur Belehrung und Erbauung gelesen, geniessen aber kein autoritatives Ansehen. Eine dritte Klasse, die Rufin als apokryph bezeichnet, kommt im Gottesdienst nicht einmal zur Verlesung.

Auch bei dieser Auseinandersetzung hat Rufin wieder vorwiegend die Katechumenen im Auge. Sie sollen wissen, aus welchen Quellen sie zu schöpfen haben.

Im Symbol folgt nunmehr: heilige Kirche. Der an die Trinität Gläubige glaubt zugleich, dass es eine heilige Kirche gibt, in der ein Glaube und eine Taufe herrscht, in der man an einen Gott Vater, an einen Herrn Jesus Christus, seinen Sohn, und an einen heiligen Geist glaubt, die weder Flecken noch Runzeln hat. Denn das letztere speciell gilt nur von ihr, der einen Taube, der Auserwählten ihrer Mutter (Hohelied 6, 8), hingegen nicht von den mancherlei Kirchenbildungen der Häretiker. Die heilige Kirche ist der Sitz der reinen Lehre, drum schliesst sie Marcion und Ebion, Manichäus, Paulus von Samosata und Photinus, Arius und Eunomius, die Bekämpfer der Gottheit des heiligen Geistes wie die Bestreiter einer menschlichen Vernunft in Christus und endlich auch die Schismatiker Donatus und Novatus aus. Ihre gottlose Gemeinschaft und auch die aller derer, welche an irgend einer rechten christlichen Lehre Ausstellungen machen, hat darum der Christ zu fliehen, ja nicht einmal anhören darf er solche. Er halte sich vielmehr an die heilige Kirche, welche alle jene bereits besprochenen Artikel bekennt, und in der auch Vergebung der Sünden und Auferstehung des Fleisches gepredigt wird.

Bücher der Chronika und ebenso Esra und Nehemia zusammenfasst und die Klagelieder Jeremiä gar nicht erwähnt d. h. sie ohne weiteres unter das grosse prophetische Buch des Jeremias mit einbegreift. Vgl. Zahn, Gesch. des neutest. Kanons II 224. 240 f.

[1]) Hieronym. de vir. illustr. 1. Zahn a. a. O. S. 243.

Die Vergebung der Sünden kann nur der Glaube verstehen. Denn wenn schon Gründe und Art eines fürstlichen Huldbeweises zu erforschen nicht möglich ist, so ist dies noch viel weniger der göttlichen Gnade gegenüber angängig. Mögen desbalb die Heiden über die Selbsttäuschung der Christen spotten und der Ansicht leben, dass Geschehenes durch Worte nicht ungeschehen gemacht werden könne, der Christ zieht sich solchen Behauptungen gegenüber auf seinen Glauben zurück, dass der Schöpfer aller Dinge auch alle Dinge wieder herstellen könne. Obendrein liegt, was die Sünde anbetrifft, das Schwergewicht ja nicht auf der That, sondern auf der Gesinnung. Vollzieht sich mit dieser eine Wendung zum Guten, so ist die Sünde aufgehoben. Früher ein böser Dämon, ein böser Wille, Sünde und Tod; jetzt ein guter Gott, ein dem Guten erschlossener Wille, Unschuld und Leben. Somit widerstreitet der vorliegende Satz also noch nicht einmal der Vernunft, denn die Vergebung der Sünden gilt der Gesinnung und nicht den Thaten.

Auch das letzte Symbolglied, das von der Auferstehung des Fleisches handelt und wie die vorigen seinen reichen Inhalt in eine knappe Form kleidet, wird von Heiden und Häretikern angegriffen. Denn Valentin und die Manichäer leugnen, trotz Propheten und Evangelisten, die Auferstehung des Fleisches und natürlich auch deren Folge, die darin besteht, dass die Auferstandenen, sofern sie hier schon nach Reinheit gestrebt haben, im Himmel mit den Engeln ein diesen gleiches Leben führen.

Dass aber der zerstörte Menschenleib in der Auferstehung wieder hergestellt werden könnte, ist nicht unglaublicher als die Entfaltung des in die Erde gestreuten Samens, an der doch niemand zweifelt. Und wenn schon ein geniales Auge in der Tiefe der Erde die Metalle aufspüren und unterscheiden kann, die der gewöhnliche Mann nur für Stein und Erde hält, wie leicht wird es erst der göttlichen Allmacht werden, sich unter dem Staub der aufgelösten Menschenleiber zu orientieren. Und um den Schwachgläubigen weiter aufzuhelfen: gemischter Same geht auf je zu seiner Zeit und je nach seiner Art; in gleicher Weise ist jede Fleischsubstanz, mögen die Leiber

erleiden was sie wollen, unsterblich, weil ihr die Seele ihre
Unsterblichkeit mitteilt. Darum findet am Tage der Auferstehung auch jede Seele den ihr gehörenden Leib wieder, zu
Lohn oder Strafe. Das will denn auch der Zusatz im Symbol
von Aquileja besagen, den mit Unrecht andere Kirchen ab-
lehnen: dieses Fleisches Auferstehung. Der Leib, in dem
der Katechumene das Bekenntnis seines Glaubens ablegt, den
er zu gleicher Zeit mit dem heiligen Kreuze zeichnet, eben
dieser selbe Leib wird für ihn, je nachdem er ihn von Verunreinigung fernhält, ein Gefäss der Ehre oder des Zornes
werden. Den Schluss macht der Erinnerung halber auch für
dieses Symbolglied eine kleine Auswahl aus der reichen Fülle
von Schriftstellen. Sie alle, ob aus dem Alten oder aus dem
Neuen Testamente stammend, bestätigen die Aussage des
Symbols, dass Gerechte und Sünder in ihrem nunmehr unver-
gänglichen und unsterblichen Leibe auferstehen, die einen um
immer bei Christus bleiben zu können, die anderen um ohne
Ende die verdiente Strafe zu erleiden. Das alles aber erklärt sich nach wie vor aus Gottes Allmacht, der, wie er die
Menschen geschaffen hat, auch fernerhin aus ihnen machen
kann was er will.

Noch einmal fasst Rufin die Stichworte des ganzen Kommentars zusammen, um dann denselben mit der Bitte zu be-
schliessen, Gott möge allen Lesern, die am Glauben festgehalten
haben, am Ende ihres Lebens die Krone der Gerechtigkeit und
die Auferstehung zum ewigen Leben bescheren und sie vor
Verwerfung und ewiger Schande bewahren.

----

§ 6. Die katechetische Thätigkeit des Niceta von Re-
mesiana, des Petrus Chrysologus von Ravenna und des
Maximus von Turin.

Seit den Tagen des Augustin stand der altkirchliche
Katechumenat in voller Blüte. Vollends mit dem Kommentarwerk des Rufin waren alle Bedingungen für eine allseitige

Entwicklung des katechetischen Unterrichtes gegeben. Allerorten dürfte daher während des fünften Jahrhunderts die Taufvorbereitung ein ähnlich frisches und erfreuliches Bild dargeboten haben, wie es uns besonders deutlich aus den Reden dreier begabter und pflichttreuer Bischöfe dieser Zeit entgegentritt, denen wir auf einer Reise von den abgelegenen Gebieten des Balkan über das Adriatische Meer nach der aufstrebenden Residenz Ravenna und von hier zu den Südabhängen der Alpen begegnen.

1. Niceta von Remesiana.

Es ist im höchsten Grade zu bedauern, dass uns die dem Katechumeneuunterricht gewidmeten Schriften des dacischen Bischofs Niceta von Remesiana (ca. 392—414)[1] nicht in grösserer Vollständigkeit erhalten sind; sie böten uns sonst ein prächtiges Gegenstück zu der aus den augustinischen Reden und Schriften gewonnenen Erkenntnis. Aber auch in ihrer mangelhaften Erhaltung bleiben sie überaus schätzenswert und verdienen vollauf die Beachtung, welche ihnen die Neuzeit geschenkt hat.[2]

---

[1] Revue Bénédictine 1897 p. 197.

[2] Über die Nicetafrage vgl. Kattenbusch, Beiträge zur Geschichte des altkirchlichen Taufsymbols. Giessener Universitätsprogramm 1892 S. 49—52. Ders., Das apostolische Symbol I 1894 S. 107 ff. 403 ff. — Dom Germain Morin, Nouvelles recherches sur l'auteur du „Te Deum" in der Revue Bénédictine 1894 p. 49 ss., bes. p. 67—73. Sodann l. c. 1897 p. 98 s. — Zahn, Das apostolische Symbolum 1893 S. 88. Ders., Neuere Beiträge zur Geschichte des apostolischen Symbolums IV in der Neuen kirchlichen Zeitschrift 1896 S. 93 ff. Hümpel, Nicetas Bischof von Remesiana in den Neuen Jahrbb. für deutsche Theologie IV S. 275 ff. 416 ff. — Hahn, Bibliothek der Symbole und Glaubensregeln der alten Kirche (3) 1897 S. 47 ff.

Die von Gennadius (vir. illustr. c. 22) aufgezählten sechs katechetischen Schriften wollen nicht Teile eines einheitlichen Ganzen sein. Was Gennadius veranlasste sie zusammen zu fassen, war der gleiche Zuhörerkreis, dem diese sechs, nicht Bücher, sondern Reden gegolten hatten. Es ist deshalb irreführend, wenn Caspari, der überhaupt nicht mehr Zeit gefunden hat, dem Niceta voll und ganz gerecht zu werden (vgl. Zahn in der Neuen kirchlichen Zeitschrift 1896 S. 93) von des „Nicetas' Schrift

Ganz in der Weise Augustins hält es Niceta für unumgänglich nötig, seine Kompetenten durch eine oder mehrere Katechesen in das Wesen der christlichen Sittlichkeit einzuführen. Gleich seine erste Katechisation [1]) handelt davon, wie ein Kompetent sich führen müsse, der zur Taufgnade gelangen will. Ja vielleicht verlief dieselbe sogar ähnlich der uns noch erhalteuen Moralkatechese Augustins. [2]) Wenigstens finden die Bruchstücke, welche wir ziemlich unzweifelhaft aus der Rede des Niceta besitzen, ihre Sinnparallelen in jenem augustinischen Sermon. Beide Bischöfe gehen aus von dem Unterschied, der zwischen einem Katechumenen und einem Kompetenten besteht. [3]) Jener war nur ein Gast und Auswärtiger, ein blosser Hörer ohne tieferes Verständnis. Diesem ist es wirklich Ernst mit seinem Verlangen. Die Kirche gewährt ihm bereits grössere Rechte, verlangt aber dafür auch höhere Pflichten. Das führt zur ernstesten Forderung, welche man überhaupt an den Menschen stellen kann, der Forderung ganz und gar mit der Welt und dem, der sie beherrscht, zu brechen. [4]) Niceta begnügt sich nicht mit allgemeinen Schlagworten, sondern als echter Seelsorger wird er in dieser seiner Moralkatechese individuell. Wie der Goldgräber zuvor das

---

„Competentibus ad baptismum instructionis libelli sex", zu welcher Schrift die Auslegung des Symbols (als ihr fünfter „libellus") gehört hat" spricht (Kirchenhist. Anecdota I 342). Indessen verdanken wir Caspari die beste Edition jener Auslegung des Symbols (a. a. O. S. 341—360). Des Niceta sämtliche Schriften samt den von M. Denis herausgegebenen unten zu besprechenden sechs Fragmenten bei Migne ser. lat. 52 p. 847—876. Ebendaselbst p. 875 sqq. auch die noch immer lesenswerte Dissertatio in S. Nicetam des Peter Braida. Unter anderem verdient nach wie vor Beachtung die Bemerkung Braidas, dass die sechs Denisschen Fragmente, zu denen neuerdings noch ein Morinsches getreten ist, nicht durchweg wörtlich aus Niceta genommen zu sein brauchen, sondern in der Sprache des Verfassers des Ordo vel brevis explanat. de catechiz. rudibus (Cod. lat. Vindob. 1370 vgl. Rev. Bénéd. 1897 p. 98) nur den Sinn der Nicetaschen Ausführungen wiedergeben wollen Ml. 52. 1059 sq.

[1]) Zu ihr gehören die Denisschen Fragmente Nr. 1. 2. 3. 6 sowie das Morinsche in der Rev. Bénéd. 1897 p. 98 s.

[2]) Sermo 216, vgl. oben S. 20 f.

[3]) Vgl. Fragm. 2 und sermo 216 c. 1.

[4]) Vgl. Fragm. 3 und sermo 216 c. 2.

Edelmetall vom Schmutze reinigt, ehe er es in die Tasche steckt,
so will auch Christus am Taufbrunnen nur solche Taufbewerber
sehen, die im festen Glauben an ihn den Schmutz aller teuflischen Werke abgethan haben. Manche unter den Gemeindegliedern mögen in den dacischen Goldbergwerken Tagesbeschäf-
tigung und Verdienst gefunden haben. Ihnen war solch ein
Gleichnis um so ansprechender.[1] Zu jenen teuflischen Werken
aber rechnet Niceta nicht bloss die Götzenverehrung mit allen
ihren Anhängseln, nicht bloss die Verbrechen, die auch dem
Heiden ein Greuel sind, sondern nicht minder die gesell-
schaftliche Zügellosigkeit des antiken Lebens; fröhnen doch
noch getaufte Christen der Unmässigkeit, der Vergnügungs-
sucht und der Freude am eitlen Tand. Was ist aber das Prunken
mit Kleidern, Schmuck und wunderlichen Haarfrisuren anders als
das Zeichen einer hohlen hochmütigen Gesinnung, ganz abgesehen von der Verletzung des liturgischen Anstandes. Der
Kompetent weiss, dass ihm im Skrutinium die Stirn mit dem
heiligen Kreuze gezeichnet wird, um ihn der Welt zu entziehen
und Christus zuzueignen. Und doch hält dieser ehrwürdige Gebrauch manchen nicht davon ab, der Mode zu Liebe sich die
Haare in das Gesicht zu kämmen und dadurch die Stirn vor
der Aufnahme des Kreuzeszeichens zu versperren,[2] ein Moment, das zu einer Zeit, welche die liturgischen Vorgänge in
den Skrutinien überaus ernst auffasste, um so schwerer in die

---

[1] Auch Paulinus von Nola erwähnt diese römischen Goldbergwerke
in Dacien, wenn er von den erstaunlichen Missionserfolgen seines Freundes
Niceta von Remesiana in demselben Lande spricht:

      Nunc magis dives pretio laboris
      Bessus exultat: quod humi manuque
      Ante quaerebat, modo mente caelo
      Colligit aurum. Poem. 17, 213—216

und: •

      Callidos auri legulos in aurum
      Vertis. ibid. 269. 270. Ml. 61, 488—89.

[2] Die Haare in die Stirn zu kämmen war eine seit Konstantin
häufig vorkommende Unsitte. Wir begegnen ihr samt den gleichzeitig
von Niceta gerügten exquisitis inutiliter vestimentorum subtilitatibus
auf der Grabplatte des 26jährigen Christen Maximus im Museum von
Aquileja. Abgeb. in Ephemeris Salonitana 1894 S. 48. Vgl. auch August.
enarr. in psalm. 50 c. 1: Stant illic portantes in fronte.

Wagschale fallen musste. Daher ist es wohl nicht zufällig, wenn beide, Augustin wie Niceta, in der Moralkatechese auf dergleichen Dinge zu sprechen kommen. Berührten sie sich doch aufs innigste mit den an die Kompetenten gestellten moralischen Forderungen. Der Priester exorcisiert und signiert, der Kompetent lässt durch Selbstprüfung, Busse und ernste Willensvorsätze jene symbolischen Handlungen zur Wirklichkeit werden, so lehrt Augustin. Und Niceta weist auf die läuterndo Kraft des Exorcismus hin.[1]

Was die formelle Seite der Katechisationen anbetrifft, so war es des Niceta Bestreben, dieselben so einfach zu gestalten, dass ihnen auch der Ungebildete folgen konnte — wir kennen Augustins Anweisung über die unterschiedliche Behandlung der einzelnen Stände und Bildungsstufen. Dabei ging Niceta von den heiligen Schriften aus, Erörterungen auf Grund eigener Geistreichigkeit schienen ihm unangemessen. Als Ziel aber hatte er sich gesteckt, die Kompetenten ausser allen Zweifel zu setzen über das, was sie verlassen haben, und über dasjenige, dem sie zustreben.[2]

Zwei weitere Moralkatechesen des Niceta behandeln religiöse Irrtümer innerhalb der Heidenwelt.[3] Leider sind uns von ihnen nicht einmal Bruchstücke erhalten, wir wissen vielmehr nur, dass der Bischof in der ersteren zwei jüngst vorgekommene Fälle einer naiven Apotheose durchspricht,[4] während er in der anderen die Magie behandelt. Wenn es damals noch möglich war, dass ein besonders freigebiger Hausvater und ein tapferer Bauer unter die Götter versetzt werden konnten, so mussten solche Beispiele den Katecheten reizen, an ihrer Hand die Nichtigkeit des antiken Götter- und Heroenunwesens darzu-

---

[1] Vgl. Fragm. 6 und sermo 216 c. 6.
[2] Fragm. 1. Dazu Rev. Bénéd. 1897 p. 98 s. auf Grund von Cod. 469 (A 214) in Rouen, früher in der Abtei Fécamp, 11 — 12. saec. Auch diese Worte dürften der Nicetaschen Moralkatechese (Gennadius Nr. 1) angebören; ob indessen wörtlich oder nur dem Sinne nach (Braida Ml. 52, 1060 A), mag dahin gestellt bleiben.
[3] Gennadius Nr. 2 und 4.
[4] Gennadius l. c.: Secundus de gentilitatis erroribus, in quo dicit suo paene tempore Melcidium quendam patrem familias ob liberalitatem, et Gadarium rusticum ob fortitudinem ab ethnicis esse inter deos relatos.

thun.   Es brauchte noch nicht einmal ein in besonderem Masse
hinausgeworfenes Missionsgebiet wie Dacien zu sein, wo Niceta
amtierte, um eine solche Katechisation über die Irrtümer der
Heiden zu erklären. Noch herrschte der heidnische Irrwahn um
die Wende des 4. und 5. Jahrhunderts überall derart in Stadt
und Land, dass es sich wohl begreift, wenn man kirchlicher-
seits auch für die Stufe des Kompetententums noch solche
Unterweisungen für nötig erachtete, zumal die Absurditäten der
antiken Mythologie sich unter Umständen als vortreffliches Gegenbild verwerten liessen, wenn es galt, die Kompetenten in die
Geheimnisse der christlichen Trinität einzuführen.

Der Lieblingswissenschaft jener Zeit, der Astrologie, die
namentlich unter den höheren Ständen hohes Ansehen genoss,
huldigten nicht bloss die Heiden.[1]) Auch Priscillian und seine
Anhänger gaben durch ihre Beschäftigung mit der Sterndeuterei
damals grossen Anstoss, so dass mehr als einmal christliche
Schriftsteller gegen dieses Unwesen die Feder ergriffen.[2]) Es
sei nur an den römischen Mönch Makarius erinnert,[3]) der gegen
die Mathematiker schrieb. Auch der Staat schritt gegen dieselben ein. Honorius exilierte durch Gesetz v. J. 409 die Stern-
deuter,[4]) und Valentinian III. verschärfte 425 noch diese Massregel, denn ihm waren die Magier so zuwider, dass er sie mit den
verhasstesten Ketzern der Zeit, mit Pelagianern und Manichäern,
auf gleiche Stufe stellen zu sollen glaubte.[5]) Die Magie war
also eine vielbesprochene Zeitfrage, an der man wohl niemals
im Kompetentenunterricht ganz stillschweigend vorüberging.[6])
Kein Wunder deshalb, wenn Niceta ihre Nichtigkeit und Verderblichkeit in einer besonderen Katechese darlegt.

--- — --

[1]) Quartus adversus genealogiam.

[2]) Auch Augustin bekennt zeitweise der Astrologie ergeben gewesen
zu sein (Conf. IV 3, 5. VII 6, 8. Vgl. De civit. dei V 1 sqq.), was bei
einem Jünger der Manichäer nicht wundernimmt.

[3]) Gennad. vir. ill. c. 28. Rufin. apol. in Hieron. I 11.

[4]) Cod. Theod. IX 16, 12. Ähnliche Gesetze gegen die Astrologen
waren schon 357 (l. c. IX 16, 4), 358 (l. c. IX 16, 6) und wahrscheinlich
370 (l. c. IX 16. 8) erlassen.

[5]) Cod. Theodos. XVI 5, 62.

[6]) Vgl. den vor Kompetenten gehaltenen Sermo 71 in orationem dominicam des Chrysologus von Ravenna unter der 2. Bitte: Quamdiu diabolus

Durchweg dogmatischen Inhaltes ist dagegen eine vierte
Katechese, die in so präciser Weise in das Centrum der christlichen Lehre, in den Glauben an Vater, Sohn und Geist einführte, dass noch Cassiodor dieselbe allen denjenigen nachdrücklich zur Lektüre empfahl, welchen es um eine vollständige, aber kurze Übersicht über die betreffenden Dogmen
zu thun war.[1]

Selbstverständlich hat Niceta mehr als einmal, wenn er
seinen Kompetenten das Symbol übergab, das Wort zu einer
Erklärung desselben ergriffen. Doch ist uns nicht mitgeteilt,
ob jemals eine von diesen Symbolerklärungen von ihm selbst
oder einem seiner Zuhörer niedergeschrieben und publiziert
wurde.[2]

Dagegen scheinen von ihm Reden im Umlaufe gewesen zu
sein, welche das Vaterunser und die liturgische Ceremonie der
Signierung besprachen.[3]

Um so glücklicher sind wir aber, dass wir von Niceta
wenigstens eine vollständige Symbolerklärung besitzen, die er
bei einer Rückgabe des Symbols durch die Kompetenten gehalten hat, seine bekannte Explanatio.[4]

---

vario nequitiarum genere multimoda arte fallendi rerum aciem turbat,
sensus hominum moresque confundit, saevit idolis, sacrilegiis furit, fallit
auguriis, divinatione mentitur. signis decipit, illudit astris, Christi regnum
prolongat a nobis Ml. 52, 402 B.

[1] Gennadius l. c.: Tertius liber de fide unicae maiestatis. Dieselbe
ist identisch mit den beiden Traktaten De fidei ratione und De spiritus
sancti potentia. Hümpel a. a. O. S. 281—293. Morin l. c. p. 65. Cassiodor.
inst. div. litt. c. 16.

[2] Am ersten dürfte noch Fragm. 5 einer bei der traditio gehaltenen expositio symboli entnommen sein.

[3] Dafür sprechen die Schlussworte des 4. Fragments: Similiter et
orationem dominicam et signaculum crucis quo se contra diabolum muniat.
Vgl. Braida Ml. 52, 1061 B.

[4] Dass es sich bei dieser Explanatio symboli habita ad competentes
(Gennadius l. c.: Quintus de symbolo) um eine bei der Rückgabe und nicht,
wie gewöhnlich behauptet wird, bei der Übergabe des Symbols gehaltene
Erklärungsrede desselben handelt, dafür spricht weniger der Hinweis auf
eine bereits geleistete Abrenuntiation (c. 1); denn es steht keineswegs
fest, ob eine solche, in liturgische Form gekleidet, der Rückgabe oder
gar der Übergabe des Symbols voranzugehen pflegte (gegen Hümpel a. a. O.

Die Taufkandidaten haben das ihnen übergebene Symbol bereits gelernt und soeben mit klarer Stimme bekannt. Jetzt gilt es, sie noch einmal mit allem Ernst daran zu erinnern, dass es nicht aufs Bekennen allein, sondern vor allem auf das Bewahren dieses zum Heile unbedingt notwendigen Schatzes ankommt.[1]) Denn wie das Volk Israel unter Führung des Moses dem gelobten Lande zupilgerte, so folgen die Gläubigen dem Herrn Christus auf dem Wege zum wahren Leben. Sie thun dies, indem sie dem Teufel, seinen Engeln und allen seinen Werken, mögen dieselben irreligiöser oder unsittlicher Art sein, durchaus entsagen und frei von solchen Übeln und Ketten deutlich bekennen: Ich glaube an Gott den allmächtigen Vater.

Denn der Glaube muss dem Bekennen vorangehen. Er gilt aber dem Gott, der nicht nur der Inbegriff aller Vollkommenheiten, sondern vor allem Vater ist, Vater eines Sohnes, den er vor aller Ewigkeit zeugte, und durch den alles im Himmel und auf Erden geschaffen ist. Erst dieser Zusatz gibt dem Bekenntnis zu Gott seinen eigentlich religiösen Charakter.

Mit dem Bekenntnis zu Gott als Vater ist selbstverständlich auch das zu dem Sohne gegeben, der, wie schon sein

---

S. 294). Die Worte abrenuntiat inimico et angelis eius etc. brauchen nicht unbedingt auf einen bestimmten Akt bezogen zu werden, sondern können ganz allgemein der sittlichen Umkehr der Kompetenten gelten. Entscheidend sind vielmehr die Worte c. 13: Quae didicistis et tradita sunt vobis — quod coram angelis et hominibus confitemini. Vgl. auch c. 1: Iam sincera voce pronuntiat. Die Übergabe des Symbols und seine gedächtnismässige Einprägung gehörten bereits der Vergangenheit an, heute handelt es sich um die feierliche und öffentliche Ablegung des Bekenntnisses vor der Gemeinde. — Mit fremden Stücken zusammengeschweisst erscheint die Explanatio des Niceta in fünf österreichischen Handschriften aus dem 12. Jahrhundert unter dem Titel: Expositio Origenis. Vgl. Caspari, Alte und neue Quellen S. 309—315. Pitra, Analecta sacra III 582—588. Auch sonst begegnen häufig Bruchstücke aus der Explanatio in anderen Schriften. Vgl. Caspari, Kirchenhist. Anecdota I 342. Selbst Rufin dürfte sie gekannt und für seine Exposito benutzt haben. Vgl. Zahn, D. apost. Symb. S. 88 Anm. 1. Kattenbusch, D. apost. Symb. I 120 Anm. 26a. Hümpel a. a. O. S. 416—422. Die Parallelstellen giebt in grosser Anzahl Braida Ml. 52, 937 sq.

[1]) Explan. c. 13: Retinete semper pactum quod fecistis cum domino, id est hoc symbolum.

Name besagt, als ein mit königlicher Würde ausgerüsteter Heiland auftritt. Als solcher verliess er den Himmel, blieb Gott und wurde doch zugleich Mensch; denn nur in dieser Gestalt konnte er bei Menschen Eingang gewinnen. Von der Jungfrau geboren, ist er wahrhaftig und nicht bloss scheinbar Fleisch geworden. Dies gegen solche Irrlehrer, welche dem wahrhaftigen Gott eine Lüge zuschieben, während doch ein wahrhaftes Heil in Christo nicht ohne eine wahrhafte Menschwerdung denkbar ist. Jesus Christus ist eben beides, Mensch und Gott, zugleich: das eine erweist er durch sein Leben und Leiden, das andere durch seine Wunderthaten. Damit widerlegen sich auch die Einwürfe derer, die ihn nur für einen Menschen ansehen wollen.

Christus hat gelitten, er wurde von den Juden gekreuzigt. Jüdischer Unglaube und heidnische Thorheit verlästern noch heute das Kreuz, aber der Christ gedenke an das Wort des Herrn: Wer mich bekennet vor den Menschen, den will ich bekennen vor meinem himmlischen Vater. Denn der Mensch Jesus musste leiden, damit aus seinen Wunden unsere Rettung hervorgehen könne. Durch die Beifügung des Namens Pontius Pilatus ist der Zeitpunkt historisch festgelegt: fortan ist es den Häretikern unmöglich, durch Teufelstrug getäuscht von verschiedenen Christi zu schwatzen. Das ist um so wichtiger, als ja Christus gestorben ist, um die Macht des Todes zu brechen, also zum Heile der Welt.

Als einer, der über Tod wie über Leben Macht hat, ist Christus auferstanden; alsdann aufgefahren gen Himmel, von wo er gekommen war; und hat sich endlich zur Rechten des Vaters gesetzt: das alles so wie es in der Schrift vorausgesagt oder begründet war. Es erübrigt noch, dass er wiederkommen wird, um am Gerichtstag einem jeden nach seinen Werken zu vergelten.

Der Kompetent glaubt auch an den vom Vater ausgehenden heiligen Geist, der, selbst einer, sich gleichwohl auf die mannigfachste Weise kräftig und wirksam erweist. Wie er über Propheten und Aposteln gewaltet hat, so ersieht er sich besonders die Zeit der Taufe aus, um die Gläubigen nach Leib und Seele zu heiligen; wie denn überhaupt ohne ihn keine

8*

Kreatur zum ewigen Leben würde gelangen können. Diese Bedeutung des heiligen Geistes für die Heiligung der Menschen erklärt leicht die Furchtbarkeit der gegen ihn begangenen Lästerung, die nicht vergeben werden kann. Niceta unterbricht deshalb auch den Gang der Erklärung, um zuvor den Glauben an die Trinität, insbesondere den Glauben an den heiligen Geist, seinen Zuhörern nachdrücklich einzuschärfen; denn dieses Bekenntnis, das von Anfang an unzertrennlich mit der Taufe verbunden ist, muss von dem bewahrt werden, der des Segens der Taufe nicht verlustig gehen will. Drum halte man den propagandistischen Polytheisten das Widersinnige ihrer Anschauung entgegen. Im jüdischen Christusleugner aber sehe der Gläubige einen Feind; er setze sich mit ihm auseinander, wenn er kann; wo nicht, gehe er ihm wenigstens aus dem Wege. Einen Ketzer endlich, der dem Sohne die Gottheit abspricht und dem heiligen Geiste nicht die gleiche Ehre mit Vater und Sohn zuerkennen will, halte man wie einen Heiden und Zöllner; ist ja doch sein Kreaturdienst nichts anderes als Götzendienst; kommt er mit verworrenen Auseinandersetzungen, so halte man ihm das rücksichtslose Bekenntnis zur Trinität entgegen.

Indessen enthält das Symbol noch andere Stücke, die geglaubt und bekannt sein wollen.

Zunächst die heilige allgemeine Kirche. Was ist sie anders als die Versammlung aller Heiligen oder Gläubigen von Anfang der Welt an? Als der eine Leib, dessen Haupt Christus ist? Mit der auch die Engel, auch die himmlischen Kräfte und Mächte im Bunde stehen? Innerhalb deren der Gläubige eine Gemeinschaft mit allen jenen Heiligen findet?[1]) Hingegen sind ausgeschlossen von ihr und nennen sich fälschlich Kirchen die Gemeinschaften der Häretiker und Schismatiker; denn ihnen, die sich mit ihrem Glauben und Wandel in den Gegensatz zu Christi Befehl und der Apostel Lehre stellen, gebricht es an der Heiligkeit.

Daran reiht sich die Vergebung der Sünden, zu der im

---

[1]) Vgl. zu dieser Stelle Zahn, Das apostol. Symbol. S. 87—94, auch S. 83 Anm. 2.

vollsten Masse die Gläubigen durch die Taufe gelangen, die auch im Gegensatz zur unvollkommenen leiblichen Geburt die Wiedergeburt genannt wird.

Endlich, wer nicht an die Auferstehung seines Fleisches [1]) und das ewige Leben glaubt, geht der Früchte seines Glaubens an Gott verlustig; handelt es sich ja doch bei dem letzteren vorzugsweise um die Gewinnung dieser beiden wertvollen Güter. Das gilt auch gegenüber jenen Häretikern, welche die Auferstehung des Fleisches leugnen, wenngleich sie an einer Rettung der Seele entschieden festhalten. Bereits Propheten und Apostel widerlegen diese Anschauung; auch ist sie schon deshalb widersinnig, weil ja nur der Körper stirbt, hingegen die Seele ohnehin unsterblich ist, es sich also am jüngsten Tage überhaupt nur um eine Auferstehung des Leibes handeln kann. Dass sich Niceta über das einschlägliche Problem besonders klar wäre, kann man freilich auf Grund dieser Schlussfolgerung nicht behaupten. Und weder das Beispiel des in die Erde gesenkten Weizenkornes, welches er noch folgen lässt, noch der Hinweis auf Jesaias 26, 19, dass es der Geistestau sei, der die in der Erde verborgene Menschensaat zum Leben erwecke, machen die Sache viel besser.

Den Abschluss bildet das ewige Leben, der Lohn für Glauben und frommen Wandel, das Hoffnungsziel, dem unsere gesamte leibliche wie geistliche Entwickelung zustrebt, um dessentwillen die Blutzeugen aller Zeiten Marter und Tod litten, von dem aber nicht nur der Heide und der ungläubige Jude, sondern auch der Christ, sofern er den Lastern ergeben ist, ausgeschlossen wird.

Nach dieser eigentlichen Symbolerklärung verabschiedet sich Niceta in gewohnter Weise von seinen Kompetenten. Sie sollen bleiben in dem, was sie gelernt haben und was ihnen überliefert ist, festhalten an dem Symbol, das sie vor Engeln und Menschen bekannt haben. Denn in seinen wenigen Worten umfasst dasselbe alle Mysterien der Christenheit, den ganzen Schriftinhalt, gleichsam kostbare Perlen in einer Krone zu-

---

[1]) Explan. c. 10: Consequenter credis et carnis t u a e resurrectionem et in vitam aeternam, vgl. oben S. 107.

sammengefasst im Interesse derer, welche die heilige Schrift
selbst entweder aus Unkenntnis der Buchstaben oder aus
Mangel an Zeit nicht lesen können. Drum hat der Christ
die Pflicht, bei Tag und Nacht, bei jeder Beschäftigung das
heilbringende Bekenntnis im Herzen zu tragen. Das wird ihn
in eine höhere Welt versetzen und ihn gegen die erneuten
Angriffe des bösen Feindes feien, die trotz aller mit dem
Glauben verbundenen Absage an ihn, seine Werke und seine
Engel immer aufs neue wiederkehren.

Noch einer sechsten katechetischen Schrift des Niceta gedenkt Gennadius. Indessen ist dieselbe streng genommen nicht
an Kompetenten gerichtet, sondern vor Neugetauften gehalten.[1]
In der Osternacht empfingen nämlich die Taufbewerber beide
Sakramente hinter einander. Und erst nachdem sie somit thatsächlich in alle Geheimnisse des christlichen Kultus eingeweiht
waren, wagte man ihnen auch theoretisch mitzuteilen, was es
um die Feier des Leibes und Blutes Christi sei. In die Woche
von Ostern bis zum nächsten Sonntag fallen die Katechesen
über das Abendmahl. So wissen wir es von Augustin.[2]

Indessen wenn es auch der religiöse Geschmack jener Zeit
lieben mochte, dass mit einem Male das volle Licht des Mysteriums die nichtsahnenden Täuflinge umstrahlte, wenn im Überraschenden vielfach das eigentlich Bedeutsame der ganzen Ceremonie gesucht wurde,[3] so erachteten es doch nüchterne Seelsorger
nicht für unangemessen, durch ein kurzes belehrendes Wort
der Überraschung vorzugreifen. Die eigentliche Einführung in
die Lehre vom Abendmahl behielt man sich freilich für die
Woche nach Ostern vor, aber eine kurze orientierende Ansprache über dasselbe trat zwischen Taufakt und erste Kommunion.

---

[1] Vgl. schon Braida: An potius ad neophytos seu ad infantes quos
in Nicetae librorum recensione Gennadius et Honorius a competentibus
non distinxerint, ob maximam postremi huius libelli affinitatem cum quinque aliis prioribus qui vere ad competentes habiti fuerunt et quia iisdem
dictus fuit auditoribus qui competentes paulo ante fuerunt. Ml. 52, 1057 A.

[2] Sermo 224—229.

[3] Ambros. de myster. 1, 2: Deinde quod inopinantibus melius se
ipsa lux mysteriorum infuderit, quam si eam sermo aliquis praecucurisset.

Man feierte die Passahnacht. Was war natürlicher, als
dass Bischof Gaudentius von Brescia in der Ansprache, die er
in dieser Nacht über das alttestameutliche Passahlamm hielt,
den vorbildlichen Charakter desselben für die neutestamentliche Abendmahlsfeier hervorhob.[1]) Ausführlich wollte er
nicht werden, detaillierte Erörterungen behielt er den Katechesen der kommenden Woche vor.[2]) Um so intensiver aber
ging er jetzt auf den Kern des Mysteriums ein. Mit heiligem
Schauer mögen die Neophyten die geheimnisvollen Worte aus
dem 6. und 15. Kapitel des Johannesevangeliums vernommen
haben. Mochte der Bischof immerhin noch viel vor ihnen ver-
hüllen, so viel verstanden sie doch, dass, wie einst viele Lämmer
in der Osternacht das Volk Israel speisten, so jetzt ein grosses
Osterlamm Speise und Trank von sich aus in mystischer Weise
dem neutestamentlichen Israel darbietet. Jedenfalls wussten
sie voll und ganz die Wucht des Augenblicks zu würdigen,
wenn Gaudentius sie am Schluss aufforderte, nachdem sie der
Gewalt des Pharao-Teufels entronnen seien, mit heiliger Sehn-
sucht heranzutreten und sich von dem im Sakramente anwesenden Jesus ihr Herz heiligen zu lassen.

So frei heraus konnte der Bischof nur sprechen, wenn er
das Gefühl hatte sich inmitten von Getauften zu befinden, vor
denen er nicht wie vor Katechumenen wertvolle Bestandteile
des Mysteriums zu verstecken brauchte. Andrerseits entsprach
das Helldunkel der Allegorie vortrefflich dem Übergang vom
Kompeteten zum Neophyten.

Auch jene letzterwähnte Rede des Niceta handelte „vom Opfer
des Passahlammes".[3]) Nichts liegt daher näher als die Annahme,

---

[1]) Gaudentius sermo II: De exodi lectione II egressis a fonte neophytis. Ml. 20, 853—861.

[2]) L. c.: Quae vero virtutes praefiguratae sunt spiritales in ipsa historia
exodi. ubi celebratio paschae narratur, qui sit decimus dies etc., necesse
est ut adiuvante domino a die crastina incipiamus exponere. Modo autem
ea solum de ipsa lectione carpenda sunt, quae praesentibus catechumenis
explanari non possunt et tamen necessario sunt aperienda neophytis.
Ml. 20, 854 B. De calciamentis et baculis longa ratio est quae alio tempore disseretur. De praecinctione lumborum quod frequenter a me latius
dictum est, breviter nunc dicetur. Ibid. 857 B. C.

[3]) Gennadius l. c.: Sextus de agni paschalis victima.

dass sie einen ähnlichen Charakter getragen hat wie der Sermon
des Gaudentius und zu gleicher Zeit wie dieser in der Osternacht zwischen Taufakt und erster Kommunion vor den Neophyten gehalten ist.

2. Petrus Chrysologus von Ravenna.

Einem vielseitigen Leben und Treiben begegnet man
während des 5. Jahrhunderts in Ravenna. Seitdem der kaiserliche Hof sich vor den unter Alarich heranziehenden West-
goten hinter die für uneinnehmbar geltenden Dämme und
Gräben der Lagunenstadt geflüchtet hatte, galt dieselbe als
der eigentliche Mittelpunkt Italiens, gegen den in mancher
Hinsicht sogar Rom zurücktrat.

Rasch verwandelte sich damals der unansehnliche Seehafen
in eine kleine Residenz. Es ist bekannt, dass auch die Kirche
bei dieser Metamorphose besonders gut gefahren ist. Wo bisher „vereinzelte Hütten" den Gläubigen als gottesdienstliche
Versammlungsräume gedient hatten, schossen jetzt binnen wenigen
Jahrzehnten Basiliken, Baptisterien, Kapellen aus dem Erd-
boden, Bauwerke, welche praktisch und schön zugleich die Kunde
von Ravennas einstiger Machtstellung bis in die Gegenwart getragen haben. Bischöfe und Fürsten wetteiferten in der künstlerischen Ausschmückung und geistigen wie materiellen Hebung
der neuen Hauptstadt Italiens. Insbesondere fand die Kaiserin
Galla Placidia, die für ihren zeitlebens regierungsunfähigen
Sohn das Scepter führte, an dem Metropoliten ihrer neuen
Residenz, an dem Bischof Petrus Chrysologus [1]), einen ebenso
eifrigen als genialen Mitarbeiter. Er baute die Andreaskirche,
begann die Peterskirche, weihte die Johanneskirche, beteiligte
sich an der Heiligkreuzkirche und verknüpfte seinen Namen
mit einem der liebenswürdigsten Bauten jener Epoche, der den

---

[1]) Die Amtszeit des Petrus (II) Chrysologus umfasst etwa die Jahre
433—449. Über ihn: Agnellus, Liber pontific. eccl. Ravennatis ed. Holder-
Egger M. G. Script. rer. Langob. et Ital. saec. VI—IX. p. 310-315.
Mita, Vita S. Petri Chrysologi (1642) Ml. 52, 45—72, vgl. bes. c. 17—20.
Einiges auch in Braida's dissert. in S. Nicetam Ml. 52, 999 sq. Vgl.
auch Looshorn in Zeitschr. f. kath. Theol. 1879 S. 238—265.

Heiligen Nazarius und Celsus geweihten kaiserlichen Grabkapelle. Und doch ging die Kraft des thätigen Kirchenfürsten nicht darin auf, zu Gottes Ehren Stein auf Stein zu türmen. Weit mehr lag ihm daran die Kirche innerlich zu bauen. Petrus führt nicht ohne Grund den Beinamen Chrysologus.[1]) In seinen „goldenen Reden", von denen uns fast zweihundert erhalten sind, lag das Geheimnis des grossen Einflusses, den er auf seine Zeit ausübte. Er kannte die ungeheure Macht des Wortes, drum liess er sich angelegen sein, dasselbe fleissig und geschickt zu handhaben. Wie knapp und eindringlich sind diese Predigten, und welch hohen Schwunges sind sie andrerseits fähig. Nirgends eine Spur von dogmatischer Weitschweifigkeit und ebensowenig eine Neigung zu ödem Symbolisieren. Wohl beteiligte sich Chrysologus an den christologischen Kämpfen seiner Zeit, und wiederholt begegnet auch in seinen Reden eine entschiedene Ablehnung besonders arianischer Irrtümer. Aber was ihn zu diesen Auseinandersetzungen treibt, ist weniger ein gelehrt theologisches als ein praktisches Interesse. Er bekämpft die Häresie, weil sie ihre Anhänger um das Seelenheil bringt, er verachtet solche Menschen, die sich wohl zu dem einen Dogma bekennen, aber das andere, das doch aufs engste mit jenem ersteren zusammenhängt, verwerfen. Dergleichen ist nicht bloss Mangel an folgerichtigem Denken, sondern Mangel an Wahrheitssinn. Die Sittlichkeit aber in einem im Niedergang begriffenen Volke und in einer gährenden Zeit aufrecht zu erhalten, darin sieht er seine Hauptaufgabe. Das Christentum soll sittigend alle Schichten der Bevölkerung durchdringen und erneuern: dieser Gedanke kehrt in des Petrus echt volkstümlichen, überaus anschaulichen und ins Leben greifenden Predigten immer wieder. Dem allen entspricht aber auch sein Interesse für den Katechumenat.

Mit einer doppelten Klientel hatte es der Bischof zu thun. Das Gros der ravennatischen Bevölkerung bestand aus Römern, die sich das Christentum gefallen liessen und scheinbar

---

[1]) Indessen ist derselbe erst zwischen 724 und 846 aufgekommen. Arnold in R.E. (3) IV 99.

der Kirche angehörten. Das Heidentum hatte ja allen Rechts-
boden in der Stadt verloren, nachdem Valentinian III. alsbald
nach seinem nominellen Regierungsantritt die Todesstrafe auf
heidnische Opfer gesetzt hatte. Aber diese offiziell christliche
Bürgerschaft zögerte auffallend, sich auch thatsächlich in die
christliche Gemeinde aufnehmen zu lassen. Die Gründe lagen
offen zu Tage. Heidnische Sittenlosigkeit beherrschte viel zu
sehr alle Verhältnisse des bürgerlichen Lebens, als dass nicht
Hunderte hätten vor einem Schritt zurückschrecken sollen, der
denn doch mindestens die ehrliche Absicht verlangte, mit dem
bisherigen Leben zu brechen. Man zögerte die Taufe bis in
die Sterbestunde hin und gefiel sich zeitlebens in der Über-
gangsstellung des Katechumenen. Als solcher genoss man zwar
nicht alle Rechte eines Gemeindegliedes, aber das verschlug
ja für die bürgerlichen Verhältnisse wenig, und andrerseits — und
das schien die Hauptsache — man war auch der zahlreichen
Anforderungen überhoben, welche die Kirche an die Lebensführung ihrer getauften Glieder stellte. Man konnte getrost in
diesem Stadium der Unvollkommenheit Sünde auf Sünde häufen:
das Taufwasser in der Sterbestunde wusch alle zusammen mit
einem Male hinweg.

Dieser nichtswürdigen Auffassung, die dem jungen Bischof
besonders in den Hofkreisen und bei der vornehmen Welt begegnete, galt es in erster Linie entgegenzuarbeiten. Chrysologus unterzog sich der Aufgabe mit Hingebung und nicht ohne
Erfolg. Denn er wandte sich nicht bloss an die saumseligen
Katechumenen selbst, sondern mit gleich beredter Zunge auch
an die schon getauften Christen, diese zur Mitarbeit auffordernd.
Sie sollen es sich angelegen sein lassen, dem Herrn neue Glieder
zuzuführen, sollen alle Hindernisse aus dem Wege schaffen
helfen, wenn Sünde oder Unwissenheit, Alter oder Armut,
Selbsttäuschung oder äusserer Zwang diese und jene von der
Anmeldung zur Taufe zurückhalten. Und diese ihre dringliche
Mahnung muss sich verdoppeln, wenn der Ostersabbat, der alt-
ehrwürdige Tauftermin, herannaht. Keiner soll sich aus-
schliessen wollen von der Taufe, kein Stand, kein Alter, kein
Geschlecht; denn wer weiss, ob ihn nicht eines Tages der Tod

überrascht und ihn, den unbussfertigen und ungetauften, mit dem zeitlichen zugleich des ewigen Lebens beraubt.

Aber das damalige Ravenna barg noch andere Gäste als eine satte Hofgesellschaft, eine blasierte Aristokratie, ein alt-gewordenes Romanentum. Denn die feste Haupt- und Hafen-stadt bekam von Jahrzehnt zu Jahrzehnt mehr den Charakter eines internationalen Sammelplatzes. Allerlei Volk aus Italien und Griechenland, aus dem Orient und nicht am wenigsten aus den nördlichen Barbarenländern gab sich hier ein Stell-dichein. Da waren Kriegsgefangene und Flüchtlinge, fremde Kaufleute und geworbene Söldner, Abenteurer und gebrochene Existenzen: vorwiegend Menschen, bei deren Anblick dem eif-rigen Bischof das Herz blutete, wenn er sie so in geistlicher Unwissenheit und ohne sittlichen Halt dahinleben sah. Leute aus diesen Bevölkerungsschichten als Katechumenen zu be-kommen und in möglichst grosser Anzahl durch die Taufe einem neuen bessern Dasein zuzuführen, wurde daher bald das andere Bestreben des Bischofs. Freilich waren auch nur wenige so wie er zu dieser Aufgabe qualifiziert. Wenn er es mit solchen geistig verwahrlosten Individuen zu thun hatte, mit Sklaven oder verwaisten Kindern, dann konnte er selbst zum Kinde werden, um ihrem schwachen geistigen Vermögen die christlichen Glaubenswahrheiten nach Form und Inhalt anzu-passen. Sprache und Gedanken wurden dann bei ihm so naiv, dass er es wohl für wünschenswert hielt, sich deshalb bei den Gemeindegliedern zu entschuldigen.[1])

Die letzteren freilich werden ihren Bischof deshalb nicht getadelt haben. Denn der Erfolg gab ihm recht. Des Chryso-logus Eifer wurde glänzend belohnt. Wenn er so dastand, um das Vaterunser und das apostolische Glaubensbekenntnis zu erklären und an der Hand beider nachzuweisen, was ein Christ glauben und wie er leben sollte, um das Himmelreich zu ge-winnen, dann hörten ihn die Massen mit tiefstem Stillschweigen an. Kein Applaus, wie er sonst wohl nach Predigten üblich

---

[1]) Vgl. den Anfang von Sermo 62: Unde vos iam patres, iam fortes, iam prudentes deprecor, ut me patiamini parvulis domini mei dependere debitae nutritionis obsequia et blandimentis hodie magis congrua quam peritiae verba depromere etc.

war, wurde laut. Der Eindruck war zu ergreifend und mächtig. Es konnte dann vorkommen, dass der Bischof, selbst betroffen von diesem Erfolg, seiner Verwunderung darüber in einem Worte dankbarer Aufmunterung zum Schlusse Ausdruck gab.[1]) Um so mehr, als es nicht bloss bei diesem einen Effekt blieb. Vielmehr rief die erweckliche Art jener bischöflichen Predigten, verbunden zugleich, wie wir annehmen dürfen, mit einer überaus eifrigen Seelsorge, damals in Ravenna eine Erscheinung hervor, die, so erfreulich sie an und für sich war, doch ihrem Urheber fast bedenklich erschien und ihn veranlasste zur Vorsicht zu mahnen. Hatte man sich nämlich früher in Ravenna nur mit Mühe bereit finden lassen, um die Taufe zu bitten, so tritt jetzt ein solch ungestümer Hunger nach derselben ein, dass man nicht einmal glaubt die wenigen Wochen der Kompetentenzeit abwarten zu können, sondern dass man sofort durch die Taufe in die kirchliche Gemeinschaft aufgenommen zu werden verlangt. Jeder Tag kann diesem oder jenem den Tod bringen, das hatte ja der Bischof selbst so oft gepredigt. Jetzt fängt diese Angst vor einem Abscheiden ohne Taufe an wie eine Epidemie zu grassieren. Die Bewegung wird so stark, dass Chrysologus sich ihrer nicht immer erwehren kann, sondern ihr mehrfach nachgeben muss.

Er sieht sich wiederholt gezwungen auch bei solchen, denen ein ordentlicher Katechumenenunterricht noch durchaus abgeht, gleichwohl die Taufe vorzunehmen.

Eine seiner Predigten zeigt uns den Bischof in dieser peinlichen Verlegenheit.[2]) Die Überrumpelung könnte ihm das Gewissen beschweren, wenn nicht auf dem natürlichen wie geistlichen Gebiete Analoga vorhanden wären: dort wenn ein erst im zehnten Monat erwartetes Kind sich bereits im siebenten einstellt, hier die Beispiele des Paulus und des Kämmerers aus Mohrenland, die beide plötzlich und ohne Vorbereitung auf der Landstrasse das Licht eines neuen Lebens erblickten. Und zwar wurde Paulus unter unnatürlich heftigen Wehen zur

---

[1]) Sermo 59 am Schluss: Si mihi silentium semper vestra caritas sic praeberet, ad omnes tractatus mei sermonis vester perveniret auditus: sed deus noster et mihi fiduciam dicendi et vobis audiendi desiderium donare dignetur.

[2]) Sermo 56.

Welt gebracht, wie er sich denn mit Recht „eine unzeitige Geburt" nennt, ja sich wundert, dass er überhaupt ohne ordentliche Schwangerschaft habe geboren werden können.

Solchen unzeitigen Täuflingen teilt Chrysologus zwar den Text des Glaubensbekenntnisses wie des Vaterunsers mit. Da er ihnen aber nicht zugleich auch einen tieferen Einblick in diese beiden Mysterien bieten kann, da es aus demselben Grunde auch nicht angängig ist, eine solenne Rückgabe jener beiden Katechismusstücke zu verlangen, so verzichtet der Bischof überhaupt auf jede Erklärung der Artikel wie Bitten, verlangt nur einfaches Auswendiglernen des Symbols und verweist in Bezug auf alles Übrige auf die österliche Zeit, während der sich die Pflegebefohlenen dann nachträglich an dem ordentlichen Katechismusunterricht beteiligen können.

Das waren indessen nur Ausnahmefälle. Denn in der Regel hielt auch die ravennatische Kirche zur Zeit des Chrysologus selbstverständlich daran fest, dass nur ein Katechumene, der zuvor Kompetent gewesen war und sich allen vorbereitenden Akten[1]) unterzogen hatte, zur Taufe zugelassen wurde. Es waren daher auch hier Übergabe und Rückgabe des Symbols wie des Vaterunsers an der Tagesordnung. Noch sind uns von den Ansprachen, welche Bischof Petrus Chrysologus bei solchen Gelegenheiten gehalten hat, und die er zugleich persönlich aufzuzeichnen pflegte, eine ganze Anzahl enthalten. Unter ihnen erklären sechs[2]) nach einem gleichen Schema und in gewandter Weise das Glaubensbekenntnis. Denn sie alle sprechen nach einleitender Vorrede die Symbolartikel der Reihe nach einzeln durch und schliessen mit einer kurzen erbaulichen Mahnung.

Die einleitende Vorrede fällt nach Zeit und Umständen verschieden aus. Bald nur aus wenigen Sätzen bestehend, wächst sie ein anderes Mal zu einem Drittel, ja zur Hälfte der ganzen Ansprache an. Auch der Inhalt ist durchaus individuell,

---

[1]) Vgl. Sermo 52 am Schluss: Hinc est quod veniens ex gentibus impositione manus et exorcismis ante a daemone purgatur et aperitionem aurium percipit, ut fidei capere possit auditum, ut possit ad salutem prosequente domino pervenire.

[2]) Sermo 57—62 Ml. 52, 357—375.

wenngleich gewisse Gedanken und Beispiele wiederkehren.
Jedenfalls dreht sich alles um das zu überliefernde Symbol.
Was ist das Symbol? Chrysologus antwortet: ein Bund,
ein Vertrag, wie ihn zwei mit einander schliessen, die sich
gegenseitig sicher stellen wollen entweder ganz im allgemeinen
oder zum Zwecke eines gemeinschaftlichen Unternehmens; sodann die Urkunde dieses Bundes, die Formel dieses Vertrages.[1]
Die beiden Paktierenden sind diesmal Gott und die Menschheit,
im Symbol umschlingt sie ein unauflösliches Band. Freilich
folgt aus der Ungleichheit der beiden Partner, dass dieser Pakt
nur um des Menschen willen geschlossen wird, nur ihn bindet,
nur ihm einen Gewinn in Aussicht stellt; denn um Gottes
willen wäre ein Symbol nicht nötig, von ihm ist weder eine
Täuschung zu erwarten, noch ist er einem Nachteil ausgesetzt.
Natürlich ist der Nutzen, den der Mensch von diesem im Symbol
zum Ausdruck kommenden Vertrag erhoffen darf, rein geistiger
Art, Glauben, Leben, Heil. Ist das Symbol mitgeteilt und vor
allem ausgelegt, so gleicht es einem Samenkorne, das, ins Men-
schenherz gesenkt, hier Wurzel treibt, um bei der Taufe als
fröhliches Bekenntnis zum dreieinigen Gott in Wort und That
zu Tage zu treten. Seine schliessliche Frucht ist die ewige Seligkeit.

Demnach liegt die eigentliche Bedeutung des Symbols in
seiner engen Beziehung zur Taufe, die es einleitet und eigentlich erst ermöglicht. Zwar ist eine Taufe ohne vorgängige
eingehende Erörterung des Symbols allenfalls denkbar — Beispiele wie der Schächer am Kreuz, der Kämmerer aus Mohrenland, Cornelius und Paulus beweisen dies — aber sie bleibt
doch immer eine Ausnahme und ein Wagnis. Denn ein nor-
maler Geburtsakt erfordert, dass zuvor das neue Leben im

---

[1] Vgl. bes. Sermo 62: Placitum vel pactum quod lucri spem ve-
nientis continet vel futuri. symbolum nuncupari contractu etiam docemur
humano; quod tamen symbolum inter duos firmat semper geminata con-
scriptio et in stipulatione cautum reddit humana cautela ne cui surrepat,
ne quem decipiat perfidia contractibus semper inimica. Die verschiedenen
Bezeichnungen für Symbol lauten bei Chrysologus: pactum vitae, fidei,
gratiae, spei; placitum salutis, fidei; forma fidei; credulitatis norma; confessionis ordo; salutis, vitae symbolum; symboli sacramentum; symbolum
coelestis commercii; fidei cautio.

Schosse der Mutter völlig ausgereift ist; eine Frühgeburt hat nicht selten die nachteiligsten Folgen. Daher denn die angelegentliche Einladung, sich das Symbol darreichen zu lassen und die dringende Aufforderung, sich mit demselben wohl vertraut zu machen. Denn nur so können die Katechumenen auf den rechten Segen der Taufe hoffen. Jene Vorbereitung auf die geistliche Neugeburt fällt mit der Fastenzeit zusammen, aber Gott verlangt noch mehr als blosses Fasten, er verlangt von denen, mit welchen er seinen Bund schliessen, welchen er sich offenbaren will, reines Herz und reine Lippen. Jesaias klagte einst, dass seine und seines Volkes unreine Lippen ihn hinderten, von Gott so zu predigen, ihn so zu bekennen, wie sein Herz es verlangte. Erst als ein Seraph mit glühender Kohle diese Lippen entsühnte, quoll aus dem Munde das Bekenntnis vom Jungfrauensohne. Die Beziehung liegt nahe: auch die Herzen der Täuflinge bedürfen jener glühenden Kohle, falls sie von dem Symbol mehr als einen flüchtigen Eindruck gewinnen und dasselbe fröhlich bekennen sollen. Hier wird es also Gott anheimgegeben, für die rechte Vorbereitung derer, welche das Glaubensbekenntnis empfangen wollen, Sorge zu tragen.

Ein anderes Mal aber schiebt der Bischof diese Herzensbereitung den Empfängern selbst in das Gewissen. Glaube und Vernunft, Göttliches und Menschliches, Ewiges und Zeitliches vertragen sich nicht nebeneinander. Heute aber ruft der Vater; Tag und Stunde des Bekennens und Glaubens sind da. Wer sich nach diesen beiden sehnt, der bringe ein lauteres Herz und einen reinen Mund mit. Denn nur ein einfältiger Sinn vermag das Symbol zu hören und zu bewahren. Als Gott das Gesetz gab, musste Israel seine Kleider waschen und allen äusseren Schmutz von sich abthun, denn Gottes Nähe duldete keine Unreinigkeit. Weit mehr ist jetzt die Reinigung für solche nötig, welche nicht nur einem Schattenbilde der Gnade, sondern dem göttlichen Geheimnis selbst entgegengehen. Handelt es sich ja dabei doch nicht bloss um einige vorbereitende Akte, sondern um ihre wichtigen Folgen, um die Taufe, um das christliche Glaubensleben, die sich beide auf das Symbol gründen. Aus unreiner Quelle fliessen die Wasser trübe, Gestrüpp hindert den Samen am Aufkommen. Wie soll in einem schmutzigen unordentlichen Katechumenenherzen das Wort vom dreieinigen Gott gedeihen und sich entfalten können? Erwartungsvoll trete der Katechumene heran, denn mit überreichen Segnungen wird ihn der Herr überschütten. Geistestau und Gnadenströme werden sich über ihn ergiessen. Ist der mit Gott geschlossene Bund an sich schon herrlich, so wird das, was er in der Folgezeit bringt, noch weit herrlicher sein. In dieser Hoffnung auf Grösseres liegt die stärkste Mahnung, unerschütterlich an dem Unterpfande jenes erhofften Gutes, am apostolischen Glaubensbekenntnis festzuhalten.

Dasselbe darf aber niemals niedergeschrieben werden. Diese altbekannte Mahnung berührt inmitten des anders gearteten Ideenganges freilich eigentümlich genug. In der That scheint sich auch der Bischof nicht mehr klar darüber gewesen zu sein, woher jenes Verbot eigentlich stammt. Und doch trifft er mit echt geistlichem Takte das Richtige, wenn er jene überkommene Bestimmung mit seinen sonstigen Aufforderungen und Auseinandersetzungen in inneren Zusammenhang zu bringen sucht, indem er einmal darauf hinweist, das Symbol sei zwar eine Vertragsurkunde zwischen Gott und den Menschen, aber es hiesse ersteren beleidigen, wollte man eine solche Abmachung schriftlich fixieren;[1]) ein andermal dagegen den rein geistlichen Charakter der ganzen Frage in den Vordergrund schiebt: der Glaube ist Sache des Herzens, nicht des Papieres; das ewige himmlische Geheimnis verlangt nach der Seele als seinem Schrein.[2])

---

[1]) Sermo 62: Inter deum et homines symbolum fidei sola fide firmatur, non litterae sed spiritui creditur et mandatur cordi non chartae, quia divinum creditum humana non indiget cautione.

[2]) Sermo 58: Accepturi symbolum pectora parate non chartam, sensum acuite non calamum, et audita non atramento sed spiritu ministrante describite: quia committi non potest caducis et corruptibilibus instrumentis aeternum et coeleste secretum sed in ipsa arca animae, in ipsa bibliotheca interni spiritus est locandum, ne profanus arbiter, ne improbus quod dilaceret discussor inveniat et fiat ad contemnentis et ignorantis ruinam quod confitentis et credentis donatum est ad salutem. Sed dicenti tibi prophetae: Dilata os tuum et adimplebo illud, tu respondere possis: In corde meo abscondi eloquia tua, ut non peccem tibi. — Sermo 61: Hoc mone-

Ohne weiteres schliesst sich die schlichte Erklärung der einzelnen Symbolstücke hier an.

Beim ersten Artikel erörtert Chrysologus die beiden Begriffe: allmächtig und: Vater.

Den einen allmächtigen Gott bekennen heute mit Recht die Katechumenen im Gegensatz zu den vielen sittlich verächtlichen Wesen,[1]) die sie sich früher als ihre Götter und Göttinnen haben gefallen lassen. An ihn glauben sie, während sie den Idolen entsagen und den Teufel und seine Engel verwerfen.[2]) In beiden, dem Glauben einerseits der Absage andrerseits, liegt zugleich die einzig mögliche und zugleich vollauf hinreichende Gotteserkenntnis. Denn tiefer in sein Wesen eindringen zu wollen, wäre durchaus überflüssig, abgesehen davon, dass dieses helle Sonnenlicht jeden zudringlichen Beobachter blendet. Auch erschliesst der Glaube an den einen Gott zugleich das Geheimnis der Trinität; denn wer an Vater, Sohn und heiligen Geist glaubt, der bleibt einer irrigen Gottesauffassung fern. Er findet in den drei getrennten Personen die eine Gottheit; er kennt den einen Gott als den dreieinigen, den alleinigen als den nicht alleinstehenden.

Gottes Allmacht wie überhaupt sein wahres Wesen offenbart sich vorzugsweise in seiner Vaterschaft. Mit dem Appell an die Allmacht und mit dem Hinweis darauf, dass, wer Eingehenderes über das Verhältnis von Vater und Sohn zu hören begehre, den eben bekannten Glauben wieder verleugne, werden alle Widersprüche niedergeschlagen. Denn ging aus der Art und Weise, wie der Bischof vom heidnischen Polytheismus sprach, hervor, dass er von diesem keine ernste Gefahr für seine Katechumenen mehr fürchtete, so apostrophiert er jetzt

_____

mox solum, ne quis committat litteris quod est cordi mandaturus ut credat. apostolo sic monente: Corde creditur ad iustitiam, ore autem confessio fit ad salutem. Vgl. oben S. 28.

[1]) Sermo 57: Quando deos deasque sexu dispares, numero confusos, turba populares, viles genere, fama turpes, impietate maximos, primos scelere, crimine singulares, ipsis etiam sepulcrorum suorum vultibus accusatos laetamini vos fugisse.

[2]) Sermo 59: Credimus in deum, si negamus deos, si renuntiamus idolis, si diabolum et eius angelos abnegamus.

um so energischer den haereticus, den er in konkreter Weise
vor sich sieht. Was derselbe aber an Einwürfen vorbringt,
beschränkt sich vorzugsweise darauf, dass Vater und Sohn
nicht gleichewig sein können. Drum wird ihm entgegengehalten,
dass man die Gottheit nicht mit dem natürlichen Mass messen
dürfe, ausserdem dass er ja soeben erst sich zur göttlichen Allmacht bekannt habe; wie könne er diese aufrecht erhalten,
wenn er jenes für unmöglich erkläre. Selbstverständlich beschränkt sich Chrysologus im übrigen darauf, die Gleichwesenheit des Sohnes in kräftigen Worten auszusprechen. Der Sohn ist
vorzeitlich, vom Vater erzeugt, als der welcher den Vater offenbart; nicht als Nachfolger des Vaters gedacht, sondern um
immer bei ihm zu bleiben; seine gleichewige Substanz will nach
den ihr eignenden göttlichen Kräften gewürdigt sein.

Das führt dann gleich zur Menschwerdung dieses Sohnes.
Wie ein Feldherr, so nimmt auch er seine Namen von seinen
Triumphen. Er heisst Christus, der Gesalbte schlechthin, weil
er nicht wie sonst Propheten, Priester und Könige bloss mit
gewöhnlichem Öle gesalbt ist, sondern weil, wie einst Gideons
Fell vom Tau, so sein Fleisch mit dem heiligen Geiste Gottes
förmlich durchtränkt wurde. Selbst Gott, konnte er nunmehr
mit dieser göttlichen Salbe sterbliche Gebeine beleben, die nunmehr auch Gesalbte, Christen heissen. Er nennt sich Jesus, weil
er Heil und dauernde Gesundheit mit jener Geistessalbung den
Menschen gebracht hat. Er ist der einige Sohn, weil er allein
Gottes Sohn von Natur ist, während die gläubigen Menschen
nur kraft eines Gnadenaktes Gottes Kinder heissen. Und zwar
liegt auf dieser Göttlichkeit des Sohnes der Nachdruck; denn
Christum nur nach dem Fleisch zu kennen thut es allein nicht.
Auch soll der Christ über dieses Geheimnis der gottmensch-
lichen Natur nicht grübeln, sondern nur dem glauben, was die
Worte: Vater, Christus, Jesus, Sohn, einiger Herr besagen wollen.

Dieser Gottessohn Jesus Christus ist unser Herr. Er hat
uns von zahlreichen schändlichen und grausamen Herren befreit,
um uns fortan die volle Freiheit zuzusichern. Drum ist er auch
unser einiger Herr, wie er Gottes einiger Sohn ist. Denn ihm
allein steht die Herrschaft zu kraft seiner Gottheit, kraft seiner
Natur, nicht als Gnadenverleihung.

Bei der Menschwerdung Christi handelt es sich wieder um ein Mysterium, das nicht ergrübelt sondern geglaubt sein will. Die beiden Hauptmomente dabei sind Vaterschaft des heiligen Geistes und Jungfrauengeburt: ein solches Kind muss göttlich sein. Alles kommt darauf an, dass der Christ hieran festhalte. Denn mit jener Neuordnung der Geburt ist ja für den Menschen ebenfalls ein neuer Lebensanfang gegeben. Auch bei diesem Artikel wird ein Häretiker zurechtgewiesen: der nämlich, der die Jungfrauengeburt nicht bekennen will, vielmehr dieses himmlische Geheimnis vom Standpunkte der gebrechlichen Welt aus beurteilt.[1]

Des Pilatus Namen fixiert das Datum der Passion und garantiert die historische Wahrheit des Vorganges. Dieselbe besteht darin, dass Jesus Christus ans Kreuz geheftet wird, um unser verloren gegangenes Heil uns wieder zu erwerben, an dasselbe Kreuz, an das die Sünder eigentlich selbst hätten geheftet werden müssen, weil von diesem Baume die Sünde ihren Ursprung genommen hatte.

Und zum Beweise, dass es sich bei dem ganzen Vorgang um ein wirkliches Sterben handelt, heisst es zugleich im Symbol: und begraben. Aber was seinen wahren Tod besiegelte, ward zugleich zum Ausgang für eine neue Entwicklung. Christus ward als Samenkorn in die Erde gesenkt, damit auf Grund dieser Aussaat alle menschlichen Leiber zu froher Ernte auferstehen könnten.

Dass Christus zur Hölle fuhr[2] und dann von den Toten wieder auferstand, beseitigt alle Unruhe, die sein Leiden und Sterben hervorrufen könnten, überzeugt unzweideutig von seiner göttlichen Macht. Das sollen sich Juden und Häretiker in gleichem Masse gesagt sein lassen. Denn Christus brachte jene drei Tage im Grabe zu, um die Gaben der Dreieinigkeit vorzubereiten, mit denen er fortan Himmel, Erde und Unterwelt

[1] Sermo 60: Neque amplius coeleste mysterium, virginitatis partum, trahat ad conceptum mundi, ad terrenae fragilitatis iniuriam.
[2] Christi Höllenfahrt findet sich natürlich nicht im Symboltext, aber Chrysologus deutet sie zweimal in der Erklärung an. Sermo 57: Quae apud inferos redempturus. Sermo 60: Intrasse inferos et rediisse, venisse in iura tartari et tartari iura solvisse, non est fragilitas sed potestas.

9*

zu beglücken dachte, nämlich dieselben zu erneuern, wiederher-
zustellen und zu erlösen. Jene dreitägige Grabesruhe sollte zu
einem Segen werden für Heiden, Juden und Christen.

Alsdann kehrte der Gottmensch in den Himmel zurück,
von wo er seinen Ausgang genommen hatte, nicht um seinetwillen allein, sondern um uns befreiten Menschen bei sich
eine Stätte zu bereiten. Dort sitzt er zur Rechten Gottes,
d. h. er nimmt an der ganzen göttlichen Machtfülle gleichen
Anteil. Und er kommt von dort zu richten die Lebendigen und
die Toten. Alle, die in Gräbern ruhen und die bei seiner
Wiederkunft noch auf Erden wandeln, unterstehen dem gleichen
Gericht des Sohnes. Diese Gewissheit muss uns, insonderheit
aber die Häretiker, zur Vorsicht mahnen, nicht über den ab-
zuurteilen, dessen Richterspruch wir alle unrettbar verfallen.

Auch der heilige Geist ist göttlicher Natur. Dadurch erst
wird die Dreieinigkeit zur vollen Wahrheit und erhält das Bekenntnis zu ihr seinen Abschluss. Er hat mitgearbeitet an der
Schöpfung der Welt; an ihn muss glauben, wer sich nicht von
Gott lossagen will.

Gott und die Kirche gehören zusammen wie Kopf und
Leib, wie Mann und Frau. Wer an den einen glaubt, muss
sich zur anderen bekennen.

Wer durch Christus und die Kirche dann ein neuer Mensch
geworden ist, dem sind auch die Sünden vergeben. Er wird
dieser Sündenvergebung teilhaftig, wenn er glaubt, dass ihm
dieselbe von Christus gewährt sei. Eine geradezu selbstverständliche Sache. Denn wem Vergangenes zweifelhaft erscheint,
wie könnte der an Zukünftiges glauben?

Wer endlich an die Auferstehung des Leibes glaubt, dessen
Glaube ist rechter Art. Wie Zeit aus Zeit, Tag aus Nacht,
Same aus Verwesung hervorgehen, so kann auch der Mensch
nicht im Tode bleiben. Die scheinbar vernichteten Personen
soll man wieder erkennen können, der Märtyrer muss seinen
Lohn, der Verfolger seine Strafe finden. In Gottes Allmacht
ist dies begründet, denn Gott wird doch möglich sein, was der
Mensch mit einem Saatkorn zu thun vermag. Christi Leiden,
Sterben und Auferstehen hat sie ins Werk gesetzt. Er, der
da richten und in Ewigkeit herrschen will, braucht ja für

beides, dass zuvor die Toten auferstehen. Drum heisst daran glauben, den Beweis liefern, dass man an Gottes Allmacht glaubt. Umgekehrt bringt sich, wer an ihr zweifelt, um das ewige Leben. Denn die Existenz dieses letzteren ist durch die Auferstehung verbürgt, die ja sonst eine Auferstehung zum Tode sein würde. Damit ist die Erklärung der einzelnen Artikel beendet. Die Zuhörer schlagen das Kreuz, [1]) und der Bischof schliesst die Ansprache mit einer ganz kurzen Mahnung und einem Segenswunsche. Vorzugsweise sind es wieder Erörterungen darüber, dass durch schriftliche Aufzeichnung des Symbols Gott gekränkt, das hochheilige Geheimnis selbst profaniert und dem Ungläubigen durch solch einen unrechtmässigen Besitz Schaden zugefügt werden könnte,[2]) welche diese Schlusssätze beherrschen.

3. Maximus von Turin.

Auch in dem besonders bedrohten Norden Italiens hielt um jene Zeit, da die alte Welt zusammenbrach und auf ihren Trümmern sich aller Orten wundersame Neubildungen vollzogen, ein treuer und begabter Diener des Evangeliums die Wacht. Noch immer ist die Gegenwart dem Bischof Maximus von Turin [3]) diejenige Anerkennung schuldig geblieben, die er

[1]) Vgl. Sermo 57. 59. 60. 62: Signate vos. Vgl. Caspari, Quellen II 63 Anm. 18.

[2]) Das letzte Motiv, dass dem Ungläubigen aus dem Besitze des (unverstandenen) Symboltextes Schaden erwachsen könne, ist ungewöhnlich. Sermo 60: Ne coeleste secretum arbiter profanus assumat, ne quod est credentibus ad vitam, existat perfidis ad ruinam. Sol lippientibus oculis non lucem tribuit sed tenebras, vinum vires febrientium non reparat sed enervat, sine medico vitae poculum fit lethale: sic perfidis perniciosum est sine fide fidei sacramentum. Vgl. v. Zezschwitz a. a. O. I 189: Es galt diese selbst (die Ungläubigen) auch zu schonen, dass sie nicht durch unpädagogische Behandlung ein Ärgernis an dem nähmen, was ihnen, wenn sie dafür bereitet wären, Gegenstand der Anbetung werden sollte.

[3]) Eine eingehende Biographie des verdienten Mannes fehlt. Jedenfalls lebte er über die Mitte des 5. Jahrhunderts hinaus, denn er unterschrieb noch als Zweitältester die Beschlüsse der römischen Synode von 465 (Mansi conc. coll. VII 959). Die beste Ausgabe seiner Schriften auf Befehl Papst Pius VI. von Bruno Brunus Rom. 1794. Abgedr. bei Migne ser. lat. 57.

im höchsten Masse verdient, und die ihm auch das erste
Jahrtausend willig zollte. Freilich gehört Maximus nicht zu jenen Persönlichkeiten,
die durch Ideenreichtum oder durch ein machtvolles Eintreten
im grossen Stile bestimmend auf die Gesamtkirche eingewirkt
und auf diese Weise selbst dafür gesorgt haben, dass sie nicht
vergessen wurden. Seine Grösse bestand in seinem Charakter.
In kritischen Lagen das Herz auf dem rechten Fleck und dazu das rechte Wort zur rechten Zeit: das war Maximus von
Turin. Was seine Diöcese in jener sturmreichen Zeit von
ihrem Bischof verlangen konnte, das bot er ihr im vollsten
Masse: gesunde kirchliche Predigt, treue hingebende Seelsorge
und vor allem das Vorbild einer sittlichen Persönlichkeit.
So ziemlich alle häretischen Richtungen jener Zeit waren
damals in Oberitalien vertreten. Ihnen gegenüber hat Maximus
die angefochtenen christlichen Dogmen von der Trinität, von
der Person Christi und von seinem Werke so klar und sicher
erläutert und verteidigt, dass man überall merkt: hier spricht
ein Theologe, für den die Rechtgläubigkeit nicht etwas Ange-
lerntes, sondern Erfahrung und Leben ist.

Dazu kam noch ein zweites. Seit über hundert Jahren
war Italien offiziell christlich, in Wirklichkeit aber reagierte
auf Schritt und Tritt das Heidentum gegen Zustände und
Anschauungen, die man sich zwar hatte gefallen lassen müssen,
von deren Berechtigung man aber innerlich keineswegs durchdrungen war. Noch war es nicht allzu lange her, dass man in
manchen Alpenthälern das Christentum so gut wie gar nicht
kannte. Drei christliche Männer hatten sich im Tridentinischen
ein Kirchlein gebaut, um hier im Frieden ihre Gottesdienste zu
halten. Da dringen beim Feste der Ambarvalien heidnische
Haufen in dasselbe ein, die Freunde wollen ihr Heiligtum
schützen und erleiden den Märtyrertod.[1]) Noch mehr. In der
eigenen Diöcese muss es Maximus erleben, dass der aus den
Städten vertriebene Götzendienst auf dem Lande um so üppiger
wuchert. Selbst auf den Gütern christlicher Herren opfert man
eifrig der Diana, und jene Besitzer glauben für das nicht ver-

---

[1]) Sermo 81. 82.

antwortlich zu sein, was ihre Diener und Arbeiter, wenngleich mit ihrem Wissen, derart vollführen.[1]) Kein Wunder, wenn auch hinter der christlichen Konvenienz der städtischen Bevölkerung sich heidnische Gesinnung nur schlecht verstecken konnte. Draussen Götzenopfer, drinnen Aberglaube und Zuchtlosigkeit. Mondfinsternis erscheint als Zauberei und bewegt die Gemüter, durch Geschrei hofft man dem armen Mond helfen zu können.[2]) Der Jahreswechsel gilt für geeignet, um mit Hilfe von Vogelflug und Tierorakeln einen Blick in die Zukunft zu thun. Jedenfalls qualificiert sich der 1. Januar vortrefflich zu Vermummungen und allerlei mit Vernunft und guter Sitte im Widerspruch stehendem Hokuspokus.[3])

Hier hat Maximus überall Wandel geschafft, so dass er selbst mit Dank und Befriedigung von dem Erfolge seiner Predigten sprechen konnte.

Freilich haben ihn dabei wohl vielfach die schweren Zeitläufte unterstützt. War doch alles dazu angethan, die Gemüter ernster zu stimmen und zur Busse zu kehren. Obendrein brachen die Hunnen ins Land, Entsetzen und Verzweifelung ringsum verbreitend. Maximus hat damals seine schönsten Triumphe gefeiert: denn als alles den Kopf verloren zu haben schien, blieb er fest und ruhig. Ein wahrer Christ dürfe niemals verzweifeln, lautete sein Bekenntnis, das die ganze Eigenart seiner Persönlichkeit offenbarte. In der That flössten seine energischen Vorstellungen dem Einzelnen neuen Mut ein und hielten die dem Zusammenbruch geweihte Gemeinde zusammen. Die Provinz hatte furchtbar zu leiden, aber dank ihrem Bischof blieb sie vor förmlichem Ruin bewahrt.

Wer sich solche Verdienste erworben, dem erlaubte man

---

[1]) Sermo 101: Nec se aliquis excusatum putet dicens: Non iussi fieri, non mandavi. Vgl. Sermo 82: Solent enim plerique miseri dicere: Nescio, non iussi, causa mea non est, non me tangit.

[2]) Homil. 100. 101. Vgl. Hom. 100: Risi equidem et miratus sum vanitatem, quod quasi devoti christiani deo ferebatis auxilium. Clamabatis enim ne tacentibus vobis perderet elementum: tanquam infirmus enim et imbecillis nisi vestris adiuvaretur vocibus, non posset luminaria defendere quae creavit.

[3]) Homil. 16.

gern auch ein Wort strafender Zucht. Nur allzubald sollte
sich dazu die Gelegenheit finden. Denn die noch eben wie
Schafe vor dem Löwen gezittert hatten, verwandelten sich sofort, wie der Löwe wieder abgezogen war, in wilde Bestien, die
sich auf den zurückgelassenen Raub gierig stürzten. Nicht
alles nämlich, was sie geraubt hatten, konnten die Hunnen bei
ihrem eiligen Rückzuge mitschleppen. Gern machten sie daher
Kostbarkeiten und Gefangene rasch wieder zu Geld, zumal sie
an den italischen Christen nur allzu bereitwillige Käufer
fanden. Mancher ist damals auf billige Weise zu Reichtum
gekommen, die Hunneninvasion schien ein recht glückliches
Ereignis gewesen zu sein. Denn dass das schöne Vieh, der
prächtige Hausrat erst vor wenigen Wochen dem christlichen
Nachbarn mit Gewalt fortgenommen waren, ja dass die neuen
Sklaven christliche Brüder waren: das alles beschwerte das
Gewissen des jetzigen glücklichen Besitzers recht wenig. War
ja sein Vorgehen durchaus gesetzmässig gewesen. Und warum
nicht eine gute Gelegenheit benutzen, wo sie sich bietet? Und
doch bäumte sich die christliche Moral gegen eine solch schnöde
Selbstsucht auf. Der strenge Bischof verlangte, was vom geschäft-
lichen und rechtlichen Standpunkte aus als Thorheit erschien,
um Christi willen Verzicht auf einen Besitz, der nur unter un-
normalen Gewaltzuständen möglich geworden war.[1]) Denn
wie der Herr, der auf seinem Territorium Götzenopfer zulässt,
selbst ein Götzendiener ist, so derjenige ein Räuber und Dieb,
der geraubtes Gut durch Kauf an sich bringt.

Auf das Kriegsjahr folgte Hungersnot. Sie stellte nicht
minder die sittliche Reife der turinischen Christengemeinden
auf die Probe. Aber Maximus — er selbst das beste Beispiel
der Hilfsbereitschaft — wird nicht müde, Mildthätigkeit und
Freigebigkeit seinen Diöcesanen einzuschärfen.

Predigten dieser Art, die aus dem Leben kamen und

---

[1]) Homil. 96. Vgl. bes. die schöne Stelle: Ecce senex pater captum
deflet filium et tu iam super eum velut servulum gloriaris. Innocens rusticus perditum ingemiscit iuvencum et tu cum eo rus tuum excolere dis-
ponis et fructus te putas posse capere gemitibus alienis. Ecce religiosa
vidua tota supellectile dispoliatam domum suam dolet et tu eadem
supellectile domum tuam ornatam esse gloriaris.

wiederum dem Leben dienten, besassen natürlich bleibenden
Wert, auch wenn sie an stilistischer Eleganz manchen anderen
wie etwa den kunstvollen Reden eines Petrus Chrysologus
nachstehen mochten. Man hat sie gern gelesen und als in jeder
Hinsicht nachahmenswerte Muster selbst noch zu einer Zeit weiter-
verbreitet, da der Name dessen, der sie einst gehalten, schon
ziemlich verblasst war. Das Werk hat seinen Meister überdauert.[1])
Das gilt nicht am wenigsten von der einzigen Traditionsansprache über das Symbol, die aus des Maximus Feder auf
die Nachwelt gekommen ist. Dadurch, dass sie in das Homiliarium Karls des Grossen aufgenommen worden war, wurde
sie weiteren Kreisen zugänglich. Aber auch bei den Umgestaltungen, die das letztere später erfuhr, scheint sie sich mit besonderer Zähigkeit behauptet zu haben. Sie mochte wohl in
besonderem Masse als eine ebenso übersichtliche wie korrekte
Darlegung des christlichen Glaubens gelten. Noch im Zeitalter
Abälards las man sie regelmässig am Sonntag Judika: eine
dunkle Reminiscenz an die längst antiquierte Ceremonie der
Symbolübergabe.[2])

Aus der kriegerischen Vergangenheit des Volkes Israel
schreibt sich, wie das Richterbuch erzählt, die Sitte des Schibbo-
leth her. Körperliches Aussehen und Gestalt der Waffen
waren bei beiden Gegnern die gleichen, drum sollte ein ge-
heimzuhaltendes Wort den Freund vom Feinde unterscheiden
helfen. Es war daher wohl nur eine Nachahmung jener alten
Gepflogenheit, wenn die Apostel[3]) in gleicher Weise der Kirche,
die gegen die Macht des Satans anzukämpfen hatte, ein myste-
riöses Symbol anvertrauten, durch dessen treue Bewahrung
sich die wahrhaften Glieder der Kirche von allen ungläubigen
wie ketzerischen Elementen schieden.

---

[1]) Über ein Fünftel der das Homiliarium Karls des Grossen bildenden
Predigten stammt von Maximus, wenngleich manche davon später einen
anderen Verfasser beigelegt bekommen haben. Vgl. meine Schrift: Das
Homil. Karls d. Gr. S. 79. 89—94.

[2]) Homil. 83. Im Homiliarium I 95 zwischen Dominica ante palmas
und Dominica in palmas unter dem Titel: In traditione symboli. Sermo
beati Maximi de expositione fidei. Vgl. Abaelard. Introd. ad theolog.
ed. Cousin II 15. Theol. christiana ibid. p. 365.

[3]) Zur Abfassung durch die Zwölfe vgl. Sermo 27 am Schluss.

Soweit die kurze Einleitung. Schlag auf Schlag folgen
nun die einzelnen Stichworte des Symbols, jedes mit einer
knappen Erklärung versehen. Kein Artikel ist ausgelassen,
keiner besonders bevorzugt. Alle anderen Interessen treten
zurück, dem Bischof ist es nur um die Mitteilung und Erklärung des mysterium symboli zu thun.
Du glaubst an Gott den allmächtigen Vater. Mit Recht,
denn seine Grösse lässt sich nicht begreiflich machen, sie kann
nur geahnt, nur geglaubt werden. Der Glaube an ihn wird zur
unbedingten Notwendigkeit für den Christen, eine Thatsache,
die auch Jesus wiederholt hervorhebt. Wenn wir ihn Gott
nennen, so denken wir an seine Anfangslosigkeit, wenn wir
von seiner Allmacht sprechen, an die Fülle seiner Macht. Wie
beides für uns ein undurchdringliches Geheimnis ist, so gilt
das Gleiche von seiner Vaterschaft, aus der indessen die Thatsächlichkeit des eingeborenen Sohnes mit Gewissheit folgt.
Als dieser Sohn kam Christus auf die Welt. Er heisst Herr auf
Grund der ihm eignenden göttlichen Natur; einiger oder einge-
borener als der, welcher nicht seines Gleichen hat; Sohn als
Gott, der von Gott ausgegangen ist. Geboren vom heiligen Geist
aus der Jungfrau Maria. Als solcher ist Christus himmlischer
Art und frei von allem Tadel. Der Eingeborene Gottes, der um
unserer Erlösung willen Mensch werden und die alt und sündig
gewordene Menschennatur wieder herstellen sollte, musste auch
auf eigenartige Weise zur Welt kommen. Gottessohn und
Menschensohn reimt sich zusammen wie Schöpfer der Welt
und Erlöser. Unter Pontius Pilatus gekreuzigt und begraben.
Das Kreuz verursacht dem keinen Anstoss, der sich bewusst
ist, dass Gottes ewiger Sohn, wie er für uns geboren ist, so
auch für uns gelitten hat, wenngleich das Ganze ein wunderbares Geheimnis bleibt. Der Kreuzestod insbesondere lässt,
weil die verächtlichste aller Strafen, den Sieg um so glänzender
erscheinen: für alle Welt leidend wollte Christus auch angesichts aller Welt sterben. Zugleich sollte der innere Zusammenhang zwischen seinem Sterben und den dasselbe begleitenden
merkwürdigen Naturereignissen allbekannt und offenkundig
werden. Drum ist dem Leiden Christi gegenüber unsrerseits
nicht Klagen und Seufzen, sondern Preisen und Rühmen an-

gebracht. Wenn schliesslich Christus noch begraben wurde, so war dies nicht bloss die natürliche Folge seines Todes, sondern es geschah, einmal um auch die in der Erde Ruhenden an dem von seinem Leibe ausgehenden Segen teilnehmen zu lassen, sodann um seinem vollständigem Tode gegenüber auch die Vollständigkeit seiner Auferstehung ins rechte Licht zu stellen. Am dritten Tage wieder auferstanden von den Toten. Dort Schmach, hier Herrlichkeit; dort Tod, hier Leben; dort liebevolle Hingabe, hier machtvolles Handeln. Denn er konnte sterben, aber er konnte nicht im Tode bleiben. Als ein Herr über den Tod, musste er ebensowohl selbst wieder aufersteben, wie er andere auferweckt hatte. Die Himmelfahrt war für den von der Jungfrau geborenen Gottessohn, der über die Hölle triumphiert hatte, der gegebene Weg, um das Reich wieder einzunehmen, dem er freiwillig zuvor entsagt hatte. Gleichzeitig knüpfte sie ein wunderbares Band zwischen Himmel und Erde; der Himmel freut sich und die Erde ist fröhlich, jener über den Menschensohn, diese wegen des Gottessohnes. Im Himmel sitzt Christus wie ein thronender Triumphator, zur Rechten des Vaters, mit dem ihn göttliche Natur und unzertrennliche Liebe verbindet; letzteres in besonders zutreffender Weise, da er mit dem Vertreter der Linken, dem Teufel, keine Gemeinschaft hat. Von dort kommt Jesus zum Gericht. Wer das Menschengeschlecht geschaffen hat, dem gebührt auch, ihm ein Ende zu setzen, wer es erlöst hat, vermag es auch zu richten. Ein Gericht nach dem Tode aber ist notwendig um der verschiedenartigen Lebensführung der Menschen auf Erden willen. Dass in dasselbe auch die Lebenden mit eingeschlossen werden, kann nicht wundernehmen. Und an den heiligen Geist. Wem derselbe Name eigen ist, der verlangt auch das gleiche Bekenntnis; was im Himmel geeint ist, sollen Menschen nicht trennen wollen. Die Gottheit duldet weder Teilung noch Ungleichheit. Denn wie der Sohn seinen Ausgang vom Vater nahm, so ging auch der Geist aus dem Vater hervor; und wie der eingeborene Sohn Gottes nur Gott sein kann, so kann auch der aus Gott hervorgehende Geist nur Gott sein. Endlich, er inspiriert, wie er will und teilt himmlische Gnaden aus, wie er will. Also folgt auch aus dem gleichen Können des Geistes

sein Einssein mit Vater und Sohn. Die heilige Kirche. Mit
Recht führt die Kirche dieses Prädikat, denn sie heiligt alle
Menschen und macht allmählich die ganze Welt in allen Zungen
jubeln Gott zum Preis. Sie reinigt durch das Sakrament der
Taufe die Erdenbewohner vom Sündenschmutz und verhilft
ihnen zum Himmel. An der Sündenvergebung sodann ist in
besonderem Masse gläubig festzuhalten, da sie allein den
Menschen vom ewigen Tode befreit. Das war es ja, warum
Christus Mensch wurde und starb, dass er uns, die wir uns den
Sünden nicht entziehen konnten, mit seinem unschuldigen Blute
rein wusch und durch Vergebung frei machte. Damit ermahnt
er uns zugleich, die Sünde zu fürchten. Mit der Auferstehung
des Fleisches schliesst die Reihe der Glaubensartikel. Auch
sie ist begründet in Christi Menschwerdung. Der Ewige wurde
Fleisch, um das Fleisch zu verewigen. Christi Tod und Begräbnis fehlte die Krone, wenn er nicht durch beides den
Menschen Leben und Auferstehung vermittelt hätte. Die Erde
bietet mit ihrem Absterben und Wiederaufblühen ein Analogon: die aufspriessende Saat ist ein Unterpfand der zukünftigen Auferstehung. Nur ein hartes Herz kann sich gegen
diese Erkenntnis verschliessen.

Das ist das Symbol, dessen Wahrheitsgehalt jeden Gläubigen
zum Christen macht. Das ist das Symbol, welches sowohl
Lebende heiligt als Tote zum Leben zurückführt.

Gerade bei dieser Symbolerklärung des Maximus tritt der
liturgische Charakter einer solchen Traditionsrede noch einmal
klar hervor. Dieselbe soll weder Neues bringen noch den Stoff
erschöpfen, am allerwenigsten aber hat sie irgendwelchen Zwecken
zu dienen, die ausserhalb der betreffenden kirchlichen Ceremonie
liegen. Es gilt ausschliesslich den feierlichen Moment der
Symbolübergabe bezw. Rückgabe durch eine Ansprache des
Bischofs zu fixieren, welche, unter Vorausschickung einer knappen
Einleitung, an der Hand der vollständig aufgezählten Symbolstichworte in kurzen Worten bekannte Ausführungen rekapituliert.
Was es um den vollen Inhalt der einzelnen Artikel sei,
wussten die Kompetenten schon längst aus den umfangreichen
Katechisationen über das Symbol, und sollte ja das eine oder
das andere noch nicht zur Sprache gekommen sein, sollte es

Punkte geben, über die sich der Bischof noch gern eingehender
verbreitet hätte, ehe die Taufkandidaten seiner direkten Auf-
sicht entwüchsen, so brauchte er immerhin nicht die har-
monisch abgerundete Traditionsrede durch längere Einlagen
oder auffällige Exkurse zu unterbrechen und den festlichen
Gottesdienst durch eine über Gebühr lange Ansprache zu be-
beschweren. Noch unterstanden ja die Neophyten nach der
Taufe volle acht Tage seiner direkten bischöflichen Einwirkung.[1]) Da bot sich denn, wenn man in den Katechisationen
dieser Woche auf die dem Taufakt direkt vorangehenden
Glaubensfragen zu sprechen kam, eine bequeme Gelegenheit,
diesen oder jenen Punkt im Symbol, der noch einer Erörterung
zu bedürfen schien, zur Sprache zu bringen.[2])

Fraglos herrscht also die altkirchliche Tauferziehung mit

---

[1]) Selbstverständlich besass der Katechumenat zu Maximus' Zeiten
in Turin noch sein volles Ceremoniell und die bekannte mysteriöse Art.
Zum Tauftermin vgl. Hom. 62: In pascha omnes gentes baptizari solent.
In drei Katechesen erklärte Maximus den Neophyten die Taufriten: Tractatus de baptismo I—III. Ml. 57, 771—782. Aus dem ersten derselben
geht hervor, dass alle auf die Taufe bezüglichen Ceremonieen vor Katechumenen und Kompetenten streng geheim gehalten (Ideo dimissis iam
catechumenis vos tantum ad audiendum retinuimus, quia praeter illa quae
omnes christianos convenit in commune servare, specialiter de coelestibus
mysteriis locutori sumus quae audire non possunt nisi qui ea donante
iam domino perceperunt), sowie dass die Kompetenten vom Tauf-
vollzug selbst überrascht und erst nachher über die Bedeutung der mit
ihnen vorgenommenen Akte aufgeklärt wurden (Non autem mirari debetis,
quod vobis inter ipsa mysteria de mysteriis nihil diximus quod non statim
ea quae tradimus interpretati sumus. Adhibuimus enim tam sanctis rebus
atque divinis honorem silentii et inter illos sacros mysteriorum apparatus
a docendi cessamus officio, ut tantam divinae gratiae maiestatem quae
digne nullis hominum vocibus explicari potest, amplius tacendo veneremur.
Sed quia instrui in omnibus et doceri vestram dilectionem necesse est,
transacto iam mysteriorum ordine exponimus vobis ea quae ante tradi-
dimus ne dum minus intelligitis divini mysterii dignitatem, minus illud
pretiosum putetis).

[2]) So thut es Maximus im Tractat. de bapt. II im Anschluss an die
Tauffragen: Credis in deum patrem omnipotentem? Credis et in Iesum
Christum filium eius qui conceptus est de spiritu sancto et natus est ex
Maria virgine? Credis et in spiritum sanctum? Credis in sanctam eccle-
siam et remissionem peccatorum?

ihrer Trennung zwischen Katechumenat und Kompetententum, mit
ihren Skrutinien und Katechisationen, mit ihrer Übergabe und
Rückgabe des Symbols und den bei beiden Gelegenheiten
üblichen, das Symbol erklärenden Ansprachen während des
fünften Jahrhunderts in den lateinisch redenden Mittelmeer-
ländern. Man begegnet ihr in Afrika wie in Italien, in Spanien
und auf der Balkanhalbinsel. Auch ins nächste Jahrhundert
reicht sie hinüber und, wo sich irgendwie die Neigung zeigt, die
ausgedehnte Taufvorbereitung mit ihrem lästigen Ceremoniell
zu kürzen, da treten Synodalbeschlüsse und kirchenregiment-
liche Dekrete einem solchen Versuche als einer verderblichen
Neuerung entgegen, nicht minder wo man den jetzt als Zwang
empfundenen altehrwürdigen Tauftterminen, Ostern und Pfingsten,
zu entgehen und etwa an Tagen wie Weihnachten und Epiphanias, am Johannisfeste oder an einem anderen Heiligentage
die Taufe zu empfangen wünscht. [1]) Denn nur ganz besondere
Notlagen können ein Abgehen von der alten Regel entschuldigen.
Die diesbezüglichen Verfügungen der römischen Bischöfe Siricius, Coelestin I., Leo I., Gelasius werden immer aufs neue
wiederholt und gehen schliesslich in das Kirchenrecht über.[2])

---

[1]) Ostern und Pfingsten werden schon von Tertull. de bapt. c. 19 als
die eigentlichen Tauftermine bezeichnet. Auch das 6. Jahrhundert hält
im allgemeinen noch daran fest, vgl. die Schilderungen von Venantius
Fortunatus, carm. III 9, 89—94 (Ostern) und V 7, 105—110 (Pfingsten).
Gegen Abweichungen von der Regel protestieren unt. and. die II. Synode
von Macon a. 585 can. 3 (Mansi conc. coll. IX 951. Hefele, Conciliengesch.
III 40) und die Synode von Auxerre a. 585 (alias 578) can. 18 (Mansi l. c. IX
913 sq. Hefele a. a. O. III 45). Wiederholt beruft man sich im Abendland auf die Beschlüsse (can. 45—48) der zwischen 341 und 381 anzusetzen-
den Synode von Laodicea (Mansi l. c. II 572. Hefele a. a. O. I 771) und nimmt
dieselben in die späteren Kanonensammlungen auf. Vgl. Fulgentius Ferrandus breviatio canonum Nr. 199—201. 206 Ml. 67. 959. 960.
    [2]) Siricius epist. 1 ad Himerium episc. Tarraconens. (a. 385) c. 2. 3.
Ml. 13. 1134 sqq. — Coelestinus epist. 21 ad episcopos Galliarum c. 12.
Ml. 50, 536 sq. — Leo epist. 16 ad universos episcopos per Siciliam constitutos c. 1. 3. 4. 5. Ml. 54, 696 sqq. Epist. 168 ad universos episcopos per
Campaniam Samnium et Picenum constitutos c. Ml. 54, 1209. — Gelasius
epist. 9 ad episcopos Lucaniae c. 10 Ml. 59, 52. — Diese gelegentlichen
Verfügungen gingen in die grossen Dekretaliensammlungen über und be-
kamen dadurch Gültigkeit für die ganze Kirche. Vgl. Dionysius Exiguus
collectio decretorum pontif. Roman. Ml. 67, 232 sq. 281. 284. 305 sq.

Ja selbst Gregor der Grosse spricht sich noch unzweideutig in diesem Sinne aus, wenn er den die Taufe begehrenden Juden von Agrigent zwar die Umgehung der gesetzlichen Ostertaufzeit, aber nicht die der vierzigtägigen Vorbereitung erlaubt.[1]

Gleichwohl ist für den altkirchlichen Katechumenat die Zeit abgelaufen. Die immermehr um sich greifende Kindertaufe mit den ihr entsprechenden neuen Formen der Taufvorbereitung setzen ihm ein Ziel. So kommt es zu einer Periode des Überganges, während welcher entsprechend der verschiedenartigen Altersstufe des Taufkandidaten auch die Weisen der Taufvorbereitung bald den Charakter des altkirchlichen Katechumenates, bald den jener liturgischen Neubildungen tragen. „Zu den letzten Zeugnissen aus der Zeit, wo man auf dem Boden der konstituierten Kirche selbst, trotz der längst in den Vordergrund getretenen Kindertaufe, der Katechumenenordnung sich doch noch ganz als einer in der Praxis der Kirche lebenden bewusst war," gehört ein Brief des Ferrandus an den Bischof Fulgentius von Ruspe aus dem ersten Drittel des sechsten Jahrhunderts. Ein äthiopischer Sklave war während der Taufvorbereitung erkrankt und starb, ehe er den letzten kirchlichen Forderungen hatte nachkommen können. Er war Katechumene gewesen, dann Kompetent geworden, hatte sich am Unterricht wie an den Skrutinien beteiligt, hatte auch das Symbol zurückgegeben und das Vaterunser empfangen. Da überfällt ihn ein Fieber, so dass er sterbend und schon sprachlos in der Osternacht zum Taufbrunnen gebracht wird, wo er unbewusst die Taufe empfängt, während andere für ihn die erforderlichen Antworten auf die Tauffragen geben mussten.[2] Den Ferrandus beunruhigt nun der Gedanke, ob der Äthiope selig geworden sei, denn trotz seiner normalen Vorbereitung ist er schliesslich doch nicht wie ein Erwachsener, sondern wie ein Kind zur Taufe

---

Crisconius breviarium canonicum c. 212. 297. Ml. 88, 906. 907. 910. 911. 941 sq. Isidor. epist. decretales 3, 2; 63, 1. 5; 73, 1; 82, 12. Ml. 84, 631 sq. 755 sq. 759. 785 sq. 801.

[1] Gregor. M. epist. lib. VIII 23: Poenitentia ac abstinentia quadraginta diebus indicta eos baptizet.

[2] Fulgentii ep. Ruspensis epist. 11 Ml. 65, 378 sqq. Vgl. v. Zezschwitz a. a. O. I 147 f.

gelangt.[1]) So peinlich war also noch jenes Zeitalter, wenn es
sich um die korrekte Durchführung der Katechumenatsvor-
schriften handelte. Sieht man freilich näher zu, so gilt die
Empfindlichkeit des Ferrandus weniger der Erziehung und religiösen Vertiefung des Taufkandidaten, als der exakten Beobachtung des mit ihm vorzunehmenden Ceremoniells.[2])
Und dieser Eindruck wird dadurch verstärkt, dass etwa
gleichzeitig ein Mann wie Senarius, der Comes Patrimonii am
Hofe Theodorichs des Grossen, sich mit dem Studium der
Taufriten beschäftigt. Zeugt schon diese Thatsache an und
für sich von dem lebhaften Interesse, welches man damals am
Liturgischen nahm, so thut dies noch viel mehr jener Brief,
welchen Senarius auf seine diesbezügliche Bitte hin von dem
römischen Diakonen Johannes empfing.[3]) Derselbe enthält eine
Schilderung der Katechumenatsverhältnisse, bei welcher kein
einigermassen wichtiger Bestandteil der letzteren unerörtert
bleibt. Und doch, wie eigenartig mutet uns dieses Bild an.
Zwar die alten Namen sind geblieben, aber die Begriffe haben

---

[1]) L. c. c. 3: Quomodo namque potuerit aetas illa rationis capax
aliena confessione purgari, non video. Nonne solos parvulos rite credimus
offerentium fide salvari, quos originali tantum novimus iniquitate damnari?

[2]) Wie sehr das Vorbereitungsceremoniell allmählich durchgebildet
erscheint, und wie es fast die Taufe in den Hintergrund schiebt, lehrt eine
nach der Symbolübergabe an Kompetenten gehaltene Ansprache, welche
der Wende des 5. und 6. Jahrhunderts angehören dürfte. Denn hier
werden den zehn Plagen, welche Pharao zwangen Israel freizugeben, zehn
Schläge gegenübergestellt, durch welche sich das neutestamentliche Israel
vom Satan losmacht, nämlich 1) quando nomina vestra dedistis, 2) quoti-
dianae orationis instantia, 3) ieiunia, 4) vigiliae, 5) terribiles exorcismi,
6) precatio sacerdotum, 7) apostolici symboli traditio atque confessio, 8) orationis dominicae informatio, 9) saeculo pompisque eius et apostaticis angelis renuntiare, 10) fidei credulitas. Damit ist der Christ frei, und die
Taufe entspricht nur der Überwindung des Haupthindernisses auf dem
Weitermarsche, dem Durchzuge durchs Rote Meer. Vgl. Fulgentii ep.
Ruspens. opera, Appendix, sermo 78 ad competentes post traditum symbolum. Ml. 65. 950.

[3]) Ioannis diaconi epistola ad Senarium virum illustrem. De variis
ritibus ad baptismum pertinentibus et aliis observatione dignis. Ml. 59,
399—408. Über Senarius vgl. Cassiod. variarum libri duodecim IV. 4.
Über die Würde des Comes Patrimonii oder Domänenverwalters handelt
Dahn, Die Könige der Germanen III 136f. 175. 176f. IV 164.

sich verschoben. Der Katechumene wird katechisiert, indem
ihm der Priester die Hand auflegt und ihn segnet. Er heisst
Kompetent als der, welcher das Symbol mitgeteilt erhalten hat.
Die Zahl der Skrutinien ist auf drei fixiert. Das Ceremoniell
sowohl vor als nach der Taufe hat feste Formen angenommen,
und die Geflissentlichkeit, mit der es Johannes durchspricht,
zeigt, dass auf ihm der Nachdruck liegt. Kurz überall ein
Erstarrungsprocess der, unaufhaltsam fortschreitend, sich hier
in seinen ersten Anfängen beobachten lässt. Aus der einst so
wirksamen Arbeit an den Katechumenen beginnt sich ein kunst-
volles System liturgischer Formeln herauszukrystallisieren.

§ 7. Der Katechumenat in Gallien.

Die eigenartigen liturgischen Verhältnisse der gallischen
Kirche lassen ein gesondertes Eingehen auf dieselben notwendig erscheinen. Freilich fliessen hier die Nachrichten über
Katechumenat und Kompetentenbehandlung anfangs nur sehr
spärlich.[1) Man hatte es auch in Gallien zunächst natürlich

[1) Wir sind vorzugsweise auf die folgenden liturgischen Quellen-
schriften angewiesen, deren Ertrag aber erst im II. Kapitel dieses Buches
zur vollen Verwendung kommen kann.
1. Bischof Germanus von Paris † 576 hinterliess eine Expositio brevis
antiquae liturgiae Gallicanae in duas epistolas digesta. Ob sie ein Original-
werk des Germanus oder, wie Buchwald (Die gallikanische Liturgie 1886
S. 5 f.) behauptet, das Excerpt eines Zeitgenossen aus einem grösseren Werke
jenes Bischofs über die Messfeier sei, ist gleichgültig. Jedenfalls behandelt
sie die symbolische Bedeutung der liturgischen Riten und gewährt trotz
ihres rohen Stils einen vortrefflichen Einblick in die liturgischen Verhältnisse Galliens um die Mitte des 6. Jahrhunderts. Ml. 72, 89 98.
Dasselbe gilt von einem Lektionar und einem Sakramentar, zwei
Denkmälern des gallikanischen Gottesdienstes aus einer Zeit, da derselbe
von Rom aus noch wenig beeinflusst war:
2. Lektionar von Luxeuil (Lectionarium Gallicanum) wird von Mabillon, der es im Kloster Luxeuil fand, und von Duchesne (Origines du
culte chrétien (2) p. 147) in das 7., von Piper (Karls des Grossen Kalendarium und Ostertafel S. 67) in das 8. Jahrhundert versetzt. Fraglos re-

vorwiegend mit erwachsenen Katechumenen zu thun, auf die
man im Gottesdienste Rücksicht nehmen musste. Ihnen zu

präsentiert aber die hier dargebotene Lektionenreihe ein höheres Alter
als die Handschrift selbst. Dasselbe ist ein rein gallisches Werk ohne
Spuren von römischem Einfluss. Mabillon, De liturgia Gallicana libri III
p. 106—173. Ml. 72, 171—216. Vgl. Rev. Bénéd. 1893 p. 438—441.
    3. Sakramentar von Autun (Missale Gothicum s. Gothicogallica-
num), von Kardinal Bona entdeckt, von I. M. Tommasi zuerst herausgegeben. Die Handschrift von ca. 700, jedenfalls nach 678 wegen der Erwähnung des Leodegarfestes, beschrieben von Delisle (Anciens sacramentaires
p. 69—71). Das Sakramentar bietet die zum Schema der altgallischen Messe
gehörenden Gebete. Dass sich hier und da schon in vorsichtiger Weise
der Einfluss des römischen Gelasianum bemerklich mache, hat Watterich
(Konsekrationsmoment S. 193) in Bezug auf das Verschwinden der konse-
kratorischen Epiklese nachgewiesen. Auch Duchesne (l. c. p. 144) spricht von
römischen Formeln bei den Heiligenmessen. Von der Taufliturgie indessen
dürfte dies kaum gelten, denn hier zeigt unser Sakramentar auch nicht die
geringste Spur von fremden Einflüssen. Alle Formeln sind durchaus selbständig gallisch, durchaus unrömisch. Folgende Stücke kommen für uns
in Betracht: 1) Nr. 27. Missa in symboli traditione enthaltend die Gebete zu der für gallische Katechumenatsverhältnisse charakteristischen
Palmsonntagsmesse. 2) Nr. 33. Präfationen und Kollekten für die Oster-
vigilie. 3) Nr. 34 enthält unter der Aufschrift Ad christianum faciendum
drei Gebete, welche bei der Signierung von Kindern vor deren Taufe
gesprochen wurden.
    Man könnte Nr. 34 für ein fremdartiges Einschiebsel ansehen, denn
nach Analogie des altkirchlichen Katechumenates müsste eine Ceremonie Ad christianum faciendum allen übrigen Katechumenatspartieen
vorangehen. Es hat keinen Sinn, wenn dieser durchaus initiatorische
Akt erst weit hinter der traditio symboli erwähnt wird, die doch
den Höhepunkt der Taufvorbereitung repräsentiert, ja wenn derselbe
sogar, zwischen Ostervigilgebeten und Taufhandlung stehend, die Feierlichkeiten der Osternacht in auffallender Weise unterbricht. Aber
andrerseits lässt sich wieder nicht nachweisen, woher ein solches Einschiebsel stammen könnte; jedenfalls nicht von Rom, vielmehr muss auch
Nr. 34 gallischen Ursprungs sein. Ich erkläre mir die Sache so, dass
Gallien, bevor es den alles uniformierenden Skrutinienritus Roms kennen
lernte, im 6. und 7. Jahrhundert ein doppeltes Schema für die Taufvorbereitung besass: für erwachsene Taufkandidaten Kompetentenmessen
mit Symbolübergabe und Vigilgebeten (Nr. 27. 33), für Kinder eine kurze
auf den Ostersamstag anberaumte liturgische Ceremonie (Nr. 34). Der
Taufakt (Nr. 35) umfasste alsdann Erwachsene wie Unmündige. Ebenso
nahmen beide an der Messe der Osternacht (Nr. 36) teil. Ich bin zu
dieser Auffassung gekommen, weil Nr. 34 auffallenderweise nur von

Liebe schloss man den Eingang der Messe mit dem vom Priester angestimmten Benediktus und einem dasselbe zusammenfassenden

---

Kindern spricht, während die Palmsonntagsmesse in traditione symboli schon um ihrer expositio willen, die an Stelle der Predigt tritt. Erwachsene voraussetzt. — Ausgaben von Tommasi (Codices sacramentorum nongentis annis vetustiores. Romae 1680. Opp. omnia ed. Vezzosi. Romae 1751 Tom. VI, 231–338), Mabillon (De liturgia Gallicana p. 188—300), Muratori (Liturgia Romana vetus II 517—658), Ml. 72, 225–318.

Von diesen echt gallischen Werken wollen solche unterschieden sein, welche die Liturgie der fränkischen Kirche bereits in starker Veränderung durch das mehr und mehr eindringende Gelasianum zeigen. Für uns kommen in Betracht das Messbuch von Auxerre und das im Kloster Bobbio gefundene Burgundische Messbuch.

4. Messbuch von Auxerre (Vetus missale Gallicanum). Die Beschreibung der Handschrift bei Delisle (Anciens sacramentaires p. 73—79) zeigt, dass man es hier nicht mit einem einheitlichen Werke zu thun hat. Vielmehr sind bereits soviel fremdartige Bestandteile in dasselbe eingedrungen, dass man das Ganze geradezu als ein Gemisch von gallischen und römischen Elementen bezeichnen kann. Tommasi, Mabillon, Watterich haben diese Thatsache bereits in Bezug auf die sie interessierenden Particen konstatiert. Aber dieselbe gilt nicht minder in unserem Falle. Unter den 39 Nummern dieses Messbuches gehören nicht weniger als zwölf der Katechumenen- und Tauflturgie an. Aber von ihnen repräsentieren nur fünf den echten gallischen Ritus, wie er aus dem Sakramentar von Autun bekannt ist, indem sie die Gebete für die Palmsonntagsmesse (Nr. 15), für die Feierlichkeiten der Osternacht (Nr. 24. 25. 26) und für eine Missa matutinalis pro parvulis qui renati sunt (Nr. 33) darbieten. Alle übrigen sind Parallelformulare zu den Skrutinienriten, welche das Gelasianum in seiner späteren Form darbietet: es sind entweder Gebete, welche zum Aufnahmeakt (Nr. 13 event. Nr. 9) oder zu den Skrutinien (Nr. 10 event. Nr. 9) gehören oder Erklärungen der Evangelien, des Symbols, des Vaterunsers aus dem Skrutinium in apertione aurium (Nr. 12. 11. 16. 14). Um dieses vorwiegend gelasianischen Charakters willen darf das Messbuch nicht über die Mitte des 7. Jahrhunderts zurückdatiert werden. Duchesne l. c. p. 123: Assez longtemps après saint Grégoire. P. Suitbert Bäumer im Historisch. Jahrbuch 1893. S. 285. Watterich a. a. O. S. 201. Ausgaben von Tommasi (l. c. VI 369—415), Mabillon (l. c. p. 329—378), Muratori (l. c. II 697—758), Ml. 72, 339—382.

5. Burgundisches Messbuch aus dem Kloster Bobbio (Sacramentarium Gallicanum), ebenfalls von Mabillon entdeckt, und von ihm im Museum Italicum (I 1 p. 278—397) herausgegeben, die Handschrift beschrieben von Delisle (l. c. p. 79 sq.) Mabillon sucht die Heimat desselben in der Nähe von Luxeuil, also im Norden von Burgund; Duchesne (l. c. p. 151) geht von dem Fundort aus und sieht in dem hier geschilderten Gottesdienst einen oberitalienischen Mischritus. Und in der That haben wir es mit einem Misch-

10*

Gebete: Johannes, der Gegenstand dieses Lobgesanges, sollte,
weil zwischen Weissagung und Erfüllung in der Mitte stehend,
die Katechumenen daran erinnern, dass alt- und neutestamentliche Propheten das Kommen des Herrn vorbereitet hatten.[1])

Wichtiger als diese liturgische Einlage war indessen fraglos für die Katechumenen die regelmässige sonntägliche Predigt,
die in Gallien wohl niemals völlig eingeschlafen ist, jedenfalls
bei weitem nicht in dem Masse, wie es bekanntlich in Rom der Fall
war. Schon die grosse Menge von Homiliarien der verschiedensten
Art, welche in den folgenden Jahrhunderten im Frankenreiche
zusammengestellt wurden, beweisen aufs beste, dass der weise
Rat des Cäsarius nicht auf unfruchtbaren Boden gefallen war,
es möchten alle diejenigen Priester, denen es zu schwer werde,
eigene Predigten zu machen, sich eine Sammlung von anerkannt
guten Homilien der Väter anlegen, um allsonntäglich wenigstens
eine fremde Predigt der Gemeinde vorlesen zu können.[2]) Dass
man diese Wohlthat in gleicher Weise den Katechumenen wie
den Gemeindegliedern hat zukommen lassen, dafür spricht die
Thatsache, dass die Predigt in Gallien zu allen Zeiten zu demjenigen Teile des Gottesdienstes gehörte, der aller Welt zu-

ritus hier zu thun; die gallischen Traditionen schliessen zahlreiche Kompromisse mit dem römischen Einfluss, weshalb als Entstehungszeit wohl die
gleiche wie beim Messbuch von Auxerre anzunehmen ist. Für die Fastenzeit sind durchaus korrekt sechs Messen angegeben, eine missa quadra-
ginsimalis (Muratori l. c. II 815). vier missae ieiunii (l. c. p. 817. 819 822. 823)
und die missa in symboli traditione (l. c. p. 834). Nimmt man noch die orationes
in vigiliis paschae (l. c. p. 843 – 845), den ordo baptismi (l. c. p. 847—852) und
die missa in vigiliis paschae (l. c. p. 852—854) hinzu, so erhält man ein anschau-
liches Bild von der alten gallischen Katechumenen- und Taufliturgie.
Aber zwischen die 5. und 6. Fastenmesse schieben sich eine Reihe von
Einlagen, unter denen p. 828—832 nichts anderes enthalten als eine dem
Gelasianum entsprechende und mit den dortigen Formularen z. T. wörtlich übereinstimmende, wenngleich verkürzte Wiedergabe der apertio aurium.
Muratori l. c. II 775—968. Ml. 72. 451—580.

[1]) So wenigstens Buchwald (Die gallikanische Liturgie S. 10 f.). Daher für dieses Benediktus (Luk. 1, 68—79) die gewöhnliche Bezeichnung
Prophetia, für das darauffolgende Gebet Collectio post prophetiam. Germanus expositio brevis. epist. 1. s. v. de prophetia Ml. 72. 90.

[2]) Vita Caesarii I 15. 41. 42. Ml. 67, 1008. 1021. Vgl. 2. Konzil von
Vaison 529 can. 2 (Mansi conc. coll. VIII 727. Hefele. Conciliengesch. (2) II 741)

gänglich war, in dem also die missionierende Arbeit der Kirche zum Ausdruck kam.[1]

Aber auch die Fürbitte für die Katechumenen fehlte nicht. Gleich an die Predigt schloss sich die sog. Precis an, bei welcher der Bedeutung des betreffenden Sonntages angepasste Responsorien seitens der Leviten mit einzelnen Bittrufen des vor dem Altar knieenden Priesters wechselten. Diese Responsorien galten dem Volke d. h. der Gemeinde in ihrem weitesten Umfange und in besonderem Masse auch den Katechumenen.[2]

Damit freilich hatte die Katechumenenmesse ihren Abschluss erreicht. Wer noch nicht durch die Taufe in die Gemeinde aufgenommen war, wurde nunmehr vom Diakonen aufgefordert, das eigentliche Gotteshaus zu verlassen und draussen in der Vorhalle knieend zu lauschen, während drinnen die Gläubigen zu Messopfer und Kommunion noch zusammenblieben und die Missa fidelium feierten.

So ist es im Frankenreiche fraglos bis in die Mitte des 6. Jahrhunderts gehalten worden, denn wenn auch Bischof Germanus von Paris diese Zweiteilung der Messe als „alten Ritus" bezeichnet, so hält er doch noch immer für notwendig auf denselben näher einzugehen.[3]

Mehr und mehr freilich schlief seitdem die Sitte ein: es

---

[1] Das geht deutlich aus der gallischen Gottesdienstordnung hervor. Aber auch Synoden treten für diese Forderung ein. Das Konzil von Orange 441 can. 18: Ut catechumeni lectionem evangelii audiant (Mansi conc. coll. VI 433), das von Valencia 524 can. 1: Sermonem sacerdotis non solum fideles sed etiam catechumeni ac poenitentes et omnes qui ex diverso sunt, audire licitum habeant. Sic enim pontificum praedicatione audita nonnullos ad fidem attractos evidenter scimus. (Mansi conc. coll. VIII 620.) Im strikten Gegensatz hierzu steht Rom, wo nicht nur seit der Mitte des 5. Jahrhunderts die Predigt in schlimmsten Verfall geraten war, sondern wo auch der noch zu besprechende Skrutinienritus die Kompetenten bereits vor dem Evangelium aus der Kirche wies.

[2] Über die Details sind wir wenig unterrichtet, vgl. aber Germanus expositio brevis, epist. 1 s. v. de prece: Preces vero psallere levitas pro populo . . . . ut audita apostolis praedicatione levitae pro populo deprecentur; s. v. de caticumino: Postea deprecarent pro illos levitae, diceret sacerdos collecta, post prece exirent postea foris. Ml. 72, 92.

[3] L. c. s. v. de caticumino: Caticuminum ergo diaconus ideo clamat

gab ja sogut wie keine Heiden mehr im Lande, die Kindertaufe war zur Regel geworden. Darum kamen auch jene auf
die Katechumenen Bezug nehmenden Kultusstücke allmählich
ausser Gebrauch. Das früher regelmässig gesprochene Benediktus mit der dazu gehörigen Kollekte findet sich nur noch
an den offiziellen Taufterminen. Und ebenso scheidet die Precis
aus dem Gemeindegottesdienste aus, um im engen Anschluss an
die Benediktuskollekte für die Taufzeiten reserviert zu bleiben.[1]

Über besondere liturgische Akte, wie Exorcisationen, Signationen, Salbungen sind wir noch weniger unterrichtet. Dass
sie ebensowohl mit Katechumenen wie mit Taufkandidaten vorgenommen wurden, geht aus ihrer gelegentlichen Erwähnung
unzweifelhaft hervor.[2] Aber weder diese noch die darauf-
bezüglichen Notizen der gleichzeitigen Liturgiker Spaniens
reichen aus, um uns auch nur annähernd ein Bild von der Taufvorbereitung in der älteren fränkischen Kirche zu gewähren.

---

iuxta anticum ecclesiae ritum ut tam Iudaei quam haeretici vel pagani
instructi, qui grandis ad baptismum veniebant et ante baptismum pro-
bantur, starent in ecclesia et audirent consilium veteris et novi testamenti,
postea deprecarent pro illos levitae, diceret sacerdos collecta, post prece
exirent postea foris qui digni non erant stare dum inferebatur oblatio, et
foras ante ostium abscultarent prostrati ad terram magnalia: quae cura
ad diaconum vel ad ostiarium pertinebat, ut illis admoneret exire, iste
provideret ne quis indignus retardaretur in templo dicendo: Nolite dare
sanctum canibus neque mittatis margaritas vestras ante porcos. Ml. 72, 92.
[1]) Buchwald, Die gallikanische Liturgie. S. 11. 13.
[2]) S; in dem Opusculum de septem ordinibus ecclesiae (Hieronymi
opp. Appendix Nr. 12 Ml. 30, 165 sq.), wo die bischöfliche Herde eingeteilt
wird in die vier Kategorieen: Katechumenen, Kompetenten, Getaufte, Pö-
nitenten. Den Eintritt in den ersten Stand bezeichnet die Salzdarreichung:
Sal catechumenis datur in mysterio. D. Germain Morin sieht in diesem
Opusculum einen Brief des Faustus von Riez an Rustikus von Narbonne
(Rev. Bénéd. 1891, 97—104), was von Engelbrecht (Patristische Analecten
S. 5—19) und Bergmann (Studien zu einer kritischen Sichtung der südgallischen Predigtlitteratur S. 117—125) bestritten wird. — Ferner in zwei
vermutlich dem Cäsarius von Arelate angehörenden Reden, nämlich August.
opp. Tom. V Appendix sermo 37 c. 8 ML 39, 1821: Quod modo in nostris competentibus exercetur. quia quando catechumenus in fronte signatur, spiri-
tualis Golias percutitur et diabolus effugatur, und sermo 42 c. 2 Ml. 39,
1828: Omnes qui ad salutare baptismum consequendum ecclesiae offeruntur, et chrisma et oleum benedictionis accipiunt.

Auch an liturgischen Gebeten aus dieser Zeit sind wir bis jetzt
sehr arm. Und von dem wenigen, das uns erhalten ist, steht
nicht einmal fest, ob es wirklich der älteren fränkischen Liturgie
angehört hat, oder ob es aus der Zeit stammt, da das von Rom
her eindringende Gelasianum eine völlige Umgestaltung auf
liturgischem Gebiete angerichtet hatte.[1]) Um so günstiger sind wir in Bezug auf die der Taufe unmittelbar voraufgehenden Vorbereitungsceremonieen gestellt,
insbesondere — und das ist für den vorliegenden Fall das
wertvollste — in Bezug auf den Akt der Symbolübergabe an
die Kompetenten. Die summarische Art, mit der man alle
übrigen Partieen der Taufvorbereitung abtut oder wohl gar
ignoriert, hingegen die Geflissentlichkeit, mit der die Symbol-
mitteilung uns geschildert wird, zeigen aufs deutlichste, dass
auch die gallische Kirche gerade auf diesen Akt den Haupt-
nachdruck legte.

Es war am Palmsonntag oder, wie man damals sagte, am
Tage der Salbung. Denn jenes Zeitalter legte in dem üblichen Evangelium Joh. 12, 1—24 weniger den Accent auf den
Einzug Christi in Jerusalem als auf die Jesu Passion einleitende Salbung der Maria von Bethanien. Darum pflegte man
auch an diesem Sonntag die liturgische Weihe der heiligen
Öle vorzunehmen.[2]) Der Verlauf des Gottesdienstes ist im grossen und ganzen
der bekannte.[3]) Nachdem die Geistlichkeit unter Gesang an

---

[1]) Letzteres gilt fraglos von dem Exorcismus Adgredior te immun-
dissime damnate spiritus, in dem bereits stark unter gelasianischem Einflusse stehenden Messbuch von Auxerre Nr. 10.

[2]) Dies unctionis vgl. Ildef. de cognit. bapt. c. 34. Über die Feierlichkeiten an diesem Tage vgl. Germanus l. c. epist. 2 Ml. 72, 95 sq. — Auch
eine Salbung der Katechumenen scheint an diesem Tage üblich gewesen zu
sein, doch lässt sich nicht feststellen, wann sie im Gottesdienst stattfand
vgl. Germanus l. c. epist. 2 Ml. 72, 96 A. B.: Ideo hac die fides populi fir-
mator, symbolum et lacte chrismatis enutritur. — Infans lacte nutritur et
caticumenis chrismate unguetur. Lac ex matris ubera suggetur et chrisma
in sinu sanctae matris ecclesiae consecratur. — Über den Palmsonntag als
den Termin der Symbolübergabe in Gallien vgl. auch den can. 13 des
Konzils von Agde (bei Narbonne) 506 (Mansi con. coll. VIII 327 Hefele,
Conciliengesch. II 653).

[3]) Obwohl die gallikanische Liturgie in letzter Zeit wiederholt Gegen-

den Altar getreten ist, der Bischof die Gemeinde gegrüsst hat
und von ihr wieder gegrüsst worden ist und der Diakon Schweigen

stand eingehender Darstellung geworden ist (Buchwald, Die gallikanische
Liturgie, Gross-Strehlitz 1886, Gymnasialprogramm Nr. 193. Derselbe,
De liturgia Gallicana dissertatio. Vratislaviae 1890. Arnold, Caesarius von
Arelate S. 133—153. 523—533. Watterich, der Konsekrationsmoment im
heiligen Abendmahl und seine Geschichte S. 179—212), so scheint doch zum
besseren Verständnis des Folgenden auch an dieser Stelle eine Schilderung
der gallikanischen Messe. wie sich dieselbe im allgemeinen bis zum 7. bezw.
8. Jahrh. behauptet hat, wünschenswert.

Der Gottesdienst zerfällt in die Katechumenenmesse und in die Messe
der Gläubigen.

Angethan mit der den ganzen Körper bedeckenden Casula und der
Stola, mit Pelzärmeln und Handschuhen tritt der Priester aus der Sakristei
an den Altar, mit ihm die in weisse Seide gehüllten Leviten, während die
übrigen Kleriker eine Antiphone anstimmen. Eine vom Priester verlesene
Ansprache, oft in Form eines Gebetes, die sogenannte Präfation, weist das
Volk auf die Bedeutung des Tages hin. Der Diakon gebietet Schweigen.
Der Priester grüsst die Gemeinde: Der Herr sei immer mit euch; die Ge-
meinde antwortet: Und mit deinem Geiste. Es folgt die Kollekte, bei
welcher das Volk kniet. Sodann stimmt der Priester das dreimalige
Heilig griechisch an. die Gemeinde antwortete lateinisch, das hebräische
Amen machte den Beschluss, denn Christus ist in allen Sprachen anzu-
beten (vgl. Joh. 19. 20); zugleich ein deutlicher Hinweis auf die Be-
ziehungen der gallikanischen Liturgie zum Orient. Vgl. 2. Konzil von
Vaison 529 c. 3 Mansi conc. coll. VIII 727. Hefele, Conciliengesch. II 741.
Buchwald a. a. O. S. 10. 11. Das nun folgende Kyrie eleison sangen drei Chor-
knaben, der Priester stimmte das Benediktus (Luk. 1, 68—79) an (auch
Prophetia genannt, weil Johannes der Täufer der letzte Prophet war)
und betete die Collectio post prophetiam.

Prophetia und Collectio post prophetiam sollten die Katechumenen
insbesondere daran erinnern, dass alt- und neutestamentliche Propheten
das Kommen des Herrn vorbereitet hatten. Um dieses ihres besonderen
Zweckes willen wurden sie mit dem Aufhören der alten Katechumenenpraxis überflüssig und finden sich später nur noch an den offiziellen Taufterminen.

Damit schliesst die Einleitung des Gottesdienstes, und es folgen die
biblischen Lektionen. Bekanntlich hat die gallikanische Gottesdienstordnung deren drei, aus den Propheten, aus den apostolischen Briefen,
aus den Evangelien. Die Auswahl dieser Lektionen (vgl. das Lektionar
von Luxeuil und das Burgundische Messbuch aus Bobbio) stimmt nicht
selten mit denen der altspanischen Liturgie überein. Nach der Epistel-
perikope wurde der Hymnus trium puerorum (Benedicite) gesungen, woran sich eine Collectio post benedictionem schloss. In der Fastenzeit

geboten hat, beginnt die Messe mit dem kleinen Hagios, dem dreimaligen Kyrie eleison und dem vom Bischof angestimmten Benediktus.

---

unterblieb das Benedicite. Den Übergang zur Verlesung des Evangeliums bildete ein wahrscheinlich von den Knaben, welche das Kyrie eleison gesungen hatten, vorgetragenes Responsorium. Die Verlesung des Evangeliums endlich geschah mit grösster Feierlichkeit. Unter den Klängen des Dreimalheilig, welches der Klerus erst griechisch, dann lateinisch sang, und denen des Gloria tibi domine ward das Evangelienbuch in Prozession aus dem Sakrarium auf den Ambon getragen, voran der siebenarmige Leuchter mit brennenden Lichtern. Christus, mit den sieben Gaben des Geistes ausgerüstet, schien jetzt aus dem Grabe hervorzugehen und gen Himmel fahrend den Thron der göttlichen Majestät zu besteigen. Nach Beendigung der Lektion begleitete ein abermaliges Trishagion das Zurückbringen des Buches.

Jetzt folgte die Predigt mit einer Ermahnung der Gemeinde, bezw. die Verlesung einer älteren Homilie.

Noch gedenkt man der Katechumenen (der Priester vor dem Altar knieend) in der sog. Precis. Dieselbe besteht aus biblischen der Bedeutung des Tages angepassten und mit einzelnen Bittrufen durchsetzten Responsorien, welche von Leviten gesungen werden. Indessen wurden auch sie nach dem Schwinden der alten Katechumenendisciplin hinter das Benediktus gesetzt und analog der Prophetia für die Taufzeiten reserviert. Eine Collectio post precem schliesst diesen ersten Teil der Messe.

Wer nicht zu den fideles gehört, erhält vom Diakon die Aufforderung sich zu entfernen, der Ostiarius schliesst die Thüren, der Diakon gebietet abermals Schweigen. Damit beginnt die Messe der Gläubigen.

In feierlicher Weise trägt der Diakon in der Turris einen Teil der Tags zuvor konsekrierten Opfergaben aus der Sakristei auf den Altar, unter dem Gesang des Klerus. Indessen stand diese Reminiscenz an die Präsanktifikatenmesse des Morgenlandes wohl nur in der Advents- und Fastenzeit in Übung. In der Regel dürften die vom Volke dargebrachten Gaben an Brot und Wein (2. Synode von Macon 585 c. 4 Mansi conc. coll. IX 951. Hefele, Conciliengesch. III 40) vom Priester mit dem Gebet Veni sanctificator geopfert und sodann mit einem grossen Seidenpallium bedeckt worden sein. Den Moment der Verhüllung begleiten die Laudes d. h. ein dreimaliges Hallelujah.

Gebete (Collectio ante und post nomina) eröffnen und schliessen die Verlesung der Diptychen. Dieselben enthielten die Namen derjenigen Lebenden, Verstorbenen oder Heiligen, deren man bei dem hl. Messopfer besonders gedenken wollte. Damit diese Einigkeit der dreifach geteilten Kirche auch äusserlich zum Ausdruck komme, grüssten die an der Feier Teilnehmenden einander mit dem Friedenskuss. Eine Collectio ad pacem dient abermals als Abschluss.

Die Eingangskollekte gedenkt der doppelten Bedeutung
des Tages: er ist ein Fasttag, und zugleich erinnert er an des
Lazarus Auferweckung, nach welcher der dankbare Jubel des
Volkes nicht lange auf sich warten liess. Wie Lazarus, so harrt
aber auch die in ihrem Sündengrabe der Verwesung preisgegebene
Seele des Heilandes, der sie zu neuem Leben erwecken soll.[1])
Sinnig ist die Auswahl der Perikopen: sie handeln vom
neuen Bunde (Jer. 31, 31—34); von den Glaubenshelden des
alten Bundes (Hebr. 11, 3—34); von den Juden, welche den
Herrn begrüssen, wie von den Griechen, welche ihn zu sehen
wünschen (Joh. 12, 1—24). Es fehlt also nicht an Beziehungen

Das Sursum corda des Priesters sowie das Gratias agamus mit dem
Responsorium Dignum et iustum leiten zu dem den Kanon einführenden
Gebet. der Contestatio (Immolatio, römisch Praefatio) über, welche aus-
nahmslos mit den Worten Vere dignum et iustum est beginnt, aber im
Gegensatz zum römischen Ritus bei jeder Messe verschieden ist. Sie klingt
in das Dreimalheilig aus.

Eine ganz kurze Collectio post sanctus leitet zu dem Qui pridie, dem
Abendmahlsbericht, über, dem eine kurze Collectio post pridie folgt. Diese
letztere, auch Post mysterium, Post secreta genannt, enthält zuweilen die
in der griechischen Liturgie beliebte Epiklese. Den römischen Kanon, aber
auch nichts mehr, auch in Gallien durchzusetzen, ist erst Gregor dem
Grossen gelungen und selbst dies nur für etwa ein halbes Jahrhundert,
da er mit den verbliebenen Eigentümlichkeiten der gallikanischen Liturgie
im Widerspruch stand.

Die Confractio et commixtio corporis et sanguinis domini begleitet
Antiphonengesang des Klerus. Das Vaterunser, von anderen Gebeten
eingeleitet und geschlossen, singt die ganze Gemeinde, ebenso wie es bei
den Griechen üblich war. Das vom Diakon zur andächtigen Verbeugung
aufgeforderte Volk erhielt nun den kurzen priesterlichen Segen, denn nur
für den celebrierenden Bischof waren feierliche Segenssprüche reserviert.
Damit war die Messfeier beendigt.

[1]) Sakramentar von Autun Nr. 27: In geminas partes diem hunc excolen-
dum complectitur, domine, nostrae servitutis famulatio vel de ieiunii cultu
sacrato vel de insignibus tuis quae hodie fulserunt mirabilibus, quo La-
zarum reduxisti post tartara, cum ad vocem tuam intonantem exsilivit et
quatriduani iam faetentis funus vivificans animasti, vel etiam causa mira-
culi obstupefacta plaudens turba Bethania occurrit cum palmis tibi obviam
regi. Exaudi nos in hoc geminato servitutis nostrae obsequio et praesta
propitius atque placatus, ut animae nostrae quae tumulo sunt peccatorum
conclusae et cicatricum morbida tabe corruptae reviviscant ex tua interius
visitatione, sicut Lazari viscera a tua fuerunt animata voce.

zu der bevorstehenden Kompetentenfeier.[1]) Auch die auf die alttestamentliche Perikope folgende Kollekte gedenkt ebensowohl der Fastenzeit, in welcher die Gemeinde noch steht, wie des alsbald von den Taufkandidaten abzulegenden Bekenntnisses.[2])

Eine Predigt hielt der Bischof heute nicht. Statt ihrer erklärte er vielmehr das Symbol und teilte den Wortlaut desselben den Kompetenten mit.

Allerlei Schmuck im Kirchengebäude zeichnete trotz der Passionszeit, in der man sich befand, den Tag als einen Festtag der Gemeinde aus. Gefiederte Teppiche und weisse Leinendecken schmückten die Cancellen zwischen Apsis und Schiff, und das Evangelienbuch verhüllte eine rote Decke.[3])

---

[1]) Lektionar von Luxeuil XXXII. Da die Handschrift gerade hier eine grössere Lücke aufweist, so besitzen wir nur noch den Schluss der prophetischen Perikope: Et vir fratrem suum dicens: Cognoscite dominum. Omnis enim cognuscent me a minimo eorum usque ad maximum, ait dominus. Quia propitiabor iniquitati eorum et peccati eorum non ero memor amplius. Doch begann sie sehr wahrscheinlich mit v. 31. Der Verlauf der Messe war in allen Teilen Galliens fast derselbe, umsomehr differierten unter einander die Lektionen und die Kollekten. Nicht einmal in derselben Provinz herrschte volle Einhelligkeit. Wenigstens beweisen dies die Konzilien von Vannes 465 (c. 15) für Tours, und von Epaon 517 (c. 27) für Lyon. Mansi conc. coll. VII 955 VIII 562. Hefele, Conciliengesch. II 595. 685. Es kann daher auch nicht wundernehmen, wenn das Burgundische Messbuch von Bobbio, welches Muratori der Diöcese Besançon zuweist, für die Palmarummesse die Perikopen Jes. 57, 1—4. 13 ; 1. Petr. 2, 21—25; Joh. 12, 1—8. 12—16 angiebt. Muratori, Liturg. Rom. vet. II 832—834.

[2]) Sakramentar von Autun Nr. 27: Bone redemptor noster domine, qui mansuetus mansueti animalis aselli terga insedens ad passionem redemptionis nostrae spontaneus adpropinquas, cum tibi ramis arboreis certatim sternitur via et triumphatricibus palmis cum voce laudis occurritur, quaesumus maiestatem tuam divinam, ut oris nostri confessionem atque corporis in ieiuniis humiliationem libens suscipias et fructum nos viriditatis habere concedas, ut sicut illi in tua fuerunt obvia cum arboreis virgis egressi, ita nos te redeunte in secundo adventu cum palmis victoriae mereamur occurrere laeti, salvator mundi.

[3]) Germanus l. c. epist. 2 Ml. 72, 96 A. C.: Ideo autem venientem sacerdotem symbolum tradere, expandetur super cancellum molliciis plumarum vel candida sabana .... vel codix sacri evangelii rubro tectus velamine. — Liber autem evangelii in specie corporis Christi rubro tegitur velamine sanguinis signo monstrante.

Ob es den Kompetenten bereits an diesem Ehrentage ver-
stattet war, auch der Missa fidelium wenigstens teilweise bei-
zuwohnen, lässt sich nicht mit Sicherheit feststellen, ist auch
für die vorliegende Untersuchung ohne Belang. Mehr als
wahrscheinlich freilich ist ihre Anwesenheit bei der einleitenden
Feier, welche aus der Darbringung der Opfergaben, aus dem Verlesen der Diptychen und der Collectio post nomina d. h.
dem Gebet über die Opfergaben, dem römischen Offertorium, bestand. Denn eben diese Collectio post nomina legt im Anschluss an die letzten Worte des Tagesevangeliums vom Weizen-
korn, das in die Erde fällt und sterbend viele Früchte bringt,
Fürbitte ein für die Gemeinde, für die Verstorbenen, für die
Anwesenden, welche sich zum Empfang des Taufsakramentes
rüsten. [1)] Auch würde eine solche Erlaubnis durchaus zu den
Gepflogenheiten der gallischen Kirche stimmen. War man in
derselben doch geneigt, beim Gottesdienste den Katechumeuen

[1)] Sakramentar von Autun Nr. 27: Ecce domine de te Caiphae pontificis vaticinium ignarum sibi ipsi in populis est probatum, ut unus occum-
beres pro gente, ne cuncti pariter interirent et tu singulare granum in
terra morereris, ut seges plurima nasceretur. Supplices tibi ipsi qui pro
mundi salute es hostia caesus deprecamur, ut nobis de te ipso veniam
dones qui te ipsum obtulisti pro nobis. Et hos quos recitatio commemo-
ravit ante sanctum altare, qui in pacem iam tuam ab his sunt vinculis
corporeis translati, quaesumus domine, ut te habeant ereptorem quem
per baptismum meruerunt redemptorem habere. Sed et si qui inter
hos adstantes qui ad baptismi salutaris sacramenta prae-
parentur, quaesumus domine deus noster, ut imbutos in fide, instructos
in sensu, confirmatos in gratia ad percipiendam plenitudinem gratiae
tuae, spiritus tui munere iubeas praeparari, ut sancti lavacri fonte desi-
derato mereantur renasci. Indessen sei bemerkt, dass sowohl diese Fürbitte wie diejenige für die Verstorbenen in der Collectio post nomina
des Burgundischen Messbuches von Bobbio (Muratori, Liturg. Rom. vet. II
834 sq.) fehlt.
  Die Gebete, welche zur eigentlichen Kommunion gehören, das beim
Friedenskuss gesprochene und die Präfation, sodann die beiden Paare,
welche Einsetzungsworte und Vaterunser einschliessen, nehmen nur Bezug
auf das Evangelium des Tages, sofern dasselbe von Jesu Besuch bei
Lazarus und seinem Einzug in Jerusalem handelt, entbehren aber jeder
Erwähnung der Taufkandidaten. Vgl. l. c. Nr. 27: Collectio ad pacem, Immolatio missae, Post sanctus, Post secreta, Ante orationem dominicam, Post
orationem dominicam.

überhaupt grössere Rechte einzuräumen, als dies in Rom der
Fall war.

Die geschilderten Gottesdienste und Ceremonieen setzen
durchweg erwachsene Taufkandidaten voraus, denen man in
der Art der Alten Kirche bereits vor der Taufe eine gewisse
Teilnahme am Gemeindeleben zugestehen konnte und musste.
Nirgends findet sich eine Spur davon, dass, wie es zur selben
Zeit in Rom geschah, auch Kinder einer mehrwöchentlichen
Taufvorbereitung unterstellt gewesen wären, die alsdann, weil
man auf ein Verständnis bei den Betreffenden nicht rechnen
konnte, einfach als opus operatum galt.
    Und doch dürfte in der 2. Hälfte des 6. und jedenfalls
im 7. Jahrhundert die Zahl der erwachsenen Taufkandidaten
in der gallischen Kirche gegenüber den zu taufenden Kindern
bedeutend zurückgetreten sein.[1])   Man half sich in der letzteren
auf eine Weise, bei der ebensowohl der pietätvolle Anschluss
an die Vergangenheit wie die verständige Stellungnahme zu den
Anforderungen der Gegenwart zu bewundern ist.
    Das kirchliche Empfinden sträubte sich von alters her da-
gegen, einen Menschen direkt und ohne Zwischenstufen dem
heiligen Tauf-akrament zuzuführen. Sowohl pädagogische Gründe
schienen dagegen zu sprechen wie auch das Bewusstsein, dass
es sich hier um ein Mysterium handele, das ebenso wie alle
anderen Mysterien vorsichtig angefasst werden müsse, wenn es nicht
profaniert werden sollte. Der erstere Grund war Kindern gegenü-
über hinfällig, der zweite wirkte entschieden noch mit: eine
gewisse Läuterung musste das Menschlein erfahren, ehe man es
mit dem heiligen Bade der Taufe in Berührung bringen durfte.
Darum lässt die gallische Kirche ebenso taktvoll als glücklich
neben die erziehlichen Taufvorbereitung der Erwachsenen eine
liturgische der Kinder treten.
    Am Oster-amstag werden dieselben signiert. Die Cere-
monie genau uns zu vergegenwärtigen, sind wir leider nicht im
stande, da uns die Rubriken fehlen. Doch wissen wir, dass
Gott in einem Eingangsgebet unter Berufung auf Jesu freund-
liche Aufforderung an die Kinder gebeten wird, auch diesem

---

[1]) Für Germanus von Paris gehören die pagani instructi qui grandis
ad baptismum veniebant bereits der Vergangenheit an, Ml. 72, 92 B.

Kinde seinen Segen nicht vorzuenthalten,[1] und dass zwei
Kollekten die Signierung des Kindes an Augen, Ohren, Nase,
Zunge und Brust begleiten.[2] Mehr als wahrscheinlich ist auch,
dass noch eine die Symbolübergabe abbildende Ceremonie damit verbunden war, wenigstens scheint dies aus dem korrupten
Text der ersten Kollekte herausgelesen werden zu müssen.[3]
Die Osternacht war auch in Gallien der eigentliche Tauftermin, mochte es sich um Erwachsene oder um Kinder handeln.
Denn einerseits eignete sich für die vorbereitenden Kompetentengottesdienste kein Abschnitt des Kirchenjahres so vortrefflich
als die Passions- und Fastenzeit. Andrerseits war die ganze Taufliturgie auf die Osterzeit zugeschnitten und auf eine möglichst
grosse Anzahl von Kompetenten angelegt. Nur ungern sah
man es deshalb in kirchlichen Kreisen, wenn ein Täufling oder
seine Eltern nicht bis zum nächsten Osterfeste mit der Taufe
warten wollten, sondern sich auf einen Nebentermin wie Pfingsten,
Johannis oder Weihnachten kaprizierten.[4]
In der der Taufhandlung voraufgehenden Vigilie wechseln
zwölf biblische Lektionen mit zwölf Präfationen und ebensovielen Gebeten.[5] Es ist der Gang, den Gott mit der Menschheit
gemacht hat, der hier noch einmal den Täuflingen als Repetition
alles dessen, was sie bisher schon gehört haben, teils in histo-
rischer Erzählung teils in Prophetenworten zu Gemüte ge-

---

[1] Sakramentar von Autun Nr. 34: Domine dignare benedicere huius
infantiae famulo tuo ill., quoniam nec conditione quisquam nec aetate de-
pellitur dicente dilectissimo filio tuo domino nostro: Nolite prohibere infantes venire ad me. Hi enim, domine, antequam bonum aut malum sciant,
crucis tuae sigillo signentur et qui indigent dietatem ad sacri nominis
tui baptismum percipere mereantur.
[2] L. c.: Accipe signaculum Christi und Signo te in nomine patris.
[3] Suscipe verba divina, inluminare verbo domini, quia hodie confessus es a Christo.
[4] Vgl. oben S. 142.
[5] Die Lektionen im Lektionar von Luxeuil XLI. Hinter der siebenten Lektion der Gesang Mosis Exod. 15, 13—21, hinter der elften das Gebet des Jonas c. 2, hinter der zwölften der Gesang der drei Männer aus
dem griechischen Daniel 3, 64—90. — Präfationen und Gebete finden
sich im Sarkamentar von Autun Nr. 33. Eine andere Reihe im Messbuch von Auxerre Nr. 24 und im Burgundischen Messbuch von Bobbio.
Muratori. Liturg. Rom. vet. II 843—845.

führt wird. Den Beschluss machen zwei Gebete, welche die letzte Lektion einrahmen und beide die Katechumenen zum Gegenstande haben, nämlich die Präfation: Precem spei fratrum nostrorum carissimi unianimes adiuvemus, uti dominus omnipotens ad fontem eos beatae regenerationis suae euntes omnes misericordiae suae auxilio spiritus prosequatur, und die Kollekte: Creator omnium domine et fons aquae vivae qui per lavacrum baptismi peccata eorum deles, quibus iam donasti resurrectionis fidem, ut mortem huius saeculi non timeant: reple eos spiritu sancto ut formari in illis Christum ac vivere glorientur.[1])

Noch ehe die Taufkandidaten hereingeführt werden, vollzieht sich im Baptisterium die Weihe des Taufwassers. Der Kern dieser Vorfeier besteht in dem altehrwürdigen Akte der Exorcisation des Taufbrunnens und dem über das Wasser gesprochenen Weihegebet, der sog. Kontestation, bei welcher der Bischof zugleich das Chrisma in Kreuzesform in die Piscina schüttet. Invitatorium und Kollekte leiten die Doppelceremonie ein, ein Dankgebet schliesst dieselbe.

Jetzt erst betreten die Täuflinge den ihnen bis dahin vorenthaltenen Raum. Nach Westen gewendet, entsagen sie in dreifacher Formel dem Teufel, seinen Werken, seinem Wesen. Sodann in die Piscina selbst eingetreten, bekennen sie sich ebenfalls zu dreien Malen zu Vater, Sohn und heiligem Geist. Und ebenso geschieht die Untertauchung dreimal auf den Namen von Vater, Sohn und Geist.

---

[1]) So im Sakramentar von Autun Nr. 33. Die entsprechenden im Messbuch von Auxerre lauten: Dominum maiestatis oremus, ut cervi more fonte iam proximo sitientes mox ad caelestis palmae lauream consequantur. — Sitiunt ad te deum vivum tuorum domine corda famulorum; suscipe cupientes saeculo mori, ut tibi domine renascantur; da praesentem petentibus gratiam, vitam credulis daturus aeternam.

Im Burgundischen Messbuch von Bobbio: Dei patris misericordiam pro competentibus, fratres carissimi, supplices deprecemur, ut eos dominus omnipotens ad fontem suae regenerationis euntes omni caelestis misericordiae auxilio prosequatur. — Auctor universitatis ac domine te deprecamur et quaesumus, ut mortificatos terrenis vitiis in novum hominem tibi servire patiaris per resurgentem a mortuis dominum nostrum Iesum Christum.

Ausserhalb des eigentlichen Taufraumes erfolgt noch die Konfirmation durch den Bischof und die Austeilung der weissen Taufkleider. Als eine gallische Specialität, vielleicht sogar nur als eine Eigentümlichkeit von Südfrankreich und Oberitalien ist die Fusswaschung der Neugetauften anzusehen, welche der Konfirmation entweder unmittelbar voranging oder folgte. Mit Handauflegung und Gebet schliesst auch dieser Teil der Feier.[1]

Der Bischof kehrt in die Basilika zurück, um die Messe zu halten, an der natürlich die Neugetauften sich beteiligen.[2]

Nach diesem Verlauf der Taufvorbereitung erfolgte also während des 5. und 6. Jahrhunderts in Gallien die Symbolübergabe an erwachsene Kompetenten am Palmsonntag und zwar in der Weise, dass der feierliche Akt regelmässig von einer das Symbol erklärenden Ansprache des Bischofs begleitet war.

Bei einer solchen Gelegenheit fasste Faustus von Riez den Entschluss, [3] über den heiligen Geist zu schreiben. Die Schrift liegt heute noch vor,[4] sie behandelt ihr Thema in zwei Büchern und beginnt mit der Bemerkung, dass apostolische Fürsorge und Gründlichkeit den weitläufigen Schriftinhalt in der wunderbar kurzen heilbringenden Formel des Symbols zusammengezogen haben.[5]

---

[1] Das Sakramentar von Autun Nr. 35, das Messbuch von Auxerre Nr. 25, das Burgundische Messbuch von Bobbio, Muratori l. c. II 848—852 bieten die bei Weihe und Taufe gebräuchlichen Formeln und Gebete.

[2] Die Messe folgt dem bekannten Schema. Die Lektionen bietet das Lektionar von Luxeuil XLI (Rom. 6, 3—11; Matth. 28) und das Burgundische Messbuch von Bobbio, Muratori l. c. II 852 sq. (1. Kor. 5, 6-8. Matth. 28); es sind ihrer bei dieser Messe nur zwei. Die Messgebete finden sich im Sakramentar von Autun Nr. 36, im Messbuch von Auxerre Nr. 26, im Burgundischen Messbuch von Bobbio, Muratori l. c. II 854.

[3] Gennadius vir. ill. c. 85.

[4] Fausti Reiensis opp. ed. Engelbrecht. C. S. E. L. XXI p. 99 -157.

[5] Fides catholica in universum mundum per patriarchas ac prophetas et gratiae dispensatores spiritu sancto insinuante diffusa est. Hanc apostolica sollicitudo atque perfectio sicut per sacras paginas dilataverat, ita in symboli salutare carmen mira brevitate collegit et tamquam dispersas remediorum species disposuit in corpus unum. Zu dem Ausdruck carmen vgl. Zahn, Das apost. Symb. S. 9 Anm. 3.

Eingehender spricht Faustus diese seine Ansicht über
Entstehung und Verfasserschaft des Symbols in der ersten der
beiden von ihm erhaltenen Homilieen über das Glaubensbekenntnis [1]) aus. Symbole sind einzulösende Picknicksmarken, Beiträge des Einzelnen zum gemeinsamen Mahle. So sammelten
die Väter der Gemeinden in Fürsorge für das Heil der Völker
aus den verschiedenen Teilen der Schrift heilskräftige Zeugnisse,
aus denen sie dann der Christenheit eine Seelenspeise bereiteten, die sie Symbolum nannten. Der Nachdruck liegt
darauf, dass das Glaubensbekenntnis die Quintessenz des gesamten Schriftinhaltes bildet, leicht fasslich, leicht behaltbar.
Seine Verfasser aber sind die Väter, an anderer Stelle die
Leiter der Gemeinden, also wohl die Bischöfe; ihre Intention
aber bestand in dem Heil der Völker.[2])

Man hat also damals in Gallien von dem Glaubensbekenntnis, welches man den Kompetenten anvertraute, nicht behauptet,
dass dasselbe von den Aposteln verfasst sei. Im Gegenteil.
Im schärfsten Gegensatz zu Rom, das gerade auf diese fabel-
hafte Herkunft den grössten Wert legte, ignorierte man dieselbe
und begnügte sich damit, das Symbol von kirchlichen Lehrern
mit apostolischer Gewissenhaftigkeit redigiert sein zu lassen.[3])

---

[1]) Die beiden Homilieen tragen in der Biblioth. Max. Patr. VI 628 – 632
fälschlich den Namen des Eusebius von Emesa. Caspari, der sie zuerst
in den Quellen II 185—199 und sodann mit Hilfe bisher unbenutzter
Handschriften in verbesserter Gestalt in den Kirchenhistorischen Anecdota
I 315—341 abdruckte, wies sie dem Faustus von Riez zu und fand damit
allgemeinen Beifall. Vgl. unt. and. Kattenbusch (D. apost. Symb. I
158—164) und Hahn (Biblioth. d. Symb. (3) S. 70). Widerspruch erhob
erst jüngst Bergmann (Studien zu einer kritischen Sichtung der südgallischen Predigtliteratur I 71 – 86). Doch ist Seeberg (R.E. (3) V 785)
unter voller Würdigung der Bergmannschen Bedenken zur Casparischen
Ansicht als einer „wenn auch nicht sicheren. so doch recht wahrschein-
lichen" zurückgekehrt.

[2]) Caspari. Kirchenhist. Anecdota I 315: Ita et ecclesiarum patres
de populorum salute solliciti ex diversis voluminibus scripturarum college-
runt testimonia divinis gravida sacramentis. A. a. O. S. 316: Ita et ecclesiarum magistri, studiosissimi salutis nostrae negotiatores, in scripturis
sanctis de magnis maxima separaverunt mentium paginis inscribenda.
Vgl. Bergmann a. a. O. S. 81—83.

[3]) Diese Beobachtung Zahns (D. apost. Symb). S. 6) entzieht einem
der gewichtigsten Argumente, welche Bergmann (a. a. O. S. 81—83)

Abgesehen von dieser nicht unwichtigen Thatsache trägt
aber jene erste Homilie des Faustus für den vorliegenden Zweck
wenig aus.

Zwar der Eingang erinnert an manche Traditionsansprache.
Die heilbringende Formel, die sich zum übrigen Inhalt der
beiden Testamente verhält wie das Grösste zum Grossen, das
Beste zum Guten, dieses bekannte verbum abbreviatum des
Herrn will aufs sorgfältigste in Herz und Gedächtnis festgehalten werden. Eher mögen sich Leib und Seele trennen, als
dass die Seele dieses Schutzes beraubt würde.

Aber die sich unmittelbar anschliessende Erklärung der
einzelnen Artikel geht in auffälligster Weise ihre eigenen Wege.
Fast die Hälfte der ganzen Auseinandersetzung gilt dem
ersten Artikel, der in den drei Abschnitten Gott, Vater, All-
mächtiger abgehandelt und vorwiegend zur Widerlegung der
Arianer benutzt wird. Bei den Begriffen der Vaterschaft und
der Allmacht wird zugleich eingehend des Sohnes gedacht und
eine Betrachtung über den heiligen Geist eng daran ange-
schlossen. Nachdem auf diese Weise die Lehre von der Trinität
abgehandelt ist, folgen noch in kurzem Zuge und ohne inneren
Zusammenhang die Lehrstücke von Christi Leben und Leiden
und schliesslich der Artikel von der Kirche.

Das Ganze ist eine apologetische Predigt über das Symbol.
aber keine eigentliche Erklärung desselben und noch viel
weniger eine Traditionsansprache: ein Eindruck, über den kein
Zweifel mehr bestehen kann, sobald man die andere Homilie
des Faustus zum Vergleiche heranzieht, eine wirkliche Traditionsrede im Charakter des 5. Jahrhunderts.

In dieser letzteren verbreitet sich der Bischof zunächst ganz
allgemein über den Wert des katholischen Glaubens im Gegensatz
zu dem schlechten Führer, der menschlichen Vernunft. Nur wem
jenes von Christus dem Irrenden angezündete grosse Licht leuchtet,
der kann Gott suchen und auch wirklich finden. Welch grosse
Wohlthat im Vergleich mit dem mosaischen Gesetz! Dort eine
erdrückende Fülle von Vorschriften, Gesetzen, Opfern, hier nur
die Forderung des einzigen Wortes: ich glaube.

gegen Faustus als Verfasser der Homilieen geltend macht, von vornherein
den Boden.

Ihr kann auch der Geringste nachkommen, er braucht nur mit dem Herzen zu glauben, mit dem Munde zu bekennen. Das einfachste Heilmittel gegen die Sünde ist dem Christen in diesem verbum abbreviatum gegeben, im Glauben an Gott d. h. darin, dass man ihn gläubig sucht und mit voller Liebe sich ihm anschliesst.

Es folgt: ich glaube auch an seinen Sohn, unsern Herrn Jesus Christus. Dieser Glaube an Christus bedeutet nicht den Übergang zu einem anderen Gott, sondern nur zu einer anderen Person innerhalb derselben Gottheit.

Das stereotype „es folgt" leitet die Besprechung aller weiteren Artikel ein, zunächst: der empfangen ist vom heiligen Geiste, geboren aus der Jungfrau Maria.

Menschwerdung und Jungfrauengeburt, unbegreiflich für den menschlichen Verstand, können und müssen aus der göttlichen Allmacht erklärt werden.

Indessen genügt es nicht, nur an den lebendigen Gott zu glauben, wenn man darüber den Tod des Menschen Christus vergisst. Verlangt doch der siegreiche Feldherr, dass man neben seinen Triumphen auch seiner Wunden gedenkt, um voll ermessen zu können, was er für das Vaterland gethan hat. Darum ist im Symbol auch vom Kreuze Christi die Rede, denn es war nicht bloss ein Machtspruch Gottes, der die Menschheit von Sünden frei machte, sondern Christi Wunden und Tod haben dies zuwege gebracht. Erst hat er sich im Gehorsam gedemütigt, ehe er erhöht wurde. Auf der Kreuzeswage aber lagen nicht Gold oder Silber, sondern er selbst mit seinem Leiden. Dieser Preis mag dem Sünder zeigen, wie wert er vor Gott geachtet ist.[1]

Im Grabe musste Christus einige Zeit bleiben, damit niemand an der Wirklichkeit seines Todes zweifeln konnte. Man spricht von drei Tagen, wobei freilich bemerkt sein will, dass der erste und dritte nicht voll waren, so dass die ganze Grabesruhe nicht einmal zwei Tage ausgemacht hat. Dann stand Christus auf, Tod dem Tode, Leben den Toten. Zwar hatten die Juden mit einem unverständlichen Interesse seine Gruft versiegelt, aber

---

[1] Die Art, wie in diesem Abschnitt die verschiedenen Mittel und Ziele der Erlösung zusammengestellt sind, ist echt abendländisch bezw. echt augustinisch. Vgl. Seeberg, Lehrb. d. Dogmengesch. I 304 Anm. 1.

weder Grab noch Unterwelt konnten ihn behalten. Und ebensowenig gewann die den Wächter beigebrachte Lüge vom
Diebstahl der Jünger irgend eine Bedeutung.

Christi Himmelfahrt weist jeder Seele den Weg, den auch
sie einschlagen wird, wenn sie vom Leibe sich scheidet. Darum
soll der Gedanke daran eine Mahnung zur Tugend sein.
Er sitzt zur Rechten Gottes des allmächtigen Vaters.
Darin liegt keine Beschränkung irgendwelcher Art, sondern
der Ausdruck gleicher Ehren und Rechte mit dem Vater.

Von dort kommt er abermals herab, nicht zu einer neuen
Erlösung sondern zum Endgericht. Auch Engel hätten dasselbe in seinem Namen vollziehen können, aber so hochge-
achtet ist der Mensch bei Gott, dass er keiner himmlischen
Kreatur unterstellt wird, sondern nur Gott allein. In diesem
Selbstkommen tritt klar zu Tage, wie bedeutend dem Herrn die
Sache erscheint. Den Guten bietet er sich dar als den, an
welchen sie geglaubt, den Bösen tritt er entgegen als der,
den sie gekreuzigt haben. Denn Lebende und Tote sind Gerechte und Ungerechte. Alle werden sie auferstehen, die einen,
um zu empfangen was sie verdient haben, die anderen, um zu
sehen was sie verloren haben. So gilt denn von den Gottlosen,
dass sie zugleich Lebende und Tote sind, denn wer in der Hölle
ist, kann nicht sterben und ist zugleich fern vom Leben.

Es folgt: ich glaube an den heiligen Geist. Ein Glaube,
ein Bekenntnis, eine Majestät fasst ihn mit Vater und Sohn
zusammen: drei Personen in der einen göttlichen Substanz
vereinigt. Einen Rangunterschied zwischen den dreien giebt es
nicht, es ist nur Unvollkommenheit der Sprache, wenn man einen
nach dem anderen nennt. Freilich ist auch an der Unterschiedlichkeit der drei Personen unbedingt festzuhalten. Daher schädigt
jeder Abbruch, der dem heiligen Geist geschieht, zugleich die
ganze Trinität, und alles was von Gott im allgemeinen aus-
gesagt wird, gilt damit auch vom Geist im besonderen. Denn
in jeder Person fühlt sich die dreifache Gottheit beleidigt, und
mit der Verehrung eines in der Dreiheit wird die ganze Trinität
verherrlicht. So erstreckt sich denn auch im Symbol der Glaube
an die eine Gottheit bis in den dritten Artikel.

Was alsdann noch folgt, die heilige allgemeine Kirche,

die Gemeinde der Heiligen, die Vergebung der Sünden, die
Auferstehung des Fleisches, das ewige Leben, das alles wird
erwähnt, nicht als ob man daran glaube, sondern dass man es
in Gott glaube, dass man es bekenne als eine Summe göttlicher
Wohlthaten.

Die Kirche ist dank göttlicher Gnade über den ganzen
Erdkreis verbreitet, darum heisst sie die allgemeine. In ihrem
Schosse, wenngleich nicht durch sie, vollzieht sich unsere Wieder-
geburt.

Das Bekenntnis zur Gemeinde der Heiligen will diesen
letzteren, weil sie von Gott erleuchtet und ihm ähnlich sind,
eine besondere Ehrenstellung zuerkennen, in der Weise, dass
man, während zwar kultische Anbetung Gotte allein gebührt,
doch den Heiligen um ihrer Gottesfurcht, ihrer Gottesliebe
und ihrer ihnen von Gott verliehenen Verdienste willen Verehrung zollt.[1])

Vergebung der Sünden wäre ohne Sündenfall unnötig gewesen. Nachher war es dann die Liebe des Herrn, welche den
ursprünglichen Zustand wiederherstellte. Aus der Taufe geht
der Mensch in paradiesischer Unschuld hervor. „Weite, Herr,
und segne in der gegenwärtigen Zeit der Wiedergeburt den
Schoss der heiligen Mutter. Sage, Herr, zu deiner Kirche,
was du durch den Engel zu deiner Mutter gesagt hast: Der
heilige Geist wird über dich kommen, und die Kraft des Höchsten
wird dich überschatten. Möchte die Mutter wieder vom heiligen
Geist empfangen, die Jungfrau wieder gebären, Gottes Sohn
wieder Mensch, die jungfräuliche Natur wieder befruchtet
werden, die menschliche Art wieder aus der Unvergänglichkeit

---

[1]) Während Faustus also hier vor Übertreibung der Heiligenverehrung
warnt, bestreitet der auf Faustus basierende Tractatus S. Faustini de
symbolo (vgl. oben S. 88 Anm. 2) die Gegner jeder Heiligenverehrung,
indem er den Anhängern des Vigilantius vorwirft: Illos hic sententia ista
confundit, qui sanctorum et amicorum dei cineres non in honore debere esse
blasphemant, qui beatorum martyrum gloriosam memoriam sacrorum reverentia monumentorum colendam esse non credunt. In symbolum prae-
varicati sunt, et Christo in fonte mentiti sunt, et per hanc infidelitatem
in medio sinu vitae locum morti aperuerunt, ubi secundum symbolum do-
natur abremissio peccatorum. Caspari, Alte und neue Quellen S. 273—276.
Zahn, D. apost. Symb. S. 8. 90.

hervorgehen, damit niemand daran zweifelt, dass Ehre und jungfräuliche Geburt, wie er sie an den Gliedern in Übung sieht, zuvor dem Haupte eigen gewesen seien."

Dieser leicht verständlichen Apostrophe folgt noch der
Artikel von der Auferstehung des Fleisches. In eigenartiger
Weise begreift sie der Bischof mit der Sündenvergebung zusammen. Von beiden würde ohne Adams Fall nicht die Rede
sein, beide stellen parallele Erscheinungen dar. Dort steigt
aus der Tiefe des Taufbrunnens die gereinigte Seele empor,
hier wächst aus seiner eigenen Asche, die für ihn zum Samenkorn wurde, der Leib auf. Gottes Güte erwies sich darin, dass
er den Menschen immer reicher ausstattete, von der Schöpfung
zur Wiedergeburt, von den Segnungen in dieser Welt zu dem,
was man von der zukünftigen Welt erhoffen darf. So preist
denn auch die Materie in ihrer Wiederherstellbarkeit die Macht
des Schöpfers; sie scheidet aus dem Leben, aber sie geht nicht
zu Grunde; sie scheint verbraucht, aber sie ist nur verborgen
in Hoffnung; und der Leib, auf welchen die Seele angewiesen
ist, wird ihr auch wieder zur Verfügung stehen. Möchte nur,
wie die Auferstehung dem Tode ein Ende macht, so ihr wieder
das Leben folgen. Diesem Ziele gelte der gegenwärtige Kriegs-
zug mit seinen Strapazen: der Wiederherstellung des Leibes
folge die Seligkeit, dass wir unseren Gott, den wir im Gericht
sehen werden, auch in der Herrlichkeit zu sehen gewürdigt werden.

Wohlan nun, ihr lieben neuen Gotteskinder! Prägt diese
ebenso kurzen als kostbaren Worte aufs tiefste in euer Herz,
damit ihr diesen ewigen Schatz unserer Hoffnung immer und
überall glaubet, hoffet, bewahret und bewachet.

Dies ein Bild aus der gallischen Kirche des 5. Jahrhunderts.
Indessen sollte der geschilderte Brauch rasch veralten. Bei
der zunehmenden Verchristlichung des Landes kam es immer
seltener vor, dass ein Erwachsener die Taufe begehrte. Die
Palmsonntagsfeier mit ihrer Symbolrede behauptete sich zwar
im Gebrauch, aber sie verlor je länger je mehr an Bedeutung.
Mit Sicherheit muss man dies aus dem allmählichen Verschwinden der Traditionsansprachen schliessen. So erwartet
man von Cäsarius von Arelate, dem predigteifrigen Kirchenfürsten des 6. Jahrhunderts, mehr als eine Symbolrede vorzu-

finden. Und doch ist keine auf uns gekommen.[1]) Das legt
die Vermutung nahe, dass er es nur selten mit erwachsenen
Kompetenten zu thun gehabt haben kann. Nur selten, denn
ganz fehlten sie auch zu seiner Zeit noch nicht.[2]) Giebt er

[1]) Denn die einzige, die etwa dafür gelten könnte, der Sermo 244
in August. opp. Tom. V Appendix Ml. 39, 2194—2196 (Hahn, Biblioth. d.
Symb. (3) S. 72 Anm. 167), ist eine Gemeindepredigt, die vom Glauben
an das Symbol und von den guten Werken in der Weise handelt, dass
sie ausführt: Wer gerettet werden will, halte unverbrüchlich fest am rechten
katholischen Glauben, wie er im Symbol zum Ausdruck kommt. Besonders
Christi Demut, von der das Symbol die wichtigsten Beweise gibt, reize
den Menschen zur ernsten und wirklichen Nachahmung. Diese aber äussere
sich im Abtöten der sündhaften Glieder, im Aufgeben des alten, im Annehmen eines neuen Lebens, dessen Akte einzeln namhaft gemacht werden.
Wer alles dies thut, wird Vergebung der Sünden und ewiges Leben erlangen. — Avitus von Vienne hat Reden über das Symbol gehalten. Doch
sind nur dürftige Fragmente davon auf uns gekommen, aus denen sich
wenig über ihren Charakter ersehen lässt. Vgl. Ml. 59. 305 ur. IV und
309 nr. III. — Nach Gallien, wenn nicht nach Italien, und vermutlich in
das 6. Jahrh. gehört eine Symbolrede, der im übrigen jede charakteristische
Färbung abgeht, der Sermon 243 in August. opp. Tom. V Appendix
Ml. 39, 2193 sq. Caspari, Quellen II 152, Hahn, Biblioth. d. Symb. (3) S. 50f.
Die Erklärung selbst ist überaus mager. Sie appelliert von der über-
grossen Liebe Gottes, der obwohl Schöpfer doch in ein Vaterverhältnis
zu seinen Geschöpfen getreten ist, an die Gegenliebe der Christen, die
sich im Aufgeben alles heidnischen Götzendienstes, in der Vermeidung
alles Bösen, in der vertrauensvollen Hingabe an Gott selbst äussern soll.
Die Jungfrauengeburt ferner kann bei demjenigen keine Zweifel erwecken, der von Gottes Allmacht voll und ganz durchdrungen ist.
Dass Gottes Sohn aber Mensch wurde, war nötig, um das der Ver-
führung des Teufels verfallene Ebenbild Gottes zu retten. Den Leiden,
die Christus aus demselben Grunde auf sich nahm, folgte seit der Auferstehung die Offenbarung seiner göttlichen Macht, auch sie kommt uns zu
gute. Die Ebenbürtigkeit des Geistes mit Vater und Sohn wird nur kurz
konstatiert. Die Erklärung der Sanctorum communio klingt etwas an die
bekannte Deutung auf Teilnahme an den Sakramenten, speciell an die
Taufe, da es nämlich weiter heisst, dass der durch die Wiedergeburt
aus Wasser und Geist der Kirche Einverleibte ewige Vergebung aller
Sünden geniesse. Sollen endlich Christi Auferstehung und Erhöhung sich
auch dem Menschen nutzbar erweisen, so müssen diese letzteren fest
daran glauben, dass ihnen Auferstehung des Fleisches und ein ewiges
Leben dermaleinst bestimmt beschieden sei.

[2]) Gegen Holtzmann a. a. O. S. 100: Kinder werden behandelt, als
wären sie erwachsene Katechumenen älteren Stils. Insofern können

doch in einer Moralkatechese [1]) die Wege an, wie ein Kompetent aus einem Gefäss des Satans ein Gefäss Christi werden könne. Derselbe meide einerseits die groben Sünden der früheren Zeit, die Übertretungen des 5. 6. 7. und 8. Gebotes, und er befleissige sich andrerseits in den nächsten Wochen vor und nach der Taufe der strengsten Askese, damit der geistliche Geburtsprozess ohne Störung von statten gehen könne. Auch zählt Cäsarius zu denjenigen Eigenschaften, durch welche sich der wahre Christ von den blossen Namenchristen unterscheidet, dass der erstere Symbol und Vaterunser treu im Gedächtnis behalte und wohl darauf merke, dass auch seine Kinder dies thun. [2])

Daneben aber rechnet Cäsarius wieder so gut wie ausschliesslich mit der Kindertaufe und mit den Pflichten der Paten. Auch wenn er sich direkt mit Taufkandidaten beschäftigt, versäumt er nicht zu wiederholten Malen Paten und Gemeindeglieder darauf aufmerksam zu machen. dass sie die Sache ebenso angehe wie jene, dass auch sie aus seiner Ansprache manches entnehmen könnten, und dass es ihre Aufgabe sei. durch gutes Beispiel wie mahnende Worte heilsam auf die Kompetenten einzuwirken. [3]) Kurzum, das Pateninstitut tritt

---

Kirchenlehrer wie Faustus von Riez und Cäsarius von Arles Predigten halten, als ob die alten Katechumenatseinrichtungen noch Bestand hätten.
[1]) August. opp. Tom. V Appendix Sermo 267 Ml. 39, 2242—2246. Zur Caesarianischen Verfasserschaft dieses Sermon und des Sermo 264 (vgl. unten Anm. 3) siehe die Anmerkungen in Ml. 39, 2233. 2242, ferner in Ml. 52, 1042 A und bei Arnold, Caesarius von Arelate S. 441. 442. Eine Rede des Caesarius an Neugetaufte findet sich im Homiliar des Burchard Nr. 10 (Eckhart. Comment. de rebus Franc. orient. I 839. Rev. Bénéd. 1896 p. 194—196).
[2]) August. opp. Tom. V Appendix Sermo 266 c. 2 Ml. 39, 2241: Ille bonus christianus est, qui symbolum et orationem dominicam memoriter tenet et filios vel filias suas, ut et ipsi teneant, fideliter docet. Vgl. Sermo 303 c. 3 Ml. 39, 2325: Quanto celerius et melius quicumque rusticus vel quaecumque mulier rusticana, quanto utilius poterat et symbolum discere et orationem dominicam.
[3]) August. opp. Tom. V Appendix Sermo 264 c. 3. Ml. 39, 2234 sq.: Interrogamur enim in baptismo, utrum abrenuntiamus diabolo, pompis et operibus eius et abrenuntiaturos nos voce libera respondemus. Quod quia infantes per se minime profiteri possunt, parentes ipsorum pro eis

merklich in den Vordergrund, ein Symptom der Wandlung, welche der Katechumenat in dieser Zeit durchmacht. Den jugendlichen Täuflingen gegenüber sah man sich in Gallien zu einer Umgestaltung des bisherigen Kompetenten-ceremoniells genötigt. Es genügte für dieselben eine einzige liturgische Feier am Ostersamstag, welche die gesamten Cere-monieen der Fastenzeit einschliesslich der Symbolübergabe ihrem wesentlichen Inhalte nach repräsentierte. In ihr aber fand die Symbolrede natürlich keinen Platz.

§ 8. Skrutinienmessen in Neapel.

Trotz der grossen Nähe von Rom weist die Liturgie von Neapel ein eigenartiges Gepräge auf. Oder besser gesagt, Rom und Neapel gingen anfangs gemeinsame Wege; während aber die Stadt der Päpste eine liturgische Neuerung nach der anderen erlebte und allmählich auf dem gottesdienstlichen Ge-biete einen Reichtum der Formen schuf, von dem alsbald alle Länder des westlichen Europas zehren konnten, blieb die kirch-liche Metropole von Unteritalien ihren alten Gewohnheiten treu und nahm nur zögernd irgendwelche Umgestaltungen des Gottes-dienstes vor. So kommt es denn, dass im 6. und 7. Jahrhundert, der Zeit, in welcher uns neapolitanische Quellen[1]) in reichstem

fideiussores existunt. Sermo 267 c. 5 Ml. 39, 2243: Qui filios aut filias excipere religioso amore desiderant et antequam baptizentur et postenquam baptizati fuerint, de castitate, de humilitate, de sobrietate vel pace eos ad-monere vel docere non desinant et agnoscant se fideiussores esse ipsorum. Pro ipsis enim respondent quod abrenuntient diabolo, pompis et operibus eius. Vgl. auch Sermo 168 c. 3 Ml. 39, 2071: Quicumque viri quaecum-que mulieres de sacro fonte filios spiritualiter exceperunt, cognoscant se pro ipsis fideiussores apud deum exstitisse.

[1]) Wir verdanken die Urkunden der neapolitanischen Liturgie vor-wiegend der glücklichen Kombinationsgabe des Dom Germain Morin, der in diesem ganzen Abschnitt hauptsächlich zu Worte kommt. Es handelt sich in erster Linie um das Evangeliar von Neapel auf Grund zweier Handschriften des Britischen Museums (Cotton ms. Nero D. IV, sog. Cuth-bertevangeliar, und Cod. Reg. I B. VIII). vgl. Rev. Bénéd. 1891 p. 481—493.

Masse fliessen, zwischen den beiden grossen Nachbarstädten in liturgischer Hinsicht eine weite Lücke klafft.

Dieselbe Beobachtung macht man selbstverständlich auch in Bezug auf Katechumenat und Taufe. Auch hier ist Neapel die zögernde, Rom die fortschreitende Gemeinde. Rom hat die gesamte Taufvorbereitung den Anforderungen der Zeit entsprechend in seiner Weise umgebildet. Neapel weist eine Zwitterbildung von Altem und Neuem auf.

Noch wird hier die Liste der Taufkandidaten in der zweiten Fastenwoche zusammengestellt.[1]) Die damit beginnende Taufvorbereitung aber findet ihre Höhepunkte in drei Gottesdiensten, welche an den Sonntagen Okuli, Lätare, Judika gehalten werden. Es sind Skrutinienmessen, von denen jede wiederum durch eine besondere Ceremonie charakterisiert wird, derart, dass man den Katechumenen in der ersten Messe die Psalmen, in der zweiten das Vaterunser, in der dritten das Symbol überliefert. Die Sitte kann nicht auf Neapel beschränkt gewesen sein, denn wie aus dem noch zu besprechenden römischen Ge-

---

529—537. 1895 p. 392. Anecdota Maredsolana I 426—435. Sodann hat Morin 27 Predigten, die bisher unter den Predigten des Chrysostomus (opp. Venet. 1549 Tom. I. II. V) figurierten, dem Bischof Johannes von Neapel ca. 534—554 zugewiesen. Rev. Bénéd. 1694 p. 385—402. 1895 p. 390 s. Unter ihnen sind die Nummern 3. 23. 26. 27 bei Katechumenenfestlichkeiten gehalten.

[1]) Gegen Morin in der Rev. Bénéd. 1891 p. 534: C'est en ce samedi (Samstag der dritten Fastenwoche) qu'a lieu le scrutin pour l'admission des aspirants au baptème. In der That ist im Evangeliar von Neapel für den Samstag nach Okuli ein Skrutinium mit der Perikope vom Blindgeborenen (Joh. 9, 1—38) vorgesehen: De quadragisima post III. dominicas sabbato mane post scrutinium. Da aber bereits der Sonntag Oculi eine grosse Katechumenenfeier aufweist, kann jenem Skrutinium am Samstag darauf nur eine untergeordnete Bedeutung eignen. Die Perikope würde dafür sprechen, dass an diesem Samstag eine Salbung der Katechumenen vorgenommen sei, ein Effeta oder eine Apertio aurium. Da indessen nur dieses eine vereinzelte Skrutinium erwähnt wird, so liegt die Vermutung noch näher, dass wir es bei demselben mit einem Rudiment aus früherer Zeit zu thun haben, das ohne praktische Bedeutung nur traditionell weiter geführt wird: am selben Samstag fand nämlich im altkirchlichen Katechumenat die Übergabe des Symbols, also die Hauptfeier der ganzen Taufvorbereitungszeit statt (vgl. oben S. 26). Daran dürfte jene Notiz im neapolitanischen Evangeliar erinnern.

lasianum in seiner ältesten, jedenfalls vorgregorianischen Gestalt hervorgeht, gab es auch in Rom eine Zeit, in der man am 3., 4. und 5. Fastensonntag eine Skrutinienmesse für die Kompetenten abhielt.[1]) Diese Thatsache ist insofern von Wichtigkeit, als aus ihr klar hervorgeht, dass vor der Einführung der späteren komplicierten Skrutinienordnung mit ihrer durch den 7. römischen Ordo festgelegten Siebenzahl Rom wie Neapel sich in der Hauptsache[2]) mit drei sonntäglichen Skrutinienmessen begnügten. Ob dieselben früher in Rom einen ähnlichen Charakter trugen wie während des 6. und 7. Jahrhunderts in Neapel, lässt sich freilich wie gesagt nicht feststellen. Jedenfalls aber ist das sicher, dass Neapel in der Überlieferung der Psalmen bei der Okulimesse eine Ceremonie besitzt, welche keine andere Kirche aufzuweisen hat, und ferner, dass das Voraufgehen der Gebetsüberlieferung vor der traditio symboli eine ebenfalls sonst durchaus unbekannte Abnormität bildet. Und doch bleibt auch hier der letzteren durchaus ihre Eigenart gewahrt. Sie macht den Höhepunkt der Taufvorbereitung aus, auf welchen die beiden anderen Ceremonieen nur wie Vorläufer hinweisen. Das Symbol als das wichtigste und bedeutungsvollste Katechismusstück wird bis zuletzt zurückbehalten.

Es sind neue Arbeiter, welche der Herr durch Katechumenat und Taufe für seinen Weinberg dingen will. Darum verliest man bei der ersten Skrutinienmesse am Sonntag Okuli die Perikope Matth. 20, 1—16: es ist die Messe der Psalmenübergabe.[3]) Das Psalmbuch legt man in die Hände der Kate-

---

[1]) Gelas. I 26. 27. 28.

[2]) Dass ausserdem noch untergeordnete Skrutinien gehalten wurden, über deren Verlauf wir im Unklaren sind, dafür könnte jene oben S. 170 Anm. 1 erwähnte Notiz sprechen.

[3]) Rev. Bénéd. 1891 p. 487: Dominica tertia quando psalmi accipiunt, von Morin (Rev. Bénéd. 1891 p. 530. 534 Anecd. Mareds. I 428. 432) anfangs quando salem accipiunt gelesen und auf die bekannte Ceremonie der Salzreichung gedeutet. Vgl. aber ebendens. Rev. Bénéd. 1894 p. 387. 392 s. Den electi ad fidem wird eingeschärft: Hos versiculos psalmi memoria tenete, ore reddite . . . . tenete traditum vobis psalmum, ut, cum tenueritis lingua, reddideritis vita, vocibus et moribus. Über die pseudo-chrysostomische (Nr. 3) Erklärung des 22. Psalms l. c. p. 387. 392 s. Um eine gleiche traditio psalmi handelt es sich auch in dem Sermo 366 in August. opp.

chumenen, das erste Hauptstück der neuen Lehr- und Lebens-
anschauung, in die sie einzutreten im Begriff stehen. Was
aber fortan für ihr Handeln und Denken unbedingt massgebend werden soll, damit müssen sie sich vertraut gemacht,
das müssen sie sich genau eingeprägt haben. Ein kleiner Anfang wird deshalb jetzt schon mit zwei Psalmen gemacht, dem
liebenswürdigen 22. bezw. 23. vom Guten Hirten, der wie kein
anderer die religiöse Grundstimmung der Alten Kirche wieder-
spiegelt, und aus praktischen Rücksichten, um seiner Kürze
willen mit dem 116. bezw. 117.: Laudate dominum omnes
gentes.[1]) Der Inhalt beider Psalmen wird vom Bischof erklärt, den Wortlaut haben sich die Katechumenen einzuprägen,
um ihn gelegentlich aufsagen und — was die Hauptsache ist
— im Leben vertreten zu können.

Acht Tage später erfolgt, jedenfalls unter gleichen Ceremonieen, die Auslieferung des zweiten Katechismusstückes an
die Katechumenen. Es gehört zu den regelmässig wiederkehrenden Obliegenheiten des Bischofs, am Sonntag Lätare
denselben das Vaterunser in einer Ansprache zu erklären und
seinen Wortlaut mitzuteilen.[2])

Den Beschluss macht am Sonntag Judika die Übergabe
des Symbols,[8]) welche, wie aus zwei neapolitanischen Erklärungen

---

Tom. V Appendix Ml. 39, 1646—1650: Psalmum vobis dilectissimi qui ad Christi
baptismum properatis in nomine domini tradimus memoriae collocandum,
cuius necesse est, ut mysterium illuminante divina gratia exponamus.

[1]) Iungamus et brevem propter tardos qui prolixos versus psalmi
tenere non possunt. Rev. Bénéd. 1894 p. 392 n. 3.

[2]) Rev. Bénéd. 1891 p. 486. 530. 535. 1894 p. 390. 396s. Anecd.
Mareds. I 427. 433: Dominica IV quando orationem accipiant. Perikope:
Matth. 6, 9—15. Ansprache des Bischofs Johannes (Nr. 23 unter den
pseudo-chrysostomischen): Annua vobis dominica oratio ex pontificali doctrina electis ad fidem debetur.

[8]) Nirgends figuriert sonst der Sonntag Judika als Tag der Symbolübergabe. Doch wird im Zusammenhang mit den Feierlichkeiten der
beiden vorangehenden Sonntage die Wahl der neapolitanischen Kirche
verständlich, ihr bezeichnet die Judikafeier den Abschluss einer mit Okuli
beginnenden Steigerung. Der Zufall hat es gewollt, dass zwei für Deutschland besonders wichtige Urkunden an Judika als dem Symboltermin festhalten, während sie die beiden Vorstufen, die Okuli- und Lätarefeierlich-
keiten, streichen: das Evangeliar des Bischof Burchard von Würzburg

desselben hervorgeht, die Kenntnis des Vaterunsers bei den
Kompetenten voraussetzt.[1])

(741—753) und das von Paulus Diakonus zusammengestellte Homiliar
Karls des Grossen, deren beider Beziehungen zu Unteritalien überaus
durchsichtig sind.

Über das Burchard-Evangeliar, dessen Handschrift, nicht viel später
als s. 700, sich in der Würzburger Universitätsbibliothek befindet, vgl.
Schepss, Die ältesten Evangelienhandschriften der Würzburger Universitätsbibliothek S. 14—22 und Morins vortrefflichen Aufsatz in der Rev. Bénéd.
1893 p. 113—126. Dasselbe enthält eine der neapolitanischen durchaus
verwandte Perikopenreihe und stammt vermutlich ebenso wie sein Besitzer
aus England, woselbst seit den Tagen des Erzbischofs Theodor und
seines Begleiters Hadrian von Nisita (Beda hist. eccl. IV 1, Rev. Bénéd.
1891 p. 482) liturgische Schriften aus Unteritalien im Gebrauch waren (vgl.
die S. 169 Anm. 1 erwähnten englischen Abschriften eines neapolitanischen
Originales).

Das Homiliar des Paulus Diakonus ist nicht nur in Monte Cassino
verfasst (vgl. meine Schrift: Das Homiliarium Karls des Grossen auf s.
urspr. Gestalt hin untersucht S. 68), sondern weist auch manche Zeichen
seines Ursprungs auf. So sind die vier Schriftlektionen am Weihnachts-
feste (a. a. O. S. 20—23) eine Eigentümlichkeit des Benediktinerritus im
Gegensatz zu den gewöhnlichen drei der nicht mönchischen Gemeinden,
wie denn überhaupt Rom noch im 8. Jahrhundert Veranlassung hatte,
sich über süditalienische Gepflogenheiten in manchen Klöstern zu ärgern
(Rev. Bénéd. 1893 p. 114 s.). — Beide Urkunden wissen von einer traditio
psalmorum oder einer traditio orationis dominicae nichts mehr; denn diese
specifisch neapolitanischen Ceremonieen sind dem siegreichen Einflusse der
römischen Liturgie erlegen. Aber für die in allen katholischen Ländern
gleichangesehene traditio symboli halten beide Predigtsammlungen gewohn-
heitsgemäss an der neapolitanischen Tradition fest, obwohl sie für ein Land
und für eine Zeit zusammengestellt sind, da man den Kompetenten das
Symbol ausschliesslich inmitten des auf einen Wochentag fallenden Skrutiniums in apertione aurium zu überliefern gewohnt war. Vgl. Burchard-
Evangeliar: Dominica V quando symbolum accipiunt mit der Perikope
Matth. 21, 33 sqq. Sogar die oben S. 170 Anm. 1 und S. 171 Anm. 2 erwähnte Notiz hat sich erhalten: De quadragisima post III dominicas sab.
mane post scrutinium, allerdings mit der Perikope Joh. 10. 11 sqq. Homiliarium Karls des Grossen: Zwischen Dominica ante palmas und Dominica
in palmas: I 95. in traditione symboli. Sermo beati Maximi de expositione fidei: Cum apud patres nostros sicut liber Iudicum refert (Ml. 57,
433—440). Vgl. oben S. 137 Anm. 2. — Vgl. noch die Münchener Evan-
gelienhandschrift Clm. 6224 aus dem 7. Jahrh. mit Randnoten des 8.
bezw. 9. Jahrh.: In tradicione simboli mit der Perikope Mark. 7, 31
(Rev. Bénéd. 1893 p. 246—256, bes. p. 251. 1895 p. 392 s.).

[1]) Rev. Bénéd. 1891 p. 488. 530 Anecd. Mareds. I 428. 433: Dominica

Die Gemeinde, so beginnt der Bischof,[1]) jubelt über den Zu-
wachs an Gläubigen, der ihr bevorsteht. In ihrer Freude bietet
sie daher den Neuhinzutretenden das Beste, was sie hat, ihr
Glaubensbekenntnis, freilich nicht ohne dasselbe den jungen
Christen ernst ans Herz zu legen. Denn in seiner Gedrängt-
heit verfügt es zugleich über eine wunderbare Kraft. Ringsum drohen Gefahren. Dort die grübelnden Häretiker, deren
böser Umgang gute Sitten verdirbt, deren Wort um sich frisst
wie der Krebs, die sich weder in die Gleichwertigkeit des Sohnes
mit dem Vater noch in die Göttlichkeit des heiligen Geistes
finden können. Die Kirche hat sie deshalb gebannt, und der
Gläubige muss sie meiden. Hier die spöttischen Heiden, welche
die jungen Christen am Glauben irre zu machen sich bemühen,
indem sie auf die Geburt von der Jungfrau als einen naturwidrigen
Prozess hinweisen, welche den, der auf eine Auferstehung von den
Toten hofft, mit dem Hinweis verhöhnen, ob auch die Märtyrer,
die man den wilden Tieren im Cirkus oder den Fischen im
Meere zum Frasse vorgeworfen hat, die auf den Scheiterhaufen
verbrannt sind, denen man geflissentlich die Möglichkeit eines
ordentlichen Begräbnisses nahm, ob auch sie alle auferstehen
können. Mit solchen Gegnern wird sich der junge Christ her-
umschlagen müssen, und damit er nicht unterliegt, giebt ihm
der Bischof jetzt schon die entsprechenden Antworten an die
Hand. Gewiss, jene Dinge sind mit Worten nicht zu erklären, darum eben muss man sie glauben. Andrerseits ist,
was hier unserem Glauben zugemutet wird, nichts Ausser-

V quando symbolum accipiunt. Perikopen: Matth. c. 21. c. 22. c. 25. 31
— Rev. Bénéd. 1894 p. 397 n. 3 (Vgl. Caspari, Quellen II 230): Videte in
patre, quod dixistis in capite orationis, Pater noster qui es in caelis, hoc
dicitis et in symboli confessione, Credo in deum patrem omnipotemtem.

[1]) Die beiden Symbolerklärungen (Nr. 26. 27 der pseudo-chrysostomischen) sind neuerdings abgedruckt von Caspari, Quellen II 226—234.
Vgl. Hahn, Biblioth. d. Symb. (3) S. 50. Caspari sieht in dem Verfasser einen abendländischen Bischof oder Presbyter zwischen 450 u. 550.
Kattenbusch (D. apost. Symb. I 209) giebt als Heimat derselben Italien
an. Morin endlich (Rev. Bénéd. 1894 p. 398—402) macht auf die verblüffende
Übereinstimmung dieser Predigten mit dem Evangeliar von Neapel in
liturgischer Hinsicht aufmerksam und nimmt daher eine Verwechselung
zwischen Johannes von Neapel (ca. 534—554) u. Johannes Chrysostomus an.

gewöhnliches, wenn wir an die Schöpfung der Welt aus
nichts denken, wenn wir uns die absolut geheimnisvolle uner-
forschliche Weise vorstellen, wie der Mensch sich im Mutterleibe bildet, wenn wir der Wunder gedenken, die Christus in
seinem Erdenleben vollbrachte, da er bei verschlossenen Thüren
eintrat, da er auf dem Meere wandelte, da er dem Winde und
dem Wetter Ruhe gebot. Einem solchen allmächtigen Gott
müssen wir auch glauben können, dass er in den Schoss einer
Jungfrau einging und Mensch wurde, dass er wiederherstellen
wird, was Menschenhand geflissentlich zerstört hat.

Die frische Art, wie der Redner die Zeitaufgaben im
Auge behält und seine Taufkandidaten für die Lösung derselben tüchtig zu machen bestrebt ist, trägt dazu bei, gerade
diesen beiden Symbolerklärungen ein überaus kräftiges Kolorit
zu verleihen. Fort und fort werden die Hörer aufgerüttelt,
wird an ihre Aufmerksamkeit, an ihre Leistungsfähigkeit
appelliert. „Ihr seid die Kinder. Wollt ihr den Vater beerben,
so macht ihm Ehre, folgt seinem Beispiel, thut seinen Willen."
„Nur wenn ihr seinen Geboten gehorcht, wird er die Ver-
sprechungen halten, auf welche ihr hofft." „Ihr seid voller Sehn-
sucht nach der Gnade, und doch werdet ihr derselben nur teilhaftig, wenn ihr euer Haupt Christus nachahmt in seiner Demut,
Geduld, Feindesliebe." „Thut, was ihr von uns gehört, gesehen
und gelernt habt."

So sind die beiden Homilieen überreich an Ermahnungen
und Verheissungen. Heil und Friede erwarten den, bei welchem
Glauben, Leben und Bekennen im rechten Einklang stehen.
Sicherung des irdischen, Unvergänglichkeit des zukünftigen
Lebens, ist, was der Christ von seinem Glauben zu erwarten hat.

Stück- und wortweise wird das Symbol durchgesprochen.
Zunächst der Begriff: Credo; fünf Buchstaben, zwei Silben, und
doch welche unermessliche Fülle von Objekten schliesst er
ein. Der Christ glaubt dem Allmächtigen, eben weil er allmächtig ist, weil er alles kann. Indem er Gott zugleich Vater
nennt, tritt er in alle Rechte und Pflichten dieses Kindesver-
hältnisses ein. Nur wer den letzteren voll und ganz nach-
kommt, legt mit Freimut sein Glaubensbekenntnis zu Gott dem
allmächtigen Vater ab. Der Unterschied von Gotte glauben und

an Gott glauben ist also dem Redner nicht klar zum Bewusstsein gekommen. Beim zweiten Artikel wird die Gottgleichheit des Sohnes den Zeitverhältnissen entsprechend breit behandelt. Der Verfasser schildert unzweideutig das Treiben der die Gemeinde in der Gegenwart beunruhigenden Arianer, doch ohne ihren Namen zu nennen. Die Schwangerschaft Marias wird aus gleichem Grunde mit einer uns befremdlichen Breite behandelt. Bei dem Kreuzestode verdient es die besondere Aufmerksamkeit der Hörer, dass der Unschuldige für den Schuldigen litt, der Bedürfnislose für den Vater Gewinn einheimste. In besonderem Masse wird Christi Sanftmut, die er in allen Leiden bewies, nachdrücklichst hervorgehoben und den jungen Christen zur Nachahmung ans Herz gelegt. Wie sein Tod die beiden Feinde Pilatus und Herodes zu Freunden machte, so machte er auch uns zu Freunden Gottes, indem er die trennende Wand fortnahm. Wie er in seinen Erdentagen drei Tote erweckt hatte, so hat er es während seiner Grabesruhe mit zahlreichen andern Heiligen gethan, die dann mit ihm auferstanden, denn auch in der Unterwelt drängte es ihn Wunder zu thun. Die Begriffe „Sitzen" und „Rechte Gottes" bieten Anlass, in gewohnter Weise die Hörer vor dem Missverständnis zu warnen, als handele es sich hier um eine mit dem Wesen Gottes unvereinbare körperliche Beschränktheit. Das Gericht über die Lebendigen und die Toten lässt nach des Verfassers Meinung eine doppelte Erklärung zu, zunächst die physische, sodann die moralische: Christus richtet die Frommen und die Sünder.

Der heilige Geist ist vom Vater und vom Sohne ausgegangen. Geflissentlich hebt dies der Verfasser mehrere Male hervor. Als Missionsgeist durchwaltet und mehrt er die Kirche, in seinem Dienste standen einst Paulus und Barnabas. Zugleich heiligt, regiert und tröstet er den einzelnen Christen und führt ihn der Kirche zu. Dem Schiffe auf dem Meere gleich gleitet die Kirche dahin, die Gläubigen an Bord; Glaube und Liebe, Geist. Heiligkeit, Friede, Gebet und Busse machen die Bestandteile dieses Schiffes aus; in seiner Mitte ragt als Mast das Kreuz. So steuert es in Einmütigkeit des Geistes dem ewigen Hafen, der Stadt des Friedens zu. Diese mit allen

dem Verfasser zur Verfügung stehenden Farben geschilderte
Kirche verheisst und gewährt dem Gläubigen Auferstehung des
Fleisches und ewiges Leben.

Unter solchen und ähnlichen Auseinandersetzungen war
das Symbol den Taufkandidaten am Sonntag Judika übergeben
worden. Seine Rückgabe erfolgte vermutlich am Morgen des
Ostersamstags.[1])
Jedenfalls repräsentiert also die Taufvorbereitung in Neapel
während des 6. und 7. Jahrhunderts ein eigentümliches Über-
gangsstadium. Mit dem altkirchlichen Katechumenat hat sie
das belehrende Wort, die lebendige Traditionsansprache gemein. Noch hat die bestimmte liturgische Formel nicht über
die freie pädagogische Wirksamkeit des Bischofs die Über-
hand gewonnen. Andrerseits aber offenbart sich schon in den
drei Skrutinienmessen eine Anbahnung zu dem späteren verhängnisvollen Skrutinienwesen. Auf letzterem Wege rasch
weiter zu gehen, scheint man freilich vorerst in Neapel nicht
gewillt gewesen zu sein. Man überliess es um jene Zeit einst-
weilen der Gemeinde von Rom, die Dreizahl der Skrutinienmessen zur heiligen Siebenzahl zu vervollständigen, überhaupt
die ganze steife Skrutinienordnung peinlich genau auszubilden
und damit den altkirchlichen Katechumenat definitiv zu Grabe
zu tragen.

---

[1]) Rev. Bénéd. 1891 p. 536.

Zweites Kapitel.

Die Stellung des apostolischen Symbols im Skrutinienritus des frühen Mittelalters.

———

12*

§ 9. Der Verfall des altkirchlichen Katechumenates.

Der altkirchliche Katechumenat, der im Zeitalter des Augustin und Ambrosius auf seiner Höhe gestanden hatte, behauptete sich in dieser seiner dominierenden Stellung während des 5. Jahrhunderts in allen Teilen der Kirche. Er fand seinen Schwerpunkt in der an der Hand des Taufsymbols stattfindenden dogmatischen Unterweisung der Taufkandidaten, er gipfelte in den glänzenden Gemeindefeierlichkeiten der Übergabe und Rückgabe des Symbols, und er schuf, indem er auf doppelte Weise das Glaubensbekenntnis in den Mittelpunkt des Interesses rückte, eine eigenartige Litteraturgattung, die Symbolerklärung. Noch sind uns im grossen Kommentar des Rufinus sowie in den Reden des Augustin und Niceta, des Chrysologus und Maximus, des Faustus von Riez und des Johannes von Neapel charakteristische und glänzende Beispiele für die Art und Weise erhalten, wie man damals den Anfängern im Christentum die Quintessenz der christlichen Lehre nahe zu bringen wusste.

Das wird mit einem Male anders. „Alle die abendländischen freien Reden in traditione und redditione symboli, die wir noch übrig haben, gehören dem 4. und 5. Jahrhundert und der ersten Hälfte des 6. an. Von der zweiten Hälfte dieses Jahrhunderts an finden wir das Symbol zwar noch in Schriften über die Taufe und in anderen Schriften, aber nicht mehr in freien in traditione oder redditione symboli gehaltenen und später aufgezeichneten Reden ausgelegt." [1]) Venantius Fortunatus

---

[1]) Caspari, Quellen II 152.

macht zwar noch gegen Ende des 6. Jahrhunderts die fränkische Kirche auszugsweise mit dem Kommentar des Rufinus bekannt[1]), und Ildefonsus von Toledo behandelt noch im 7. Jahrhundert eingehend in seiner Erklärung des Taufrituals das von demselben nicht zu trennende Taufsymbol, [2]) aber von jenen Reden über das Symbol, welche direkt der Taufvorbereitung ihre Entstehung verdanken, hört man fortan nichts mehr. Das legt den Schluss nahe, dass auch mit dem Katechumenat und der Kompetentenunterweisung eine vollständige Änderung vorgegangen sein muss. Und dem war in der That so.

Den ersten Stoss hat der altkirchliche Katechumenat erhalten, als sich die Heiden massenweise zum Taufbecken drängten. Eine sorgfältige dogmatische Ausbildung, eine gewissenhafte ethische Erziehung wurden mehr und mehr zur Unmöglichkeit. Schon Augustin hatte dieses erfahren müssen und nach ihm noch mehr Chrysologus. Immerhin trug man die daraus erwachsenden Schwierigkeiten, so gut es gehen wollte, und dachte jedenfalls nicht daran, aus diesem Grunde etwas an der bisherigen Praxis zu ändern.

Dann aber verschwanden allmählich die erwachsenen Katechumenen, und nur Kinder stellten sich als Taufbewerber ein. Was sich bisher bloss als schwer durchführbar erwiesen hatte, musste nunmehr als widersinnig erscheinen. Die Kompetentenunterweisung wird durchaus hinfällig.

Und doch beseitigte man sie keineswegs. Denn so unendlich gross war die Hochachtung vor dem Altüberlieferten, so gering das Zutrauen zu der eigenen Leistungsfähigkeit, dass man sich nicht entschliessen konnte, einen Modus aufzugeben, der zwar ehrwürdig, aber für die dermaligen Verhältnisse der christlichen Gemeinde nicht mehr brauchbar war. Im Gegenteil. Man behielt ihn nach Möglichkeit bei und ordnete ihm die berechtigten Wünsche und Bedürfnisse der Zeit unter, unbekümmert darum, dass Worte, die einst Geist und Leben geatmet hatten, nunmehr zu schwer verständlichen Formeln herabsinken mussten, dass an Stelle zielbewusster Einrichtungen jetzt leere Ceremonieen

---

[1]) Siehe oben S. 94 Anm. 3.
[2]) Adnotationes de cognitione baptismi c. 32—95. Ml. 96, 126—146. Hahn. Biblioth. d. Symb. (3) S. 66. Kattenbusch, D. apost. Symb. I 154 f.

traten, die man bald mit Aufbietung aller Gelehrsamkeit nicht
mehr erklären konnte, obwohl man sie von Generation zu
Generation sorgfältig weiter tradierte. So kommt es zu einem förmlichen Scheinkatechumenat, es
beginnt die Blütezeit der Skrutinien.

Schon Augustin spricht von denselben, aber er ist bestrebt,
sie auf ein gesundes Mass zu reducieren, freilich ohne hindern
zu können, dass bereits viele seiner Zeitgenossen ein Skrutinium
für wesentlicher erachteten als eine Katechese über dogmatische oder ethische Fragen. Jetzt nun, wo die letzteren den
veränderten Zeitverhältnissen so gut wie völlig zum Opfer gefallen waren, mussten sich naturgemäss die Skrutinien um so
mehr ausbreiten. Man hatte es mit unmündigen Kindern zu
thun, aber man unterstellte dieselben jenen hergebrachten liturgischen Akten, welche nur dann einen Wert hatten, wenn sie
vom Empfänger in ihrer sittlichen Bedeutung gewertet werden
konnten, nicht aber wenn man sie als magisch wirkende opera
operata auffasste. Freilich konnte man sich dabei auf die
Autorität keines Geringeren als Augustins selbst berufen, der
im Gegensatz zu den Pelagianern jenem mechanischen Arbeiten
an unmündigen Kindern mehr als einmal das Wort geredet
hatte.[1])

Die geschilderte Krisis vollzieht sich nun im allgemeinen
derart, dass man die alten Katechisationen zu kurzen liturgischen
Lektionen und Ansprachen zusammenschrumpfen lässt, bei den
Skrutinien sodann auf jede Prüfung oder Selbstprüfung ver-

---

[1]) De symbolo sermo ad catechumenos 1, 2: Non ergo creatura dei
in infantibus exorcizatur aut exsufflatur, sed ille sub quo sunt omnes qui
cum peccato nascuntur. — De nuptiis et concupiscentia II 29, 50: Ex
illo coeperunt in ecclesia dei parvuli baptizandi exorcizari et exsufflari,
ut ipsis mysteriis ostenderetur non eos in regnum Christi, nisi erutos a
tenebrarum potestate, transferri. — Epistol. class. III 194 ad Sixt. Rom.
presb. c. 10, 43: Ubi apertissime demonstrantur infantes, et cum exorcizantur et cum ei se per eos, a quibus gestantur, renuntiare respondent, a diaboli dominatione liberari. Vgl. c. 10, 46. — Vgl. Caelestin.
pap. epist. 21 ad episcop. Galliar. c. 12, 13 Mt. 50, 536: Ut tunc vere
appareat, quomodo princeps mundi huius mittatur foras, et quomodo prius
alligetur fortis, et deinceps vasa eius diripiantur.

zichtet und endlich die bescheidenen symbolischen Handlungen
der alten Zeit in steigendem Masse künstlich ausgestaltet.
Äusserlich angesehen trat also in den meisten Fällen eine
Verkürzung und Beschränkung der an dem Taufkandidaten
vorzunehmenden Veranstaltungen ein. Ja es wäre nicht schwer
gewesen — wie es denn auch später geschehen ist — in einem
einzigen Skrutinium alles das symbolisch wiederzugeben, was
als wirkliche Erziehung und Belehrung in früherer Zeit mehrere
Wochen in Anspruch nahm. Aber wie gesagt, zu einer solchen
radikalen Umgestaltung des Katechumenenritus konnte sich
das 6. Jahrhundert noch nicht entschliessen. Die vier letzten
Fastenwochen etwa mussten nach wie vor mit der Arbeit an
den Täuflingen ausgefüllt werden. Und da nun jene, die alte
Katechumenatserziehung abbildenden symbolischen Handlungen
einer eigentlichen Steigerung nicht fähig waren, so wurden sie
in ermüdender Häufigkeit wiederholt.

Mit heiliger Begier waren einst die Kompetenten wöchentlich mehrmals, vielleicht täglich zu den Katechisationen und
Skrutinien geeilt. Erfuhren sie doch hier mit wachsender
Spannung eine Förderung ihrer Erkenntnis, eine Reinigung
ihres sittlichen Empfindens, wurden sie doch unter Wonne-
schauern aus einer Klarheit in die andere geführt, immer einen
Schritt näher dem wundervollen heissersehnten Ziele.

Das alles fiel jetzt fort. Von einer Steigerung der Ein-
drücke und Einwirkungen war nicht mehr die Rede, sondern
nur von lästiger Wiederholung. Und selbst wenn ein Fort-
schritt in jenen symbolischen Handlungen nachweisbar gewesen
wäre, so hatten diejenigen, denen sie galten, keine Empfindung
davon, die unmündigen Kinder.

Es berührt uns eigentümlich zu sehen, wie diese Kleinen
mehrmals wöchentlich auf den Armen der Paten in die Kirche
getragen werden, damit in ihrer Gegenwart jene symbolischen
Handlungen von Geistlichen und Paten vorgenommen werden;
wie man sie hinausweist, weil in der Gottesdienstordnung Stücke
an die Reihe kommen, welche einst den Heiden gegenüber als
Geheimnisse der Kirche galten, und wie man sie dann zu
solchen gottesdienstlichen Partieen wieder hereinruft, an denen
von alters her auch den Ungetauften erlaubt war teilzunehmen.

Den Kindern selbst mögen jene Ceremonieen wenigstens nicht lästig gewesen sein. Aber die armen Paten muss man bedauern, welche vier Wochen hindurch Zeuge davon sein mussten, wie man in eintönigster Weise eine Fiktion aufrecht zu erhalten suchte, an welcher einzig und allein der übertriebene Konservativismus des Klerus ein Interesse hatte. Es ist daher wohl auch nicht zufällig, wenn nicht nur jedes Skrutinium, sondern sogar jeder Skrutiniumsabschnitt damit beginnt, dass die Kinder von den Akoluthen namentlich aufgerufen und reihenweise aufgestellt werden. Denn man wird kaum einen tieferen symbolischen Sinn hinter dieser Massregel zu suchen haben, die vielmehr sicherlich nur ihre guten praktischen Gründe hatte. Mancher Pate mag es nicht für eine Sünde gehalten haben, samt seinem Patenkinde einem Skrutinium oder wenigstens einem Teile eines solchen aus dem Wege zu gehen. Die Taufe wäre ohne Frage noch immer wirksam gewesen. Nur für die Kirche kam es darauf an, einer solchen Vernachlässigung ihrer Ordnungen und Ceremonieen vorzubeugen.

Eine in das Einzelne gehende Darstellung jenes merkwürdigen ceremoniellen Systems wird den Nachweis liefern, wie ein mit Formeln übersättigtes Geschlecht zeitweise einer Belehrung entraten zu können meinte, welche der Kirche in früheren Jahrhunderten als unumgänglich nötig erschienen war, mit anderen Worten, wie in demselben Masse, als das Ceremonieenwesen der Skrutinien um sich greift, die Einführung der jungen Christen in den Inhalt des christlichen Glaubensbekenntnisses zurücktritt.

------

§ 10. Spanische Liturgiker.

Ein vortreffliches Beispiel des liturgischen Zwitterzustandes bietet während des 6. und 7. Jahrhunderts die Kirche Spaniens in ihren verschiedenen Teilen.

Für den Süden der Halbinsel kommt als Gewährsmann vorzugsweise Bischof Isidor von Sevilla in Betracht. Denn

seine beiden diesbezüglichen Werke, die Offizien und die
Sentenzen, [1]) blieben auf Jahrhunderte hinaus die unerschöpf-
liche Fundgrube für alle gottesdienstlichen Schriftsteller und
haben insbesondere die liturgischen Anschauungen des karolingischen Zeitalters aufs stärkste beeinflusst. Da ist es nun
interessant zu beobachten, wie viele der späteren Zeit durchaus geläufige liturgische Dinge sich bei Isidor noch nicht
finden, wie dieser Forscher, der doch alle möglichen gottesdienstlichen Details mit grösstem Eifer sammelte und erklärte,
gleichwohl in demjenigen, was er von der Taufvorbereitung berichtet, auf einem durchaus altmodischen Standpunkte zu
stehen scheint. Von jener Fülle der die Taufe einleitenden
Ceremonieen, speciell von den Skrutinienmessen, welche damals
von Rom aus den ganzen Westen Europas zu erobern be-
gannen, hat der Bischof von Sevilla um die Wende des 6. und
7. Jahrhunderts noch keine Ahnung.[2]) Deshalb genügt er auch
trotz aller Wertschätzung, die er bei späteren Geschlechtern
findet, den Vertretern eines entwickelteren Kultus allein bald
nicht mehr. Man schreibt ihn aus, aber man ergänzt und vermehrt diese Excerpte zugleich durch solche aus modernen
Liturgikern.[3])

---

[1]) Vgl. über Symbol und Katechumenat: De ecclesiasticis officiis
I 28. II 21—27. Sententiarum libris tres I 21. Ausserdem: Excerpta canonum IV 6. 21. 26. 31. Concilia Hispaniae 38 c. 42. 45 (Eliberitanum), 62 c. 2
(Toletanum XVII), 64 c. 49 (Bracarense II). Etymologiarum lib. VI c. 19,
43—58. Ml. 83. 84. 82.

[2]) Mayer (Gesch. d. Katechumenat. S. 122) folgert daraus mit Unrecht,
dass es deshalb auch in Rom zu dieser Zeit noch keine Skrutinien gegeben
haben dürfte. Vielmehr hat gerade Spanien sehr lange an altkirchlichen
Gewohnheiten und Anschauungen festgehalten. Vgl. auch die liturgischen
Zugeständnisse Gregors des Grossen in seinem Briefe (Epist. lib. I 43)
an Bischof Leander von Sevilla, der auf dem 4. Konzil von Toledo 633
verlesen und den Akten desselben (can. 6) eingefügt wurde. Mansi, conc.
coll. X 618 sqq. Hefele, Conciliengesch. (2) III 80.

[3]) So ist z. B. die Schrift über die Taufe, welche Odilbert von Mailand an Karl den Grossen richtete (Mabillon, Vet. anal. 1723 p. 77. Caspari,
Alte und neue Quellen S. 286 Anm. 14. Kattenbusch, D. apost. Symb. I
177. 210) nichts anderes als ein Excerptenkonglomerat aus Isidor, dem
römischen Diakonen Johannes und anderen Liturgikern. Die noch nicht
edierte Handschrift, ein Sanblasiensis bezw. Augiensis aus dem 10. Jahrh.,
befindet sich in St. Paul im Lawantthal (Kärnten).

Als Taufbewerber setzt Isidor sowohl Erwachsene als
Kinder voraus. Indessen ist die Behandlung derselben, im
Ceremoniell wenigstens, durchweg die gleiche; denn ein jeder,
der zum Glauben kommen will, muss erst Katechumene, sodann Kompetent gewesen sein.

Katechumenen sind Hörer. Ihnen werden die Grund-
begriffe des Christentums mitgeteilt: „Höre, Israel, der Herr
unser Gott ist ein einiger Herr". Auf dieser Stufe wendet man
den Götzen den Rücken und kehrt sich zu dem einen Gott.
Auch entspricht diese Stufe zugleich dem vorbereitenden Stadium
derer, die nur die Taufe des Johannes empfangen hatten. Des
näheren wird dann der Katechumenat durch drei bestimmte
Ceremonieen repräsentiert, durch die Exorcisation, die Salzdarreichung und die Salbung.

Der zu exorcisierende Katechumene hat sein Vorbild an
dem mondsüchtigen Knaben, den der Herr unmittelbar nach
der Verklärung heilte; die Mittel der Exorcisation sind Wort
und Anhauchung; der Zweck der, dass der nunmehr gewissermassen Geheilte seinerseits dem Teufel entsagen kann. Er
thut dies persönlich oder, wenn es ein Kind ist, durch die
Paten.

Durch das Salz erhalten die Katechumenen die Würze
der Weisheit, besonders aber soll es sie an Lots Weib, die
Salzsäule, erinnern. Auch sie, die eben dem Teufel entsagt
haben, könnten in Gefahr kommen, rückwärts zu schauen.

Über Ceremoniell und Idee der Salbung endlich finden sich
bei Isidor keine näheren Angaben.[1]

Der Unterschied zwischen diesem Katechumenat und dem
der Alten Kirche liegt auf der Hand. Es sind nur Ceremonieen,
von denen Isidor zu berichten weiss, Ceremonieen, die zwar in
bescheidenem Umfange auftreten, aber doch das Recht der Ausschliesslichkeit für sich in Anspruch nehmen. Denn davon,
dass es für den Katechumenen vor allem darauf ankommt,
sich vermittelst einer zweijährigen Vorbereitungszeit in die

---

[1] Vielleicht gehörte dieselbe irgendwie zum Exorcismus. Ildefons.
de cognit. bapt. c. 14. 21. Vgl. Kraus, Realencyklopädie I 470 nr. 6.

religiöse und sittliche Denkweise der Gemeinde einzuleben,
ist so gut wie gar nicht mehr die Rede.[1]

Darum ist es auch nur Wortklauberei, wenn nach wie vor
zwischen Katechumenen und Kompetenten unterschieden wird.
Vielmehr besteht eine wirkliche Differenz zwischen beiden so
wenig, dass man nur um der ehemaligen Zweiteilung willen
die beiden Namen auch fernerhin als Überschriften für die
Gruppen des der Taufe vorangehenden Ceremoniells beibehält.
Immerhin bleibt es bedeutsam, dass erst auf der höheren, weil
dem Taufakt näheren Stufe das Symbol als das charakteristische
Merkmal der Kompetentenzeit erscheint.

Denn nachdem die „Hörenden" zu „Bittenden" geworden
sind, denen es um den Eintritt in die christliche Gemeinschaft
ernstlich zu thun ist, teilt man ihnen am Palmsonntag [2] nach
der Ceremonie der Kopfwaschung [3] die heiligen Geheimnisse,
Symbol und Vaterunser, [4] mit. Indem Isidor hierüber referiert, versäumt er nicht, Entstehung, Namen und Bedeutung
des Symbols zu besprechen. Obwohl er dabei durchaus nichts
Neues bringt, so sind doch diese seine Definitionen um seines
persönlichen Ansehens willen von den späteren Liturgikern un-
aufhörlich wiederholt worden.

---

[1] Synode von Elvira ca. 306 c. 42: Intra biennium temporum placuit ad baptismi gratiam admitti debere. c. 45: Qui aliquando fuerit catechumenus et per infinita tempora nunquam ad ecclesiam accesserit, placuit
ei baptismum non negari Hefele, Conciliengesch. I 174. 175. Vgl. damit
Isidor. de eccl. offic. II 22: Competentes sunt, qui iam post doctrinam
fidei, post continentiam vitae ad gratiam Christi percipiendam
festinant.

[2] De eccl. offic. I 28: Hoc die symbolum competentibus traditur
propter confinem dominicae paschae solemnitatem, ut, quia iam ad dei
gratiam percipiendam festinant, fidem quam confiteantur agnoscant.

[3] L. c.: Vulgus ideo eum diem capitilavium vocant, quia tunc
moris est lavandi capita infantium qui ungendi sunt, ne forte observatione
quadragesimae sordidata ad unctionem accederent. Daraus geht mit ziemlicher Sicherheit hervor, dass die Sitte eine Reminiscenz an das besonders
in Afrika übliche Vollbad der Taufkandidaten am Gründonnerstag ist,
welches der Reinlichkeit halber die Fastenaskese unterbrach.

[4] De eccl. offic. II 22: Iam catechizantur i. e. imbuuntur instructione
sacramentorum. Sentent. I 21: Fidei symbolum et dominica oratio pro
tota lege parvulis ecclesiae ad coelorum regna sufficit capessenda. Vgl.
De eccl. offic. II 23.

Nicht viel anders als in den spanischen Südprovinzen lagen die Verhältnisse in den galläcisch-suevischen Gemeinden. Das Osterfest, an welchem die Taufe vollzogen zu werden pflegte, wurde von alters her und bis um die Mitte des 6. Jahrhunderts, wenn auch nicht von allen, so doch von sehr vielen Gemeinden in Gallien regelmässig am 25. März begangen. Der Tag galt als Datum der Auferstehung Christi. „Warum sollen wir mit den Juden das Osterfest nach dem Monde berechnen?" [1]) Auch in Galläcien jenseits der Pyrenäen konnte man sich nicht darein finden, im strikten Gegensatz zu Weihnachten Ostern als bewegliches Fest zu nehmen, das zwischen den 22. März als Anfangs- und den 21. April als Endtermin zu fallen habe. Indessen drang diese Opposition nicht durch. Mit der Katholisierung der galläcischen Kirche ging innerhalb derselben auch eine planmässige Centralisierung der Liturgie Hand in Hand. Das bezeugen schon die Beschlüsse der ersten Synode von Braga, [2]) welche Gleichmässigkeit im Chorgesang sowie Übereinstimmung in den Lektionen fordern, für die Messe und die Taufceremonieen aber als unabänderliche Richtschnur jenen Mess- bezw. Taufordo einschärfen, den einst Metropolit Profuturus von Braga direkt vom Papst erhalten hatte. Damit war in der Hauptsache also die liturgische Gleichförmigkeit zwischen der römischen und der galläcischen Kirche ein für allemal zum

---

[1]) So die unechten, wenngleich alten Akten der palästinensischen Synode, welche nach Euseb. hist. eccl. V 25 im letzten Jahrzehnt des 2. Jahrhunderts in betreff des Osterfestes gehalten wurde, bei Baluze, Nova coll. concil. I 13—16. Sodann Martinus von Braga. De pascha c. 1 Ml. 72, 49 sq.: Sicuti a plerisque gallicanis episcopis usque ante non multum tempus custoditum est, ut semper VIII. Kal. April. diem paschae celebrarent, in quo facta resurrectio Christi traditur. Vgl. Caspari, Martin von Bracaras Schrift de correctione rusticorum S. XLVI ff.

[2]) A. 561 (span. Aera a. 599). Caspari, Martin von Bracara u. s. w. S. XIV Anm. 3. Von Hefele (Conciliengesch. III 15—20), der sie als zweite Synode von Braga (die erste a. 411 Hefele II 104) zählt, fälschlich in das Jahr 563 gesetzt. Die betreffenden Kanones sind 1. 2. 4. 5. Mansi conc. coll. IX 777. Vgl. 2. Synode von Braga 572 (span. Aera 610) can. 1. Mansi l. c. IX 838 Hefele a. a. O. III 29 f.: Placuit omnibus episcopis atque convenit, ut per singulas ecclesias episcopi per dioeceses ambulantes primum discutiant clericos, quomodo ordinem baptismi teneant vel missarum et quaecumque officia quomodo peragantur.

Gesetz erhoben. Fortan teilten die beiden suevischen Metropoliten jedesmal Jahrs zuvor das betreffende Datum des Osterfestes ihren Bischöfen mit, und diese wiederum gaben dasselbe am Weihnachtstage nach der Evangelienlektion mit einer kurzen Ermahnung ihrer Gemeinde kund. [1]) Nunmehr war jeder über den Anfang der nächsten Fastenzeit orientiert. Indessen liess man diese letztere zur Hälfte vorübergehen, ehe man die Vorbereitungen zur Taufe traf. Denn erst zwanzig Tage vor Ostern traten die Katechumenen zu Exorcisationen und zur Einübung des Symbols, das sie am Gründonnerstag zurückzugeben hatten, zusammen. [2])

Man hat diese kurze Frist befremdlich gefunden, und in der That bedeutet sie, trotz der Berufung auf die „alten Kanones", eine Neuerung gegenüber der weit längeren Taufvorbereitung in der Alten Kirche. Indessen eine Neuerung, die überaus leicht sich erklärt. Denn für blosse Ceremonieen, die vorzugsweise an Kindern vorgenommen wurden, konnte manchen eine Kompetentenzeit von drei Wochen schon viel zu lang erscheinen.

Aber auch für erwachsene Taufbewerber genügte ein solch beschränkter Zeitraum. Handelte es sich doch auch für sie schliesslich nur darum, sich das Taufsymbol dem Wortlaut nach anzueignen, denn die Bedeutung desselben für die Taufe fing an, einen veränderten Charakter zu bekommen. Es ist wohl nur eine antiquarische Reminiscenz, wenn Isidor nach wie vor in ihm die knappe und doch völlig ausreichende Zu-

---

[1]) 2. Synode von Braga c. 9. Mansi l. c. IX 840. Hefele a. a. O. III 30.

[2]) 2. Synode von Braga c. 1 (vgl. oben S. 13 Anm. 2): Hoc modis omnibus praecipere, ut, sicut antiqui canones iubent, ante viginti dies baptismi ad purgationem exorcismi catechumeni currant: in quibus viginti diebus omnino catechumeni symbolum, quod est: Credo in deum patrem omnipotentem, specialiter doceantur. c. 9: Mediante quadragesima ex diebus viginti baptizandos infantes ad exorcismi purgationem offere. Vgl. auch unter den zwischen der 1. und 2. Synode von Braga von Martin zusammengestellten 84 älteren Kanones, den sog. Capitula Martini (Caspari a. a. O. XXXVII—XLI), das cap. 49: Non liceat ante duas septimanas paschae, sed ante tres ad baptismum suscipere aliquem. Oportet autem in ipsis diebus, ut hi qui baptizandi sunt, symbolum discant et quinta feria novissimae septimanae episcopo vel presbytero reddant Mansi l. c. IX 855, Hefele a. a. O. III 30.

sammenfassung des Schriftinhaltes, das verbum abbreviatum, [1]) sieht. Und ebenso mutet es an wie ein Gruss aus einer anderen Welt, wenn Ildefonsus, indem er das Taufritual seiner Zeit bespricht, zugleich eine eingehende Erklärung des Symbols anzufügen für nötig hält.[2]) Eine solche Gabe mochte im allgemeinen für Spanien damals noch ebenso erwünscht sein, wie sie dies zur Zeit des Venantius für Franken gewesen war. Aber in den wenigen, der Taufvorbereitung gewidmeten Fastenwochen machte man von ihr wohl dort wie hier nur einen relativ geringen Gebrauch.

Denn in demselben Masse, als das Symbol in der Taufvorbereitung zurücktrat, wurde es zu einem integrierenden Bestandteil des Taufaktes selbst. Und während früher die Belehrung über den Inhalt des Symbols, über die zwölf Artikel die Hauptsache bildete, bemerkt man nunmehr, wie der Akt des Bekennens zu den im Symbol ausgesprochenen Heilsthatsachen in den Vordergrund tritt.

Etwas Ähnliches war ja freilich zu allen Zeiten nachweisbar gewesen, aber so rückhaltlos wie Bischof Martin von Braga dürfte zuvor noch niemand gerade diesen Gesichtspunkt beim Symbol betont haben.[3]) Schon war auch die Abgabe des Namens, welche früher die Kompetentenzeit einleitete, dicht an den Taufakt selbst herangerückt worden. Denn hier am Taufbrunnen fragte man den Täufling oder, sofern er unerwachsen war, seinen Paten: Wie heissest du? Antwort: Johannes. Der Priester fährt fort: Johannes, entsagst du dem Teufel und seinen Engeln und allen seinen bösen Werken? Entsagst du? Auf die bejahende Antwort

---

[1]) Sentent. I 21.

[2]) Vgl. oben S. 182 Anm. 2.

.[3]) De correctione rusticorum c. 15: Vos ergo. fideles, qui in nomine patris et filii et spiritus sancti ad Christi baptismum accessistis, considerate, quale in ipso baptismo pactum cum deo fecistis. Nam cum singuli nomen vestrum dedistis ad fontes etc. Ecce ergo considerate, quale pactum cum deo fecistis in baptismo: Promisistis, vos abrenuntiare diabolo et angelis eius et omnibus operibus eius malis, et confessi estis, credere vos in patrem et filium et spiritum sanctum et sperare vos in fine saeculi carnis resurrectionem et vitam aeternam. c. 16: Ecce qualis cautio et confessio vestra apud deum tenetur!

hin heisst es drittens: Glaubst du an Gott den allmächtigen
Vater? Ich glaube. An Jesus Christus? Ich glaube. Glaubst
du an den heiligen Geist? Ich glaube. Hierbei machen die
drei Glaubensfragen den vollen Wortlaut des Symbols aus.
Damit ist die Rückgabe des Symbols am Gründonnerstag in
die bescheidene Stellung einer Probeleistung verwiesen, durch
welche festgestellt wird, ob Taufkandidaten bezw. Paten den
Wortlaut des Symbols sich angeeignet haben. Die altehrwürdige Sitte dient praktisch nur noch dazu, etwaige pein-
liche Überraschungen beim eigentlichen Taufakte unmöglich
zu machen. Denn der Nachdruck liegt auf dem am Taufbrunnen selbst abzulegenden Bekenntnis. Hier wird der
Bund mit Gott definitiv geschlossen. Es findet eine feierliche Abmachung statt des Inhaltes, dass die zu Taufenden
für alle Zeiten dem Teufel und allem, was teuflischer Art
ist, den Rücken kehren und sich zugleich dem dreieinigen
Gott im Glauben zuwenden und auf die Auferstehung des
Fleisches und das ewige Leben ihre Hoffnung setzen. Wenn
je der Getaufte in einem dieser Punkte anderen Sinnes wird,
wenn er sich irgendwie mit heidnischem Kultus einlässt oder
sich in seinen christlichen Pflichten lax zeigt, so steht er dem
Meineidigen gleich. Denn jene beiden Formeln beim Taufakte
sind Gelöbnisse an Eides Statt. Die wichtigere von ihnen aber
ist das apostolische Glaubensbekenntnis.

Während also zwischen Katechumenat und Kompetentenzeit nur dem Namen nach noch ein Unterschied besteht, ist
die letztere offiziell auf drei Wochen reduciert und vorwiegend
mit Exorcisationsceremonieen ausgefüllt. Denn das Symbol wird
zwar noch am Palmsonntag übergeben und am Gründonnerstag
zurückgegeben, aber einerseits schliesst der geringe Zeitraum
zwischen beiden Terminen die Möglichkeit aus, auf Grund des
Symbols einen erspriesslichen Kompetentenunterricht zu erteilen, andrerseits legt die nur beiläufige Erwähnung einer
Symbolübergabe und -rückgabe den zwingenden Schluss nahe,
dass auch jene beiden liturgisch noch immer glänzenden Akte
gleichwohl nur die Ceremonieen eines Scheinkatechumenates
repräsentieren, während die wahre Bedeutung des Symbols für
die Gemeinde zur Zeit anderswo zu suchen ist. Und dieses

Urteil dürfte für die gesamte spanische Kirche in jener Zeit gelten. Denn schon frühe erstreben eine Reihe von Konzilienbeschlüssen liturgische Gleichförmigkeit zwischen den toletanischen und den galläcischen Gemeinden.[1])

Bei dem beherrschenden Einfluss aber, welchen Toledo damals auf ganz Spanien ausübte, kann es nicht minder zweifelhaft sein, dass jene kirchliche Centralisation in Spanien auf nichts anderes hinauslief als auf eine allmähliche Verbreitung der toletanischen Liturgie in den Provinzen. Wer deshalb die liturgischen Verhältnisse der Hauptstadt kennt, ist damit zugleich über diejenigen in den Provinzen orientiert.

Eine glückliche Fügung hat nun aber überaus wichtige Urkunden der Kirche von Toledo aus dem 7. Jahrhundert der Nachwelt erhalten.[2]) Mit ihrer Hilfe lässt sich leicht ein Bild zusammenstellen, wie man es damals in Spanien mit Katechumenat und Taufe gehalten hat.

Am Sonntag Lätare findet die Einzeichnung der Taufkandidaten beim Bischof oder beim Presbyter statt. Die Predigt im Gottesdienst heisst sie willkommen und schärft ihnen als

---

[1]) Vgl. 1. Synode von Braga can. 2. Mansi l. c. IX 777. Hefele a. a. O. III 18: Ut per solemnium dierum vigilias vel missas omnes easdem et non diversas lectiones in ecclesia legerent. — 4. Synode von Toledo can. 2. Mansi l. c. X 616. Hefele a. a. O. III 80: Unus ordo orandi atque psallendi nobis per omnem Hispaniam atque Galliam conservetur, unus modus in missarum solemnitatibus, unus in vespertinis matutinisque officiis, nec diversa sit ultra in nobis ecclesiastica consuetudo, qui in una fide continemur et regno. Vgl 11. Synode von Toledo can. 3. Mansi l. c. XI 138. Hefele a. a. O. III 115.

[2]) Über die Annotationes de cognitione baptismi des Ildefonsus von Toledo (Ml. 96, 111—172), welche c. 20—30 die Katechumenatsceremonieen, c. 31—35 das Symbol im allgemeinen, c. 36—95 die einzelnen Artikel desselben, c. 96—142 die Taufceremonieen enthalten, vgl. Caspari, Quellen II 153. 162 Anm. 137, sowie Wagenmann in R.E. (2) VI 697. Alles Übrige findet sich vereinigt in den Anecdota Maredsolana, Vol. I (Liber Comicus sive lectionarius missae quo Toletana ecclesia ante annos mille et ducentos utebatur, vgl. Rev. Bénéd. 1895 p. 391 s.), dem verdienstvollen Werke des Dom Germain Morin. Man findet hier vor allem das Lektionar (Liber Comicus) und das Homiliar von Toledo, beide zum ersten Male bekannt gegeben auf Grund zweier Handschriften des 11. und des beginnenden 12. Jahrhunderts, welche sich früher in dem jüngst wieder bevölkerten altcastilischen Kloster Silos befanden und jetzt Eigentum der Pariser

erstes das Gebot ein: Höre Israel, der Herr unser Gott ist ein einiger Herr (Deuter. 6, 4).[1]) Damit sind sie Katechumenen und haben sich an den folgenden zwanzig Tagen bis zur Osternacht der Taufvorbereitung im engeren Sinne zu unterstellen. Dieselbe bestand aber vorzugsweise in Exorcismen und in der Aneignung des apostolischen Symbolums, das in dieser Zeit erklärt, dem Wortlaute nach übergeben, memoriert und zurückgegeben wurde. Zu diesem Behufe fanden täglich nachmittags 3 Uhr Kompetentengottesdienste statt, für welche uns die Perikopen noch erhalten sind.[2])

Noch herrschte die alte Zweiteilung der Messe, aber unter den Taufkandidaten gab es ebensowohl Kinder als Erwachsene.[3]) Das hatte zur Folge, dass die Vorbereitungsgottesdienste nicht nach einem einheitlichen Schema gehalten werden konnten. Schon der Eintritt war ein zwiespältiger. Wie der Taufe Christi zur Vergebung der Sünden die Taufe Johannis zur Busse voranging, so galt auch den späteren Geschlechtern die Busse als der erste Schritt zum Eintritt in die Kirche. Ihn thaten die Erwachsenen, indem sie ihre Sünden bekannten. Bei den Kindern musste man sich mit einem von alters her bekannten symbolischen Akt, dem Gehen über ausgebreitete rauhe Felle, begnügen. Denn indem die Kinder sich dieser Ceremonie unterzogen, teilten sie gewissermassen das Leben des in Kamelshaare gekleideten Wüstenpredigers.[4])

Nationalbibliothek (nov. acq. lat. 2171), bezw. des Britischen Museums (addit. 30 853) sind.

[1]) Anecd. Mareds. I 411: Sermo in vicesima legendus. Homo ille, quem deus bona voluntate condidit ad imaginem et similitudinem suam, tibi dicitur. Esto caticuminus et auditum prebe. Veni ad cognitionem dei, da nomen per officium adnotationis meae scribendum in libro vitae. L. c. p. 423: Ideo enim ante plures dies paschae nomen vestrum offertis. Ildefonsus l. c. c. 20.

[2]) Anecd. Mareds. I 109—143 (Montag nach Lätare bis Mittwoch nach Palmsonntag).

[3]) Vgl. Anecd. Mareds. I 408: Sermo de nativitate domini. Post paululum enim missa audientium celebrabitur, ad fidelium sacramenta venimus. Von der Einladung und seelsorgerlichen Behandlung Erwachsener spricht Ildefonsus u. a. l. c. c. 17. 18, von der Taufe von Kindern c. 106.

[4]) Ildefonsus l. c. c. 14: Hinc itaque est quod per stramenta ciliciorum ad oleandum sacerdotibus parvuli deducuntur, ut poenitentiae signum habeant

Dieser Unterschied bleibt natürlich massgebend für die folgenden Wochen. Zwar werden Exorcisationen, Insufflationen, Salbungen, Signationen [1]) an den Erwachsenen ebenso vollzogen wie an den Kindern, aber jene haben vor den letzteren die eigentliche Taufbelehrung voraus, und sie unterziehen sich allerlei Leistungen, welche bei den Kindern entweder in symbolische Formeln aufgelöst oder von den Paten übernommen werden.[2])

Die Taufbelehrung etwaiger erwachsener Katechumenen geschah nach alter Sitte in Form von Katechesen.[3]) Der Taufkandidat ward an die sittlichen Pflichten erinnert, die ihm das neue Leben auferlegt; es werden ihm die kirchlichen Ceremonieen erklärt, und vor allem führt man ihn in die christliche Glaubenslehre an der Hand des Symbols ein. Freilich kann diese letztere Thätigkeit angesichts der kurzen Frist — mag es sich nun um die drei Wochen von Lätare bis Ostern oder um die fünf Tage von Palmsonntag bis Gründonnerstag handeln — nur mehr Formsache gewesen sein. Auch irgendwelche selbständige Gedanken wird niemand in diesen Symbolkatechesen suchen. Wenigstens hat eine auf uns gekommene Vorlage solcher Katechesen starke Anleihen bei Augustin gemacht, daneben freilich auch den Landsmann Isidor mit Vorliebe herangezogen.[4])

---

propter opus, qui poenitentiae opera demonstrare non possunt propter aetatis tempus. Maiores autem aetate cum advocari ad fidem coeperint, per se poenitentiam exhibent de erroribus pristinis, in quibus aut generaliter vixerunt aut idolis servierunt. c. 21: Hi si maiores aetate sunt cum actione poenitendi veniunt. Si minores sunt, in signo poenitentiae per stramenta ciliciorum a ministris deducuntur ad sacerdotem, ut qui per se non possunt agere poenitentiae opus, in se habeant poenitentiae signum propter aetatis minimae tempus; et hoc teneatur in poenitendi effectu, quod notatur in poenitentiae signo. Zu der merkwürdigen Ceremonie vgl. oben S. 54.

[1]) Die Signation erwähnt Ildefonsus l. c. c. 30: Si dixerimus catechumenis: Creditis in Christum, respondent: Credimus, et signant se; iam crucem Christi portant in fronte et non erubescunt de cruce domini sui.

[2]) Über die Patenpflichten vgl. Ildefonsus l. c. c. 114.

[3]) Eine solche findet sich im Homiliar von Toledo, Anecd. Mareds. I 423. Sie stimmt anfangs überein mit der Moralkatechese des Caesarius von Arelate (August. opp. Tom. V Appendix Sermo 267, vgl. oben S. 168 Anm. 1). Dann folgen Erinnerungen an die nominis datio, manus impositio, unctio.

[4]) Es sind die c. 32—95 bei Ildefonsus von Toledo, vgl. oben S. 182

13*

Liturgisch gipfelt die Taufvorbereitung vorwiegend in den
Feierlichkeiten des Palmsonntages.[1])

Zwei Gottesdienste fanden statt, eine Matutin und eine
Messe.

Die Exorcismen, welche von eigens beauftragten Exorcisten
unter Handauflegung über die Katechumenen gesprochen wurden,
und deren Formeln in besonderen Büchern niedergelegt waren,
kommen wohl auch in anderen Katechumenengottesdiensten
vor.[2]) Dagegen erfährt jene Palmsonntagsmatutin eine besondere Auszeichnung durch das ihr eigentümliche Effeta, die
Salbung der Katechumenen an Ohren und Zunge mit Öl auf
Grund von Mark. 7, 31—37, dessen Verlesung als dritter
Perikope sich denn auch den beiden Lektionen Jes. 49, 22—26
und 1. Petr. 1, 25—2, 10 anschliesst, während eine Predigt
über denselben Gegenstand die Täuflinge über Wesen und Bedeutung der soeben an ihnen vollzogenen Ceremonie aufklärt.
Dieselbe galt als Vorstufe der bald darauf stattfindenden
wichtigsten Feier. Denn wem die Ohren geöffnet waren, der
vermochte den Wortlaut des Symbols in sich aufzunehmen, und
wem der Priester die Zunge gelöst hatte, der war im stande,
dasselbe freimütig zu bekennen.[3])

Anm. 2. Sie benutzen von Augustin die Schriften De fide et symbolo,
Enchiridion, De doctrina christiana, von Isidor die Offizien und Etymologien.

[1]) Dass es sich nur um den Palmsonntag handeln kann, geht unzweifelhaft aus der Übereinstimmung von Ildefonsus l. c. c. 28 und Anecdota Maredsolana I 132 sq. hervor. Dieser Termin entsprach altspanischer
Gepflogenheit vgl. Isidor. de eccl. offic. I 28. Damit erledigt sich der
Zweifel Mayers (Gesch. d. Katechumenats S. 122).

[2]) Ildefonsus l. c. c. 21—26, bes. c. 22: Exorcidiantur ii exorcismis
ab his qui ex eo nomine exorcistae dicuntur. Qui tali officio deputati
cum ordinantur, sicut canones iubent, accipiunt de manu episcopi libellum
in quo scripti sunt exorcismi. c. 24: Ut ipsa expulsio invisibilis hostis
quadam fieri expugnatione visibili contempletur, ita ut et catechumenus
terreatur consideratione auditus, et fidelis incitetur aggressione conflictus.
— Die Handauflegung wird ebensowohl beim Exorcismus wie bei der
Salbung erwähnt. Die Anhauchung ist neben der Exorcisation nur von se-
kundärer Bedeutung. Die Darreichung von Salz an die Katechumenen war
in Spanien nur teilweise üblich, vgl. Ildefonsus l. c. c. 26: Ii in nonnullis
locis, ut refertur, sales accipiunt, velut significato sapientiae condimento.

[3]) Ildefonsus l. c. c. 21. 27. 28. 29. Anecd. Mareds. 1 132—134. 411:
Sermo de effetatione. Filioli, quum baptizati fueritis, tenete vitam bonam.

So folgte auf das nächtliche Effeta als Vorbedingung alsbald die Übergabe des Symbols an die Katechumenen, die in
der Regel erst von diesem Momente an den Namen Kompetenten führten.[1]) Das Evangelium des Tages gedachte der
Salbung Christi in Bethanien und erst in zweiter Linie seines
Einzuges in Jerusalem. Als Epistel figurierte 2. Joh. 9—17.
Ganz speciell auf die Katechumenen aber war die alttestamentliche Lektion zugeschnitten: sie bestand aus einer Anzahl von
Mahnungen und Warnungen, die man verschiedenen Kapiteln
des Exodus und des Deuteronomium entnommen hatte.[2])

_____

[1]) Ildefonsus l. c. c. 30: Nam sicut ex eo quod dei audiendo cognitionem audiens dicitur, sic ex eo quod accepto Symbolo iam petit gratiam
dei, competens vocatur. Hingegen c. 31: Dehinc tradendum est symbolum,
ut is qui domini praeceptum audivit, qui divini magisterii gratiam petiit,
verae fidei regulam accipiat. Vgl. c. 30: (Competentes) petunt baptismatis sacramenta. Ihre Leistungen sind demzufolge: abstinentes animam
a delictis, corpus ab epulis.

[2]) Anecd. Mareds. I 134—138. Evangelium: Joh. 11, 55—12, 13.
Daher dies unctionis. An ihm fand auch die Weihe der hl. Öle statt.
Vgl. oben S. 151 Anm. 2. Die alttestamentl. Lektion ist zusammengesetzt
aus Exod. 19, 4. 5. Deuter. c. 5. 6. 4. 10. 11. 30. 28 passim. Anecd. Mareds. I 134.

Von einer freien Symbolerklärung ist also nicht mehr die Rede.
Vielmehr lautet der Text dieser Ansprache, die im Anschluss an die Symbolkatechese Augustins (Ml. 40, 627—636, vgl. oben S. 44) in der mozarabischen
und in der toletanischen Liturgie wörtlich übereinstimmt, nur kurz
folgendermassen: Carissimi, accipite regulam fidei, quod symbolum dicitur.
Et cum acceperitis, in corde scribite et quotidie apud vosmetipsos dicite. Antequam dormiatis, antequam procedatis, vestro symbolo vos munite. Symbolum nemo scribit, ut legi possit; sed ad recensendum, ne forte deleat
oblivio quod non tradidit lectio, sit vobis codex vestra memoria. Quod
audituri estis hoc credituri et quod credituri hoc etiam lingua reddituri.
Ait enim apostolus: Corde creditur ad iustitiam, oris confessio fit ad salutem. Hoc enim symbolum quod retenturi estis et credituri. Signate ergo
vos et respondete. Alsdann folgt der Wortlaut des Symbols, das von Bischof,
Kompetenten und sonstigen Anwesenden aufgesagt wird. (Hahn, Biblioth.
d. Symb. (3) S. 69. Caspari, Quellen II 291f. Kattenbusch, D. apost.
Symb. I 156). Im Anschluss hieran scheint eine Besprechung der einzelnen
Artikel stattgefunden zu haben. Vgl. Anecd. Mareds. I 411: Symbolum
quod in homiliario nostro explicatur und Ml. 85, 395 nota c: Et deinde
explicabat. Alsdann noch die Schlussworte: Hanc sanctae fidei regulam quam
vobis nunc tradidit sancta mater ecclesia, firmissima mentis vestrae retinete
sententia, ne aliquando dubitationis scrupulum in corde vestro oriatur. Quia,

Am Morgen des Gründonnerstag gaben die Kompetenten das
Symbol der Gemeinde zurück, Erwachsene sagten es persönlich
auf, Kinder wurden durch ihre Paten vertreten.[1])
In der Osternacht fand die Taufe statt.[2]) In der Basilika
begann man die zwölf Lektionen zu verlesen, doch wartete die
Taufgesellschaft den Schluss derselben nicht ab. Vielmehr
brachen Bischof und Diakonen bereits nach der zweiten Lektion
in das Baptisterium auf, um hier den Taufakt zu vollziehen.[3])
Derselbe erfolgte, nachdem die Taufkandidaten in dreifacher
Formel dem Teufel, seinen Engeln, seinen Werken entsagt und
in gleicher Weise sich feierlich zu Vater, Sohn und heiligem
Geist bekannt hatten.[4]) Auch hier gehörte es zu den Pflichten
der Paten, für unerwachsene Täuflinge ihrerseits Absage wie
Bekenntnis zu sprechen.[5])

Alsdann weiht der Bischof das bis dahin noch profane
Wasser zu seinem heiligen Zweck, indem er es mit einem
Holzkreuz berührt, es exorcisiert, Öl hineingiesst und schliess-
lich ein Segenswort darüber spricht.[6])

---

si, quod absit, in hoc vel tenuiter dubitatis, omne fidei fundamentum subruitis
et animae periculum generatur. Et ideo si aliquem vestrum inde quippiam
movet, reputet quia hoc intelligere non possit, vera tamen esse credat
omnia quae audivit. Deus autem omnipotens ita cor vestrum inluminet
ut intelligendo et credendo quae diximus, et fidem rectam custodiatis et
sanctis operibus fulgeatis, ut per haec ad beatam vitam pervenire possitis. Anecd. Mareds. I 411. Ml. 85, 394—397.

[1]) Ildefonsus l. c. c. 34. Vgl. Capitula Martini (oben S. 190 Anm. 2)
cap. 49: Et quinta feria novissimae septimanae episcopo vel presbytero
reddant. Die Perikopen gedenken des Bundes, den Gott mit Israel geschlossen hat: Exod. 19, 1—19. Hebr. 12, 12—28. Joh. 12, 27—36 (Anecd.
Mareds. I 145—148).

[2]) Über Zeit und Ort der Taufe vgl. Ildefonsus l. c. c. 108.

[3]) Die Lektionen finden sich im Lektionar von Toledo, Anecd. Mareds.
I 171—201.

[4]) Ildefonsus l. c. c. 105. 110. 111. Die Absageformel schwankt zwischen
Diabolo et angelis eiusque operibus cunctis und Tibi diabole et angelis
tuis, operibus tuis et imperiis tuis. Das Taufgelübde (secunda in qua
creditur deo in nomine trinitatis Ildefonsus c. 111) scheint im Gegensatz zu
Galläcien nicht den vollen Wortlaut des Symbols wiedergegeben zu haben.
Vgl. hierzu Caspari, Quellen II 290—300.

[5]) Ildefonsus l. c. c. 113. 114.

[6]) Ildefonsus l. c. c. 109.

Die Taufe selbst besteht in Spanien in einem einmaligen Untertauchen. Es soll darin im Gegensatz zu den arianischen Bewohnern des Landes der einheitliche göttliche Charakter der Trinität zu symbolischem Ausdruck kommen.[1]) Die sich sofort anschliessende Konfirmation bietet nichts Bemerkenswertes.

Jetzt erst wird den Neugetauften der Wortlaut des Vaterunsers mitgeteilt.[2]) Denn wie das Symbol in einem offiziellen Verhältnis zur Taufe steht, so das Herrngebet zum Abendmahl. Mit der Kommunion aber erreicht die eigentliche Feier ihren Abschluss.

Montag und Dienstag finden noch Neophytenmessen mit Predigt statt, an denen die Neugetauften in ihren weissen Kleidern teilnehmen.[3]) Schon am Dienstag werden dann die letzteren abgelegt. Auch diesen feierlichen Akt begleitet eine Schlussrede, deren Schema ebenfalls erhalten ist.[4])

---

[1]) Ildefonsus l. c. c. 117. Vgl. den Brief Gregors des Grossen an Leander von Sevilla (Epistol. lib. I ep. 43 Mi. 77, 498): Sed quia nunc usque ab haereticis infans in baptismate tertio mergebatur, fiendum apud vos non censeo, ne, dum mersiones numerant, divinitatem dividant. Ebenso die 4. Synode von Toledo a. 633 can. 6. Mansi, conc. coll. X 618 sq. Hefele, Conciliengesch. III 80. Dagegen hielt die nicht in demselben Masse von den Arianern bedrängte galläcisch-suevische Kirche, und zwar unter Berufung auf Rom, mit guten Gründen daran fest, die Täuflinge dreimal in dem einen Namen der Trinität zu taufen. So Martin von Braga in seiner Epistola ad Bonifatium episcopum de trina mersione (bei Florez España sagrada Tom. XV p. 423—426). Vgl. Caspari, Martin von Bracara's Schrift De correctione rusticorum S. XLI—XLVI.

[2]) Ildefonsus l. c. c. 132—135. Vgl. Sermo de effetatione (Anecd. Mareds. I 411): Non enim orabitis hanc orationem nisi post baptismum.

[3]) Ildefonsus l. c. c. 139. Eine Dienstagspredigt an Neophyten über Matth. 18, 3 ff. enthält das toletanische Homiliar: Sanctam et sacratissimam paschae festivitatem dies iste concludit, Anecd. Mareds. I 413. Eine Abkündigungsformel findet sich in der Handschrift des toletanischen Lektionars p. 24: Crastina die pro his qui de suscepti sunt ad ecclesiam sanctam Ierusalem in unum ad missam conveniamus, Anecd. Mareds. I 392. Unter ecclesia sancta Ierusalem verstand man in Spanien, wie in Italien, die jedesmalige bischöfliche Hauptkirche (Acta SS. November I 327).

[4]) Gewöhnlich umfasste die Neophytenzeit die volle Osterwoche. Denn der Tag der Ablegung der weissen Kleider war in der Regel der Samstag, das Sabbatum in albis, nach Ostern. Die Schlussrede übereinstimmend bei Ildefonsus c. 142 und im Homiliar von Toledo, Anecd. Mareds. I 413.

So weist also auch die Liturgie der spanischen Hauptstadt nur einen Scheinkatechumenat auf, der sich in einem gesteigerten Ceremonieenwesen gefällt, aber selbst Erwachsenen gegenüber eines lehrhaften Charakters fast völlig entbehrt. Statt selbständiger Symbolkatechesen begegnet eine aus augustinischen Bruchstücken zusammengestoppelte Vorlage, statt lebendiger Gemeindeansprachen bei Übergabe und Rückgabe des Symbols ein stereotypes liturgisches Schema. Und doch dürfte die Gemeinde kaum ein Bewusstsein von dem gewaltigen Umschwung gehabt haben, der sich vor ihren Augen vollzog. Denn ihre Aufmerksamkeit haftete an den Ceremonieen, diese aber blieben konstant, ja sie entfalteten sich sogar in noch reicherem Masse als bisher. Unwesentlich hingegen erschien, dass man dieselben nicht mehr an wirklichen Katechumenen vollzog sondern an Kindern, welche in passiver Weise nur die Rolle der Katechumenen zu spielen hatten, damit das bisherige Ceremonieenwesen auch fernerhin zur Darstellung kommen konnte. Die erziehliche und belehrende Arbeit war in Wegfall gekommen, aber das auf ihr sich erbauende Ritual blieb und wurde jetzt der Kindertaufe angepasst.

Dieser fingierte Katechumenat, der in seinen Formen und Titeln noch immer an den Brauch der alten Kirche erinnert, findet seine glänzendste liturgische Ausgestaltung in dem Ritus der sieben Skrutinienmessen.

----

§ 11. Die Quellen des Skrutinienritus.

Die frühmittelalterlichen Schriften, welche uns die Kenntnis des Skrutinienritus vermitteln, sind teils wenig bekannt, teils heiss umstritten. Bei einer von ihnen, dem gelasianischen Sakramentar, schwankt die Datierung sogar um Jahrhunderte. Aus diesem Grunde erscheint es mir notwendig, der Darstellung der Skrutinienmessen eine Besprechung eben jener Quellen selbst voranzuschicken, um von vornherein meinen Standpunkt in diesen Fragen zu präcisieren und festzustellen, welche Bestandteile ich für echt und zuverlässig halte.

1) Das Sacramentarium Gelasianum ist ein Werk der römischen Kirche aus dem 6. Jahrhundert und bietet in drei Büchern die liturgischen Gebete für die dem Laufe des Kirchenjahres folgenden Hauptfeste, für die nach dem bürgerlichen Jahr geordneten Heiligenfeste, endlich für die Sonn- und Alltagsmessen. Freilich hat man sich zu hüten, in ihm das sehen zu wollen, was sein Name zu besagen scheint, eine zuverlässige Darstellung der römischen Liturgie um die Wende des 5. und 6. Jahrhunderts in der Zeit des Papstes Gelasius I. (492—496) und des grossen Ostgoten Theodorich. Schon dem flüchtigen Blick treten eine Anzahl von Gebeten entgegen, welche entweder formell in den wohlgefügten Plan des Ganzen nicht passen, sondern von einem späteren Redaktor in nicht geschickter Weise eingeflickt sind, oder von solchen, die inhaltlich eine jüngere Zeit und eine andere kirchliche Provinz verraten. Selbst die älteste uns erhaltene Handschrift des Sakramentars[1] weist unverkennbare Bestandteile aus nachgregorianischer Zeit auf. Auch stammt sie, wie die übrigen drei Handschriften, nicht nur aus Frankreich, sondern alle vier repräsentieren zugleich die römische Liturgie in fränkischer Umgestaltung. Kein Wunder, dass dieses unter dem Namen des Gelasius gehende liturgische

---

[1] Handschriften: 1. Codex Vatic. Regin. 316, ca. 700 in Frankreich, vermutlich in St. Denis geschrieben, dann wahrscheinlich im Benediktinerkloster Fleury bei Orléans, nach dessen Plünderung im Hugenottenkrieg 1562 in den Besitz des Pariser Senators Petau gelangt, dann in den der Königin Christine von Schweden, und von dieser der Vatikanischen Bibliothek überwiesen (Delisle, Mémoire sur d'anciens sacramentaires 1886 Nr. 2). — 2. Cod. Rhenaug. 30, früher im Kloster Rheinau bei Schaffhausen, jetzt in der Züricher Kantons- und Universitätsbibliothek. 8. Jahrh. (Delisle l. c. Nr. 9). — 3. Cod. Sangallens. 348 in St. Gallen. 8. Jahrh. (Delisle l. c. Nr. 10). — 4. Sacrament. Gellonense, 2. Hälfte des 8. Jahrh., bis 1795 in der franzöz. Abtei Gellone, seitdem Cod. lat. 12048 der Pariser Nationalbibliothek (Delisle l. c. Nr. 7).

Ausgaben: J. M. Thomasius (Tommasi), Codices sacramentorum. Romae 1680. Opp. omnia ed. Vezzosi. Romae 1751 Tom. VI. — Muratori, Liturgia romana vetus. Venetiis 1748 Tom. I. — Migne ser. lat. 74, 1055—1244 — Auf Grund auch der drei jüngeren Handschriften: Wilson, The Gelasian Sacramentary. Oxford 1894. Hiernach citiere ich.

naheliegende Folgerung von der Hand weist und darauf beharrt, Gelasius babe nur einzelne Gebete gesammelt, aber keine Sammlung von Gebeten veranstaltet. Aber gleichwohl kommt nicht viel darauf an, den direkten Anteil des Gelasius an dem uns vorliegenden Sakramentar haarscharf angeben zu wollen oder den Begriff Verfasser peinlich zu betonen. Von einem definitiven Abschluss kann überhaupt bei keinem der alten Sakramentare die Rede sein; sie alle zeigen eine im Fluss befindliche liturgische Bewegung.

Eins indessen kann auch Duchesne jedenfalls nicht leugnen, dass bei Mit- und Nachwelt Gelasius für eine in liturgischen Dingen Epoche machende Persönlichkeit galt. Seine Regierungszeit repräsentiert eine Stufe der liturgischen Entwicklung. Auf die Zahl der von ihm gesammelten wie verfassten und jedenfalls im Gottesdienst gebrauchten Gebete kommt es hier nicht an. Jedenfalls bilden sie im 6. Jahrhundert einen Bestandteil des römischen Gottesdienstes, und jedenfalls erhielten sie sich innerhalb jener dreiteiligen Sammlung, welche wir heute das gelasianische Sakramentar nennen, und wurden dadurch für die Entwicklung des Gottesdienstes überhaupt von Bedeutung. Es ist daher durchaus recht und billig, einer liturgischen Urkunde, welche die Erträgnisse gelasianischer Geistesarbeit enthält, auch den Namen des Gelasius zu belassen.

Denn dass es bereits vor Gregor eine Sammlung von Gebeten für den Gottesdienst in Rom gegeben hat, dürfte trotz Duchesne unzweifelhaft sein. Der römische Diakon Johannes, der im Jahre 872 vom Papste Johannes VIII. den Auftrag erhielt, das Leben Gregors des Grossen zu schreiben, lässt den letzteren ein gelasianisches Messbuch teils kürzen, teils umändern, teils erweitern, jedenfalls aber den ganzen Stoff desselben in Gestalt eines einzigen Buches herausgeben. [1] Selbst wenn wir auch hier auf die Bezeichnung gelasianisch keinen Nachdruck legen, so erscheint doch soviel sicher, dass bereits vor Gregor ein wirkliches Messbuch vorhanden war,

---

[1] Vita Gregorii M. II 17 Ml. 75. 94: Sed et Gelasianum codicem de missarum sollemniis, multa subtrahens pauca convertens, nonnulla vero superadiiciens, pro exponendis evangelicis lectionibus in unius libri volumine coarctavit. Vgl. aber Bäumer im Historisch. Jahrb. 1893 S. 246 Anm. 2.

das von Gregor alsdann umgearbeitet wurde. Nicht also erst
das 7. Jahrhundert, sondern schon das 6., die Zeit vor Gregor,
kannte ein in irgend welcher Weise abgeschlossenes Sakramentar. Es ist dies um so selbstverständlicher, als bereits im
5. Jahrhundert der mauretanische Bischof Voconius wie der
in Massilia lebende Presbyter Musaeus Sakramentarien verfassten.[1]) Was aber in Mauretanien und Gallien geschehen
konnte, darf für Rom jedenfalls nicht als unmöglich hingestellt
werden. Dass jenes römische Sakramentar mehrteilig gewesen
sei, geht unzweideutig aus der Bemerkung des Diakonen Johannes hervor: es sei von Gregor in ein Buch zusammengezogen worden. Der Schluss auf das vorliegende in drei
Bücher zerfallende Sakramentar dürfte also nicht allzu gewagt
sein. In diesem dreiteiligen Werke haben wir, zahlreiche
spätere Veränderungen natürlich abgerechnet, das römische
Messbuch des 6. Jahrhunderts nach seinem Kern und seinem
wesentlichen Inhalte. Diesen ziemlich klaren Sachverhalt
anzuerkennen sieht sich Duchesne nur deshalb verhindert, weil
er den in Rom lebenden und schreibenden Diakonen Johannes für
einen in den Theorien und Dogmen der alkuinischen Liturgenschule
befangenen und deshalb unzuverlässigen Berichterstatter hält.

Auch lassen sich vorgregorianische Spuren im Gelasianum
unschwer nachweisen. Wenn die Januariusmesse (I 10) auf
die Idole Bezug nimmt, so setzt dies die Entstehung der frag-
lichen Gebete in einer heidnischen Nachbarschaft voraus. Übertritte vom Arianismus zum Katholicismus waren wohl eher vor
als nach Gregor an der Tagesordnung, so dass ein auf sie
anspielendes Gebet (I 85) fraglos zu den ältesten Bestandteilen der Sammlung gezählt werden dürfte. Das Andenken
der beiden Hauptapostel Peter und Paul wird noch durch eine
Doppelfeier am 29. Juni begangen (II 29. 31. 33), während wir
aus dem Mikrologus[2]) wissen, dass seit Papst Gregor das
Paulusfest einen Tag nach dem Petrusfest fiel. Zwar finden
wir diese und ähnliche Erscheinungen auch in Urkunden aus

---

[1]) Gennadius, vir. illustr. c. 78. 79.
[2]) Micrologus de ecclesiasticis observationibus c. 42 Ml. 151, 1009:
Sicut sanctus Gregorius papa festum sancti Pauli post festum sancti Petri
voluit observare.

fraglos späterer Zeit, aber deshalb brauchen sie nicht auch
jener späteren Zeit ihren Ursprung zu verdanken. Sie sind vielmehr dort wie hier Überbleibsel aus dem christlichen Altertum.
Leichter freilich sind solche Partien im Gelasianum zu
konstatieren, welche frühestens im 7. Jahrhundert entstanden
sind oder ihren Ursprung ausserhalb Roms an der Stirne
tragen. Man erinnere sich dabei, dass die älteste und beste
Handschrift des Gelasianums aus Gallien stammt und erst etwa
700 geschrieben ist. Dahin gehört das Capitulum S. Gregorii
papae (I 21), ferner das Fest der Kreuzerhebung am 14. September
(II 56), welches erst Papst Honorius I. in Rom einführte;
specifisch fränkische Heiligenfeste sind Juliana (17. März, 13.
Kal. Mart. II 12), Magnus (19. August, 14. Kal. Sept. II 49),
Ruffus (27. August, 6. Kal. Sept. II 50), Priscus (1. Sept.,
Kal. Sept. II 53). Dass alle diese Feste nicht im römischen
Gelasianum des 6. Jahrhunderts gestanden haben können, liegt
auf der Hand. Aber auch von denjenigen Gebeten, die uns
hier angehen, weil sie der Katechumenats- und Taufliturgie
angehören, lässt sich ein Teil als Interpolation aus der Handschrift ausscheiden, obwohl damit keineswegs gesagt sein soll,
dass dieselben deshalb auch späteren Ursprungs und dem
römischen Usus des 6. Jahrhunderts fremd gewesen sein müssen.

Im ersten Buch des Gelasianum kommen für uns zunächst
in Betracht die Nummern I 26. 27. 28. Sie enthalten die Messen
der Sonntage Okuli, Lätare, Judika. Aus ihren Überschriften
wie teilweise aus dem Inhalt dieser Gebete geht hervor, dass
wir es mit Skrutinienmessen zu thun haben. Wir nehmen
keinen Anstand, diese drei Messen unter die Bestandteile des
ursprünglichen Gelasianum zu rechnen, ebenso wenig wie wir
es beiläufig in Bezug auf I 25 die Reminiscere- oder I 37
die Palmarummesse thun würden.

Anders hingegen liegt die Frage bei den Nummern I
29—36. Sie enthalten keine Messgebete, z. T. überhaupt nicht
einmal Gebete, scheinen also schon aus diesem Grunde nicht
in diesen Zusammenhang zu gehören. Andrerseits bilden sie
wiederum eine in sich geschlossene Gruppe, denn sie sind durchweg Bestandteile der uns im 7. römischen Ordo überlieferten
Skrutinienliturgie. Und zwar bietet I 29 die Formel, mit

der am Montag nach Okuli der Beginn der Skrutinien an-
gekündigt wird. I 30—32 werden bei der Ceremonie der
Einführung in den Katechumenat gebraucht, I 33 enthält
Gebete und Exorcismusformeln für die gewöhnlichen Skrutinienmessen, I 34—36 hingegen Gebete, Ansprachen und Formeln,
die bei dem grossen (dritten) Skrutinium der Ohrenöffnung
gebraucht wurden. Nun verlegt also I 27 die erste Skrutinienmesse auf den Sonntag Okuli, I 29 hingegen lässt zu dieser
ersten Skrutinienmesse erst am Montag nach Okuli eingeladen
werden, scheint demnach den Vollzug derselben erst in der
laufenden Woche anzunehmen, ihn vielleicht mit dem 7. römischen Ordo auf den Mittwoch nach Okuli anzusetzen. Hier
liegt also ein frappanter Widerspruch vor, der allein schon
beweist, dass I 29 und mit ihr die eng damit zusammenhängenden Nummern I 30—36 . eine jener Interpolationen
aus späterer Zeit bilden. Dazu kommt, dass diese Nummern
reich an Rubriken sind. Für Rubriken aber liegt in einem
Messbuch kein Bedürfnis vor. Und in der That finden wir
Rubriken auch fast nur (vgl. III 76. 98) im ersten Buche des
Gelasianums und auch hier nur bei der Skrutinien- und Taufliturgie (I 26—36. 42—45. 66—78), bei einzelnen Weihen (20.
40. 88. 95) und bei sonstigen Stücken (16. 38. 39. 41), die
nicht eigentlich in ein altes Messbuch gehören, bei denen man
vielmehr vermuten muss, dass sie als vielbenutzte gottesdienstliche Formulare später der Bequemlichkeit halber an den entsprechenden Stellen in die Handschriften eingeschoben sind.
Mayer [1]) geht also entschieden über das Ziel hinaus, wenn er
sagt: „Da das von Thomasius edierte Gelasianum aus einem
Ordo Rubriken in sich aufgenommen hat, so muss es aus der
Zeit stammen, wo bereits solche Ordines im Gebrauche waren.“
Und wenn er dann andrerseits mit Meckel behauptet, dass sich
die ältesten Ordines nicht weiter als bis an das Ende des
8. Jahrhunderts zurückverfolgen lassen, [2]) so kommt er zu dem
zweiten durchaus falschen Schluss, dass der Skrutinienritus als
einer „der jüngsten Bestandteile des Gelasianums“ „aus der

---

[1]) Gesch. d. Katechumenats S. 114.

[2]) Meckel in der Tübinger Quartalschrift 1862 S. 50—83. Mayer, Gesch.
d. Katechumenats S. 113. Vgl. dagegen Probst im Katholik 1880 II S. 55—75.

1. Hälfte des 9. Jahrhunderts stammt"[1]). Und doch bietet
ihn bereits eine nach allgemeinem Urteil etwa dem Jahre 700 an-
gehörende Handschrift, der Codex Vaticauus. Um 700 also waren
jene Skrutiniengebete und Rubriken bereits bekannt. Es kann
also nur die Frage sein, ob dieselben samt der hinter ihnen
stebenden Skrutinienordnung dem 6. oder dem 7. Jahrhundert
angehören. Ich bin der Ansicht, dass die in den Rahmen des
Gelasianums notwendig gehörenden Skrutinienmessen an den
Sonntagen Okuli, Lätare, Judika (I 26. 27. 28) eine ältere echte
Schicht repräsentieren,[2]) während die eigentlichen Skrutiniengebete und Exorcismusformeln (I 29—36) später, aber spätestens
im 7. Jahrhundert in das Gelasianum eingeschoben wurden.

Ebenfalls ein Einschiebsel aus späterer Zeit ist die Formel
für das am Ostersamstag zu haltende letzte Skrutinium (I 42 a).
Besonders die hier erwähnten Ceremonieen der Ölsalbung an
Schultern uud Brust und der Abrenuntiation sind Bestandteile
von sehr jungem Datum, von welchen nicht einmal der 7.
römische Ordo etwas weiss.

Gleicherweise kann I 44 (Taufbrunnenweihe, Taufakt
und Konfirmation) kein Bestandteil des alten Messbuches sein.
Auch diese Gebete dürften ebenso in das Gelasianum eingeschoben sein, wie sie einen fremden Bestandteil im Gregorianum
(Muratori II 63—65) bilden.

Hingegen könnten die den einzelnen Lektionen der Oster-
vigilie jedesmal anzuschliessenden Kollekten (I 43) dem ursprünglichen Gelasianum angehört haben, wenn sie nicht auch
durch ihre Eigenschaft als einleitender Akt der Taufhandlung
verdächtig würden. Bei den Messgebeten der Taufnacht (I 45)
aber handelt es sich um Bestandteile, die durchaus innerhalb
des Planes eines Sakramentars liegen.

Dieselbe Erscheinung wiederholt sich zwischen der Exaudi-
messe (I 65) und der Messe der Pfingstvigilie (I 79). In diese
Woche fällt der andere Tauftermin des Jahres. Darum hat
man hier eine Reihe von Gebeten eingeschoben, welche bei
den Skrutinien und bei der Taufhandlung gebraucht wurden,

---

[1]) A. a. O. S. 112.
[2]) Vgl die entsprechende Dreizahl in der neapolitanischen Liturgie
oben S. 170 f.

darunter auch solche für den besonderen Fall, dass der Täufling ein körperlich oder geistig Kranker war (I 66—70. 72), die natürlich für uns völlig ausser Betracht bleiben; ebenso wie die sekundären Ceremonieen der Wasser- und Ölweihe (I 73. 74. 76). Hingegen entspricht I 71 (Ad catechumenum faciendum) den Nummern I 30. 32 in den österlichen Skrutinien.[1]) Von den Lektionengebeten I 77 und den Messgebeten I 78 aber gilt dasselbe, wie von den entsprechenden Partien der Osterwoche, den Nummern I 43 und 45.

Für eine Darstellung der Katechumenats- und Tauffestlichkeiten gewinnt man also folgende Materialien aus dem Gelasianum und zwar:

I. aus dem Gelasianum in seiner ältesten Gestalt:

1. Skrutinienmessen für die Sonntage Okuli, Lätare, Judika I 26. 27. 28.

2. Orationen abwechselnd mit Lektionen vor der Taufhandlung I 43. 77.

3. Taufmesse im Anschluss an den Taufakt in der Oster- bezw. Pfingstnacht I 45. 78.

II. aus den Einschiebseln des 7. Jahrhunderts:

1. Gebete, Formeln und Ansprachen für die im 7. römischen Ordo geschilderten Skrutinienmessen I 29—36.

2. Eine Formel für das Karsamstagsskrutinium, jünger als der 7. römische Ordo, I 42 a. (Die Lichterweihe I 42 b bleibt hier natürlich ausser Betracht.)

3. Taufbrunnenweihe, Taufakt und Konfirmation I 44.

4. Gebete und Formeln für die Skrutinien und den Taufakt in der Pfingstzeit I 66—76, bes. I 71. 75. Ihre Rubriken tragen ein eigenartiges Gepräge. Es ist möglich, dass das Ceremoniell der Taufvorbereitung vor Pfingsten ein anderes war wie das vor Ostern. Aber ebensogut kann dieses vierte Einschiebsel aus einer anderen Zeit stammen als das mit dem 7. römischen Ordo übereinstimmende erste.[2])

2) Der 7. römische Ordo.

Mabillon hat im 2. Bande seines Museum Italicum fünfzehn römische Ordines d. h. Rituale für die verschiedenen

---

[1]) Gebet Te deprecor = I 30; Gebet Domine sancte = I 32.
[2]) Vgl. Mayer, Geschichte des Katechumenats S. 49.

kirchlichen Ceremonieen veröffentlicht. Selbstverständlich haben
dieselben ein sehr verschiedenes Alter und einen sehr verschiedenen
Wert. Uns interessiert hier nur der siebente dieser Ordines,
der das Ceremoniell der Skrutinien und der Taufe enthält. Er
kennt bereits sieben Skrutinien, die durchweg an Wochentagen,
vom Mittwoch nach Okuli bis zum Ostersamstag gehalten
werden. Die Siebenzahl gilt als unumgänglich nötig und wird
mit der Siebenzahl der Gaben des heiligen Geistes mystisch
begründet. Eine besondere Auszeichnung erfährt das dritte
Skrutinium der Ohrenöffnung, in welchem den Katechumenen
das Symbol übergeben, und das siebente, in welchem dasselbe
von ihnen zurückgegeben wird. Für die fünf übrigen Skrutinien
hingegen genügt ein einziges sich stets wiederholendes liturgisches Schema. Den Beschluss macht die Taufliturgie, welche
in die drei Akte der Taufwasserweihe, der eigentlichen Taufe
und der bischöflichen Konfirmation zerfällt. Der ersten Kommunion sowie der übrigen österlichen bezw. pfingstlichen Neo-
phytenfeste wird nur ganz allgemein gedacht. Die in diesem 7. römischen Ordo angedeuteten liturgischen Gebete scheinen in einem besonderen Taufbuch zu-
sammengestellt gewesen zu sein. Der Bequemlichkeit halber,
d. h. um alle gottesdienstlichen Gebete beisammen zu haben,
trug man sie im 7. Jahrhundert in Gallien in die Codices des
gelasianischen Sakramentars ein, ohne daran Anstoss zu nehmen,
dass sie mit der von diesem wiedergespiegelten Skrutinienmess-
praxis des 6. Jahrhunderts nicht harmonierten. So finden wir
es in dem um 700 geschriebenen Cod. Vaticanus, in dem jene
Skrutinien- und Taufgebete die Abschnitte I 29—36. 42a. 43.
44 bezw. 66—77 bilden.

Da sich also die Gebete des 7. römischen Ordo bereits
als Interpolation in einer um das Jahr 700 geschriebenen
gallischen Handschrift finden, so muss dieser Ordo selbst
und die von ihm vertretene Skrutinienpraxis bereits im 7. Jahrhundert in Gallien eingebürgert gewesen sein, wenngleich der
uns vorliegende Text dieses Ordo erst dem Ende des 8. Jahrhunderts anzugehören braucht. [1]

---

[1] Duchesne, Origines p. 283. 284.

3) Jesse von Amiens, Epistola de baptismo, ca. 812. [1])
Unter den geistlichen Diplomaten am Hofe Karls wird
häufig der Bischof Jesse von Amiens genannt. Er gehörte zu
jener schlauen Kommission, welche es verstand, Papst Leo III.
trotz aller noch so berechtigten Anklagen zu halten und ihn
dadurch der fränkischen Politik zu wertvollen Gegendiensten
zu verpflichten. Drei Jahre später trifft man Jesse in einer
ebenfalls rein politischen Mission in Konstantinopel und in den
folgenden Jahren aufs neue in Ravenna und Rom, wo er abermals in Karls Auftrag mit dem Papste verhandelt. Der überaus brauchbare Bischof zählte natürlich auch zu jenen geistlichen Würdenträgern, welche im Jahre 811 Karls Testament
gegenzeichneten und damit die Ausführung desselben garantierten.
Und erst recht nach Karls Tode scheint die hohe Politik das
Gebiet gewesen zu sein, auf welchem Jesse am liebsten seine
Kräfte versuchte, freilich jetzt mit weniger Glück. Auf der
Seite Lothars beteiligte er sich 830 an der Erhebung gegen
Kaiser Ludwig, was ihm als einem Majestätsverbrecher schliess-
lich die Absetzung eintrug.

---

[1]) Zuerst veröffentlicht in Gallandi, Biblioth. veter patr. XIII 397—401.
Abdruck bei Migne ser. lat. 105, 781—791 C.

Beide Herausgeber lassen unmittelbar darauf noch vier andere
Abschnitte folgen, welche indessen mit der Jesseschen Epistel nichts zu
thun haben, nämlich:

a) Item traditio baptisterii, ist das aus Alcuin. epist. 93 (vgl. epist.
261) bekannte, unten noch näher zu besprechende Schema des damals im
fränkischen Reiche sich einbürgernden neuen Taufordo.

b) Item de baptismo officioque eius, auctoribus nominatim venientium
ad fidem, ist eine dürre Erklärung der bei den Skrutinien gesprochenen
Gebete, vgl. Gelas. I 30 Absch. 1 und I 31.

c) Prima enim adnotatione percunctare etc. ist eine von Migne vor
das fünfte ökumenische Konzil zurückdatierte Auseinandersetzung über
die fides catholica.

d) Capitula de presbyteris admonendis (abgedr. bei Boretius M. G.
Capit. reg. Franc. p. 237 sq). Dass dieses Kapitular. von dem wir nicht
wissen, wann und wo es erlassen ist, einer Schrift Jesses angehängt ist,
hat vielleicht darin seinen Grund, dass man es für eines von jenen hielt,
mit deren Publizierung Jesse in specieller Mission vom Kaiser beauftragt
war (vgl. Excarpsu capituli domno imperatoris Karoli quem Jesse episcopus
ex ordinatione ipsius augusti secum detulit ad omnibus hominibus notum
faciendum. Boretius l. c. p. 120).

Als theologischen Schriftsteller lernen wir Jesse nur aus
dem vorliegenden offenen Briefe kennen. Derselbe repräsentiert
ein Rundschreiben des Oberhirten an die Geistlichen der Diöcese
Amiens zu Nutz und Frommen derer, welche im Taufceremoniell
nur eine geringe Übung haben. Indessen dürfte es weder zufällig sein noch sich ausschliesslich aus lokalen Bedürfnissen
erklären lassen, dass Jesse, der sonst für die theologische
Arbeit wenig Zeit übrig gehabt zu haben scheint, diesmal zur
Feder griff. Vielmehr ist anzunehmen, dass auch zu dieser
bischöflichen Stilübung jener Fragebogen den Anlass gegeben
hat, den Kaiser Karl etwa 812 an die Erzbischöfe des ganzen
Reiches geschickt hat. Für diese schon von Caspari [1]) aufgestellte Behauptung spricht der ganze Charakter des Briefes,
der sich in Form von Fragen und Antworten abwickelt und,
wenn auch in etwas anderer Reihenfolge, eben die Punkte behandelt, welche der Kaiser in jenem seinem Rundschreiben an
die Erzbischöfe erörtert wissen wollte.

Jedenfalls beweist die Epistel, dass ihr Verfasser bis zu
einem gewissen Grade in der Lage war, aus eigenem theologischen
Wissen zu schöpfen. Denn er behandelt die Anfragen Karls
in durchaus selbständiger Weise, indem er bald ein Fremdwort
philologisch erklärt, bald rubrikenartig diese oder jene Ceremonie
einschärft, in der Hauptsache aber bei einem jeden Brauche
die biblische Begründung und die symbolische Ausdeutung ausführlich angibt. Überall begegnet das aus dem 7. römischen
Ordo und dem erweiterten Gelasianum bekannte Ceremoniell
der sieben Skrutinien.

Um so merkwürdiger ist es freilich, dass Jesse nirgends
sagt, was er eigentlich unter einem Skrutinium versteht. Er
mochte es ebenso wenig wissen wie die meisten seiner Zeit.
Vielmehr setzt er an Stelle einer Antwort auf Karls zweite
Frage: De scrutinio, quid sit scrutinium? einen grossen Aus-
schnitt aus dem 7. römischen Ordo, der den Verlauf der
gewöhnlichen Skrutinienmesse und der der Ohrenöffnung
schildert. Indessen war es fraglos kein Akt der Verlegenheit,
wenn Jesse sich in diesem Falle mit fremden Federn schmückte.

--- --- ---

[1]) Alte und neue Quellen S. 285 f. Anm. 14.

Der gewandte Kopf, der alle übrigen Fragen glatt zu beantworten wusste, hätte sich auch in diesem Punkte helfen können. Die Sache erscheint sofort klar, wenn man sich vergegenwärtigt, dass die Epistel zwar ihren Anlass von dem Fragebogen des Kaisers genommen zu haben scheint, dass sie aber nicht an Karl, sondern an die Geistlichen der Diöcese Amiens gerichtet war. Der Bischof nahm Gelegenheit, zugleich mit einer detaillierten Erklärung der Katechumenats- und Taufceremonieen das wichtigste Formular der Taufvorbereitung, den über die Skrutinien handelnden Abschnitt des 7. römischen Ordo, der schriftlich nicht in aller Hände sein mochte, seinen Pfarrern mitzuteilen und aufs neue einzuschärfen, den Wissenden zur Repetition, den Unwissenden zur Nachachtung. Gerade dieser Umstand macht uns die Jessesche Epistel so wertvoll. Aus ihr lernt man die Veränderungen kennen, welche das Skrutinienwesen im Zeitalter Karls erfahren hat.

4) Amalar von Trier, Epistola de caerimoniis baptismi, ca. 412. [1])

Noch klarer liegen die Verhältnisse bei der Schrift des Erzbischofs Amalar von Trier über die Taufceremonieen. Wir besitzen den Brief, in welchem Karl zu wissen begehrt, wie es der Erzbischof und die Priester seiner Diöcese in Bezug auf beides halten. Amalar, der ebenfalls in Briefform antwortet, behandelt in diesem seinem Schreiben ebensowohl den vorliegenden Gegenstand, wie er sich andrerseits angelegen sein lässt, den Kaiser von seiner Rechtgläubigkeit und seinem Eifer in kirchlichen Dingen zu überzeugen und ihm zugleich einen Wunsch zu unterbreiten, der seine oberhirtliche Stellung betrifft. Karl war von diesen Ausführungen Amalars so befriedigt, dass er sich zu einem überaus gnädigen Antwortschreiben herabliess. Und in der That dürfte die Arbeit Amalars auch eine der besten unter allen gewesen sein, die auf Karls Aufforderung hin einliefen. Denn Amalar war einer der kenntnisreichsten und zugleich produktivsten liturgischen Schriftsteller seiner Zeit. Selbst während der Strapazen einer verantwortungsvollen Reise feierte seine rastlos thätige Feder nicht. Im Früh-

---

[1]) Alcuini opera ed. Froben II 520—524. Abdruck bei Migne ser. lat. 99, 890—902. Vgl. auch Jaffé, Mon. Carol. p. 402 sq. 406—410. 422—429.

jahr 813 ging er in offizieller Mission mit dem Abt Peter von
Nonantula nach Konstantinopel, um die politischen Differenzen
zwischen den beiden Reichen endgiltig auszugleichen. Damals
entstand auf stürmischer See seine Erklärung der Messe.
Auch schrieb er nach seiner Rückkehr über die Vigilien und
über die Gottesdienste der Karwoche. [1])
Jedenfalls dürfen wir annehmen, dass, wenn ein ebenso
praktisch erfahrener als wohlunterrichteter Kopf, wie Amalar
war, dem Kaiser in einer Schrift die Frage beantwortete, wie
es in seiner Diöcese mit der Taufe gehalten werde, diese seine
Arbeit uns ein getreues Abbild der einschlägigen Verhältnisse
im Erzbistum Trier und den angrenzenden Missionsbezirken [2])
zu Anfang des 9. Jahrhunderts bietet.

5) Aquileiense (Foroiuliense) catechumenorum scrutinium,
ca. 860.

<hr />

[1]) In jüngster Zeit hat Morin (Rev. Bénéd. 1891 p. 433 ss. 1892, p. 337 ss.
1894 p. 241—243. 1895 p. 393) die alte Ansicht von der Identität der
beiden Amalare, des Trierer Erzbischofs und des Metzer Diakonen, wieder
aufgegriffen. Denn schon die eine Thatsache ist überaus merkwürdig,
dass die hier in Frage stehende Schrift des Trierer Amalar über die
Taufceremonieen von ihm als Scedae de scrutinio et baptisterio (Ml.
99, 891) und von seinem Reisegenossen Peter von Nonantula als Expositio
de fide et scrutinio (Ml. 99, 890) bezeichnet wird, und dass andrerseits auch der Metzer Diakon in seiner Schrift De ecclesiasticis officiis
I 23 (Ml. 105, 1040) erklärt, das scrutinium in einem proprium opusculum, von dem wir sonst nichts wissen, behandelt zu haben. Die Vermutung liegt also sehr nahe, dass es sich beide Male um dieselbe Schrift,
eben um unsere Epistola Amalars an Karl handelt, und dass also auch
ihr Verfasser, der Trierer Bischof Amalar, und der berühmte Autor der
vier Bücher De ecclesiasticis officiis, der Metzer Diakon Amalar, identisch
sind. Darum ist es sehr wenig angebracht, wenn Rudolf Sahre (R.E. (3)
I 430) die sorgfältigen Untersuchungen Morins mit dem einen Worte
„Irrtum“ glaubt abthun zu können. Wenn ich gleichwohl zu dem frag-
lichen Problem hier keine Stellung nehme, so geschieht dies nur, weil
die ganze Frage für die vorliegende Untersuchung keinen Belang hat.
Denn dass der Verfasser der ca. 812 geschriebenen Epistola de caerimoniis
baptismi der damalige (ca. 809—814) Erzbischof Amalar von Trier war,
steht beiden Teilen fest.

[2]) Hauck, Kirchengesch. Deutschl. II 620: Die älteste Kirche in
Hamburg hatte Amalar von Trier im Auftrage des Kaisers eingeweiht;
vielleicht war dieser Teil Sachsens überhaupt der Arbeit der Kirche von
Trier überwiesen worden.

Auch vom Patriarchen Maxentius von Aquileja war eine Antwort auf Karls Fragebogen eingelaufen, die uns noch erhalten ist.[1]) Maxentius führte noch immer jenen stolzen Titel von der Zeit her, wo Aquileja neben Mailand eine selbständige, vom Papste unabhängige Kirchenprovinz gebildet hatte. Zu Karls Zeiten freilich war infolge der grossen Gebietsverluste während des 7. und 8. Jahrhunderts dieses Patriarchat auf das kleine Gebiet zwischen dem Po, der Etsch, den Julischen Alpen und der Grenze von Istrien beschränkt,[2]) und der Sitz des Patriarchen war nicht mehr das altehrwürdige Aquileja, sondern die kleine langobardische Residenz Cividale (Forum Julii), der Geburtsort des Paulus Diakonus.[3]) Des Maxentius Antwort ist kurz und bündig. Der Brief beginnt mit den gewöhnlichen Dankes- und Entschuldigungsworten und behandelt dann die einzelnen Stichworte der Reihe nach und ohne inneren Zusammenhang. Nur soviel steht fest, dass der Verfasser nirgends auf die sieben römischen Skrutinien zu sprechen kommt. Es wäre nicht undenkbar, dass sie zu seiner Zeit beseitigt gewesen wären. Indessen treten sie später in Cividale wieder auf: eine Erscheinung, die denjenigen nicht in Erstaunen versetzen wird, der eine Ahnung hat von den unglaublichen und noch keineswegs historisch festgestellten Schwankungen, denen gerade die Diöcese Aquileja ausgesetzt gewesen ist. Jedenfalls wurden in derselben noch um

---

[1]) Epistola de significatu rituum et caerimoniarum baptismi bei Pez, Thesaurus anecdot. 1721 Tom. II pars II p. 7—12. Abdruck bei Migne ser. lat. 106, 51—54. Die in der Handschrift auf den Brief folgenden und deshalb auch von Pez (l. c. p. 12—16) angeschlossenen Collectanea dicta de antiquis ritibus baptismi eorumque significatu stammen weder von Maxentius noch aus Aquileja. Auch wollen sie nicht, wie Pez meint, bloss ein Excerpt aus verschiedenen Autoren sein. Letzteres sind sie freilich, aber nur in dem Sinne, wie alle diese erzbischöflichen Antwortschreiben mehr oder weniger grosse Anleihen bei älteren Autoren oder bei den Zeitgenossen machten. Vielmehr folgen sie ebenso wie die übrigen auf des Kaisers Aufforderung hin eingelaufenen Briefe dem Fragebogen Karls und dürften daher ebenfalls nichts anderes sein als ein solcher, nur dass wir ihren Absender nicht kennen. Indessen ist soviel sicher, dass sie aus einer Diöcese stammen, in welcher unter Beseitigung der gelasianischen Skrutinien die unten eingehender zu besprechende neue Taufordnung eingeführt war.

[2]) Wiltsch, Handb. d. kirchl. Geographie und Statistik. I 277.

[3]) Einhard, Vita Karoli M. c. 33.

die Mitte des 9. Jahrhunderts die Skrutinien in der Weise
des 7. römischen Ordo abgehalten. Dies geht unzweifelhaft
aus der Urkunde hervor, welche Bern. de Rubeis nach einer
Handschrift in Cividale veröffentlichte. [1]) Dieselbe bietet uns
in ausführlichster Weise die bekannten sieben Skrutinien und
zwar nicht als eine interessante Rarität aus alter Zeit, sondern
als eine noch fortdauernde kirchliche Übung. Denn Patriarch
Lupo (jedenfalls Lupo I. ca. 860) wird im Text der Skrutinien
redend eingeführt. [2]) Er muss also selbst noch Skrutinien in
der alten Weise abgehalten haben.

6) Codex Sessorianus 52.

Als die Bibliotheken der verschiedenen römischen Klöster
in den siebziger Jabren zur königlichen Biblioteca Vittorio
Emanuele vereinigt wurden, siedelte auch der Cod. Sessorianus
52 von seinem alten Standort bei Santa Croce in Gerusalemme
nach dem Collegium Romanum über. Bereits Caspari hatte
auf denselben aufmerksam gemacht, weil er in ihm den Textus
receptus des Symbols zum ersten Male im offiziellen Gebrauch
der römischen Kirche nachweisen konnte. [3]) Auf Kattenbuschs
Veranlassung hat alsdann Morin in jüngster Zeit eine Beschreibung der Handschrift gegeben, [4]) aus der hervorgeht,
dass der Codex in mehr als einer Hinsicht diejenige Beachtung
verdient, welche ihm Caspari zugesprochen hatte. Zwar gehört die Handschrift selbst erst dem 11.—13. Jahrhundert

---

[1]) Fr. Jo. Fran. Bernardi Mariae de Rubeis O. Pr. dissertationes
duae: prima de Turranio seu Tyrannio Rufino monacho et presbytero:
altera de vetustis liturgicis aliisque sacris ritibus qui vigebant olim in
aliquibus Foroiuliensis provinciae ecclesiis. Venetiis 1754 p. 228—246.
Vgl. Hahn, Biblioth. d. Symb. (3) S. 43—45.

[2]) Vgl. de Rubeis l. c. p. 245 sq. Die Rubrik: Et ideo de haereticis est proferendum atque a catholica disciplina modis omnibus re-
spuendum. quatenus modis omnibus christianae religionis cultoribus
sanctissimam et individuam trinitatem atque inseparabilem unitatem con-
fitentibus detur intelligi, nullam hoc in Christi mysterio permanere hae-
reticae pravitatis commixtionem Iudae. Et huic mysterio pontifex interesse debet, sicut mihi Luponi visum est ecclesiae sanctae Aquileiensis
pontifici, quatenus tanta cum solicitudine agatur, quantum creditur in eo
totius christianitatis et religionis summa consistere.

[3]) Quellen II 99. Alte und neue Quellen S. 305.

[4]) Rev. Bénéd. 1897 p. 481—488.

an, aber der Inhalt des in Frage stehenden Abschnittes weist
auf eine viel frühere Zeit zurück, nämlich nach Ansicht beider
Forscher, Casparis sowohl als Morins, auf die Regierungszeit Papst Nikolaus' I. und Kaiser Ludwigs II., [1]) also in die
Jahre 858—867. Für uns kommen hier Fol. 111—117 b, in
Betracht, weil sie ganz analog dem 7. römischen Ordo eine
Darstellung der Skrutinien von der Denuntiatio am Montag
nach Okuli bis zu den Lektionen der Osternacht enthalten. [2])
Da nun die vorhergehenden und folgenden Blätter ohne Frage
auf specifisch römische Ceremonieen Bezug nehmen [3]), von denen
eine, wie gesagt, durch die Namen Nikolaus und Ludwig bestimmt datiert ist, so liegt der Schluss sehr nahe, dass auch
das auf Fol. 111—117 b Geschilderte in der römischen Gemeinde unter Papst Nikolaus praktische Giltigkeit hatte, d. h.
dass noch in der zweiten Hälfte des 9. Jahrhunderts in Rom
selbst die Skrutinien in Übung gewesen sind, was angesichts
des Amalarschen Berichtes über die Feier der dritten Skrutinienmesse am Mittwoch nach Lätare in Rom nicht unwahrscheinlich ist. [4])

§ 12. Die Skrutinienmessen.

Ursprünglich scheint die römische Kirche sich mit einer
geringeren Anzahl von Skrutinienmessen begnügt zu haben.

---

[1]) Fol. 126 finden sich nämlich unter anderen auch die beiden
Akklamationen: Domno nostro Nicholao a deo decreto summo pontifici et
universali papae vita, und: Domno nostro Hludovvico augusto a deo coro-
nato magno pacifico imperatori uita et uictoria. Rev. Bénéd. 1897 p. 484.

[2]) L. c. p. 482 sq.

[3]) Fol. 104: Ordo processionis universalis romani pontificis incipit.
— septem esse regiones aecclesiastici ordinis urbis Romae l. c. p. 482.
— Fol. 117 b: Sedes apostolica. — Fol. 123: Primitus antequam pontifex
egrediatur. — Fol. 124 b: Ordo qualiter in sancta romana ecclesia reliquiae
reconduntur l. c. p. 483. — Fol. 131: Si domnus apostolicus non vult
missam celebrare l. c. p. 484. — Fol. 131: Qualiter in sede apostolica
presbyteri diaconi vel supra eliguntur l. c. p. 485.

[4]) Vgl. Amalar. de eccl. offic. I 8.

Wenigstens hat das Gelasianum in seiner ältesten Gestalt ihrer
nur drei für die Sonntage Okuli, Lätare, Judika angesetzt, eine
Thatsache, welche um die Mitte des 7. Jahrhunderts noch durch
das neapolitanische Evangeliar bestätigt wird.[1]) Damit ist aber
keineswegs gesagt, dass sich in Rom während des 6. Jahrhunderts auch die ganze Taufvorbereitung in diesen drei sonntäglichen Festlichkeiten erschöpft hätte. Denn fraglos konnten
dieselben für sich allein nicht genügen, mindestens waren noch
ein Einführungsakt sowie die Ceremonieen der Symbolübergabe
und Symbolrückgabe erforderlich und gewiss auch vorhanden.
Wenn gleichwohl immer nur jene drei Messen genannt werden,
so erklärt sich diese Thatsache wohl am einfachsten daraus,
dass die übrigen, die Taufe vorbereitenden Gottesdienste sowohl
dem Charakter wie dem Namen nach sich scharf von ihnen
abhoben. Es herrschte eine gewisse Vielseitigkeit in der Gestalt
dieser Katechumenatsgottesdienste. Die einen waren wirkliche
Messen, die sich nur dadurch vor ihresgleichen auszeichneten,
dass man in einigen Gebeten, wie in der Kollekte, dem Memento,
dem Hanc igitur, allenfalls auch in der Sekreta Täuflinge und
Paten erwähnte. Insofern mussten sie natürlich in einem
Messbuch wie dem Gelasianum Platz finden. Neben ihnen
gab es dann noch andere liturgische Akte von durchaus
eigenartiger Gestalt, die man kurz als Skrutinien bezeichnete,
vielleicht teilweise auch nur mit einem Specialnamen wie
etwa Apertio aurium benannte. Sie gehörten nicht in ein
Messbuch, sondern dürften vielmehr ursprünglich in besonderen
Ordines vereinigt gewesen sein. Aus diesen nahm man sie
erst später stückweise in die Messbücher herüber — was zusammen benutzt wurde, sollte der Bequemlichkeit halber auch
in einem Bande zusammengebunden sein — und schob sie

---

[1]) Gelas. I 26: Tertia dominica quae pro scrutiniis electorum celebratur.
I 27: Quarta dominica pro scrutinio secundo. I 28: Quinta dominica quae
pro scrutinio celebratur. — Capitula evangel. Neapolitana in Anecd. Mareds.
I 432 sq.: Dominica tertia quando psalmi accipiunt. Dominica quarta
quando orationem accipiant. Dominica quinta quando symbolum accipiunt.
— Vgl. auch die Frage des Senarius: Quare tertio ante pascha scrutinentur
infantes. Ioannis diaconi epist. ad Senarium c. 2. Ml. 59, 401; sowie
oben S. 170 f.

unorganisch genug zwischen die einzelnen Sonntagsmessen ein. [1])
Bildeten sie ja doch eine Ergänzung zu jenen drei Skrutinienmessen, ohne dass sie deshalb mit diesen irgendwie auf gleicher
Linie rangiert hätten oder mit ihnen von vornherein formell
zusammengefasst gewesen wären.

Aber der Trieb nach liturgischer Vervollkommnung blieb
auf diesem halben Wege nicht stehen. Im 7. römischen
Ordo erscheinen jene Messen und diese liturgischen Akte zu
einem kunstvollen Gebäude von sieben Skrutinienmessen vereinigt, wobei zugleich die bisherigen Termine eine merkliche
Verschiebung erfahren. [2]) Auch gibt man sich gleichzeitig
redliche Mühe, jene heilige Siebenzahl mystisch auszudeuten. [3])

Eine detaillierte Darstellung dieses planvollen Kunstwerkes
wird am besten zum Bewusstsein bringen, welcher frappanten
Veränderung hinsichtlich seiner Tendenz wie seiner Ausgestaltung
in kurzer Zeit der altkirchliche Katechumenat verfallen war,
und zwar ohne dass die Kirche ein lebhaftes Bewusstsein von
der vollzogenen Krisis gehabt hätte.

1. Die Aufnahme in den Katechumenat.

Am Montag nach Okuli wird die Gemeinde offiziell aufgefordert, die ersten Schritte für die bevorstehende Taufe zu
thun. [4])

---

[1]) Über derartige Einschiebsel vgl. oben S. 206—209. Sie haben
sicher ganz oder teilweise schon vor ihrer Einschiebung in das Gelasianum
Verwendung bei den die Taufe vorbereitenden liturgischen Akten gefunden.

[2]) So fand der Einführungsakt in älterer Zeit vor dem Sonntage
Okuli, unter der Herrschaft der sieben Skrutinien hingegen am Mittwoch
nach Okuli statt.

[3]) Vgl. 7. römisch. Ordo c. 8: Secundum formam septem donis spiritus
sancti, ut dum septem septenario numero implebantur, detur illis gratia
septiformis spiritus sancti.

[4]) Die Formel lautet nach Gelas. I 29: Scrutinii diem, dilectissimi
fratres, quo electi nostri divinitus instruantur, imminere cognoscite. Ideoque sollicita devotione succedente sequente illa (7. römisch. Ordo: quarta)
feria circa horam diei sextam (7. römisch. Ordo: tertiam) convenire dignemini, ut caeleste mysterium quo diabolus cum sua pompa destruitur et

Infolgedessen finden sich zwei Tage später, am Mittwoch früh 9 Uhr, die Paten mit den Täuflingen vor der Kirche ein. Ein Akoluth verzeichnet die Namen und ruft alsdann die Einzelnen der Reihe nach herein, indem er die Knaben zur Rechten, die Mädchen zur Linken aufstellt. Es beginnt in fünf liturgischen Akten die Einführung in den Stand der Katechumenen.

Der Priester bekreuzt jedem Kinde die Stirn mit den Worten: In nomine patris et filii et spiritus sancti.

Er betet unter Handauflegung:

Omnipotens sempiterne deus, pater domini nostri Iesu Christi respicere dignare super hos famulos tuos quos ad rudimenta fidei vocare dignatus es. Omnem caecitatem cordis ab eis expelle, disrumpe omnes laqueos satanae quibus fuerant colligati, aperi eis domine ianuam pietatis tuae; et signum sapientiae tuae imbuti omnium cupiditatum foetoribus careant et suavi odore praeceptorum tuorum laeti tibi in ecclesia deserviant et proficiant de die in diem, ut idonei efficiantur accedere ad gratiam baptismi tui percepta medicina. [1]

Er exorcisiert das den Täuflingen zu reichende Salz:

Exorcizo te creatura salis in nomine dei patris omnipotentis et in caritate domini nostri Iesu Christi et in virtute spiritus sancti. Exorcizo te per deum vivum et per deum verum qui te ad tutelam humani generis procreavit et populo venienti ad credulitatem per servos suos consecrari praecepit. Proinde rogamus te domine deus noster, ut haec creatura salis in nomine trinitatis efficiatur salutare sacramentum ad effugandum inimicum, quem tu domine sanctificando sanctifices, benedicendo benedicas, ut fiat omnibus accipientibus perfecta medicina permanens in visceribus eorum in nomine domini nostri Iesu Christi, qui venturus est iudicare vivos et mortuos et saeculum per ignem. [2]

---

ianua regni caelestis aperitur, inculpabili deo iuvante ministerio peragere valeamus. Per dominum nostrum Iesum Christum qui cum patre et spiritu sancto vivit et regnat deus per omnia saecula saeculorum.

[1] Gelas. I 30. Ebendaselbst noch zwei andere Formeln: Preces nostras quaesumus domine, und: Deus qui humani generis.

[2] Gelas. I 31.

Dann legt er jedem Täufling ein Salzkorn in den Mund
mit den Worten:

Accipe X. sal sapientae propitiatus in vitam aeternam,
und schliesst endlich mit dem Gebet:

Deus patrum nostrorum, deus universae conditor veritatis,
te supplices exoramus, ut hunc famulum tuum respicere digneris propitius, ut hoc primum pabulum salis gustantem non
diutius esurire permittas, quo minus cito expleatur caelesti;
quatenus sit semper domine spiritu fervens, spe gaudens,
tuo semper nomini serviens. Perduc eum ad novae regenerationis lavacrum, ut cum fidelibus tuis promissionum tuarum
aeterna praemia consequi mereatur.[1]

Nach diesem Einführungsakt galt das Kind als Katechumene.
Es übernahm damit Pflichten und genoss zugleich Rechte,
welche denen der erwachsenen Katechumenen im 4. und 5. Jahrhundert analog waren. Natürlich konnte es aber als Kind nicht
annähernd dasjenige leisten, wozu seine erwachsenen Vorgänger
im stande gewesen war. Und da sich die Begriffe von dem, was
im Gottesdienste die Hauptsache sei, mittlerweile stark verschoben hatten, so stellte man auch schon aus diesem Grunde
andere Anforderungen an den Katechumenen.

Man verlangt fortan vom Katechumenen nur die Teilnahme
an höchstens sieben Gottesdiensten, welche in den Zeitraum
von der dritten Fastenwoche bis zum stillen Samstag fallen.
Mehr nicht. Ja selbst in diesen sieben Gottesdiensten öffnen
sich für ihn nur die Thüren der Kirche bei demjenigen liturgischen
Teile der Messe, der ausschliesslich auf ihn Bezug nimmt, sich
geradezu als eine nur für die Katechumenen berechnete Einlage
gibt. Es liegt nahe, dass es sich bei dieser Einlage vorwiegend
um Signationen und Exorcisationen handelte; denn die regel-

---

[1] Gelas. I 32. — Den Gepflogenheiten der Alten Kirche entspricht
weit mehr die Darstellung des Aufnahmeaktes in Gelas. I 71 (vgl. oben
S. 209 Anm. 1. 2): Inprimis catechizas eum divinis sermonibus et das ei
monita, quemadmodum post cognitam veritatem vivere debeat. Post haec
facis eum catechumenum, exsufflas in faciem eius et facis ei crucem in
fronte, imponis manum super caput eius his verbis . . . Inde vero postquam gustaverit medicinam salis et ipse se signaverit, benedicis eum his
verbis . . . Vgl. Duchesne, Origines p. 285 n. 2.

mässige Sonntagspredigt war längst in Verfall geraten [1]) und
hätte, auch wenn sie noch zu Recht bestanden hätte, für diese
Art von Katechumenen keinen Zweck gehabt. Auch die Fürbitte der Gemeinde für ihre Katechumenen ist geblieben, nur
dass auch sie in einen Teil der Messe, zwischen die Kanon-
gebete, fällt, an dem die Ungetauften sich nicht beteiligen
dürfen.

Um ihres speciellen Zweckes und ihrer charakteristischen
Ausgestaltung willen bezeichnet man daher jene Gottesdienste
in der Erinnerung an die altchristlichen Skrutinien als Skrutinienmessen.

Somit besteht der alte Katechumenat nur dem Namen und
der Idee nach im 6. und 7. Jahrhundert fort. Praktisch fällt
er mit einer Institution zusammen, die sich fast durchweg mit
den für die Kompetenten der alten Zeit getroffenen Veranstaltungen deckt.

Nach jener Einführungsceremonie hiess das Kind zwar
Katechumene, in Wirklichkeit aber war es Kompetent. Und
wenn die Liturgiker seit Isidor sich abmühen, für die spätere
Zeit einen Unterschied zwischen jenen beiden Begriffen zu konstatieren, so beweisen sie nur durch jene ihre künstlichen
Definitionen, die sich obendrein unter einander widersprechen,
dass sich die Begriffe Katechumene und Kompetent praktisch
völlig decken.

2. Die gewöhnliche Skrutinienmesse.

Während die Kinder vor der Kirchthüre warten, nimmt
die Messe in bekannter Weise ihren Anfang: der Chor stimmt

---

[1]) Duchesne, Origines p. 163: Après les leçons nous devrions
trouver l'homélie. Mais à Rome l'homélie paraît être tombée d'assez
bonne heure en désuétude. Saint Grégoire et, avant lui, saint Léon sont
les seuls anciens papes dont il reste des homélies et même que l'on sache
en avoir prononcé. Encore les homélies de saint Léon sont-elles courtes
et réservées à certains jours solennels. Les prêtres romains n'avaient pas
le droit de prêcher, et les papes voyaient d'un mauvais oeil que les autres
évêques laissassent prêcher les leurs. Sozomène. qui écrivait vers le temps
de Xystus III, rapporte que personne ne prêchait à Rome.

die Antiphone [1]) an, während der Klerus in feierlicher Prozession das Gotteshaus durchschreitet und in der Apsis Platz nimmt.

Die Kollekte gedenkt bereits der Katechumenen:

Da, quaesumus domine electis nostris digne atque sapienter ad confessionem tuae laudis accedere, ut dignitati pristinae, quam originali transgressione perdiderant, per tuam gloriam reformentur. [2])

Alsdann aber werden dieselben auf Anweisung des Diakonen (Catechumeni procedant) einzeln mit Namen hereingerufen und der Liste nach, wie vorher aufgestellt. Es folgen Exorcismen und Gebet, die eigentlichen Skrutinien.

Der Diakon ermahnt: Orate electi, flectite genua; sodann nach Schluss des Gebetes: [3]) Levate, complete orationem vestram in unum et dicite Amen, worauf alle mit Amen antworten. Dann wendet sich der Diakon an die Paten: Signate illos, accedite at benedictionem. Die Paten ihrerseits schlagen über der Stirn der Kinder mit dem Daumen das Kreuz unter dem Segenswunsch: In nomine patris et filii et spiritus sancti.

Mit der Bekreuzung der Einzelnen beginnt auch der Akoluth den jedesmaligen Exorcismus. Derselbe wird unter Handauflegung vollzogen, und zwar bei den Knaben durch das Gebet:

Deus Abraham, deus Isaac, deus Iacob, deus qui Moysi famulo tuo in monte Sinai apparuisti et filios Israel de terra Aegypti eduxisti deputans eis angelum pietatis tuae qui custodiret eos die ac nocte. Te quaesumus domine ut mittere digneris sanctum angelum tuum, ut similiter custodiat et hos famulos tuos et perducat eos ad gratiam baptismi tui.

Ergo, maledicte diabole, recognosce sententiam tuam et

---

[1]) Der 7. römische Ordo und das Scrutinium Aquileiense schreiben eine mit Bezug auf die Taufe aus Ex. 36, 23—26 zusammengestellte Antiphone, Jesse von Amiens hingegen antiphonam ad introitum eo die pertinentem vor.

[2]) Gelas. I 26. Andre Kollekten I 27: Omnipotens sempiterne deus ecclesiam tuam spirituali fecunditate multiplica, ut qui sunt generatione terreni fiant regeneratione caelestes, und I 28: Concede domine electis nostris, ut sanctis edocti mysteriis et renoventur fonte baptismatis et inter ecclesiae tuae membra numerentur.

[3]) Der Wortlaut dieses Gebetes ist nicht bekannt, in Aquileja war es das Pater noster.

da honorem deo vivo et vero et da honorem Iesu Christo
filio eius et spiritui sancto et recede ab his famulis dei.
Quia istos sibi deus et dominus noster Iesus Christus ad
suam sanctam gratiam et benedictionem fontemque baptismatis
donum vocare dignatus est. Per hoc signum sanctae crucis
frontibus eorum quod nos damus, tu maledicte diabole nunquam audeas violare. [1])

Bei den Mädchen hingegen ist als Gebet üblich:

Deus caeli, deus terrae, deus angelorum, deus arch-
angelorum, deus prophetarum, deus martyrum, deus omnium
bene viventium, deus cui omnis lingua confitetur caelestium
terrestrium et infernorum: te invoco domine ut has
famulas tuas perducere et custodire digneris ad gratiam
baptismi tui.

Ergo maledicte diabole recognosce etc. [2])

Dieser Vorgang wiederholt sich dreimal. Der Diakon
leitet durch Gebet jedesmal die Signation und Exorcisation ein,
die Paten sowie ein zweiter und ein dritter Akoluth führen
dieselben aus. Die entsprechenden Exorcisationsgebete finden
sich ebenfalls im Gelasianum,[3]) beim zweiten Mal für die Knaben:
Audi maledicte satanas adiuratus, [4]) für die Mädchen: Deus
Abraham, deus Isaac, deus Iacob, deus qui tribus Israel

---

[1]) Gelasian. I 33.

[2]) Dieser zweite Teil des Gebetes bleibt sich gleich und wiederholt
sich bei allen übrigen Exorcismen.

[3]) I 33.

[4]) Nur diese Formel, die an sich schon eine direkte Austreibung des
Satans ausspricht, macht jenen zweiten Teil: Ergo maledicte diabole überflüssig, der daher auch an dieser Stelle im Gelasianum nicht vorgesehen
ist. Im Skrutinium von Aquileja tritt diesmal das Audi maledicte satanas
sogar ganz an die Stelle des Ergo maledicte diabole a's zweiter Teil eines
Gebetes, dessen erster Teil lautet: Deus, immortale praesidium omnium
postulantium, liberatio supplicum, pax regnantium, vita credentium, resurrectio mortuorum, te invoco super hos famulos tuos qui tuam gratiam
benedictionis petentes ad aeternam desiderant gloriam pervenire. Accipe
hos domine omnes et quia dignatus es dicere: Petite et accipietis, quaerite
et invenietis, pulsate et aperietur vobis, petentibus itaque praemium por-
rige et ianuam pande pulsantibus, ut aeternam caelestis lavacri benedictionem consecuti promissa tui nominis regna percipiant. de Rubeis l. c.
p. 231 sq.

monuisti; beim dritten Mal für die Knaben: Exorcizo te immunde spiritus in nomine patris, für die Mädchen: Exorcizo te immunde spiritus per patrem et filium.

Das Gebet zu Gott, die höhere geistliche Funktion im Gegensatz zu der Exorcisation, ist Sache des Priesters. Abermals folgt das Orate electi des Diakonen, seine Aufforderung an die Paten und die Signation der Kinder durch dieselben. Dann betet der Priester, indem er die einzelnen bekreuzt und ihnen die Hand auflegt:

Aeternam ac iustissimam pietatem tuam deprecor, domine sancte, pater omnipotens, aeterne deus luminis et veritatis, super hos famulos et famulas tuas ut digneris eos illuminare lumine intelligentiae tuae. Munda eos et sanctifica. Da eis scientiam veram, ut digni efficiantur accedere ad gratiam baptismi tui. Teneant firmam spem, consilium rectum, doctrinam sanctam, ut apti sint ad percipiendam gratiam tuam. [1]

Abermals alles erst über die Knaben, dann mit Wiederholung des Gebetes über die Mädchen. Den Beschluss macht wieder die bekannte Eingangsceremonie: das Orate electi des Diakonen, die Anweisung an die Paten und die Signation der Kinder durch die letzteren. Der Priester kehrt an seinen Platz zurück.

Während der Verlesung der Epistel [2] und beim Responsorium [3] dürfen die Katechumenen noch anwesend sein. Dann aber erklärt der Diakon in dreifach nachdrücklicher Weise: Catechumeni recedant. Si quis catechumenus est recedat. Omnes catechumeni exeant foras. Dieselben warten vor den Kirchthüren das Ende der Messe ab. [4]

---

[1] Gelas. I 33. Unbedeutende Varianten in der in Aquileja gebrauchten Formel, vgl. de Rubeis l. c. p. 233.

[2] Mit Bezug auf die Katechumenen Ezech. 36, 25—28 bezw. 29 a.

[3] 7. römischer Ordo: Aspiciam vos et crescere faciam. Levit. 26, 9. Jesse: Psallatur graduale pertinens ad ipsum diem. Am ausführlichsten im Scrut. Aquileiense p. 233: Gradale. Beata gens cuius est dominus deus eorum, populus quem elegit dominus in haereditatem sibi. Ps. 32, 12. Vulgus: Verbo domini caeli firmati sunt et spiritu oris eius omnis virtus eorum. Ps. 32, 6.

[4] Innerhalb der Skrutinienmessen wird also der alte Unterschied der Missa catechumenorum von der Missa fidelium noch aufrecht erhalten,

Drinnen verliest man das Evangelium, das auch in Beziehung auf die Katechumenen ausgewählt zu sein scheint. [1]) Eltern und Paten nehmen natürlich an der Messe in ihrem weiteren Verlaufe teil. Unter den Kanongebeten zählt diesmal das Memento die Namen der Paten, das Gebet Hanc igitur die der Kinder einzeln auf, letztere mit der Bitte: Hos domine fonte baptismate innovandos spiritus tui munere ad sacramentorum tuorum plenitudinem poscimus praeparari. [2])

Den Beschluss macht in hergebrachter Weise die Kommunion. Vor dem Auseinandergehen werden Ort und Zeit der nächsten Skrutinienmesse abgekündigt. [3]) Damit ist schon ausgesprochen, dass die Termine für diese Skrutinien nicht nur nicht feststanden, sondern dass ihre Festsetzung von örtlichen Gepflogenheiten, ja wohl gar von dem Belieben des betreffenden Bischofs abhing. [4])

---

der auch zu Gregors des Grossen Zeit (Dial. II 23) bei den übrigen Messen noch praktisch bestanden hat, dann aber wohl im 7. Jahrhundert Hand in Hand mit dem Vorherrschen der Kindertaufe von selbst in Wegfall geraten ist.

[1]) Wenigstens geben der 7. römische Ordo und das Scrutinium Aquileiense als eine dieser Lektionen Matth. 11, 25—30 an.

[2]) Gelas. I 26. Auch bei dem stillen Offertorialgebet, das die Darbringung der Opfergaben begleitet (Super oblata, secreta), gedenkt man der Täuflinge; so wenigstens dürfte Gelas. I 28 zu verstehen sein: Exaudi nos, omnipotens deus, et famulos tuos quos fidei christianae primitiis imbuisti, huius sacrificii tribuas operatione mundari.

[3]) Der an Gelas. III 16 angeschlossene Messordo lässt diese Abkündigung sogar der Kommunion voraufgehen, ohne Zweifel mit Rücksicht auf diejenigen Eltern und Paten, welche vor Schluss des Gottesdienstes die Kirche verliessen. Denn dass die Teilnahme aller auch an der Kommunion nicht als Regel vorausgesetzt wurde, geht aus dem Konjunktiv: Communicent omnes (7. römischer Ordo und Jesse), sowie aus dem Zusatz: Qui volunt (Scrut. Aquil.) unzweideutig hervor.

[4]) Im folgenden einige Beispiele, wie verschieden die Skrutinientermine in den vier Wochen von Okuli bis Ostersamstag angesetzt wurden:
7. römischer Ordo: 1. Mittwoch nach Okuli. 2. Samstag nach Okuli. 3. Woche nach Lätare. 4. 5. Woche nach Judika. 6. Woche nach Palmsonntag. 7. Ostersamstag.
Jesse von Amiens: 1. Montag nach Okuli. 2. Woche nach Okuli. 3. 4. 5. Bis einschliesslich Dienstag nach Judika. 6. Mittwoch nach Judika. 7. Ostersamstag.
Scrutin. Aquileiense: 1. Montag nach Okuli. 2. 3. Woche nach

Diese geschilderte Skrutinienmesse wiederholte sich fünfmal. [1]) Dagegen waren zwei andere Skrutinienmessen, eine
mittlere und die letzte, durch ein besonderes Ceremoniell ausgezeichnet. In ihnen findet man die Erinnerung an die altkirchlichen Feierlichkeiten der Symbolübergabe und Symbolrückgabe wieder.

3. Die Skrutinienmesse der Ohrenöffnung.

Die Verwandtschaft zwischen den liturgischen Kompetenten-
skrutinien der früheren und den Skrutinienmessen der späteren
Zeit tritt klar bei dem dritten dieser Gottesdienste hervor, bei
dem es sich um die Symbolübergabe handelt. Zwar wird diese
letztere jetzt mit der Übergabe des Vaterunsers in einen Akt zusammengezogen, auch erfährt sie durch die überaus feierliche
Mitteilung der Evangelien, die sog. Ohrenöffnung, eine charakteristische Bereicherung, der sie sogar ihren neuen Namen verdankt. Aber die Thatsache bleibt doch bestehen, dass trotz
aller veränderten Verhältnisse die Mitteilung des Glaubensbekenntnisses an die Katechumenen nach wie vor als der Höhe-

Okuli. 4. 5. 6. Woche nach Lätare und nach Judika. 7. Samstag vor
Palmarum. So wenigstens, und nicht nach der Berechnung von de
Rubeis l. c. p. 237, scheint der Text gelesen werden zu müssen.
   Durandus, Rationale divin. offic. Venetiis 1599 lib. VI c. 56: 1. 2. Mittwoch und Samstag nach Okuli. 3. 4. Mittwoch und Samstag nach Lätare.
5. 6. Mittwoch und Samstag nach Judika. 7. Mittwoch nach Palmarum.
   Zwei Codices von Aquileja und Portogruaro. welche de Rubeis l. c.
p. 234. 237 erwähnt. nennen Montag, Mittwoch, Freitag nach Lätare und
Judika als Skrutinientermine. Das siebente Skrutinium fiel dann vermutlich auf den Samstag vor Palmarum.
   Ein dritter Codex von Aquileja (de Rubeis l. c. 237 sq.): 1. Freitag
nach Okuli. 2. 3. 4. Montag, Mittwoch, Freitag nach Lätare. 5. 6. 7.
Montag. Mittwoch, Samstag nach Judika.
   [1]) Über Skrutinienmessen vor Pfingsten sind wir schlecht orientiert,
vgl. Martene, De ant. eccl. ritib. 1736. Tom. I p. 82: Nisi mihi hac de
re sollicite inquirenti tandem occurrissent ipsa scrutiniorum tempora in
praecitato Gellonensi sacramentorum libro, non quidem septem numero.
sed tria dumtaxat, quorum primum septimo ante pentecosten die, secundum in sequenti feria quinta, tertium sabbato celebraretur. Totidemque
etiam observanda esse in baptismo epiphaniae.

punkt in der Taufvorbereitung gilt, und die nähere Bekanntschaft mit dieser Skrutinienmesse der Ohrenöffnung liefert
obendrein den Beweis, dass auch die liturgischen Bestandteile
in der Hauptsache dieselben geblieben sind.

Die sog. Ohrenöffnung hat mit der gleichnamigen Ceremonie
der älteren Zeit[1]) so gut wie nichts gemein. Denn diese
stand um die Wende des 4. und 5. Jahrhunderts im engsten
Zusammenhange mit dem eigentlichen Taufakte, den sie geradezu einleitete. Man spendete sie vor dem Eintritt in das Baptisterium in der Weise, dass der Priester dem Täufling Ohren
und Nase mit Öl salbte unter dem Segenswunsch: Effeta.
Denn als biblisches Vorbild galt die Heilung des Taubstummen.
Und an gleicher Stelle hat sie sich auch noch im Skrutinienritus erhalten, indem ein etwas verändertes Effeta im siebenten
und letzten Skrutinium, also ebenfalls unmittelbar vor dem Taufakt,[2]) seinen Platz fand.

Hingegen bietet die spanische Kirche eine Parallele zur
vorliegenden Feier. Denn auch in ihr gehört die Ceremonie
der Ohrenöffnung unter die liturgischen Akte der Kompetentenzeit und bildet, wenngleich in viel bescheidenerer Form, die Vorbedingung für den Empfang des Symbols.[3])

Was aber die Mitteilung des Gebets anbetrifft, so
eignete derselben schon in der alten Kompetentenpraxis eine
nur sekundäre Bedeutung gegenüber der des Symbols. Auch
sah man bereits damals von einer ordentlichen Rückgabe des
Vaterunsers ab, weil dasselbe regelmässig in jedem Gottes-

---

[1]) Ambros. de myst. c. 1: Aperite igitur aures et bonum odorem
vitae aeternae inhalatum vobis munere sacramentorum carpite quod vobis
significavimus cum apertionis celebrantes mysterium diceremus; Effeta
q. e. adaperire ut venturus unusquisque ad gratiam quid interrogaretur
cognosceret, quid responderet meminisse deberet. c. 2 Post haec ingressus
es regenerationis sacrarium. — De sacrament. I 1: Quid egimus sabbato?
Nempe apertionem. Tibi aures tetigit sacerdos et nares ut aperirentur
aures tuae ad sermonem et ad alloquium sacerdotis. — Vgl. den pseudo-
augustinischen Sermo de mysterio baptismatis (August. opp. Tom. VI
Appendix Ml. 40, 1209); den Tractatus I de baptismo des Maximus von
Turin Ml. 57, 774 und den Sermo 52 des Petrus Chrysologus.

[2]) Siehe unten S. 237.

[3]) Siehe oben S. 196.

dienste wiederkehrte, also nicht zu befürchten war, dass sein
Wortlaut den Getauften unbekannt blieb. [1] Kein Wunder,
dass diese Ceremonie auch innerhalb der Skrutinienmessen nur
im Gefolge der Symbolübergabe erscheint.

In welcher der sieben Skrutinienmessen die Ohrenöffnung
vorzunehmen sei, stand nicht unbedingt fest. Man scheint darauf ebenso wenig Wert gelegt zu haben, wie auf die Termine
der Skrutinienmessen selbst. In Rom war es die dritte, in
Amiens die sechste, in Aquileja sogar erst die siebente Skrutinienmesse, die sich jener besonderen Auszeichnung erfreute. [2]

Anfangs nimmt alles seinen gewohnten Verlauf. Nur folgt
diesmal der alttestamentlichen Lektion Jes. 55, 2 b—7 mit dem
Responsorium Venite filii [3] noch eine wirklich apostolische
Lektion, nämlich Kol. 3, 9 b—17, [4] mit dem Responsorium
Beata gens. [5]

Dann aber schreitet eine feierliche Prozession von der
Sakristei zum Altar. Unter Kerzenglanz und Weihrauchduft [6]
tragen vier Diakonen je ein Evangelium in der Hand und legen
dasselbe auf eine Ecke des Altars. Nachdem dies geschehen,
erklärt der Priester den Katechumenen in bestimmter liturgischer
Formel, was ein Evangelium ist, woher es stammt, wovon es

---

[1] Siehe oben S. 31 Anm. 3.

[2] Siehe oben S. 226 Anm. 4.

[3] Scrut. Aquil. p. 238: Venite filii, audite me. timorem domini docebo
vos. Ps. 33. 12. — Accedite ad eum et illuminamini et facies vestrae non
confundentur. Ps. 33, 6.

[4] Der 7. römische Ordo gibt widersinnig als Schluss der Epistel die
Worte Ps. 18, 5: Et quidem in omnem terram exivit sonus eorum et in
fines orbis terrae verba eorum, an, vermutlich die Worte des damals in
Rom auf die Epistel folgenden Responsoriums. Denn im 9. Jahrh. hatte
man in Rom die obigen Responsorien, als Perikopen aber verlas man Ezech.
36, 32 sqq. und Jes. 1, 16—18. Amalar de eccl. offic. I 8.

[5] Scrut. Aquil. p. 239: Beata gens cuius est dominus deus eorum,
populus quem elegit dominus in hereditatem sibi Ps. 32. 12. — Verbo
domini caeli firmati sunt et spiritu oris eius omnis virtus eorum. Ps. 32, 6.

[6] Weihrauch und Kerzen sollen vor dem feierlichen Zuge her die
Luft reinigen und den Weg erleuchten. Daher galten sie in Rom als
notwendige Bestandteile jeder Procession und wurden auch dem Papste
vorangetragen, wenn er von der Sakristei zum Altar schritt, um die Messe
zu halten.

handelt, und warum es gerade vier Evangelien gibt. [1]) Beim
letzten Punkte wird natürlich unter dem Einflusse des Hieronymus [2]) an das Gesicht des Ezechiel erinnert.

Dann aber heisst es: Stillestehn und aufmerken! [3]) Die
Katechumenen sollen einen direkten Einblick in das Evangelium
bekommen. Darum erfolgt jetzt eine vierfache Lesung in der
Weise, dass jeder der vier Diakonen der Reihe nach, erst die
beiden zur Linken, dann die beiden zur Rechten, sein Evangelium von der Ecke des Altars fortnimmt und den Anfang
desselben (Matth. 1, 1—21; Mark. 1, 1—8; Luk. 1, 1—17;
Joh. 1, 1—14) vom Ambo aus verliest. Während ein Sub-
diakon mit bedeckter Hand das Buch in die Sakristei zurück-
trägt, erklärt jedesmal der Priester die Beziehung zwischen
dem inneren Charakter des betreffenden Evangeliums und dem

---

[1]) Gelas. I 34: Aperturi vobis, filii carissimi, evangelia i. e. gesta divina, prius ordine insinuare debemus quid est evangelium et unde descendat et cuius in eo verba ponantur et quare quatuor sint qui haec gesta
scripserunt vel qui sunt ipsi quatuor qui divino spiritu, annuntiante propheta, signati sunt, ne forte sine hac ordinis ratione vel causa stuporem
vobis in mentibus relinquamus, et quia ad hoc venistis ut aures vobis
aperiantur, ne incipiat sensus vester obtundi. Evangelium dicitur proprie
bona annuntiatio quae utique annuntiatio est Iesu Christi domini nostri.
Descendit autem evangelium ab eo quod annuntiet et ostendat, quod is
qui per prophetas loquebatur venit in carne sicut scriptum est: Qui lo-
quebar, ecce adsum. Explicantes autem breviter quid sit evangelium, vel
qui sint ii quatuor, qui per prophetam ante monstrati sunt, nunc sua
quaeque nomina singulis assignemus indiciis. Ait enim propheta Ezechiel: Et similitudo vultus eorum ut facies hominis et facies leonis a dex-
tris illius, et facies vituli et facies aquilae a sinistris illius. Hos quatuor
has figuras habentes evangelistas esse non dubium est, sed nomina eorum
qui evangelia scripserunt haec sunt: Matthaeus, Marcus, Lucas, Ioannes.

[2]) Hieron. in Ezech. lib. I c. 1, 7.

[3]) Diese Mahnung: State cum silentio, audientes intente ist bekanntlich nicht bloss der Skrutinienmesse der Ohrenöffnung eigen, sondern
sie ging auch im regelmässigen Gottesdienste jeder Schriftverlesung voran.
Sie war hier umsomehr angebracht, als nicht bloss Predigten sondern auch
Lektionen nicht selten von den Akklamationen der Menge unterbrochen
wurden. Ambrosius apol. altera proph. David 7, 39: Evangelica lectione
quam pio prosecuti estis assensu. Vgl. auch Germanus expositio brevis,
s. v. de silentio: Silentium autem diaconus pro duobus rebus adnuntiat,
scilicet ut tacens populus melius audiat verbum dei et sileat cor nostrum
ab omni cogitatione sordida, quo melius recipiatur verbum dei.

alttestamentlichen Tierbilde, welches denselben zum Ausdruck bringt. [1])

Ohne Unterbrechung schliesst sich an diese Mitteilung des Evangeliums die Übergabe des Symbols. [2]) Dieselbe wird durch eine ganz kurze und allgemein gehaltene Ansprache des Priesters eingeleitet. Diese liturgisch formulierte Symbolvorrede bildet zusammen mit der stereotypen Schlussrede Haec summa est fidei nostrae ein kümmerliches Surrogat für die altkirchliche Symbolerklärung, an welche daher auch noch manche Worte anklingen, so wenn es heisst, dass dieses Symbol auf Grund göttlicher Inspiration von den Aposteln festgestellt sei: Worte, die sich nur auf das Apostolikum beziehen können, nicht aber auf das damals zur Mitteilung an die Täuflinge übliche Nicäno-Konstantinopolitanum. [3]) Oder wenn der Priester fortfährt, dass dieses Symbol, obwohl arm an Worten, dennoch die grössten Geheimnisse in sich berge; dass sein Inhalt vollauf hinreichend sei, ohne dass deshalb sein Wortlaut das Gedächtnis beschwere; dass es darum hochheilige Pflicht der Christen sei, das Symbol sich wohl einzuprägen, aber verpönt, es durch Niederschrift einer vergänglichen Materie anzuvertrauen.

Nach dieser Ansprache nimmt der Akoluth einen Knaben auf den linken Arm, um auf die Frage des Priesters: „In welcher Sprache bekennen die Kinder unsern Herrn Jesus Christus?" zu antworten: „In der griechischen Sprache." Der Priester fährt fort: „So sage uns, was sie als ihren Glauben bekennen." Alsdann recitiert der Akoluth das Symbolum zweimal in griechischer Sprache, indem er erst einen Knaben, dann ein Mädchen als Repräsentanten des griechisch redenden Teiles der Gemeinde auf dem Arme hält. [4])

---

[1]) Gelas. I 34.
[2]) Gelas. I 35.
[3]) Vgl. Caspari, Quellen II 115 Anm. 88.
[4]) Näheres über diese Sitte siehe bei Caspari, Quellen III 119 f. Anm. 206 u. S. 466—510: Über den gottesdienstl. Gebrauch des Griechischen im Abendl. während des früheren Mittelalt., bes. S. 486 Text und Anm. 26, S. 494 Anm. 39, S. 504 Text und Anm. 50, S. 510 Text und Anm. 63. Was um der Doppelsprachigkeit der Gemeinde willen ursprünglich einen praktischen Grund hatte, wurde auch nachher noch in symbolischer Absicht beibehalten. Vgl. Caspari a. a. O. S. 500: Man wollte dadurch, dass man an den oben genannten Tagen

Diese Doppelceremonie wiederholt sich in entsprechender
Weise mit Beziehung auf die lateinisch redende Bevölkerung.
Bei der Symbolübergabe aber das Apostolikum durch das
Nicäno-Konstantinopolitanum zu ersetzen, sah sich die römische
Kirche genötigt, als seit den Tagen des Odoaker und besonders
unter den Ostgoten der Arianismus steigenden Einfluss in
Italien gewann. Indessen hat sich diese Praxis auch noch zu
Zeiten und in Gegenden behauptet, wo von Arianismus keine
Rede sein konnte. Man hatte sich daran gewöhnt, im Nicäno-
Konstantinopolitanum die solennere Form für das Apostolikum
zu sehen, auf welche dann auch alle Attribute des letzteren
übergingen. [1]) Denn auch die unmittelbar darauffolgende stereo-

die Lektionen des Tages auch Griechisch vorlesen und auch griechische Gesänge singen liess, darauf hindeuten, dass die christliche Gemeinde trotzdem,
dass sie aus verschiedenen Nationen bestehe, und dass infolge davon verschiedene Sprachen in ihr gesprochen würden, doch einen Gott, einen Herrn,
einen Glauben, eine Taufe, eine Hoffnung, einen Sinn habe und darum eine sei,
dass es trotz aller in der Kirche herrschenden nationalen und sprachlichen
Verschiedenheiten nur eine heilige, über die ganze Erde ausgebreitete, allgemeine Kirche gebe. — Im einzelnen weist indessen die Ceremonie natürlich
bei den verschiedenen Gemeinden mancherlei Abweichungen auf. So kennt
Jesse von Amiens nur eine zweimalige Recitation des Symbols, einmal über
die Knaben, das andere Mal über die Mädchen, und zwar beide Male lateinisch. Die liturgische Frage lautet: Annuntia fidem illorum et qualiter confiteantur dominum Iesum Christum. Besonders eigenartig erscheint die Ceremonie in einem der florentinischen Kirche angehörenden Missale et Sacramentarium (Caspari, Alte u. neue Quellen S. 290—308. Quellen III 486 f.),
wo erst das Apostolikum lateinisch vom Akoluthen für die Knaben, sodann das Nicäno-Konstantinopolitanum griechisch vom Presbyter für die
Mädchen, endlich das letztere noch einmal vom Presbyter lateinisch für
beide Teile recitiert wurde. Über eine fünffache Recitation in der aquilejensischen Kirche (de Rubeis, l. c. p. 241—243. 247 sq.) siehe unten S. 258 ff.

[1]) Caspari, Quellen I 236 Anm. 28. S. 244 II 115 Anm. 88. Der Wechsel
zwischen Nicäno-Konstantinopolitanum und Apostolikum bezw. die Auf-
pfropfung des letzteren auf das erstere bei der Feier der Symbolübergabe
tritt durchaus willkürlich auf und bedarf daher keiner eingehenden Erörterung. Caspari nennt a. a. O. III 197 Anm. 336. 337, S. 486 Text und
Anm. 26, S. 504 Text und Anm. 60, S. 510 eine Reihe von Ritualen,
aus welchen dieses ersichtlich wird. Auch hebt er a. a. O. S. 494 Anm. 39
hervor, dass das Nicäno-Konstantinopolitanum bald griechisch bald lateinisch tradiert wurde, hingegen das Apostolikum in Italien, Gallien, Ger-
manien nur lateinisch mit der einzigen Ausnahme von Vienne vielleicht:

type Schlussrede bezieht sich nicht auf das soeben den Taufkandidaten überlieferte Symbol zurück, sondern auf das alt-
römische Apostolikum, dessen Wortlaut sie in freier Weise repro-
duziert. [1])

Diese Summe unseres Glaubens, dieser Wortlaut des Symbols
verdankt seinen Ursprung nicht menschlicher Weisheit, sondern
Gott. Ein jeder kann es begreifen und bewahren. Hier findet er
die eine gleiche Macht des Vaters und des Sohnes. Hier den
einigen Sohn Gottes, von der Jungfrau Maria und dem heiligen
Geiste dem Fleische nach geboren. Hier seinen Kreuzestod,
sein Begräbnis und seine Auferstehung. Hier die Himmelfahrt und das Sitzen zur Rechten der väterlichen Majestät
dessen, der zum Gericht über Lebende und Tote wiederkommen
wird. Hier den durch gleiche Gottheit mit Vater und Sohn verbundenen heiligen Geist. Hier endlich die Erwähnung der Kirche,
die Vergebung der Sünden, die Auferstehung des Fleisches. Die
Täuflinge aber, deren alter Mensch jetzt in einen neuen umgewandelt wird, haben fest zu glauben, dass die in Christus vollzogene Auferstehung auch bei ihnen allen zur Vollendung kommen
müsse, geistig und leiblich. Denn das Sakrament der Taufe ist
nichts anderes als ein Abbild dieses Todes und dieser Auferstehung. Daraus folgt dann weiter die Notwendigkeit, dass der
Täufling jenes den Tod und die Auferstehung lehrende kurze
Symbol seinem Herzen fest einprägt, um sich allezeit dieses
Schutzmittels bedienen zu können. Denn es bildet eine unüber-
windliche Waffe im Kampfe gegen alle Anfechtungen des bösen
Feindes. Umgekehrt bietet sein Besitz, nach Absage an den
Teufel, die unvergängliche Gnade Gottes, die Vergebung der
Sünden, die Glorie der Auferstehung. Darum gilt es, das
Symbol des katholischen Glaubens sich so anzueignen, dass
kein Wort dabei geändert wird. Mit dem Wunsche, dass das
göttliche Erbarmen diejenigen, welche jetzt die Taufe zu em-
pfangen eilen, samt denjenigen, die sie ihnen spenden, ins
Himmelreich gelangen lasse, schliesst die Ansprache.

Ordo scrutinii ex ms. insignis ecclesiae Viennensis in Gallia. Martene, De
ant. eccl. ritib. 1736 Tom. I p. 117. Caspari, Quellen III 223 ff.

[1]) Caspari, Alte u. neue Quellen S. 306 und Anm. 82.

Es folgt sofort die Überreichung des dritten instrumentum sacrosanctae legis, des Vaterunsers. [1])

Abermals heisst es: Stillestehn und aufmerken! Der Priester beginnt wiederum mit einer einführenden Ansprache, auch sie das Rudiment der alten Expositio orationis dominicae. Es folgen die einzelnen Bitten, jede mit einer kurzen Erklärung, endlich eine Schlussmahnung.

Das Skrutinium der Ohrenöffnung ist beendigt, die Katechumenen werden entlassen, die Messe nimmt in gewohnter Weise ihren Fortgang.

Allen ihr zur Verfügung stehenden Pomp entfaltete die Kirche der damaligen Zeit bei dieser Feierlichkeit. Dieselbe bildete den Höhepunkt der ganzen Taufvorbereitung und sollte als solcher nicht nur den Katechumenen einen unauslöschlichen Eindruck machen, sondern auch die anderen Gemeindeglieder, besonders die Eltern und Paten, stets aufs neue daran erinnern, was sie einst im Zusammenhang mit der Taufe empfangen und wozu sie sich damals alles verpflichtet hatten. Zwar war der Inhalt der bei dieser Ohrenöffnung gehaltenen Ansprachen in dogmatischer wie ethischer Hinsicht ein sehr dürftiger. An den Ideenreichtum des augustinischen Zeitalters erinnern in schwacher Weise kümmerliche liturgische Formeln. Aber man war bestrebt, das, was an Geist fehlte, durch reich entwickelte Ceremonieen wettzumachen. Alles in allem bot das Skrutinium der Ohrenöffnung ein farbenprächtiges und infolgedessen überaus anziehendes Bild. Es konnte nicht ausbleiben, dass dasselbe die Phantasie der Gemeinde in hervorragendem Masse beschäftigte. [2])

---

[1]) Gelas. I 36.

[2]) Einen Reflex der ästhetischen Stimmung, in welche die Gemeinde durch jene pomphaften Ceremonieen der Ohrenöffnung und der Symbolübergabe versetzt wurde, bietet die Kuppel des katholischen Baptisteriums zu Ravenna. Dieselbe zeigt eine Mosaikdekoration, welche durch drei konzentrische Kreise in ebensoviel scharf getrennte Bildergruppen gegliedert ist. Die unterste Zone weist in vierfacher Wiederholung zwei verschiedene Architekturbilder auf, Idealansichten einer dreischiffigen Basilika im Querschnitt. Das eine Mal wird ein Altar mit dem Evangelienbuch im Mittelschiff von zwei Sesseln in den Seitenschiffen flankiert, das andere Mal

4. Das der Taufe unmittelbar voraufgehende letzte Skrutinium.

Am Ostersamstag fand die letzte den Taufakt vorbereitende Ceremonie statt. Da man an diesem Tage keine Messe zu schliessen Schranken rechts und links einen mit Edelsteinen geschmückten, mit Polstern belegten Thron ein, auf welchem ein Kreuz steht. In der zweiten Zone schreiten die zwölf Apostel, die in zwei von Paulus und Petrus geführte Chöre geteilt sind, auf grünem Plan einher. In den von dem faltigen Gewande bedeckten Händen trägt jeder seine Krone. Das Mittelbild endlich bietet die Taufe Christi.

Es liegt auf der Hand, dass wir es bei diesem musivischen Schmuck des Baptisteriums mit einer künstlerischen Darstellung des Skrutiniums der Ohrenöffnung zu thun haben. Die vier Altäre mit den Evangelien des Matthäus, Markus, Johannes, Lukas entsprechen den vier Ecken des einen Altars, auf welchen die Diakonen ihre Evangelienbücher niederlegen. Die erste Bildzone gibt demnach die traditio evangelii wieder.

Die traditio symboli hingegen spiegelt sich in der Apostelprozession der zweiten Zone wieder. Als die Übermittler des im Bewusstsein der Alten Kirche mit der Taufhandlung untrennbar verbundenen Glaubensbekenntnisses, als die Repräsentanten des Symbolums dürfen die Zwölfe einen hervorragenden Platz im Baptisterium beanspruchen. Denn ihr Bild erinnert den Täufling an die einzigartige Gabe, welche er und mit ihm die ganze Kirche ihrer Vermittelung verdankt.

Somit geben sich die beiden Zonen als die naturgemässen Vorstufen der im Mittelbilde dargestellten Taufe Christi, des hohen Vorbildes des sich im Baptisterium regelmässig vollziehenden Taufaktes.

Ich habe diese Ansicht bereits in meinem Aufsatz: Die Kuppelmosaiken im katholischen Baptisterium zu Ravenna, Neue kirchl. Zeitschr. 1897 S. 420—434 näher ausgeführt und bewiesen. Nachträglich sehe ich, dass Duchesne (Origines du culte chrétien p. 291 s.) eine Idee ausspricht, die durchaus geeignet ist, meine Anschauung von dem Einflusse der Liturgie auf die bildende Kunst der Alten Kirche zu bestätigen. Auch er ist überzeugt, dass der mächtige Eindruck, den die Ohrenöffnung auf die Taufkandidaten machen musste, danach rang, in der Sprache der Kunst zum Ausdruck zu kommen. Den Beweis glaubt er durch den Hinweis auf solche Bilder zu bringen, welche den thronenden Christus zeigen, wie er den um ihn versammelten Aposteln bezw. ihrem Führer die Rolle des neuen Bundes, das neue Gesetz überreicht: Dominus legem dat. So auf einem Apsismosaik im Mausoleum der Konstantina (S. Costanza) bei Rom (Garrucci, Storia dell' arte cristiana tav. 207), auf einem Sarkophag in S. Maria in Porto in Ravenna (V. Schultze, Archäologie d. altchristl. Kunst S. 259) u. a. Duchesne fasst seine Erwägungen in die Worten zusammen: Je n'oserais assurer que cette scène ait été composée expressément

halten pflegte, so konnte auch jenes Skrutinium nicht in eine solche eingegliedert werden, sondern es bildete eine in sich abgeschlossene selbständige Feier. Früh 9 Uhr, oder was noch wahrscheinlicher ist, in einer der Nachmittagsstunden, so dass mit nur kurzer Unterbrechung die eigentlichen Taufceremonieen sich alsbald anschliessen konnten, [1] finden sich die Kinder in der Kirche ein, erstens um katechisiert zu werden und zweitens um das bei der Ohrenöffnung empfangene Symbol zurückzugeben.

Dass von einer Katechisation im alten Sinne nicht mehr die Rede sein konnte, liegt angesichts einer vorwiegend aus unmündigen Kindern bestehenden Kompetentenschar auf der Hand. Die Sache war infolge der veränderten Zeitumstände gefallen und nur der Name noch geblieben.

In der That verstand man unter der für den stillen Samstag anberaumten Katechisation nichts anderes, als die Verbindung der bekannten Ceremonieen der Signation und Exorcisation mit dem für dieses letzte Skrutinium aufgesparten Effetu. Und doch äussert sich in einem scheinbar geringfügigen Zuge, dass auch dieser jetzt so verblasste liturgische Vorgang auf eine grosse Vergangenheit zurückblickt. In den vorerwähnten Skrutinienmessen werden Signation und Exorcisation von den Paten bezw. den Akoluthen, also niederen Klerikern ausgeführt. In diesem letzten Skrutinium ist beides dem Priester reserviert. Denn es handelt sich ja um eine sog. Katechisation. Und das Katechisieren war in alter Zeit Sache des obersten Klerikers in der Gemeinde, des Bischofs. [2]

---

d'après le rituel de la Traditio legis christianae; mais il y a entre ces deux choses un rapport trop évident pour qu'il n'ait point été remarqué. Beaucoup de fidèles, en jetant les yeux sur les peintures qui ornaient le fond de leur église, devaient se rappeler une des plus belles cérémonies de leur initiation.

[1] 7. römische Ordo: Ut in ipso sancto sabbato hora tertia revertantur ad ecclesiam, et tunc catechizantur et reddunt symbolum et baptizantur et complebuntur septem oblationes eorum. — Das andere ist eine Vermutung Duchesnes l. c. p. 292.

[2] Dieser Grund scheint mir wahrscheinlicher als der von Duchesne l. c. p. 292 angegebene: C'est un prêtre qui est chargé d'adjurer Satan pour la dernière fois.

Abermals werden die Kinder der Liste nach aufgestellt, zur Rechten die Knaben, zur Linken die Mädchen. Der Priester durchschreitet die Reihen und bekreuzt jedem einzeln die Stirn. Dann legt er jedem die Hand auf und betet die grosse und zugleich letzte Exorcisationsformel:

Nec te latet satanas imminere tibi poenas, imminere tibi tormenta, imminere tibi diem iudicii, diem supplicii, diem qui venturus est velut clibanus ardens, in quo tibi atque universis angelis tuis aeternus veniet interitus. Proinde damnate da honorem deo vivo et vero, da honorem Iesu Christo filio eius, et spiritui sancto, in cuius nomine atque virtute praecipio tibi ut exeas et recedas ab hoc famulo dei, quem hodie dominus deus noster Iesus Christus ad suam sanctam gratiam et benedictionem fontemque baptismatis dono vocare dignatus est, ut fiat eius templum per aquam regenerationis in remissionem omnium peccatorum, in nomine domini nostri Iesu Christi, qui venturus est iudicare vivos et mortuos et saeculum per ignem.[1])

Auch das alte Effeta hat eine ceremonielle Änderung und textliche Erweiterung erfahren. Der Priester benetzt den Finger mit Speichel[2]) und streicht dann jedem einzeln über Nase und Ohren mit den Worten:

Effeta, quod est adaperire, in odorem suavitatis. Tu autem effugare diabole, appropinquavit enim iudicium dei.[3])

Damit schliesst[4]) die Katechisation, und es beginnt die Rückgabe des Symbols, die selbstverständlich aus dem Schiffbruch des alten Katechumenats auch nicht vielmehr als den nackten Namen gerettet hat.

---

[1]) Gelas. I 42.

[2]) Aus Delikatesse wiederholte man das Beispiel Christi (Mark. 7, 33 f.) nicht buchstäblich, sondern man nahm entweder Öl statt Speichel, so in Spanien (vgl. oben S. 196), oder man benetzte die Nase statt der Zunge, so hier. Vgl. Ambros. de sacrament. c. 1: Christus muti tetigit os quia loqui non poterat sacramenta caelestia; nunc autem tangimus et ibi quia viri et hic quia mulieres baptizantur et non eadem est puritas servi quanta domini.

[3]) Gelas. I 42.

[4]) Andere Kirchen schieben hier eine Salbung an Brust und Schultern und die Abrenuntiation ein. Vgl. unten S. 245 f.

Abermals durchschreitet der Priester die Reihen der
Kinder, indem er jedem einzelnen die Hand auflegt und in
eigener Person das Nicäno-Konstantinopolitanum recitiert, [1]) erst
bei den Knaben, dann bei den Mädchen. Das ist alles.
Es folgt noch eine Schlusskollekte. Dann werden die
Katechumenen entlassen, um sich erst wieder zum Taufakt einzufinden. Die Skrutinien sind beendigt.

5. Der Taufakt.

Die Taufe selbst wurde in der Osternacht vollzogen.
Die Kompetenten nahmen an der feierlichen Vigilie teil.
Dieselbe bestand aus Schriftverlesung und Gebet. Man hatte
eine Reihe von Lektionen in der Weise ausgewählt, dass der
Täufling noch einmal einen Überblick über den Gang Gottes
mit der Menschheit gewinnen sollte: gewissermassen eine letzte
nachdrückliche Katechese vor der Aufnahme in die Kirche,
wie Gott die Welt erschaffen, und wie er alsdann die Gläubigen
des alten Bundes durch Not und Gefahr hindurchgerettet hat,
Noah durch die Flut, Isaak auf Moria, die Juden in der
Passahnacht und beim Durchzug durchs Rote Meer, schliesslich
Sadrach Mesach und Abednego. [2]) Es sind die der Christenheit seit den Tagen der Katakomben in Fleisch und Blut über-
gegangenen Typen göttlicher Bewahrung und Errettung. Mit
Schriftstellen dieser Art wechseln noch Prophetenworte, wie
das vierte Kapitel des Jesaias, das als Hinweis auf die Taufe
galt, oder die Vision des Ezechiel, und Lieder wie Mirjams
Lobgesang, der Segen Moses, das Lied vom Weinberg (Jes. 5),
der 42. Psalm. [3])

---

[1]) Gelas. I 42: Inde vero dicis symbolum imposita manu super capita
ipsorum. 7. römischer Ordo: Ambulat in circuitu imposita manu super
capita eorum decantando excelsa voce: Credo in unum Deum.

[2]) Duchesne. Origines p. 297 nennt auch noch Jonas. Ich weiss
nicht, auf welche Autorität hin, obwohl die Sache an sich sehr wohl
möglich ist. Dass man zu des Ambrosius Zeiten das Jonasbuch in Mailand in der Karwoche las, um die Gemeinde auf Tod und Auferstehung
des Herrn vorzubereiten (Ambros. epist. I 20, 25), ist bekannt.

[3]) So und nicht wie es in meinem Aufsatz: Neue kirchl. Zeitschr.
1897 S. 426 irrtümlich heisst. Psalm 51.

Ein kurzes Gebet fasst jedesmal den Inhalt des Gelesenen nachdrücklichst zusammen. [1]) So heisst es denn auch am Schluss, nachdem die Worte des Psalms verhallt sind:

Omnipotens sempiterne deus, respice propitius ad devotionem populi renascentis, qui sicut cervus aquarum exspectat fontem, et concede propitius ut fidei ipsius sitis baptismatis mysterio animam corpusque sanctificet. [2])

Alsdann öffnen sich die Pforten des Baptisteriums und die sehnsüchtig harrenden Täuflinge betreten zum ersten Male den ihnen bis dahin sorgfältig verschlossenen Taufraum. Kerzenträger führen den Zug, der aus dem Bischof, der gesamten Geistlichkeit, den Täuflingen und ihren Paten besteht und unter Absingung der Litanei den Taufbrunnen umzieht. Nachdem der Gesang beendet, grüsst der Bischof die Anwesenden und fordert sie zur Teilnahme an der Weihe des Taufwassers auf. Weihgebete [3]) wechseln mit bestimmten Ceremonieen: der Bischof schlägt das Kreuz über das Taufwasser, er haucht darüber, giesst geweihtes Öl hinein und lässt die Kerzenträger ihre Kerzen in das Bassin tauchen.

Es folgt der eigentliche Taufakt. Der Bischof legt dem Täufling die drei Glaubensfragen, welche den Inhalt des apostolischen Glaubensbekenntnisses ausmachen, vor:

Credis in deum patrem omnipotentem?

Credis et in Iesum Christum, filium eius unicum, dominum nostrum, natum et passum?

Credis et in spiritum sanctum, sanctam ecclesiam, remissionem peccatorum, carnis resurrectionem? [4])

Hat der Täufling jede Frage mit Ja beantwortet, so wird er vom Bischof dreimal untergetaucht oder benetzt mit den Worten: Baptizo te in nomine patris et filii et spiritus sancti.

Der Schluss des Taufaktes, die Konfirmation oder Kon-

---

[1]) Solche Kollekten finden sich Gelas. I 43. 77.

[2]) Vor der Schwelle des Baptisteriums von Salona zeigte der Fussboden sehr sinnig in Mosaik zwei Hirsche am Kantharus und darüber die Worte: Sicut cervus desiderat ad fontes aquarum ita desiderat anima mea ad te deus. Vgl. Garrucci, Storia dell'arte cristiana tav. 278.

[3]) Gelas. I 44.

[4]) Gelas. I 44.

signation, spielt sich wiederum in einem anderen Raume ab,
dem an das Baptisterium angrenzenden Konsignatorium. Dorthin ist der Bischof bereits vorangegangen. Ehe die Neugetauften ihm dahin folgen, schlägt noch der Presbyter über
jeden einzelnen das Kreuz mit dem in geweihtes Öl getauchten
Daumen unter dem Segenswunsch:

> Deus omnipotens, pater domini nostri Iesu Christi, qui
> te regeneravit ex aqua et spiritu sancto, quique dedit tibi
> remissionem omnium peccatorum, ipse te linit chrismate sa-
> lutis in Christo Iesu domino nostro in vitam aeternam. [1])

Darauf empfangen sie die weissen Taufkleider und treten
mit diesem Schmuck in das Konsignatorium vor den Bischof
hin. Dieser erfleht für sie in einem liturgischen Gebete [2]) die
sieben Gaben des heiligen Geistes und bekreuzt dann einen
jeden mit dem in Chrisma getauchten Daumen auf der Stirn
unter den Worten: In nomine patris et filii et spiritus sancti.
Pax tibi. [3])

Die Feier der ersten Kommunion, sowie die übrigen
Neophytengottesdienste während der Osterwoche darzustellen,
liegt ausserhalb der vorliegenden Aufgabe.

---

[1]) Gelas. I 44.

[2]) Gelas. I 44: Deus omnipotens, pater domini nostri Iesu Christi,
qui regenerasti famulos tuos ex aqua et spiritu sancto, quique dedisti eis
remissionem omnium peccatorum, tu domine immitte in eos spiritum sanctum tuum paraclitum, et da eis spiritum sapientiae et intellectus, spiritum
consilii et fortitudinis, spiritum scientiae et pietatis; adimple eos spiritum
timoris dei in nomine domini nostri Iesu Christi, cum quo vivis et regnas
deus semper cum spiritu sancto, per omnia saecula saeculorum.

[3]) 7. römischer Ordo. Wie diese Konfirmation unter Berufung auf
Apostelgesch. c. 8 den Bischöfen als den Nachfolgern der Apostel reserviert
bleiben muss, so unterscheidet sich auch das dabei gebrauchte Chrisma
von dem Öl der vorhergehenden Salbung dadurch, dass es vom Bischof
geweiht ist.

§ 13. Die Skrutinien im fränkischen Reiche.

Auch die fränkische Kirche sollte sich ihrer ursprünglichen Taufliturgie nicht allzulange erfreuen. Vielmehr erfuhr die letztere im Verlaufe des 7. Jahrhunderts eine durchgreifende Umgestaltung Hand in Hand mit der unter dem wachsenden Einflusse des Gelasianums sich vollziehenden Umbildung des gesamten fränkischen Gottesdienstes. [1])

Auf welche Weise Gallien mit dem Gelasianum bekannt geworden sein dürfte, lässt sich unschwer erraten. Man braucht nur daran zu denken, dass bereits in der ersten Hälfte des 6. Jahrhunderts Papst Vigilius der suevisch-galläcischen Kirche einen Mess- bezw. Taufordo zugehen liess, der alsdann durch die erste Synode von Braga offiziell eingeführt wurde. [2]) Diesem Vorgange würde es nur entsprechen, wenn die seit der Taufe Chlodovechs dem fränkischen Reiche seitens der römischen Bischöfe zugewendete Fürsorge auch in derartigen liturgischen Geschenken sich kund gegeben hätte.

Zwar wurden dieselben nicht immer und nicht überall mit Dank angenommen. Der lebhafte Selbständigkeitstrieb der gallischen Kirche bäumte sich gegen jede liturgische Uniformierung, selbst wenn dieselbe nicht gewaltsam aufgedrängt, sondern in überaus vorsichtiger Weise den einzelnen Gemeinden

---

[1]) Wenig glücklich lassen Monc (Latein. Messen S. 112—114) und Baeumer im Histor. Jahrb. 1893 S. 293—296 bereits im ersten Drittel des 6. Jahrh. das Gelasianum in Gallien Eingang finden. Das könnte höchstens von Südfrankreich gelten, wie denn Baeumer speciell den Cäsarius von Arelate glaubt als Mittelsperson annehmen zu können. Das Richtige trifft wohl allein Watterich (Konsekrationsmoment S. 201, vgl. S. 186 f.): Dass die altgallische Messe dem neurömischen Messbuch, wie es aus der Reform des Gelasius hervorgegangen war, gerade im 7. Jahrhundert, auch nicht früher, hat weichen müssen, wissen wir einerseits durch den Bericht des Augustinus an Gregor, andrerseits durch die Nachrichten über die weite Verbreitung des Gelasianums im ganzen Frankenreich, von Toulouse bis Köln, vom Bodensee bis zur Küste der Normandie, und durch das noch vorhandene, gerade aus Gallien nach Rom zurückgekehrte vollständige eine Exemplar aus dem 7. Jahrhundert.

[2]) Siehe oben S. 189. Über die liturgischen Beziehungen Roms zu anderen Gemeinden vgl. Baeumer im Histor. Jahrb. 1893 S. 285—295.

Wiegand, Symbol und Katechumenat. 16

nur nahe gelegt wurde. „Gerade die wiederholten Konzilien-
beschlüsse, welche in den Kirchenprovinzen Einheit der Liturgie
forderten, sind Beweise dafür, dass man die alte Liturgie und
die in ihr herrschende Freiheit des Textes nicht so leichten
Kaufes aufgab." [1]) Wenn es schliesslich doch zu jener Romanisierung Galliens in liturgischer Hinsicht kam, so liegt der
Grund ebensowohl in der kirchenregimentlichen Weisheit der
Bischöfe von Rom, wie vielleicht noch in höherem Masse in
der Vortrefflichkeit der römischen Liturgie selbst. [2]) Die un-
geteilte Bewunderung, die jeder Mensch einem einheitlichen
und wohlgeordneten Kunstwerke gern zollt, mag der Anlass gewesen sein, dass die gallischen Bischöfe sich immer häufiger
um liturgische Belehrung dorthin wandten, wo jenes Kunstwerk
entstanden war, und wo man beständig auf diesem Gebiete
weitere Erfahrungen sammelte und neue Fortschritte machte,
an den bischöflichen Stuhl von Rom. [3])

Verhältnismässig am liebsten dürfte man in Gallien nach
den römischen Skrutinienmessen gegriffen haben. Denn sie
waren in besonderem Masse geeignet, einem Mangel in der
fränkischen Liturgie abzuhelfen. Das Land war im grossen
und ganzen christianisiert, höchstens die austrischen Grenz-
distrikte konnten noch als Missionsgebiet angesehen werden.
Somit wurden damals fast nur Kinder getauft, und doch fehlte
es für die Taufvorbereitung derselben an einem festen litur-

---

[1]) Watterich, Konsekrationsmoment S. 201.
[2]) Köstlin, Gesch. d. christl. Gottesdienstes 1887 S. 112 f.
[3]) Vgl. bes. Innocenz I an Victricius von Rouen epist. 2 c. 1.: Etsi
tibi frater carissime pro merito et honore sacerdotii quoplurimum polles,
vivendi et docendi. ecclesiasticae regulae nota sunt omnia, neque est aliquid quod de sacris lectionibus tibi minus collectum esse videatur; tamen
quia Romanae ecclesiae normam atque auctoritatem magnopere postulasti,
voluntati tuae morem admodum gerens, digestas vitae et morum proba-
bilium disciplinas annexas litteris meis misi, per quas advertant ecclesiarum regionis vestrae populi quibus rebus et regulis christianorum vita in
sua cuiusque professione debeat contineri qualisque servetur in urbis Romae ecclesiis disciplina. Erit dilectionis tuae per plebes finitimas et con-
sacerdotes nostros qui in illis regionibus propriis ecclesiis praesident regularum hunc librum quasi didascalicum atque monitorem sedulo insinuare,
ut et nostros cognoscere et ad fidem confluentium mores valeant docendi
sedulitate formare. Ml. 20, 469.

gischen Schema. [1]) Wenigstens wird ein solches nirgends genannt, so dass es den Anschein hat, als ob man über ein un-
sicheres Experimentieren und Kopieren auf diesem Gebiete
nicht hinausgekommen sei. Das muss aber umsomehr wundernehmen, als es jenem Zeitalter für unmöglich galt, irgend einen
Menschen, selbst ein unmündiges Kind der Taufe ohne vorgängige Vorbereitung zuzuführen. Der Übergang schien zu
hart: es bedurfte einer allmählichen Läuterung des alten Menschen, der Wiedergeburt mussten naturgemäss Geburtswehen
vorangehen, die entweder katechetisch-pädagogischer — so
beim altkirchlichen Katechumenat der Erwachsenen, oder
liturgischer Art waren — so in der Folgezeit bei Kindern.
Hier nun setzen die Skrutinienmessen ein.

Wer von dem altkirchlichen Katechumenate herkommt, auf
den müssen diese Messen als armselige Epigonen einer grossen
Zeit einen wenig günstigen Eindruck machen. Es erscheint
widersinnig, um des traditionellen Zusammenhanges willen eine
Schar unmündiger Täuflinge wochenlang derartigen liturgischen
Ceremonieen zu unterstellen, welche für die Kinder ebenso
wertlos wie für ihre Eltern und Paten ermüdend waren. Stellt
man sich aber einmal auf den Standpunkt jener Zeit, dass eine
Taufe ohne irgendwelche Vorbereitung auch für Kinder undenkbar sei, so lässt sich leicht ermessen, dass die fränkische
Kirche vor dem bisherigen Flickwerk herzlich gern einem ge-
schlossenen System, wie es in diesem römischen Skrutinienritus
vorlag, den Vorzug gab.

So greifen denn die sieben römischen Skrutinienmessen
seit dem 7. Jahrhundert unaufhaltsam in Gallien um sich, hier
und da wohl noch flüssig in Bezug auf den Wortlaut, aber in
der ganzen Anlage doch bereits klar und fest umrissen. Mochte
man für den sonntäglichen Gottesdienst an der altgallischen

---

[1]) Probst (Katholik 1880 II S. 58) erklärt im Gegenteil die rasche
Verbreitung des Skrutinienritus in Franken aus dem Missionscharakter
des Landes. Indessen scheitert diese Begründung von vornherein an der
Thatsache, dass Burgund und Neuster um die Mitte des 6. Jahrhunderts
christliche Länder waren. Jedenfalls ist es bezeichnend, dass schon um
die Mitte des 6. Jahrhunderts Bischof Germanus von Paris die auf die
Teilnahme von erwachsenen Katechumenen zugeschnittene Gottesdienstordnung als „alten Ritus" bezeichnen konnte.

Liturgie festhalten, so führte man für die Taufvorbereitung
gleichwohl den römischen Skrutinienritus ein. Und das letztere
war noch eher dort der Fall, wo man bereits kurz zuvor das
gelasianische Messbuch recipiert und mit seiner Hilfe den
Sonntagsgottesdienst im römischen Sinne umgestaltet hatte.
Man kümmerte sich alsdann um die vom Gelasianum für die
Sonntage Okuli, Lätare, Judika vorgesehenen Katechumenen-
messen nicht im mindesten, sondern wandte sich gleich der
solenneren Form der sieben Skrutinienmessen zu.

Und was im Leben praktisch neben einander gehandhabt
wurde, das schien auch in ein und demselben Kirchenbuche
schriftlich beisammen stehen zu können. So gliederten denn
sowohl die zähen Anhänger der alten gallischen wie die ela-
stischeren Verehrer der neuen römischen Liturgie die Gebete
des Skrutinienritus ihren verschiedenen Messbüchern ein: unbekümmert darum, wie kraus ein Text aussehen musste, der
die heterogenen Erzeugnisse einer mehrhundertjährigen Entwicklung friedlich vereinigte. Die Messbücher von Auxerre
und Bobbio einerseits, das Gelasianum in seiner uns im Cod.
Vatic. Regin. 316 überlieferten Gestalt andrerseits sind hoch-
interessante Urkunden einer Zeit, da man in Gallien zwar in
Bezug auf die Messliturgie noch zwischen alter und neuer
Zeit schwankte, in Bezug auf die Taufliturgie aber sich völlig
klar war, dass es keinen brauchbareren Vorbereitungsritus gäbe
als den der römischen Skrutinienmessen.

Auf diese letzteren, sofern sie in Franken zur Anwendung
kommen, näher einzugehen, liegt freilich kein Grund mehr vor,
nachdem sie bereits für Rom eine detaillierte Besprechung erfahren haben. Denn wenn auch manche Skrutiniengebete einen
anderen Wortlaut haben, so ist ihre Intention doch nach wie
vor dieselbe wie bei denen des interpolierten Gelasianums. Vor
allem gehören dahin die specifisch fränkischen Formeln für
den Aufnahmeakt.[1]) Auch entspricht den komplizierten dreimal zwei Exorcisationsformeln im Gelasianum ein einziger
Exorcismus im Messbuch von Auxerre:[2]) ein Beweis dafür,

---

[1]) Messbuch von Auxerre Nr. 9. 13.
[2]) a. a. O. Nr. 10.

dass auch innerhalb der Skrutinien die fränkische Kirche nur
zögernd sich den überquellenden Reichtum liturgischer Formeln
hat gefallen lassen.

Andrerseits freilich begegnen fränkische Erweiterungen
und Zusätze, von denen man in Rom ursprünglich nichts wusste.
Dies gilt besonders vom siebenten Skrutinium, dessen Form
von jeher eine flüssige war, da ihm die feste Eingliederung
in den unveränderlichen Rahmen der Messe fehlte. Dasselbe
stand für sich allein und galt bald als Abschluss der Vorbereitungsgottesdienste, bald als Eröffnung des Taufaktes, dem
es ja in der That fast unmittelbar voranging, so dass bei diesem
Schwanken in der Hauptsache eine Änderung im einzelnen
leicht möglich war. Jener fränkischen Neuerung lag aber die
Idee zu Grunde, dass, nachdem die durch den Priester voll--
zogene grosse und letzte Exorcisation den Kampf mit dem
Satan in den Vordergrund gerückt hatte, nunmehr die Taufkandidaten denselben persönlich aufnehmen und in ihm siegen
sollten. Wie den Kämpfern in der Arena salbte man ihnen zu
dem Zwecke die Glieder, und in dreimaliger Absage vollzog
sich alsdann der Austritt aus dem Vasallenverhältnis des
Teufels. [1])

---

[1]) Noch eigenartiger gestaltete sich dieses letzte Skrutinium in dem
von der Welt abgelegenen Aquileja. Denn hier feierte man dasselbe nicht
nur schon am Samstag vor Palmsonntag, sondern man vereinigte mit ihm
zugleich das ganze Ceremoniell der Ohrenöffnung. Es findet eine wirkliche Skrutinienmesse statt, bei welcher die Evangelien, das Symbol und
das Vaterunser in der geschilderten Weise den Kompetenten übergeben
werden. Dieselben werden alsdann nicht entlassen, sondern dürfen ausnahmsweise zur Verlesung des Evangeliums (Matth. 6. 5—15 wegen der
kurz voraufgegangenen Übergabe des Vaterunsers) dableiben. Nunmehr
heisst es: Stillstehn und aufmerken, und es beginnt sofort die ebenfalls
eigenartige Katechisation. Denn an die grosse Exorcisationsformel Neo
te latet schliesst sich nicht das Effeta sondern eine Ausweisung der Ketzer,
deren eine ganze Reihe mit Namen aufgezählt wird. His dictis sacerdos
cum diacono dicens: Si quis Arianus est, secedat. Respondet chorus: Nec
quis Arianus est. Iterum sacerdos cum alio: Si quis Sabellianus est, secedat. Respondet chorus: Nec quis Sabellianus est. Es folgen dann
weiter in genau derselben Weise Nestorianus, Theodotianus, Macedonianus,
Pelagianus, Priscillianus (sie), Eutychianus, Fotinianus; schliesslich: Si quis
haereticus est, secedat. Nec quis haereticus est. Und zwar scheint man

Nachdem über die Täuflinge das Effeta gesprochen, legen
sie das Oberkleid ab und lassen sich vom Priester an Brust
und Schultern mit geweihtem Öle salben.

Alsdann tritt jeder von ihnen einzeln vor und der Priester
fragt ihn:

Abrenuntias Satanae?

Et omnibus operibus eius?

Et omnibus pompis eius? [1])

Erst nachdem der Täufling jede der drei Fragen mit Ab-
renuntio beantwortet, darf er, indem er in der bereits geschilderten Weise das Symbol zurückgibt, seine Zugehörigkeit
zu Christus öffentlich bekennen.

Später hat man die Abrenuntiation wieder aus dem siebenten
Skrutinium ausgeschieden und sie, wie es vermutlich auch in
der Alten Kirche der Fall war, den eigentlichen Taufakt eröffnen lassen. Hier hatte sie alsdann statt in der Symbolrückgabe ihr positives Gegenbild in der dreifachen Glaubensbefragung. [2])

Auch bei der Symbolübergabe konnten Schwankungen nicht
ausbleiben. Sollte man die altehrwürdige Palmsonntagsmesse
in traditione symboli deshalb ganz fallen lassen, weil sie ein
Bestandteil des für Erwachsene berechneten alten Katechumenates war? Oder sollte man sie zu den neuen, ausschliess-

---

gerade auf diese Ceremonie in Aquileja einen besonderen Nachdruck gelegt zu haben, denn an ihr nahm der Patriarch in eigener Person teil.
Erst jetzt werden die Katechumenen entlassen, und die Messe setzt mit dem
Offertorium wieder ein. Aquileiense catechumenorum scrutinium p. 238—
246, vgl. oben S. 214—216.

[1]) Als eine specielle Eigentümlichkeit der fränkischen Liturgie sind
Ölsalbung und Abrenuntiation auch in den auf fränkischem Boden geschriebenen Cod. Vatic. Regin. 316 geraten und damit fälschlich ein Bestandteil des Gelasianums (I 42) geworden. ja sogar völlig widersinnig von
hier sammt anderen Skrutinienelementen in das Gregorianum (Muratori
Liturg. rom. vet. II p. 61) und in den alkuinischen Nachtrag desselben
(l. c. II p. 156 sq.) aufgenommen. Natürlich werden beide Ceremonieen
sowohl von Jesse, Epist. de baptismo Mi. 105, 787 sq. wie von Amalar,
Epist. de caerimon. bapt. Mi. 99, 897 sq. erwähnt und erklärt.

[2]) Vgl. unt. and. Jesse l. c. p. 788: Praelibato hoc ordine officio per-
ducitur infans ad baptismi sacramentum et interrogatur de credulitate
Christi et abrenuntiatione diaboli. Vgl. l. c. p. 789 D.

lich den jugendlichen Kompetenten geltenden Skrutinienmessen in irgendwelche Beziehung setzen? Es sieht fast wie ein Kompromiss zwischen altgallischer und römischer Gepflogenheit aus, wenn man in Amiens die Symbolübergabe weder in der Woche nach Lätare noch am Palmsonntag, sondern am Mittwoch zwischen Judika und Palmsonntag feierte. [1]) Jedenfalls hat schliesslich auch hier die römische Form gesiegt. Denn die Übergabe des Symbols schliesst sich mit der des Vaterunsers und der Evangelien ganz in der Weise des 7. römischen Ordo zu dem grossen Ceremoniell der Ohrenöffnung zusammen. [2]) Nur in einer Hinsicht geht die fränkische Kirche auch bei diesem Stücke höchst eigenartige und charakteristische Wege. Denn sie hält den veränderten Zeitumständen zum Trotz unentwegt an der altkirchlichen Sitte fest, das Symbol niemals ohne eine erklärende Ansprache den Kompetenten zu überliefern. Es scheint geradezu, als ob die Traditionen eines Cäsarius von Arelate nachgewirkt haben, wenn man neben dem liturgischen Ceremoniell das erläuternde Wort nicht missen mag.

Von jeher hat der Bischof bei der Palmsonntagsmesse das Beste gegeben, was er zu geben vermochte. Und hielt er bei dieser Gelegenheit eine ältere Predigt, so geschah es eben auch in der Absicht, lieber der Gemeinde mit der guten Leistung eines anderen zu dienen, als sie durch ein eigenes schwächliches Elaborat zu kränken. Dieselbe Beweglichkeit aber bewahrt sich die fränkische Kirche auch unter der Herrschaft der Skrutinien. Indem sie bei der Symbolübergabe bezw. Ohrenöffnung nach wie vor an einer wirklichen Symbolerklärung im alten Stile festhält, lässt sie zugleich dem Bischof die volle individuelle Freiheit, wie er jene letztere gestalten will.

Somit legt die fränkische Kirche zu einer Zeit, da in allen übrigen Ländern die Symbolerklärungen des altkirchlichen

---

[1]) Jesse l. c. p. 783 D.

[2]) Denn auf die abweichende Reihenfolge, in welcher das Messbuch von Auxerre die drei den Kompetenten zu überliefernden Stücke aufzählt Nr. 11 symbolum, Nr. 12 evangelia, Nr. 14 oratio dominica, Nr. 16 symbolum ist um des kompilatorischen Charakters dieses Werkes willen wenig Wert zu legen. Vgl. im übrigen Gelas. I 34 mit Messbuch von Auxerre Nr. 12 und Messbuch von Bobbio, Muratori l. c. II 828—830; ferner Gelas. I 36 mit Messbuch von Auxerre Nr. 14.

Katechumenates längst in Vergessenheit geraten, ja im gelasianischen Skrutinienritus direkt gestrichen sind, noch ent-
schiedenen Wert auf eine wirkliche Symbolpredigt als auf einen
unveräusserlichen Bestandteil der Taufvorbereitung, wie uns
denn solche Erklärungen infolgedessen auch aus dem 7. 8.
und 9. Jahrhundert erhalten sind.

§ 14. Symbolerklärungen im Zeitalter der Skrutinien.

In der feierlichen Skrutinienmesse der Ohrenöffnung beschliesst der Priester die Mitteilung des Symbols mit der Ansprache: Haec summa est fidei nostrae. [1]) Dieselbe ist älter
als der Taufritus, dem sie später eingegliedert wurde. [2]) Aber
trotz dieser ihrer Ehrwürdigkeit gefiel sie da nicht, wo man
auf eine wirkliche Symbolerklärung Wert legte. Man ersetzte
sie daher entweder ganz durch eine solche, oder man hing sie
einer Symbolerklärung an. Das erstere war in Gallien der
Fall, letzteres lässt sich in Oberitalien nachweisen.

Noch sind vier gallische Erklärungen aus jener Zeit erhalten, von denen sich drei geradezu als liturgische Bestandteile des auf fränkischem Boden modifizierten Skrutinienritus
geben, sofern sie in die beiden liturgischen Hauptwerke jener
Zeit, in das Messbuch von Auxerre und in das burgundische
Messbuch aufgenommen wurden. Aber auch die vierte, der
pseudoaugustinische Sermon 241, gehört hierher. Denn wie
die drei vorgenannten setzt auch er die in Gallien übliche
dreifache Recitierung des Symbols voraus [3]) und erklärt diese
liturgische Eigentümlichkeit durch den Hinweis auf die Trinität.

Freilich sind es keine grossen homiletischen Leistungen,
mit denen man es hier zu thun hat, aber sie zeugen doch
wenigstens von dem guten Willen, das altehrwürdige Haupt-

---

[1]) Vgl. oben S. 233. Caspari, Alte und neue Quellen S. 306.
[2]) Zum Alter vgl. Kattenbusch, D. apost. Symb. I 121.
[3]) Vgl. Martene, De ant. eccl. ritib. 1736. Tom. I p. 88.

stück des Katechumenats auch fernerhin in das rechte Licht
zu stellen und nicht nur die Erwachsenen unter den Täuflingen,
sondern auch die übrigen Gemeindeglieder daran zu erinnern,
was sie an ihrem Glaubensbekenntnis haben.

Das geht gleich aus dem Eingange der ersten jener beiden
Sermone hervor, welche in das Messbuch von Auxerre ein-
gereiht worden sind. [1])
Nach Inhalt und Wirkungskraft umschliesst das Symbol
den Glauben und das Leben des Christenmenschen, den Glauben
für das Diesseits, das Leben für das Jenseits. Denn wer hier
Glauben (und Werke) aufzuweisen hat, dem kann dort das
ewige Leben als Lohn nicht entgehen. Daher beginnt denn
auch der Wortlaut des Symbols mit: ich glaube, und schliesst
mit dem ewigen Leben. Um jenes Fundamentes und um dieses
Giebels willen vergleicht sich das Symbol mit einem herrlichen
Bauwerk. Darum heisst den Glauben mit der Vernunft ver-
tauschen wollen, vom rechten Wege abirren und sich in die Wild-
nis verlieren, heisst ohne Fundament bauen, heisst mit dem
Kopf durch die Wand rennen. Dieser einzigartigen Bedeutung
des Glaubens hat die Stellung des Glaubensbekenntnisses im
Leben des Christen zu entsprechen. Er schreibe es nicht auf
Tafeln, sondern grabe es in sein Herz. Er schliesse seine
Ohren auf, dass der Same des Wortes wohlvorbereitete Furchen
findet, dass er Wurzel schlagen und Frucht bringen kann.

Der Glaube gilt zunächst Gott, dem Wesen ohne Anfang
und ohne Ende, der zugleich Vater ist. Das führt sofort zum
Sohne. Wie Gott diesen Sohn gezeugt hat, entzieht sich der
Diskussion, nur an dem Faktum der Vaterschaft und der Sohn-
schaft ist gläubig festzuhalten. Denn der Vater selbst hat den
Sohn bei der Taufe beglaubigt. Dieser Sohn nun heisst Heiland, Gesalbter, Eingeborner. Schöpfer seines Leibes ist der
heilige Geist, so dass in diesem Mysterium die ganze Trinität
zusammenwirkt. [2]) Den Namen des Pontius Pilatus dem Sym-

---

[1]) Muratori, Liturg. rom. vet. II 710—713. Mabillon, De liturg.
gallic. p. 339—342.
[2]) Rätselhaft ist an dieser Stelle das Einschiebsel: Iam iam si iubetis,
haec quae dicta sunt, caritati vestrae sufficiant et die crastina secundum
sanctam consuetudinem vestram per ministerium fratrum nostrorum ea

bol einzufügen, hielten seine Verfasser deshalb für notwendig.[1]) weil nur auf diese Weise Christi Einzigartigkeit gegenüber etwaigen Antichristen der Zukunft ausser Zweifel gestellt schien. Die Auferstehung des Herrn wird zwar von vielen verworfen, ist aber von den Evangelisten und von Paulus aufs beste bezeugt. Nach seiner Himmelfahrt sitzt der Herr zur Rechten Gottes des Vaters, was natürlich nur bildlich genommen sein will. Endlich: ich glaube an den heiligen Geist, in gleicher Weise wie an den Vater und den Sohn: dies als Widerlegung zahlreicher häretischer Lügen. Allen dreien kommt gleiche göttliche Machtfülle und gleiche Würde zu, die Unterschiede von Gross und Klein fallen bei der Trinität fort. Deshalb hiesse es die ganze Trinität herabsetzen, wollte man eine der drei göttlichen Personen verkleinern. Sinnig schliesst das Symbol mit dem ewigen Leben als dem Lohn des Glaubens.

Man ist versucht, diese in jeder Hinsicht dürftige und unvollständige Erklärung, welche mehr als einen Artikel des gleichzeitig mitgeteilten Symbols unerörtert lässt,[2]) für ein blosses Excerpt anzusehen, das dem amtierenden Geistlichen nur im allgemeinen als Richtschnur dienen sollte, wenn nicht etwa der handschriftlichen Überlieferung des Textes die zahlreichen auffallenden Lücken zuzuschreiben sind. Denn auch das andere Beispiel einer Symbolerklärung, welches sich im Messbuch von Auxerre findet, ist stark verstümmelt.[3])

---

quae restant, maturius audietis. Quod ipsi. Mit der Taufvorbereitungspraxis haben diese Worte nichts zu thun. Eher liesse sich annehmen, dass die vorstehende Symbolerklärung ebenso wie die des Maximus von Turin (vgl. oben S. 137 Anm. 2) zeitweise beim klösterlichen Officium zur Verlesung gekommen ist, und dass es sich bei der obigen Bemerkung um eine Randnotiz des Vorlesers handelt, die später fälschlich in den Text geriet.

[1]) Vgl. den merkwürdigen Ausdruck: Symboli conditores.
[2]) Vgl. Zahn, D. apost. Symb. S. 8 Anm. 1. S. 72 Anm. 1.
[3]) Muratori l. c. II 720—722. Mabillon l. c. p. 347. sq. Die Rede findet sich ausserdem noch vollständig erhalten als Sermo 242 in August. opp. Tom. V Appendix Ml. 39. 2191—2193. Auch ist die Vorrede von Sermo 242 identisch mit der Vorrede der von Caspari (Kirchenhistorische Anecdota I 290—292 vgl. p. XVII sq.) publicierten sog. Expositio beati Augustini episcopi super symbolum, welche ebenfalls dem 7. Jahrhundert angehören und bei der Symbolübergabe gehalten sein dürfte. Endlich

Nachdem der Redner die Zuhörer um Aufmerksamkeit
gebeten, beginnt er in bekannter Weise mit einer Anempfehlung
des Symbols, denn dasselbe umfasst die Trinität nach ihrer
Einheit wie nach ihrer Dreiheit, die Schöpfermacht wie das
Versöhnungsleiden. Es beseitigt den Unglauben, es öffnet den
Eingang zum Leben, es bietet dem Bekennen die Möglichkeit
sich glanzvoll zu äussern. In seiner das Gedächtnis nicht be-
lastenden Kleinheit umschliesst es gleichwohl alles, was das
Seelenheil des Menschen ermöglicht. Was von Patriarchen
und Propheten vorausgesagt und vorbildlich dargestellt ist
über Gott, Gottes Sohn, Geist, Erlösung, das findet sich hier
als Bekenntnis kurz zusammengefasst.

Es ist Sache des Glaubens und nicht des Verstandes,
Gott zu suchen. Darum steht an der Spitze des Symbols das
Wort: ich glaube, und zwar gleich: an Gott den Vater. Denn
beide Begriffe gehören von Ewigkeit her zusammen; Gott war
nie ohne den Sohn. Als dem Allmächtigen, der Himmel und
Erde durch sein blosses Wort geschaffen hat, ist ihm nichts
unmöglich. Darum reflektieren wir nicht weiter über das Wie,
sondern wir folgen einfach der Weisung, an den Allmächtigen
zu glauben.

Der Sohn muss denselben Glauben beanspruchen wie der
Vater. Denn wer gleicher Majestät ist, dem gebührt auch
gleiche Ehre und gleicher Gehorsam. Er, der Heiland und
Geistesgesalbte, musste, als Gott in Menschengestalt, auch von
Gott seinen Ursprung nehmen; daher bekennen wir: empfangen
vom heiligen Geist; nur eine solche Geburt konnte die Jungfräulichkeit der Mutter nicht gefährden, denn es heisst weiter:
geboren von der Jungfrau Maria. Pontius Pilatus wird nicht um
seiner persönlichen Würde willen erwähnt, sondern um den Zeitpunkt zu fixieren. Das Kreuz, an welchem Christus hing, trägt

---

begegnen Reminiscenzen an Sermo 242 wie an die Explanatio des Niceta
von Remesiana in einer Symbolerklärung, welche jüngst A. E. Burn auf
Grund des Cod. Sangall. 27 (Psalterium aus dem 9. Jahrhundert) in der
Zeitschrift für Kirchengeschichte 1898 S. 184—186 bekannt gegeben hat.
Vgl. Caspari, Quellen II 152. 153. 208. Kattenbusch, D. apost. Symb.
I 192 f. Hahn, Biblioth. d. Symb. (3) S. 51. Rev. Bénéd. 1894 p. 364.

der Christ in der Erinnerung an der Stirn. [1]) Tod und Begräbnis des Herrn waren ebenso wirklich wie seine Geburt. Während der Leib drei Tage im Grabe ruhte, triumphierte die Seele über die Unterwelt. In seiner Himmelfahrt erhob er die begrenzte Menschennatur über die Himmel bis zur Rechten Gottes des Vaters. Mit demselben Leibe kehrt er zurück, um Christen und Heiden, Gerechte und Sünder, Gläubige und Gottlose zu richten.

Der Glaube an Vater und Sohn ist unvollständig, er verlangt als notwendige Ergänzung der Trinität den Glauben an den heiligen Geist. Ganz anders hingegen verhält es sich mit den übrigen, den Schluss des Glaubensbekenntnisses bildenden Artikeln. Wir glauben die Kirche, nicht an die Kirche, denn sie ist nur Gottes Haus, nicht Gott selbst. Sie allein ist die katholische, im Gegensatz zu den provinziell beschränkten häretischen Gemeinschaften. Wie zu ihr so bekennt sich der Christ auch zur Gemeinde der Heiligen, d. h. er steht mit den Verstorbenen, die seinen Glauben geteilt haben, in Gemeinschaft, wenngleich dermalen nur in Gemeinschaft der Hoffnung. [2]) Der folgende Artikel will uns daran erinnern, dass, nachdem uns vom Herrn in der Taufe die Vergebung der Sünden gewährt wurde, wir am Glauben treu festzuhalten haben. Unser jetzt sterbliches Fleisch ferner wird unsterblich auferstehen, um für seine Teilhaberschaft an der Seele Rechenschaft abzulegen. Und endlich erwartet denjenigen unzweifelhaft das ewige Leben, der sich gewissenhaft an die kirchlichen Pflichten gehalten und gute Werke gethan hat. [3])

Auch die dritte liturgische Symbolerklärung, die des burgundischen Messbuches von Bobbio, [4]) bietet nicht viel mehr als blosse Stichworte.

Die göttlichen Geheimnisse muss der Christ glauben und

---

[1]) Es ist charakteristisch für die fast ausschliessliche Bedeutung des Ceremoniells in jener Zeit, dass der Redner hier nicht mehr zu bieten weiss als eine Anspielung an die Signation.

[2]) Vgl. Zahn, D. apost. Symb. S. 89 Anm. 2.

[3]) Der Schluss der Rede verbietet das Symbol niederzuschreiben. Er ist identisch mit Augustins echtem Sermo 212. Vgl. oben 82 f.

[4]) Muratori l. c. II 830—832. Mabillon, Mus. Italic. I 2, 312 sq. Vgl. Hahn, Biblioth. d. Symb. (3) S. 75.

fürchten. Denn die Furcht Gottes bildet das Fundament aller
Weisheit und alles Glaubens. Zu diesen göttlichen Geheimnissen gehört nun das Symbol, ohne welches Christus nicht verkündigt, der Glaube nicht bewahrt, die Taufe nicht gefeiert
werden kann. Dasselbe wird jetzt von der heiligen katholischen
Kirche ihren jungen Kindern anvertraut und verlangt von den
letzteren, den Kompetenten, ehrerbietige Selbstvorbereitung.
Der Glaube an einen allmächtigen Gott schliesst für den
Christen den grossen Trost ein, dass er sich auf Gottes Ver-
sprechungen unbedingt verlassen kann.

Indessen bildet den eigentlichen Kern des Bekenntnisses
erst der zweite Artikel, denn nur wer von ganzem Herzen an
den Sohn glaubt, kann auch den Vater bekennen. Jener
nahm vom heiligen Geist seinen Ursprung her und ward von
der Jungfrau geboren: ein Wunder, nicht zu schwer für
den, welcher den Menschen aus Erde geschaffen hat. Auch
ist die Jungfräulichkeit der Maria nicht nur vom Engel Gabriel
bezeugt, sondern sogar vom Propheten Jesaias vorausgesagt.
Dass Christus gekreuzigt, gestorben, begraben ist, darf niemanden
erschrecken. Es war nicht die Folge von Schwäche und Gebrechlichkeit, sondern der Heiland handelte aus pietätvollem
Pflichtgefühl. Sein Kreuz wurde unser Thron, sein Tod unser
Leben. Wen sodann die dreitägige Grabesruhe Jesu verwirrt,
der mag sich an seiner Auferstehung wieder aufrichten. Gerade
in dieser Niedrigkeit des Herrn steckt wieder die Eigenart des
Geheimnisses. Und jedenfalls kommt der, den auf Erden
Gottlose richteten, selbst als Richter von seinem himmlischen
Thron, denen zum Schrecken, die ihn hier verachtet haben.

Mit dem Glauben an den allmächtigen Vater und an den
eingebornen Sohn ist notwendig das Bekenntnis zur Gottheit
des heiligen Geistes verbunden. Das folgt schon aus dem
Taufbefehl des Herrn. Die heilige Kirche Gottes muss glauben,
wer ihrer Gaben teilhaftig werden will. Das Bekenntnis zur
Dreieinigkeit aber zielt auf die Taufe ab, welche dem Menschen
Sündenvergebung und Auferstehung des Fleisches vermittelt.
Und nur wer diese letztere glaubt, vermag zum Genusse des
ewigen Lebens zu gelangen.

Soweit die in liturgische Formulare der gallischen Kirche

aufgenommenen Symbolauslegungen, von denen man eigentlich nur sagen kann, dass sie den guten Willen zeigen, der Gemeinde das Glaubensbekenntnis erklärend nahe zu bringen. Denn was sie wirklich bieten, ist weder erschöpfend noch auch belehrend. Einige empfehlende Worte über das Symbol in der Einleitung, einige willkürliche Bemerkungen zu diesem oder jenem Artikel: das ist die ganze Expositio. Und dass dieses Urteil nicht etwa bloss von einigen liturgisch festgelegten Ansprachen gilt, sondern dass jene formelle wie inhaltliche Dürftigkeit überhaupt ein Charakteristikum der gallischen Symbolreden jener späten Zeit ausmacht, dafür spricht der ausser direktem Zusammenhang mit einem gallischen Messbuch stehende pseudo-augustinische Sermon 241. [1])

Auf die wenigen einleitenden Sätze, welche sich in bekannter Weise über inneren Reichtum und äussere Knappheit des Symbols auslassen, folgt eine in früheren Symbolreden noch nicht beobachtete Verteilung der zwölf Glaubensartikel an die zwölf Apostel. Eine weitere an Getaufte wie an Kompetenten als an die Söhne der Kirche gerichtete Ermahnung betont den engen Zusammenhang zwischen Taufe und Symbol und fordert auf, das letztere gläubig zu erfassen, im Herzen festzuhalten, rückhaltlos zu bekennen. Es folgt das zweite Aufsagen des Symbols und dann die Bemerkung, dass man es hier nicht mit Menschenworten zu thun hat, sondern mit Gottesworten, die im Herzen der Christen Platz greifen und die Gnade Gottes ungeschmälert bis ans Ende festhalten sollen. Erst nach einer dritten Recitation geht der Bischof nunmehr zu der kurzen Erklärung der einzelnen Artikel über.

---

[1]) Der pseudo-augustinische Sermo 241 (August. opp. Tom. V Appendix Ml. 39, 2190—2191) hat sich bisher weder zeitlich noch örtlich festlegen lassen. Caspari, der von der nur im allgemeinen richtigen Voraussetzung ausgeht, dass freie Reden über das Symbol sich seit der ersten Hälfte des 6. Jahrhunderts nicht mehr nachweisen lassen (vgl. dagegen Kattenbusch, D. apostol. Symb. I 211), rückt deshalb unsern Sermo 241 bis in die zweite Hälfte des 5., bezw. erste Hälfte des 6. Jahrhunderts hinauf. Quellen II 152. 169. Ich kann dieser Ansicht nicht beitreten, sondern bin geneigt, mit Hahn (Biblioth. d. Symb. (3) S. 51, den Sermon in das 7. bezw. 8. Jahrhundert herabzurücken. Warum ich ihn aber im Gegensatz zu Hahn, der ihn „irgend einer Kirche Italiens" zuweist, nach Gallien versetze, habe ich oben S. 248 bereits ausgesprochen.

Der Glaube an Gott den Vater schliesst selbstverständlich den an Gott den Sohn mit ein. Denn wenngleich der Person nach getrennt, participieren doch beide an der einen unzertrennlichen Majestät, der Sohn verfügt über dieselbe Macht wie der Vater. Die folgenden Artikel wollen über das Geheimnis belehren, wie Christus einen menschlichen Leib annahm. Den besten Aufschluss darüber gibt das Wort Gabriels an Maria. Göttliche Majestät kam menschlicher Schwachheit dabei zu Hilfe. Dabei bleibt die Jungfräulichkeit der Maria ein Glaubenspostulat, das sich nicht erklären lässt. In Bezug auf das Leiden und Sterben Jesu werden geflissentlich die einzelnen Akte aufgezählt, damit die Wirklichkeit des ganzen Vorgangs klar zu Tage tritt. Seitdem nimmt Jesus teil an Gottes Ehre, denn nichts anderes will das Sitzen zur Rechten besagen. Das Ganze aber ist für uns ein ermutigendes Beispiel, dass auch wir nach irdischem Leben und Tod wieder zu ewigem Leben auferstehen werden. Indem der Glaube des Christen sich ferner auch auf den heiligen Geist erstreckt, dokumentiert er zu gleicher Zeit die gleiche Macht desselben mit Vater und Sohn. Des weiteren verdient die Kirche mit Recht die Prädikate: allgemeine und heilige, denn der Gemeinschaften der unheiligen Sekten gibt es eine ganze Anzahl. Wo aber der heilige Glaube der katholischen Kirche herrscht, dort nimmt man auch an den Heiligtümern und Heilsgütern der Kirche teil, dort herrscht eine Gemeinschaft mit dem Heiligen. [1]) Die Notwendigkeit endlich, auch an die Auferstehung des Fleisches und die Vergebung der Sünden zu glauben, folgt direkt aus der regen Beziehung zwischen Symbol und Taufe, denn das Taufsakrament besteht geradezu im Glauben an jene beiden Symbolstücke. Wer aber wirklich an all diesem festhält, was das Bekenntnis darbietet, der geht auch erwartungsvoll dem Tage der Wiederkunft Jesu entgegen.

---

[1]) Sermo 241 c. 4: Credentes ergo sanctam ecclesiam catholicam, sanctorum habentes communionem, quia ubi est fides sancta, ibi est et sancta communio. Vgl. Zahn, D. apost. Symb. S. 90: Ich verstehe unter sancta communio die rechte Abendmahlsfeier, welche ebenso wie von anderer Seite wieder die nachher genannte Taufe zur Auferstehung und Sündenvergebung in Beziehung gesetzt wird.

Dies also einige Proben, wie man in Gallien die der Taufe
voraufgehenden Skrutinien zu benutzen wusste, um nicht nur
den Täuflingen, sondern, da dieselben der Mehrzahl nach unerwachsen sein mochten, vor allem den Paten und den übrigen
Gemeindegliedern das altehrwürdige Taufsymbol inhaltlich nahe
zu bringen.[1] An Stelle einer ganz allgemein gehaltenen stehenden Formel trat so gut oder so schlecht es gehen wollte, eine
den Inhalt wirklich erklärende Symbolrede.

Indessen haben auch aussergallische Gemeinden im 7., 8.
und 9. Jahrhundert noch an der Form der freien Rede für
die Symbolerklärung festgehalten.[2]

So besitzen wir aus einer Gemeinde einen Tractatus
symboli, der sich an vielen Stellen als von der Explanatio
symboli des Niceta abhängig erweist und dem 7. bezw. 8. Jahrhundert angehört.[3] Auch bei ihm wiederholt der Priester

---

[1] Vgl. Sermo 242 c. 1: Quaeso vos fratres carissimi, ut nobis rese-
rantibus expositionem symboli attentius audiatis. — Digne ergo et atten-
tiores et frequentiores et pro ratione temporis ipsius puriores ad audiendum symbolum convenistis. — Burgund. Messbuch, Muratori l. c. II 930: Vos
ergo competentes cum omni reverentia praeparate sensus vestros, audite
symbolum quod vobis hodie materno ore sancta catholica tradit ecclesia.
— Sermo 241 c. 1: Symbolum quod vobis traditi sumus, fratres carissimi.
c. 2: Ergo carissimi ad perenne praemium vos invitari cognoscite qui
fideliter cum dei adiutorio lavacrum aquae vitalis accepistis; vel qui ex-
petitis ut cum ad sacrum fontem vel veram poenitentiam perveneritis,
per spiritum sanctum salutaris et caelestis vos unda perfundat.

[2] Für den vorliegenden Zweck bedeutungslos sind die pseudoaugustinischen Symbolerklärungen 240 und 243 (August. opp. Tom. V Appendix
Ml. 39, 2188 sqq. 2193 sq.) Über dieselben vgl. Caspari, Quellen II 152. 169.
Hahn, Biblioth. d. Symb. (3) S. 50—53. Über einzelne Artikel Zahn, D.
apost. Symb. S. 73. 89. Walter Caspari, Sub Pontio Pilato in „Halte
was du hast“ XV S. 459 f. Dasselbe gilt von den beiden sekundären Bil-
dungen, welche Caspari in den Kirchenhistorischen Anecdota S. XV—XVIII.
283—292 veröffentlicht hat, nämlich von der sich an Cäsarius von Arelate (Pseudoaugustin. Sermo 244 vgl. oben S. 167) anschliessenden Symbolpredigt: Expositio fidei (Hahn. Biblioth. d. Symb. (3) S. 73 f.), welche mit
der von A. E. Burn in der Zeitschrift für Kirchengeschichte 1898 S. 180—182
veröffentlichten Expositio de fide catholica identisch ist, und von der
Traditionsansprache Expositio super symbolum (Hahn a. a. O. S. 74).

[3] Derselbe findet sich samt einem Missale et Sacramentarium ad
usum ecclesiae cuiusdam Florentinae in einer dem Anfang des 12. Jahrhunderts angehörenden Handschrift der Laurentiana in Florenz. Heraus-

dreimal das Symbol, doch nicht nach fränkischer Art gleich
am Anfang hintereinander, sondern in der Weise, dass die erste
Recitation den Glauben an Gott und an Gottes Sohn, die zweite
den Glauben an den leidenden Christus, die dritte den Glauben
an den heiligen Geist einleitet. Die Erklärung des Symbols
wird also zweimal unterbrochen, eine liturgische Eigentümlichkeit, die sonst nirgends begegnet.

In den bekannten Formeln verbreitet sich der Presbyter
eingangs über Wert und Wesen des Glaubens. Für den Katechumenen hat derselbe eine besondere Bedeutung. Drum darf
dieser den kostbaren Besitz nicht in goldenen oder silbernen
Gefässen beherbergen wollen, sondern in den nach dem Worte
des Apostels (2. Kor. 4, 7) dafür angemessenen thönernen,
nämlich in Herz und Gewissen. Nur eine solche Wohnstätte
sucht die Fides, diese Königin unter den Tugenden. Mit
diesem Schatz nun sollen die Kompetenten heute vertraut gemacht werden und nur sie, nicht irgend ein Fremder, Profaner,
Ungläubiger. Es handelt sich um das Symbol und um eine
Auslegung desselben, welche die Herrlichkeit der in ihm enthaltenen Lehre preist; um das von den Aposteln zusammengestellte und deshalb nach ihnen benannte Glaubensbrevier
und Heilsmittel.

Nach der ersten Recitation weist der Presbyter auf den
Glauben an den Allmächtigen als auf den Anfang alles Glaubens
hin. So heisst Gott im Hinblick auf die Kreatur, hingegen
Vater in Bezug auf den Sohn, der die Namen Heiland, Ge-

gegeben und besprochen von Caspari, Alte und neue Quellen S. 290—308.
Vgl. Hahn, Biblioth. d. Symb. (3) S. 46 f. Kattenbusch, D. apost. Symb.
I 133 f. Darf man, woran kein Zweifel ist, die beiden in der Handschrift
vereinigten Stücke, das Missale und den Tractatus, als sachlich wie zeitlich zusammengehörig ansehen, so ergibt sich die Thatsache, dass während
jene florentinische Gemeinde die Skrutinienmesse der Ohrenöffnung samt
dem komplizierten Ceremoniell der Symbolübergabe (zuerst das Apostolikum lateinisch für die masculi, dann das Nicänum griechisch für die
feminae, schliesslich das letztere lateinisch für beide Teile. Caspari a. a. O.
S. 290) von Rom herübergenommen hatte, sie sich gleichwohl mit der stereotypen Ansprache Haec summa fidei nostrae (vgl. oben S. 233. 248) nicht
begnügte, sondern statt ihrer nach altkirchlicher und fränkischer Art eine
förmliche Symbolerklärung, eben unsern Tractatus symboli, einschob.

Wiegand, Symbol und Katechumenat.   17

salbter, Einiger führt. Einiger deshalb, weil er von einzigartigem
Ursprung, weil der eine Glanz aus wahrem Lichte. Er nun,
der von Ewigkeit her mit und bei dem Vater war, ist in dieser
Welt erschienen, geboren vom heiligen Geiste und aus der
Jungfrau Maria. Darum· gilt es an den Gott und an den Menschen zu glauben, denn den einen bezeugen seine Leiden, den
anderen seine göttlichen Thaten.

Es folgt die zweite Recitation des Symbols. Alsdann weist
der Presbyter auf Christi Passion hin. Das Kreuz des Herrn,
den Juden ein Ärgernis, den Heiden eine Thorheit, bringt den
Gläubigen Rettung und ewiges Leben. Denn durch seine Leiden
hat Jesus uns von den unsrigen, durch sein Sterben uns von
der Macht des Todes befreit. Ebenso weist er mit seiner Auferstehung prophetisch auf die unsrige hin. Gen Himmel auf-
fahren konnte und musste er als der, welcher zuvor vom Himmel
herabgekommen war. Zum einen trieb ihn das Mitleiden, zum
anderen befähigte ihn die Macht. Seitdem nimmt er, zur Rechten
des Vaters sitzend, an der ewigen Seligkeit teil. Nur dass er
an dem den Menschen unbekannten Tage als Richter auftreten
und Gerechten und Ungerechten nach ihren Werken vergelten wird.

Nach der dritten Recitation des Symbols wird in Bezug auf
den heiligen Geist noch hinzugefügt, dass er Einer sei, vom
Vater ausgehend, mit dem Sohne gleich ewig, das Einigungs-
band beider, der Abschluss der Trinität. Von der heiligen
Kirche aber wird gesagt, dass sie die eine und wahre sei, und
dass in ihr die Gemeinschaft der Heiligen in Gestalt der Vergebung der Sünden und die Auferstehung dieses unseres Fleisches
gepredigt werde. Darum wer da glaubt, dem werden alle
Sünden vergeben, der wird des ewigen Lebens teilhaftig und
vermag in das Himmelreich zu gelangen.

Ein Votum schliesst die kurzen Ausführungen.

Auch Aquileja hat den römischen Skrutinienritus nur
unter starken Veränderungen angenommen. Man begegnet dort
einer Anzahl von Weitläufigkeiten und Wiederholungen, denen
gegenüber das römische Schema, das doch schon hinreichend
kompliziert war, wahrhaft einfach und knapp erscheint. Dementsprechend hat sich auch die solenne Symbolerklärung in
Aquileja bis ins 9. Jahrhundert behauptet, und zwar geht

diese Thatsache aus der schon genannten aquilejischen Skrutinienurkunde[1]) hervor, nach welcher die der Skrutinienmesse der Ohrenöffnung eingegliederte Symbolübergabe am Samstag vor Palmarum stattfindet.

Eine erste einleitende Ansprache des Priesters handelt von dem Zusammenhang zwischen Taufe und Glauben, um alsdann sogleich auf das Symbol als das vom Herrn inspirierte und von den Aposteln verfasste Sakrament zu sprechen zu kommen, das ebenso kurz als inhaltsreich den heilbringenden Glauben begründet, daher selbst geglaubt und allezeit bekannt und nach Inhalt wie Wortlaut bewahrt sein will; daher es denn dem Gedächtnis wohl einzuprägen und nicht niederzuschreiben ist.

Der Akoluth, einen der Knaben auf dem linken Arm haltend und seine Hand auf dessen Haupt legend, sagt das Symbol zum ersten Male und dann, mit einem Mädchen auf dem Arm, zum zweiten Male auf.

Eine zweite einleitende Ansprache des Priesters weist dringlicher auf den bevorstehenden Tauftag hin: der Herr ruft, der Tag des Glaubens, die Stunde des Bekenntnisses ist da. Es gilt ein lauteres Herz, einen reinen Mund, ein heiliges Ohr der heilbringenden Verkündigung, die im apostolischen Symbolum besteht, entgegenzubringen.

Dasselbe wird nunmehr zum dritten Male und zwar von Priester, Diakon und Chor recitiert.

Jetzt erst erfolgt die Erklärung desselben und zwar Wort für Wort. „Ich glaube“ schliesst allen Zweifel, alle Untreue aus. Der eine Gott Vater ist als der trinitarische zu denken. Der Sohn führt seine Namen als der Heiland aller Kreatur, als der mit der Fülle der Gottheit mystisch gesalbte König. Das Sohnsein wie das Herrsein eignet ihm nicht aus Gnade, sondern von Natur. Jungfrau und heiliger Geist, ein himmlischer, herrlicher Bund. Nur einen Gott konnte die Jungfrau gebären: unfassbar für den Verstand, zu verstehen nur für den Glauben. Der Richter, unter dem er litt, wird genannt, um den Zeitpunkt zu fixieren; die Todesart, weil es ein Holz war, durch welches das durch ein Holz verloren gegangene Leben

---

[1]) Aquileiense catechumenorum scrutinium p. 241—243. Vgl. oben S. 216 Anm. 1.

zurückkehrte. Des Begräbnisses wird Erwähnung gethan, damit kein Zweifel an der Wirklichkeit des Todes aufkommt, den zu fliehen ein Zeichen von Furcht gewesen wäre, den zu besiegen ein Zeichen von Kraft war. Am dritten Tage wieder auferstanden, weil sich sein Leiden nur auf sein Fleisch bezog, seine Auferstehung aber den Ruhmestitel der Trinität ausmacht. Die Himmelfahrt geschah nicht eigentlich seinetwegen, da er niemals dem Himmel entfremdet war, sondern unsertwegen, um uns dorthin zu bringen. Zur Rechten des Vaters sitzend, nimmt er an aller Macht und Ehre teil. Beim Gericht entlässt er die einen zur Herrlichkeit, die anderen verurteilt er zur Strafe. Wie an Gott den Vater, so glauben wir an den heiligen Geist. Wir unterscheiden ihn von den beiden andern Personen der Trinität, obwohl er mit ihnen hinsichtlich der Substanz eins ist und ihnen auch dem Range nach nicht nachsteht. Die heilige allgemeine Kirche aber ist ein Glaubensobjekt, weil sie den Leib Christi, dessen Haupt er selbst ist, bildet. Mit der Kirche bekennen wir also Christus selbst. Mit dem Glauben, dass uns das Himmelreich zu teil werden wird, ist auch der an die Vergebung der Sünden verknüpft. Denn nur solche, die schuldlos sind, denen die Sünden vergeben sind, können in das Himmelreich kommen. Das Fleisch muss auferstehen, damit es ebenso, wie es an Tugend oder Laster teilgenommen hat, so auch der Belohnung oder Strafe teilhaftig werden kann. An das ewige Leben endlich glauben wir, weil der Mensch erst dann richtig lebt, wenn er weiss, dass er nicht sterben wird.

Nunmehr erfolgt eine vierte Recitation des Symbols, die vermutlich als eine Rückgabe desselben seitens der Täuflinge gedacht ist, wiederum von Priester, Diakon und Chor. Alsdann eine erste Schlussbemerkung des Priesters, welche von der Leichtbehaltbarkeit der Formel handelt und abermals das Niederschreiben derselben verbietet. Das führt zu einem fünften und letzten Aufsagen seitens der Vorgenannten, worauf dann die bekannte Ansprache des Gelasianums: Haec summa est fidei nostrae,[1] allerdings in verkürzter Gestalt, den feierlichen Akt der Symbolübergabe definitiv zu Ende bringt.

---

[1] Vgl. oben S. 233.

Drittes Kapitel.

Das Symbol als Mittel der religiösen Volkserziehung im 8. und 9. Jahrhundert.

§ 15. Die Taufvorbereitung in der fränkischen Mission.

In der Verkündigung des Evangeliums sieht der Missionar die schwere und verantwortungsreiche Aufgabe seines Lebens, in der Taufe der jungen Christen den freundlichen Lohn für seine Mühe. Selbstverständlich weist auch die deutsche Missionsgeschichte jene Thätigkeit überall neben diesem Akte auf.

Unter den freien Friesen währt Wilfrids[1] Aufenthalt nur wenige Wintermonate, aber er predigt und tauft. Auch Willibrord findet einige Jahrzehnte später bei ihnen nur geringes Entgegenkommen; trotzdem hat er, nach Helgoland verschlagen, dortselbst drei Friesen getauft, freilich weniger in der Hoffnung, den Grund zu einer christlichen Gemeinde damit legen zu können, als in der Absicht, die unheimliche Stelle, welche den von den Inselbewohnern verehrten heiligen Quell umgab, durch laute Anrufung des dreieinigen Gottes zu durchbrechen.[2] Aus Dänemark aber nimmt er dreissig Knaben mit nach Franken, die er unterwegs tauft, nachdem er sie zuvor auf dem Schiffe katechisiert hat.[3]

---

[1] Von älteren Friesenmissionaren käme hier allenfalls nur Eligius von Noyon in Betracht, von dem man weiss, dass er in seinen Predigten die cc. 15 und 16 aus des Martin von Braga Schrift De correctione rusticorum und vermutlich auch in derselben Absicht wie Martin angewendet hat. Vita Eligii II 15 MI. 87. 525. Vgl. Caspari, Martin von Bracara's Schrift De correctione rusticorum. S. CIX f. und oben S. 191 f. — Heddius, Vita Wilfridi c. 25. Beda, Hist. eccl. V 19.

[2] Alkuin, Vita Willibrordi c. 10.

[3] L. c. c. 9: Sed in eo ipso itinere cathecizatos eosdem pueros vitae fonte abluit (a. 695).

Wo also Zeit und Ort es erlauben, gehen Taufe und Unterricht Hand in Hand. Sind aber die Verhältnisse ungünstig, so glaubt sich der Missionar berechtigt, Erwachsenen sowohl wie Kindern das Sakrament auch ohne Katechumenat spenden zu können; denn er darf hoffen, dass das, was er als unvollkommen zurücklässt, bei Gelegenheit der Konfirmation durch den Bischof zum Abschluss gelangt. So taufte auch Bonifatius in Hessen schnell, aber er kehrte nach seiner zweiten Romreise dorthin zurück, um dem einleitenden Akte der Taufe den abschliessenden der Handauflegung anzureihen.[1]) Gleicherweise konnte er im Sommer 754 Tausende von Friesen taufen; denn auch sie sollten binnen Jahresfrist von ihm konfirmiert werden.[2]) Jenes Taufen der deutschen Missionare, so summarisch und überhastet es auch scheinen mag, war durchaus nicht planlos, und wo nicht unberechenbare Umstände eintraten, kam das Sakrament vollkommen zu seinem Rechte.

In gleicher Weise wie die Taufe überall irgendwie mit Unterricht verbunden war, unterstand ihr Vollzug selbst bestimmten Regeln und Anforderungen. Was gehört zu einer giltigen Taufe? Und wodurch wird die Heilskräftigkeit der Taufe gehindert? Diese Fragen werden wiederholt aufgeworfen und stets einhellig beantwortet.

Als Grundbedingung gilt, dass die Taufe von einem Christen und im Namen der Dreieinigkeit vollzogen ward. Ist eines von beiden nicht der Fall gewesen, so ist die Handlung wertlos und muss wiederholt werden. Gleicherweise kann derjenige Priester kein wirksames Sakrament spenden, der sich nicht scheut, wenn es verlangt wird, auch dem Wuotan Opfer darzubringen. Weiss doch ein solcher nicht, worum es sich bei der Dreieinigkeit handelt, selbst wenn er dieselbe im Munde führt. Herrscht ferner Zweifel darüber, ob ein Mensch getauft

---

[1]) Willibald. Vita Bonifat. c. 6:Multisque milibus hominum expurgata paganica vetustate baptizatis. — Tum vero Haesorum iam multi catholica fide subditi ac septiformis spiritus gratia confirmati manus impositionem acceperunt.

[2]) L. c. c. 8: Et multa iam milia hominum, virorum ac mulierum sed et parvulorum baptizavit. — Sed quia festum confirmationis neophitorum diem et nuper baptizatorum ab episcopo manus impositionis et confirmationis populo praedixerat.

sei oder nicht, so ist ihm das Sakrament der Sicherheit halber zu gewähren. Alle liturgischen Verstösse aber, welche nachlässige oder unwissende Priester begehen, sind zwar zu bedauern und zu rügen und sollen nach Möglichkeit vermieden werden: die Taufe selbst aber vermögen sie nicht zu annullieren. In Thüringen tauften Priester ohne den Täufling nach dem Symbol gefragt zu haben, nicht aus principiellem Gegensatz gegen dasselbe, sondern aus Bequemlichkeit. Und Bonifatius muss diese Taufe, weil sie auf den Namen von Vater, Sohn und Geist vollzogen ist, unbedingt gelten lassen. Hingegen stand man in Bayern mit der lateinischen Sprache auf gespanntem Fusse, man radebrechte bei dem Taufakte so gut oder so schlecht es ging, oder man sprach geradezu deutsch. Trotz dieser Versündigung an der römischen Liturgie anerkannte der Papst durchaus diese in bester Absicht vollzogenen Taufen. Denn alle derartigen Unregelmässigkeiten und Vergehungen gegen die Kirchenordnung wurden durch die bischöfliche Handauflegung gesühnt.

Es sind dies die festen Normen, die man seit den Tagen Gregors II. und Gregors III. im Kirchenrecht niedergelegt findet.[1]

---

[1] Gregor II. an Bonifatius a. 726 (Epist. 27 Jaffé, Monum. Mogunt. p. 90): Enimvero quosdam baptizatos absque interrogatione symboli ab adulteris et indignis presbyteris fassus es. In his tua dilectio teneat antiquum morem ecclesiae: quia, quisquis in nomine patris et filii et spiritus sancti baptizatus est, rebaptizari liceat minime. Non enim in nomine baptizantis, sed in nomine trinitatis huius gratiae donum percepit. Et teneatur, quod apostolus dicit: Unus deus, una fides, unum baptisma. Doctrinam vero spiritalem talibus studiosius ut impertias, demandamus. Pro parvulis vero, qui a parentibus subtracti sunt et, an baptizati sint vel non, ignorant, hos ut baptizare debeas secundum patrum traditionem, si non fuerit qui testificet, ratio poscit. — Gregor III. an Bonifatius ca. 732 (Epist. 28 l. c. p. 93): Eosdemque quos a paganis baptizatos esse asseruisti, si ita habetur, ut denuo baptizes in nomine trinitatis, mandamus. — Nam et eos qui se dubitant fuisse baptizatos an non, vel qui a presbytero Iovi mactanti et immolaticias carnes vescenti, ut baptizentur praecipimus. Gregor III. an Bonifatius a. 739 (Epist. 38 l. c. p. 105 sq.): Illi quippe, qui baptizati sunt per diversitatem et declinationem linguarum gentilitatis, tamen quod in nomine trinitatis baptizati sunt, oportet eos per manus impositionis et sacri chrismatis confirmari. — Zacharias an Boni-

Wie es indessen unter normalen Verhältnissen mit der
Taufe in Deutschland in der 1. Hälfte des 8. Jahrhunderts
gehalten wurde, erfährt man einerseits von Pirminius, andrerseits von Bonifatius.

Unter dem Schutze Karl Martells und ohne irgendwelche
Beziehungen zu Rom trat Pirminius in Alamannien auf, erst
am Bodensee, dann im Elsass. Er will nicht missionieren,
sondern Klöster nach der Regel Benedikts gründen und von
diesen aus eine nur oberflächlich christianisierte Bevölkerung
sittlich und religiös vertiefen. Es ist ihm darum zu thun, dass
das alamannische Volk nicht christliche Einrichtungen und Formeln
sich gefallen lassen soll, deren Bedeutung es nicht einmal versteht. Andere hatten getauft, Pirminius führt aus, was es eigentlich um die Taufe sei. Andere hatten dabei gewisse liturgische Gebräuche beobachtet, bestimmte Formeln den Täuflingen eingeprägt, Pirminius begründet jene Gebräuche und
erklärt diese Formeln.[1]

Von einem vorbereitenden Taufunterricht wird nichts erwähnt. Mit Recht. Denn in der Hauptsache war Alamannien
damals ein christliches Land, in welchem die Kindertaufe die
Regel bildete.[2] Suchte aber, was immerhin selten sein mochte,
ein Erwachsener die Aufnahme in die christliche Gemeinschaft
nach, so war es in das freie Ermessen des betreffenden Priesters

---

fatius a. 746 (Epist. 58 l. c. p. 167 sq.): Retulerunt quippe, quod fuerit in
eadem provincia sacerdos, qui Latinam linguam penitus ignorabat et, dum
baptizaret, nesciens Latini eloquii, infringens linguam diceret: Baptizo te
in nomine patria et filia et spiritus sancti. Ac per hoc tua reverenda
fraternitas consideravit rebaptizare. Sed sanctissime frater, si ille qui baptizavit, non errorem introducens aut haeresim sed, pro sola ignorantia Romanae locutionis infringendo linguam, ut supra fati sumus, baptizans di-
xisset, non possumus consentire, ut denuo baptizentur. Quia, quod tua
bene compertum habet sancta fraternitas, quicumque baptizatus fuerit ab
haereticis in nomine patris et filii et spiritus sancti, nullo modo rebaptizari debeatur, sed per sola manus impositione purgari debeatur. — Vgl.
auch Epist. 66 des P. Zacharias an Bonifatius a. 748 (l. c. p. 186—189),
welche die meisten der genannten Punkte wiederholt.

[1] Vgl. für das Folgende: Dicta abbatis Priminii de singulis libris
canonicis scarapsus, bei Caspari, Kirchenhistorische Anecdota I 149—193.
Näheres bei Hauck, Kirchengeschichte Deutschlands (2) I 335—345.

[2] Scarapsus c. 12. 32.

gestellt, wie er den Petenten in den Lehr- und Lebensgehalt
des Christentums den Umständen und Verhältnissen entsprechend
einführen wollte. Feste Formen und Einrichtungen nach Art
des altkirchlichen Katechumenates oder des Skrutinienwesens
gab es damals in Deutschland für diese Taufvorbereitung Erwachsener nicht. Dieselbe bestand nur in einem Katechumenenunterricht, dessen allgemeine Grundlinien man bei Pirminius
angegeben findet.

Der Mensch ist geschaffen, um im Himmel den Platz der
gefallenen Engel einzunehmen. Indessen verscherzte bereits
Adam sich und seinen Nachkommen dieses Glück dadurch,
dass er Gottes Mandate übertrat. Dem infolgedessen trotz
aller Veranstaltungen Gottes, trotz Flutgericht und mosaischer
Gesetzgebung, immer verhängnisvoller um sich greifenden Verderben der Menschheit hat Gott endlich durch Sendung seines
Sohnes gewehrt. Christus nämlich predigte unter Juden und
Heiden, man solle alle bösen Werke des Teufels meiden, Busse
thun, die Taufe annehmen und die in den vier Evangelien und
den übrigen heiligen Schriften niedergelegten Gebote Gottes
beobachten.[1]) Indessen war Christus nicht bloss ein Prediger,
sondern im vollsten Masse der Erlöser, welchem die Menschheit neben der neuen Richtschnur fürs Leben vor allem die
Befreiung von der Macht des Teufels selbst verdankt. Seines
Opfertodes gedenkt Pirminius deshalb mit besonderer Wärme
und Ausführlichkeit,[2]) indem er zugleich vom Christen verlangt, dass derselbe nicht bloss gute Werke thut, sondern auch
gläubig sich alles dasjenige einprägt, was Gott direkt oder indirekt zum endlichen Heile der Menschheit vorgenommen hat.[3])

Entsprechend dieser doppelten Pflicht des Christen behandelt er deshalb zunächst im Anschluss an die acht Todsünden das, was der Mensch thun und was er lassen soll, indem
er den Nachwirkungen des Heidentums inmitten der christlichen Gemeinde nachgeht und als Mittel gegen dieselben
fleissigen andächtigen Kirchenbesuch, Beobachtung der Sonn-

---

[1]) L. c. c. 3—7.
[2]) L. c. c. 7—9.
[3]) L. c. c. 10—12.

und Festtage, Teilnahme an den Sakramenten, endlich kirchliche Opfer [1]) empfiehlt.

Sodann erörtert er an der Hand des apostolischen Symbols, was der Christ zu glauben hat. [2]) Fraglos hat Pirminius in Alamannien diese beiden Handbücher, Todsündenkatalog und apostolisches Symbol, sowohl der Katechumenenausbildung wie der Volkserziehung im allgemeinen zu Grunde gelegt.

Orientiert ist jene Taufvorbereitung nach einer doppelten Auffassung der Taufe selbst. Denn wer sich dieser letzteren unterzieht, der erfüllt damit einerseits eine der wichtigsten Forderungen des von Christus gepredigten neuen Gesetzes; er kommt gewissermassen dem ersten unter den neuen Geboten nach, er schliesst mit Gott einen Pakt, aus welchem alle übrigen Gesetzesbefolgungen resultieren. Andrerseits bekleidet Christus in der Taufe die Seele des Täuflings mit der himmlischen Gnade und macht ihn vermittelst derselben zu seinem Gliede, das deshalb von jetzt an Christ heisst. Aus dieser doppelten Eigenschaft ergibt sich die einzigartige Bedeutung der Taufe. Sie ist das erste gute Werk, das sich ein Christ angelegen sein lassen soll, und sie pflanzt denselben zugleich in die persönliche Gemeinschaft mit Christus ein.

Der eigentliche Taufakt beschränkt sich in anerkennenswerter Einfachheit auf das Notwendigste, auf drei liturgische Fragen und drei liturgische Handlungen. In diesen sechs Momenten vollziehen Gott und Mensch die Schliessung ihres gemeinsamen Paktes. Der Täufling gibt seinen Namen ab, er entsagt dem Teufel und allen seinen Werken und allem seinem Pompe, und er bekennt sich nach dem Wortlaute des apostolischen Symbols zu dem Glauben an Gott Vater, Sohn und heiligen Geist. Darauf erfolgt die Taufe im Namen von Vater, Sohn und Geist zur Vergebung aller Sünden, die Salbung mit dem heilbringenden Öle zum ewigen Leben und die Bekleidung mit dem weissen Taufkleide zum Zeichen, dass Christus die Seele des Täuflings mit der himmlischen Gnade umkleidet hat. [3])

Das Bekenntnis zum dreieinigen Gott beim Taufakt ist in

---

[1]) L. c. c. 13—30.
[2]) L. c. c. 28.
[3]) L. c. c. 12.

die Worte des apostolischen Symbols gekleidet und nimmt deshalb in dem überaus kurzen Taufformular den breitesten Raum ein. Da es keinen formellen Katechumenat mehr gibt, innerhalb dessen das Symbol einen liturgischen Platz finden könnte, so rückt dasselbe mit der eigentlichen Taufhandlung zusammen. Dreimal fragt der Priester: Glaubst du an Gott den allmächtigen Vater, Schöpfer Himmels und der Erde? Glaubst du auch an Jesus Christus, seinen einigen Sohn, unsern Herrn, der empfangen ist vom heiligen Geist, geboren aus der Jungfrau Maria, gelitten hat unter Pontius Pilatus, gekreuzigt, gestorben und begraben ist, niedergefahren zur Hölle, am dritten Tage wieder auferstanden von den Toten, aufgefahren gen Himmel, sitzet zur Rechten Gottes, des allmächtigen Vaters, von dannen er kommen wird zu richten die Lebendigen und die Toten? Glaubst du an den heiligen Geist, die heilige allgemeine Kirche, die Gemeinde der Heiligen, Vergebung der Sünden, Auferstehung des Fleisches, ewiges Leben? Und jedesmal antwortet der erwachsene Täufling bezw. der Pate mit Ja. Damit bekennen sich beide zum Glauben an alle jene im Symbol genannten Veranstaltungen, die Gott zum Heile der Menschheit direkt oder indirekt getroffen hat.

Indessen ist Pirminius hier keineswegs originell. Auffassung wie Darstellung des Taufaktes decken sich bei ihm fast wörtlich mit den Ausführungen des Martin von Braga. Wie dieser rückt er die Abgabe des Namens an die Taufe selbst heran und fasst Abrenuntiation und Symbol als die beiden Hälften eines mit Gott zu schliessenden Bundes, auf den die Kirche gelegentlich ihren Gliedern gegenüber rekurrieren kann.[1] Dort wie hier hat das Symbol aufgehört, ein liturgisches Stück der Taufvorbereitung zu sein, ist vielmehr ein Bestandteil des Taufaktes geworden und dient wie als Handbuch

---

[1] Siehe oben S. 191 f. Über die Abhängigkeit des Pirminschen Scarapsus von Martin von Braga vgl. Caspari, Martin von Bracara's Schrift De correctione rusticorum S. CXII—CXIV. Der in Frage stehende Abschnitt (De correct. rustic. c. 15. 16) begegnet ausserdem noch mehr oder weniger wörtlich in zwei Reden an Getaufte, vgl. Caspari a. a. O. S. LVI—LVIII. LXXI f. CVII—IX. CXIV f. und Kirchenhistorische Anecdota S. 198 f. 202 ff.

des Katechumenenunterrichtes so zugleich als Unterlage für
den Religionsunterricht von solchen, die schon getauft sind.
Für den Paten schliesst jenes Bekenntnis zugleich die
Verpflichtung ein, nicht nur alles selbst in Herz und Sinn treu
zu bewahren, sondern den Inhalt des Symbols auch Kindern [1])
und Patenkindern gewissenhaft einzuprägen. Denn wenn auch
der Katechismusunterricht nach des Pirminius Ansicht in erster
Linie Aufgabe der Eltern ist, so überhebt doch dieser Umstand die Paten keineswegs der gleichen Verpflichtung, sie, die
obendrein durch Unterweisung und Vorbild auf die sittliche
Entwickelung der Täuflinge einzuwirken haben.[2])

Jedenfalls bildet dieses apostolische Symbol — dessen
Wortlaut die zwölf Apostel unter dem Eindruck der Geistesmitteilung am Pfingstfeste in der Weise zusammengestellt
haben, dass jeder von ihnen einen Satz nannte[3]) — die

---

[1]) Scarapsus c. 28: Et ut haec, quae supra commemoravimus, cordibus et
sensibus vestris firmiter inhaereant, breviter ad memoriam vestram redu-
cimus. c. 32: Symbolum et orationem dominicam et ipsi tenete et filios vel
filias vestras docete, ut et ipsi teneant.

[2]) L. c. c. 32: Filiolos, quos ex fonte suscipitis in baptismo, scitote
vos fideiussores pro eis apud deum extitisse et ideo vos docete semper
et corripite et illos omnes subditus vestros, ut sobrii et caste et iuste vivant, saepius admonete atque corrigite.

[3]) Man hat es also bei Pirminius mit einer jener Weiterbildungen zu
thun, auf welche oben S. 42 hingewiesen wurde. Vgl. Scarapsus c. 10:
Petrus: Credo in deum patrem omnipotentem, creatorem celi et terre.
Iohannes: Et in Iesu Christo, filium eius unicum dominum nostrum. Iacobus
dixit: Qui conceptus est de spiritu sancto, natus ex Maria virgine. An-
dreas ait: Passus sub Pontio Pilato, crucifixus, mortuos et sepultos. Philippus
dixit: Discendit ad inferna. Thomas ait: Tertia die surrexit a mortuis.
Bartolomeus ait: Ascendit ad celos, sedit ad dextera dei patris omnipotentis. Matheus ait: Inde venturos iudicare vivos et mortuos. Iacobus
Alfei dixit: Credo in spiritu sancto. Simon Zelotis ait: Sanctam ecclesia
catholica. Iudas Iacobi dixit: Sanctorum communionem, remissionem
peccatorum. Item Thomas ait: Carnis resurrectione, uitam aeternam.
Pirmin citiert den Text des Symbols noch in c. 12 und c. 28, also dreimal, wohl ein Beweis für die centrale Stellung, welche das Glaubensbekenntnis im damaligen kirchlichen Leben einnahm. Auffällig ist, dass
Pirmin c. 7 von der „Maria semper virgo" spricht, aber den bekannten
Zusatz nicht in den Text des Symbols aufgenommen hat. Was die Entstehungssage anbetrifft, so will noch der Termin der angeblichen Abfassung, das Pfingstfest, beachtet sein: c. 10: Et apparuerunt illis disper-

Summe dessen, was der Christ um seiner Seligkeit willen glauben und wissen muss, wie die acht Todsünden dasjenige nächtliche Gebiet umschreiben, das der Christ um seiner Seligkeit willen zu meiden hat.

Anders lagen die Verhältnisse überall dort, wo sich römische Einflüsse geltend machten. Hier lautete durchweg der gemessene Befehl oder die eindringliche Vorstellung, dass die Taufe und alles, was mit ihr zusammenhing, dem römischen Ceremoniell genau anzupassen sei. Dieser Art war man schon im 6. Jahrhundert gegenüber der galläcischen Kirche[1] vorgegangen, in gleicher Weise hatte Erzbischof Augustin von Kanterbury die Angelsachsen zu beeinflussen gewusst,[2] und nicht minder war die gallische Taufliturgie der römischen Übermacht seit dem 7. Jahrhundert langsam aber sicher unterlegen.[3]

Das nämliche Schauspiel wiederholt sich im 8. Jahrhundert auf deutschem Boden. Durch ein und dasselbe Kanzleiformular verfügte Gregor II. 716 für Bayern[4] und sechs Jahre später für Hessen und Thüringen,[5] dass abgesehen von Todesgefahr die Taufe nur an einem der beiden althergebrachten Termine, Ostern oder Pfingsten, erteilt werden dürfte, und zwar war es Bonifatius, der diese Anweisung an die beiden letztgenannten Länder übermittelte. Er am allerwenigsten konnte sich durch derartige Vorschriften gebunden fühlen, da er sich bereits am Anfang seiner mitteldeutschen Missionsthätigkeit dem Papste gegenüber zu Grösserem verpflichtet hatte. Denn schon am 15. Mai 719 hatte ihn Gregor unter anderem angewiesen, die Taufe nach dem ihm bekannt gegebenen römischen

---

titae linguae tamquam ignis seditque supra singulos eorum, et repleti sunt omnes spiritu sancto et coeperunt loqui aliis linguis, prout spiritus sanctus dabat eloqui illis et composuerunt symbolum.

[1] Vgl. oben S. 189.

[2] Beda, Hist. eccl. II 2: Ut ministerium baptizandi quo deo renascimur iuxta morem sanctae Romanae et apostolicae ecclesiae compleatis.

[3] Vgl. oben S. 243.

[4] Addit. sec. leg. Baiuwar. c. 5 (Pertz M. G. Leges III 453) und Epist. 19 (Jaffé, Monum. Mogunt. p. 80): Sacrosancti autem baptismi sacramentum non nisi in paschale festivitate et pentecosten noverit esse praebendum exceptis his qui mortis urguentur periculo.

Formular zu erteilen.[1]) In dieser Verfügung lag offenbar ein
Gegensatz gegen die iroschottischen Prediger. Die souveräne
Art, mit der man in den verschiedenen Teilen Süddeutsch-
lands die Taufceremonieen regellos handhabte, konnte in Rom
nur unangenehm berühren. Obendrein strebte gerade damals
Rom, gestützt auf Männer wie Willibrord und Bonifatius direkte
Beziehungen mit Bayern, Thüringen und Friesland an. Es
ist nicht unwahrscheinlich, „dass man bereits den Plan einer
mit Rom verbundenen deutschen Kirche ins Auge fasste".[2])
Ein solches Unternehmen musste aber mächtig gefördert werden,
wenn von vornherein Gleichheit in den Ceremonieen bestand.
Liturgische Übereinstimmungen prägen sich dem Volksbewusst-
sein tiefer ein und bilden ein festeres Band als kirchenregiment-
liche Beziehungen. In Verfassungsfragen musste der Papst
fürchten, auf Widerspruch des fränkischen Königs zu stossen.
Hier galt es vorsichtig auftreten und nichts überstürzen, um
nicht zu verstimmen. Auf liturgischem Gebiete hingegen stand
kaum ein Einspruch Karl Martells zu erwarten.

Dieses Angliederungsverfahren in Deutschland erscheint
aber um so selbstverständlicher im Hinblick auf analoge Be-
strebungen in den linksrheinischen Territorien. Dank der
Thätigkeit des Bonifatius, der „die deutschen Fürsten und
Bischöfe daran gewöhnt hatte, kirchliche Massregeln stets im
Einvernehmen mit Rom zu treffen", bestand schon in den vierziger Jahren des 8. Jahrhunderts „thatsächlich eine Gemeinschaft zwischen der fränkischen Kirche und Rom, von der man
ein halbes Jahrhundert vorher nichts wusste". „Das Bewusstsein, dass nur in der Gemeinschaft mit Rom, in der Unter-
ordnung unter Rom die Kirche gedeihen könne, hatte unter
dem fränkischen Episkopate kräftig Wurzeln geschlagen."[3])
Kein Wunder, wenn man in jenen Jahren bestrebt war, auch
noch die letzten Reste gallischer Eigenart auf liturgischem Ge-

---

[1]) Epist. 12 (l. c. p. 63): Disciplinam denique sacramenti, quam ad
initiandos deo praevio credituros tenere studeas, ex formula officiorum
sanctae nostrae apostolicae sedis — instructionis tuae gratia, praelibata
— volumus ut intendas.

[2]) Hauck, Kirchengeschichte Deutschlands (2) I 443.

[3]) A. a. O. I 554.

biete zu beseitigen und durchweg römischen Formen und Anschauungen zum Siege zu verhelfen. Fränkisches Selbstgefühl
schien in kirchlichen Dingen keine Berechtigung mehr zu haben
oder doch bloss geringe. Die Kirche blühte und gedieh nur insofern, als sich ihre Glieder dem höheren Willen des römischen
Papstes gegenüber gefügig zeigten. So begegnen denn Bestimmungen über eine den römischen Vorschriften entsprechende Taufe
und Taufvorbereitung hüben wie drüben, sie machen geradezu
einen regelmässig wiederkehrenden Verhandlungsgegenstand auf
allen Reformsynoden der vierziger Jahre aus, so auf der
deutschen Synode 742, [1]) zu Estinnes 743, [2]) auf dem gemeinsamen fränkischen Konzil 745. [3])

Worin nun die Eigentümlichkeit dieses von Rom aus so
sehr empfohlenen Taufrituals bestanden hat, darüber erhält
man freilich nur sehr unzureichende Auskunft. [4])

Die Taufe wurde vom Priester als dem Beauftragten des
Bischofs Ostern und Pfingsten und in lateinischer Sprache
vollzogen. Nur gegenüber solchen Priestern, die sich zugleich

---

[1]) Boretius M. G. Capit. reg. Franc. I 25 c. 3: Ut unusquisque presbyter in parochia habitans episcopo subiectus sit illi in cuius parochia
habitet, et semper in quadragesima rationem et ordinem ministerii sui,
sive de baptismo sive de fide catholica sive de precibus et ordine missarum,
episcopo reddat et ostendat. Vgl. Jaffé, Monum. Mogunt. p. 128. 202.

[2]) L. c. p. 26. Die Synode von Estinnes bestätigte die Kanones
der vorjährigen deutschen Synode.

[3]) Zacharias an Bonifatius a. 745 (Epist. 51 Jaffé, Monum. Mogunt.
p. 150), wo es inbezug auf unwürdige Kleriker heisst: De baptizatis
vero ab illis seu ecclesiis consecratis requirat tua fraternitas, si aut ecclesias in nomine trinitatis consecravit aut parvulos similiter baptizavit,
dum sacerdotio fungebatur. Et sic consecratio ecclesiarum et parvulorum
baptisma sit confirmatum.

[4]) Vgl. oben S. 265 Anm. 1 Gregor II an Bonifatius etc. Ausserdem
Bonifatius an Ecbercht von York (Epist. 100 l. c. p. 250). Er wagt nicht
einen Priester, der sich gegen das Keuschheitsgebot vergangen hat, aus
dem Amt zu entfernen: Si talem secundum iustissimos canones abstulero,
morientur sine sacro regenerationis fonte infantes propter raritatem sacerdotum. Lul an den Bischof von Rom (Epist. 114 l. c. p. 279) bezeichnet es als kanonische Bestimmung: ut nullus eorum (presbyter) praesumat
in eius parochia aut baptizare aut missas celebrare sine iussione episcopi.
— Von Priestern, qui tauros et hyrcos diis paganorum immolabant, han-

W i e g a n d , Symbol und Katechumenat.   18

am heidnischen Opferwesen beteiligten, konnte man sich nicht
versichert halten, dass sie eine korrekte Taufe spenden würden;
ihr Sakrament war deshalb unbedingt ungiltig. Hingegen
konnte im Notfalle jeder andere Christ an die Stelle des Priesters treten, wenn er nur im Namen der Dreieinigkeit taufte.
Um indessen von vornherein allen Unzulänglichkeiten begegnen,
um alle sich etwa einschleichenden Unsitten beseitigen, und
vor allem um allmählich Einheitlichkeit in die Taufceremonieen
bringen zu können, musste jeder Priester in der Fastenzeit
über die Korrektheit seines Glaubens wie über seine Kenntnis
der Taufceremonieen dem Bischof Rede und Antwort stehen.
Falls trotz alledem irgendwelche Bedenken gegen den wirkungs-
kräftigen Vollzug einer Taufe auftauchten, so boten die bischöfliche Handauflegung und Chrismation, welche den Taufakt formell abschlossen, zugleich eine wertvolle materielle Vervollkommnung desselben.

Vom eigentlichen Taufceremoniell erfährt man nur aus
einem Briefe des Papstes Zacharias an Bonifatius.[1]) Nach
demselben gehörte zu einer regelrechten Taufe, dass dem
Katechumenen, sofern er erwachsen war, gewisse ehrwürdige
Formeln, von welchen aber nur die Abrenuntiation genannt
ist, beigebracht und wieder abgefragt wurden; dass man vor
der Taufe über ihn als mystischen Schutz das Kreuz schlug;
dass man ihn das Glaubensbekenntnis lehrte, um ihm Gelegenheit zum Glauben und zum Bekennen zu geben. Trotz dieser
wenigen Notizen kann gleichwohl kaum ein Zweifel darüber

delt Zacharias an Bonifatius (Epist. 66 l. c. p. 187). Über die Taufe im
Namen der Dreieinigkeit l. c. p. 186. 189.

[1]) Epist. 66 (l. c. p. 188). Zur Kontroverse über diesen Brief vgl.
Loofs, Zur Chronologie der auf die fränkischen Synoden des h. Bonifatius
bezüglichen Briefe der bonif. Briefsammlung S. 37 ff. und Hauck, Kirchengesch. Deutschl. (2) I 531 Anm. 2. Die fragliche Stelle lautet: Sed nec ipsa
sollempnia verba, quae unusquisque caticuminus, si talis aetatis est ut
iam intellectum habeat, sensu cordis sui percipere et intellegere, nec docent nec quaerent ab eis, quos baptizare debent, id est abrenuntiatione
satane et cetera; sed neque signacula crucis Christi eos muniunt. quae
praecedere debent baptismum; sed nec aliquam credulitatem unius deitatis et sanctae trinitatis docent. neque ab eis quaerent, ut corde credant ad iustitiam et oris confessio fiat illis in salutem.

bestehen, dass die von Rom empfohlene Taufvorbereitung keine
andere war als die der sieben Skrutinienmessen. Suchte man diese
letzteren während des 7. Jahrhunderts in Franken einzubürgern,
so gewiss auch entsprechend während des 8. in Deutschland,
zumal sie noch im 9. in Rom selbst in Übung standen. Wenn
immer nur von einer bestimmten römischen Weise der Taufe
die Rede ist, so kann nur dieses damals in ausschliesslicher
Geltung stehende Ceremoniell gemeint sein. Und nur dies
erscheint auffällig, dass nicht öfters auf die zahlreichen Details
dieser Skrutinienmessen im Briefwechsel zwischen Bonifatius
und den Päpsten oder bei den Synodalverhandlungen Bezug
genommen wird. Indessen ist dergleichen auch weder vorher
in Spanien oder Franken noch nachher in der Gesetzgebung
Karls der Fall. Überall wird nur von dem römischen Taufritus als solchem gesprochen und dabei als selbstverständlich
und allgemein bekannt vorausgesetzt, wie derselbe beschaffen sei.

Das steht jedenfalls fest, dass nicht erst Karl der Grosse
eine Romanisierung der fränkischen Taufliturgie angebahnt
hat, sondern dass bereits lange vor ihm sich dieser Prozess sowohl in Franken wie in Deutschland zu vollziehen begann.[1]
Karl hat sich nur mit der ihm eignen Energie der Sache
angenommen und, was sich bis dahin um der Indolenz oder
des offenen Widerspruches willen nicht durchsetzen liess,
glücklich zu Ende geführt, nicht ohne aufs sorgfältigste dort
zu ergänzen, wo die einseitige Betonung des Ceremoniellen in
der religiösen Erziehung des Volkes Lücken zu lassen schien.

Denn so gering auch die Notizen in dem erwähnten Briefe
des Papstes Zacharias an Bonifatius sind, so reden sie doch
im Vergleich mit den Ausführungen des Pirminius eine mehr
als verständliche Sprache. Für Pirminius ist die Taufe ein
kurzer, klar abgegrenzter Vorgang, ein Vertrag Gottes mit
dem Täufling, bei welchem das Symbol in der Form der drei
Glaubensfragen und als Kehrseite der Abrenuntiation seine
feste liturgische Form gefunden hat. Daneben aber steht ein
auf dem Hauptstück von den acht Todsünden und auf dem
Symbol sich aufbauender Unterricht der Gemeinde einschliesslich der Katechumenen.

---

[1] Gegen Rettberg, Kirchengeschichte Deutschlands II 782 f.

Auch Papst Zacharias weist dem Symbol einen Platz im Katechumenate an. Man soll über den Taufkandidaten das Kreuz schlagen, ihm die Abrenuntiationsformel und das Symbol beibringen und beides ihm abfragen. Es handelt sich also um rein ceremonielle Akte. Denn dass speciell beim letzten Punkte der Papst nur an die bekannten Formalitäten der Symbolübergabe und Symbolrückgabe denkt, offenbart er durch den seit Jahrhunderten an dieser Stelle stereotypen Hinweis auf das Apostelwort vom Glauben des Herzens und Bekenntnis des Mundes (Röm. 10, 10).[1]) Darauf liegt nach wie vor der Nachdruck, dass der Katechumene durch wörtliche Aneignung der Symbolformel sowie durch öffentliches Aufsagen derselben seine Zugehörigkeit zur Gemeinde derer, die an den dreieinigen Gott glauben, ein für allemal kundgibt.

Bei Pirminius stand die sittlich-religiöse Erziehung des Volkes an der Hand des Symbols im Vordergrunde, der Taufakt in seiner grossen Einfachheit war nur ein Mittel zum Zweck, ein Übergang zu Grösserem und Wichtigerem. Papst Zacharias hingegen legt Wert darauf, dass das Taufceremoniell im fränkisch-deutschen Reiche mit dem der römischen Kirche genau übereinstimmt, und dass in ihm speciell das apostolische Glaubensbekenntnis seinen angemessenen liturgischen Platz findet.

Im weiteren Verlaufe hat man in Franken beiden Wünschen gerecht zu werden gesucht. Die Ausgestaltung der Taufliturgie hielt durchweg den Zusammenhang mit den römischen Traditionen aufrecht. Und zugleich behauptete sich das Symbol als Grundlage der religiösen Erziehung des Volkes.

Diese doppelte Erscheinung begegnet sofort, als sich die fränkische Kirche über die Grundbedingungen einer gesunden Heidenmission klar zu werden anfängt.

Im Jahre 796 hatte Karls Sohn Pippin die Avaren in der Hauptsache niedergeworfen [2]) und damit die Alpenländer von

---

[1]) Vgl. oben S. 36. 79. Gegen Hauck, Kirchengesch. Deutschl. (2) I 532. der die Worte: Nec aliquam credulitatem unius deitatis etc. erklärt: Sie unterliessen bei der Taufe die Trinität zu nennen. — An kirchlichen Unterricht war vollends nicht zu denken.

[2]) Alkuin an Karl (Epist. 67 Jaffé, Monum. Alcuin. p. 307 sq.): Gentes populosque Hunorum, antiqua feritate et fortitudine formidabiles, tuis suo

der Enns über die Raab bis zur Donau für die christliche
Mission erschlossen. Die Bevölkerung war dem grösseren
Teile nach indessen nicht avarisch, sondern slavisch; ja hier
und da hatten sogar einige römische Niederlassungen seit dem
5. Jahrhundert die germanischen, slavischen und avarischen
Stürme überdauert. Schon Virgil von Salzburg hatte sich die
Bekehrung beider Rassen unter schwierigen Verhältnissen ange-
legen sein lassen. In seine Fusstapfen trat damals Arn von
Salzburg, den im Norden der Bischof von Passau, im Süden
der von Aquileja unterstützten.

Die Verhältnisse lagen ähnlich wie zwanzig Jahre früher
bei den Sachsen. Abermals sollten in dem unterworfenen
Lande Germanisierung und Christianisierung Hand in Hand
gehen. Diese Vermischung heterogener Interessen hatte einst
Karl dazu verführt, im Siegesrausch jede Mässigung ausser
Acht zu lassen; er hatte total vergessen, dass es auf geistlichem Gebiete keinen Zwang gibt. Die Folge war gewesen,
dass die Sachsen mit der Fremdherrschaft zugleich das Christentum abwarfen. Man hatte sie getauft, ohne sich über ihren
Glauben zu vergewissern;[1]) man hatte mit unverständiger
Strenge den Zehnten eingefordert und auf der Erfüllung auch
der geringfügigsten Leistungen peinlich bestanden. Dass das
Christentum ein sanftes Joch sei, davon hatten die Sachsen
nichts erfahren. Darum hatten sie zu Tausenden die Taufgnade
von sich gestossen.[2]) Das ist Alkuins wahre Meinung, wenngleich er dem Könige gegenüber als Ursache der geringen

honori militantibus subdidit sceptris, praevenienteque gratia colla diu
superbissima sacrae fidei iugo devinxit et caecis ab antiquo tempore mentibus lumen veritatis infudit.

[1]) Alkuin an Arn (Epist. 71 l. c. p. 327): Idcirco misera Saxonum
gens toties baptismi perdidit sacramentum, quia numquam habuit in
corde fidei fundamentum.

[2]) Alkuin an Megenfrid (Epist. 69 l. c. p. 321): Si tanta instantia
leve Christi iugum et onus suave durissimo Saxonum populo praedicaretur,
quanta decimarum redditio vel legalis pro parvissimis quibuslibet culpis
edicti necessitas exigebatur, forte baptismatis sacramenta non abhorrerent.
Vgl. Epist. 67 (l. c. p. 308 sq.): Si melius sit rudibus populis in principio
fidei iugum imponere decimarum, ut plena fiat per singulas domus exactio
illarum.

Erfolge den Mangel der Erwähltheit bei den Sachsen angibt.[1]) Unzweideutig geht aus Alkuins Briefen hervor, wie wenig günstig ihr Verfasser über die fränkischen Missionsleistungen der letzten Jahrzehnte urteilt. Er hält es für seine Pflicht alles daranzusetzen, dass nicht dieselben verhängnisvollen Fehler jetzt in Kärnten und Pannonien gemacht werden. Jedenfalls bleibt Alkuin fortan neben Arn die Seele der Slaven- und Avarenmission. Mit beiden wetteifert der siegreiche Feldherr Pippin, Karls Sohn. Eine von ihm berufene bischöfliche Kommission, bei welcher Paulinus von Aquileja den Vorsitz führte, sollte sich über Mittel und Wege klar werden, wie in den neu eroberten Landschaften das Christentum einzuführen sei. Das Protokoll dieser Kommission ist noch vorhanden.[2]) „Die Versammelten verbargen sich die Schwierigkeiten, vor denen man stand, nicht im geringsten: ein fast tierisches, jedenfalls jeder religiösen und geistigen Bildung entbehrendes Volk begehrte unter dem Eindruck einer Niederlage die Aufnahme in die Kirche. Man lehnte mit Rücksicht darauf die rasche Vornahme von Massentaufen ab. Zuerst müsse das Volk einigermassen im christlichen Glauben unterrichtet werden: die Täuflinge müssten wenigstens wissen, was die Taufe bedeute."[3]) Das Ärgernis in

---

[1]) Alkuin an Karl (Epist. 67 l. c. p. 307): Ecce quanta devotione et benignitate pro dilatatione nominis Christi duritiam infelicis populi Saxonum per verae salutis consilium emollire laborasti. Sed quia electio necdum in illis divina fuisse videtur. remanent huc usque multi ex illis cum diabolo damnandi in sordibus consuetudinis pessimc.

[2]) Epist. 68 (l. c. p. 311—318).

[3]) Hauck, Kirchengesch. Deutschl. II 423, vgl. überhaupt II 414—428. Epist. 68 (l. c. p. 315): Ut in promptu daretur intellegi et ante baptismum fides esset docenda et ut intellegat novitius, quae sit baptismi gratia, quia per id peccata dimittantur et regeneratus novus homo. mortuo scilicet inter undas redemptionis vetere cum actibus suis, qui erat filius peccati, incipiat per adoptionem filius esse dei et particeps regni caelorum; et post hanc mortalem vitam aeternae vitae beatitudinem consequatur. — Epist. 69 (l. c. p. 320): Primo fides docenda est; et sic baptismi percipienda sunt sacramenta; deinde evangelica praecepta tradenda sunt. At si aliquid horum trium deerit, salutem animae suae auditor habere non poterit. Vgl. Epist. 71 (l. c. p. 326).

der Sachsenmission war zu gross gewesen. Darum lautet jetzt die immerwiederkehrende Mahnung: die Taufe nicht überstürzen, sondern erst sorgfältig die Täuflinge unterrichten und sich von ihrer inneren Bereitschaft überzeugen; und ebenso: die Taufe niemandem aufzwingen.[1]) Indessen sollte doch die eigentliche Taufvorbereitung nicht über 40 Tage dauern, wohl in Erinnerung an die altkirchlichen Katechisationen und Skrutinien. Man fürchtete, ein längerer Unterricht könne ermüden und die erste Liebe erkalten machen. Das Mindestmass aber waren sieben Tage: die Dauer richtete sich nach der religiösen Aufnahmefähigkeit des Täuflings.

Trotz dieses Anklanges an die Skrutinienwochen war jene Taufvorbereitung gleichwohl nicht als eine liturgische gedacht; sie sollte vielmehr vorwiegend katechetischer Art sein. Und zwar tritt in ihr wiederum der religiöse Gesichtspunkt aufs nachdrücklichste in den Vordergrund. Denn zuvor gilt es den Glauben zu lehren, dann die Taufe zu spenden, und erst wenn diese erfolgt ist, mag man Anweisungen für das sittliche Leben geben. Das betont Alkuin immer aufs neue.[2]) Als Ideal

---

[1]) Epist. 68 (l. c. p. 314). Von den Avaren heisst es: Haec gens bruta et inrationabilis vel certe idiotae et sine litteris tardior atque laboriosa ad cognoscenda sacra mysteria invenitur. Sic sind weder wie die Juden im Besitz der „divina eloquia, legislatio et mystica prophetarum praeconia" noch wie der gebildete Heide „saecularibus litteris imbutus." Darum p. 315: Huic autem genti sacris ignarae eloquiis non convenit iuxta haec prolata scripturarum exempla tam citius baptismi mysterium indulgere, priusquam inbuatur fidei sacramento per aliquas protelationis moras. — Intueri quippe in verbis dominicis vigilanti studio libet et animadvertendus in praeceptis illius sacratissimus ordo. Non enim ait: Ite, baptizate omnes gentes docentes eos, sed primum intulit: Docete, deinde adiecit: Baptizate. Et non qui baptizatus fuerit et crediderit, sed qui crediderit et baptizatus fuerit, hic salvus erit. Et post baptismum rursus: Docete eos servare omnia quaecumque mandavi vobis. — p. 316: Terribilis de inferni supplicio, non de gladii cruento mucrone nec coacti aut inviti trahantur ad baptismi lavacrum, sed quos spiritus sancti gratia perfuderit et ex desiderio animae suae expetierint salutem. Vgl. Epist. 67 (l. c. p. 307—310). Epist. 69 (l. c. p. 320). Epist. 71 (l. c. p. 326—328).

[2]) Epist. 68 (l. c. p. 316): Dilatatio autem tarditatis usque ad quem dierum numerum praetendatur, in sacerdotis arbitrio aestimari debet, iuxta mores prorsus audientium, quam velocius vel serius suscipiant verbum dei et adspirante spiritu sancto intellegant suae redemptionis aug-

schwebt ihm dabei die Praxis der Alten Kirche vor, wie er
denn auch Augustins Schrift De rudibus catechizandis den
Missionaren seiner Zeit als geeignetstes Handbuch empfiehlt.
Die Symbolkatechese soll wieder in ihr Recht treten. Ein-
leitungsweise ist der Taufkandidat davon zu überzeugen, dass
er eine unsterbliche Seele besitzt, dass es ein ewiges Leben
gibt, und dass es deshalb nicht gleichgültig ist, welchem Schick-
sal diese seine unsterbliche Seele in jenem Leben entgegengeht.
An diese Ausführungen hat sich eine Erörterung zu schliessen
über die Sünden, welche die ewige Pein beim Teufel im Gefolge haben, wie über die guten Werke, auf welche die ewige
Herrlichkeit bei Christus als Preis gesetzt ist. Diese Werke
nun decken sich in der Hauptsache mit dem Glauben an die
heilige Dreieinigkeit, der seinerseits — und zwar dürfte das
den weitaus grösseren Teil der Katechumenenvorbildung ausgemacht haben — an der Hand der einzelnen Symbolartikel
zur Darstellung gelangt.[1])

Erst nach der Taufe werden dem jungen Christen die
seiner nunmehr harrenden sittlichen Aufgaben vorgelegt.[2])

mentum. Infra quadragenarium tamen numerum protelationis summa persistat, ne forte longe protracti flamma desiderii eorum defervens inaniter
refrigescat, ita dumtaxat, ut septenarius numerus in discendendo trans-
gradiatur.

[1]) Alkuin an Karl (Epist. 67 l. c. p. 310): Igitur ille ordo in do-
cendo virum aetate perfectum diligenter, ut arbitror, servandus est quem
beatus Augustinus ordinavit in libro, cui „de catecizandis rudibus“ titulum
praenotavit. Primo instruendus est homo de animae immortalitate et de
vita futura et de retributione bonorum malorumque et de aeternitate
utriusque sortis. Postea: pro quibus peccatis et sceleribus poenas cum
diabolo patiatur aeternas, et pro quibus bonis vel benefactis gloria cum
Christo fruatur sempiterna. Deinde fides sanctae trinitatis diligentissime
docenda est, et adventus pro salute humani generis filii dei domini
nostri Iesu Christi in hunc mundum exponendus, et de mysterio passionis
illius et veritate resurrectionis et gloria ascensionis in caelos et futuro
eius adventu ad indicandas omnes gentes et de resurrectione corporum
nostrorum et de aeternitate poenarum in malos et praemiorum in bonos
mox mens novella firmanda est. — Über die Bedeutung der genannten
augustinischen Schrift für den altkirchlichen Katechumenat vgl. oben § 1,
bes. S. 4—8.

[2]) Epist. 68 (l. c. p. 315): Post baptismum vero docendi sunt servare omnia dei mandata, quibus pie et iuste in hoc saeculo vivere de-

So also ist es mit den Erwachsenen zu halten. Anders freilich liegen die Dinge bei unmündigen Kindern. Die Sünde anderer ist es, die sie belastet. Darum müssen auch Glauben und Bekenntnis dieser anderen ihnen zur Rettung dienen können. Man mag sie deshalb getrost taufen, auch wenn sie noch keinen Unterricht in den Glaubenswahrheiten haben bekommen können; wenn nur dafür gesorgt ist, dass sie später im reiferen Alter sich persönlich das Glaubensbekenntnis aneignen, welches andere jetzt für sie ablegen.[1])

Man sieht, durchweg herrschen die Anschauungen der Alten Kirche vor, während man seitens der fränkischen Theologie nicht gewillt ist, sich durch die kanonischen Vorschriften Roms besonders beengen zu lassen.

Nicht einmal darauf legt man Wert, dass die Missionare an den offiziellen Taufterminen, Ostern und Pfingsten, festhalten. Diese Forderung schien vorläufig wenigstens geradezu unmöglich. Man musste das Sakrament spenden, wann sich Täuflinge fanden, und wo Priester vorhanden waren, und man tröstete sich damit, dass ja jeder Sonntag der Erinnerung an die Auferstehung und die Geistesausgiessung gewidmet sei, und dass es daher genüge, wenn das Taufsakrament in der Nacht von Samstag auf Sonntag gefeiert werde. Auch wahrte man den Zusammenhang mit den kanonischen Vorschriften, indem man Kindertaufen nur Ostern und Pfingsten gestattete.[2])

Der Taufe selbst ging ein siebentägiges Fasten mit täglicher Katechisation und Ölsalbung voraus, eine Art Kompe-

---

beant. Vgl. Epist. 67 (l. c. p. 309): Roborata vero fide et confirmata consuetudine christianitatis, tunc quasi viris perfectis fortiora danda sunt praecepta, quae solidata mens religione christiana non abhorreat. p. 310 sq.: Et sic tempore opportuno saepius evangelica praecepta danda sunt per sedulae praedicationis officium, donec adcrescat in virum perfectum.

[1]) Epist. 67 (l. c. p. 310): Igitur infantes, ratione non utentes, aliorum peccatis obnoxii, aliorum fide et confessione per baptismi sacramentum salvari possunt, si confessae pro se fidei integritatem congrua adveniente aetate custodient. Epist. 69 (l. c. p. 320): Cogi poterit ad baptismum, sed non proficit in fide, nisi infantilis aetas, aliorum peccatis obnoxia, aliorum confessione salvari poterit. Vgl. Epist. 71 (l. c. p. 327).

[2]) Epist. 68 (l. c. p. 312. 313. 316. 317).

tentenstufe, die der in der Alten Kirche vielleicht nicht unähnlich war.[1])

Nachdem am Samstag Abend das Taufwasser feierlich geweiht worden war,[2]) erfolgte der eigentliche Taufakt, der aus
der Abrenuntiation, aus den Glaubensfragen und aus dem dreimaligen Untertauchen im Namen des dreieinigen Gottes bestand.[3])

Dass dem apostolischen Symbol im Ceremoniell der Taufvorbereitung irgend eine nennenswerte Stellung zukomme, davon also sagt Alkuin kein Wort. Von einer liturgischen Übergabe oder Rückgabe desselben ist den Avarenmissionaren gegenüber nirgends die Rede, ebenso wenig als in Bezug auf das
Vaterunser eine solche angedeutet wird.[4]) Hingegen ist die
Bedeutung des Symbols wieder die allumfassende, die ihm bereits in der Alten Kirche eignete. Es gilt als Hauptstück der
Katechumenenbildung, in dessen Rahmen man den ganzen Inhalt der christlichen Lehre, sofern derselbe für die jungen
Christen zu wissen heilsnotwendig schien, zusammenfasse. Das
Unterrichten ist die Hauptsache, sagt Alkuin, das Taufen kommt
erst in zweiter Linie.

---

[1]) L. c. p. 316: Per septem tamen illos dies, in quibus vespere sabbati, quae in prima lucescit sabbati, baptizandus est, indicto ieiunio cata-
cizetur cotidie audiens unguaturque oleo sancto.

[2]) L. c. p. 317: Et in vespere sabbati sanctificetur aqua in fonte
vel in tali vase, ubi in nomine sanctae trinitatis trina mersio fieri possit.

[3]) L. c.: Et postquam se professus fuit credere in deum patrem omnipotentem et in Iesum Christum filium eius unicum dominum nostrum
et in spiritum sanctum, et abrenuntiare se confiteatur diabolum et pompis eius, mundum et pompis eius, tunc semel dicatur a sacerdote: Et ego
te baptizo in nomine patris et filii et spiritus sancti. Mox levatus tertia
de unda suscipiatur ab eo, qui ei spiritalis pater electus est. Vgl. l. c. p. 312.

[4]) Die einzige Stelle, die dafür sprechen könnte, dass man die Taufkandidaten zuvor das Symbol aufsagen liess, findet sich Epist. 68 (l. c.
p. 317 sq.): Illi vero qui ab inlitteratis clericis baptizati existunt et cum
intinguerentur in aqua, nec illi fidem quia nesciebant professi sunt nec
ille qui baptizabat dixit: Baptizo te in nomine patris et filii et spiritus
sancti, nec in nomine Iesu Christi, sicut cuiusdam horum idiotarum professione conperimus, sed sola aqua solum corpus abluit, hi profecto pro
non baptizatis habendi sunt. Vgl. Hauck. Kirchengesch. Deutschl. II
424. Indessen handelt es sich hier zweifellos um die Glaubensfragen beim
Taufakt.

Noch ein halbes Jahrhundert später nimmt die Missionierung der Avaren bezw. Slaven das Interesse der fränkischen
Theologen lebhaft in Anspruch. Kein Geringerer als Hraban
ist bestrebt, die Arbeit auch fernerhin in denjenigen Bahnen
zu erhalten, in welche sie Alkuin gewiesen hat. Wenn er
daher in den vierziger Jahren an den Missionar Reginbald eine
Schrift in drei Büchern über die kirchliche Disciplin richtet,[1]
so geschieht es in dem Bewusstsein, dass bei der Gewinnung
barbarischer Völkerschaften der Nachdruck nicht sowohl wie
bei älteren christlichen Gemeinden auf der peinlichen Beobachtung kirchenregimentlicher Vorschriften und liturgischer
Ceremonieen liege, als auf einem praktischen und gediegenen
Unterricht in den Glaubenswahrheiten. Das unbedingte Muster
bietet hier nach wie vor die Praxis der Alten Kirche. Darum
geht Hraban im ersten jener drei Bücher ganz besonders auf
Augustins Schrift De rudibus catechizandis zurück,[2] die er
Reginbald und dessen Kollegen sogar im Excerpt mitteilt.

Auf dreierlei hat der Missionar bei seinem Taufunterrichte
zu achten, auf die narratio, auf die exhortatio und auf die
hilaritas.

Bei der narratio kommt es auf die Vollständigkeit an,
ohne dass sie deshalb in einen Wust von überflüssigen Details
ausarten müsste. Sie beginnt mit der Schöpfung der Welt und
erstreckt sich bis auf die kirchliche Gegenwart, im grossen

---

[1] De ecclesiastica disciplina Ml. 112, 1191—1262. Verfasst zwischen
842 und 847 auf dem Petersberg bei Fulda: Dum quietus ab omni mundano negotio in cellula mea sederem. In die beiden ersten Bücher ist
vieles aus der Schrift De clericorum institutione herübergenommen, dagegen enthält das dritte Buch durchaus Neues. Die Schrift will solchen
dienen, welche die dreifache Aufgabe haben, Heiden zu gewinnen (de instruendis rudibus in fide Christi), Katechumenen für den Empfang der
Sakramente vorzubereiten (per praedicationis officium iam convocatos catechumenos facere et baptismate Christi abluere sacramentisque divinis
confirmare et in fidei veritate corroborare), Getaufte in Lehre und Leben
der Christen zu befestigen (ipsos christianos catholico dogmate erudire atque ecclesiastica disciplina corrigere in militiaque Christi constitutos, qualiter eos cum virtutibus contra vitia pugnare et usque ad finem vitae in
studio bonae conversationis perseverare conveniat, prout dominus donaverit
pandere).

[2] Vgl. oben S. 4—8. 280.

und ganzen summarisch, aber mit behaglichem Ausruhen bei
wichtigeren Partien. Vor allem gilt es zu betonen, dass, wie
der gesamte Inhalt der alttestamentlichen Schriften auf das
Kommen Christi und auf die Herausgestaltung seines Leibes
d. h. der Kirche hinzielt, so auch Christus selbst wieder nur
gekommen ist, um Gottes Liebe zu uns zur Erscheinung zu
bringen. Dementsprechend bildet auch unsererseits die Liebe
die Erfüllung des Gesetzes und unsere oberste Pflicht. Gesetz
und Propheten haben keinen andern Inhalt als den des Doppel-
gebotes der Liebe. Und ebenso predigt das Neue Testament nichts
anderes. Da aber der Liebe am meisten der Hochmut im
Wege steht, so ist Christus für uns zugleich ein Muster menschlicher Demut geworden. In der Anempfehlung dieser Liebe
hat deshalb der katechetische Vortrag zu gipfeln.

Die exhortatio geht von der Hoffnung auf die Auferstehung
aus und behandelt je nach dem Fassungsvermögen des Hörers
und je nach den Zeitumständen diejenigen Einwürfe, welche
von seiten der Ungläubigen gegen die Lehre von den letzten
Dingen erhoben werden. Die Schilderungen von dem Leben
der Seligen und dem Dasein der Verworfenen führten zu einer
Darlegung der mancherlei Anfechtungen, welche hier auf Erden
den Menschen nicht erspart bleiben können, die aber gleichwohl für die Entwickelung des Gläubigen ein Segen sind, wenn
er ihrer mit Geduld Herr zu werden sich bestrebt. Daran
schliessen sich weitere Anweisungen für einen ehrbaren christlichen Wandel, ohne den man wohl ein Glied der Kirche hier
auf Erden bleiben, aber nicht ein Bürger des himmlischen
Jerusalems werden kann. Das führt schliesslich dazu, dass man
auf das Urteil von Menschen nichts geben darf, sondern dass
man zwar die Guten nachahmen, sich aber allein auf den Herrn
verlassen muss. [1])

---

[1]) Auch der Fall ist vorgesehen, dass Männer von allgemeiner Bildung, die bereits vom Christentum Kenntnis besitzen, sich zum Katechumenat anmelden. Sie beanspruchen eine individuellere Behandlung ebenso
wie die Grammatiker und Rhetoren, welche verwarnt werden müssen,
nicht soviel Wert auf die Form zu legen sondern die Hauptsache ins
Auge zu fassen. Dass Hraban diese Abschnitte der augustinischen Schrift
beibehält, während er andere Zwischenstücke ausscheidet, lässt darauf
schliessen, dass in der That solche Persönlichkeiten auf dem kärntnischen

Die hilaritas endlich hat sich die grössten Kürzungen gefallen lassen müssen.[1]) Denn mit Recht hat Hraban die übermässig langen Auseinandersetzungen Augustins über alle diejenigen Dinge, welche dem Katecheten Widerwillen gegen das Katechisieren einzuflössen imstande sind, in eine einzige Erörterung zusammengedrängt. Dieselbe gedenkt sowohl der Unempfänglichkeit des Hörers, wie der Missstimmung oder wohl auch Unzulänglichkeit des Katecheten und kommt zu dem Schluss, dass es im schlimmsten Falle genügt, sich auf das Notwendigste zu beschränken, auf die Lehren von der Einheit der Kirche, von den Versuchungen, von dem unter dem Gesichtspunkt des Endgerichts zu gestaltenden christlichen Wandel. Jedenfalls ist es wichtiger, mit Gott über den Katechumenen, als mit dem Katechumenen über Gott zu reden. Alle Widerwärtigkeiten aber muss schliesslich der Gedanke an die Liebe dessen besiegen, der für die Menschen gestorben ist.

Indem Hraban noch unter direkter Berufung auf Augustin dessen beide Musterkatechesen in extenso bietet, glaubt er genug darüber gesagt zu haben, wie man die sich zum Eintritt Meldenden in die christliche Gemeinschaft aufzunehmen hat.

Bei den Anweisungen über das Ceremoniell der Taufvorbereitung und des Taufaktes im zweiten Buche [2]) schreibt er sich sodann teils selbst aus teils zieht er liturgische Schriftsteller der verschiedensten Jahrhunderte heran. Es ist eines jener liturgischen Konglomerate, wie man sie im 9. Jahrhundert häufig findet, und denen gegenüber, falls sie als Quellen dienen sollen, man nicht vorsichtig genug sein kann. Immerhin dürfte eines unbedingt sicher sein, dass Hraban,

---

Missionsgebiete vorkommen mochten. Vgl. über die vollkommene Romanisierung von Norikum-Kärnten Hauck. Kirschengesch. Deutschl. (2) I 346. Trotzdem seit dem Ende des 5. Jahrhundert die römische Kultur in diesen Ländern in Trümmern ging, hielten sich Reste derselben besonders im Süden des Landes (a. a. O. S. 353 f.) Vgl. unt. and. die Weltstadt Lorch am Einfluss der Enns in die Donau, welche zwar schon unter den Hunnen schwer gelitten hatte und in der ersten Hälfte des 8. Jahrhunderts auch ihr Bistum an Passau verlor, aber erst etwa 900 von den Magyaren zerstört wurde.

[1]) Bei Augustin § 14—22, bei Hraban nur Ml. 112, 1197 sq.

[2]) Das dritte Buch ist für den vorliegenden Zweck ohne Belang.

wenngleich er auch Amalar von Trier teilweise benutzt, [1]) gleichwohl von dessen Skrutinienmessen nichts wissen will. Er legt vielmehr, indem er einem knappen Taufordo den Vorzug gibt, den Nachdruck weniger auf eine liturgische Taufvorbereitung als auf die tüchtige Unterweisung der erwachsenen Taufkandidaten bezw. der Taufpaten in den beiden Hauptstücken, im Vaterunser wie im apostolischen Symbol. [2]) Indem er dementsprechend verhältnismässig rasch über das Taufceremoniell hinweggeht, bietet er seinem Adressaten eine längere Erklärung der sieben Bitten und vor allem eine dreiteilige Auseinandersetzung über das Symbol. Selbstverständlich ist das, was Hraban hier vorbringt, ebenfalls weder neu noch original. Die Einleitung handelt von der Entstehung des Symbols und seiner allgemeinen Bedeutung im wörtlichen Anschluss an Isidor. [3]) Die Erklärung der einzelnen Artikel ist nichts anderes als die immer wiederkehrende gallische Symbolrede. [4]) Und den Beschluss macht gleichsam als organische Zusammenfassung der voraufgegangenen Einzelerklärungen die Regula fidei des Isidor. [5])

Man sieht, von einer selbständigen Durcharbeitung des katechetischen Lehrstoffes ist in jenem vorwiegend receptiven Zeitalter keine Rede. Hraban ist weder selbst gewillt. eine solche zu liefern, noch verlangt er sie von andern. Es genügt die Aneignung der altbewährten Gedankenreihen und Definitionen. Auf ihr aber liegt

---

[1]) Vgl. Amalar, Epist. de caerim. bapt. Ml. 99, 894 B C und Hraban Ml. 112, 1217 C D. 1218 A.

[2]) De ecclesiast. discipl. II Ml. 112, 1218: Ideo enim ante baptismum catechismi debet praevenire officium, ut fidei primum catechumenus accipiat rudimentum et sic iam paratus ad baptismi accedat lavacrum. Vgl. De clericor. institut. I 25 Ml. 107, 310. — Von Amalar direkt herübergenommen ist aber die Anweisung Ml. 112. 1217 C: Et insinuanda est oratio dominica patrinis et matrinis, ut et ipsi similiter faciant his quos suscepturi sunt a sacro baptismate. Similiter insinuandum est symbolum.

[3]) Ml. 112, 1224 C D. 1225 A. = De clericor. institut. II 56 = Isidor. De eccl. offic. II 23. 1—3. 5.

[4]) Ml. 112, 1225 BCD. 1226 A—D). = Hraban, Homil. 13 Ml. 110, 27—29 = August. opp. Tom. V Appendix sermo 242 Ml. 39, 2191—2193. Vgl. oben S. 250—252.

[5]) Ml. 112, 1227 sq. = De clericor. institut. II 57 = Isidor, De eccl. offic. II 24.

auch jedenfalls gegenüber dem Ceremoniell der Nachdruck. Mindestens ebenso wichtig als die Taufe selbst ist der Taufunterricht an der Hand des apostolischen Symbols. Dies aber war durchweg die Meinung der fränkischen Theologen im Zeitalter Karls.

---

§ 16. Gregorianum und Taufordo.

Papst Hadrian I. entsprach nur einer von Karl dem Grossen schon längst geäusserten Bitte, wenn er dem Könige um das Jahr 788 ein Exemplar des gregorianischen Sakramentars übersandte.[1]) Was Karl mit seinem Wunsche und Hadrian mit seiner Sendung bezweckten, liegt auf der Hand. Die gottesdienstlichen Verhältnisse des weiten fränkischen Reiches standen unter dem Zeichen der Zerrissenheit und der Willkür. Gallische und römische Sakramentarien waren neben einander im Gebrauch und wurden eines aus dem anderen ergänzt und erweitert je nach individueller Neigung oder lokalen Bedürfnissen. Laune und Zufall herrschten vielfach, wo wohlüberlegte Ordnung allein am Platze war. Den ersteren energisch zu wehren, der letzteren überall im Gottesdienste zum Siege zu verhelfen, schien aber nur ein Mittel vorhanden, nämlich der enge Anschluss an die Form, welche der Gottesdienst damals in Rom hatte. Es war also nicht eine ehrwürdige Rarität aus der Zeit des grossen Papstes, welche Karl mit dem Sacramentarium Gregorianum erbeten und erhalten hat,[2]) sondern es handelte sich bei diesem Geschenk um ein kirchenhistorisches Ereignis von weittragender Bedeutung. Das gregorianische Messbuch in die Hand des Kaisers legen, hiess alle gottesdienstlichen

---

[1]) Hadrian an Karl (Epist. 92 Jaffé, Monum. Carol. p. 274): De sacramentario vero a sancto disposito praedecessori nostro deifluo Gregorio papa: immixtum vobis emitteremus. Iam pridem Paulus grammaticus a nobis eum pro vobis petente secundum sanctae nostrae ecclesiae tradicionem, per Iohannem monachum atque abbatem civitatis Ravennantium vestrae regali emisimus excellentiae.

[2]) Gegen Probst, Die ältesten römischen Sacramentarien und Ordines S. 316: Hadrian sandte an den Kaiser nicht das zu seiner Zeit in Rom gebräuchliche Sakramentar, sondern das von Gregor geordnete.

Formen des Reiches antiquieren zu Gunsten der z. Z. in Rom giltigen Liturgie. Unter diesem Gesichtspunkt kann es auch durchaus nicht befremden, sondern erscheint geradezu als selbstverständlich, wenn jenes von Hadrian an Karl gesandte römische Messbuch sich zwar nach Gregor nannte, aber sofern wir heute noch mit einiger Sicherheit seine Bestandteile konstatieren können, auch Gebetsformeln des 7. und 8. Jahrhunderts enthielt. Es verhält sich mit diesem um 788 nach Franken gelangenden neurömischen Messbuch naturgemäss ähnlich wie mit seinem altrömischen Vorgänger vor knapp zweihundert Jahren. Beide führten sich auf einen in liturgischen Dingen einflussreichen Namen zurück, repräsentierten aber nicht den Stand der Liturgie unter demjenigen römischen Bischof, nach dem sie sich nannten, sondern sie boten das Stadium, in welchem sich die von jenem Hauptvertreter ausgehende liturgische Entwickelung gegenwärtig befand. Aus dem Sakramentar, welches der Bischof von Rom durch zwei Gesandte feierlichst dem Frankenkönige überreichen liess, sollte das fränkische Reich erfahren, nicht wie es zu Gregors Zeiten mit der Liturgie in Rom gehalten sei, sondern wie man auf Grund der von dem grossen Liturgen Gregor gegebenen Anregungen und unter Berücksichtigung der seit zwei Jahrhunderten gemachten kirchlichen Erfahrungen gegenwärtig in Rom den Gottesdienst handhabe und wie man denselben der Konfirmität halber auch im Norden gehandhabt wissen wollte. Wie der Titel des päpstlichen Geschenkes gemeint sei, musste dem Könige wie jedem Einsichtigen unter seinen Unterthanen klar werden, wenn er unterm 12. März sogar Gebete zum Geburtstage des bereits unter die Heiligen versetzten Gregor fand, die natürlich erst aus dem 7. oder 8. Jahrhundert stammen konnten.[1])

Gleichwohl genügte das gregorianische Messbuch auch in seiner derzeitigen Vervollkommnung den Ansprüchen nicht, welche die damalige fränkische Kirche an ein solches Werk stellen zu müssen glaubte. Dasselbe sollte ein wirkliches Universalwerk sein, in welchem der Kleriker die für alle gewöhnlichen wie aussergewöhnlichen Gottesdienste passenden Gebete vorfand. Nun enthielt zwar das hadrianische Gregorianum in

---

[1]) Muratori, Liturg. rom. vet. II 25.

seinem ersten Teile den Verlauf der Messe bis zum Agnus
Dei.[1]) Es fehlten demnach nur die Ceremonieen im eigentlichen
Sinne, der Friedenskuss, die Brotbrechung, die Kommunion.
Ihrer konnte man im Sakramentar entraten, da sie vermutlich
in besonderen Rubriken zusammengestellt waren. Auffälliger
war das Fehlen der Postkommunion mit dem Gebet ad complendum. Indessen fanden sich für letztere ebenso wie für
die Oratio super populum zahlreiche Formulare im zweiten
Teile des Gregorianums. Dieser zweite Teil nämlich bot im
Anschluss an den Lauf des Kirchenjahres die wechselnden Gebete der Christus- und Heiligenfestmessen. Die Sammlung begann mit der Kollekte und den Gebeten super oblata und ad
complendum der Weihnachtsvigilie und schloss mit den drei
gleichen Gebeten am 4. Advent bezw. mit sechs aliae orationes
de adventu.[2])

---

[1]) Muratori l. c. II 1—6.

[2]) Muratori l. c. II 7—138. — Bekanntlich wird die Frage nach den
Bestandteilen des nach Franken gesandten Gregorianums verschieden beantwortet. Aber es liegt nicht im Rahmen der gegenwärtigen Untersuchungen, auf jenes Problem näher einzugehen. Nur zweierlei sei hier
bemerkt. Die Gebete für die Ordination der drei höheren Grade, der
Bischöfe, Presbyter und Diakonen (Muratori l. c. II 357—361) harmo-
nieren auffallend mit den entsprechenden Partien des Leonianums, diffe-
rieren aber mit denen des Gelasianums und der gallischen Liturgie, tragen
demnach einen genuin römischen Charakter (Probst, D. ältest. röm. Sacrament. S. 306). Ausserdem vermisste die fränkische Kirche in dem hadrianischen Gregorianum nur die Weihegebete für die niederen Grade (Alkuins Prolog: Illud quod in praefato codice beati Gregorii ad gradus in-
feriores in ecclesia constituendos non habetur Muratori l. c. II 272), scheint
also diejenigen für die höheren Grade darin vorgefunden zu haben. Dass
aber die Zusammenstellung von derartigen Weihegebeten mit den Gebeten
der Messe nichts allzu Abnormes in alter Zeit war, lehren die Apostolischen Konstitutionen, welche die Liturgie von der Bischofsweihe und
der Presbyterweihe eingeschlossen sein lassen (Const. apost. VIII 4—16,
Probst a. a. O. S. 306). Es hat also manches für sich, wenn Probst und
Duchesne (Origines p. 116) auch diesen kleinen Abschnitt dem hadrianischen
Gregorianum beizählen, und zwar dürfte er nach Cod. Ottobon. 313 (Delisle,
Mémoire sur d'anciens sacrament. p. 150), Cod. Mogunt. (Lamprecht, Initial-
Ornamentik Nr. 21 S. 27 f.; Probst a. a. O. S. 308) und dem Sakrament.
von Le Mans Nr. 77 (Delisle l. c. p. 141) an die zweite Stelle, also vor
die festtäglichen Messen zu stellen sein.

Für die Messe an Sonn- und Festtagen war also durch
das Gregorianum im grossen und ganzen gesorgt. Aber es
fehlte an Hilfsmitteln für alle übrigen Gottesdienste und kirchlichen Ceremonieen. Schon dass an allen gewöhnlichen Sonntagen dieselben Messgebete wiederkehren sollten, schien nach-
gerade etwas monoton. Zwar kannte man es auch in Gallien
bisher nicht anders,[1]) aber zu Karls Zeit scheint sich auch in
dieser Hinsicht das Bedürfnis nach reicherer liturgischer Ausgestaltung bemerklich gemacht zu haben; man wünschte noch
für die Sonntage nach Epiphanias, nach Ostern, nach Pfingsten,

---

Sodann kämen in Frage die Orationen Muratori l. c. II 241—272.
Probst (a. a. O. S. 323. 362—366) behauptet auf Grund mehrerer Codices,
dass dieselben den vierten und letzten Teil des hadrianischen Gregorianums
gebildet hätten. Und in der That ist es auffällig, dass sich nicht weniger
als acht Handschriften nachweisen lassen, bei welchen die Reihenfolge der
Abteilungen des Sakramentars stets lautet:

1. Ordo und Kanon (Muratori l. c. II 1—6).
2. Gebete für die Weihe der höheren Grade (Muratori l. c. II
357—361).
3. Festtägliche Messen (Murat. II 7—138).
4. Orationen (Muratori II 241—272). Darauf zuweilen ein Explicit
oder ein Hic finit Gregorianus und sodann der Nachtrag des Alkuin mit
oder ohne Prolog Hucusque. Diese Reihenfolge konnte ich ausser in den
Codd. Ottobon. 313, Colon. 88, Mogunt. (Mainzer Seminarbibl. Probst a. a. O.
S. 307—313, vgl. Lamprecht a. a. O.) und Mutin. (vgl. Muratori l. c. I 71. 81),
welche bereits Probst citiert, und ausser im Cod. Vatic. Reg. 337, über
dessen Gestalt er sich durch Muratori hat irreführen lassen, noch nachweisen in den Sakramentarien von Marmoutier (Seminar von Autun ms.
19 bis), von Le Mans (Bibliothek ms. 77), von Senlis (Bibl. d. hl. Geno-
veva ms. lat. BB. 20) und in dem Cod. Laurent. Nr. 121 zu Florenz (vgl.
Delisle l. c. p. 96. 141. 143. 170).
Die vier genannten Abschnitte (nach Duchesne, Origines p. 116 nur
die drei ersten) haben jedenfalls in erster Linie einen Anspruch darauf,
für die Bestandteile des hadrianischen Gregorianums zu gelten.
Daran würde sich reihen der Nachtrag des Alkuin (Muratori l. c. II
139—240) samt dem alkuinschen Prolog (Muratori l. c. II 271 sq.). Vgl.
darüber Probst a. a. O. S. 366—382 sowie unten S. 295 Anm. 4 und
S. 296 Anm. 2.
Einen zweiten Nachtrag endlich, der sich teilweise auch auf Alkuin
zurückführen mag, bilden die Abschnitte Muratori l. c. II 273—290.
291—356. 362—380. 405—430. Vgl. Probst a. a. O. S. 382—385 sowie
unten S. 297 Anm. 1.

[1]) Vgl. Probst a. a. O. S. 383.

kurz für jede Sonntagsmesse besondere Gebete zu besitzen.
Dazu war im Gregorianum das Commune sanctorum nicht
vorgesehen, d. h. es fehlte an Gebetsformularen, aus denen der
Priester bei untergeordneten Heiligen- und Gemeindefesten nach
Belieben eine Auswahl treffen konnte. Ebensowenig war auf
Votiv- und Totenmessen irgendwelche Rücksicht genommen.
Endlich fehlten alle Weihen. Alle diese Bestandteile, welche
heutzutage das römische Missale ausmachen, verlangte aber
bereits das Zeitalter Karls von einem vollgiltigen Sakramentar.
Ja nicht einmal dieser Umfang schien zu genügen. Auch
Bestandteile des heutigen römischen Rituals wie die Taufliturgie sollte jenes Universalkirchenbuch enthalten. Und da
man alles dies in dem hadrianischen Gregorianum nicht vorfand, so blieb nichts anderes übrig als dasselbe zu überarbeiten
und zu ergänzen.[1])

Es war wirklich tragisch, dass eine Verordnung, die einem
peinlich empfundenen Wirrwarr steuern sollte, nur dazu bei-
trug, denselben noch zu steigern. Die offizielle Einführung
des Gregorianums durch Karl, weit entfernt die gallische und
gelasianische Liturgie zu beseitigen, denen sie wohl an syste-
matischer Ordnung überlegen war, denen sie aber an Reichhaltigkeit bedeutend nachstand, bereicherte vielmehr das liturgische Gemenge vorerst noch um einige Bestandteile.

Freilich nur vorerst. Denn im weiteren Verlaufe sollten
sich doch die Abmachungen zwischen Karl und Hadrian als
überaus wirksam erweisen. Vermochte auch das Gregorianum
nicht sofort die übrigen Liturgien des fränkischen Reiches völlig
zu ersetzen, so gab es doch einen festen Mittelpunkt ab, dem
sich weitere liturgische Formeln aus alter und neuer Zeit be-
quem angliederten, es wurde der Ausgang für eine neue liturgische Entwickelung, bei welcher die fränkische Theologie bedeutsam in den Vordergrund trat.

---

[1]) Die beiden ältesten erhaltenen Handschriften des Gregorianums,
der Cod. Ottobonianus 313 (Ehrensberger, Libri liturgici bibliothecae
apostol. Vaticanae p. 393—396) und der Cod. Vaticanus Reginae 337
(Ehrensberger l. c. p. 399 sq.) gehören dem 9. Jahrhundert an und weisen
bereits die in Frage stehenden Überarbeitungen auf. Vgl. Muratori l. c.
I 63—84. Probst a. a. O. S. 303—313.

Diese Bewegung begann sofort. Zeuge dafür ist das hadrianische Gregorianum selbst, das kaum auf fränkischen Boden gekommen sofort seine Gestalt änderte. Und zwar dürften gerade die für uns interessanten Partien zuerst dem echten Texte eingegliedert sein. Denn sie werden von einem späteren Redaktor geradezu als Bestandteile des Gregorianums bezeichnet [1]), und doch sind sie nichts anderes als Ausschnitte aus der Skrutinien- und Taufliturgie, die man s. Z. bereits im Gelasianum vermisst und deshalb in dasselbe eingeschoben hatte, und die man, weil sie noch immer im kirchlichen Gebrauche standen, auch in dem neuen Universalkirchenbuch nicht aufgeben wollte. Nur eins will beachtet sein. Dem Gelasianum hatte man einst auf gallischem Boden die gesamten Skrutinien in möglichst grosser Vollständigkeit einverleibt; hingegen jetzt hält man es nur für nötig, das Gregorianum durch einige Skrutinienformeln [2]) zu bereichern: ein Beweis wohl dafür, dass, wenngleich die Skrutinien noch immer das Feld behaupteten, sie doch gleichwohl auf dem Aussterbeetat standen und anfingen, nur noch mit Auswahl gebraucht zu werden.[3])

Indessen blieb es nicht bloss bei einigen kleinen Einschiebseln, sondern alle Codices bieten das Gregorianum bereits so stark mit Zusätzen vermehrt, dass der Text geradezu einer neuen Redaktion gleichkommt, und zwar einer Redaktion, die

---

[1]) Vgl. in dem alkuinschen Nachtrag, Muratori l. c. II 155: Require in Gregoriano, p. 157: Sicut superius in Gregoriano continetur.

[2]) Es handelt sich um folgende Stücke:
Skrutinienformeln Gelas. I (31). 30, 1. 33 finis = Gregor. Murat. II 60.
Katechisation, Effeta, Abrenuntiation am Karsamstag Gelas. I 42 = Gregor. Murat. II 61.
Taufwasserweihe, Tauf- und Konsignationsgebete Gelas. I 44 = Gregor. Murat. II 63—65.
Ölweihe am Gründonnerstag Gelas. I 40 = Gregor. Murat. II 55—57.
Karfreitagsorationen Gelas. I 41 = Gregor. Murat. II 57—59.
Konsignationsmesse in der Osternacht Gelas. I 45 = Gregor. Murat. II 65.
Selbstverständlich fanden die Gebete der Okuli-, Lätare- und Judikaskrutinien, die sowohl in Rom wie in Franken längst ausser Übung gekommen waren (Gelas. I 26. 27. 28 vgl. oben S. 218. 244), keine Aufnahme in das Gregorianum.

[3]) Joh. Mayer (Geschichte des Katechumenats S. 133) stellt in unglaublicher Weise die ganze Sache auf den Kopf.

sich so vortrefflich den Gebräuchen der fränkischen Kirche an-
schmiegte und den Wünschen von Klerus und Laien derart entgegen kam, dass sie sich nach Ausweis der Handschriften drei
Jahrhunderte zu behaupten vermochte. Denn nur darin diffe-
rieren die Codices des 9., 10. und 11. Jahrhunderts, dass sie
die fränkischen Zusätze zum hadrianischen Gregorianum entweder als Anhang behandeln und mit oder ohne Vorbemerkung
dem ursprünglichen Bestand selbständig angliedern, oder dass
sie diese Zusätze in ihre einzelnen Bestandteile auflösen und
letztere an den entsprechenden Stellen in den gregorianisch-
hadrianischen Text einschieben.

Die letztere Art mag die für den Gebrauch praktischere
gewesen sein, dem Historiker hingegen sind die Handschriften
ersterer Gattung die erwünschteren, denn sie setzen ihn in den
Stand, im Gregorianum zwischen original-römischen und späteren
fränkischen Bestandteilen scharf zu scheiden.

Da es sich nur um eine und zwar um eine sehr frühe
Redaktion des Gregorianums in Franken handelt, so liegt zugleich die Frage nach dem Redaktor sehr nahe. Die Ausschliesslichkeit, mit der seine Arbeit sich überall Geltung ver-
schaffte, lässt darauf schliessen, dass er ein sachverständiger
Mann gewesen sein muss, ferner dass er nicht auf eigene Faust
arbeitete, sondern dass ihn bei Durchführung und Veröffent-
lichung seines Werkes eine allerhöchste Genehmigung, vielleicht
sogar ein offizieller Auftrag leitete. Dergleichen konnte aber
nur einem Gelehrten von anerkanntem Rufe zu teil werden;
nur ein solcher konnte es wagen, mit einem kirchlichen Buche,
das aus der Hand eines Papstes kam und den Namen eines
Papstes an der Stirne trug, so frei zu schalten, wie es hier der
Fall war. Überdies muss jener Redaktor zu Karls Zeit ge-
lebt und vielleicht schon im letzten Jahrzehnt des 8. Jahrhunderts sein Werk begonnen haben, [1] weil das absolute Fehlen
eines unveränderten Gregoriano-Hadrianums sich nur auf diese
Weise erklären lässt. Jedenfalls sprechen alle diese Gründe
gegen Persönlichkeiten wie Abt Grimoldus von St. Gallen [2]

---

[1] Ranke, Perikopensystem S. 70. 74.
[2] Cod. Colon. 88, fol. 104 r: Explicit liber Gregorii. Incipit pre-

oder Hrodrad von Corbie, [1]) denen hier und da die Ehre jener
Redaktion zuerkannt wurde. Eigentlich kann nur Alkuin in Frage
kommen, für den auch in der That die ältesten Quellen eintreten. Denn der Bücherkatalog von St. Riquier ums Jahr
831 erwähnt ein missalis Gregorianus et Gelasianus modernis
temporibus ab Albino ordinatus,[2]) eine Notiz, die um so mehr
ins Gewicht fällt, als Alkuin sich um 800 bei Abt Angilbert
in St. Riquier aufhielt und hier unter anderen auch liturgische
Arbeiten für das Kloster herstellte, [3]) man also hier wenige
Jahrzehnte später noch eine leidliche Tradition über seine
litterarische Thätigkeit haben konnte. Sodann nennt der überaus vorsichtige und zugleich kenntnisreiche Bernold von Kon-
stanz in seinem Mikrologus unseren Alkuin geradezu als den
Verfasser jenes durch ein Vorwort eingeleiteten Anhanges.[4])
Ja vielleicht liegt sogar ein nicht zu unterschätzendes Selbst-
zeugnis Alkuins in einem Briefe von ihm an die Mönche von

---

fatio libri secundi, a venerabili Grimoldo abbate ex opusculis sanctorum
patrum excerpti. Delisle, Mémoire sur d'anciens sacramentaires p. 258.
   [1]) Vgl. Cod. lat. 12050 der Pariser Nationalbibliothek, fol. 18 v. 19:
Hunc ego Hrodradus, sanctorum indignus alumnus, composui librum d. h.
Hrodrad schrieb den Codex oder liess ihn abschreiben. Delisle l. c. p. 123.
   [2]) Daneben 19 Gelasiana und 3 Gregoriana. Hariulf, Chronicon
Centulens. abbat. III 3 Ml. 174, 1261. Vgl. Becker, Catalogi bibliothecarum
antiqui p. 28. Gottlieb, Über mittelalterl. Bibliotheken S. 145.
   [3]) Hariulf, Vita Angilberti c. 11 (Mabillon, Acta Sanct. saec. IV p.
1 pag. 112): Hic idem Albinus a venerabili Angilberto accersitus Cen-
tulam, vitam sancti Richarii antiqua simplicitate negligentius digestam
venusto sermone composuit. Antiphonas quoque et responsoria vel hymnos de eodem sancto composuit. Vgl. Anscher, Vita Angilberti c. 10
(Mabillon l. c. p. 121): Sane libellum de vita sancti Richarii sermone sim-
pliciori digestam evocato ad se Albino magistro comtius atque
lucidius componi et transcribi fecit. Hymnos etiam tam nocturnos quam
diurnos et antiphonas cum responsoriis sumta materia de vita ipsius idem
Albinus composuit. — Über Alkuins Aufenthalt in St. Riquier vgl. ausserdem seinen Brief an Karl (Epist. 238 Jaffé, Monum. Alcuin. p. 755 sq.)
   [4]) Micrologus de eccles. observat. c. 60 Ml. 151, 1020: Fecit tamen
idem Albinus in sancta ecclesia non contemnendum opus . . sicut prologus
testatur. quem post Gregorianas orationes in medio eiusdem libri collocavit. Über Bernold als Verfasser des Mikrologus vgl. P. Suitbert Bäumer
in der Rev. Bénéd. 1891 p. 193—201. 385—395 und im Neuen Archiv 18
S. 429—446.

St. Vaast vor, die, wie auch Erzbischof Eanbald von York[1]) und andere kirchliche Persönlichkeiten thaten, in liturgischen Dingen seine Hilfe in Anspruch genommen hatten, und denen er aus ‚seinem‘ Missale Messen für die gewöhnlichen Sonntage und die Heiligenfeste sowie Votivmessen sandte. [2]) Solche aber finden sich reichlich in jenem Nachtrag zum Gregorianum.[3])

Über seine Arbeit selbst spricht sioh Alkuin, wenn wir in ihm ohne weiteres den Redaktor sehen dürfen, in einem Vorwort aus, das seitdem zu den Bestandteilen des gregorianischen Sakramentars gehört. [4]) Dieselbe war eine dreifache. Zunächst markierte er in seiner Abschrift die Einschiebsel des 7. und 8. Jahrhunderts durch Klammern, damit es fortan dem sich dafür interressierenden Leser möglich sei, aus dem gegenwärtig im Gebrauche befindlichen Gregorianum die Bestandteile des sich auf Gregors Zeit zurückführenden ursprünglichen Gregorianums herauszuklauben. Solche Klammern, die wir noch in einer Handschrift aus der 2. Hälfte des 9. Jahrhunderts nachweisen können, waren nötig für die vier Marientage Geburt, Verkündigung, Reinigung, Himmelfahrt, für Kreuzerhebung, für verschiedene Heiligentage, besonders für das Fest des hl. Gregor, endlich für verschiedene Tage in den Fasten, namentlich für die erst unter Gregor II. eingeführten Donnerstags-

---

[1]) Alkuin an Eanbald (Epist. 167 Jaffé, Monum. Alcuin. p. 609): De ordinatione et dispositione missalis libelli nescio cur demandasti. Numquid non habes Romano more ordinatos libellos sacratorios abundanter? Habes quoque et veteris consuetudinis sufficienter sacramentaria maiora. Quid opus est nova condere, dum vetera sufficiunt?

[2]) Jaffé, Monum. Alcuin. p. 729: Missas quoque aliquas de nostro tuli missale ad cotidiana et ecclesiasticae consuetudinis officia: primo in honore summae trinitatis; deinde sanctorum intercessiones deprecandas etiam et angelorum suffragia postulanda . . . Postea sanctae dei genitricis semperque virginis Mariae missam superaddidimus . . . nec non et sancti Vedasti patris vestri et protectoris nostri dictavimus missam . . . Pro peccatis quoque et elemosynam facientibus adiunximus orationes . . . Arbitror vos melius haec omnia vel in sacramentis vestris conscripta vel in consuetudine cotidiana habere.

[3]) Nr. 43: Incipiunt orationes quotidianis diebus ad missam. Nr. 44—48. 64—67. Votivmessen: Nr. 70—75. 80—82 u. s. w. Muratori l. c. II 176 sqq.

[4]) Dasselbe beginnt: Hucusque praecedens sacramentorum libellus a beato papa Gregorio constat esse editus. Muratori l. c. II 271 sq.

stationen. Nicht alle mag Alkuin mit Sicherheit als nach-
gregorianische Bestandteile erkannt haben, einige indessen unter
ihnen macht er in seinem Prolog direkt namhaft.[1])
Erschien diese Arbeit Alkuin als eine Forderung wissenschaftlicher Exaktheit, so hatte die zweite ein durchaus praktisches Ziel. Er fügte dem vom Papste überkommenen Sakramentar, weil es nicht alle Gebetsformeln enthielt, die zu besitzen der fränkischen Kirche notwendig schien, als zweiten
Band eine sorgfältig ausgewählte, korrigierte und geordnete
Sammlung gottesdienstlicher Materialien hinzu, die er aus
anderen nicht gregorianischen, aber seit längerer Zeit in den
fränkischen Gemeinden wohl eingebürgerten Sakramentarien geschöpft hatte.[2]) Durch dieses Verfahren erreichte er ein doppeltes :
das ehrwürdige Geschenk des Papstes blieb intakt, und doch
erhielt die Gemeinde ein allen kirchlichen Bedürfnissen gerecht
werdendes, durchaus vollständiges Sakramentar.

Ja nicht genug damit. Noch einen zweiten Nachtrag
stellte Alkuin zusammen, der gewissermassen als dritter Band
des nunmehr stark erweiterten Gregorianums angesehen werden
konnte. Derselbe enthielt indessen nicht wie der zweite solche

---

[1]) Vgl. Muratori l. c. II 217: Exceptis his quae in eodem in nativitate
vel assumtione beatae Mariae, praecipue vero in quadragesima, virgulis antepositis, lectoris invenerit iugulata solertia ... Missam vero praetitula-
tam, in natali eiusdem beati Gregorii, virgulis antepositis, iugulatam.
Näheres über diese zwischen Gregor und Alkuin aufgekommenen Kirchen-
feste bei Probst, Die ältest. röm. Sacrament. S. 324—366. Duchesne,
Origines p. 117 s. — Die Klammern lassen sich nachweisen im Sakramentar von Essen, jetzt in der Landesbibliothek zu Düsseldorf Cod. D. 1.
Vgl. Archiv d. Gesellsch. f. ältere deutsche Geschichtskunde XI 750 f.
Lamprecht, Initial-Ornamentik S. 27.

[2]) Es ist der Abschnitt Muratori l. c. II 139—240. Vgl. Probst
a. a. O. S. 366—382. Meckel in der Tübinger Theolog. Quartalschrift
1862 S. 76 f. Alkuin sagt darüber in seinem Prolog (Muratori l. c.
II 271): Sed quia sunt et alia quaedam, quibus necessario sancta utitur
ecclesia, quae idem pater ab aliis iam edita esse inspiciens praetermittit,
idcirco operae pretium duximus ea velut flores pratorum vernantes car-
pere et in unum congerere atque correcta et emendata suisque capitulis
praenotata, in huius corpore codicis seorsum ponere, ut in hoc opere cuncta
inveniret lectoris industria, quaecumque nostris temporibus necessaria esse
perspeximus, quamquam pluriora etiam in aliis sacramentorum libellis in-
venissemus inserta.

Gebete, an denen die fränkische Kirche als an notwendigen Bestandteilen ihres Gottesdienstes hing, sondern solche, von
denen sie nur fakultativen Gebrauch machte.[1])
Für uns handelt es sich hier um einen Abschnitt im ersten
alkuinschen Nachtrag.[2]) Denn derselbe enthält, und zwar im
Cod. Ottobon. reichhaltiger und korrekter, im Cod. Vatic. in
gekürztem und teilweise sogar verändertem Wortlaut, die bereits dem Gelasianum eingegliederten und von dorther bekannten
Skrutiniengebete und Taufformeln. Dieselben waren also zu
Alkuins Zeiten noch immer derartig im Gebrauch der Kirche,
dass ein kirchliches Formelbuch, welches dieselben nicht enthielt, für die fränkische Kirche jedenfalls unvollständig erschien.
Auch genügte es nicht, dass einige derselben bereits in das
Gregorianum eingefügt waren.[3]) Die Taufliturgie verlangte
nach wie vor dieselben in grösserer Anzahl, und so sah sich denn
Alkuin veranlasst, diesem Bedürfnis in seinem ersten Nachtrag
gerecht zu werden. Und doch ist der Unterschied zwischen
jenen frühern Einschiebseln und diesem Abschnitt im ersten
alkuinschen Anhang nur ein quantitativer. Es handelt sich
diesmal zwar um eine grössere Anzahl von Gebeten, aber doch
nur um solche von gleicher Gattung. Denn beide Male sind
der dem Gelasianum eingegliederten Skrutinienliturgie nur Gebete des Aufnahmeskrutiniums, sodann Exorcisationsgebete und
endlich Gebete und Formeln des Karsamstagsskrutiniums bezw.
des Taufaktes selbst[4]) entnommen. Dagegen fehlen dort wie
hier die Gebete und Formeln der grossen Skrutinienmesse
der Ohrenöffuung.[5]) Während also die Bearbeiter des Gregoria-

---

[1]) Vgl. Probst a. a. O. S. 382—385 und oben S. 290 Anm.

[2]) Nr. 4 finis. Nr. 5. Muratori l. c. II 152—158.

[3]) Vgl. oben S. 292 Anm. 2.

[4]) Aufnahmeskrutinium Gelas. I 30—32 = Gregor. Murat. II 60 =
Gregor. Murat. II 152—154.

Exorcisationsgebete der gewöhnlichen Skrutinienmesse Gelas. I 33
= Gregor. Murat. II 60 = Gregor. Murat. II 154—155.

Karsamstagsskrutinium (Katechisation und Abrenuntiation) Gelas. I
42 = Gregor. Murat. II 61 = Gregor. Murat. II 155—157.

Taufakt Gelas. I 44 = Gregor. Murat. II 63—65 = Gregor. Murat. II
157—158.

[5]) Gelas. I 34. 35. 36.

nums nach wie vor auf zahlreiche Bestandteile der Skrutinien
Wert legen und es für unbedingt nötig halten, dieselben dem
neuen Messbuch passend oder unpassend einzugliedern, lassen
sie völlig alles bei Seite, was sich auf das wichtigste und feier-
lichste Skrutinium bezieht. Das legt aber den Schluss nahe,
dass das Zeitalter Karls des Grossen in der Taufliturgie zwar
einen gewissen Zusammenhang mit den alten Skrutinien aufrecht
erhielt, diese Skrutinien selbst aber nicht mehr in der alten
Form handhabte. Das Hauptstück derselben, die Ceremonie
der Ohrenöffnung und Symbol- bezw. Vaterunserübergabe, war
in Wegfall gekommen.

Dagegen scheinen zwar verschiedene zeitgenössische Urkunden zu sprechen. Denn die Epistola de baptismo des Jesse
von Amiens, die Epistola de caerimoniis baptismi des Amalar von
Trier, das Aquileiense catechumenorum scrutinium, der Codex
Sessorianus 52[1]) enthalten sämtlich die Skrutinien in ihrer alten
Vollständigkeit. Aber diesen Repräsentanten einer zur Neige
gehenden Zeit stehen ausser jener tendenziös mangelhaften Ergänzung des Gregorianums gewichtige andere Zeugnisse gegenüber, vor allem die Thatsache, dass uns das offizielle Schema
der Taufliturgie im Zeitalter Karls noch heute erhalten ist.

Dass man um die Wende des 8. und 9. Jahrhunderts in vielen
Teilen der abendländischen Kirche noch Skrutinienmessen zu
halten pflegte, daran zu zweifeln haben wir nicht den mindesten
Anlass. Von kleinen provinziellen Verschiedenheiten ist dabei
durchaus abzusehen. Schon war der Einfluss Roms für den
Occident gross genug, um langsam aber sicher den liturgischen
Widerstand der verschiedenen Landeskirchen zu brechen.
Andrerseits war man weise genug, den Widerspruch gegen
liturgische Abweichungen nicht auf die Spitze zu treiben, man
zeigte sich nicht kleinlich, sondern überliess es der Zeit, den
eingeleiteten Prozess zum Abschluss zu bringen. Trotz aller
Gegenarbeit, trotz zahlreicher Kompromisse hatte sich schliesslich
das Gelasianum, hatten sich die mit demselben Hand in Hand
gehenden Skrutinien überall durchgesetzt. Sie waren die Form
geworden, mit deren Hülfe man in den weiten Teilen des
Reiches die Kinder zur Taufe vorbereitete: Rom, Oberitalien,

---

[1]) Vgl. oben S. 211—217.

Frankreich handhabten sie trotz innerer Widersprüche bis in
das 9. Jahrhundert hinein.

Und doch kennt das Zeitalter Karls einen durchaus anders
gearteten Modus der Taufvorbereitung, von dem man bisher
noch nicht erfahren hat, weder woher er stammt, noch wann
und wo und wie er eingeführt wurde, noch wie er beschaffen
war. Nur die ganz allgemeine Nachricht, dass Karl einen neuen
Taufritus in seinem Reiche eingeführt habe, verbunden mit der
ebenfalls nur allgemeinen Vorstellung, dass dieser neue Ritus
mit der Einführung irgend welcher römischen Liturgie zu-
sammenhing, wird immer wiederholt. In einem am 23. März 789 von Aachen aus erlassenen Kapitulare gibt Karl den Bischöfen seines Reiches den Befehl,
ihre Presbyter darauf hin zu visitieren, ob dieselben nach dem
römischen Ritus taufen. [1]) Der Massregel kann kein anderes
Motiv zu Grunde gelegen haben als Karls Hochstellung der
römischen Tradition, seine Verehrung für die römischen Ordnungen, sein Wertlegen auf Übereinstimmung in den gottesdienstlichen Formen mit Rom. [2])

Geraume Zeit später, im Jahre 813, figuriert die gleiche
Frage unter den Verhandlungsgegenständen der Mainzer Synode.
Hier werden zwei Charakteristika angegeben für das, was jene
Zeit unter einem Taufen nach römischem Ritus verstand, näm-
lich 1) das Skrutinium, 2) die Beobachtung der beiden alt-
kirchlichen Taufzeiten, Ostern und Pfingsten. [3])

---

[1]) Duplex legat. edict. c. 23: Ut audiant episcopi baptisterium presbyterorum, ut secundum morem Romanum baptizent Boretius M. G. Capit.
reg. Franc. I 64.

[2]) Vgl. Hauck, Kirchengesch. Deutschl. II 106.

[3]) Synode zu Mainz 813 can. 4: Sacramenta itaque baptismatis
volumus, ut sicut sancta vestra fuit admonitio, ita concorditer atque uni-
formiter in singulis parochiis secundum Romanum ordinem inter nos cele-
brentur iugiterque conserventur: id est scrutinium ad ordinem baptismatis
sicut in decretis Leonis papae sub duobus continetur capitulis (Ml. 54,
700 sq. 67, 284). In capitulo XI: Duo tempora id est pascha et pentecoste
ad baptizandum a Romano pontifice legitima praefixa sunt. Item capitulo
XII: Non interdicta licentia quae in baptismo tribuendo quolibet tempore
periclitantibus subvenitur. Et Siricius (Ml. 13, 1135. 67, 233): Si in qualibet necessitate opus fuerit sacri unda baptismatis, omni volumus celeritate succurri Mansi, Conc. coll. XIV 66 Hefele, Conciliengesch. (2) III 760.

Auf diese beiden Notizen hat man sich bisher beschränkt, wenn von dem neuen Taufritus die Rede war, aber man hat nicht den Versuch gemacht, jenen selbst zu rekonstruieren.[1] Und doch fehlt es nicht an reichlichem Material zu einem solchen Unternehmen.

In der Zwischenzeit nämlich hat Karl ein Rundschreiben an die Erzbischöfe seines Reiches erlassen mit der Aufforderung, ein jeder solle ihm das Taufceremoniell wissenschaftlich erklären.[2] Speciell auf folgende . elf Fragen wünscht der Kaiser eine Antwort:

1) Warum wird der Täufling zuerst Katechumene bezw. was ist ein Katechumene?

2) Was ist ein Skrutinium?

3) Wie legen die Abendländer das Symbol aus?

4) Welches ist der Inhalt des Symbols?

---

[1] Selbst Rettberg, Kirchengesch. Deutschl. I 438 II 783 und Hauck. Kirchengesch. Deutschl. II 107 gehen über diese Linie nicht hinaus. Der einzige, der einen prinzipiellen Unterschied zwischen den früheren und späteren Taufriten empfunden hat, scheint Probst gewesen zu sein. Vgl. Katholik 1880 II 55—75. Indessen konnten seine Untersuchungen zu keinem erspriesslichen Resultate führen. da er bereits Gregor d. Gr. einen ordo baptismi verfassen lässt, der das organische Mittelglied zwischen den Riten des Gelasianums und denen des Rituale Pauls V. bilden soll. Wie aber dieser ordo baptismi Gregors beschaffen gewesen sei, vermochte Probst ebensowenig zu sagen, wie er Beweise für das Vorhandensein desselben beigebracht hat. Gleichwohl bekenne ich, Probst wenigstens die Anregung zu verdanken zu Nachforschungen nach dem Ursprung des spätmittelalterlichen Taufritus. Man wird im 9. Jahrhundert einzusetzen haben und sich nicht gegen das Zugeständnis versperren dürfen, dass den fränkischen Theologen der Löwenanteil bei dieser liturgischen Entwickelung gebührt. Widerspruch gegen meine Hypothese wird vielleicht nicht ausbleiben, aber ich halte es doch für wünschenswert, die Sache in Fluss zu bringen, eingedenk eines Wortes von Hauck, dass die Frage nach der wirklichen Gestalt des Gottesdienstes im Zeitalter Karls d. Gr. einer eingehenden Untersuchung wert sei (Kirchengesch. Deutschl. II 229 Anm. 8).

[2] Über den ganzen Vorgang vgl. Rettberg, Kirchengesch. Deutschl. I 438; Abel-Simson, Jahrbücher des Fränkischen Reiches unter Karl d. Gr. 1883 II 494—497; sowie meine inzwischen erschienene Schrift: Erzbischof Odilbert von Mailand über die Taufe. Ein Beitrag zur Geschichte der Taufliturgie im Zeitalter Karls d. Gr. S. 1—10.

5) Was heisst dem Teufel, seinem Werk, seinem Wesen entsagen?

6) Warum wird der Täufling angehaucht und exorcisiert?

7) Warum empfängt der Katechumene Salz?

8) Warum berührt man seine Nase und salbt und signiert ihm Brust und Schultern?

9) Warum wird er mit weissen Kleidern angethan?

10) Warum wird sein Haupt mit heiligem Öle gesalbt und mit einem Schleier bedeckt?

11) Warum wird er durch Leib und Blut des Herrn gestärkt? [1])

Von den durch diesen Fragebogen veranlassten Schriften liegen noch zwölf vor und zwar acht direkte Antwortschreiben und vier anderweitige Aufsätze über die Taufe. Sie alle bemühen sich, so gut oder so schlecht es gehen will, die einzelnen vom Kaiser namhaft gemachten Ceremonieen mystisch-symbolisch zu erörtern. Dabei ist es nun auffällig, dass nur zwei von diesen zwölf Kommentatoren das System der sieben römischen Skrutinienmessen kennen, — es sind die schon genannten Prälaten Jesse von Amiens und Amalar von Trier —[2]) während die zehn anderen, also bei weitem die Mehrzahl, zwar den Begriff Skrutinien erwähnen, schon deshalb weil er auf dem Fragebogen des Kaisers stand, aber von jenem alten Skrutinienwesen, dem Parallelgänger des gelasianischen Sakramentars, nichts zu wissen scheinen. [3]) Hingegen repräsentieren

---

[1]) Das Rundschreiben Karls ist sehr oft obgedruckt, vgl. unt. and. Jaffé, Monum. Carol. 401 sq. 402 sq. Boretius M. G. Capit. reg. Franc. I 248 sq.

[2]) Vgl. oben S. 211—214.

[3]) Es sind die Erzbischöfe Leidrad von Lyon (Liber de sacramento baptismi Ml. 99, 853—872), Magnus von Sens (Libellus de mysterio baptismatis Ml. 102, 981—984), Maxentius von Aquileja (Epistola de significatu rituum et caerimoniarum baptismi Ml. 106, 51—54), Odilbert von Mailand (Liber de baptismo vgl. oben S. 186 Anm. 3 S. 300 Anm. 2), der Bischof Theodulf von Orléans (Liber de ordine baptismi ad Magnum Senonensem Ml. 105, 223—240) und die unbekannten Verfasser der Epistola de ritibus baptismi ad Carolum M. imperatorem Ml. 938 sq., der Collectanea dicta de antiquis ritibus baptismi eorumque significatu Ml. 106, 53—58 (vgl. oben S. 215 Anm. 1) und eines von D. Germain Morin in

sie unter sich einen gemeinsamen Typus des Taufrituals, der
zwar einerseits dem römischen Skrutinienwesen auf den ersten
Blick sehr ähnlich sieht, sich aber doch andrerseits scharf
von demselben abhebt. Er spiegelt einen römischen Usus
wieder und doch auch nicht. Es liegt eine ähnliche Selbsttäuschung vor, wie wenn man die auf gallischem Boden gebrauchten Sakramentarien, das Gelasianum oder Gregorianum,
trotz ihrer starken Modifikationen für Gottesdienstordnungen
hält, die mit der genuin römischen identisch seien.
    Und diese Wahrnehmung wird noch durch eine andere
Thatsache verstärkt. Während die durch Jesse von Amiens
und Amalar von Trier vertretenen Skrutinienmessen nur durch
zwei Urkunden des 9. Jahrhunderts, das aquilejische Skrutinium und den Codex Sessorianus 52, Succurs erhalten, weisen
vier weitere Denkmäler jener Zeit ein liturgisches Formular
auf, das sich Zug um Zug mit dem Inhalt jener vorgenannten
zehn Kommentare zur Taufliturgie deckt.[1] Also auch hier
das numerische Überwiegen eines neuen Typus über einen
alten. Beide Typen aber repräsentieren in den Augen des
Kaisers und seiner Bischöfe den usus Romanus.
    Ich darf zurückkommen auf das, was ich über die Ver-
änderungen gesagt habe, denen Alkuin das Gregorianum unterzog. Die von ihm in dasselbe eingeschobenen Formeln, welche
der Taufvorbereitung bezw. dem Taufakt angehörten, galten
durchweg als gut römisch und waren ja auch dem römischen Gelasianum, wenngleich erst in seiner fränkischen Umarbeitung,
entnommen. Aber jene Zusätze repräsentierten keineswegs die
bekannten Skrutinienmessen sondern nur Teile derselben. Alkuin
schloss sich bei dieser seiner auswählenden Thätigkeit dem römischen Ritus an, und doch emanzipierte er sich zugleich von ihm.

---

der Rev. Bénéd. 1896 p. 290—292 veröffeutlichten Aufsatzes. Aber auch
der von Morin l. c. p. 294 n. 2 erwähnte Traktat in Ms. 94 der Bibliothek
von Orléans und das Fragment eines Anonymus Ml. 98, 939 dürften hinzu-
zuzählen sein.
    [1] Es sind die sog. Traditio baptisterii Ml. 105, 791 sq. (vgl. oben
S. 211 Anm. 1 a), der Brevis tractatus de sacramento baptismi (Martene,
De antiq. eccl. ritib. 1736 I 172 sq.) und Alkuins epist. 93 ad monachos
Gothiae und epist. 261 ad Oduinum presbyt. (Jaffé, Monum. Alcuin. p. 390 sq.
824 sq.).

Dasselbe aber ist bei jenen erzbischöflichen Kommentatoren der Fall.

Der Quellenbefund ist demnach dieser. Wir haben es in der fränkischen Kirche zur Zeit Karls mit einer ganzen Fülle von Urkunden zu thun, die uns teils direkt teils indirekt einen Taufritus vorführen, der sich zwar als mos Romanus gibt und auch durchweg die Züge des bisher bekannten römischen Skrutinienritus trägt, gleichwohl aber mit diesem nichts zu thun hat sondern eine entschiedene Weiterbildung repräsentiert. Aus den Skrutinienmessen ist ein ordo baptismi geworden.

§ 17. Das Symbol in der Gesetzgebung Karls des Grossen.

Sieht man von denjenigen Teilen des fränkischen Reiches ab, die noch als Missionsprovinzen galten, und in denen deshalb die individuelle Behandlung erwachsener Katechumenen ebenso wie Massentaufen an der Tagesordnung waren, so gewinnt man auf Grund der kaiserlichen Kapitularien und der liturgischen Schriften des ausgehenden 8. und des beginnenden 9. Jahrhunderts ein klares und gut abgegrenztes Bild des Taufvollzuges in der fränkischen Kirche.

Jede Parochie hat ihre Taufkirche, welche den grössten Teil des Jahres hindurch geschlossen sein muss und jedenfalls zu Beginn der Fasten feierlich versiegelt wird.[1] Denn nach altkirchlicher Gepflogenheit, wie auch um in Bezug auf die vorschriftsmässige Beobachtung der Taufvorbereitung einigermassen eine Garantie zu haben, durfte das Sakrament der Taufe nur in der Oster- und in der Pfingstnacht gespendet werden.[2]

---

[1] Synode zu Salzburg ca. 800 can. 32: Ut per omnes dioeceses legalia baptisteria constituantur et sacra fons ibidem honorifice aedificetur Boretius l. c. I 229 Hefele, Conciliengesch. (2) III 731. Vgl. Hauck, Kirchengesch. Deutschl. II 34. 411 Anm. 2.

[2] Capit. a sacerdot. proposita 802 c. 10: Ut a cunctis sacerdotibus ius et tempus baptismatis temporibus congruis secundum canonicam in-

Andrerseits müssen aber auch alle im Laufe des Jahres geborenen Kinder an einem dieser beiden Termine zur Taufe gebracht werden, falls die Eltern nicht eine empfindliche Geld-
strafe gewärtigen wollen.[1]) Obendrein trifft Eltern und Priester
die Verantwortung, wenn ein Kind ungetauft stirbt.[2]) Der
Priester hat für die Spendung des Sakramentes keine Gebühr
zu verlangen, doch darf er solche Gaben, welche ihm Eltern
oder Paten freiwillig anbieten, ohne Bedenken annehmen.[3])

---

stitutionem cautissime observetur Boretius l. c. p. 106. Capit. in dioeces.
quad. synodo tractata c. 10: Ut nullus baptizare praesumat nisi in pascha
et pentecosten, excepto infirmo Boretius l. c. p. 237. Capit. missorum c. 5
Boretius l. c. 182. Vgl. Theodulf von Orléans, Capit. ad presbyt. parochiae suae II Ml. 105, 209. Haito von Basel, Capit. eccl. c. 7 Boretius
l. c. 363. Gleichwohl wurden diese Verordnungen wenig beachtet, vgl. die
Klagen der Reformsynode von Paris 829 I 7—8 Mansi, Conc. coll. XIV
541 sq. Hefele, Conciliengesch. (2) IV 59. Die alten Bestimmungen wurden
aufs neue von Regino (De synodalib. causis I cap. 267. 272. 273)
wiederholt.

[1]) Capit. de partibus Saxoniae c. 19: Quod omnes infantes infra an-
num baptizantur; et hoc statuimus, ut si quis infantem intra circulum anni
ad baptismum offerre contempserit sine consilio vel licentia sacerdotis, si
de nobile generi fuerit centum viginti solidos fisco conponant, si ingenuus
sexaginta, si litus triginta Boretius l. c. p. 69. Die Verfügung bezieht
sich zwar speciell auf die sächsischen Verhältnisse, legt aber gleichwohl
den Schluss nahe, dass im Frankenreiche die Taufe binnen Jahresfrist
kirchliche Ordnung war.

[2]) Theodulf von Orléans, Capit. c. 17. Ml. 105, 196. Regino, l. c. I 21:
Illud super omnia perscrutandum. si sine baptismo per negligentiam presbyteri aliquis infans in parochia mortuus sit? Vgl. dazu I cap. 130—132.

[3]) Capit. a sacerdot. proposita 802 c. 12 Boretius l. c. p. 106 sq.
Theodulf von Orléans, Capit. ad presbyt. parochiae suae Ml. 105, 209:
Ut pro ministerio baptizandi nihil exigant sive a baptizandis sive a parentibus illorum, nihil munusculi, nihil pretii omnino, sed cum gratiarum
actione et cum summa devotione hoc peragant. Quod si forte parentes
eorum aut qui eos a sacris fontibus suscipiunt, sponte et gratuito aliquid
muneris vobis dare voluerint, accipite nihil haesitantes. Ghärbald von
Lüttich, Capitula c. 5: Ut nullus presbyter pro baptizandi causa et communionem tribuendi aliquod pretium exactare faciat nec in minimo nec
in maximo. Quod si fecerit et ad nostram notitiam pervenerit, sciat se
post haec a gradu sui ordinis periclitari. Boretius l. c. p. 243. — Regino, De synodal. causis I 20: Si pro baptizandis infantibus aut infirmis
reconciliandis vel mortuis sepeliendis praemium vel munus exigat? Vgl.
dazu I cap. 122.

Dem eigentlichen Taufakte, über dessen prinzipielle Bedeutung wie liturgische Ausgestaltung man sich in der Hauptsache bereits klar geworden war, gingen eine Reihe von Ceremonieen vorauf; diesen letzteren galt insonderheit das Interesse des karolingischen Zeitalters. Denn darüber herrschte zwar vollkommene Übereinstimmung, dass alle Menschen, auch die kleinen Kinder, sich um der allgemeinen Sündhaftigkeit willen einem Katechumenate zu unterziehen hätten, durch den sie allein die rechte Bereitschaft für die Taufe empfangen könnten. Aber die Formen dieser Taufvorbereitung bemassen sich nicht nur nach dem Alter und der Erkenntnisstufe des jeweiligen Taufbewerbers, sondern offenbarten durchweg eine erfreuliche Fortentwickelung über den bisherigen Skrutinienritus hinaus entsprechend dem Umbildungsprozess, den die ganze Liturgie damals durchmachte.

Zwar ist das Ceremoniell der sieben Skrutinienmessen nicht nur in den älteren fränkischen Landesteilen sondern auch in Trier, also auf deutschem Boden, nachweisbar. Aber es muss sofort auffallen, dass Hand in Hand mit ihnen ein lehrhafter Katechumenat auftritt, von dem die verflossenen Jahrhunderte sogut wie nichts wussten.

Gleich die Einführung in die Taufvorbereitung ist eine zwiefältige. Es gilt, die in der Finsternis der Unwissenheit und in den Lüsten des Fleisches Einhergehenden zu neuen Menschen umzuschaffen. [1]) Dies ist aber nur Kindern gegenüber auf dem Wege des Ceremoniells möglich. Nur bei ihnen genügt es, das, was man für sie auf dem Herzen hat, in einem an Gott gerichteten Gebete kurz zusammenfassen, auf welches hin sie dann den Namen Katechumenen führen.[2]) Sind hingegen die Taufbewerber erwachsen, so muss die Eingliederung in den neuen

---

[1]) Amalar von Trier, Epistola de caerim. bapt. Ml. 99, 893: Sumus ante baptisma in tenebris ignorantiae, in desideriis carnis ambulantes facimus ea quae non conveniunt: vivimus secundum veterem hominem qui corrumpitur secundum desideria erroris.

[2]) L. c. p. 894: Super parvulos orationem faciant, ut caecitas cordis in eis depellatur, dirumpantur laquei satanae, quibus fuerant colligati, et idonei efficiantur per incrementa et ministrationem membrorum ea cognoscere, quae dimittenda sunt et quae tenenda.

Wiegand, Symbol und Katechumenat.   20

Stand mit Hilfe der Belehrung vor sich gehen. Der Diener
der Kirche setzt ihnen den Unterschied zwischen dem Zustande des alten Menschen und dem neuen Leben, in welches
sie durch Gottes Gnade in der Taufe hineingeboren werden
sollen, auseinander, und belehrt sie, was sie fortan zu glauben
und wie sie durch Werke der Liebe diesen Glauben zu bewähren haben.[1]) Mit anderen Worten, bei Erwachsenen tritt
wieder die altkirchliche Einführungskatechese in Kraft. Der
Taufbewerber, dem sie gehalten wurde, heisst fortan mit Recht
wieder Katechumene d. h. der Unterrichtete, der Belehrte
oder auch der Hörer.[2]) Und selbst die vor Jahrhunderten
gebrauchten, auf die Einführungskatechese bezüglichen Lehr-
bücher Augustins werden dem Klerus aufs neue als geeignete
Mittel zur Orientierung in Erinnerung gebracht.[3])

Dasselbe Bild wiederholt sich beim Katechumenate selbst.
Er weist die sieben Skrutinienmessen nach wie vor als seinen
liturgischen Teil auf, aber deckt sich mit ihnen nicht ausschliesslich. Vielmehr verfolgt er den doppelten Zweck, einmal alles das mit dem Taufkandidaten zu repetieren, was demselben in der Einführungskatechese mitgeteilt ist, und sodann

---

[1]) L. c. p. 893: Ideoque qui desiderat secundum novum hominem
reformari, necesse est ut instruatur a doctoribus ecclesiae, qualis ante
baptismum sit, qualis post baptismum futurus per dei gratiam, ut de
tenebris peccatorum in lucem veritatis convertatur, relicto nomine falsorum
deorum colat unum deum vivum et verum. L. c. p. 893 sq.: Non possumus cognoscere veritatem, antequam sciamus quid sit falsum. Igitur
oportet nos docere illum, a quo recesserit peccando et in quo errore per-
maneat, et postea in quem oporteat credere et fidem tenere per opera
caritatis. Vgl. l. c. p. 897 sq.: Interrogamus illos quos ante instruximus
in fide et quos postea scrutati sumus, si adhuc permansissent in his quae
primitus didicerunt, et si se caecos cognovissent et modo prosperasse ad
lumen, eo quod perfecte id est septies illos scrutati sumus; si abrenuntiant
id est contradicant satanae contrariae potestati et omnibus operibus eius
et omnibus pompis eius.

[2]) L. c. p. 893: Et postquam haec percepit a catholico doctore, catechumenus dicitur id est instructus sive auditor.

[3]) L. c. p. 894: Sicut Augustinus ait in libro De fide et operibus.
— De qua instructione, si quis vult, satis reperire potest in Augustino
De catechizandis rudibus. Vgl. die gleiche Empfehlung durch Alkuin und
Hraban oben S. 280 und 283.

ihn geistlich und sittlich auf die Taufe vorzubereiten. Da nun aber die sieben Skrutinienmessen bloss der letzteren Aufgabe nachkommen, so finden sie ihre Ergänzung in einem Lehrverfahren, das sich die Einübung und Repetition des den Taufkandidaten in der Einführungskatechese kurz dargebotenen Glaubensinhaltes zur Aufgabe stellt. Man sieht, durchweg werden die Traditionen der Alten Kirche in der Weise wieder aufgenommen, dass, was jetzt Katechumenat heisst, mit der Kompetentenbehandlung des 4. und 5. Jahrhunderts etwa identisch ist. [2])

Dementsprechend konnte auch über die Form, in welcher jener Katechumenenunterricht stattzufinden hatte, kein Zweifel obwalten. Symbol und Vaterunser werden den erwachsenen Taufkandidaten erklärt und dem Wortlaute nach eingeprägt, nur dass man die neue und doch alte Einrichtung jetzt auch auf die Kinder ausdehnt. Freilich konnte man mit diesen Kleinen die Grundzüge einer Einführungskatechese, die sie nicht gehört hatten, nicht repetieren. Wohl aber konnte die Kirche von den Paten verlangen, dass sie auch in Bezug auf diese Leistung an die Stelle der Kinder traten. Denn sie, die später dafür zu sorgen hatten, dass ihre Patenkinder mit den wichtigsten Bestandteilen der christlichen Lehre bekannt seien, mussten zuvor die Garantie bieten, dass sie selbst fähig seien, gute Lehrmeister abzugeben. [3])

Fasste die Kirche die Skrutinien in dieser Weise auf,

---

[1]) L. c. p. 895: Septies perscrutantur, id est perfecte perscrutantur, si ea fixa mente teneant, quae audierunt a magistro, et quodammodo quasi tenebrae fugantur a catechumeno, ut in profectu scrutinii illuminentur ipsi catechumeni. — Jesse von Amiens, Epistola de baptismo Ml. 105, 781: Audit doctrinam percipiendae fidei instituiturque qualiter ad sacri baptismatis lavacrum pervenire debeat.

[2]) Man will dies freilich nicht einsehen, sondern sucht, wie schon Isidor es gethan (vgl. oben S. 188), und meist auch mit seinen Worten, einen begrifflichen Unterschied zwischen Katechumenen und Kompetenten künstlich festzuhalten. Vgl. Jesse von Amiens l. c. p. 785; ferner Leidrad von Lyon, Lib. de sacram. bapt. c. 1. Odilbert von Mailand. Lib. de baptismo c. 4. 7 u. and.

[3]) Exhortatio ad plebem christianam bei Müllenhoff-Scherer, Denkmäler deutscher Poesie u. Prosa (3) Nr. 55 I 201: Unê mac der furi andran dera calaupa purgeo sin, der dê calaupa noh imo ni uueiz?

dann war die Anwendung derselben auf Kinder freilich weder
sinn- noch wertlos. Vielmehr gewannen auch die Feierlichkeiten
der Symbolübergabe im dritten und der Symbolrückgabe im
siebenten Skrutinium eine ihnen bisher kaum eignende Bedeutung. Das Skrutinium der Ohrenöffnung war mit seinem
Reichtum an Glanz und Pomp ganz dazu angethan, wie dem
erwachsenen Taufkandidaten so auch dem Paten die centrale
Bedeutung jener mysteriösen Formeln einzuprägen, welche es
zur Mitteilung gelangen liess. Und ebenso erscheint das letzte
Skrutinium wieder voll und ganz als das, was es sein wollte,
als das Skrutinium der Symbolrückgabe. Denn diese letztere
war bisher nur dem Namen nach vorhanden. Die Reihen der
Kinder durchschreitend sprach der Priester unter Handauflegung das Nicäno-Konstantinopolitanum über sie hinweg; eine
leere Ceremonie, an der man nur der Tradition zuliebe fest-
hielt. Jetzt bekommt dieselbe wieder Leben. Die erwachsenen
Katechumenen geben das Symbol in der Weise der Alten
Kirche für sich zurück, und für die unerwachsenen leisten
die gleiche Pflicht diejenigen, welche bereits in den letzten
Wochen beständig für sie eingetreten sind, die Paten. Jetzt
werden dieselben einem endgiltigen und scharfen Examen
unterstellt, ob sie Symbol und Vaterunser auswendig wissen,
und ob sie daraufhin das verantwortungsvolle Amt eines Paten
übernehmen können.[1])

Es wird sich noch Gelegenheit finden, auf diese wichtige
Erscheinung näher einzugehen.

Indessen bildeten die sieben Skrutinienmessen keineswegs
die einzige Form, wie man um die Wende des 8. und 9. Jahrhunderts auf die Taufe vorbereitete. Die Thatsache, dass
weder das interpolierte und mit Nachträgen versehene Gregorianum noch die Mehrzahl der Erzbischöfe, die auf Karls Rundschreiben hin sich äusserten, jener Siebenzahl von Messen oder
der besonders auffälligen Skrutinienmesse der Ohrenöffnung

---

[1]) Amalar l. c. p. 894: Et docemus orationem dominicam patrinos
et matrinas, ut et ipsi similiter faciant, quos suscepturi sunt a sacro baptismate. Similiter docemus symbolum. p. 898: Deinde perscrutamur
patrinos et matrinas, si possunt cantare dominicam orationem et symbolum,
sicut praemonuimus.

Erwähnung thun, lässt wenigstens darüber nicht den mindesten
Zweifel aufkommen. Dagegen stösst man zu wiederholten
Malen auf einen Taufordo, bei welchem der eigentliche Taufakt mit den vorbereitenden wie mit den abschliessenden Ceremonieen zu einem einheitlichen Ganzen verschmolzen ist und
mit ihnen allen einen einzigen zusammenhängenden Gottesdienst ausmacht. Mögen irgendwelche Pausen zwischen den einleitenden Ceremonieen und dem Taufakte oder zwischen diesem
und einem Teil der postbaptismalen Akte eingetreten sein, so
waren es jedenfalls eben nur Pausen, die aus praktischen Rücksichten nötig schienen. Jedenfalls steht, wenngleich sich diese
Vorgänge auch nicht auf Zeit und Stunde genau berechnen
lassen, doch die Einheitlichkeit des ganzen Taufordo unzweifelhaft fest. Man beginnt mit ihm am Oster- bezw. Pfingstsamstag
und lässt ihn vor dem Oster- bezw. Pfingstfest zum Abschluss
kommen.

Im einzelnen wird der Täufling nach alter Sitte zuerst
als Katechumene angesprochen, d. h. er wird vorgestellt als
einer, der dem Heidentum und seinem Beherrscher, dem Teufel,
entsagt.[1] Dieser ausschliesslich negative Charakter des Katechumenates kommt in drei Ceremonieen zum Ausdruck, in der
Exsufflation oder Aushauchung des bösen Geistes, in der
Exorcisation oder Austreibung desselben durch eine Gebetsformel und in der Darreichung des Salzes.[2] Diese letzte
Ceremonie war durch ihr hohes Alter empfohlen und wurde
deshalb beibehalten, wenngleich es nach wie vor nicht gelingen

---

[1] Theodulf von Orléans, Liber de ordine bapt. c. 1 Ml. 105. 224:
Quod modo infantes catechumeni efficiuntur, antiquus mos servatur. —
Infantes ergo et audientes et catechumeni fiunt, non quo in eadem aetate
et instrui et doceri possint, sed ut antiquus mos servetur, quo apostoli eos
quos baptizaturi erant primum docebant et instruebant. Vgl. c. 2. —
Leidrad von Lyon, Liber de sacramento baptismi c. 1 Ml. 99. 856: Qui
baptizandus est, prius docetur ut credat, id est instruatur fide: hoc est
enim catechumenum esse id est instructum. Catechizare est instruere.

[2] Vgl. Theodulf l. c. p. 225 c. 3: Cur exsufflatur. c. 4: Cur exorcizatur. c. 5: Cur catechumenus accipit salem. Vgl. Leidrad l. c. c. 1.
Über die Salbung, welche im Anschluss an Isidor von Sevilla einige
Liturgiker an dieser Stelle einschieben, vgl. meine Schrift: Erzbischof Odilbert von Mailand über die Taufe S. 43 f.

wollte, die ihr zu Grunde liegende Idee klar und scharf zu präcisieren. Immerhin schloss sie zugleich ein positives Moment in sich; denn indem das Salz als ein Mittel der Ausscheidung und zugleich der Konservierung gedacht war, und indem es als Ersatz für das dem Katechumenen noch vorenthaltene Altarsakrament galt, prädisponierte es diesen für die zweite Stufe, auf der er bereits geistliche Gaben zu empfangen gewürdigt war.[1])

Auf dieser zweiten Stufe hiess der Taufbewerber Kompetent. Als solchem wurde ihm zunächst das apostolische Symbol mitgeteilt,[2]) entweder direkt, indem es der Priester über die Täuflinge hinsprach, oder indirekt, indem er es den Paten zur Weitergabe an die Kinder überlieferte. Daran schlossen sich als weitere Kompetentenceremonieen die Skrutinien oder das Skrutinium.

Hingegen eröffneten den eigentlichen Taufakt das Effeta,[3]) sowie die Salbung an Brust und Schultern verbunden mit der von den Erwachsenen bezw. den Paten zu leistenden Abrenuntiation und die ebenfalls an die beiden genannten zu richtenden Glaubensfragen.[4]) Was diese drei letzten Ceremonieen betrifft, so

---

[1]) Vgl. Theodulf l. c. p. 226 c. 5: Cuius fidei firmitas tunc iam clare elucescit, cum is qui audierat solius dei cultum esse tenendum, unde audiens vocatus est, et instrui coeperat de verae religionis cultu, unde catechumenus vocatus est, et per exsufflationem et exorcizationem a maligno spiritu erutus est, et in datione salis iam habere coepit gustum divini verbi, tradatur ei symbolum. Unbewusst wirkte hier die Vorstellung vom Salz als dem Surrogate des Altarsakramentes (vgl. oben S. 10 Anm. 1) nach.

[2]) Theodulf l. c.: Et hoc ideo quia post exorcizationem et exsufflationem symboli sequitur traditio. Darauf folgen c. 6: Quae sit interpretatio symboli secundum Latinos, sowie c. 7: De credulitate und c. 8: De scrutinio.

[3]) Über das Effeta vgl. Leidrad l. c. c. 2 Ml. 99, 857: Sciendum tamen quod de hac re in diversis regionibus diversus teneatur usus. Alii namque oleo sancto tangunt catechumenorum aures et nares. alii vero sputo, alii absque sputo et oleo, alii etiam os tangunt oleo ad exemplum dominicum. Ferner Magnus von Sens, Lib. de myst. bapt. Ml. 102, 983.

[4]) Abrenuntiation und Glaubensfragen waren natürlich nur in deutscher Sprache denkbar und üblich. Einem etwaigen Übereifer unverständiger Priester, die auch diese Formeln lateinisch wiedergegeben wissen wollten,

liegt ihre Übereinstimmung mit der zweiten Hälfte des siebenten
Skrutiniums, wie dasselbe wenigstens seit geraumer Zeit in
der fränkischen Kirche gehalten zu werden pflegte, auf der
Hand.[1])

---

setzten die sog. Statuta Bonifatii (vermutlich Beschlüsse einer Mainzer
Synode aus den ersten Jahren des 9. Jahrh.) c. 27 ein Ziel: Nullus sit
presbyter qui in ipsa lingua qua nati sunt baptizandos abrenunciationes
vel confessiones aperte interrogare non studeat, ut intelligant quibus
abrenunciant vel quae confitentur. Et qui taliter agere dedignatur, secedat de
parochia. Mansi, Conc. coll. XII 385. Erhalten ist uns noch je ein Beispiel in sächsischer und fränkischer Mundart. Das erstere (Müllenhoff-
Scherer, Denkmäler deutsch. Poesie u. Prosa Nr. 51 I 198, II 316—319)
fällt nach Scherer in die siebziger Jahre des 8. Jahrh. d. h. in den Anfang
der Sachsenmission unter Karl und stammt aus Fulda. Der Täufling antwortet nicht bloss mit Ja, sondern er wiederholt jedesmal die ganze
Frage: Forsachistû diobole? Ec forsacho diabole; oder: Gelóbistû in got
alamehtigan fader? Ec gelóbo in got alamehtigan fader. Die zweite Ab-
renuntiationsfrage bezieht sich auf die pompae diaboli, diobolgelde d. h.
Idololatrie, Götterkultus. Den opera diaboli wird in Anpassung an die
praktischen Verhältnisse noch die weitere Absage beigefügt: And uuordum,
Thuner ende Uuôden ende Saxnôte ende allum thém unholdum thé hira
genôtas sint. Vgl. Hauck, Kirchengesch. Deutschl. II 356 f. Die Glaubensfragen beziehen sich nur auf die Personen der Trinität. — Etwas
jünger ist das fränkische Taufgelöbnis (Müllenhoff-Scherer a. a. O. Nr. 52
I 199, II 319—323), das im Anfang des 9. Jahrhunderts verfasst sein
dürfte. Der Täufling antwortet einfach mit: Ih fursahho bezw. Ih gi-
laubu. Die Abrenuntiation gilt „den Unholden, den feindseligen Ge-
walten überhaupt". Denn „der Glaube an die Macht der heidnischen
Götter floss mit der kirchlichen Lehre vom Satan und den Dämonen zusammen" (Hauck a. a. O. II 693). Die Zahl der Glaubensfragen ist auf
sieben angewachsen, die sich fast genau ebenso in lateinischer Sprache
bei Hraban (De cleric. institut. I 27) wiederfinden, was für eine offizielle
Geltung wenigstens in der Diöcese Mainz sprechen dürfte: Gilaubistû
in got fater almahtigan (Si credat in deum patrem omnipotentem)?
G. in Christ gotes sun nerjenton (In Iesum Christum filium eius unicum
dominum nostrum)? G. in heilagan geist (In spiritum sanctum)? G. einan
got almahtigan in thrinisse inti in einisse (Unum deum in trinitate et
unitate)? G. heilaga gotes chirichûn (Si confiteatur unam esse ecclesiam
catholicam)? G. thuruh taufunga sunteôno forlâznessi (Si credat remissionem peccatorum)? G. lîb after tôde (Carnis resurrectionem)?

[1]) Siehe oben S. 245 f. Leidrad l. c. c. 2: Unguntur etiam nunc catechumeni in pectore et inter scapulas oleo exorcizato, cum abrenuntiant
satanae et operibus ac pompis eius. c. 3: De abrenuntiatione satanae.

Aber auch die erste Hälfte jenes siebenten Skrutiniums findet
im karolingischen Taufordo ihr Gegenbild und zwar in jenem
Abschnitt, der hier schlechthin als Skrutinium oder Skrutinien
bezeichnet wird. Trotz der scheinbaren Widersprüche, in
welche sich die fränkischen Liturgiker gerade in Bezug auf
auf diesen Begriff verwickeln, dürfte es nicht unmöglich sein,
Klarheit in die Sache zu bringen. Denn nach ihrer Aussage
handelt es sich bald um ein einfaches Katechismusexamen d. h.
um die Feststellung, ob die Taufkandidaten das ihnen mitgeteilte Symbol nach Inhalt und Wortlaut gut beherrschen,
bald um eine eingehende Prüfung der Kompetenten in Bezug
auf ihre religiöse und sittliche Reife, bald um eine vom Priester
auszuführende liturgische Ceremonie, die aus Gebet und Handauflegung besteht.[1]) Damit vergleiche man das siebente Skru-

---

c. 6: Duae sunt namque pactiones credentium. Prima pactio est, in qua
renuntiavit diabolo et pompis eius et universae conversationi illius; secunda pactio est, in qua se profitetur credere in deum patrem omnipotentem et in Iesum Christum filium eius et in spiritum sanctum (vgl.
Isidor, De eccl. offic. II 25, 5. Odilbert von Mailand, Lib. de baptismo
c. 14) — Magnus von Sens (Libell. de myst. bapt. Ml. 102, 983) gibt für
jeden dieser Akte die mystische Erklärung. Wenn er p. 982 Abrenuntiation und Tauffragen an die Spitze des ganzen Ordo stellt, so erklärt sich dies daraus, dass er sich genau der willkürlichen Reihenfolge
auf Karls Fragebogen anschliesst. — Theodulf von Orléans, Lib. de ordine bapt. c. 9—12. c. 13: Pactiones credentium esse duas, unam in qua
abrenuntiatur diabolo et pompis eius et omnibus operibus eius, alteram
qua re credere confitentur in patrem et filium et in spiritum sanctum.

[1]) Von den sieben hohen Geistlichen des Reiches, welche als Verfasser von Antwortschreiben auf Karls Fragebogen bekannt sind, kommen
Amalar von Trier und Jesse von Amiens hier nicht in Betracht, da sie
den Begriff Skrutinien nur im Sinne von Skrutinienmessen kennen. Auch
Leidrad von Lyon scheidet aus, da er sich von anderen verführen lässt,
unter Skrutinium den Inbegriff aller die Taufe vorbereitenden Akte zu
verstehen: Haec tota actio, quae super catechumenis et competentibus celebratur, a quibusdam scrutinium nominatur,
non ob aliud, ut putamus, nisi a scrutando, iuxta illud psalmistae: Scrutans corda et renes deus. Eo quod ibi scrutarentur corda credentium et
dubitantium a sacerdotibus, ut intelligerent quis ad baptismum iam rite
admitteretur, qui adhuc differretur. Iuxta hoc et dominus in evangelio
ait: Scrutamini scripturus. Lib. de sacramento bapt. c. 1. Ml. 99, 857.
Indessen hat er für sich doch eine richtige Vorstellung von dem, was bei
dem Skrutinium das Wesentliche ist, wie sich aus einem Vergleich mit

tinium in seinem ersten Teile.[1]) Dasselbe enthielt die grosse und letzte Exorcisationsformel, welche unter Handauflegung vom Priester über die Täuflinge gesprochen wurde und einschliesslich des Effeta den Namen Katechisation führte, also ein Skrutinium im hergebrachten Sinne des Wortes,[2]) eine

den anderen Definitionen ergibt. Magnus von Sens (Libellus de mysterio baptismatis Ml. 102, 981) lässt die Wahl zwischen einer Prüfung des Glaubensstandes und einem Katechismusexamen: Scrutinium vero dicitur inquisitio, eo quod per illud exploratur qualiter fides catholica in illorum cordibus retinetur. Et aliter scrutinium a scrutando dicitur, quia tunc scrutandi sunt catechumeni, si rectam iam noviter fidem symboli eis traditam firmiter teneant. Das erstere findet grösseren Beifall, so bei Odilbert von Mailand (Liber de baptismo c. 8): Fiunt enim scrutinia, ut explorentur, utrum in eadem doctrina fidei consistant qua pridem docti a sacerdotibus fuerunt vel si renuntient maligno spiritui atque malitiae et pompis illius. — Tunc fiunt illa quae ab ecclesiastica consuetudine scrutinia dicuntur. Perscrutamor eorum corda per fidem, utrum menti suae post renuntiationem diaboli sacra verba defixerint. Ähnlich urteilt Theodulf von Orléans (Lib. de ordine baptismi c. 8 Ml. 105, 228): Qui vero illius sunt iam aetatis ut rationem credulitatis suae reddere possint, diligenti examine scrutandi sunt, utrum veraciter credant, an alicuius falsitatis in eis macula celetur; nedum aut timore aut favore terrenarum potestatum aut acquisitione quarumdam rerum ad baptismatis sacramentum ignorantibus ministris ecclesiae perveniunt, tradatur sanctum canibus .... Hunc enim morem ecclesia servare consuevit, ut per aliquot dierum spatium hi qui in solemnitate paschali baptizandi sunt scrutentur, ut instructis et doctis et simplici corde ad fidem veram venientibus vitae sacramenta impertiantur. Quibus ut aptiores inveniantur baptismatis sacramento et eorum fides probabilior sit, quaedam fiunt corporaliter, quae spirituali gustu degustata mysticum quid et spiritale sapiant. Die letztere Hindeutung auf liturgische Ceremonieen wird noch deutlicher von Maxentius von Aquileja (Epist. de significatu rituum bapt. c. 2 Ml. 106, 52) ausgesprochen: Per ora sacerdotum et manus impositionem scrutiniatum atque purgatum et eiectum exinde spiritum immundum, ex omni parte signatum oleo sanctificato, ad benedictionis gratiam revocatum et vas fiat domini. Endlich gehört noch die Definition des Begriffes aus dem offiziellen Schema des Taufordo in den beiden alkuinschen Episteln 93 und 261 hierher: Tunc fiunt scrutinia, ut exploretur saepius, quam firmiter post renunciationem satanae sacra verba datae fidei radicitus cordi defixerint.

[1]) Siehe oben S. 236 f.
[2]) Siehe oben S. 16 Anm.

Prüfung des Seelenzustandes der Taufbewerber. Daran schloss sich die Rückgabe des Symbols, die, so sehr sie im Laufe der Jahrhunderte ihre Form geändert haben mochte, der Idee nach noch immer für einen unumgänglich notwendigen Ausweis über die Kenntnis der Hauptlehren des Christentums galt.

Auf beides aber bezog sich der Begriff Skrutinium oder Skrutinien im karolingischen Taufordo zurück. Denn was zwischen Symbolübergabe und Effeta fiel, dürfte ebenfalls nichts anderes gewesen sein als ein exorcisierendes Gebet, das der Priester unter Handauflegung über die Täuflinge sprach.[1] Durch dasselbe wurde der Grad der subjektiven Empfänglichkeit des Kompetenten und damit das Mass seiner seelischen Bereitschaft festgestellt. Insofern führte dieser liturgische Akt den Namen Skrutinium mit Fug und Recht. Daneben gelangte aber auch noch die Erinnerung an die altkirchliche Symbolrückgabe bezw. der Begriff der Katechisation im Skrutinienritus an dieser Stelle zu neuem bedeutungsvollen Ausdruck. Denn unter den Kompetenten befanden sich hier und da auch Erwachsene, denen gegenüber man mit liturgischen Ceremonieen allein nicht ausreichte, dazu kamen die Paten der Kinder, über deren Kenntnisse in den Glaubenslehren man sich ebenfalls vergewissern musste. Für sie alle wurde an dieser Stelle ein wirkliches Examen eingeschoben, das sich natürlich wieder vorzugsweise auf die Kenntnis des Symbolwortlautes bezog.[2] So liegt denn in der That nicht eigentlich ein Widerspruch vor, wenn die karolingischen Liturgiker den im Taufordo zwischen Symbolübergabe und Effeta angeordneten und Skru-

---

[1] Das geht mit unbedingter Sicherheit aus Hraban, De cleric. institut. 1 27 hervor. Denn hier wird das Wort Skrutinium garnicht genannt, wohl aber heisst es an der Stelle, wo dieser Begriff im offiziellen Taufschema figuriert: Dehinc iterum exorcizatur diabolus. ut suam nequitiam agnoscens et iustum super se iudicium dei timens recedat ab homine nec iam contendat eum arte sua subvertere, ne baptismum consequatur, sed magis honorem deo creatori suo exhibens reddat opus factori suo. Postea tanguntur ei nares et aures cum saliva.

[2] Zu beachten ist der Ausdruck bei Amalar von Trier, Epist. de caerimon. bapt. Ml. 99, 898: Deinde perscrutamur patrinos et matrinas, si possunt cantare dominicam orationem et symbolum. Vgl. oben S. 308 Anm. 1.

tinium benannten Akt verschieden deuten, sondern dieser Akt
selbst ist infolge seiner Verwandtschaft mit heterogenen Bestandteilen des altkirchlichen Katechumenates bezw. des Skru-
tinienmessritus ein komplizierter, indem er bald eine liturgische
Ceremonie, bald ein Katechismusexamen repräsentiert.

Alles in allem also schreibt der karolingische Taufordo
für die Stufe der Kompetenten vorwiegend solche Ceremonieen
vor, welche als ein liturgischer Niederschlag der altkirchlichen
Symbolübergabe und Symbolrückgabe bezw. als eine Verkürzung
der Skrutinienmesse der Ohrenöffnung und des siebenten Skrutiniums anzusehen sind. Ausserdem aber setzt er die Belehrung und Prüfung der Kompetenten wieder in ihre alten
Rechte ein.

Der eigentliche Taufakt besteht, um dies noch zu erwähnen, in einem dreimaligen Untertauchen unter Anrufung
der heiligen Dreieinigkeit. Der Abschluss des Ganzen aber
zerfällt in vier gesonderte Ceremonieen. Man hüllt den Täufling in das weisse Taufkleid. Der Priester salbt seinen Scheitel
mit dem geweihten Chrisma und bedeckt ihn mit dem Schleier.
Es folgt die erste Kommunion des Neugetauften und schliesslich seine Konfirmation durch den Bischof.[1])

----

[1]) Dass wir es mit dem römischen ordo baptismi zu thun haben,
geht unzweifelhaft aus den unmittelbar auf das Schema folgenden Worten
Alkuins hervor (Epist. 93 Jaffé, Monum. Alcuin. p. 391): Et ne scismaticus
inveniatur et non catholicus, sequatur probatissimam sanctae Romanae
ecclesiae auctoritatem. — Mit den obigen Ausführungen harmoniert
vortrefflich das Taufritual der Merseburger Handschrift Nr. 58, dem
das fränkische Taufgelöbnis (Müllenhoff-Scherer a. a. O. Nr. 52 I 199,
vgl. oben S. 311 Anm. 4) entnommen ist. Nur erscheint es fraglich,
ob die Erklärungen Adalbert Bezzenbergers (Zeitschr. f. deutsche Philo-
logie 1877 S. 216—226) überall das Richtige treffen. Wohl begegnen
Differenzen im Einzelnen und Mischriten auf Schritt und Tritt. Unwissenheit wie wohlgesinnter Übereifer führten häufig genug zu Abweichungen von dem offiziellen Taufordo. Gleichwohl dürfte derselbe in
den Hauptzügen überall eingehalten sein. Andrerseits ist zu beachten,
dass sehr viele Zusammenstellungen von Rubriken und Gebetsformeln
in den Handschriften, die wir heutzutage schlechthin als „Rituale" oder
„Ordines" bezeichnen, keineswegs auf diesen Namen Anspruch haben,
sondern nichts anderes sein wollen, als Aufzeichnungen solcher Stücke aus
den Ordines, die dem betreffenden Schreiber besonders wichtig erschienen,

Die Synode zu Mainz vom Jahre 813 gibt als das Wesentliche der römischen Taufweise einmal die Beobachtung der

bezw. deren Wortlaut er sich für alle Fälle sichern wollte. Auch das sog. Merseburger Ritual ist weder vollständig noch genau geordnet. Wenn dasselbe erst die deutschen Formeln bringt und alsdann die lateinischen, so sind dabei für den Schreiber Bequemlichkeitsrücksichten massgebend gewesen, aber man darf daraus nicht ohne weiteres schliessen, dass im Widerspruch mit einer jahrhundertelangen liturgischen Entwickelung nun auch jene deutschen Formeln das Taufvorbereitungsceremoniell eröffnet hätten. Freilich lässt auch Hraban seinen ordo catechizandi (De cleric. instit. c. 27. vgl. De sacr. ordinib. c. 7. De eccles. discipl. II Ml. 112, 1218) mit der Abrenuntiation und den in den Wortlaut des Symbols gekleideten Glaubensfragen beginnen. Aber auch diese Anordnung steht für Jahrhunderte völlig vereinzelt da (Höfling, D. Sakram. d. Taufe I 337). Über dieselbe Erscheinung bei Magnus von Sens vgl. oben S. 312 Anm. Stellt man hingegen jene deutschen Stücke (Abrenuntiation und Glaubensfragen) dahin, wo sie überall stehen, und wo sie gewiss auch der Schreiber jenes Rituals angewendet haben wird, dicht vor den Taufakt bezw. die Taufwasserweihe, dann stimmt das Merseburger Taufritual aufs beste mit dem obigen Schema überein. Dasselbe enthält I. den Katechumenat d. h. 1) die Exorcisation, mit der die Exsufflation verbunden gewesen sein dürfte, 2) die Kreuzeszeichnung an Stirn und Brust mit entsprechender Formel, 3) zwei Gebete für die Handauflegung, vermutlich zur Auswahl, von denen das zweite sich bereits Gelas. I 30 findet, vgl. oben S. 220. Über die Nichterwähnung dieser beiden ehrwürdigen Aufnahmeceremonieen seitens der fränkischen Liturgiker vgl. meine Schrift: Erzbischof Odilbert von Mailand über die Taufe S. 42 Anm. 2. 4) Salzexorcisation und Salzdarreichung, die Formeln identisch mit Gelas. I 31, vgl. oben S. 220 f. Es folgt II: Die Kompetentenstufe. Sie besteht nur aus dem Skrutinium d. h. der grossen Exorcisationsformel: Nec te latet satanas, Gelas. I 42, vgl. oben S. 237. Hingegen wird weder das apostolische Symbol noch das Patenexamen erwähnt. Beide mochten selbstverständlich sein. III. Der Taufakt. Derselbe wird eröffnet durch 1) das Effeta (Rubrik und Formel, letzere ein längeres sinniges Gebet). Es folgt 2) die Salbung an Brust und Schultern. Da mit ihr die Abrenuntiation und die Glaubensfragen aufs engste zusammengehören, so sind auch jene deutschen Eingangsformeln hierher zu setzen. 3) Ausführlich handelt das Ritual von der Taufwasserweihe, über welche gerade die Liturgiker gewöhnlich mit Stillschweigen hinweggehen, indem es zwei längere Exorcisationsgebete und eine kurze Weiheformel bietet. 4) Die Immersio. Endlich IV: Die postbaptismalen Akte. Dieselben bestehen aus der Salbung durch den Presbyter (Gebetsformel Gelas. I 44 vgl. oben S. 240, die Rubrik fehlt), dem Anlegen des weissen Gewandes und der Kommunion. Dagegen ist die Konfirmation, wohl weil sie dem Bischof vorbehalten war, gar nicht erwähnt. Ein

kanonischen Taufzeiten und sodann die Abhaltung des Skrutiniums an.[1]) Und in der That, nicht darin bestand das Neue
und Charakteristische, dass Karl, wie man wohl unfreundlich
genug behauptet hat, die Gemeinden, die an einfache Formen
in der Art der Pirminschen Taufordnung gewöhnt waren, mit
liturgischen Ceremonieen und fremdartigen Ausdrücken dermassen beschwert habe, dass sich selbst der hohe Klerus in
ihnen nicht habe zurechtfinden können und man genötigt gewesen sei, sie mit Hülfe dunkler mystischer Deutungen dem
Verständnisse des Volkes nahe zu bringen.[2]) Dies ist zwar
bis zu einem gewissen Grade der Fall, aber es deckt sich
nicht mit dem Wesentlichen des ganzen Vorganges. Das Bedeutsame war vielmehr dies, dass nunmehr in der deutschen
Kirche an Stelle der bisherigen Willkür in Bezug auf den
Taufmodus und besonders in Bezug auf die Taufvorbereitung
eine feste Ordnung trat, die obendrein nicht planlos zusammengestellt war, sondern Zug um Zug an das Erbe der kirchlichen
Vergangenheit anknüpfte.

Dies gilt zunächst in liturgischer Hinsicht. Der deutsche
Priester konnte sich der Gewissheit freuen, dass er dieselben
Formeln anwende, dass er dieselben Ceremonieen handhabe
wie das Zeitalter Augustins, dass er es mit allem, was die
Taufe angehe, ebenso halte wie die Kirche seit ihren ältesten
Zeiten. Auch dem Kaiser waren in der That diese liturgischen
Dinge durchaus nicht gleichgiltig: das beweist sein Rundschreiben an die Erzbischöfe, welches nicht an letzter Stelle
von Abrenuntiation und Exorcisation, von Salz und Öl, von
weissen Kleidern und Schleier handelt.[3]) Kommt Karl doch
auch sonst in seinen Gesetzen gern auf dergleichen zu sprechen:
dass bei der Taufe neues Salböl zu verwenden, das alte zur

Schlussgebet, das merkwürdigerweise bald Gott anredet, bald von ihm in
der dritten Person spricht, lässt sich nicht sicher unterbringen.

[1]) Siehe oben S. 299 Anm. 3. Die Bemerkung Hefeles (Conciliengesch. III 760 Anm. 2) ist nicht ganz richtig. Wiederholt auf der Mainzer
Synode 847 c. 3. Mansi l. c. XIV 903 sq. Hefele a. a. O. IV 126.

[2]) So Rettberg, Kirchengesch. Deutschl. II 782 f.

[3]) Vgl. Boretius M. G. Capitul. reg. Franc. I 247 sq.

Kirchenbeleuchtung zu benutzen sei;[1] dass der Priester jenes
für die Katechumenen bestimmte heilige Öl in besonderer
Ampulle bei sich führen solle;[2] dass zu den unumgänglich notwendigen Kenntnissen eines Klerikers auch der Wortlaut des
über die Katechumenen zu sprechenden Exorcismus gehöre.[3]
Oder die Bischöfe werden aufgefordert, die Pfarrer daran zu
erinnern, dass es bei Spendung der Taufe auf Korrektheit und
genaue Beobachtung des römischen Ceremoniells ankomme.[4]
Des weiteren offenbart sich jener konservative Zug in
dem lehrhaften Moment. Wo man sich darauf beschränkte,
ausschliesslich mit Hülfe der sieben Skrutinienmessen den
Taufkandidaten vorzubereiten, da besass man wohl den Zusammenhang mit der alten Zeit in Wort und Bild, aber
nicht in der Wirklichkeit. Wie ganz anders in der fränkischen
Kirche, welche ihre Geistlichen immer wieder darauf hinwies,
dass sie neben der strikten Durchführung des Ceremoniells
auch die wichtigsten Bestandteile des altkirchlichen Katechumenates, diejenigen, auf welche schon Augustin den grössten
Wert gelegt hatte, auch fernerhin in den der Taufe voraufgehenden Vorbereitungswochen zu ihrem Rechte kommen
lassen müssten, sowie dass sie Symbol und Vaterunser den
Katechumenen und ihren Paten nach Wortlaut und Inhalt
einzuprägen und ihnen dadurch die Summe des christlichen
Glaubens mit auf den Lebensweg zu geben hätten.[5] Mochte
das Symbol den Taufkandidaten in der pomphaften Skrutinienmesse der Ohrenöffnug mitgeteilt und von ihnen in einem
siebenten Skrutinium zurückgegeben werden, oder mochte man
es in der Weise des kurzen karolingischen Taufordo nur vor
dem Taufakt über die Täuflinge hinsprechen und auf eine
liturgische Rückgabe desselben ganz verzichten: das war

---

[1] Capit. prim. 769 c. 8. Boretius l. c. p. 45.

[2] Capit. ecclesiast. c. 17. Boretius l. c. p. 179.

[3] Quae a presbyt. discenda sint c. 5. Boretius l. c. p. 235.

[4] Admonit. general. 789 c. 70. Capit. missor. item spec. c. 28.
Capit. e canonib. excerpta c. 1. Boretius l. c. p. 59. 108. 173.

[5] Welchen Wert man auf den Unterricht der Katechumenen legte,
zeigen die von einem kaiserlichen missus für die eigene Visitationsthätig-
keit zusammengestellten Capitula de examinandis ecclesiasticis c. 3 (Boretius
l. c. p. 110): Quomodo catecuminos de fide christiana instruere soleant.

schliesslich gleichgiltig. Denn der Nachdruck lag nicht eigentlich mehr auf der Stellung des Symbols im Taufceremoniell, sondern darauf, dass dasselbe samt dem Vaterunser wieder wie in alter Zeit von den Taufkandidaten und, was jetzt noch hinzukam, von ihren Paten fleissig memoriert und seinem Inhalte nach angeeignet wurde.

Jetzt erst versteht man den Eifer, mit welchem Karl in zahlreichen Verfügungen immer und immer wieder auf Symbol und Vaterunser zu sprechen kommt. Diese beiden Lehrstücke hatten sich auch unter der Herrschaft der Skrutinien als integrierende Bestandteile der Taufvorbereitung behauptet: ein Umstand, der ihnen nicht nur eine liturgische Bedeutung sicherte, sondern ihnen zugleich den Charakter eines unveräusserlichen Besitzes für jeden Täufling aufprägte. Und wenn das Zeitalter Karls von jedem erwachsenen Taufkandidaten bezw. von jedem Taufpaten die Rückgabe dieser beiden Stücke verlangte, so stellte es sich damit nur auf den gesunden Standpunkt der augustinischen Epoche, welche neben den vorwiegend liturgischen Skrutinien zugleich die belehrenden Katechisationen zu ihrem Rechte kommen liess.

Indessen war für den Kaiser die traditionelle Stellung von Symbol und Vaterunser im Ganzen der Taufvorbereitung nicht eigentlich das Ausschlaggebende. Seine Interessen und Ziele gingen weiter als bloss auf eine korrekte und den derzeitigen Verhältnissen angepasste Wiederherstellung des altkirchlichen Katechumenates. Ihm war es um die religiöse wie sittliche Bildung des Volkes zu thun, und zu beiden sollten ihm die genannten Hauptstücke helfen. Karl dachte sich dieselben als ein wirkliches Gemeingut der gesamten christlichen Gemeinde. Mindestens könnte und sollte sie jeder Christ wörtlich auswendig wissen. Zu wünschen aber war, dass die meisten auch in das innere Verständnis der beiden Formeln und damit in den Geist des Christentums selbst einzudringen verständen.[1)]

[1)] Zuerst auf einer Synode von Friaul unter Vorsitz des Paulinus von Aquileja 796 Mansi l. c. XIII 845: Symbolum vero et orationem dominicam omnis christianus memoriter sciat, omnis aetas, omnis sexus omnisque conditio: masculi feminae iuvenes senes servi liberi pueri coniugati innuptae-

Die Möglichkeit, dieses Ziel zu erreichen, stand in erster
Linie beim Klerus.

que puellac. Alsdann: Aachen 802, Capit. a sacerdot. proposita c. 5: Ut
unusquisque sacerdos orationem dominicam et symbolum populo sibi com-
misso curiose insinuet. Boretius l. c. p. 106. Weil vom Kaiser bestätigt
auch aufgenommen in die Capit. de examinand. ecclesiast. c. 13: Omnibus omnino christianis iubetur simbolum et orationem dominicam discere
Boretius l. c. p. 110; ferner in die Capit. de presbyt. admonend. c. 3:
Tertio, ut orationem dominicam id est Pater noster, et Credo in deum
omnibus sibi subiectis insinuent et sibi reddi faciant tam viros et feminas
quamque pueros. Boretius l. c. p. 238; vor allem in das Capit. missorum
c. 2: Ut laici symbolum et orationem dominicam pleniter discant. Boretius
l. c. p. 147 und in das Capit. missorum it. speciale c. 29 u. c. 30: Ut
omnis populus christianus fidem catholicam et dominicam orationem memoriter teneat. Boretius l. c. p. 108. Wiederholt ausserdem in den sog.
Statuta Bonifatii c. 25: Adnuncient etiam presbyteri omnibus fidelibus
sibi subiectis symbolum et orationem dominicam memoriae commendare,
ut fide et oratione sancto spiritu illustrante salventur. Mansi, Conc. coll.
XII 385. Vom Kaiser den Bischöfen in einem Rundschreiben eingeschärft, vgl. das an Ghärbald von Lüttich gerichtete Exemplar bei
Boretius l. c. p. 241: Ut et qui amplius capere non valuisset, tantummodo
orationem dominicam et simbolum fidei catholicae, sicut apostoli docuerunt, tenere et memoriter recitare potuisset. Von diesen an den Klerus
weitergegeben, so von Ghürbald selbst (Boretius l. c. p. 242 vgl. Mansi l. c.
XIII 1090 c. 1): Ut unusquisque orationem dominicam id est Pater noster qui
est in coelis et reliqua quae sequuntur, et simbolum sicut docuerunt sancti
apostoli, discere et in memoriam retinere studeat et ore proferre; ferner von
Theodulf von Orléans, Capit. ad presbyteros paroch. suae I 22 Ml. 105, 198:
Commonendi sunt fideles ut generaliter omnes a minimo usque ad maximum
orationem dominicam et symbolum discant; weiter von Haito von Basel, Ca-
pitulare c. 2 Boretius l. c. p. 363: Secundo iubendum ut oratio dominica et
symbolum apostolorum ab omnibus discatur tam latine quam barbarice:
letzteres eine unberechtigte und, wie es scheint, vereinzelte Übertreibung. Die
Pfarrer wieder drangen beim Volk auf die Aneignung beider Stücke. Ein
Beispiel, deutsch und lateinisch, ist die Freisinger Exhortatio ad plebem
christianam (Müllenhoff-Scherer a. a. O. Nr. 54 I 200 f. II 323—331): Nunc
igitur omnis qui christianus esse voluerit, hanc fidem et orationem dominicam omni festinatione studeat discere et eos, quos de fonte exceperit,
edocere, ne ante tribunal Christi rogatur rationem exsolvere, quia dei
iussio est et salus nostra et dominationis nostrae mandatum, nec aliter possumus veniam consequi delictorum. Müllenhoff-Scherer a. a. O. II 326 erklären
die Worte: Et orationem dominicam sowie die voraufgehenden Worte: Et
etiam orationis dominicae quae ipse dominus ad orationem constituit für
eine Interpolation, was indessen nicht nötig ist; denn die sekundäre Be-

Schon vor der Ordination musste sich deshalb der Pfarrer
unter anderem auch darüber ausweisen, ob er Symbol und
Vaterunser selbst auswendig wisse.[1]) Denn es geschah dies nicht
nur um seinetwillen, sondern er sollte zugleich eine Garantie
bieten, dass er in der Lage sei, beide Stücke seiner Gemeinde beizubringen. Die Erwachsenen musste er zu fleissigem
Memorieren der beiden Hauptstücke immer wieder auffordern

deutung, welche in der Taufvorbereitung der Alten Kirche bereits dem
Vaterunser gegenüber dem Symbol eignete, und die sich auch darin ausspricht, dass im karolingischen Tauſordo wohl auch das Symbol, nicht
aber mehr das Vaterunser eine Stelle gefunden hat, dürfte hinreichend
den Umstand erklären, dass die Exhortatio eingangs nur von der Regula
fidei spricht und erst im weiteren Verlaufe auch das Gebet mit einbegreift. — Die Bestimmungen werden im Laufe des Jahrhunderts des öfteren
wiederholt, so auf der Reformsynode von Rheims 813 c. 1: De fidei ratione, ut unusquisque iuxta intellectum suae capacitatis domino largiente
disceret et intelligeret atque operibus pleniter observaret. c. 2: Ut orationem (dominicam) verbis discerent et sensu bene intelligerent, quia illam
ignorare nulli christiano licet (Mansi l. c. XIV 77 Hefele a. a. O.
III 758); ferner auf der Synode von Tours a. 858 c. 16 (Harduin. Acta
concil. V 451): De oratione dominica et symbolo ut memoriter omnes
teneant; mit kleiner Abweichung auf dem Provinzialkonzil zu Trier,
1. Mai 888 c. 3 bei H. Beyer, Urkundenbuch zur Geschichte der mittel-
rheinischen Territorien I 134: Nullus alteri suscipiat a fonte infantem,
nisi qui apprime signaculum i. e. abrenunciationem diaboli et professionem
catholicae fidei tenuerit. Bei Regino, De synodal. causis I 55: Si orationem dominicam et symbolum omnibus suis parochianis insinuatum habeat?

[1]) Capit. de examinand. ecclesiast. c. 8. 9: Et ipsam orationem vel
symboli sensum pleniter discant, et sibimet ipsis sciant et aliis insinuare
praevaleant. Boretius l. c. p. 110. Admonit. general. 789 c. 70 Boretius l. c.
p. 59. Vgl. die Visitationsfrage des Bischofs c. 1: Interrogo vos, pres-
biteri, quomodo credetis ut fidem catholicam teneatis seu simbolum et orationem dominicam quomodo sciatis vel intellegitis. Boretius l. c. p. 234.
Quae a presbyt. discenda sint c. 2: Symbolum etiam apostolicum; c. 3:
Orationem dominicam ad intellegendum pleniter cum expositione sua
Boretius l. c. p. 235. Capit. in dioecesana quadam synodo tractata c. 3:
Ut (sacerdos dei) signaculum (= symbolum) et baptisterium (= verba et
deprecationes in baptismate facienda) memoriter teneat. Boretius l. c.
p. 236. Vgl. sog. Statuta Bonifatii c. 16 Mansi. Conc. coll. XII 385
— Theodulf von Orléans, Capit. ad presbyt. paroch. suae II Ml. 105,
209: Itaque vos, o sacerdotes domini, admonemus, ut fidem catholicam
et memoriter teneatis et corde intelligatis, hoc est Credo et Quicumque
vult salvus esse.

und nebenbei darüber wachen, dass auch schon die Kinder
mit denselben im Elternhause vertraut gemacht würden.[1])
Eine gute Gelegenheit zur Kontrole bot dabei die Beichte.
Hier fragte der Pfarrer direkt nach den beiden Formeln und
erkundigte sich zugleich, wie es in Bezug auf beide mit den
Kindern stehe. Und zwar legte man auf diese Seite der
religiösen Volkserziehung einen solchen Wert, dass man selbst
das Mittel der Kirchenzucht nicht verschmähte. Wer so gleichgiltig war, dass er sich nicht einmal diesen Inbegriff christlicher Lehre anzueignen oder seine Hausgenossen damit zu ver-
sorgen Lust hatte, den wies man am besten auch von der
Kommunion zurück.[2])

---

[1]) Synode zu Frankfurt 794 c. 33: Ut fides catholica sanctae trinitatis
et oratio dominica atque symbolum fidei omnibus praedicetur et tradatur.
Boretius l. c. p. 77. Capit. missorum it. spec. c. 29: Ut fides catholica
ab episcopis et presbyteris diligenter legatur et omni populo praedicetur.
Et dominicam orationem ipsi intelligant et omnibus praedicent intelligen-
dam, ut quisque sciat quid petat a deo. Boretius l. c. p. 103. Karl an
Ghärbald von Lüttich: Bene igitur recordari credimus sanctitati tuae, qualiter saepius in conventu et concilio nostro monuimus de praedicatione
in sancta dei ecclesia, ut unusquisque vestrum secundum sanctorum canonum auctoritatem et praedicare et docere deberet: primo omnium de fide
catholica, ut et qui amplius capere non valuisset tantummodo orationem
dominicam et simbolum fidei catholicae, sicut apostoli docuerunt, tenere
et memoriter recitare potuisset. Boretius l. c. p. 241. Vgl. Ghärbalds
Brief an seine Diöcesanen Boretius l. c. p. 242. — Ähnlich ein vereinzelter
Satz in der den Weissenburger Katechismus enthaltenden Wolfenbüttler
Handschrift Nr. 91, den Scherer in der Zeitschr. f. deutsch. Altertum
XII 443 dem Riculf von Mainz zuschreibt: Et unusquisque presbyter
ammoneat in suo ministerio, ut omnes tam viri quam feminae orationem
dominicam memoriter teneant et symbolum similiter hoc est Credo in
deum patrem omnipotentem et cetera. — Commonitorium cuiusque episcopi
c. 31 Ml. 96, 1378: Omnibus parochianis vestris symbolum et orationem
dominicam insinuate. Diese sog. Admonitio synodalis ist auf Grund des
Cod. lat. Monac. 5515 (Diess. 15) von Morin (Rev. Bénéd. 1892 p. 99—108
1895 p. 390) dem Cäsarius zugewiesen, enthält aber fraglos Bestandteile
aus Karls Zeit. Vgl. unten S. 325 Anm. 2 und S. 327 Anm. 1. Regino,
De synodal. causis I 55 vgl. oben S. 321. Dazu I cap. 275: Ut omnis
presbyter omnibus parochianis suis symbolum et orationem dominicam aut
ipse insinuet aut aliis insinuandum iniungat. Vgl. auch Capitula admo-
nitionis Papst Eugen II. auf der grossen römischen Synode 826 c. 10 Pertz
M. G. Leges II 2 pag. 14.

[2]) Der Geistliche hatte seine Gemeindeglieder in Bezug auf beide

Gleichwohl gab es noch ein wirksameres und zu Karls Zeiten jedenfalls weit beliebteres Zwangsmittel, um die Kennt-

---

Stücke zu examinieren, vgl. Capit. de presbyt. admonend. c. 3 oben S. 320 Dies dürfte in der Beichte geschehen sein, vgl. Regino, De synodal. causis I cap. 275: Et cum ad confessionem tempore quadragesimali veniunt, haec ab unoquoque memoriter sibi decantari faciat, nec ante sanctam communionem alicui tradat, nisi haec ex corde pronunciare noverit. Vgl. die Beichtgeständnisse bei Müllenhoff-Scherer a. a. O. Nr. 72 (I 237): That ik mîna jungeron endi mîna fillulos sô ne lêrda sô ik scolda. 72 b (I 238): Inti mîn kind sô ni leerda so ih scolda, inti mîne jungeron sô ni leerda sô ih scolda, indi mîne fillolâ sô ni leerda sô ih scolda. 72 c (I 240): Enti mîna jungirun ni lêrta sô ih scolta. 75 (I 244): Daz ih mine funtdivillolâ sô ne lêrda, sôse ih in dâr antheizo uuard. — Indessen scheint das Abfragen beider Hauptstücke in der Beichte bald ausser Übung gekommen zu sein. Wenigstens wird es in der pseudoalkuinischen Schrift De divinis officiis, welche c. 13 einen vollständigen Beichtordo enthält, nicht mehr erwähnt. Doch thut man überhaupt besser, dieses noch ungeschiedene Konglomerat gar nicht als Quelle für die Karolingerzeit zu benutzen. Gegen Walter Caspari, Die geschichtliche Grundlage d. gegenwärtig. evangelisch. Gemeindelebens S. 101. — Im übrigen sah sich Karl genötigt, dem klerikalen Übereifer, der die Kenntnis der beiden Stücke durch Strafen erzwingen wollte, mit staatsmännischer Weisheit entgegenzutreten. So hatte die Reformsynode zu Mainz 813 c. 45 dekretiert: Symbolum, quod est signaculum fidei, et orationem dominicam discere semper admoneant sacerdotes populum christianum. Volumusque ut disciplinam condignam habeant, qui haec discere negligunt, sive in ieiunio sive in alia castigatione emendentur. Propterea dignum est ut filios suos donent ad scholam sive ad monasteria sive foras presbyteris, ut fidem catholicam recte discant, et orationem dominicam, ut domi alios edocere valeant. Et qui aliter non potuerit, vel in sua lingua hoc discat. Mansi, Conc. Coll. XIV 74 Hefele, Conciliengesch. (2) III 763. Die Reichsversammlung zu Aachen aber begnügte sich statt dessen mit dem kurzen c. 18: De fide, unusquisque compater vel parentes vel proximi filios suos spiritales catholice instruant, ita ut coram deo ratiocinare debeat (Boretius l. c. p. 174 vgl. Pertz M. G. Leges II 563 c. 22; Rettberg, Kirchengesch. Deutschl. I 442, Müllenhoff-Scherer a. a. O. II 325). Aus diesem Grunde ist es mehr als unwahrscheinlich, dass Kapitularien echt sein sollten, welche talem disciplinam, qualem talis sit contemptor percipere dignus (Cap. dupl. in Theodonis villa promulg. c. 24 Pertz M. G. Leg. I 135) oder wohl gar die Prügelstrafe (Capit. duo incerta c. 2 Boretius l. c. p. 257. Zur Unechtheit vgl. Hauck, Kirchengesch. Deutschl. II 241 Anm. 2) auf das Nichterlernen von Symbol und Vaterunser setzen. Eher dürfte man die Pfarrer als schlechte Seelsorger für jenen Mangel verantwortlich gemacht haben, so Ghärbald an seine Diöcesanen: Ex parte credo,

nis von Symbol und Vaterunser rasch beim Volke einzubürgern. Man setzte bei den Paten ein. Nur dasjenige Gemeindeglied wurde zu dem Ehrenamte der Patenschaft zugelassen, welches einerseits sich darüber ausgewiesen hatte, dass es die genannten Formeln wenigstens auswendig wisse, und welches andrerseits sich verpflichtete, auch seine Patenkinder je nach der Altersstufe entweder jetzt schon vor der Taufe oder später, wenn dieselben herangewachsen seien, mit beiden in gleicher Weise vertraut zu machen.[1])

Wie ernst es Karl mit dieser Bestimmung nahm, ist wohl-

---

quod vestra aliquorum negligentia sit. — Ceterum si vos aliquando de ista adnunciatione negligentes critis, arcius et distinctius vos distringere debemus. Boretius l. c. p. 242.

[1]) Sog. Statuta Bonifatii c. 26 (Mansi. Conc. coll. XII 385. Hefele, Conciliengesch. (2) III 685): Adnuntient presbyteri ut neque viri neque feminae de sacro fonte filiolos vel filiolas suscipiant, si non memoriter symbolum et orationem dominicam tenuerint. Capit. de examinand. ecclesiast. c. 14: Ut nullus infantem vel alium ex paganis de fonte sacros uscipiat, antequam simbolum et orationem dominicam presbitero suo reddat. Boretius l. c. p. 110. Ghärbald, Instruct. pastoral. c. 3 Mansi l. c. XLII 1086, vgl. 1090: Qui in posterum in pascha et pentecosten filios et filias de sacro fonte suscepturi sunt, sciant se orationem dominicam et fidem symboli apostolorum reddere rationem, ut sciamus, qualiter verus fideiussor sit unusquisque illius quem suscepturus est a sacro fonte. Vgl. die Reformsynoden a. 813 zu Arles c. 19: Ut parentes filios suos et patrini eos, quos de fonte lavacri suscipiunt, erudire summopere studeant, illi quia eos genuerunt et eis a domino dati sunt, isti quia pro eis fideiussores existunt (Mansi l. c. XIV 62. Hefele a. a. O. III. 757) und zu Mainz c. 47: Deinde praecipimus, ut unusquisque compater vel proximi spiritales filiolos suos catholice instruant. Vgl. oben S. 323: Reichsversammlung zu Aachen. Ferner Haito von Basel, Capit. eccles. c. 25 Boretius l. c. p. 366. Jonas von Orléans, De institut. laicali I 6. 8. Die Synoden a. 829 von Paris lib. I c. 6. 7 (Mansi l. c. XIV 541 sq.) und Worms c. 1 (Pertz M. G. Leg. I. 341), die von Tours 858 c. 55 (Harduin, Acta concil. V 454), die von Metz 888 c. 6 (Mansi l. c. XVIII 79). Auch aufgenommen in die Sammlungen des Ansegisus (Capit. coll. II 35. 44. Boretius l. c. p. 422 sq.), des Benediktus Levita (II 182, auch 174. 175 und Append. c. 1. Pertz M. G. Leg. II 2 p. 82. 133) und des Regino, De synodal. causis I cap. 275: Ut nullus suscipiat infantem in baptismo a sacro fonte, antequam idem symbolum et orationem dominicam coram presbytero decantet, et ut presbyter omnibus patrinis adnunciet, quod debitores sunt suis filiolis. cum ad intelligibilem aetatem venerint, haec eadem insinuare.

bekannt. Bei einer Taufe, die ausnahmsweise am Epiphanienfeste stattfand, war der Kaiser bei dem Patenexamen persönlich zugegen. Alle, welche dasselbe nicht bestanden, wurden unbarmherzig zurückgewiesen, obwohl sie versprachen, das Versäumte später nachholen zu wollen. Sie hatten einfach die Wahl, entweder sofort einen besseren Paten für ihre Täuflinge zu stellen oder sich erst an einem der nächsten Tauftermine, Ostern oder Pfingsten, mit den Kindern wieder einzufinden.[1]

Und damit es die einmal zugelassenen Paten nicht etwa nachher an jener zweiten Bedingung fehlen liessen, hatte sich der Bischof bei der Visitation davon zu überzeugen, ob sie wirklich ihren geistlichen Kindern die beiden Stücke selbst beibrächten oder wenigstens dafür Sorge trügen, dass dieses anderweitig geschähe.[2]

Man hat es wohl befremdlich gefunden, dass die kirchliche Gesetzgebung Karls bei dieser Angelegenheit immer in erster Linie auf die Paten rekurriert und nicht auf die Eltern.[3] Aber abgesehen davon, dass diese letzteren keineswegs von der gleichen Pflicht dispensiert, sondern im Gegenteil von jedem gewissenhaften Geistlichen zur Erfüllung derselben scharf herangenommen wurden,[4] handelte es sich ja um eine Frage, die mit der traditionellen Entwickelung der Taufvorbereitung aufs innigste zusammenhing. Bei allem, was die Taufe anging, waren aber die Eltern von jeher hinter den Paten zurück-

---

[1] Karls Bericht über diesen Vorgang an Ghärbald von Lüttich und Ghärbalds Ermahnung an die Diöcesanen siehe bei Boretius l. c. p. 241 sq.

[2] Regino, De synodal. causis II cap. 5, 74: Si patrini filiolis suis symbolum et orationem dominicam insinuant aut insinuari faciunt? Vgl. die Drohung der Exhortatio ad plebem christianam (Müllenhoff-Scherer a. a. O. I 201): Qui hanc filiolum suum docere neglexerit. in die iudicii rationem rediturus erit, und Commonit. cuiusq. episc. c. 45: Patrini suos spirituales filios symbolum et orationem dominicam vel doceant vel docere faciant Ml. 96, 1378.

[3] Vgl. unt. und. v. Zezschwitz, System d. christlich kirchlichen Katechetik I 268. 316.

[4] Vgl. ausser mehreren oben S. 324 Anm. 1 erwähnten Verfügungen noch Benediktus Levita I 96 (Pertz M. G. Leg. II 2 p. 50) und das Kapitulare des Erzbischofs Herard auf der Synode von Tours 858 c. 27 (Harduin, Acta concil. V 452).

getreten. Obendrein konnte man der letzteren besser habhaft
werden. Die Verweigerung des Abendmahles war und blieb
eine zweischneidige Massregel, die sich sicherlich niemals fest
eingebürgert hat. Die Versagung eines kirchlichen Ehrenamtes
aber war eher möglich und musste leichter zu dem gewünschten
Ziele führen. Waren aber erst einmal die Paten durchweg
für ein gründliches Verständnis der in den beiden Hauptstücken
niedergelegten Glaubenswahrheiten gewonnen, sie, die selbst
Eltern waren oder es werden konnten, so stand zu erwarten,
dass das gleiche Interesse und die gleiche Erkenntnis alsbald
auch in allen Familien des Reiches Platz greifen würden.

Und in der That lebten sich die beiden Formeln rasch
ein. Erlaubte Mittel wie gewagte Empfehlungen trugen dazu
bei, sie populär zu machen. Täglich sollte der Christ sie
beten, um mit ihnen völlig zu verwachsen.[1] Ja es konnte
vorkommen, dass ein Pfarrer in der Predigt Symbol und
Vaterunser neben dem Kreuzschlagen geradezu als eine Art
Talisman gegen allerlei heidnische Anfechtungen pries.[2] Kein
Wunder, wenn es dann andrerseits wieder Gemeindeglieder
gab, die dergleichen Ausführungen missverstanden und die
beiden Formeln, zumal wenn priesterlicher Übereifer ihnen
dieselben sogar in lateinischer Sprache beigebracht hatte,[3]
geradezu für Zaubersprüche nahmen.[4]

---

[1] Theodulf von Orléans, Capit. ad presbyt. paroch. suae I 23
Ml. 105, 198: Ut singulis diebus. qui amplius non potest, saltem duabus
vicibus oret. mane scilicet et vespere, dicens symbolum vel orationem dominicam, vgl. c. 22. 29. Ähnliches in der Alten Kirche siehe oben S. 32
Anm. 4.

[2] Caspari, Eine Augustin fälschlich beigelegte Homilia de sacrilegiis.
Christiania 1886 § 27. Vgl. Hauck, Kirchengesch. Deutschl. II 362.

[3] Haito von Basel, Capitula c. 2 Boretius l. c. p. 363: Ut oratio dominica et symbolum apostolorum ab omnibus discatur tam latine quam
barbarice. Rettberg (Kirchengesch. Deutschl. I 454—456) vermag für
seine Vermutung „dass die anfängliche Absicht auf nichts Geringeres
ging, als dass jeder getaufte Christ jene Formeln lateinisch erlernen solle“
nur den indirekten Grund beizubringen, dass die Statuta Bonifatii c. 27
für Abrenuntiation und Glaubensfragen die Volkssprache verlangen. „Die
Nennung der Volkssprache bei letzteren Leistungen schliesst sie sicher bei
den ersteren aus.“ Indessen lässt selbst die Gesetzgebung des Jahres 802.
von der jene Statuta Bonifatii einen Teil gebildet haben dürften, in

Immerhin mögen dieses nur abnorme Erscheinungen gewesen sein. Denn in der Hauptsache waren die Pfarrer bestrebt, wenn sie bei ihren Pflegebefohlenen die wörtliche Einübung von Symbol und Vaterunser überwachten, ihnen zugleich beide Hauptstücke auch inhaltlich nahezubringen. Zu jeder Pfarrbibliothek gehörte deshalb eine Erklärung der beiden Formeln aus der Feder eines orthodoxen Theologen. In sie hatte sich der Pfarrer fleissig zu vertiefen und aus ihr zu schöpfen, wenn er vor der Gemeinde über eines von beiden Hauptstücken sprach. Dass die Geistlichen aber auch dieser Amtspflicht treu nachkämen, davon hatte sich ebenfalls der Bischof bei der Visitation zu überzeugen.[1]

So tritt denn die alte Symbolerklärung wieder in ihr Recht, formell freilich nicht so fest in den Taufschematismus eingegliedert wie früher, aber deshalb nicht minder wirksam. Wo der Ritus der sieben Skrutinienmessen fortbestand, da

dieser Frage nicht mehr zu als die Gewissheit, dass Karl dem kirchlichen Rechte einen grösseren Einfluss auf die Gestaltung der kirchlichen Verhältnisse zuliess (vgl. Ann. Lauresh. uud Chron. Moiss. z. J. 802 Pertz M. G. Script. I 38 sq. 306 sq.). Deshalb scheinen mir auch Müllenhoff-Scherer a. a. O. II 334 aus den lateinischen Bestandteilen der Freisinger Paternosterauslegung zuviel zu folgern. Den einzigen Anhalt bietet der c. 45 der Mainzer Reformsynode 813 (siehe oben S. 323 Anm.) mit seinem Zusatz: Et qui aliter non potuerit, vel in sua lingua hoc discat. Meiner Meinung nach hat deshalb Karl nie und der damalige Klerus höchstens sehr vereinzelt die Absicht gehabt, „die Hessen und Thüringer zu lateinischen Christen zu machen". Dies auch gegen Müllenhoff-Scherer, Denkmäler II 325. Vgl. Hauck, Kirchengesch. Deutschl. II 241 Anm. 4.

[4] Caspari, Eine Augustin fälschlich beigelegte Homilia de sacrilegiis § 14: Quicumque super sanctum simbulum et orationem dominicam carmina aut incantationes paganorum dicit. Hauck, Kirchengesch. Deutschl. II 361. Eine bedenkliche Gegenüberstellung von „incantationes sanctae" d. h. Symbol und Vaterunser und von „incantationes diabolicae et carmina" „a magis et maleficis adinventae incantationes" findet sich bei Martin von Braga, De correct. rustic. c. 16. Vgl. auch Capitul. Martini c. 74.

[1] Commonit. cuiusq. episc. c. 47 Ml. 96, 1379: Quisque presbyter expositionem symboli vel dominicae orationis habeat scriptam iuxta traditionem orthodoxorum patrum et eam pleniter intelligat et inde praedicando populum sibi commissum assidue ore instruat. Vgl. Regino, De synodal. causis I 82.

mag man unter Umständen beim Skrutinium der Ohrenöffnung
mit der Übergabe des Symbols und des Vaterunsers zugleich
eine orientierende Ansprache über diese beiden Hauptstücke
verbunden haben.[1]) Andernfalls bot einer der letzten Fastensonntage die beste Gelegenheit zu einer Symbolpredigt. Dieselbe hatte den ausgesprochenen Zweck, denjenigen Gemeindegliedern, die am Ostersamstag Pate stehen wollten, die Bedeutung der einzelnen Glaubensartikel aufs neue ins Gedächtnis zurufen.[2])

Natürlich sind es vorwiegend die aus den altkirchlichen
Symbolerklärungen bekannten Gedankenreihen, die hier, vielfach nur unzusammenhängend und stümperhaft, aufs neue
wiederkehren. Vor allem begegnen die bekannten Beweise
für die Heilsnotwendigkeit der beiden Formeln, die schon in
der Alten Kirche höchst anfechtbar gewesen waren und sich
allenfalls aus dem Mysteriencharakter des Katechumenates
hatten erklären lassen.[3]) Im 9. Jahrhundert aber erscheinen sie
nur allzusehr als Argumente, die ausschliesslich dazu bestimmt
waren, auf die Gemüter einen heilsamen Druck auszuüben.
Denn nur der — so wird auf Synoden und Reichstagen dekretiert — kann darauf Anspruch erheben, ein Christ zu sein und
ins Himmelreich zu kommen, der Symbol und Vaterunser in
Kopf und Herzen hat und beide fleissig anwendet. Ohne Glauben
nämlich kann niemand selig werden, zum Glauben hinwiederum
gehört, dass man denjenigen, an welchen man glaubt, zuvor

---

[1]) Dies muss man mit Sicherheit daraus schliessen, dass Amalar von
Trier seiner Epistola de caerimoniis baptismi unter den Überschriften:
Orationem dominicam sic docemus und: Symbolum autem sic die Stichworte einer Erklärung der beiden Hauptstücke eingliedert. Ml. 99, 895.
896. Ebenso verfügt die Frankfurter Synode 794 c. 33: Ut fides catholica
sanctae trinitatis et oratio dominica atque symbolum fidei omnibus praedicetur et tradatur (Boretius l. c. p. 77), was auf eine Übergabe der betreffenden Stücke mit erklärender Ansprache schliessen lässt.

[2]) Hraban, Homil. 13 Ml. 110, 27—29. Vgl. Leidrad von Lyon,
Liber de sacramento baptismi c. 5 Ml. 99, 861 am Schluss einer Besprechung der Symbolartikel: De his igitur, quibus catechumenos interrogamus, quando baptizantur, sic credimus et sic eis post baptismum praedi-
camus.

[3]) Siehe oben S. 25—29.

kennt. Auch muss der Glaube des Herzens sich zugleich im Bekenntnis des Mundes äussern.[1])

Es ist der bekannte Trugschluss, der die Notwendigkeit des Glaubens mit der Notwendigkeit der Glaubensformel verwechselt.[2]) Gleichwohl zog man ihn aufs neue, da man sich auf ehrwürdige Autoritäten berufen konnte, und da er zugleich den Wünschen der damaligen Volkspädagogik zweckmässig erschien.

Es konnte eingeworfen werden, dass alsdann die Seligkeit des Menschen nicht von seiner rechten Herzensstellung, sondern von der rein zufälligen intellektuellen Begabung abhängig sei. Indessen hatte man auch darauf eine Antwort. Man wies nach alter Gewohnheit auf die Kürze beider Formeln hin, die es selbst dem Dummen und Unbegabten erlaubte, sich mit ihnen in einer seinem Seelenheil entsprechenden Weise vertraut zu machen.[3])

---

[1]) Synode zu Friaul 796 c. 15 Mansi l. c. XIII 845: Quia sine hac benedictione nullus poterit in caelorum regno percipere portionem. Qui autem observaverit haec, et a malis operibus se custodierit et in praesenti saeculo salvus erit et in futuro cum angelis congaudebit. Theodulf von Orléans, Capit. ad presbyt. paroch. suae I 22 Mg. 105, 198: Dicendum eis quod in his duabus sententiis omne fidei christianae fundamentum incumbit, et nisi quis has duas sententias et memoriter tenuerit et ex toto corde crediderit, et in oratione saepissime frequentaverit, catholicus esse non poterit. — Regino, De synodal. causis I cap. 276: Si quidem sine horum scientia nullus salvus esse poterit. In uno enim fides et credulitas christiana continetur, in alio, quid orare et petere a deo debeamus, exprimitur. Quod vero sine fide nemo possit esse salvus, dominus ostendit, quum dicit: Qui crediderit et baptizatus fuerit, salvus erit. Nullus autem credere potest, quod nescit nec audivit; ait enim Paulus: Quomodo credent ei, quem non audierunt? Nec sola sufficit fides in corde, nisi etiam verbis enuncietur, ut idem apostolus testis est: Corde, inquit, creditur ad iustitiam, ore autem confessio fit ad salutem.

[2]) Richtiger drückt sich Ghärbald von Lüttich an seine Diöcesanen aus: Qualiter per rectam fidem et orationem et opus bonum ad caelestica regna perveniant. Boretius l. c. p. 242.

[3]) Regino l. c.: Nullus autem de stoliditate sensus vel tenuitate ingenii causetur, quia haec tam parva sunt, ut nemo tam hebes et barbarus sit, qui hoc discere et verbis communibus pronunciare non possit, tam magna, ut, qui horum scientiam plenite caperer potuerit, sufficere sibi credatur ad salutem perpetuam.

Das Symbol erscheint also abermals — und nicht mehr
bloss dem Namen nach, sondern in Wirklichkeit — als das
verbum abbreviatum, als die kurze Zusammenfassung alles
Lehr- und Lernbaren im Christentum, und es gilt dementsprechend
aufs neue als schlechthin notwendig zur Seligkeit.[1] Hatte man
ihm samt dem Vaterunser zur Zeit des Skrutinienritus eine
zwar angesehene, aber doch ausschliesslich liturgische Stellung
zugewiesen, so kehrt das Zeitalter Karls zu den Traditionen
der Alten Kirche zurück, welche in beiden Formeln die
wichtigsten Hilfsmittel für die Taufvorbereitung der Katechumenen sah. Denn im 9. Jahrhundert bilden Symbol und Vaterunser den Grundstock einer Anzahl von kleinen Lehr- und
Erbauungsschriften, durch welche die Gemeinde der Getauften
bei der christlichen Wahrheit festgehalten und in ihr immer
mehr vertieft werden soll. Beide zielen wieder, und zwar in
viel stärkerem Masse als dies je der Fall war, auf die Erziehung des christlichen Volkes ab. Man übersetzte sie an
verschiedenen Orten Deutschlands in den heimischen Dialekt,[2]
man fügte bald kurze Noten, bald längere Erklärungen hinzu,[3]
im Kloster Weissenburg endlich stellte man damals bereits ein
Büchlein zusammen, das ausser Symbol und Vaterunser noch
eine Reihe anderer Hauptstücke der christlichen Lehre, den
Katalog der Hauptsünden, das Symbolum quicumque, das
Gloria in excelsis, das Laudamus enthielt.[4] Es waren die
ersten Katechismen. Zwar fehlte noch viel zu ihrer Voll-
kommenheit, nicht einmal über ihren Umfang war man sich

---

[1] Siehe oben S. 34 Anm. 2. S. 188 Anm. 4.

[2] Sangaller Paternoster und Credo bei Müllenhoff-Scherer a. a. O.
Nr. 57 I 209. Über die Fehlerhaftigkeit dieser Übersetzung vgl. a. a. O.
II 343.

[3] Vgl. die Freisinger Auslegung des Paternoster bei Müllenhoff-
Scherer a. a. O. Nr. 55 I 202 f.

[4] Der Weissenburger Katechismus (bei Müllenhoff-Scherer a.a.O. Nr. 56
I 204—209, II 335—341, wo seine Abfassung auf die Admonitio generalis
789 c. 32. 61. 70. 82 Boretius l. c. p. 56—62 und auf die Verfügung der
Frankfurter Synode 794 c. 33 l. c. p. 77 zurückgeführt wird) enthält das
Vaterunser mit Erklärung, von den übrigen Stücken aber nur die Texte.
Vgl. dazu Hauck, Kirchengesch. Deutschl. II 240 f.

klar. Erst einer viel späteren Zeit war es vorbehalten, diesen Gedanken konsequent durchzuführen. Aber gefasst hat ihn bereits die deutsche Kirche im Zeitalter Karls des Grossen. Zur religiösen Erziehung des Volkes bedurfte es einer beschränkten Anzahl von ehrwürdigen Formeln, die man dem Gedächtnis aller Gemeindeglieder unbedingt fest einprägte, und an die man anknüpfte, wenn man dem Einzelnen je nach seiner Fassungskraft die christliche Wahrheit nahe bringen wollte. Obenan unter diesen Formeln stand das apostolische Symbol als der Inbegriff und die kurze Zusammenfassung des evangelischen Lehrgehaltes.

Es erübrigt noch der Nachweis, inwieweit es der karolingischen Theologie gelungen ist, den Inhalt des Symbols zu erfassen und vor der Gemeinde zur Darstellung zu bringen.

---

§ 18. Wiederaufnahme der altkirchlichen Symbolerklärung im 9. Jahrhundert.

Das 9. Jahrhundert war fest davon überzeugt, dass zur Taufhandlung auch irgendwie eine Besprechung des apostolischen Symboles und eine Erklärung seiner einzelnen Artikel gehöre. Man dürfte daher kaum einer liturgischen Schrift über Taufe oder Taufvorbereitung aus jener Zeit begegnen, in der nicht irgendwie zum Symbole Stellung genommen ist. Ja in der Regel enthalten derartige wissenschaftliche Abhandlungen sogar an der betreffenden Stelle eine Art Musterkatechese über das Symbol als Ganzes wie über seine einzelnen Teile. Karl der Grosse, auf dessen Anregung sich diese Litteraturgattung überhaupt vorwiegend zurückführt, hat in seinem schon erwähnten Rundschreiben an die Erzbischöfe vom Jahre 812 auch jenes Punktes namentlich gedacht. Denn er wünscht von seinen Prälaten nicht nur eine Erklärung der einzelnen liturgischen Ceremonieen, sondern er richtet mitten dazwischen an sie auch die beiden Fragen, einmal wie der

Begriff Symbol von den Lateinern erklärt werde, und sodann
worin der Inhalt der einzelnen Symbolstücke bestehe.
Letzteres fasst Karl zusammen unter dem Namen der Credulitas, was etwa dasselbe besagen will wie Regula fidei, wie denn
auch diese beiden Begriffe öfters für ein und dieselbe Sache
gebraucht werden.[1]) Dementsprechend bieten nicht nur die Antwortschreiben der Erzbischöfe, sondern auch alle jene zahlreichen Schriften über die Taufe, welche von bekannten oder
von anonymen Verfassern im 9. Jahrhundert nicht selten auf
Grund derselben Quellen und daher mit ähnlichen oder gleichen
Worten zusammengestellt sind, in der Regel auch zwei Para-
graphen, von denen der eine unter dem Titel: De symbolo über
die Entstehungssage des Apostolikums referiert und eine Übersetzung des Wortes Symbol gibt, während der andere die
Credulitas enthält, d. h. entweder eine Paraphrase über das
Symbol in der Weise der alten Regula fidei oder kurze Rand-
bemerkungen zu den einzelnen, namentlich aufgezählten Artikeln.
Eine Auseinandersetzung über die Taufe, welche diese Para-
graphen nicht enthielt, galt geradezu als unvollständig und er-
gänzungsbedürftig.[2])

Am vollständigsten üben diese Praxis Leidrad von Lyon,
Theodulf von Orléans und Hraban. Andere wieder, wie
Maxentius von Aquileja, Magnus von Sens und Jesse von
Amiens, begnügen sich damit, über das Symbol im allgemeinen,
über seine Entstehung wie über seine Bedeutung kurz zu

---

[1]) Die Credulitas gilt auch als Steigerung der fides „quae fidem animo
semel ex auditu conceptam assensu intimo amplexatur et sequitur" (Braida's
Dissertatio in S. Nicetam Ml. 52, 1110—1112). Vgl. Aquil. catechum.
scrutinium p. 241 (oben S. 259): Venit tempus fidei, credulitatis dies, confessionis hora. Dementsprechend heisst das Symbol auch credulitatis sa-
lubre compendium. Messbuch von Auxerre Nr. 11. Mabillon, De Liturg.
Gallic. pag. 339.

[2]) Vgl. oben S. 300, 3. 4. De symbolo, quae sit eius interpretatio secundum Latinos. De credulitate, quomodo credendum sit in deum patrem
omnipotentem, et in Jesum Christum filium eius natum et passum, et
in spiritum sanctum, sanctam ecclesiam catholicam et cetera quae sequuntur in eodem symbolo. Ferner meine Schrift: Erzbischof Odilbert von
Mailand über die Taufe S. 21 f. 24. Über den Versuch, dem Antwortschreiben Odilberts die fehlende Credulitas einzufügen vgl. a. a. O. S. 15 f.

referieren.[1]) Eine dritte Gruppe endlich, zu der Amalar von
Trier und ebenfalls Hraban gehören, bietet eine detaillierte
Erklärung der einzelnen Artikel im Anschluss an eine solche
der sieben Bitten, betont also die sachliche Zusammengehörig-

[1]) Maxentius von Aquileja. Epist. de significatu rituum bapt. c. 4 Ml.
106, 53: Erklärung des Namens und unbedeutende Paraphrase, die der
bekannten Schlussrede im Gelasianum (I 35): Haec summa est fidei nostrae
(vgl. oben S. 233. 260) entnommen ist. Dies zur Korrektur von Kattenbusch, D. apost. Symb. I 179 f. und Hahn. Biblioth. d. Symb. (3) S. 44
Anm. 68. — Magnus von Sens, Libellus de myst. bapt. Ml. 102. 981 sq.:
Erklärung des Namens und eine nicht viel ausführlichere Paraphrase, teilweise mit Benützung von Isidor, De eccl. off. II 24. Vgl. Hahn. Biblioth.
d. Symb. (3) S. 79. 80. 355. — Jesse von Amiens (Epist. de bapt. Ml. 105.
789) hat weder Paraphrase des Symbols noch Erklärung der einzelnen
Artikel, wohl weil er, auf dem Standpunkt der Skrutinienmessen stehend,
ein näheres Eingehen auf den Symbolinhalt bei der Taufe nicht für unbedingt
nötig erachtet. Letzteres um so weniger als in seiner Diöcese ausschliesslich
die Kindertaufe üblich war, vgl. l. c. p. 782: Scribantur nomina infantum et
eorum qui eos suscepturi sunt, ab acolytho, et tunc vocentur ipsi infantes ab
acolytho infra ecclesiam, p. 784: Tunc accipiat acolythus unum ex ipsis
infantibus masculum, tenens eum in sinistro brachio ponatque manum
super caput eius, p. 786: Ut vitiis exclusis parvulos sale sapientiae bonae
conditos deo pacificos offerant. Dagegen erörtert er eingehend, warum
das Symbol nicht niedergeschrieben werden dürfe, in einer dem oben S. 28
Gesagten analogen Weise p. 789: Ubi vero dei gratia, donatio divina, consistit
ad pactum, fides et altitudo cordis sufficit ad secretum. — Inter deum vero
et homines symbolum fidei sola fide firmatur; non litterae sed spiritui creditur,
quia divinum creditum humanam non indiget cautionem. — Die anonyme
Epistola de ritibus baptismi Ml. 98, 938 sq. bietet im Anschluss an eine
kurze Bemerkung über Bedeutung und Entstehung des Symbols unter der
charakteristischen Überschrift: Catechumenis tradimus, instruentes eos secundum vividam symboli regulam, ut credant in deum patrem omnipotentem. den pseudoaugustinischen Sermo 242 (Ml. 39, 2192 sq. vgl. oben
S. 250—252) etwas gekürzt, aber nur mit einer bedeutenderen Abweichung,
nämlich: Conceptus est de spiritu sancto, natus est ex Maria virgine, id est
dono et gratia dei tanta illius humilitas nobis concessa est, ut totum hominem suscipere dignaretur in utero virginis, quem post passionem glori-
ficatum super caelos in dextra dei patris collocaret, während sich die Erklärung der communio sanctorum hat eine kleine Ergänzung gefallen lassen
müssen: Se teneri posse societate fidei et spei communione cum his
qui hac defuncti sunt fide. Vgl. oben S. 252 Anm. 2. — Der Anonymus des Cod. Bruxell. (vgl. Rev. Bénéd. 1896 p. 291 und oben S. 302
Anm. 3) endlich schreibt einfach das Symbolum Nicänum als seinen
Glauben ab.

keit dieser beiden Hauptstücke.[1]) Trotz dieser formellen Verschiedenheit stimmt aber alles, was die genannten Theologen
an dieser Stelle vom Symbol bieten, in der Hauptsache überein und deckt sich nicht selten miteinander sogar wörtlich.
Denn da die Theologie des 9. Jahrhunderts konservativ genug
war, um auf eigene Gedanken zu verzichten und sich vielmehr
mit weiser Vorsicht an die anerkannten Häupter der kirchlichen Orthodoxie anzuschliessen, so boten sich meist dieselben
Autoritäten, unter denen wiederum Isidor von Sevilla eine besonders bevorzugte Stellung einnahm.[²])

Gleich Leidrad[³]) schöpft in seiner Antwort an Karl das,
was er über das Symbol im allgemeinen sowie über die beiden
ersten Artikel zu sagen hat, wörtlich aus Isidor, um dann nur
noch recht unvermittelt jener kurzen Darstellung eine ausführ-

---

[1]) Amalar von Trier, Epist. de caerim. bapt. Ml. 895 sq. Vgl. oben
S. 328 Anm. 1. Hraban, De ecclesiast. discipl. II Ml. 112, 1222—1228.
Beide geben dieselbe Motivierung l. c. p. 894 bezw. p. 1217: Docemus
orationem dominicam patrinos et matrinas ut et ipsi similiter faciant
quos suscepturi sunt a sacro baptismate. Similiter docemus symbolum.
Vgl. oben S. 308 Anm. 1.

[²]) Isidor, De eccl. offic. II 23: De Symbolo findet sich wörtlich
wieder in den Collectanea dicta de antiquis ritibus c. 4. 5 Ml. 106, 55 sq.,
und ebenso mit einer einzigen Auslassung bei Hraban, De cleric. institut.
II 56. Demnach ist auch die von Hauck (Kirchengesch. Deutschl. II 583
Anm. 2) als hrabanisch verwertete und ebenso von mir (Erzbischof Odilbert
von Mailand über die Taufe S. 14 f. 31) jüngst dem Isidor abgesprochene
Definition von Symbol in Wirklichkeit isidorisch. Dasselbe gilt von
Hrabans Regula fidei (De cleric. institut. II 57, vgl. Hauck a. a. O. II 583
Anm. 3. Hahn d. Biblioth., Symb. (3) S. 357 ff.); dieselbe ist identisch mit
Isidor, De eccl. offic. II 24: De regula fidei. Und ebenso ist Isidor die von
Kattenbusch (D. apost. Symb. I 182 Anm. 13) gemutmasste „patristische
Quelle", aus welcher Magnus von Sens und Leidrad von Lyon geschöpft
haben. Siehe oben S. 333 Anm. 1 und unten Anm. 3.

[³]) Leidrad von Lyon, Lib. de sacram. bapt. c. 4. 5. Ml. 99, 859—861.
c. 4: De symbolo = Isidor, De eccl. offic. II 23, 3 und teilweise II 23,
4. 5. c. 5: De credulitate = Isidor l. c. II 24, 1 und Anfang von II 24, 2.
Dies zur Korrektur von Kattenbusch, D. apost. Symb. I 181 f. und Hahn,
Biblioth. d. Symb. (3) S. 80. 356 f. Identisch mit Leidrad c. 4 ist auch
c. 3 einer Erklärung des Tauffordo in 11 Kapiteln, welche sich im Cod.
St. Pauli in Karinth. XXV $\frac{a}{5}$ Bl. 147—149ᵛ handschriftlich findet. Vgl.
meine Schrift: Erzbischof Odilbert von Mailand über die Taufe S. 21 f.

liche Besprechung der einzelnen Stücke des dritten Artikels anzuschliessen.[1]) Denn auf Fleischwerdung und Leiden und Auferstehung Christi folgt im Symbol die Anempfehlung der heiligen katholischen Kirche. Nachdem von Gott die Rede gewesen ist, gedenkt man dieses seines Tempels, der heiligen, einen, wahren, katholischen Kirche, die gegen alle Häresien siegreich ankämpft. Jene schiessen als unnütze Triebe, die man abschneidet, aus ihr hervor; die Kirche hingegen, mit allen Eigenschaften ausgerüstet, ist der wurzelechte Weinstock, der in der Liebe gründet; die Pforten der Hölle werden sie nicht überwinden. Wir glauben an eine Vergebung der Sünden. Wer ohne diesen Glauben zur Taufe kommt, der versperrt sich selbst den Zugang zur Gnade. Alle und jede Art von Sünden tilgt die heilige Taufe, sie erneuert den Menschen, sie vergibt die Verbrechen dessen, der nicht auf Verdienste pocht, sie eilt den Kindern voraus, so dass durch Christus frei sind, die in Adam zuvor vom Teufel gefangen gehalten wurden. Für die leichten täglichen Sünden ist ausserdem das Vaterunser da, dessen Wirkung sich immer aufs neue geltend macht. Gemeine Verbrechen endlich machen eine wirkliche Bussleistung nötig und schliessen von der Kirche aus. Daher gibt es also drei sündentilgende Mittel: Taufe, Vaterunser, Kirchenbusse. Aber nur die Getauften können überhaupt auf Vergebung der Sünden rechnen.[2]) Wir glauben auch an eine Auferstehung des Fleisches. Christus als Haupt ist uns hier vorangegangen, so wird auch dieser Leib ihm hierin folgen. Und zwar werden Gute und Böse auferstehen, freilich die einen zur ewigen Seligkeit, die andern zum immerwährenden Feuer. Wir glauben an das ewige Leben, wo wir unverdorben wie die Engel Gottes sein werden, an ein unvergängliches und ewiges Vaterland, in welchem Christus selbst unser Leben sein wird, an ein von Gott uns verheissenes Gut, von dem wir leichter sagen können, an welchen Mängeln es nicht leidet, als worin seine reichen Vorzüge bestehen.

---

[1]) In diesem Abschnitt begegnen eine Reihe von wörtlichen Citaten aus Augustins Sermo de symbolo ad catechumenos Ml. 40, 627—636, vgl. oben S. 47 f.

[2]) Vgl. oben S. 48 Anm. 1.

So fasst der Erzbischof alle jene Stücke, nach denen er die Katechumenen bei der Taufe fragt, im Glauben auf, und so predigt er über sie zu den Getauften.

Mit dieser Erklärung des dritten Artikels zeigen die entsprechenden Abschnitte einer um einige Jahrzehnte jüngeren Symbolerklärung eine gewisse Verwandtschaft, die sich vielleicht auf gemeinsame augustinische Abstammung zurückführt. Auch sie gehört einer Sammlung von liturgischen Excerpten an, die jenen erzbischöflichen Antwortschreiben an Karl nicht unähnlich sieht, und die den Titel Ordo vel brevis explanatio de catechizandis rudibus führt.[1])

Der, an den wir glauben, ist Gott in Ansehung seiner Macht, Vater in Ansehung seiner Güte. Wie glücklich wir, die wir in unserm Gott einen Vater finden, der uns erlaubt, uns alles Guten von ihm zu versehen, da er allmächtig ist und infolgedessen in der Lage, alles zu thun, was er will.[2]) Der Glaube gilt weiter seinem einzigen Sohne Jesus Christus, unserm Herrn, der dem Vater in allem gleich, in nichts unähnlich ist, von derselben Beschaffenheit, Allmacht und wundervollen Hoheit, dem Vater gleichewig und von gleichem Wesen. Er heisst der einzige, weil er allein wahrer Gott von dem wahren Gott als dem Vater gezeugt ist, und durch ihn alles, was ist, gemacht ist. Unter Mitwirkung des heiligen Geistes nahm er einen wirklichen Leib von einer Jungfrau an. Wahrer Gott wurde er wahrer Mensch, um das menschliche Geschlecht zu retten. Er wurde Mensch um des Menschen willen, indem

---

[1]) Die fragliche Symbolauslegung ist von Caspari in den Alten und neuen Quellen S. 282—289 abgedruckt und besprochen worden. Vgl. Hahn, Biblioth. d. Symb. (3) S. 80. Caspari hält sie samt dem ganzen Ordo für ein Produkt aus der zweiten Hälfte des 9. oder der ersten Hälfte des 10. Jahrhunderts und vergleicht den Ordo mit den erzbischöflichen Antwortschreiben an Karl. Hingegen stellt Kattenbusch (D. apost. Symb. I 209 f.) die Vermutung auf, dass er zu den letzteren selbst gehöre und vielleicht die Antwort des Johannes von Arles sei. Ich konnte die Handschrift leider nicht zur Einsicht bekommen und habe daher in der Frage kein eigenes Urteil. Dass speciell die Symbolerklärung in hohem Masse von Augustin abhängig ist, hat bereits Caspari gezeigt; ich entnehme ihm daher vorzugsweise die folgenden Parallelen.

[2]) Vgl. August. Sermo 213 c. 1. Siehe oben S. 84.

er annahm, was ihm nicht eigen war, die Menschennatur, ohne dabei aufzugeben, was sein war, die Gottheit; er wurde unser einziger Erlöser und Heiland.[1]) Obwohl er alles im Himmel und auf der Erde besass, erlöste er uns doch mit seinem eignen Blute. Er litt und starb nach seiner menschlichen Natur und blieb doch leidenslos und unsterblich nach seiner Gottheit. Indem er so für uns litt, gab er uns zugleich die Lehre, alles, was uns widerwärtiges begegnet, geduldig um seines Namens willen zu tragen. Begraben dem Fleische nach, stieg er der Seele und ihrer göttlichen Kraft nach zur Unterwelt hinab. Als guter Hirte besuchte er die Stätten unseres Elends und rief uns, seine wiedergefundenen Schafe, zu den Scharen der Engel. Denn wohin der verklagte Mensch geraten war, dorthin stieg der barmherzige Gott hinab, um den nichtswürdigen Betrüger zu überwinden und die Seele des Sünders zu rechtfertigen.[2]) Der eingeborene Gott liess sein Fleisch wieder aufleben, um seine Kirche zu sichern. Selbst ohne Sünden, beglich er unsere Schuld und befreite uns von jeder harten Verbindlichkeit. Er starb, um uns von der Schuld des Todes zu befreien, er stand wieder auf, um uns durch seine Gabe zu bereichern. Indem er herabstieg, suchte er uns auf Erden, indem er auffuhr, versetzte er uns in den Himmel und bereitete uns dort einen Platz mit den Engeln. Daher besteht die Rechte Gottes in der ewigen Seligkeit, die ewige Herrlichkeit aber ist frei von Not.[3]) Von dannen er kommen wird zu richten die Lebendigen und die Toten, in derselben Gestalt, in der er unserer Sterblichkeit teilhaftig geworden ist. Lebendige und Tote können wirklich genommen werden vom Standpunkte des Gerichtstages aus, doch kann man auch Gerechte und Sünder darunter verstehen, von denen die einen mit dem ewigen Leben begabt, die anderen mit dem ewigen Tode bestraft werden.[4]) Ich glaube an den heiligen Geist, der vom Vater

---

[1]) Vgl. August. Sermo 213 c. 2. Siehe oben S. 84.

[2]) Vgl. hierzu Walter Caspari, Der Descensus Christi ad inferos in „Halte was du hast" XX 57.

[3]) Vgl. August. sermo de symb. ad catech. c. 11. Siehe oben S. 47.

[4]) Vgl. August. sermo de symb. ad catech. c. 12. Siehe oben S. 47.

und vom Sohne ausgeht und durchaus nichts anderes ist als mit dem Vater und Sohn zusammen der eine wahre Gott. Denn er ist zugleich von Natur der eine Gott, die heilige Trinität, welcher eine Gottheit, gleiche Ewigkeit, unbesiegte Macht und unermessliche Majestät des Vaters und des Sohnes und des heiligen Geistes eignet. Und wie vom wahren Vater ein wahrer Sohn gezeugt ist, so ist vom wahren Vater und vom wahren Sohne der wahre heilige Geist ausgegangen, dem dort, woher ihm von Natur ein ewiger Ausgang zuteil wurde, von Natur ein ewiges Verbleiben zusteht. Daher findet eine wirkliche Unterscheidung in den Personen statt, weil im Vater weder der Sohn noch der heilige Geist persönlich ist, sondern der Vater immer Vater, der Sohn immer Sohn, der heilige Geist immer der heilige Geist ist. Nunmehr folgt, nachdem von Gott und Christi Geburt und Amt die Rede war, die heilige katholische Kirche, die Gemeinde der Heiligen d. h. Gottes heiliger Tempel, der ihr seid, wie der Apostel sagt. Diese heilige wahre katholische Kirche ist die allgemeine, welche in der Einheit von Glauben, Hoffnung und Liebe über den ganzen Erdkreis sich erstreckt.[1]) Daher kann man nur inmitten der katholischen Kirche Vergebung der Sünden empfangen und zwar sowohl im Taufbad wie auch in der demütigen Busse und im täglichen Vaterunser.[2]) Wie wir nun durch Christus diese Vergebung der Sünden empfangen, so erhoffen wir auch durch ihn die Auferstehung unseres jetzigen Fleisches und das ewige Leben.[3])

Gehören diese beiden Symbolerklärungen nicht nur zeitlich, sondern um ihrer gemeinsamen augustinischen Abstammung willen auch nach Inhalt und Form zusammen, so gehen hingegen Amalar von Trier und Theodulf von Orléans durchaus ihre eigenen Wege. Auch zählen die Arbeiten dieser beiden

---

[1]) Vgl. August. sermo de symb. ad catech. c. 14 und Leidrad, Lib. de sacram. bapt. Ml. 99. 860 B. Siehe oben S. 47 und S. 335. Über das Fehlen der communio sanctorum vgl. Zahn, D. apost. Symb. S. 91 Anm. 2.

[2]) Vgl. August. sermo 213 c. 8. Sermo de symb. ad catech. c. 16 und Leidrad l. c. 860 C. D. Siehe oben S. 85, S. 48 Anm. 1 und S. 335 Anm. 2.

[3]) Vgl. August. sermo 215 c. 8. Siehe oben S. 85.

Kirchenfürsten entschieden zu den besten Leistungen, die
Karls Rundschreiben hervorgerufen hat. Dementsprechend hat
Amalar einen speciellen kaiserlichen Dank eingeheimst, [1]) und
vielleicht wäre ein solcher auch Theodulf zuteil geworden,
wenn seine Schrift überhaupt für den Kaiser und nicht bloss
als das Schriftstück eines einfachen Diöcesanbischofs für den
Metropoliten Magnus von Sens bestimmt gewesen wäre.[2])
Indessen hat sich Theodulf jedenfalls sehr gewissenhaft an
die Stichworte des kaiserlichen Rundschreibens gehalten.[3])
Auf die Frage, was Symbol auf lateinisch bedeute, bringt er
zunächst eine Reihe von sprachlichen Erklärungsversuchen, erwähnt dann im Anschluss an die Bezeichnung collatio kurz die Ab-
fassungslegende und schliesst mit einer Erörterung über den
Begriff des verbum abbreviatum. Ebenso fasst er die Frage
Karls nach der im Symbol enthaltenen Credulitas nicht so
auf, als ob er eine Erklärung der einzelnen Artikel zu geben
habe, sondern er bietet in der That die kurze Zusammenfassung dessen, was der Täufling als Inhalt seines Glaubens
aus dem Symbol schöpfen kann und soll.[4]) Dieses oder jenes

---

[1]) Jaffé, Monum. Carol. p. 409: Scripta nobis tua sanctitate directa
grata suscepimus dextera. Pro quo tibi laudes et gracias referimus;
maxime quia, cum ipsam perlegere in presencia nostra fecissemus, catholicam et omni laude dignam invenimus. Et hoc, quod nobis obediens
fuisti et nostris iussionibus accelerare curasti, graciam agimus. Vgl. oben
S. 213.

[2]) Theodulf von Orléans, Liber de ordine baptismi Ml. 105, 223:
Reverendissimo atque carissimo fratri Magno episcopo Theodulfus salutem.
Praeceptum tuum, vir venerabilis Magne, peregi et si non sollerti effica-
cia, plena tamen oboedientia. Praecepisti enim mihi, imo per te caritas
praecepit, ut quibusdam quaestionibus de ordine baptismi a domino et
glorioso imperatore Carolo tibi transmissis breviter et cito responderem.

[3]) L. c. c. 6: Quae sit interpretatio symboli secundum Latinos. c. 7:
De credulitate, quomodo credendum sit in deum patrem omnipotentem
et in Iesum Christum filium eius et in spiritum sanctum, sanctam ecclesiam catholicam et cetera quae sequuntur in eodem symbolo Ml. 105,
226—228. Vgl. Hahn, Biblioth. d. Symb. (3) S. 79. 355 f. Beide Kapitel
sind samt anderen Bestandteilen der Theodulfschen Schrift von Hraban
in seinen Liber de sacris ordinibus, sacramentis divinis et vestimentis
sacerdotalibus (I 8. 9) herübergenommen worden.

[4]) Vgl. den Anfang von c. 7: Ceterum fides, quae in hoc symbolo

22*

Symbolstichwort, wie gelitten unter Pontius Pilatus, bleibt
völlig unerwäbnt, andere, wie Gemeinde der Heiligen, werden
nur gestreift[1]) oder gruppenweise zusammengefasst, andernorts
schiebt der Bischof solche Lehrdarstellungen, von denen der
Wortlaut des Symbols nichts weiss, die ihm aber wichtig erscheinen mochten, bald in Form kurzer Bemerkungen, wie bei
dem semper virgo, bald in breiteren Ausführungen ein. Dazu
bekommt das Ganze neben seinem auf die Täuflinge abzielenden
Eingang noch einen entsprechenden Schluss, der von der Erziehung der unerwachsenen Täuflinge im Glauben und von den
Paten handelt. Alles in allem bietet also Theodulf einen Einblick in die Resultate des Taufunterrichtes, wie er an der
Hand des Symbols erwachsenen Täuflingen bezw. Paten erteilt
zu werden pflegte. Man kann des Theodulf Credulitas als die
Quintessenz der von ihm gehaltenen Symbolkatechesen bezeichnen.

Ganz anders Amalar, dessen Schrift durchweg die liturgischen Anschauungen einer zur Neige gehenden Zeit repräsentiert.
Denn neben Jesse von Amiens hebt er sich von seinen übrigen
Kollegen dadurch ab, dass er der auf dem Aussterbeetat
stehenden sieben Skrutinienmessen samt der feierlichen Messe
der Ohrenöffnung ausführlich Erwähnung thut.[2]) Dementsprechend bietet er denn auch eine jener kurzen Paraphrasen
des Vaterunsers, wie sie bei der Skrutinienmesse der Ohrenöffnung üblich waren, und von denen das in Franken modifizierte gelasianische Messbuch ein Musterschema enthält.[3])
Und zwar thut er dies, ohne dass ihm Karl durch eine An-
frage dazu Veranlassung gegeben hätte, bloss um der in

---

continetur, ita ab his qui baptizandi sunt intelligi debet, ut credant in
deum etc.

[1]) Im Anschluss an sanctam ecclesiam heisst es nur: A cuius communione discedentes schismatici et haeretici vocantur et aeterna damnatione
puniuntur. In eius vero communione permanentes et membra Christi esse
et remissionem peccatorum percipere et ad vitam aeternam pertinere.

[2]) Siehe oben S. 213 f. Hahn, Biblioth. d. Symb. (3) S. 100 f. Kattenbusch, D. apost. Symb. I 178 f.

[3]) Epistola de caerim. baptismi Ml. 99, 895 sq.: De oratione dominica.
Orationem dominicam sic docemus: Dominus etc. Siehe oben S. 328
Anm. 1. S. 334 Anm. 1. Vgl. Gelas. 1 36. Siehe oben S. 234.

seinem Taufritus liegenden inneren Nötigung willen. Ähnliches gilt von der sich mit den Worten: Symbolum autem sic unmittelbar daran anschliessenden Besprechung des Symbols. Im ursprünglichen Skrutinienritus hatte eine solche keinen Platz, wenigstens wurde in der Skrutinienmesse der Ohrenöffnung die Übergabe des Symbols nur von stereotypen Eingangs- und Schlussreden begleitet. Immerhin mag es in der Diöcese Trier damals üblich gewesen sein, dass mit der Übergabe eine wirkliche Erklärung des Symbols verbunden wurde. Ältere fränkische Traditionen können hier nachgewirkt haben, welche eine Symbolrede allen liturgischen Änderungen zum Trotz für unumgänglich notwendig erscheinen liessen.[1]) Aber ebensowohl ist es auch möglich, dass die praktische Missionsarbeit, welche dem Erzbischof in seinen Grenzdistrikten bis Hamburg hinunter oblag, ihm jenen Ritus erwachsenen Katechumenen gegenüber ganz besonders empfahl. Aus dieser gerade entgegengesetzten Verwendung der Skrutinienmessen — früher zur Taufvorbereitung von Kindern in christlichen Provinzen, jetzt von Erwachsenen in Missionsgebieten — erklärt sich sehr wohl, dass man im Gegensatz zu römischen Gepflogenheiten[2]) jetzt in die Skrutinienmesse der Ohrenöffnung eine wirkliche Symbolrede einschob. Jedenfalls bietet Amalar zu einer solchen die dürren Stichworte, wie ähnliches wohl früher schon vorkam. Natürlich ist von einer übersichtlichen Zusammenfassung des Ganzen keine Spur, dafür ist aber auch kein Wort des Textes, kein Teil eines Artikels übergangen. Vermutlich ist das Ganze überhaupt nicht als eigentliche Rede gedacht, sondern eher als ein Schema, welches den Priester, der das Symbol übergab, daran erinnern sollte, welche Worte zu übersetzen bezw. welche unbedingt notwendigen Erklärungen hinzuzufügen seien. Obendrein sind manche Definitionen überaus originell und begegnen hier zum ersten Male. Gleich eingangs fällt auf, dass die Allmacht Gottes, statt wie gewöhnlich

---

[1]) Siehe oben S. 247 f.
[2]) Siehe oben S. 233. Daher bietet auch Hraban in seiner der speciellen Missionsarbeit gewidmeten Schrift De ecclesiastica disciplina neben einer Erklärung des Vaterunsers noch eine solche des Symbols. Siehe oben S. 286.

zur Weltschöpfung in Beziehung gesetzt zu werden, von Amalar
hauptsächlich als die Fähigkeit bezeichnet wird, Sünder und Gerechte nach ihrem Verdienste zu lohnen; ebenso dass Himmel
und Erde die geistliche und die leibliche Kreatur bedeuten sollen.
Weiter wird der Verdeutschung der Namen eine besondere Aufmerksamkeit geschenkt; der Täufling muss wissen, dass Jesus der
Heiland, Christus der Gesalbte, Pontius der aus einer Insel des
Pontus Stammende heisst.[1]) Unter des letzteren Präsidium ist
Jesus gekreuzigt d. h. er ist am Kreuze aufgehängt; er ist einerseits
körperlich gestorben, begraben und wieder auferstanden, andrerseits geistig zur Unterwelt gefahren. Er thront zur Rechten Gottes
d. h. im Reiche seines Vaters, in dem es nichts Linkes gibt.
Wenn er zum Gericht über Lebende und Tote d. h. über
Gerechte und Ungerechte wiederkommen wird, dann zeigt er
sich in seinem Kreuzigungsleibe allen, in seiner himmlischen
Gestalt aber nur den Frommen. Dagegen fehlen die sonst
bei der Erklärung des zweiten Artikels üblichen Erörterungen
über das Wesen der Trinität. Amalar beschränkt sich vielmehr darauf, in Erinnerung an den rotfarbenen einsamen
Keltertreter (Jes. 63)[2]) Christum als den einzuführen, der
allein uns mit seinem kostbaren Blute erlöst hat, hingegen
in Bezug auf den heiligen Geist nur hervorzuheben, dass eben
in dieser Gabe Gottes, in dieser liebevollen Mitteilung des
Vaters und Sohnes uns Vergebung aller Sünden zuteil wird,
sodass folgerichtig jeder, der den heiligen Geist lästert, sich
von der Möglichkeit, seine Sünden in dieser oder in jener
Welt loszuwerden, ausschliesst. Und auch zum Schluss geht
der Verfasser meist eigenartige Wege, so wenn er die Kirche
als die allgemeine Versammlung der Gerechten und die Einheit des Glaubens bezeichnet, oder wenn er von der Gemeinde
der Heiligen nur sagt, dass sie die Einigkeit im Geiste durch
das Band des Friedens bewahre; besonders aber wenn er verhältnismässig ausführlich auseinandersetzt, wie die Gerechten.
ihres irdischen Leibes ledig, dem achten Tage als dem Sabbat

---

[1]) Vgl. im Weissenburger Katechismus (Müllenhoff-Scherer a. a. O.
I 205): In heilenton Christ — bi pontisgen Piláte.
[2]) Rufini expos. in symb. apostol. c. 25. Vgl. oben S. 102.

entgegeneilen, wie sie sodann eine Stunde grosser Freude durchmachen und den achten Tag erwarten, an dem sie ihre unversehrten und vollkommenen Leiber erhalten.[1])

Man sieht, das Ganze ist nichts weniger als eine Credulitas im Sinne des Kaisers. Vielmehr hat der vorliegende Zweck, einer Schar von Täuflingen das apostolische Symbol zu übermitteln,[2]) Amalar veranlasst, die specifisch dogmatischen Gesichtspunkte bei seite zu lassen und sich nur auf die Erklärung des Wortlautes der einzelnen Artikel wie auf einige rein praktische Winke mit gutem Takte zu beschränken.

Man findet also nicht eine einzige Schrift über Taufe und Taufvorbereitung im 9. Jahrhundert, welche nicht zugleich des apostolischen Symbols irgendwie Erwähnung thäte. Hingegen scheint dies hinsichtlich des Vaterunsers nur da der Fall zu sein, wo wie bei Amalar oder Hraban eine direkte Beziehung des Verfassers bezw. des Adressaten zur praktischen Missionsarbeit stattfindet. Das war indessen in solcher Ausschliesslichkeit nicht beabsichtigt. Vaterunser und Symbol nahmen in der kirchlichen Gesetzgebung Karls eine gleichwertige Stellung ein. Beide waren als Mittel zur religiösen Erziehung des fränkischen Volkes gedacht. Mit beiden Formeln sollten sich die erwachsenen Gemeindeglieder nach Wortlaut wie Inhalt befreunden. Daher übersetzte man beide zu wiederholten Malen in die verschiedenen deutschen Dialekte und stellte sie mit anderen Hauptstücken zu einer Art deutschem Katechismus zusammen.

Und gerade weil auf ein richtiges Verständnis der einzelnen

---

[1]) L. c. p. 896: Septimam sabbati credo iustos recipere absolutos a corpore terreno, et erunt in magno gaudio secundum uniuscuiusque mansionem, atque exspectare octavum diem, in quo corpora sua recipiant integra atque perfecta, impii ad supplicium, iusti ad vitam aeternam.

[2]) Im vierten Teile der Wolfenbüttler Handschrift Nr. 91, welche im fünften Teile den Weissenburger Katechismus enthält, findet sich Bl. 106ᵛ eine kurze Allocution über das apostolische Glaubensbekenntnis und das Vaterunser als Einleitung zu einer Erklärung der zwölf Artikel des ersteren (bis Bl. 111ʳ). Zeitschr. f. deutsch. Altertum XII 443. Ich konnte die Handschrift nicht einsehen, weiss also auch nicht, um was für eine Erklärung es sich handelt, vermute aber. dass dieselbe an dieser Stelle zu besprechen sein würde.

Bitten sehr viel ankam, weil es nicht gleichgiltig war, ob die
Gemeindeglieder sich darüber Rechenschaft geben konnten oder
nicht, um was sie im Vaterunser baten, pflegte man jene Über-
setzungen des Gebetes in der Regel mit einer kurzen deutschen
Erklärung zu versehen.[1])
      Beim apostolischen Symbol war eine derartige Massregel
nicht nötig. Denn in seinen Gedankengang wurde die Gemeinde
anderweitig zur Genüge eingeführt.[2])
      Bei weitem die meisten Predigten des ausgehenden 8. und
des 9. Jahrhunderts zielten, sofern sie nicht als einfache Moral-
predigten vor Lastern warnten oder Tugenden einschärften,
darauf ab, die vom Symbol umschlossenen einzelnen Heilsthatsachen der Gemeide einzuprägen. Hatte doch die Gesetzgebung Karls gerade diese beiden Predigtgruppen den Geistlichen mit Nachdruck anempfohlen.[3]) Und wenngleich auch

---

[1]) Admonit. general. 789 c. 70 Boretius l. c. p. 59: Et dominicam
orationem ipsi intellegant et omnibus praedicent intellegendam, ut quisque
sciat quid petat a deo. Synode zu Frankfurt 794 c. 33 Boretius l. c. p. 77:
Ut fides catholica sanctae trinitatis et oratio dominica atque symbolum
fidei omnibus praedicetur et tradatur. — Vgl. die Freisinger Auslegung
des Paternosters bei Müllenhoff-Scherer a. a. O. I 202 f. und die Vater-
unsererklärung im Weissenburger Katechismus a. a. O. I 204 f. und oben
S. 321 Anm. 1: Quae a presbyt. discenda sint.

      [2]) Daher entbehren die Symbolübersetzungen jener Zeit aller er-
klärenden Zusätze. In Frage kommen hier das Sangaller Credo und das
im Weissenburger Katechismus. Ersteres (Müllenhoff - Scherer a. a. O.
I 209; Hahn, Biblioth. d. Symb. (3) S. 97 f.) hat nur den Zusatz: Kiporan
fona Mariûn macadi êuuîkeru, der indessen keine Erklärung sein will,
sondern sich in den Symbolformeln jener Zeit überhaupt häufig findet.
vgl. Admonit. general. 789 c. 82; pseudobonifat. Sermo 14 c. 2 Ml. 89.
869; Theodulf von Orléans, Lib. de ord. bapt. c. 7 u. and. Beispiele
bei Müllenhoff-Scherer a. a. O. II 342 f. Hier auch über die Vorlage
wie über die Güte der Übersetzung (z. B. in kiuualtiu Pilâtes d. h. sub
potentia Pilati statt sub Pontio Pilato). — Das Credo des Weissenburger
Katechismus (Müllenhoff-Scherer a. a. O. I 205, Hahn a. a. O. S. 99 f.) hat
unt. and.: In heilenton Christ — giboran fona Mariûn magadi — bî pontisgen Pilâte. Siehe oben S. 342 Anm. 1.

      [3]) Admonit. general. 789 Boretius l. c. p. 53 sqq. c. 32: Primo om-
nium, ut fides sanctae trinitatis et incarnationis Christi, passionis et resurrectionis et ascensionis in caelos diligenter omnibus praedicetur. c. 61:
Primo omnium, ut fides catholica ab episcopis et presbyteris diligenter

sein Zeitalter bereits die Idee einer Gemeindepredigt an der Hand
der biblischen Perikopen fasste, so kam man in Wirklichkeit
doch damals noch nicht über den Standpunkt der Katechismus-
reden und Katechismuserläuterungen hinaus.[1]) Vor den Tod-

legatur et omni populo praedicetur. c. 82: Primo omnium praedicandum
est omnibus generaliter, ut credant patrem et filium et spiritum sanctum
unum esse deum omnipotentem, aeternum, invisibilem, qui creavit caelum
et terram, mare at omnia quae in eis sunt, et unam esse deitatem,
substantiam et maiestatem in tribus personis patris et filii et spiritus
sancti. Item praedicandum est, quomodo dei filius incarnatus est de
spiritu sancto et ex Maria semper virgine pro salute et reparatione humani generis, passus, sepultus et tertia die resurrexit et ascendit in caelis;
et quomodo iterum venturus sit in maiestate divina, iudicare omnes homines secundum merita propria; et quomodo impii propter scelera sua cum
diabulo in ignem aeternum mittentur, et iusti cum Christo et sanctis angelis suis in vitam aeternam. Item diligenter praedicandum est de resurrectione mortuorum, ut sciant et credant in iisdem corporibus praemia meri-
torum accepturos. Andrerseits c. 64: Ammonendi sunt omnes diligenter
ut caveant periurium. c. 66: Item praedicari necesse est, quantum malum
sit odium vel invidia. Ausserdem c. 65. 67—69, bes. c. 82: Item cum
omni diligentia cunctis praedicandum est, pro quibus criminibus depu-
tentur cum diabulo in aeternum supplicium. Legimus enim apostolo dicente: Manifesta autem sunt opera carnis, quae sunt fornicatio, immunditia,
luxuria, idolorum servitus, veneficia, inimicitiae, contentiones, aemulationes,
animositates, irae, rixae, dissensiones, haereses, sectae, invidiae, homicidia,
ebrietates, comessationes et his similia: quae praedico vobis, sicut prae-
dixi, quoniam qui talia agunt, regnum dei non possidebunt. Ideo haec
eadem quae magnus praedicator ecclesiae dei singillatim nominavit, cum
omni studio prohibete, intellegentes quam sit terribile illud quod dixit:
Qui talia agunt, regnum dei non consequentur. Sed omni instantia ammo-
nete eos de dilectione dei et proximi, de fide et spe in deo, de humilitate
et patientia, de castitate et continentia, de benignitate et misericordia, de
elimosinis et confessione peccatorum suorum, et ut debitoribus suis secundum dominicam orationem sua debita dimittant: scientes certissime, quod
qui talia agunt, regnum dei possidebunt. Vgl. auch Missi cuiusdam admonitio bei Boretius l. c. p. 239, wo auch der Inhalt des christlichen
Glaubens an der Hand des Symbols, sodann die Tugenden und Laster
zur Sprache kommen. — Ein gutes Beispiel bietet auch die sog. lateinische
Musterpredigt, welche im Cod. lat. Monac. 6330 Fris. 130 der Freisinger
Paternosterauslegung unmittelbar vorangeht. Sie ist von Scherer in der
Zeitschr. f. deutsch. Altertum XII 436—446 abgedruckt und besprochen
worden.

[1]) Das Homiliar Karls des Grossen enthielt vorwiegend Predigten
über biblische Texte. Aber sein Einfluss blieb vorläufig auf die klöster-

sünden wird gewarnt, zu einem tugendreichen Leben wird ge-
lockt. Die Bitten des Vaterunsers werden hier und da durch-
gesprochen. Vor allem aber bilden Trinität, Allmacht Gottes,
Menschwerdung, Leiden und Erhöhung Christi, Vergebung der
Sünden, Auferstehung des Fleisches, ewiges Leben, also die
Hauptpunkte des apostolischen Symbols, den immer wieder-
kehrenden Stoff der Gemeindepredigt im fränkischen Reiche.
Von der Symbolformel bekam daher zu jener Zeit die christliche
Gemeinde sowohl in einzelnen Ausführungen wie in grösseren
Zusammenhängen genug zu hören.[1]

Vor allem aber fehlten jenem Zeitalter auch solche
Predigten nicht, bei denen das apostolische Symbol Selbstzweck war.

An einem der letzten Fastensonntage predigte der Pfarrer
über das Glaubensbekenntnis. Man kann in dieser Sitte eine
Erinnerung daran sehen, dass in alten Zeiten sowohl in Afrika
und Italien, wie auch in Gallien bei der Symbolübergabe an
die Kompetenten zugleich eine Rede über das Symbol gehalten
wurde. Näher liegt indessen die Annahme, dass es einfach
praktische Bedürfnisse waren, welche in der fränkisch-deutschen
Kirche des 9. Jahrhunderts zu jener Gepflogenheit führten.
Aufs neue war die Osternacht als einer der Tauftermine eingeschärft worden, die man nur im Notfalle ausser acht lassen
dürfe. Die Gemeinde rüstete sich also mit der zur Neige
gehenden Passionszeit auf jene Freudenfeier. Da lag es denn
auch für den Pfarrer nahe, dieser Stimmung entgegen zu kommen
und sie in kirchlicher Weise zu beeinflussen. Er hatte erwachsene Katechumenen vor sich, denen gegenüber es galt,
eindringlich von dem zu reden, was ihrer harrte; nicht minder
bedurften die Eltern und Paten, dass man ihnen ernst die Ver-
pflichtungen einschärfte, welche sie den unerwachsenen Täuf-

---

lichen Vigilien beschränkt und wurde für die Gemeindepredigt erst im
späteren Mittelalter massgebend.

[1] Hierher gehört gleich der erste der fälschlich unter des Bonifatius
Namen gehenden 15 Sermone Ml. 89, 843—872. In den folgenden wird
wiederholt das unentwegte Festhalten an der Glaubensformel, am Vaterunser, an der Abrenuntiation als besondere Pflicht eines tugendhaften
Christen bezeichnet. Vgl. Sermo V 1. 3. VI 1. VII 2. XV 1. 2. 4.

lingen gegenüber auf sich nehmen wollten. Der Inbegriff alles
dessen, was einem Christen um seiner Seligkeit willen zu glauben
und zu wissen not that, musste ihnen allen noch einmal nahe
gebracht werden. Da man aber diesen Inbegriff von alters her
im apostolischen Symbol zusammengefasst wusste, so lag nichts
näher, als an der Hand des letzteren der Gemeinde noch einmal
in einer Predigt die Heilswahrheiten des Christentums vorzuführen.[1]) Dies umsomehr, als sich ja erwachsene Katechumenen bezw. Paten vor der Taufe darüber ausweisen mussten,
ob sie das Symbol dem Wortlaute nach beherrschten. Sollte
jene kirchliche Bestimmung nicht der Anlass zu einer unfruchtbaren Gedächtnisbelastung werden, so schien angesichts des
bevorstehenden Katechismusexamens ein näheres Eingehen auf
den Inhalt des Symbols der Gemeinde gegenüber als eine ge-
bieterische Notwendigkeit.

Wenn deshalb der Pfarrer am fünften Fastensonntage an
Stelle der gewöhnlichen Predigt seiner Gemeinde Artikel für
Artikel das Symbol erklärte, so beabsichtigte er damit nichts
anderes als die österlichen Tauffeierlichkeiten einzuleiten.

Auch offiziell wurde diesem Gemeindeerfordernis Rechnung
getragen.

Als Paulus Diakonus im Auftrage des Kaisers ein Homili-
arium zusammenstellte, da hatte er ebenso wie Karl dabei in erster
Linie die Anforderungen der klösterlichen Vigilien im Auge.
Gleichzeitig war er sich aber jedenfalls dessen bewusst, dass
naturgemäss eine solche zur priesterlichen Erbauung veran-
staltete Predigtsammlung den Geistlichen von selbst zu einem
Predigtmagazin werden musste, das sie auch dann ohne weiteres
zu Rate zogen, wenn sie vor der Gemeinde zu predigen hatten.
Nur so erklärt es sich, dass Paulus Diakonus auch solche
Predigten in sein Homiliarium aufnahm, welche auf bestimmte

---

[1]) Die Einleitung einer solchen Predigt ist vermutlich in dem sinnigen
Traktat erhalten, der, indem er die That Adams und das Leben Christi
einander gegenüberstellt, zur Abfassung des Symbols durch die Apostel
und damit zu diesem selbst überleitet. Er wurde später mit der Explanatio symboli des Niceta von Remesiana zur sog. Expositio Origenis zusammengeschweisst. Caspari. Alte und neue Quellen S. 309—315. Siehe
oben S. 114 Anm. 4.

Zustände und Einrichtungen in der Gemeinde abzielten. Unter ihnen steht gleich jene Symbolerklärung vornan, welche Maximus von Turin einst bei Gelegenheit der Übergabe des Symbols an erwachsene Kompetenten vor diesen gehalten hatte. Paulus Diakonus schob sie zwischen den fünften und sechsten Fastensonntag ein und gab ihr den unmissverständlichen Titel: In traditione symboli. Kein Priester, in dessen Hand das Homiliarium kam, konnte im Zweifel sein, zu welcher Zeit und in welcher Absicht er diese von alters her beliebte Rede auch fernerhin seiner Gemeinde mitzuteilen habe.[1]

Dass der fünfte Fastensonntag aber der eigentliche Symbolsonntag war, bezeugt ein Menschenalter später noch Hraban. Denn auch in seiner Predigtsammlung ist für Judika eine Erklärung des apostolischen Symbols vorgesehen.[2] Wie der Leib, so beginnt der Erzbischof, durch das Fasten in diesen Wochen abgetötet wird, so soll gleichzeitig die Seele lebendig gemacht und erleuchtet werden durch geistliches Studium und durch das Wort Gottes, damit wir durch die Willensrichtung des inneren wie durch den Wandel des äusseren Menschen in allen Stücken unserem Schöpfer zu gefallen vermögen. Zu dem Zwecke bittet der Prediger die Gemeinde, aufmerksam auf seine Erklärung des Symbols zu achten, denn der Lehre dieses Symbols eignet die Kraft des Sakraments, sie erleuchtet die Seele, sie macht den Glauben vollkommen. Dasselbe umfasst die Trinität nach ihrer Einheit wie nach ihrer Dreiheit, die Schöpfermacht und das Versöhnungsleiden; es beseitigt den Unglauben, es öffnet den Eingang zum Leben, es bereitet ewigen Ruhm. Darum mögen es die Zuhörer schnell und sicher ihrem Gedächtnis einprägen. Wollen sie aber demnächst erwachsene Kinder zur Taufe bringen, so mögen sie zugleich Sorge dafür tragen, dass auch diese das Bekenntnis, das sie abzulegen haben, zuvor wohl wissen; sind hingegen jene Kinder noch unerwachsen, so seien sie selbst dessen eingedenk, dass sie,

---

[1] Siehe oben S. 137 Anm. 2.
[2] Hraban, Homil. 13 Ml. 110, 27—29. Identisch mit Sermo 242 in August. opp. Tom. V Appendix Ml. 39, 2191—2193. Vgl. oben S. 250—252. Mit kleinen Änderungen auch in die Schrift De ecclesiastica disciplina lib. II Ml. 112, 1225 sq. aufgenommen. Vgl. oben S. 286 Anm. 4. S. 333 Anm.

indem sie jetzt für die Kinder jenes Bekenntnis ablegen, zugleich damit die Verpflichtung übernehmen, es ihnen später ihrerseits beizubringen. Nach dieser Einleitung sagt der Erzbischof den Wortlaut des von den Aposteln der Kirche übergebenen und von ihr bewahrten Symboles zur besseren Einprägung zweimal auf, wobei es wahrscheinlich die Gemeinde Satz für Satz nachgesprochen hat, und geht dann sofort zur Erklärung der einzelnen Artikel über.

Hatte sich Hraban schon in dem, was er zur allgemeinen Empfehlung des Symbols in der Einleitung gesagt hatte, der Gedanken und Worte einer allbekannten fränkischen Symbolrede bedient, so ist auch die folgende Besprechung der einzelnen Artikel nichts anderes als eine fast wörtliche, nur gekürzte und hier und da etwas modifizierte Wiedergabe eben jener Symbolerklärung, die ebenso unter den pseudoaugustinischen Sermonen figuriert, wie sie eine Aufnahme in das Messbuch von Auxerre gefunden hat. Die an sich schon mageren Erläuterungen sind stellenweise bis zur Ungeniessbarkeit beschnitten und reihen sich ohne inneren Zusammenhang eine an die andere. Hier und da begegnet eine kleine inhaltliche Ergänzung oder Änderung. So liegt bei der Empfängnis und Geburt Christi der Nachdruck mehr auf der immerwährenden Jungfräulichkeit der Maria, entsprechend dem in jener Zeit beliebten Zusatze semper virgo, als auf der Gottessohnschaft. Vom Kreuze heisst es charakteristischerweise nicht bloss, dass es der Christ an der Stirne trägt, sondern dass es ihn auch vor dem Feinde schützt, ein bedenklicher Zusatz gegenüber einem zum Aberglauben geneigten Volke.[1] Wenn Christus in der Himmelfahrt die beschränkte Menschennatur, die er mit uns gemeinsam hatte, über die Himmel bis zur Rechten des Vaters erhob, so that er dies, um daselbst für uns als Versöhner aufzutreten.[2] Die Erklärung der Gemeinde der Heiligen war im fränkischen Original überaus dunkel, Hraban machte sich und

---

[1] Homil. 13: Crucem illam, in qua ille crucifixus est corpore, nos per similitudinem gestamus in fronte, et per hanc defendimur ab hoste. Vgl. oben S. 252 Anm. 1.

[2] L. c.: Ut pro nobis propitiator existeret.

seinen Zuhörern die Sache einfacher: wir hoffen auf eine Ge-
nossenschaft im Himmel mit denen, welche in diesem Glauben,
d. h. wohl im Glauben an die durch die Symbolformel umschriebenen Stücke, gestorben sind.[1]) Von der Vergebung der
Sünden hatte die Vorlage gelehrt, dass sie in der Taufe durch
den Glauben erfolge, und hatte daraus zugleich die Notwendigkeit, an dem letzteren treu festzuhalten, abgeleitet; hingegen
betonte Hraban, dass man hoffen dürfe, die nach der Taufe
begangenen Sünden durch aufrichtige Busse, durch Beichte
und gute Werke auszugleichen.[2]) Man sieht, die Änderungen
sind keineswegs überall Besserungen. An Stelle des aus
Augustin entlehnten längeren Epilogs der Vorlage begnügt sich
Hraban mit dem kurzen Schlusswunsche, dass seine Zuhörer
das mitgeteilte Symbol ihrem Gedächtnis wohl einprägen und
durch einen entsprechenden Wandel bis ans Ende ihres Lebens
bewähren mögen; nur dann wird es sie der ewigen Belohnung
aus Christi Hand teilhaftig machen.

Der Ertrag aus den Symbolerklärungen des 9. Jahrhunderts
ist gering. Überall versucht man kümmerliche Anleihen bei
der Vergangenheit, ohne im stande zu sein, mit ihrer Hilfe
erfolgreich weiter zu arbeiten. Augustin, Maximus und Isidor
werden ausgeschrieben, die Excerpte wandern von Hand zu
Hand, von Gemeinde zu Gemeinde, teilweise vielleicht nicht
einmal verstanden und jedenfalls nicht wirksam genug, um
neues Leben zu wecken. Es bleibt bei der Anknüpfung an die
Anschauungen der Alten Kirche. Zu einer normalen Weiterbildung kommt es nicht.

Und dasselbe gilt von den Einrichtungen, die Karl zum Besten
der religiösen Bildung seines Volkes getroffen hatte, überhaupt.
Wer wollte leugnen, dass er auch hier Grosses gewollt und
Grosses erreicht hat, aber die Bewegung erlahmte rasch, und die
Wirkungen waren nur von kurzer Dauer. Der neue Taufritus
freilich bürgerte sich mehr und mehr ein, hingegen geriet der ihm
entsprechende selbständige Jugendunterricht an der Hand der

---

[1]) L. c.: Illorum, qui in hac fide defuncti sunt, societatem in coelis
speramus. Vgl. oben S. 252 Anm. 2. S. 333 Anm.

[2]) L. c.: Et ea quae post baptismum committimus, per confessionem
et veram poenitentiam ac bona opera speramus dimitti.

beiden altehrwürdigen Katechumenatslehrstücke wieder in Verfall. Die Kirche traf andere Einrichtungen und bevorzugte andere Mittel der Gemeinde gegenüber, als die waren, welche ihr Karl auf dem Wege der Gesetzgebung vorgezeichnet hatte. Ihr lag nicht sowohl der Wunsch am Herzen, den Getauften mit Hilfe des Symbols eine religiöse und zugleich sittliche Erziehung zu bieten, als das Streben, die Massen durch Gottesdienst und Beichte zu beherrschen. Diesem verschobenen Ziele entspricht aber zugleich der durchaus veränderte Gebrauch, den das Mittelalter in seinem weiteren Verlaufe vom apostolischen Symbolum machte.

I. Namen- und Sachregister.

Gregor III. Papst 265.
Gregor von Elvira 62.
Gregorianum, vgl. Sakramentar.
Griechisch im Gottesdienst 231 f.
Grimoldus von St. Gallen 293.
Gründonnerstag 188. 190. 192. 195.
198.

H.

Habakuk 59.
Hadrian I. Papst 202. 287 f. 291.
Hadrian von Nisita 173.
Hagios (Messe) 152 f.
Haito von Basel 320. 324. 326.
Hamburg 214. 341.
Handauflegung 9 f. 11. 145. 160.
195 f. 220. 223. 225. 237. 264. 274.
313 f.
Handschriften: Autun 290. Brüssel
333. Cividale 216. Florenz 290.
St. Gallen 69. 201. St. Germain 92.
Karlsruhe 62. Köln 290. 293.
Lambach 69. Le Mans 289. 290.
London 169. 194. Mainz 289. 290.
Merseburg 315. Modena 290.
München 76. 173. 345. Nürnberg
76. Orléans 302. Paris 88. 194.
201. 294. St. Paul in Kärnten
186. 334. Rom, Vatikan 69 (Bo-
biens). 201. 208. 210. 244. 246.
(Ottobon. 313). 290. 291. 297. (Re-
gin. 316). 289. 290. 291. 297. (Re-
gin. 337). Rom, Vittorio Eman.
216. 298. Rouen 111. Verona 78.
Wien 62. 109. 336. Wolfenbüttel
322. 343. Würzburg 173. Zürich
201.
Heiligenverehrung 165.
Helgoland 263.
Herard von Tours 325.
Hermas 19. 105.
Herodes 101. 176.
Hessen 264. 271. 327.
Hieronymus 40. 230.
Hilarius von Poitiers 25.

Hiob 46. 48.
Hippo 83. 87.
Homiliarien 148. Sog. Burchard-
homiliar 168. Hom. Karls d. Gr.
69. 137. 173. 345. 347 f. Hom. von
Toledo 193. 195. 199.
Honorius, Kais. 112.
Honorius I. Papst 206.
Hosea (Josua) 96.
Hosea, Proph. 101.
Hrabanus Maurus 283 – 286. 311. 316.
332 – 334. 339. 341. 343. 348 – 350.
Hrodrad von Corbie 294.
Hunnen 135 f.

I, J.

Jahreswechsel 135.
Jakobus 46.
Januariusmesse 205.
Jeremias 28. 59. 105.
Jerusalem 20. 199.
Jesaias 59. 66. 117. 127. 238. 253.
Jesse von Amiens 211 – 213. 232.
298. 301 f. 312. 332 f. 340.
Ildefonsus von Toledo 182. 187. 191.
193 – 199.
Immolatio 154.
Innocenz I. Papst 242.
Insufflation 195.
Invitatorium 159.
Johannes (Evangel.) 75.
Johannes (Täufer) 54. 59. 148. 187.
194.
Johannes VIII. Papst 204.
Johannes von Arles 336.
Johannes Chrysostomus, vgl. Chry-
sostomus.
Johannes von Neapel 32. 170. 172.
174. 181.
Johannes Diakonus (VI. Jahrh.) 16.
144 f. 186. 218.
Johannes Diakonus (IX. Jahrh.) 204 f.
Jonas 158. 238.
Jonas von Orléans 324.
Irenaeus 86.

23*

II. Verzeichnis der besprochenen Symbolerklärungen.

Eusebius von Vercelli, vgl. Exhortatio.

Exhortatio [sancti Ambrosii episcopi] ad neophytos de symbolo 62—69. 77 f.

Expositio [beati Augustini episcopi] super symbolum 250. 256.

Expositio fidei s. de fide catholica 256.

Expositio [Origenis] 114. 347.

Expositio symboli apostolici [sancti Fulgentii episcopi] 88.

F.

[S. Faustini] tractatus de symbolo 88. 165.

Faustus von Riez, Homilien 161—166.

Florentiner Missale, vgl. Tractatus symboli.

Fulgentius von Ruspe, Libri X contra Fabianum Arianum 88.

[Fulgentius], vgl. Expositio symboli apostolici.

H.

Haec summa est fidei nostrae 233. 248. 257. 260. 333.

Hrabanus Maurus, De ecclesiastica disciplina lib. II. — 286. 334. 341. 348.

De clericorum institutione II 56. 57. — 334.

Homilia 13. — 328. 348–350.

J, I.

Jesse von Amiens, Epistola de baptismo 333.

Ildefonsus von Toledo, Adnotationes de cognitione baptismi c. 32—95. — 182. 193. 195 f.

Johannes von Neapel, Symbolpredigten 26 u. 27. — 174—177.

Isidor von Sevilla, De ecclesiasticis officiis II 23. 24. — 186. 188. 333. 334.

L.

Leidrad von Lyon, Liber de sacramento baptismi c. 4. 5. — 334 f. 338.

Lucifer von Calaris, vgl. Exhortatio.

M.

Magnus von Sens, Libellus de mysterio baptismi 333. 334.

Maxentius von Aquileja, Epistola de significatu rituum baptismi 333.

Maximus von Turin, Homilia 83. — 137—140. 348.

Messbuch von Auxerre. I. Symbolrede 248—250. II. Symbolrede, vgl. [Augustin] Sermo 242.

Messbuch von Bobbio 252—253.

Missale et Sacramentarium ad usum ecclesiae cuiusdam Florentinae, vgl. Tractatus symboli.

Missale Gallicanum vetus, vgl. Messbuch von Auxerre.

N.

Niceta von Remesiana, Explanatio symboli 113—118. 251. 347.

O.

Ordo vel brevis explanatio de catechizandis rudibus 336—338.

Origenis expositio, vgl. Expositio [Origenis].

P.

Petrus Chrysologus von Ravenna, Sermo 57—62. — 125—133.

R.

Rufinus, Expositio in symbolum apostolorum 38 f. 41. 73. 90—107. 342.

S.

Sacramentarium Gallicanum, vgl. Messbuch von Bobbio.